삼국사기
열전 새로 읽기

삼국사기
열전 새로 읽기

이우경 지음

보고사

서문

『삼국사기』 열전은 고려 시대 김부식이 편찬한 인물전 모음이다.

『삼국사기』에 실린 50편의 열전은 역사 기록 방법과 기록(산문) 문장 형식 등이 다양하게 혼용되어 역사 사실부터 상징적 문학(문장) 형식까지 광범위하게 서술되었다. 또한 내용으로는 고대 삼국과 통일 신라, 삼국 시대와 고려 시대, 지배층과 피지배층, 정치적 지배 현실과 인간 정신문화 의식, 고유 신앙과 불교와 유학, 한(韓) 민족과 국제(중국, 왜) 관계 등 여러 요소가 방대하게 구성되었다.

따라서 이 책은 역사적 관점(제1부)과 문장 형식적 관점(제2부)으로 나누어졌으나 서로 보완적이다.

먼저 **제1부 Ⅰ장**에서는 기존의 편찬자 체재를 조망하고, 지배 역사 관점으로 구분된 경계를 해체하여 각 인물 본래의 위상과 열전(列傳)의 공동체적 관계를 회복하는 방법을 새로 제시했다.

Ⅱ장에서는 우선 외형적으로 편차가 큰 서술 분량을 객관적이고 합리적인 방법으로 살펴 열전의 형태적 특징과 구성 관계가 체계적임을 밝혔다.

결국 통일 역량(삼국, 고려)이 중시된 핵심 인물부터 보편적 인물에 이르기까지 일정 비율로 차별화된 서술 분량(총20%-0.6%)은 변별성이 내포된 방법적 변화로 다양성과 복잡성이 혼용된 세계 상황과 같았다. 특히 다양한 기준으로 순환된 인물들의 위상은 인간 세계가 본래 조화롭게 공존한 관계임을 뜻해서 편찬자의 개방적 의식과 중용적 태도도 짐작할 수 있다.

Ⅲ장에서는 인물의 공동체적 관계와 역사적 위상을 시대 순으로 재편하고, 관계된 전환기 역사를 본기 사실과 연계해 보다 총체적으로 살폈다. 곧

축적된 역사 상황과 동시대 문화적 공감대가 다각도로 소통, 개방됨으로써 인물들의 본질적 관계가 보다 깊이 있게 파악될 수 있었다.

특히 각국의 역사적 정통성과 사회, 문화적 성장 과정이 집약된 삼국 흥망사(본기)는 민족 통일 역사(삼국통일, 후삼국통일)가 거듭 창출되기까지 안으로는 대결(만남)과 연합(혼융) 등을 통한 치열한 성장(융합) 과정이었으며, 밖으로는 자주적 주체 정신과 외교 관계의 조화(실리)와 불균형적 관계(저항) 등을 경험한 세계 인식 과정이었다. 그럼에도 삼국의 갈등과 대결 양상이 각국(고구려,백제,신라본기)마다 반복, 기술되면서 실제보다 증폭된 면이 없지 않았다. 또한 통일 신라의 국내 상황은 직설적으로 서술된 반면 중국과의 관계는 우회적으로 함축된 결과 두드러진 내분에 비해 주체 정신과 대외 의식은 약화된 면이 없지 않았다.

실제로 삼국은 건국 초부터 말기까지 국내외적으로 긴밀하게 소통(연합), 연계(대립)된 때문에 어느 한 나라에 집중되어도 그 표리(승/패, 빼앗고/빼앗기기) 관계와 순환적 형태(정/반/합)가 다양하게 연계된 관계였다.

따라서 수많은 이들의 값진 희생과 고난으로 극복한 민족 통일 과업을 중심으로 고대 삼국의 진취적 기상, 자주적 저항 정신, 대내외적 발전 과정, 독창적 문화, 지배자의 도덕적 이념 등이 기록된 『삼국사기』 본기를 근거로 재현된 열전은 이들 각 요소들이 인물의 존재 상황 속에 보다 총체적으로 개방되었다. 그 중 고대 문화와 사상이 집약된 신라 화랑정신(풍월도)을 중심으로 지배층의 근원 정신(도덕성) 회복은 민족 통일 역량이 활성화된 반면 근원 정신 상실과 국내/외 불균형적 관계로 통일 정신이 분열되고 재정적 위기가 초래된 통일 신라 흥망 과정은 시사하는 바가 크다.

Ⅳ장에서는 삼국 전환기를 대표한 각 인물들의 복잡한 관계 상황에 내재된 현상적 세계(역사적 실존 인물) 뿐 아니라 함축된 의미와 정신세계(은유적 인물) 등 지배 체재에 응축, 함몰된 본질적 의의가 다양하게 일별되었다. 그 중 신라(총40명)는 삼성(三姓) 교체기/성골/진골/내물왕계 국내외 상황

과 연계된 역사적 사실과 그 본질적 의의가 다양한 형태로 구성되었다.

특히 신라 초기 물계자는 시조박혁거세 계통을 대표한 인물임을 알 수 있다. 당시 석씨와 대비된 그가 맑은(거문고) 지사 정신으로 은둔(산)한 상황은 신화적 건국 정신과 연계된 초월적 의미가 내포되었다. 또한 본기에 생략, 함축된 성골 왕조의 국내외적 한계가 일반 백성들(해론, 눌최, 죽죽, 검군, 실혜 등)의 호국 신념과 희생을 통해 구체화되었다. 이어 개혁적인 진골 왕조의 통일 과업은 시초에 외교적 역량에 힘입었으나 지배층의 도덕성 회복과 민족 공동체 의식 등 근원 정신과 주체 의식 회복(당축출)으로 가능했다.

한편 대 역사적 통일 과업은 민족 대결 양상보다 명장의 호국 주체 의식과 신념에 집중되거나 상징적으로 함축(설씨녀, 설총, 소나, 온달, 흑치상지)되었다. 이유는 삼국 영웅들(태종무열왕, 김유신, 김인문, 연개소문, 흑치상지, 계백)의 민족적 역량을 중시하고 중국(연합/대립), 왜(+백제) 등과 연계된 국제 정세를 의식한 때문이다. 또한 통일 후 태종무열왕계 최 절정기 발전상과 더불어 중앙 권력층의 한계와 불균형적 외교 관계 등이 사실과 은유적 방법(취도, 김영윤, 김생, 향덕, 성각 등)으로 주시되었다. 이어 내물왕계 지배층의 내분(녹진, 김양, 장보고/정연)으로 초래된 말기적 한계(효녀지은, 최치원, 궁예, 견훤 등)가 지배층의 도덕성 상실 외에 당(唐)과의 불균형적 외교 관계에서 비롯되었음이 다각도로 함축되었다. 결국 본기(실록)의 지배 중심 관점으로는 표현되기 어려운 비판적 관점 등이 총체적으로 역설되었다.

이에 비해 고구려(총7명)는 초기부터 말기까지 국내외 상황이 연계된 역사적 인물들의 존재 방식을 통해 다각도로 개방되었다. 아울러 본기에 명시되지 않은 은유적 인물(온달)은 상징적, 초월적 의미를 통해 역사와 존재의 본질적 의의가 총체적으로 개방되었다.

특히 고구려는 중국(한)과의 갈등(명림답부) 때문에 일찍부터 강력한 왕조 확립에 힘쓰고 자주적 주체 정신이 강화되었다. 따라서 초기에는 강력한 전제 군주의 횡포(창조리)가 없지 않았으나 왕권 강화와 더불어 제도가 정비(을파소)된 후 동북아를 제패한 대 강국이 되었다. 즉 중국(한,위,모용씨,수,당)과의 대립은 피해도 적지 않았으나 수(隋) 대군(을지문덕)에 이어 당(唐)을 물리친 고구려(연개소문) 자주적 위상이 동북아를 제패한 광개토왕과 장수왕의 기상을 이어 받은 민족적 역량임이 사실과 도치된 방법(열전)으로 역설되었다. 그럼에도 내분과 외세로 멸망한 국내외 상황이 총체적으로 함축, 개방된 현황(온달)은 고구려 건국 정신 회복부터 멸망 그리고 통일 신라 역사 과정까지 수렴된 고구려 회복 정신(근원 정신 회복)이 광범위하게 내포되었다.

결국 표면적으로는 신라에 빼앗긴 영토 회복 같으나 부여에서 이동한 동명성왕의 건국 정신부터 광개토왕의 기개에 이어 보장왕 대 멸망 그리고 통일 신라를 거쳐 고려로 이어진 현실에서 보다 근원적으로는 부여, 만주, 발해 회복이 역설되었다.

끝으로 백제(총3명)는 초기부터 말기까지 국내외 상황과 연계된 인물들의 존재 방식이 본기에 명시된 실존 인물(계백, 흑치상지)과 본기에 명시되지 않은 은유적 인물(도미)을 통해 총체적으로 개방되었다.

먼저 개루왕 전, 후부터 근개루왕(개로왕) 전, 후까지 역사 상황이 도미의 전(절정기 근초고왕의 고구려침입), 후(절정기 장수왕의 백제침입) 역사 배경과 총체적으로 병행되었으며, 나아가 대표적 명장들(계백, 흑치상지)의 말기(백제의 신라침입/신라의 백제침입) 상황까지 연계, 복합되었다.

특히 삼국 지배층의 부도덕성이 다각도로 차용, 함축된 도미는 백제의 고구려 침입, 고구려의 백제 침입 외에 백제의 신라 침입, 신라의 백제 침입 등 교체된 입장을 통해 치열했던 삼국 관계의 본질적 양상과 성/쇠의 상대적 의의가 부부의 존재 상황과 복합되었다. 결국 나라 멸망 요인(지배층의 부도덕성과 내분), 주체적 저항 정신(백제회복군), 망국인의 현실과 인간의 본질(나그네) 등 역사적 관계부터 존재의 근원적 양상까지 포괄된 근원 정신 회복(영토, 도덕성, 인간정신)이 총체적으로 환기되었다.

다음 **제 2부 Ⅰ장**에서는 규범적인 역사 기록 방법(본기)에서 기록 문장 형식(담론)으로 전환된 열전의 문장 형식과 내용이 다양한 문장 양식과 구성 요소로 구조화된 복잡한 체계임을 전체적으로 조망하면서 전체와 부분의 외, 내적 관계 등을 구체적이고 객관적인 방법으로 예증하고 체계화했다.

우선 외형적인 서술 분량과 연계된 문장 형식(단편삽화형식, 복합형식, 연대기형식, 일대기형식)과 그 내적 구성 형태(본기사실 비율)를 밝혔는데, 그 핵심 요소이며 근거가 분명한 본기 활용 비율을 산출해 보다 구체적으로 명시했다. 그 결과 서술 분량에서는 삼국 통일(김유신)이 최우선시 되고 고려 통일(견훤, 궁예)이 다음으로 중시되었으나 본기 사실과 관계된 내적 요소로는 중국을 물리친 고구려 기개(창조리, 연개소문)와 호국 주체정신이 최 우선시 되고 고려 통일(견훤, 궁예)이 다음으로 중시된 변화를 확인할 수 있었다.

Ⅱ장에서는 활용된 본기 사실과 그 밖의 요소들과의 관계 등 내적 구성 형태를 유형화하고, 외적 형식 체계와 종합해 열전(50편)의 외. 내적 형식 체계를 총체적으로 구축했다.

그리고 이들 복잡한 형식 체계와 다양한 내용 등을 우선 개괄적으로 이해하기 위해 각 인물전에 활용된 다양한 문장 양식(단편인물전, 우화, 축문, 편지, 주관적논평, 시, 노래)과 그 기능적 특징을 대략 살폈다. 또한 무사(총33명, 2/3)와 기타 인물들(관료,문장가, 외교가,예인,효자, 일반백성 등 총17명, 1/3)의 행위와 말(글)에 나타난 다양한 지론(군주론, 군신론, 열사론, 지사론, 장부론, 장수론, 책략, 용병론), 국가관(호국희생정신, 주체정신, 호국 저항정신, 통일정신, 화랑정신, 고구려회복정신, 인의정신), 외교관, 정신문화 의식(유교사상, 불교사상, 자연무위사상, 하늘숭배사상) 등을 일별해 인물들의 세계–내–존재의 윤곽을 살폈다.

Ⅲ장에서는 열전의 다섯 가지 서술 유형(실록형태, 혼용적형태, 개방적형태, 구상적형태, 상징적형태)과 존재 방식(史傳적존재-私傳적기능) 등을 문장의 구성 형태(도입,전개,발전,결말)와 그 내적 요인에 따라 분류, 분석하고 그 관계 상황에 내재된 총체적 의미를 다양한 서술 방식(병치, 도치, 순환, 역설, 모순)

등을 통해 해석했다.

그 중 본기 사실 비율이 가장 높은 "실록 형태와 사전(史傳)적 존재(99-80%)"는 본기의 사전(史傳)을 모본으로 생성된 결과 내용이 본기와 거의 유사해 보이나 근본적으로 다른 형식 체계임을 밝혔다.

이어 "혼융적 형태와 양면적 성향(57-33%)"은 본기 사실과 구성된 비율이 비교적 균등(50% 전후)해서 양면적이나 존재 상황이 확장된 변화를 볼 수 있다. 곧 긍정적/부정적, 역사 현실/정신적 의의, 나/당, 표면적 사실/함축적 의미 등 다양한 관계 상황이 혼융, 복합된 결과 열전의 기능이 보다 확장되었다.

또한 "개방적 형태와 다원적 중심(30-20%)"은 구성된 부분(70-80%)이 보다 확장(약4/5)되면서 인물의 주체적 신념 등 고유한 존재 방식이 보다 상술되었다. 때문에 다양한 인물과 연계 혹은 개방된 중심 인물의 행동과 대화 등이 다양한 방법으로 표출되었다. 특히 다섯 가지 유형의 중심에서 김유신을 주축으로 삼국 초기부터 통일신라 말기까지 전환기 핵심 상황(신라삼성-백제침입의 전환점-통일 과업과 백제, 고구려, 당과의 관계-백제저항정신-고구려저항정신-통일신라말기)이 집약되어 열전의 "노른자"라고 할 수 있다.

한편 "구상적 형태와 불확정적 실재(15-10%)"는 특히 본기에서 생략, 함몰된 역사적 의의(해론, 눌최, 죽죽, 취도, 성각, 필부, 거칠부, 솔거, 온달, 녹진)가 회복되면서 보다 활성화된 존재 의의가 도치된 시대 현상들에 투영되었다. 따라서 본기 사실에 비하면 불확정적이나 그 본질적 의미는 지시된 단편 "사실" 이상의 "진실"들이 내포된 양상이다.

끝으로 본기 사실 비율이 가장 낮은 "상징적 형태와 사전(私傳)적 기능(7-2%)"의 파격적 형식은 구성원들의 보편적 위상에 비해 그 개방된 관점(총15명, 30%)과 구성된 요소(93%-98%)의 상징적 의의가 적지 않다.

특히 열전의 최초 인물(거도)부터 통일 신라 마지막 인물(효녀지은)까지 광범위하게 구성된 이들은 지배층과 소외된 피지배층이 혼융되고 충, 효, 절의, 화랑, 관료, 외교가, 문장가, 문필가, 거사, 예인, 일반 백성 등 기능이 다양해서 종잡기 어려운 형태이다. 때문에 근거가 된 배경 역사와의 관계 상황이 새삼 중시되지 않을 수 없어 역설적이며 순환적이다.

Ⅳ장에서는 이상의 논의를 통해 열전의 장르 성격을 규명했다.

기본적으로 일기 문학(「한국의 일기문학」, 집문당, 1995년)의 개방된 시점을 원용해 다섯 가지 관점(객관적관점, 선택적관점, 주관적관점, 종속적관점, 상상적관점)의 범주와 그 관계 등을 구체적으로 규명했다.

끝으로 Ⅴ장은 총론에 해당된다. 고대 삼국 역사 과정에서 가장 중시된 민족 통일 과업과 주체 의식(중국, 왜 등)에 내재된 궁극적 이상과 근원적 배경 사상 등이 사회 문화적 기능으로 주시되었다.

우선 두 번의 민족 통일 과업(통일신라의 삼국통일, 고려의 후삼국통일)이 횡적으로는 백제, 고구려 흥망 과정과 종적으로는 신라 흥망 과정이 연계된 세계 상황이 총체적으로 조망되었다.

실제 삼국의 성/쇠는 서로 연계되어서 변방의 신라가 삼성(三姓) 교체기 중 백제와 고구려가 번성했다. 그러나 삼성 통합(김씨내물왕계) 후 왕권 확립과 외교 관계에 힘쓴 사이 백제와 고구려 관계가 격화되면서 삼국 관계도 치열해졌다. 결국 신라는 한강 유역을 확보하고 통일 기반이 구축된 6세기(진흥왕) 이후 크게 발전했으나 다시 막강해진 백제와 고구려의 집중 공격으로 위기에 처하면서 성골 왕조 대신 진골 왕조로 교체되었다.

그리고 고양된 문화를 기반으로 정치 체제를 쇄신하고 인재를 양성했으며, 화랑 제도를 개혁하고 문호를 개방해 일반 백성들과 소외 계층들의 전공도 공평하게 대우(벼슬)하는 등 사회, 의식 변화와 외교적 성과로 백성들과 당(唐)의 호응을 얻었다.

그러나 삼국과 중국(+/-신라), 왜(+백제) 등 국내외 상황이 복잡하게 연계된 통일 과업은 각국의 이해 관계와 팽팽한 대결 구도로 인해 보다 장기화되면서 희생도 컸다. 그럼에도 일찍부터 다양한 형태의 공존(삼성, 가야, 고구려, 백제, 당 등) 관계와 한계를 경험한 신라 지배층의 정치, 외교적 역량과 자주 공동체적 협동과 나눔 의식이 실천된 화랑 정신 등에서 민족 통일 역량이 배양될 수 있었다. 반면 당(唐)과의 연합은 양국의 목적이 달라서 결국 대립했으나 자주적 주체 정신 회복으로 당(唐)까지 물리친 값진 성과는 고구려 유민들과 공동 대응함으로써 민족 화합의 공감대도 마련될 수 있었다.

결국 민족 통일 과업은 고대 삼국 발전과 더불어 성장한 독창적 문화와 자주의식을 기반으로 활성화된 역동적 관계에서 비롯되었는데 신라 지배층의 축적된 역사 경험과 도덕성 회복과 민족 공동체 의식으로 완성된 범 민족적 역량이었다. 이는 통일 후 유학을 지배 이념으로 삼고 강화된 왕권과 당(唐)과의 외교 관계로 최 절정기에 달했던 상황에서 지배층의 공동체 의식(통일정신) 과 근원 정신(도덕적규범) 상실과 불균형적인 외교관계로 말기 상황이 촉진된 과정에서 재확인되었다.

한편 대외적 관계에서 비롯된 자주적 주체 정신은 민족 문화 의식과 시대 정신 그리고 인간 자존적 의의 등과 밀접하게 연계되었음을 알 수 있다. 곧 국가(자주적 주체정신), 민족(정신 문화의식), 인간(자율성과 사유적존재) 스스로 주체가 되어 행동하고 사유하는 의식 작용이 지배 이념과 시대 정신에 따라 다양하게 변모, 생성되면서 점점 그 본래 정신이 희석되었으나 국가, 민족, 자아의 정체성 확립 과정은 대체로 정신 문화 의식에서 비롯된 도덕적 가치 실현과 병행되었다.

그 사상적 배경은 시대적으로 원시 종교시대(4세기이전), 유,불,도교 침윤 시대(5.6세기), 불교와 유교시대(통일신라)와 무관할 수 없으며 이들 사상과 다양하게 교차, 혼융, 공존하며 지속된 민중 의식과도 연계되었다.

그 중 고대인들의 정신 문화 바탕인 원시 종교는 아득한 고대부터 오랫동안 민족의 삶과 의식에 지대한 영향을 끼친 대표적 사상이다. 그럼에도 삼국 초 실존 인물(명림답부, 을파소, 석우로)들 대부분이 군신 관계(충의)가 중시된 지배 관료들이어서 단순히 유교 도덕관으로 보기 쉬우나 민족 고유의 원시 종교 시대에 이미 우리 고유의 효제, 인의, 예의 등이 실천되었다.

즉 하늘 중심 사상과 태양 숭배 사상 등이 단군 이래 삼국 신화(동명성왕, 김알지)에도 계승되었으며, 이후 다양한 인물들의 행적(화랑도, 온달)에서도 볼 수 있다. 때문에 강력한 외세(중국)에 저항하며 나라와 공동체를 지키고자 한 고구려 초기 주체 정신은 근본적으로 민심을 천명(창조리)으로 알고 하늘(자연)과 땅(인간), 남녀, 지배층과 피지배층이 조화롭게 상생하는 고유의 한울 사상과 공동체 의식에서 비롯되었음을 알 수 있다.

이어 4세기 이후 급변한 세계 상황은 유입된 도교, 불교, 유교 등 외래 사상 등이 민족 고유 신앙과 대립, 혼융, 공존하며 사회와 의식 변화를 주도했다.

그 중 고구려는 불교와 유교가 일찍부터 도입되었으나 불교는 점점 고구려 지배층에서 배척되었다. 이어 백제에 유입된 불교는 지배 체제 강화를 위한 귀족 불교 중심이었다. 그러나 불교가 가장 늦게 유입된 신라는 주변국의 침입을 극복하기 위한 호국 불교(원광, 자장, 의상)로 변모되었다. 특히 고유신앙, 도가, 불교, 유학 등이 혼융된 화랑 정신의 바탕이 되어 자기 희생적 애국 애민 정신과 존재 회복 의식(자율성, 주체성)의 실천적 바탕이 되었다.

그 후 통일 신라는 유교를 지배 이념으로 삼았기 때문에 불교는 민중 불교(원효)로 변화되었다. 특히 당(唐)과의 관계로 유학이 발달하면서 주체 정신(설총화왕계)과 민족 문화 퇴색(솔거)을 우려하며 그 중요성을 환기(김대문의 고승전, 화랑세기, 악본)했으나 국내외적 요인으로 통일 정신도 약화되었다. 곧 지배층의 권력 다툼이 표면화된 때 유학(독서삼품)이 보다 강화되고 지배층의 근원 정신 상실로 입신양명의 수단이 된 상황은 일종의 모순이었다.

결국 지배층의 각성(성각, 녹진, 장보고/정연, 효녀지은 등)이 촉구된 말기에 유학을 비롯해 민족 고유 신앙, 도가, 신선 사상, 불교(미륵사상, 선종, 밀교) 등이 혼융된 상황은 정체성 혼란기이기도 했다. 유학의 대두 강수가 시초부터 도(道)의 실천성을 강조했던 이유를 비로소 짐작할 수 있다.

끝으로 고려 시대 편찬된 『삼국사기』의 문학(문장)사적 위상은 열전을 포함해 전대(삼국)의 문장(문학) 형식을 보존하고 후대(고려후기) 양식의 발판이 된 중심축임을 알 수 있다.

즉 삼국 시대 역사 사실(본기)과 문장(문학) 형식(본기, 열전)을 기록, 보존하고 고려 후기 문장(문학) 양식의 모본이 된 『삼국사기』의 문헌적 가치는 역사적으로나 문학(문장)사적으로 실로 지대하다.

실제 고려 전기까지는 과거 제도에서 중시된 시, 부에 치중되어 문장(문학) 형식은 통일 신라 형식이 답습된 정도였다. 그러나 『삼국사기』를 기점으로 전대 문장(변려문)과 고려 전기 문장 형식(고문)이 구분된 의의는 실로 획기적이다. 그럼에도 무신란(의종)을 경계로 전기 대표적 문벌 귀족인 김부식이 비판의 중심 대상이었기 때문에 정사(正史)인 『삼국사기』도 보다 비판된 경향이 없지 않았다. 한편 고려 후기는 전기 문벌 귀족들을 비판하고 민중들의 어려운 현실에 눈을 돌린 주관적 산문 문장 형식(가전, 인물전, 기, 서, 논, 시화, 잡저, 비명, 고승전, 유사)과 이들 문장들을 집대성한 문집이 양산되었다. 따라서 고문으로 집대성된 『삼국사기』는 산문 정신과 기록 정신이 반영된 후기 문장 양식들의 실제적 모본이 되었다. 나아가 고려 말 이제현의 자주 정신에서 비롯된 역사 편찬 의식과 고문 부흥 의식과도 연계되었다.

결론적으로 역사적, 문학(문장)사적 분수령에 위치한 『삼국사기』는 열전과 함께 전대(삼국, 통일신라)와 연계(내용)/구분(형식)되고, 후대(고려후기)와 구분(내용)/연계(형식)된 문학(문장)사적 의의 외에 형성기 산문 문장(문학)의 시원(始原)인 동시에 광맥(鑛脈)과 같은 요체임을 알 수 있다.

이 책은 관심 분야와 이해력에 따라 제 1부와 2부를 바꾸어 읽어도 무방하다. 또한 제 2부 V장의 총론을 통해 그 전반적인 근간을 살핀 후 읽어도 효과적일 수 있다.

기본적으로 열전 50여 편은 본기와 열전, 역사와 문학, 역사 기록 방법과 기록 문장 형식(담론) 등이 혼용된 때문에 그 이해의 기준 관점과 조율 방법이 쉽지 않았지만 효과적인 서술 방법 때문에 일부가 발표(1997년)된 후 오랜 시간이 소요되었다.

우선 고대인들의 실존적 현실과 이상이 무르녹은 천여 년의 궤적이 겉도는 언어로 사유될 수 없다는 경외심과 우리의 원형(原型)적 요체가 더 이상 방치될 수 없다는 조급함이 상충된 동안 그 다양한 문장 양식을 스스로 체득해보기 위해 실제 산문 형식(2000년)을 구상해보았다. 그리고는 일관된 문장(문학) 형식 이론과 개념을 적용하기 위해 그동안 발표했던 논의들도 수정, 보완(2004년)했다. 그러나 한문 투가 우세한 번역 문장으로는 함축된 의미까지 공감하기 어려워서 마침내 우리 어감을 되찾기 위한 『삼국사기』 번역(2007년)이 감행되었다.

그 동안 그 척박한 토양에서 혈투의 세월을 견디며 지켜온 선인들의 숭고한 삶과 역사적 자취를 더듬어 본 영성(嬰城)의 시간은 마치 원시의 동굴 속에서 오로지 한줄기 빛만을 쫓아 헤맨 어둡고도 긴 순간들 같았으나 그 깊고 깊은 음영조차 민족의 길과 인간 본래의 정신을 품은 하 넓은 공간이란 울림은 큰 빛처럼 눈부셨다. 새삼 이 땅의 위상과 존속된 의미를 되새기고 세계의 중심에 선 우리를 되돌아보며 민족의 기개와 영특함을 지닌 후손들의 신념과 이상들이 보다 가치 있게 실현되리라는 믿음도 커졌다. 그럼에도 시원의 생기(生起) 속에 무한히 존속된 원형적 경험들이 단순한 언어로 속단된 부분은 앞으로 많은 이들의 관심과 성원으로 보충되기 바란다.

긴 시간 동안 잊지 않고 격려해주신 모든 분들께 진심으로 감사드리며, 곁에서 힘이 된 가족들의 인내심이 정말 고맙다.

또한 이 책의 출간을 맡아주신 보고사 김흥국 사장님께 깊이 감사드리며 아울러 편집부의 아낌없는 노고에 진심으로 감사드린다.

2012년 6월 23일

차 례

서문 / 5

제1부 열전의 구성 형태와 역사적 의의

Ⅰ. 열전의 편찬 체재와 새로운 관점 ·································· 21
   1. 열전의 특징과 이해 방법 ·································· 21
   2. 김부식의 편찬 체재와 새로운 전망 ·································· 28

Ⅱ. 열전의 형태적 특징과 의의 ·································· 50
   1. 서술 분량과 순환 변모된 위상 ·································· 50
   2. 조화된 배분과 체계적 분포 ·································· 66
   3. 중심인물과 공동체의 총화 ·································· 71

Ⅲ. 인물의 시대적 위상과 삼국 흥망사 ·································· 80
   1. 형성기 진취적 기상과 초기 혼란 ·································· 82
   2. 발전기 문화 바탕과 정치적 변화 ·································· 93
   3. 확장된 지배 의지와 세계 상황 ·································· 108
   4. 신라 통일 과업과 일체된 화랑정신 ·································· 120
   5. 통일 신라 위상과 통일 정신의 한계 ·································· 146
   6. 분산된 권력 구조와 새로운 기운 ·································· 158

Ⅳ. 인물의 관계 양상과 함축된 의의 ·· 176
   1. 삼성 교체와 김씨 내물왕계 확립 ······································ 177
   2. 성골 왕조의 한계와 새로운 대안 ······································ 183
   3. 태종무열왕계 통일 역량과 그 명암 ·································· 189
   4. 중앙 권력층의 내분과 결과적 파장 ·································· 201
   5. 자주적 주체정신과 고구려 회복 정신 ······························ 208
   6. 국가 멸망 요인과 백제 저항 정신 ···································· 222

제2부   열전의 문장 형식과 인물의 존재 방식

Ⅰ. 열전의 형식 체계와 구성 관계 ·· 233
   1. 문장 형식과 인물의 존재 상황 ·· 234
   2. 역사 사실과 은유적 진술의 총화 ···································· 247

Ⅱ. 문장의 구성 요소와 세계-내-존재 윤곽 ······························ 258
   1. 열전의 서술 유형과 총체적 체계 ···································· 259
   2. 활용된 문장 양식과 기능적 특징 ···································· 270
   3. 다양한 지론·국가관·외교관·정신문화 의식 ···················· 282

Ⅲ. 문장의 구성 형태와 인물의 존재 방식 ································ 317
   1. 실록 형태와 사전(史傳)적 존재 ·· 318
   2. 혼융적 형태와 양면적 성향 ·· 323
   3. 개방적 형태와 다원적 중심 ·· 348

4. 구상적 형태와 불확정적 실재 ·· 390
5. 상징적 형태와 사전(私傳)적 기능 ··· 418

Ⅳ. 열전의 개방된 시점과 장르적 성격 ·· 492
1. 객관적 관점에서 상상적 관점까지 ··· 492
2. 역사 기록문장에서 문학적 표현까지 ····································· 503

Ⅴ. 열전의 사회 문화적 기능과 문학사적 의의 ······························ 508
1. 통일 역량에 내포된 공동체 의식과 도덕성 회복 ···················· 509
2. 주체 의식과 정신 문화 의식의 사상적 배경 ························· 518
3. 『삼국사기』 열전의 문학(문장)사적 의의 ································· 549

참고문헌 / 579
색인 / 582

제1부
열전의 구성 형태와 역사적 의의

Ⅰ. 열전의 편찬 체재와 새로운 관점

1. 열전의 특징과 이해 방법

『삼국사기』 열전(列傳)은 총 50여 명의 전기(傳記) 혹은 인물전(傳) 형식이 차례로 구성된 인물전 모음이다. 이는 『삼국사기』 본기의 단편 사실 혹은 사전(史傳) 등을 근거로 확장, 개방되었으나 근본적으로 이들 형식과 다른 체계이다.

『삼국사기』는 가장 오래된 기전체(紀傳體) 역사서로 고려 시대 김부식(서기 1145년, 인종23년)이 편찬한 정사(正史)[1]이다. 이는 신라 본기(총12권), 고구려 본기(총10권), 백제 본기(총6권), 연표(총3권), 잡지(총9권), 열전(총10권) 등 총 50권으로 구성되었다. 그 중 열전은 삼국 지배 역사 사실과 긴밀하게 연계되었으나 인물전 형식으로 변환된 독특한 체계이다.

한편 편찬자 김부식[2]은 고려 문종 29년(서기 1075년) 경주에서 국자제주

---

[1] 당시 김영온, 최우보, 이황중, 박동계, 서안정, 허홍재, 이온문, 최산보, 김부식, 김충효, 정습명, 김거두, 최득형, 민개(총14명) 등이 참여했다.
[2] 『국역 고려사절요』 Ⅱ, 제 11권(의종), 고전국역총서 14, 민족문화추진회, 1968.
    김부식(서기 1075년-1151년)은 용모가 풍후(豐厚, 체구가 풍만하고 두터운 모습)하고 몸이 석대(碩大, 외모가 훌륭하고 덕이 있는 모습)하며 얼굴빛이 검고 눈이 튀어나왔다고 했다.

(國子祭酒)를 지낸 김근(金覲)의 셋째 아들로 태어나 숙종 때 문과에 급제하고 직한림(直翰林), 우사간(右司諫), 중서사인(中書舍人) 등을 역임했다. 그 후 인종 때 어사대부(御史大夫)가 되어 호부상서, 한림학사, 승지를 거쳐 수사공(守司空)이 되었다.3) 특히 문무가 겸비된 그는 묘청의 난(서기 1135-1136년)4)을 진압한 후 왕명을 받고 삼국사(三國史)를 완성했다.5) 그리고 "진 삼국사기 표(進三國史記 表)"를 통해 그 편찬 동기를 밝혔다.

요약하면 옛날 진(晉), 초(楚), 노(魯) 등의 역사서가 있었듯이 우리 동방 삼국도 유구한 역사가 있다. 그러나 당시 학식 있고 벼슬하는 이들이 중국의 오경(五經)과 제자백가의 사상은 알아도 우리의 역사 시말은 모르고 있다.

특히 해동 삼국의 장구한 역사가 중국 역사 한 모퉁이에 간략히 서술되어 있어서 후세인들을 경계(警戒)하기 어렵다. 따라서 임금의 선과 악(善惡), 신하의 충절과 간사함(忠邪), 국가의 안정과 위태로움(安危), 백성들 다스림과 어지러움(理亂) 등을 만세에 남겨 교훈으로 삼기 위해 편찬했다.

이는 고구려 초기 유기(留記)6)를 비롯해 백제 근초고왕(13대, 서기 375년) 대 고흥의 "서기(書記)", 신라 진흥왕(24대, 서기 545년) 대 거칠부의 "국사(國史)", 고구려 영양왕(26대, 서기 600년) 대 기존의 유기를 간략하게 정리한 이문진의 "신집(新集)" 등이 직, 간접적으로 참조된 외에 우리의 삼한고기, 화랑세기, 계림잡전, 고승전과 중국의 진서, 위서, 양서, 수서, 당서, 통감 등

---

3) 앞글, 김부식은 중국 송(宋)의 사신인 노윤적과 서긍이 고려에 왔을 때 접반사(接伴使)가 되어 이들을 맞았다. 당시 글을 잘 짓고 고금의 역사에 통달한 김부식을 보고 그 사람 된 품을 좋아한 서긍(徐兢)이 그가 지은 고려도경(高麗圖經)에 김부식의 세가를 싣고 형상을 그려 황제께 올린 후 중국에 알려졌다.
4) 앞글, 고려 인종 때 서경(西京, 평양)의 중인 묘청이 서울을 서경으로 옮길 것을 주장했으나 김부식이 반대했다. 그 후 서경에서 일어난 묘청의 반란(인종13년)을 김부식이 평정하고 다음해 2월 수충정난 정국공신 검교태보 수태위 문하시중 판상서 이부사(輸忠定難 靖國功臣 檢校太保 守太尉 門下侍中 判尙書 吏部事)의 칭호를 받았다.
5) 그는 인종 20년에 벼슬에서 물러날 것을 청하고, 감수국사 상주국(監修國史 上柱國)으로 왕 23년에 삼국사(三國史)를 완성했다.
6) 고구려는 나라 초기에 문자를 사용했으며, 어떤 이가 기사(記事) 100권을 만들고 이름을 유기(留記)라고 했다. 그 후 영양왕 11년에 이를 간추려 신집(新集) 5권으로 만들었다.

이 참조되었다.

　이러한 『삼국사기』는 고대 민족의 역사와 문화적 뿌리를 고증하고 유추할 수 있는 유일한 역사서로 그동안 역사학적, 고고학적 업적에 힘입어 실증적 문헌7)으로서 가치가 다양하게 확인되었다.8) 그러나 이에 대한 논란도 없지 않아서 "신라 중심의 서술 태도"와 "유학자적 관료 입장" 그리고 "중국에 대한 사대사상" 등이 비판되었다.9)

　한편 열전은 지배자 관점에서 서술된 본기와 달리 보편적 인물 중심으로 전환된 새로운 형식이어서 본기에 명시된 인물 외에 명시되지 않은 인물까지 포괄되었다. 때문에 인물이 경험한 고유한 역사 상황과 존재 방식에 내포된 본질적 의의 등이 문장 형식 이해 방법으로 새롭게 해석될 수 있다.

　돌이켜 보면 고대 문장 형식은 한문으로 표기된 한계 때문에 그 이해 방법이 다양하게 모색되기 어려웠다. 더욱이 역사 "사실"에 대한 강박성과 고정 관념 때문에 그 본질적 의의가 간과되기 쉬웠는데 문장 형식에 내포된 "원형(元型, 原形)적 모습"을 회복하기 위한 방법이 다각도로 시도될 필요가 있다. 곧 본기와의 관계 때문에 "역사 문장"으로 인식되기 쉬우나 "담론"으로서 문장 이해 방법이 모색되지 않을 수 없다.

---

7) 신형식, 『삼국사기 연구』, 일조각, 1981.
8) 고병익, 「삼국사기에 있어서의 역사 서술」, 『김재원박사 회갑기념논총』, 1969.
　　＿＿＿, 「고구려 문화사」, 『논장신서』 9, 사회과학출판사, 1988.
　　김원룡, 「삼국시대의 개시에 대한 고찰」, 『동화문화』 7, 1967.
　　박종숙, 『백제, 백제인, 백제 문화』, 지문사.
　　이도학 외, 『신라 화랑 연구』, 한국정신문화연구원, 1992.
　　이기백, 「삼국사기론」, 『문학과 지성』 26, 1976.
　　천관우, 『가야사 연구』, 일조각, 1991.
　　＿＿＿, 「삼국사기 志의 신연구」, 『신라문화제 학술 발표회 논문집』.
　　손보기(편), 『장보고와 청해진』, 혜안, 1996.
　　＿＿＿, 『발해사 연구』(중국 조선 민족 학술 총서 1), 서울대학 출판부.
9) 이는 지시된 단편 기록을 중심으로 표면적이며, 부분적으로 이해한 측면이 없지 않다. 연구 진행에 따라 객관적인 기준과 총체적인 관점에서 다각적인 의의가 밝혀지게 된다.

왜냐하면 『삼국사기』는 고대 역사 상황이 "문장 양식"으로 서술된 "정사(正史)"인 동시에 시간과 인간 행위가 결합된 "지시 유형"으로서 구성 체계이다. 따라서 "지시된 역사 사실"의 진위와 그 사실 유무 등에 관한 관심과 확인 태도가 역사학적 실증주의[10]라고 한다면 담론[11]으로서 "문장 형식" 이해는 "지시된 사실"과 이에 내포된 상황과 의미 등을 이해하고 해석하는 방법이다. 결국 김부식이 편찬한 『삼국사기』와 이를 근거로 재현된 열전은 구성된 다양한 문장 양식으로 인해 고대 문장 형식의 보고(寶庫)[12]라고 해도 지나치지 않다.

그럼에도 그동안 "역사" 이해 방법은 대체로 그 경험적인 기술(記述)이 현재 "나타나 있는 실재"를 지시한다고 믿기 때문에 역사적 과거를 "지시한다."고는 생각하지 않았다. 반면 역사가의 "현재" 생각 안에서 "과거의 생각을 다시 활성화시키는 것"[13]이 역사라고 한다면 결국 문장(글쓰기)으로서 본질적 특성은 크게 다르지 않다고 보는 것이 오늘날 역사(기록문장) 해석 관점이다. 즉 "역사 기술" 또한 "시간의 변화와 인간들의 행동과 결합"된 구성 관계[14]로 보는 입장은 역사 사실조차 "담론"으로 이해하는 방법이 보다 효

---

10) 한스 페터 헴펠, 『하이데거와 선(禪)』, 이기상·추기연(옮김), 민음사, 1995.
  폴 리쾨르, 『텍스트에서 행동으로』, 박병수·남기영(편역), 아카넷, 2002.
  역사 기술에 대한 "실재" 기록이 이미 "지나간 실재"를 지시하는 점에서 "문장 기술 방법"을 크게 벗어날 수 없음을 인식하고 있다.
11) 폴 리쾨르, 박병수·남기영(편역), 161면.
12) 이우경(편역), 『새로운 삼국사기』①신라·통일신라 편, 한국문화사, 2007.
  _____, 『새로운 삼국사기』②고구려·백제편, 한국문화사, 2007.
  _____, 『한국 산문의 형식과 실제』, 집문당, 2004.
  _____, 『삼국사기 열전의 편찬 체제와 세로(새로) 읽기』, 1997.
13) 폴 리쾨르, 박병수·남기영(편역), 216면.
14) 앞글, 6-7면, 215-223면. 이때 역사가 지시하는 실재는 비록 지나간 실재이지만 역사만이 "실제 사건들"에 대해 말한다고 주장할 수 있다. 그러나 엄밀히 말하면 지나간 실재는 지금은 없다. 곧 역사의 담론에 의해서 간접적으로 추구되는 대상일 뿐이다. 이러한 점에서 콜링우드는 과거의 복원은 상상의 작업이라고 했다. 따라서 역사가도 역사와 이야기의 관계를 통해 플롯을 만든다는 것을 알 수 있다.

과적이기 때문이다.15)

　종합하면 역사 해석과 문장 해석의 방법이 궁극적으로는 크게 다르지 않으나 "역사적 사실"과 "문장의 진실"은 구성 형태와 이해 방법과 설명의 차이로 인해 일치 또는 교차되거나 차이가 있을 수 있다.16) 비록 지시된 역사 사실들이 일반화된 사실로 정형화되었다 하더라도 문장 관계 속에 총체적으로 구현된 의미 등은 다양하고 새롭게 전도될 수 있다. 곧 "있는 그대로"의 사실을 서술하기 위해 기존의 질서와 형식적 특성을 따랐다 해도 복잡성, 혼융성, 모순성 등이 내재된 세계(문맥)와의 관계로 인해 그 "본래적인 진실"과 "가치 체계"가 여러 형태로 변모, 생성될 수 있기 때문이다.

　특히 고대 중국의 사서(史書) 기록 태도를 살펴보면 "일자(一字)의 칭찬이라도 그 어떤 높은 지위보다 나은 '가치'를 지니며, 일자의 비난이라도 사형보다 가혹한 형벌이 '숨어 있어서' 무엇보다 그 시시비비와 잘잘못을 가려 밝히려는 입장"에서 비롯되었다.17) 이는 만고(萬古)의 혼을 움직이기 위해 잘한 것은 권하고, 잘못한 것은 징계하기 위해 사실을 있는 그대로 쓴 글(直筆:직필)이었다. 따라서 도리에 어긋난 악한 일을 적발하면 마치 '농부가 독초를 발견했을 때 이를 반드시 쟁기로 파헤쳐야 하는 것과 같다.'고 했다.

　결국 시대 전체를 체계화18)한 역사 문장이 일정한 서술 형식과 체계적인 "구성" 방법으로 기록된 양상은 근본적으로 문장 서술 방식과 크게 다르지 않아서 『삼국사기』도 그와 같은 방법이 적용되었다고 볼 수 있다.

　그러나 『삼국사기』 열전에 대한 기존의 이해 방법은 대체로 "정립된 역사

---

15) 앞글, 215-267면.
　결국 역사도 일종의 "내러티브"인데 비교적 "사실"의 내러티브나 과거 사람들의 행동들에 관한 내러티브이다. 따라서 오늘날 담론(텍스트)의 이론과 행동의 이론에 의한 설명과 이해의 방법에 따라 해석될 수 있다.
16) 앞글, 8-9면.
17) 유협, 「사서의 체재와 문장」, 『문심조룡』, 최신호(역), 현암사, 1975, 64-70면.
　공자는 「춘추」를 노사(魯史)에 입각해 편찬했는데 주(周) 평왕 이후 치세가 사라지고 법규와 제도가 문란하여 상도(常道)가 파괴되고 문화가 몰락하는 것을 우려해 편찬했다.
18) 앞글, 70-71면.

사실"과 "표면적 진술(陳述)"이 중시된 본기의 역사 상황과 가치를 재확인하고 옹호하기 위한 입장이었다고 볼 수 있다. 그럼에도 "고대 역사 기록 문장" 체계와 달라서 내포된 "진의(眞意)" 또한 간과될 수 있었다. 즉 "열전"은 고대 전(傳)의 형식에서 비롯되었다. 주(周)의 좌구명(左丘明)은 공자(孔子)와 동시대 사람으로 역사의 "미묘한 언어"를 해독하여 그 시말이 일관되게 통하는 체계(脈絡:맥락)를 탐구해 "창조"했다. 이는 경(經)의 내용을 전수(轉受)하여 후세에 전수(傳授)한 글이어서 전(轉)과 같다.[19]

일찍이 좌전(左傳)[20]의 경우 역사 사실들이 그 문장 속에 "간략히" 서술되면서 성씨 관계 등 개인의 일은 알기 어려워 개인의 전기(傳記)를 만들었으며, 이로 인해 인간관계가 좀 더 분명해지고 이해하기 쉬워졌다. 그 후 사관에 따라 책(策), 기(紀) 등이 서술되었는데 후세 역사가들은 대체로 한(漢)의 사마천이 지은 사기(史記)의 방법[21]을 따랐다.

결국 고대의 전(傳)은 대체로 인신(人臣)의 사적을 나열한 형식으로 사실을 전(傳)[22]했는데 당시 엄격한 기준으로 서술된 "심원한 내용들은 은미함 속에 감추어져 있고, 그 문장은 함축에 뛰어나 간결했다."[23] 바꾸어 말하면 비록 간결한 내용이나 그 "감추어진 뜻과 내포된 의미"[24]는 결코 단순하지 않은 글이었다.

한편 공자(孔子)는 일찍이 "언어는 사상을 완성하고 문식(文飾)은 언어를

---

19) 앞글, 65면.
20) 주(周)의 사관인 좌구명이 지은 춘추좌씨전을 말한다.
21) 앞글, 65~66면.
22) 신형식, 일조각, 1981년, 386면, 사마천, 『사기』, 「백이열전」 재인용.
23) 유협, 『문심조룡』, 최신호(역), 현암사, 1975, 64-70면.
24) 근본적으로 객관적 사실 외에 역사가의 주관에 대한 문제가 없지는 않으나 해석은 텍스트의 〈사물〉을 발견하는 것이며, 저자의 심리를 알아내는 것이 아니다. 또한 역사가의 실재의 지시와 이야기의 지시 사이는 근본적으로 크게 다르지 않다는 점이 이해될 수 있다.
   한스 페터 헴펠, 『하이데거와 선(禪)』, 이기상·추기연(역), 민음사, 1995.
   폴 리쾨르, 『텍스트에서 행동으로』, 박병수·남기영(편역), 아카넷, 2002.

완성한다."라고 했다. 또한 군자(君子)에 대해 "심정은 신실하게, 표현은 공교하게" 해야 하므로 수신(修身)에 있어서 "문식"을 의미 있게 생각했다. 즉 "적절한 표현 방법"으로 구현시킨 "완성된 언어"라야 "사상을 바르게 구현할 수 있다."고 보았으며, "거짓 없는 마음(信實:신실)"으로 정교하게 만든 "창작적 표현(工巧:공교)"을 구사할 수 있어야 군자라고 생각했다.[25]

이상을 종합하면 사기(史記)는 근본 도리에 의해 그 시시비비와 잘잘못을 가려 밝히려는 입장에서 비롯되어 잘한 것은 권하고 잘못한 것은 징계하기 위해 있는 그대로의 사실들을 쓴 글이다. 이에 비해 열전은 그 깊은 내용과 감추어진 진실을 또 다른 방법으로 "다시 생각한" 구성 방법이었다.

따라서 『삼국사기』 열전의 본질적 의의[26]는 본기의 역사 사실부터 열전

---

[25] 유협, 『문심조룡』, 최신호(역), 8-14면. 동양에서는 일찍이 인문의 시원(始源)이 우주의 생성에서 비롯되어 새의 발자국과 같은 원시문자로부터 문자의 존재가 분명해졌으며, 성인들에 의해 우주의 원리를 체현(體現)한 도(道)의 문장들이 생성되었다고 했다. 그리하여 창작자를 성인(聖人)이라 하고 이를 서술한 자를 명철(明哲)이라고 했다.

[26] 19C에 발전된 역사 이론 등은 인간 존재에 대한 철학자들의 탐구가 시간에 대한 탐구와 연결되면서 시간적이며 진화론적 등으로 정의되는 역사주의에 큰 영향을 주었다.
특히 역사를 이해하고 해석하는 문제가 철학자들의 인간 존재 문제와 이를 말하는 언어 해석에 관한 예가 제시되면서 표상된 담론과 과거 경험에 관한 실재 등에 대한 철학적 질문이 텍스트 이론을 통해 설명되어 왔다. 곧 텍스트 이론은 기존의 관념론적인 현상학적 방법을 반성하려는 입장과 함께 이야기 기능을 해석하는 방법으로 기호, 상징, 텍스트에 의해 매개된 자기 이해의 관점을 발견하려는 철학적 질문에서 비롯되었다. 그리하여 진술의 의미와 구성 체계에서 존재 상황을 은유적인 지시 상황으로 표상한 담론과 결합시켜 (해석학적으로) 이해하고 증명하려고 했다.
한편 중국의 고대 성인들은 경(經) 뿐만 아니라 공자의 춘추(春秋) 이래 문장에 대한 원리와 도(道)가 우주의 근본 원리에서 비롯되었다는 관점에서 문장 형식들도 이에 따라 정립되어야 한다고 보았다. 곧 고대 성인들은 우주의 근본 원리를 탐구하여 문장으로 나타내려고 했으며, 역으로는 이를 통해 우주의 원리를 보다 분명히 하려고 했다.
결국 천문의 현상을 깨닫고 인간 세계의 현상을 통찰하려는 방법으로서 문장과 글에 대한 인식은 비록 시간과 공간은 다르지만 동서양이 상당히 근접해 있다는 것을 알 수 있다.
이를 바탕으로 『삼국사기』 열전의 이해는 우선 역사 기록에 대한 이해와 문장 형식에 대한 인식을 통해 그 존재 의의가 총체적으로 해석될 수 있다.
이때 고전 문장의 경우 고대의 관점과 서구의 방법적 논의 모두 그 한계가 적지 않다. 그럼에도 이들 관점을 원용하는 방법으로 그 변화를 모색하지 않고는 인문학적 성찰과 탐

의 상상적 범주까지 다양하고 광범위하게 구성된 복잡한 문장 양식들을 체계화하고, 인물에 내포된 "세계-내-존재"의 실상과 의미를 명료화[27]하는 문장 이해 방법으로 개방될 수 있다.

2. 김부식의 편찬 체재와 새로운 전망

『삼국사기』 열전은 삼국 통일 전, 후 전환기를 대표한 명장, 충신, 의인, 예인 등 50여 명의 존재 상황과 더불어 천여 년의 고대 삼국 역사가 총체적으로 집약되었다.

그동안 이들이 존재하기까지 유구한 자취를 유추해 보면 인간 삶의 흔적은 70만 년 전 구석기부터 역력했으나 고조선(기원전 2333년)부터 형성된 나라

색 방법의 한계를 극복하기가 쉽지 않다. 특히 고전의 향기는 시간이 지날수록 더 깊이 숨어 있어서 이를 느끼기 위한 특별한 감각과 도구가 있어야 하나 시대와 인식의 변화에도 불구하고 고정된 관점에 잡혀있다면 그 향기와 가치를 설명할 새로운 "언어"와 이해 방법 등은 더욱 찾기 어렵다.

결국 고전의 문장들에서 전통적인 가치를 발견하고 이에 새 힘을 불어넣는 것은 후세들의 몫이다. 곧 고대인들의 행동과 말씀을 이 시대 우리들의 언어로 다시 이해하는 방법은 선인들과 우리들의 이질적인 것들을 묶고 화해시키는 요체이다. 유협의 말처럼 시간의 추이에 견딜 수 있는 수사(修辭) 방법이나 박력(迫力)과 같은 변혁의 발상을 현세(現世)에서 찾아야 한다면 고대 문장의 경우도 현세적인 방법론에 의해 보다 적절한 발상이 실행되고 조절될 수 있어야 한다.

한스 마이어호프, 『문학과 시간현상학』, 김준오(역), 심상사, 1979, 29-76면.
폴 리쾨르, 『텍스트에서 행동으로』, 박병수·남기영(편역), 아카넷, 2002, 1-79면.
유협, 『문심조룡』, 최신호(역), 현암사, 1975, 8-20면, 123-127면.

[27] 폴 리쾨르, 2002, 35-79면.
연구 자료는 『삼국사기』, 상, 하, 한국 명저 대전집, 김종권(역), 대양서적, 1972.
이병도(교주), 『삼국사기』, 을유문화사, 1977.
이재호(역), 『삼국사기』(1, 2, 3), 나라말씀, 1997.
이우경(편역), 『새로운 삼국사기』①신라·통일신라 편, 한국문화사, 2007.
이우경(편역), 『새로운 삼국사기』②고구려·백제편, 한국문화사, 2007.
등을 기본으로 하고 그 외 역서도 참고했다.

체재는 상당 기간 동안 여러 소국가 형태로 산재했었다. 그로부터 형성된 민족의 자취는 마침내 신라(기원전 57년), 고구려(기원전 37년), 백제(기원전 18년) 삼국으로 정립되었다. 그 후 통일 신라에 이르기까지 각국의 지배 의지와 더불어 확장, 고취된 진취적 기상과 역동적인 발전상은 민족의 자질과 정신적 뿌리가 되어 면면이 이어져 왔다.

특히 신라, 고구려, 백제 등 삼국의 영고성쇠(榮枯盛衰) 과정은 한(漢), 위(魏), 연(燕) 등 중국과 왜(倭) 등이 연계된 세계 상황 속에서 공존, 대립한 인간 관계들이기도 하다. 곧 "열전(列傳)"에 명명(命名)된 장수, 관료, 화랑, 외교관, 문장가, 예인, 그 밖의 남녀 백성들은 왕의 자손부터 일반 백성들에 이르기까지 삼국의 충신, 열사(烈士), 효자, 의인(義人), 예인(藝人), 개혁적 역신(逆臣) 등 역사 공동체적 관계 속에 존재한 유형적 인물인 동시에 인간 보편적 현황이기도 하다.

그럼에도 이에 대한 최소한의 형식적 범주도 규정하지 못한 이유는 무엇보다 편찬자의 기준에 따라 구분된 분류 체계에 고착되어 편찬자(해석자)의 선판단[28])에 의한 의도적 오류(intentional fallacy)의 영향이 없지 않았다. 또한 열전의 체계와는 무관하게 몇몇 중요하고 의미 있다고 판단한 인물들만 중시된 결과 지극히 한정된 관점에 치우칠 수밖에 없었다. 더욱이 "역사 이야기"로서 역사 기록 방법과 문장(문학) 형식이 혼융된 체계임에도 이들 관계에 대한 이해 방법보다 어느 한 면에 집중되면서 장르 체계도 확립되기 어려웠다.

결국 "증명하기 어려운 지나간 실재"들의 역사적 진실과 내포된 의미들이 복원, 계발되기 위해서는 마치 한 조각의 고대 유물들을 다각도로 상상하고 유추하듯이 문장 형식 속에 지시된 단편 사실부터 상상적 원리까지 이해하고 해석될 수 있는 다양한 방법 등이 모색되지 않을 수 없다. 곧 단편적인 역사

---

28) 폴 리쾨르, 『텍스트에서 행동으로』, 박병수·남기영(편역), 아카넷, 2002, 53면.
이는 소위 선입견과 같은 의미이다.

사실을 근거로 "감추어진 심원한 내용"들이 서술 행간에 내포된 고대 사회 상황과 인물의 공동체적 관계와 그 본래의 위상 등과 더불어 개방되기 위해서는 무엇보다 편찬자가 규정한 경계를 해체하지 않을 수 없다.

이를 위해 우선 편찬자 체재를 살펴보면 다음과 같다.29)

제1권 김유신 상	제2권 김유신 중	제3권 김유신 하 ●
제4권 ▲을지문덕● / 거칠부 / 거도 / 이사부 / 김인문+ / 김양+ / ▼흑치상지 / 장보고, 정년● / 사다함			
제5권 ▲을파소 / 김후직 / 녹진 / ▲밀우, 뉴유 / ▲명림답부 / 석우로● / 박제상 / 귀산 / ▲온달			
제6권	강수+ /	최치원+ /	설총+
제7권 해론 / 소나 / 취도 / 눌최 / 설계두 / 김영윤 / 관창 / 김흠운● / 열기 / 비령자 / 죽죽 / 필부 / ▼계백			
제8권 향덕 / 성각● / 실혜 / 물계자 / 백결선생 / 검군+ / 김생+ / 솔거 / 효녀지은+ / 설씨녀 / ▼도미			
제9권	▲창조리 /	▲개소문●	
제10권	궁예 /	견훤●	

이상 편찬자가 분류한 총 10권30)의 체재는 삼국 통일의 수훈자인 김유신(제1, 2, 3권)을 비롯해 통일 신라 말 후삼국의 대표적 인물(제10권)까지 총 50여 명이 역사적 업적과 위상에 따라 다양하게 배분되었다.

이들은 대략 제 6권(문장가)을 중심으로 상부(1권-5권)와 하부(7권-10권)의 구성 양상이 비슷한데 그 중 제 4, 5권과 제 7, 8권은 고구려(▲), 백제(▼), 신라 인물들이 혼용되었다. 또한 양극에 배치된 제 1, 2, 3, 권과 제 9, 10권을 제외한 나머지 반(제 4, 5, 6, 7, 8권)은 본기에 명시된 역사적 인

---

29) 부호 중 인물 끝에 붙인 "●"은 김부식이 덧붙인 논평을 뜻한다. 즉 논평은 "김유신" 하 끝에 붙었으며 을지문덕 등 모두 8편임을 알 수 있다. 또한 인물 앞에 붙인 "▲"은 고구려인을 뜻해서 을지문덕, 을파소 등 7명이다. 반대로 "▼"은 백제인을 뜻하며 흑치상지 등 모두 3명이다. 그 외는 모두 신라인이다. 한편 "+"은 김부식이 스스로 밝힌 논평과 달리 인물전과 관계된 내용 혹은 사족으로 덧붙여진 내용임을 뜻한다. 대체로 연계된 타인, 혹은 평, 혹은 간략한 설명 등인데 강수, 설총의 경우 "문장가"들이 나열되었다.

30) 원래 『삼국사기』 제41권부터 제50권까지이나 편의상 제1권부터 제10권으로 분류했다.

물과 본기에 명시되지 않아서 "은유적 인물"로 구분된 이들이 혼융되었다.

이들 중 중시된 인물들(총 8명) 몇몇은 편찬자의 주관적 논평(●)이 덧붙였는데 그 중 성각(제8권)은 본기에 명시되지 않은 유일한 인물이다. 그 외 중심 인물과 연관된 내용들(+)이 덧붙여진 경우(총 8명)도 적지 않다.

그 중 제 1, 2, 3권에 서술된 김유신이 권수(3/10권)로 가장 많은 분량이어서 통일 과업의 영웅적 업적이 중시되었다고 볼 수 있다. 이어 제 4권은 자신의 나라를 위해 획기적 업적을 세운 삼국(고구려, 신라, 백제) 명장들을 혼융, 구성해 통합된 민족 역량을 함축했다. 다음 제 5권은 고구려(4명)와 신라(5명)의 충신들로 각기 의미 있는 말과 실천 행위로 전환적 위기를 극복한 인물들이다. 그 중 온달(고구려)은 본기에 명시되지 않은 인물이어서 역사적 인물들과 비교된다.

한편 제 6권은 신라의 대표적 문장가들로 통일 전 / 통일 신라 / 말기 상황과 더불어 정신 문화 의식이 함축되었다. 또한 제 7권의 인물들은 삼국 통일 전, 후 화랑정신과 호국정신을 몸소 실천한 신라의 용사들로 통일의 바탕이 되었다. 그 중 계백(백제장수)은 신라와 대결한 인물이나 투철한 호국 희생정신으로 자신의 나라를 위해 희생된 점은 신라인들과 크게 다르지 않다. 다음 제 8권은 대부분 본기에 명시되지 않은 일반 백성(향덕 제외)들로 효, 의(義), 기예 등 정신 문화적 의의와 더불어 참 뜻을 펼친 인물들이다. 그 중 도미는 백제의 백성으로 의(義)를 추구한 대표적 인물이다. 또한 제 9권은 고구려 전, 후기 대표적 충신과 명장으로 고구려를 지키고 대외적 위상을 높인 인물들이다. 끝으로 제 10권은 통일 신라 말 혼란기에 일어난 후삼국의 대표적 인물들이다.

이들 각 권의 인물과 구성 형태를 보다 구체적으로 살피기 위해 역사적 단편 사실을 토대로 서술 내용을 요약 정리하면 다음과 같다.

가. 제1권-제3권

제 1권부터 3권까지는 "김유신"전이다.

이는 천년에 가까운 신라 역사 대부분(800여 년)이 수렴되었으나 중요한 역사 상황을 근거로 간략히 정리하면 다음과 같다.

김유신 상: 3대유리이사금19년(서기 42년) 김유신 조상 소개(조부, 부)-26대진평왕17년(595년) 김유신 탄생-왕51년(629년) 고구려 침입, 승리-27대선덕왕11년(642년) 김춘추와 김유신 삽혈 맹약, 김춘추의 고구려 청병 실패-28대진덕왕원년(647년) 백제의 침입, 비령자 전사, 승리-진덕왕2년(서기648년) 백제와 대결, 승리
김유신 중: 28대진덕왕3년(서기 649년) 백제의 침입, 김유신 책략 승리-진덕왕8년(654년) 29대태종무열왕(김춘추) 즉위, 김유신 공적-태종무열왕7년(660년) 백제 멸망-30대문무왕원년 고구려 침입 중 백제회복군 저항-당(唐)소정방에게 군량 수송-문무왕3년(663년) 백제 저항(임존성) 세력 남기고 귀환
김유신 하: 30대문무왕4년(서기 664년) 백제가 사비성에서 저항, 김유신 책략 승리-왕8년(668년) 고구려 멸망, 문무왕이 김유신 가계 공적 회상-왕12년(672년) 당(唐)과 석문 들에서 싸워 패함. 김유신 아들 생환, 부모에게 외면됨-왕13년(673년) 김유신 죽음-33대성덕왕이 유신 손자 총애, 유신 은덕 회상-36대혜공왕(765년-780년) 김유신 후손 행적-혜공왕15년(779년) 유신의 무덤부터 미추왕 능까지 안개와 탄식소리, 혜공왕 제사 지냄-42대흥덕왕(826-836년) 김유신 흥무대왕에 봉해짐

이상에서 "김유신"은 총 3권의 분량이 서술되어 총 10권 중 3/10 권에 해당된다. 이는 가야 왕이었던 선조부터 김유신 그리고 후손까지 일대기 형식과 병행된 통일 신라 전, 후 역사가 총체적으로 수렴되었다. 따라서 삼국 통일의 의의가 가장 중시된 현황을 짐작할 수 있다.

그 중 제 1권은 김유신의 가계와 탄생 내력, 성장 후 명장이 되기 위한 준비 과정, 백제의 침입을 막고 국내 반란 등을 진압한 업적 등이 서술되었다. 특히 그의 조상은 금관가야에서 귀의한 왕족으로 조부인 무력이 백제 성왕(26대)을 물리치고 큰 공을 세웠다. 또한 유신이 아버지(서현)와 함께 고구려를 이긴 최초의 업적이 서술되었다.

그 후 백제의 침입을 막고 비담의 반란(선덕왕 16년/진덕왕 원년, 서기 647년)을 진압했으며, 같은 해 백제의 침입으로 위기에 처했을 때 부하인 비령자의 업적으로 전환기를 맞았다.

아울러 김춘추의 행적이 상술되었는데 국내 업적을 이룬 김유신과 당(唐)에서 구원병을 얻은 김춘추의 만남으로 이들의 미래가 예시되었다.

다음 제 2권은 김유신(진덕왕 3년, 서기 649년)이 백제를 이긴 대결로 시작되어 제 1권과 시간적으로 이어졌다. 당시 백제가 7성을 공격했을 때 열흘이 지나도록 승부가 나지 않아 피해가 컸으나 김유신의 책략으로 대승했다. 이 후 김춘추(진골)가 왕으로 즉위(서기 654년)하기까지 김유신의 공적이 이어졌다. 또한 즉위 다음해(서기 655년)[31] 백제가 고구려와 말갈과 함께 신라의 33성을 함락한 위기로 당(唐)에 구원(본기)을 청한 때 김유신이 백제(도비천성)를 이긴 업적(열전)이 부각되었다. 그 후 신라(태종무열왕 7년, 서기 660년)가 당과 연합해 백제를 멸망시켰다.[32] 이들 중 열전은 본기의 핵심적 역사 사실 외의 행적이 상술, 확장되었다.

한편 백제 멸망 이후 나라 회복을 위한 백제인들의 치열한 저항 때문에 태종무열왕에 이어 문무왕 대까지 김유신의 통일 과업이 지속되었다. 특히 고구려 침입 계획이 지연된 가운데 고구려를 포위한 당(唐) 소정방의 군사들에게 양식이 수송되지 않은 위기(문무왕 원년, 서기 661년)로 김유신이 김인문, 열기 등과 양식 수송한 업적이 상세하다.

결국 지속된 백제인들의 저항으로 신라(문무왕 3년, 서기 663년)와 당(唐)은 다시 40만 명의 군사[33]를 동원했으나 임존성만은 끝내 물리치지 못하고 귀환(문무왕 3년, 서기 663년)했다.

---

[31] 백제 본기에서 8월(의자왕 15년, 서기 655년)에 백제가 고구려와 말갈과 함께 신라의 30여성을 쳐 김춘추가 사신을 당(唐)에 보내 호소했다. 반면 신라 본기에는 태종무열왕 2년(서기 655년) 정월에 고구려와 백제와 말갈이 북쪽 변경을 침입해 33성을 빼앗자 사신을 당(唐)에 보내 구원을 청했다. 이해 3월에는 당(唐)이 소정방 등을 보내 고구려를 쳤다.
[32] 본기에서 의자왕은 신라를 크게 이긴 다음해(왕 16년, 서기 656년)부터 궁인들과 술 마시기를 그치지 않았으며, 이를 충간한 좌평을 옥에 가두었다.
[33] 본기에서 김유신은 문무왕 3년(서기 663년)까지 백제 회복군들과 대결했다. 당시 당(唐)의 손인사가 이끄는 40만 명의 군사와 김유신 등 28명의 장군들이 백제(임존성) 함락에 힘쓴 상황은 백제 멸망 당시보다 큰 대결이었다.

끝으로 제 3권은 문무왕 4년(서기 664년)부터 혜공왕 15년(서기 779년)까지 상황이 서술되었다. 즉 백제 회복군이 다시 사비성(문무왕 4년)에서 저항했으나 김유신의 책략(열전)으로 물리쳤다. 그러나 본기에서는 김유신(70세)이 벼슬에서 물러나기를 청한 시기였다. 따라서 서술 관점은 후손(김유신아들, 후대)으로 옮겨졌다.

특히 고구려 정벌 직전 김유신(문무왕 8년)이 풍병34)으로 머문 사실(본기)이 생략(열전)된 대신 흠순(아우)과 김인문(조카) 등에게 "장수론"을 설파해 간접적으로 동참했다.35) 이어 고구려 멸망 상황이 약술된 대신 문무왕이 귀환 도중 김유신 조부 때부터 이룬 공로를 회상하고36) 태대서발한을 내림으로써 "김유신"전의 의의를 부각했다.

한편 김유신(79세)이 신라와 당(唐)이 대립한 혼란기(문무왕 13년, 서기 673년)에 세상을 떠났는데 본기에 단문으로 기술된 그의 죽음이 열전에서는 나라 위한 그의 충언과 더불어 상술되었다.

그 후 당(唐)과의 대결(문무왕 12년, 서기 672년)이 아들(후손)의 행적과 병행되어 자주적 주체 정신으로 당(唐)까지 물리친 통일 과업(문무왕 16년)이 부각되었다.

아울러 통일 후 태평성대를 맞은 성덕왕에 이어 혜공왕 대 이변이 윤중(유신의 손자)과 현손(玄孫)인 암을 통해 서술됨으로써 태종무열왕계 마지막 왕

---

34) 본기에서 문무왕 8년(서기 668년) 6월 김유신을 중심으로 28명의 장군이 고구려 정벌에 나섰으나 김유신은 풍병으로 서울에 머물게 되었다. 그해 9월 고구려가 멸망했다.

35) 고구려 본기에서 고구려 보장왕이 영국공 이세적에게 항복을 청했으며, 영국공은 보장왕과 왕자 등 20여만 명을 이끌고 당(唐)으로 돌아갔다. 이때 김인문도 따라 귀환했다. 한편 문무왕은 고구려 평정 당시 한성을 떠나 평양으로 향했으나 당(唐) 군사들이 이미 떠난 후이어서 한성으로 돌아왔으며 귀환 중(10월22일) 김유신에게 벼슬(태대각간)을 내리고 그 밖의 공로자에게도 상을 내렸다.

36) 무력(할아버지)이 백제 25대 성왕을 해쳤으며, 서현(아버지)이 일찍이 고구려를 물리쳤다. 그 후 김유신이 백제를 물리쳤는데 문무왕 원년부터 고구려를 물리치기 위한 공로가 있었음을 회상했다.

조까지 조명되었다.

결국 세 권으로 나뉜 "김유신"은 신라(기원전 57년-서기 935년) 역사 중 3/4에 해당한 총 800여년의 "삼국통일사"가 총체적으로 구성된 한편의 "김유신"전이라고 할 수 있다.

나. 제4권

다음은 삼국의 명장들(총9명)로 구성된 제 4권의 내용을 요약 정리하면 다음과 같다.

을지문덕	고구려 26대영양왕23년(서기 612년) 수(隋) 침입을 책략으로 크게 물리친 명장의 업적
거칠부	신라 사미로 고구려에서 혜량법사 강론 들음-24대진흥왕6년(서기 545년) 국사 편찬-왕12년(551년) 백제와 연합해 고구려를 쳐 10군 함락-25대진지왕원년(576년) 상대등됨-78세 죽음
거도	4대탈해왕(서기 57년-80년) 때 변경 관리로, "마숙(馬叔)놀이로 이웃 두 나라 병합
이사부	22대지증왕(서기 500년-514년) 때 "마숙"으로 가야 함락-왕13년(512년) 목우사자로 우산국 함락-24대진흥왕11년(550년) 백제가 고구려의 도살성을, 고구려가 백제의 금현성을 함락하는 사이 두 성 빼앗음-고구려의 금현성 침입을 물리침
김인문	28대진덕왕5년(서기 651년) 당(唐) 숙위-진덕왕7년 귀환-29대태종무열왕3년(656년) 압독주 총관, 장산성 쌓음-왕6년 당(唐) 구원 청-왕7년(660년) 소정방과 백제 멸망-30대문무왕원년(661년) 당(唐)고종 고구려 칠 계획, 인문 귀국, 호응할 것 전함-당(唐)소정방 평양포위, 인문 유인원과 군량전달, 눈으로 소정방귀환-인문, 유신귀환-왕8년(668년) 당(唐)고종 이적 보내 고구려침, 인문 귀국, 군사모집 명함-고구려멸망-왕14년(674년) 고구려 반란자 받고, 백제 옛땅 차지로 당(唐)고종 노함, 왕 관작 빼앗고 유인궤침입-김인문 왕으로 대신 보냄, 문무왕 사죄, 조공, 왕위 회복-32대효소왕3년(서기 694년) 당(唐)에서 병사-(+양도)37)
김양	42대흥덕왕3년(서기 828년) 고성군태수-왕11년 왕 사후 왕 사촌아우 균정과 사촌아우의 아들 제륭이 왕권 쟁탈-제륭, 43대희강왕즉위-왕2년 균정아들인 우징 청해진 진입-왕3년(838년) 김양, 우징과 반란 계획-44대민애왕 즉위, 왕2년(839년) 대구에서 김양 승리, 왕 도망-그해 4월 45대신무왕즉위-7월 신무왕 사후 문성왕즉위-왕19년(875년) 김양 50세로 죽음, 김유신의 옛 관례 따름-(+김흔)38)
흑치상지	백제 31대의자왕20년(서기 660년) 백제멸망, 항복-흑치상지 도망, 임존산 웅거, 3만 명 모음-문무왕2년(662년) 200여성 회복, 용삭(661년-663년) 당(唐)고종 회유 유인궤에 항복-당(唐)에서 벼슬, 공적 이룸-참언으로 죽음
장보고/정년	모두 당(唐)소장-42대흥덕왕3년(서기 828년) 장보고 귀국, 청해지킴-정연 귀국, 장보고에게 의존-희강왕3년(838년) 왕권 쟁탈, 정연 군사5천 명으로 반란 진입-45대신무왕 즉위, 장보고는 재상되고 연은 청해 지킴
사다함	화랑, 무리 1천 명임-진흥왕23년(서기 562년) 이사부 가라 침-사다함 15,6세로 귀당비장됨-전단량에 들어가 가야 멸망, 공적 사양, 알천의 척박한 땅 청함-친우인 무관랑 죽자 슬픔에 죽음, 17세

이상은 신라(거칠부 외 6명), 고구려(을지문덕), 백제(흑치상지) 명장 등 삼국이 합일, 공존한 형태로 구성되어 한(韓) 민족 역량이 과시되었다.

이들 중 을지문덕을 가장 앞세운 이유는 신라 김유신에 이어 수(隋)를 물리친 고구려 위상과 을지문덕의 영웅적 기상을 높이 보았다고 할 수 있다. 곧 편찬자 논평에서 수(隋)가 예전에 없던 군사를 동원했으나 변방에 있던 "한사람 힘"으로 물리쳤다 할 정도로 "고구려 명장"의 용맹성을 기렸다.

또한 흑치상지는 신라 김유신과 당(唐) 군이 백제를 멸망시킬 때 유일하게 항복하지 않은 백제 용장이었다. 비록 당(唐)에 회유되어 공을 세우고 참언으로 죽었으나 그의 뛰어난 재능과 용맹성은 김유신 못지않음을 함축했다. 때문에 신라인(장보고, 사다함)보다 앞에 배치될 수 있었다.

한편 거도는 본기에 명시되지 않은 은유적 인물로 열전 50여 명 중 최초의 인물인 동시에 신라 최초의 명장이다. 특히 전환기인 탈해왕(서기 57년-80년) 대 변경 관리로 "마숙(馬叔)" 놀이와 같은 책략을 써서 이웃 나라들을 병합한 내용으로 보아 역사적 인물인 이사부와 연계된다.

그 외 거칠부, 이사부, 사다함 등은 영토 확장을 크게 한 진흥왕(서기 540년-576년) 대 중심 인물들로 이들의 업적은 신라 통일의 바탕이 되었다.

또한 김인문(김춘추아들)은 일찍이 당(唐)에서 숙위한 인물로 문무가 겸비된 명장이며 외교가이다. 곧 신라와 당을 오가며 외교적 역할과 무력(백제, 고구려멸망)으로 삼국 통일에 크게 기여했다.

이어 김양과 장보고/정년은 통일 신라 중반기 중앙 귀족들의 왕권 다툼을 마무리한 인물들이다. 그 중 장보고는 편찬자 논평에서 중국의 곽분양과 비교될 정도로 높이 평가되었다.

종합하면 열전의 인물들은 본기 사실이 근거가 되었으나 본기에서 중시된 "시간"에 한정되지 않고 인물의 존재 상황에 따라 다양하게 개방, 확장되

---

37) "김인문"에 "양도"의 내용이 덧붙여져 있다.
38) "김양"에 "김흔"의 내용(김양의 1/2 분량)이 덧붙여져 있다.

었다.[39] 곧 거도는 "탈해왕"만 명시되었으며, 김인문은 당(唐) 고종이 소정방을 신구도 대총관으로 삼아 백제를 친 "사실"만 확인될 뿐 행적의 구체적 시간이 생략되었다. 뿐만 아니라 을지문덕에서는 "수(隋) 개황 원년"이라는 중국 연호[40]로, 거칠부는 "진흥왕 12년 신미"로 서술되었다. 말하자면 파기된 형태는 다양한 의의가 내포된 역설적 방법이기도 하다.

다. 제5권

제 5권에 구성된 충신들(총 9명)의 내용을 요약 정리하면 다음과 같다.

을파소 : 고구려 9대고국천왕12년(서기 190년) 외척 횡포 막고 현량구함-천거된 안류가 을파소 천거-을파소 국상됨, 나라 사람들 시기, 이간질함, 왕이 교서로 엄벌 명함-정치와 교화 밝히고 상벌 신중, 백성들 안정됨-왕이 안류도 칭찬-10대산상왕7년(203년) 을파소 죽음
김후직 : 26대진평왕 2년(서기 580년) 병부령됨-왕에게 사냥 중지 충간, 왕 듣지 않음-후직, 죽은 후 사냥 길 옆 묻혀 왕 깨닫게 함-왕이 충간 인식, 사냥 그침
녹진 : 41대헌덕왕14년(서기 822년) 왕 동생(수종) 태자되고 충공이 상대등됨-충공의 심장병 듣고 녹진이 치유법 말함-목수의 집짓기와 벼슬 비유, 각기 알맞은 자리 있음, 관리가 청백하여 뇌물 막고 형벌과 정치 바르게 되어야 태평해짐 충간-충공이 왕에게, 왕은 태자에게 전함-태자가 왕이 밝아서 신하가 바르다고 하례-녹진이 헌창(웅진주도독)의 반란에 공적 세웠으나 벼슬 사양
밀우/뉴유 : 고구려 11대동천왕20년(서기 246년) 위(魏) 관구검이 환도성 함락-왕 도망, 밀우가 호위-왕이 밀우 찾음-남옥저까지 위(魏) 군사에 쫓김-뉴유의 계책으로 위(魏) 장수 죽이고 물리침, 왕이 공적 논의, 밀우, 유옥구, 뉴유에게 상줌
명림답부 : 고구려 8대신대왕(서기 165년-179년) 대 국상됨-왕8년(172년) 한(漢)의 침입, 명림답부 책략, 기다렸다 퇴각 때 침-한(漢) 군사 패배, 왕이 상줌-신대왕15년(179년) 113세로 죽음, 7일 조회 중지, 묘지기 20호 두고 지키게 함
석우로 : 10대내해왕(서기 196년-230년) 아들-11대조분왕2년(231년) 대장군됨, 감문국 쳐 군현(郡縣)됨-왕4년 왜인 물리침-왕15년(244년) 서불한, 군사맡음-왕16년 고구려가 북변 침입, 물러나 군사 위로-12대첨해왕 사량벌국 배반, 물리침-왕7년(253년) 왜(倭) 사신에게 왜왕 희롱, 왜군의 침입, 이들에게 불태워져 죽음-(우로아들, 16대흘해왕됨)-13대미추왕 왜(倭) 사신이 예방, 우로 아내 왜 사신에게 잔치 베푼다 하고 불태워 보복-왜(倭)의 침입, 물러남
박제상 : 18대실성왕원년 왜(倭)와 우호관계, 17대내물왕이 자신을 고구려 인질 삼은 이유로 그아들 미사흔 볼모 삼음-왕11년(412년) 고구려가 복호(미사흔 형) 볼모삼게 함-19대눌지왕 즉위, 두아우 구할 말 잘하는 이 구함-눌지왕2년(418년) 제상, 고구려에서 복호와 귀국-같은해 왜(倭)에서 미사흔 귀환 후 왜(倭)에서 불태워짐-왕이 벼슬 추증, 상 내림, 미사흔이 박제상 둘째딸과 혼인-왕이 형제 만난 기쁨을 노래(우식곡)와 춤으로 표현

---

39) 요약된 내용 중 본기에 서술된 왕조와 서기 년도는 필자가 이해하기 쉽도록 보완했다.
40) 실제로 이는 본기의 년대와 다른 잘못된 년대이기도 하다.

> **귀산** : 귀산, 추항, 유람기약, 마음수양 몸닦기 위해 어진이 도리 듣기-26대진평왕22년 사람들 원광법사 공경-귀산 등 법사 말씀에 세속오계 실천약속-왕24년 백제가 아막성침입, 백제 패해 잠복, 신라 후군 무은 끌어내림-아들 귀산이 스승의 "임전무퇴" 외치며 아버지구함, 귀산, 추항 전사-왕, 벼슬추증
> **온달** : 고구려 평강왕(25대평원왕, 서기 559년-590년) 공주와 온달 혼인-온달, 평강 말듣고 병들고 마른 국마 사 키움, 3월3일 낙랑에서 공적, 왕과 대면-후주(後周) 무제 요동침입, 온달 공적 세움, 왕 사위되어 대형벼슬-온달, 양강왕 즉위 후 빼앗긴 한강 북쪽 지역 회복 의지, 계립현·죽령 서쪽 회복 후 귀환다짐-신라와 아단성 대결, 전사-움직이지 않던 온달, 공주 말에 움직여 장사지냄.

이상은 고구려와 신라의 전환기에 큰 공적을 세운 인물들로 충공(상대등)에게 충간한 "녹진"과 원광법사의 말씀을 들은 "귀산"을 제외한 대부분이 임금을 측근에서 보필한 충신들이다.

그 중 을파소, 밀우/뉴유, 명림답부, 온달 등 고구려 충신은 대부분(을파소 제외) 뛰어난 지략으로 강력한 외세(중국)를 물리친 인물들이어서 일찍이 중국과의 갈등 관계를 알 수 있다. 그 중 온달은 본기에 명시되지 않은 인물로 고구려 회복 정신이 상징적으로 구현된 총체적 인물이다.

반면 신라인들은 통일 신라 전(김후직), 후(녹진) 충간이 대비되며, 김씨(내물왕) 왕조 전(석우로), 후(박제상) 왜(倭)인에게 불태워진 석씨와 박씨 상황이 비교, 대비될 수 있다.[41]

종합하면 고구려 9대, 10대 왕조가 혼융 구성된 을파소는 시간적 경계가 해체되었다. 또한 석우로(내해왕아들)는 11대, 12대, 13대 왕조에 걸친 업적부터 마지막 석씨 왕조(16대흘해왕, 석우로아들)까지 포괄된 동안 시간적 계기가 파기되었다. 곧 건국이념과 국가 체재를 회복하기 위한 복잡한 시대 상황이 파격적인 문장(문학) 체계로 구현되었다.

라. 제 6권

신라 대표적 문장가들인 제 6권의 인물들(총3명)을 요약 정리하면 다음과 같다.

---
41) 이우경, 「한국 산문의 형식과 실제」, 131-174면.

> **강수**: 어머니 꿈, 뿔있는 이 보고 잉태-아버지, 어진 이 말 듣고 유학자 명성 예시-강수가 대장간집 딸과 혼인, 아버지가 신분 맞는 배필권함, 거부하고 도리실천 강조-29대태조대왕대 당(唐)사신 조서 해석, 표문지어 공적-왕, 해마다 100석줌-30대문무왕, 통일과업에서 무사 공적 외 문장가 역할 칭찬-녹봉, 해마다 200석줌-31대신문왕대 강수 죽음, 왕 부의와 물품내림, 아내가 부처 공양에 돌림-아내 낙향에 대신들이 왕에게 100석 내리게함-아내 거절-(+신라 고기에 기록된 문장가 나열)
> **최치원**: 12세 당(唐)유학-48대경문왕4년(서기 874년)과거급제, 당(唐)에서 벼슬-헌강왕4년(878년) 황소 반란, 고병 종사관됨-왕11년(885년) 황소 반란 물리침, 최치원(28세)귀국, 시독겸한림학사됨-말세, 쓰이지 못해 대산군태수됨-진성여왕7년 당(唐) 파견 사신 물에 빠져 알린 고주사 있었음, 최치원 하정사 불렸으나 흉년과 도적으로 실패-태사시중에게 올린 편지-말기혼란, 벼슬 않고 방랑, 해인사에서 형(중)과 정현법사 도우 맺고 여생마침-[당(唐)유학 때 나은(시인)과 벗, 이별시, 신당서(新唐書) 내용과 태조에게 보낸 문구, 문인들 고려 참여-고려 8대현종14년 문창후 시호내림]42)
> **설총**: 원효아들, 우리말로 9경전 읽고 가르침-신문왕, 울적한 마음에 이야기 듣고 풀고자함-설총의 "하왕" 우화-왕, 근신, 임금 경계 삼게 함-설총의 벼슬올림-일본국 진인, 사신 간 원효손자 설판관에게 시 지어줌-[(고려현종13년, 서기 1022년) 홍유후 벼슬추증, 최승우 등 신라 문장가소개]43)

이상에서 강수는 공(公)/사(私)적 행위를 혼용해 신라 과도기 혼란상을 대변했다. 이에 비해 설총은 본기에 명시되지 않은 인물이나 통일 신라 최초 왕조인 신문왕에게 당면한 국내/외 정책을 "우화"로 충언했다. 끝으로 최치원은 일찍이 당(唐)에 유학해 문장으로 이름을 떨쳤으나 귀국 후 방랑 생활로 통일 신라 말기 상황이 복합되었다.

곧 당대 지식인을 통해 유학 체제(문장가)의 이상과 한계, 통일 신라 국내외 정책, 문화적 우월성(신라에서 왜로 불교 전파, 고려의 신라 문화계승)과 한계 등을 함축했다.

마. 제 7권

제 7권은 신라 통일 과업 전, 후 호국 희생정신으로 나라를 지킨 화랑과 무사들(총13명)로 구성되었다.

이들을 요약 정리하면 다음과 같다.

---

42) "최치원"에서는 관계된 당(唐) 인물과 고려 시대 내용을 덧붙였다.
43) "설총"에서는 고려 시대 내용과 신라 문장가들을 덧붙였다.

해론	찬덕, 26대진평왕대, 가잠성현령, 왕33년(서기 611년) 백제의 가잠성침입-구원군이 적 강해 귀환, 찬덕 죽은귀신되어 회복다짐, 죽음-해론, 아버지공적으로 대내마됨, 왕40년(618년) 해론이 변품과 가잠성함락-아버지 전사지에서 전사-왕, 슬픔, 집안 후하게함-사람들 장가로 슬픔표함
소나	심나(소나아버지), 사산경계에서 백제인 막음-인평(선덕왕3년-16년, 서기 634년-647년)백성 군, 백제의 변경 침입 물리친 심나, 신라 명장이라 함-소나, 백제 멸망 후 아달성 지킴-문무왕15년(675년) 아달성태수, 백성들 삼심게 함, 말갈군 침입, 소나가 성안 노인, 어린이지킴, 적 화살에 고슴도치같이 됨, 전사-소나 아내(가림군양민딸) 군민의 위로에 남편 장부 뜻 말함-왕, 눈물, 부자 충의 칭찬, 잡찬 추증
취도	취도 삼형제, 취도(중) 실제사 거주, 태종대왕2년(서기 655년) 백제가 조천성 침입, 군사되어 전사-문무왕11년(761년) 백제회복군과 싸움, 부과 공적제일, 전사-신문왕4년(684년) 고구려회복군 보덕성 반란, 귀당제감 핍실, 두형 전사에 나아가 전사-왕, 눈물, 취도의 형제들 마음 돋운 것과 부과, 핍실의 용감성 칭찬, 사찬 벼슬 추증
눌최	진평왕45년(서기 624년) 백제의 침입, 6성포위, 왕 서당5군에게 구하게함-구원군, 물러나 성쌓고 귀환-백제가 급습, 6성항복-눌최, 5군회군에 의분, 절조, 죽기각오, 대결-눌최 종, 재주고 활 잘 쏘아 사람들 멀리할 것 종용, 적이 뒤에서 눌최침, 종도 전사-왕, 슬픔, 급찬 추증
설계두	명망있는 집안 자손, 골품제도 불만, 중국에서 공적쌓고 영화롭기 바람-진평왕43년(서기 621년) 당(唐)에 가 당 태종 고구려침입 때 과의됨, 고구려인과 주필산에서 싸우다 전사-당(唐) 태종 눈물, 외국인 노고 감동-그의 평생 소원 듣고 옷벗어 덮어줌, 대장군 벼슬, 예장
김영윤	반굴아들, 흠순손자임-태종대왕7년(서기 660년) 당(唐)소정방과 백제 칠 때 흠순, 김유신이 황산들에서 백제 계백장군과 싸워 불리, 흠순이 반굴(아들)에게 위급할 때 충효 다할 것 말함, 반굴 전사-영윤, 세가 자손으로 명예롭고 절조있게 살 것 생각-신문왕4년(684년) 실복, 고구려회복 보덕성 반란, 영윤, 황금서당보기감, 사람들 피로해지기 기다리나 영윤 홀로 싸움-시종인 말렸으나 싸움에서 물러나지 않는 본분 말함, 전사-왕 눈물, 부자 의로움 칭찬, 벼슬추증, 후한 상줌
관창	장군 품일아들, 어려서 화랑됨, 16세말타고 활쏘기 능해 태종대왕에게 추천-태종무열왕7년(서기 660년) 백제와 황산들싸움, 품일이 관창에게 용기낼 것 말함, 적진에서 사로잡힘-계백, 용맹 아껴 돌려보냄-관창, 다시 들어감, 계백 머리베어 보냄, 삼군 의분, 승리-급찬 벼슬추증, 상줌
김흠운	김흠운, 문노화랑, 벗삼음, 어진이 흠모-태종무열왕2년 백제와 고구려, 변경막아 태종이 흠운 낭당대감삼음, 조천성 치려함, 백제인 밤을 타고 달려와 신라군 놀람, 흠운이 적과 대결 기다림-시종 인, 대왕사위로 돌아갈 것 권함, 전사-대감, 소감, 보기당주 따라 전사-왕 슬픔, 흠운 예파(대감) 일길찬, 보용나(보기당주) 적득(소감) 대내마벼슬 추증-사람들 양산가 지어 슬픔표함
열기	문무왕원년(서기 661년) 당(唐)고종, 소정방 고구려평양성 포위, 양식 수송되지않아 총관이 군수품 보낼 것 명함, 왕이 김유신에게 쌀, 벼 보내게 함-풍설, 추위로 인마 동사, 고구려군사도 두려운 상황임-보기감열기, 구근 등 15명과 함께 전함-소정방 위로, 답서보냄-열기 귀환, 유신 칭찬, 급찬벼슬 줌-신라 귀환, 유신이 열기에게 사찬벼슬 줄 것 청함, 왕 거절, 두번 청해 공적보답-그 후 삼광(유신아들)에게 열기가 군수자리 청, 불허, 열기 불만토로, 삼광이 삼년산군 태수줌-구근, 원정공(김유신셋째아들) 따라 서원술성 쌓음, 원정공의 매질 불만 말함-원정공 평생 후회함
비령자	진덕왕원년(서기 647년) 백제가 무산성 등 침입, 유신, 기병1만 명으로 이기지못함-유신, 비령자에게 앞장서 나아갈 것 권유, 전사-그 아들 거진, 종 합절 전사-군사들, 격분, 승리-유신, 세사람 죽음 슬퍼함, 왕 눈물, 예장, 처, 아들, 구족에게 상줌
죽죽	선덕왕 대 김품석(대야성도독) 당에서 도움, 왕11년(서기 642년) 백제의 침입-앞서 품석, 금일(비장)아내 빼앗음, 금일 적과 내응, 창고태움-성 지키기 어려워 서천(보좌관)이 윤충에게 항복 청-윤충 약속, 죽죽 말림-품석 듣지 않고 문열어 모두 죽음, 품석이 아내, 아이들 죽이고 자신 벰-죽죽과 용석 대항, 전사-왕 슬픔, 죽죽 급찬, 용석 대내마 추증, 처, 아들 상줌, 서울 이사

Ⅰ. 열전의 편찬 체재와 새로운 관점 41

> **필부** : 태종대왕이 백제, 고구려, 말갈의 침입에 충성, 용맹스러운이 뽑음, 필부 칠중성 현령됨-다음해(왕7년) 당(唐)과 연합 백제멸망-그해10월고구려가 칠중성포위, 필부 20일싸움, 고구려 회군하려함-대내마비삽 배반 적과 내응, 적 다시 싸움-필부, 비삽베고 충성, 절의 다짐, 병든이도 싸움, 지치고 피로해 반이상 죽고 다침-적이 불지르고 성침입, 필부 전사-대왕 슬퍼하고 급찬 벼슬추증
> **계백** : 백제 31대의자왕20년(서기 660년) 신라와 당(唐)군사 침입, 결사대 5천 명으로 막을 결심-아내, 자식, 적에 노비될까 죽임-황산 들에서 신라군과 진퇴 네 번, 힘 다하고 전사

　이상의 인물들은 생존자 열기를 제외하면 모두 나라를 지키다 희생된 화랑, 장수, 혹은 군졸들이다. 곧 당(唐) 군사로 활약한 설계두(신라)와 대적한 계백(백제)을 제외한 대부분이 신라통일 과업의 원동력이 되었다.

　대체로 부자(해론, 관창, 소나), 상사와 보좌관(죽죽, 김흠운), 주종(눌최), 삼대(김영윤), 삼형제(취도), 부자와 주종(비령자) 등 다양한 관계들이 대대로 일체 되었으나 내분(필부, 죽죽)의 위험성도 환기되었다.

　결국 편찬자는 이들을 사회적 위상과 역사적 의의에 따라 배치한 때문에 그 관계 상황이 복잡해보였으나 시대 순으로 정리하면 보다 선명하다.

26대진평왕33년 (서기 611년)	(찬덕, 해론아버지)					
진평왕40년	해론(+찬덕)					
진평왕43년		설계두				
진평왕45년			눌최(+종)			
27대선덕왕 (인평)3년-16년	(심나)					
선덕왕11년				죽죽		
28대진덕왕원년				비령자		
태종무열왕 2년		취도(둘째)	김흠운			
태종무열왕7년			(+흠춘, 반굴)	관창 (백제대결)	계백 (백제인)	필부 (고구려대결)
30대문무왕원년						열기
문무왕11년		(+부과, 형)				
문무왕15년	소나(+심나)					
31대신문왕4년 (서기 684년)		(+핍실, 동생)	김영윤 (흠춘손자) (반굴아들)			

이상에서 이들 각각은 시대적 전환기를 대표한 유형적 인물들임을 알 수 있다.

그 중 최초 희생자(찬론)인 아버지 공적으로 대내마가 된 해론은 부자가 대대로 희생된 최초의 인물이다. 곧 7세기 초(진평왕 24년, 서기 602년)부터 신라, 백제(귀산), 고구려(북한산성침입) 관계가 보다 치열해졌다. 또한 "죽죽"은 백제의 대야성 침입으로 많은 이들이 희생(김춘추딸 내외 등)되었으나 김춘추의 외교 활동이 본격화 되었으며, "비령자"는 김유신이 처한 위기를 승리로 이끈 결정적 인물이었다. 이어 태종무열왕 즉위 후 백제, 고구려, 말갈의 33성 함락 때 취도(일반백성)와 김흠운(상층) 등이 희생되고 왕은 당(唐)에 구원을 청했다.

결국 나당(羅唐) 연합으로 백제와 고구려를 물리쳤으나 신라(문무왕)는 그 후 당(唐)과 대립하게 되었다. 따라서 당(唐)까지 물리치고 삼국 통일을 이루었으나 신문왕 대 고구려 회복군들을 물리치기 위해 다시 핍실("취도" 아우)과 "김영윤"(반굴아들, 흠순손자)이 희생되었다.

종합하면 통일 과업 전, 후 면모가 총체적으로 구성되었으나 편찬자 체재는 인물 본래의 위상과 공동체적 관계 상황이 쉽게 파악되기 어려웠다. 때문에 경계를 해체하여 다각도로 재정립할 필요가 있다.

바. 제 8권

제 8권은 대부분이 본기에 명시되지 않은 일반 백성들(향덕 제외)로 구성되어 보다 다양하다.

인물들(총11명)을 요약 정리하면 다음과 같다.

향덕 : 향덕, 효자-35대경덕왕14년 흉년, 전염병 퍼짐-향덕 부모 굶주리고 어머니 등창 걸림, 향덕이 다리살 베어 봉양, 병 완쾌-고을관리가 사실을 왕에게 전달, 왕이 벼, 집, 구분전 내림, 비석 세워 표함, 효자네 마을로 불림	
성각 : 성각, 거사, 법정사 거주-집에 와 어머니 봉양, 다리살 벰-어머니 사후 부처 공양-주원, 경신(혜공	

왕13년-원성왕원년)이 향덕 고사 알려 왕이 벼내림	
실혜 : 성품 굳세고 의로움-진평왕대 상사인임, 하사인 진제는 아첨으로 왕이 총애-실혜의 바름을 미워함, 왕에게 거짓 헐뜯음-왕이 실혜의 벼슬을 깎고 외지로 보냄-어떤이, 실혜에게 바른말 하기 권함-실혜가 옛고사 들어 말없이 떠남, 장가 지음	
물계자 : 10대내해왕대, 평범한 집안, 큰뜻과 기개있음-왕14년팔포상국이 아라국 침입에 구원청, 왕손 이음44), 6부군사로 물리침-물계자도 큰공적 세움, 왕손의 미움으로 기록안됨-어떤이 묻자 공적 자랑해 이름 구하는 이 지사(志士)아니라 함-3년후 골포, 갈화성 침, 왕이 구함-물계자 공적, 소득없음, 아내에게 나라위기에 목숨 바치지 않아 부끄러움 말함, 머리풀고 거문고 들고 사체산 들어감	
백결선생 : 낭산아래 거주, 가난, 옷 꿰매 입어 백결선생임-영계기 본받아 희, 노, 비, 환, 불평 등을 거문고로 표현-섣달 그믐 이웃마을 방아소리에 아내 근심-생사 운수 있고 부귀 하늘에 달림 말함, 아내에게 거문고(방아소리)로 위로, 방아타령 전함	
검군 : 사량군 사인, 진평왕49년서리, 이듬해 흉년-백성들 자식팔아먹음, 궁중 사인들 곡식훔쳐 나눔-검군, 근랑의 행실닮아 거절, 사인들 발설 두려워 죽일 결심-검군, 근랑과 작별, 근랑에게 죽음 두려워 여러사람 죄받게 할 수 없고 자신이 옳기에 도망보다 장부로 죽음-군자가 그의 죽음 비판	
김생 : 성덕왕10년(서기 711년) 탄생, 여든살까지 글씨 익힘, 예서, 행서, 초서 영묘한 경지-지금도 필적 보배로 여김-[고려숙종7년-예종5년 학사 홍관, 진봉사따라 송(宋) 감, 김생글씨, 왕희지 글씨로 믿음, 요극일의 필력 기품 있으나 김생이 우월함]45)	
솔거 : 어려서 그림 재능있음-황룡사(진흥왕14년) 벽화 소나무, 새날아 듬-오래되어 다시 채색, 새 날아들지 않음-경주분황사(선덕왕3년이후)관음보살, 진주단속사유마상도 그림, 신화(神畵)라 함	
효녀지은 : 어려서 아버지잃고 홀로 어머니봉양-32세까지 품팔고 구걸, 갈수록 가난, 부자집 종되어 봉양-어머니, 과거음식 거칠어도 달았음, 지금 좋은음식 가슴 찌름-사실 알고 모녀통곡, 길가는 이 슬퍼함-효종랑, 유람 중 목격, 부모도움 청, 양민회복, 몇천 명 화랑무리도 도움-왕, 벼줌, 조세, 부역 면제, 곡식지킬 군사보냄, 효양방널리알림-당(唐)에 표문, 미담돌림-효종랑은 헌강왕딸 배필됨	
설씨녀 : 율리 백성딸, 가난, 문벌없음, 얼굴모습 바르고 품행닦아 범접못함-진평왕대 아버지, 당번뽑혀 설씨녀근심-사량부 가실, 가난, 보잘 것 없으나 뜻 이루려함, 설씨녀 좋아해 대신 가기 청, 설씨 기뻐 아버지게 알림-사위삼기 바람, 가실, 언약청함-설씨녀, 적막고 교대 후 예식치르기 원함, 거울 신표나눔-가실, 천하 좋은말 맡기고 작별-3년기약, 나라변고로 6년걸림-아버지, 딸 혼처구함, 설씨녀 거절, 말보고 눈물-가실귀환, 몸, 뼈 마르고 쇠약, 집안사람들 몰라봄-거울 합한 후-혼인, 해로	
도미 : 백제도미, 보잘 것 없으나 도리 있음, 아내 곱고 절개있어 칭찬받음-개루왕이 도미부인 덕행 떠보나 아내 믿음-왕, 신하 거짓꾸며 도미아내 시험, 왕이 내기로 도미아내 얻었다 하며 궁인 삼기말함, 아내가 왕은 사리맞는 말함, 계집종보냄-왕이 속은 것 알고 도미는 뺨, 작은배 실어 강띄움-왕, 그 아내 간음하려함, 월경지난 후 모실 것 약속-아내 도망, 강어구에서 하늘에 부르짖음-떠돌던 배로 천성도에서 도미 만남, 함께 고구려 산산밑 도착, 고구려인들의 도움-부부, 절개와 기상 굽히고 나그네되어 욕되고 구차하게 일생보냄	

 이상의 인물들은 효자, 효녀(총3명), 음악, 미술, 글씨 등 재능(총3명) 있는 예인(藝人), 의로운 이(총3명), 고난을 이긴 여성(총3명)46) 등 다채롭고 생동

---

44) 열전에서는 날음(捺音), 본기에서는 이음(利音) 혹은 내음(柰音)으로 표기되었다.
45) [ ] 안의 내용은 삼국 시대가 아닌 고려 시대 내용이어서 파격적이다.

감 있는 보편적 인물들이어서 보다 자유롭고 개성적이다.

이들을 시대와 속성에 따라 정리하면 다음과 같다.

시대 \ 인물의 특성	의인	예인	무인	명필가	효자효녀	기타
10대내해왕14년-17년 (서기209-212년)	물계자		(물계자)47)			
백제21대개로왕(455-475년) 신라19대눌지왕39년-자비왕18년 고구려20대장수왕43-63년	(도미)48)					도미 (백제인)
신라20대자비왕(458년-479년)		백결선생				
24대진흥왕14년-27대선덕왕3년 (553년-643년이후)		솔거				
26대진평왕 (579년-632년)		실혜 설씨녀	(설씨녀)49) (+가실)			
진평49년(627년)		김군				
27대선덕왕3년(643년이후)		(솔거)50)				
33대성덕왕10년(711년)		(김생)51)		김생		
35대경덕왕14년(755년)					향덕	
36대혜공왕13년(777년) 38대원성왕원년(785년)					성각	
38원성왕 (785년-798년)				(김생)	(성각)52)	
49대헌강왕					(효녀지은)	
51대진성여왕					효녀지은	

-----

46) 효녀 지은을 포함하면 시련을 견딘 여인은 3명이나 이미 효자 효녀 속에 포함했으므로 2명으로 볼 수도 있다. 곧 지은은 효성과 여인의 속성을 함축한 양면적 인물이다.
47) 물계자는 본래 나라를 지킨 공적으로 의로운 무사이나 상징적 인물이기도 하다.
48) 도미는 백제인으로 신라인과 구별된 의로운 인물이나 상징적 인물이기도 하다.
49) 설씨녀는 신라 여인으로 절개 있는 여인이며, 결혼한 가실은 나라를 지킨 의로운 무사로 상징적 인물들이기도 하다.
50) 솔거는 내용에서 황룡사(진흥왕대), 분황사(선덕왕대) 등을 통해 지속적으로 존재 의의가 함축되었다. 이는 김생, 성각, 효녀지은에도 해당되어 그 지속적 상황을 표시하기 위해 ( )에 넣어 확장된 형태를 표시했다. 이때 효녀지은은 그 성장 과정이 명시된 과거 왕조로부터 유추된 때문에 순서가 바뀌어 표시되었으나 그 전, 후 상황이 총체적으로 함축된 상징적 인물이기도 하다.
51) 김생은 글씨로 유명한 예인이나 최 절정기 인물로 그 문화적 존재 의의가 고려까지 확장된 상징적 인물이기도 하다.
52) 그 행적을 전한 역사적 인물과 연계되어 원성왕(경신) 전, 후 상황이 함축된 상징적 인물

이상에서 물계자, 도미, 실혜, 설씨녀, 효녀지은은 명시된 왕조로, 솔거 등은 서술된 내용으로, 김생과 향덕 등은 명시된 연호로, 성각은 명시된 역사적 인물로 시대 배경이 유추되었다. 또한 백결선생은 『삼국사기』잡지1 "음악"편에 왕조(자비왕)가 밝혀져 있다. 곧 각 시대를 대표한 이들은 고유한 존재 상황과 더불어 내해이사금(10대)부터 진성여왕(51대)까지 전, 후 역사 상황이 총체적으로 수렴되었다.

그 중 도미(백제인)는 백제 개로왕 대 고구려 장수왕의 침입이 함축되었는데 당시 상황이 신라 백결선생(김씨왕조 형성기)에도 포괄되었다. 이어 진흥왕 대 발전과 불교 사상이 솔거에 함축되었으나 그 한계(퇴색)도 복합되었다. 말하자면 신라 삼성(三姓) 체재(물계자)에서 김씨 왕조(백결선생)로 전환된 후 진흥왕 대 발전(솔거)을 이루었으나 성골 말(진평왕) 늙고 무기력한 한계(실혜, 설씨녀, 검군)에 도달했다. 결국 진골 태종무열왕계("설씨녀"의 젊은 가실)로 전환된 통일 신라는 최 절정기(김생, 영묘한 경지)를 맞았으나 백성들은 또 다른 고통(미천한 김생, 80세까지 연마)이 따랐다. 때문에 춘추무열왕계(혜공왕)는 내물왕계(신무왕, 원성왕)로 전환되었으며 그 후 왕권 쟁탈 등 도덕성 상실로 진성여왕 대 말기(효녀지은) 상황이 촉진되었다.

종합하면 의롭고 재능 있는 존재 상황 대부분이 역사적 범주(본기)에서 제외된 평범한 인물 같으나 감히 직설적으로 표현할 수 없는 지배층 상황이 파격적 형식에 내재되었다.

사. 제 9권

고구려 전, 후기 대표적 충신과 명장(총2명)으로 구성된 제 9권의 내용을 요약하면 다음과 같다.

이기도 하다.

> **창조리** : 14대봉상왕3년(서기 294년) 국상됨, 왕과 변경 모용외에 대해 논의-창조리가 북부대형 고노자천거, 신성태수 삼아막음-왕9년 왕이 15세이상 장정들모아 궁실 수리, 백성들이 굶주리고 일 지쳐 떠돌자 창조리가 왕에게 충간-왕, 노해 국상이 백성들 칭찬 구한다함, 창조리가 임금은 백성 근심하고 신하는 충간해야 함 말함-왕이 고치지 않을 것 알고 창조리가 왕을 내치기로 의논-왕이 스스로 목멤
>
> **연개소문** : 아버지, 동부 대인 대대로였음, 연개소문 성품 모질고 사나워 사람들이 미워함-개소문 사죄, 아버지 사후 관직 이음-도의없어 여러 대인과 왕이 죽이려 함, 누설되어 개소문이 왕을 해치고 보장왕 세워 막리지됨-위엄 대단, 사람들 괴로워함-당(唐)태종 고구려 칠 계획, 장손무기가 말림-개소문, 도교 구해 당(唐)이 도덕경 보냄-보장왕2년 백제가 신라40여성 함락, 고구려와 연합해 중국 예방길 끊으려함, 신라가 당(唐)에 군사청함-당태종, 새서보내 보장왕이 신라치던 개소문부름, 개소문은 수(隋) 침입 때 신라에 빼앗긴 500리 회복 때까지 싸울 뜻 말함-당(唐)태종이 타이르자 개소문이 사신가둠, 당(唐)의 고구려 침입 사실, 본기 서술 밝힘53)-개소문, 왕25년죽음-아들 삼형제 불화, 남생 도망 후 당(唐) 의지 호소-당(唐)고종이 헌성을 장군삼고 상줌, 설필하력에게 남생 구하게함, 남생에게 벼슬내림-왕25년 남생, 현토군공 됨-왕27년 남생이 이적과 평양침입, 보장왕 사로잡음, 대장군 변국공됨, 46세죽음-남생, 순수하고 인정있었음-아들헌성, 천수(신문왕10년-왕11년) 중 우림위 벼슬, 측천무후가 금폐내어 활 잘쏘는 이에게 주려함, 헌성이 그만두기 청함, 측천무후 허락-내준신이 헌성 참소, 목 매어 죽게 함, 후에 신원, 벼슬추증 됨

 이상은 시대적으로 3세기 말에서 4세기 초(창조리)와 7세기 말(연개소문) 고구려 인물들이다. 이들은 강력한 외세(연/당)를 막고, 왕(봉상왕/영류왕)을 내친 후 전환기를 맞게 된 점 등이 유사하나 결과(고구려 중흥/쇠락)는 차이가 크다.

 먼저 창조리(서기 294년-300년)는 외세를 막았으나 교만하고 의심이 많은 봉상왕(14대)을 내친 반면 연개소문(서기 642년-666년-691년)54)은 당(唐) 침입을 물리치고 고구려 위상을 크게 높였으나 영류왕(27대)을 해치고 신라에 맞선 양면적 인물들이다.

 그 중 편찬자 논평에서 당(唐)이 연개소문을 보통의 인물이 아니라고 보았

---

53) 열전에서 "그 사실은 고구려 본기에 갖추어져 있다." 라고 서술되었는데 이는 보장왕 3년(서기 644년 7월)에서 왕 4년(서기 645년 10월)까지 대결을 비롯해 왕 21년(서기 662년)까지 내용이 포함된다.

54) 연개소문은 죽기 전까지 당(唐) 침입을 몇 십 년 동안 막아낸 고구려 명장이다. 그러나 그의 사후(보장왕 25년, 서기 666년) 2년 만에 그의 아들(남생)이 도운 당(唐)과 신라에 의해 멸망(서기 668년)되었다. 즉 연개소문이 죽은 그해 6월 그 아들들이 불화하여 맏이인 남생이 당(唐)으로 달아났으며, 그 해 12월 고종이 이세적을 요동도 행군대총관을 삼고 다음해인 서기 667년 9월에 신성을 함락했다. 그리고 보장왕 27년(서기 668년) 정월 유인궤를 요동 방면 부대총관을 삼고 부여성을 쳐 그 안의 40여성을 항복받았으며, 그 해 9월 이세적이 평양을 함락했다. 그 후 손자 헌성까지 삼대의 행적이 서술되었다.

I. 열전의 편찬 체재와 새로운 관점   47

듯이 편찬자 역시 재능 있는 이로 보았다. 때문에 연개소문의 위업이 당(唐)의 시점으로 폄하된 본기의 한계는 고려 관료(편찬자 김부식)의 한계임에도 외교적 관계로 인한 도치된 방법이었다고도 볼 수 있다.

아. 제 10권

끝으로 제 10권은 신라 말 혼란기에 반란을 주도한 인물(총2명)들로 구성되었다. 이들을 요약 정리하면 다음과 같다.

궁예 : 궁예(47대헌안왕아들 혹은 48대경문왕아들) 탄생 후 왕이 죽이려함—종이 받아 도망가 키움—중됨, 선종이라함, 까마귀가 떨어뜨린 왕자(字)로 뜻 이루려 함—진성왕5년(서기 891년) 궁예, 기훤에게 나감, 왕6년 북원 적 양길에게 나가 주천 등 항복시킴—왕8년 명주에서 3천 5백 명모음, 군사들과 고락, 장군됨—왕9년저족, 생천 등 함락—52대효공2년(898년)패서 적 항복—왕5년(901년)선종, 왕 일컬을만해 관직만듬, 〈태조, 송악군에서 와 의탁, 철원군태수 벼슬, 진성왕10년 승령 등 두현 함락, 진성왕11년인물현항복〉[55]—선종, 효공왕2년(898년) 송악군도읍, 공암 등 함락—왕3년 양길 쳐 이김—효공왕2년 송악성수리, 〈태조 대감삼아 양주, 견주 침〉— 왕3년(899년)〈태조, 광주와 충주 등 평정, 아찬벼슬〉— 효공왕5년선종, 왕 칭함—왕8년(904년) 국호마진, 연호무태, 관원 갖춤, 청주사람 철원 옮김, 상주 등 30여주현(州縣) 함락—왕9년(905년) 궁궐, 누대수리, 사치스러움, 연호성책, 평양, 성주 등 항복, 신라 병합 뜻품음—왕15년(911년)국호태봉, 연호수덕만세 고침, 〈태조, 금성쳐 나주만들고, 대아찬벼슬〉—선종, 미륵불칭함, 경전짓고 강론, 석총이 비판, 죽임—53대신덕왕2년(913년) 〈태조, 파진찬 시중벼슬〉—왕3년 연호정개 고침, 〈태조, 백강장군삼음〉—왕4년(915년) 궁예부인 강씨 간하자 죽임, 죽이는 이 많아 사람들 고통—54대경명왕2년(918년) 왕창근, 백발노인에게서 거울얻음, 〈고시, 태조즉위 예시〉, 궁예에게 꾸며말함, 왕2년6월 〈태조, 부하들이 추대〉—궁예, 도망중 죽음

견훤 : 아버지아자개, 농사, 후에 장군됨, 견훤 태어난 후 혹 범이 젖먹임—장성후 뜻, 기질 뛰어나고 용맹, 비장됨—진성왕6년(서기 892년) 정치문란, 기강해이, 도적일어남, 견훤, 서남쪽 주현(州縣) 무리5천 명 모음—52대효공왕4년(900년), 완산주에서 후백제왕 일컫고 관제만듬. 사신 오월(吳越)보냄—왕5년(901년)대야성침—왕14년(910년) 금성이 궁예에게 항복, 노해 군사3천 명으로 포위, 승부 나지않음—53대신덕왕원년(912년) 견훤, (궁예와 덕진포 싸움)[56]—54대경명왕2년(918년) 〈철원경 사람들 태조추대〉[57], 견훤이 일길찬민극 보내 축하, 사신 오월국보냄—경명왕4년(920년)견훤, 대양성함락, 진례성 옮기자 신라가 태조에게 도움 구함, 〈태조, 군사보내 견훤 퇴각〉—55대경애왕원년(924년) 견훤아들 조물성침입, 이득없음—왕2년(925년) 견훤, 〈태조와 조물성싸움, 태조가 화친 청해 인질교환〉, 12월거창 등 20여성함락, 후당(後唐)에 사신보냄—왕3년 견훤, 인질죽자 태조가 보낸 인질가둠—왕4년(927년) 견훤, 근품성함락, 신라고울부 쳐 신라가 태조에게 구원청, 태조가 구하기 전 서울급습, 시종인,관료,궁녀,악공 등 죽이고 왕죽임, 경순왕 김부 즉위, 왕 동생 사로잡고, 창고물품 거둠—〈태조, 공산아래 싸웠으나 패함〉, 견훤, 대목군함락—거란 사신 와 귀환시 풍랑, 당(唐)에서 죽음—신라군신들, 태조에게 구원받을 것 논의, 견훤이 태조에게 경계 글보냄—〈태조 답함〉—56대경순왕2년(928년) 견훤, 강주침입, 8월,양산쌓자 〈태조가 처〉 퇴각, 11월,부곡성함락—왕3년(929년) 견훤, 의성부 침입. 홍술장군죽임, 〈태조, 좌우팔 잃었다함〉—견훤, 고창군 병산밑 〈태조와 싸워〉 패함, 8천 명죽음, 다음날

> 견훤, 순주성함락-왕6년(932년) 견훤신하, 태조에게 항복, 9월견훤이 군사보내 배 100척 불지름-왕8년(934년)견훤, 운주침입, 진영치기 전 〈태조 부하 금필, 3천 명베고 사로잡음, 웅진이북 30여성 태조에 항복〉-견훤, 아들10여 명 중 넷째에게 왕위 전하려함, 형들 번민-경순왕9년(935년)3월 큰아들, 견훤가두고 대왕일컬음-6월견훤, 태조에게 달아나 상보됨-천복원년(936년)2월 〈견훤사위와 아내 태조에 호응〉-6월견훤, 태조에게 신검칠 것 청함-9월 〈태조, 삼군, 견훤, 천안도착〉, 후백제장군 항복, 신검 중군있음 알림, 〈태조, 군사협공〉, 신검 항복, 논공, 〈태조군사 엄정했음〉, 백성들 생업 임함

　이상은 후삼국 시대 대표적 인물인 궁예와 견훤의 흥망사가 통일 신라와 왕건(고려태조)의 흥망사와 혼용되었다.

　그 중 궁예는 신라에서 축출된 왕손으로 통일 신라 말 혼란기(진성왕 5년, 서기 891년)에 일어난 반란 세력이다. 곧 태봉을 세우고 번성했으나 후반부터 부하였던 태조 왕건의 활약상이 병행되었다. 결국 일어난 지 28년(경명왕 2년, 서기 918년)만에 왕건에게 전위된 궁예의 흥망사는 통일 신라 패망 과정과 태조 왕건의 고려 개국 과정이 복합되었다.

　이어 견훤도 통일 신라 말 혼란기(진성여왕 6년, 서기 892년)에 일어난 반란 세력으로 완산에서 백제 회복을 시도했다. 곧 통일 신라와 대립하고 궁예를 견제했으나 궁예 대신 추대(54대경명왕 2년, 서기 918년)된 태조와 양대 세력(견훤/왕건)이 되었다.

　그러나 견훤에 의해 신라 고울부(경애왕 4년, 서기 927년)가 초토화 되자 통일 신라(경순왕 9년, 서기 935년11월)는 왕건에게 귀의했으며, 견훤은 아들들의 권력 쟁탈로 인해 왕건에게 의탁하게 되었다. 결국 일어난지 45년만에 견훤(경순왕 9년, 서기 935년)이 왕건과 연합해 맏아들 신검(서기 936년)을 물리친 혼란상이 초래되었다.

　이상 『삼국사기』 열전의 편찬자 체재(제1권-제10권)를 종합하여 다음과 같은 순환 형태로 재구하면 다음과 같다.

---

55) 태조 왕건의 내용을 필자가 임의로 〈 〉로 표시해 구분했다.
56) 궁예와의 관계를 필자가 임의로 ( )로 표시해 구분했다.
57) 태조 왕건의 내용을 필자가 임의로 〈 〉로 표시해 구분했다.

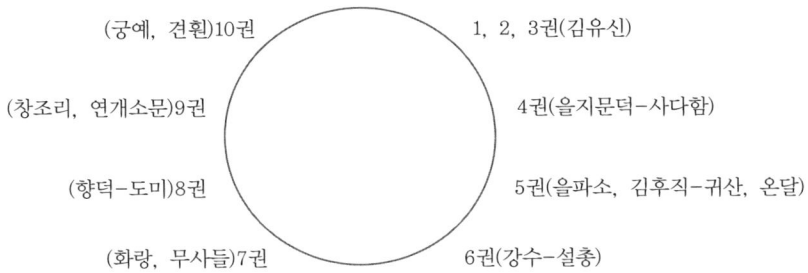

결국 삼국 통일의 대표적 인물인 김유신(제1, 2, 3권)이 왕건의 고려 건국 과정이 병행된 궁예와 견훤(제10권)과 나란히 쌍벽을 이루고 있다. 곧 두 번째 통일 과업을 이룬 태조 왕건이 김유신과 함께 최상위에 배치되었다.

말하자면 가장 많은 분량으로 서술된 김유신(제1, 2, 3권)부터 가장 후대의 인물(제10권)까지 구성된 체재는 근본적으로 두 번의 통일 역량을 주축으로 다양한 존재 상황이 더불어 순환하고 있는 형태이다.

즉 그동안 삼국 통일 수훈자인 김유신(제 1, 2, 3권)이 최상위에 배치되고 시대적으로 말기인 궁예와 견훤(제10권)이 최하위에 배치된 편찬자의 분류 체계는 너무도 당연시 되어 왔다. 그러나 그 밖의 인물들이 시대 순위로 배치되지 않았기 때문에 제 10권도 시대 순위에 한정된 경우라고 볼 수 없다. 그럼에도 순환 형태로 재구하면 고려 건국(제10권)과 연계된 후삼국 통일 의의가 삼국 통일처럼 중시되었으며, 고구려 명장들(제9권)도 삼국 명장(제4권)들과 나란히 중시되었다. 특히 상, 하 위치가 순환, 변모되면 가장 중시 되었다고 생각한 명장들 외에 문장가(제6권)와 화랑과 무사들(제7권)의 위상도 고르게 교체된다. 또한 임금을 보필한 신하들(제 5권)의 충간(忠諫)과 평범한 백성들(제8권)의 의(義), 효(孝), 예(藝) 등 그 밖의 덕목도 의미 있다.

결론적으로 그동안 외형적인 서술 분량이나 구성 인원이 많아서 대체로 "신라 중심"이라고 보았으나 내포된 의의는 보다 다양한 형태로 순환, 교체되어 각각의 위상이 고르게 부각되었음을 알 수 있다.

II. 열전의 형태적 특징과 의의

1. 서술 분량과 순환 변모된 위상

『삼국사기』 열전(列傳)은 『삼국사기』 총 50권 중 총 10권이어서 결코 적은 분량(20%)[1]이 아니다. 또한 구성된 총 50여 명 중 총 40여 명(80%)이 신라인이어서 신라 중심이라고 볼 수 있다.

그러나 편찬자 체재에서 시대적 관계 혹은 순환 체계로 재구하면 그 변화된 위상과 내적 의의를 보다 총체적으로 살필 수 있다. 특히 "차례로 벌려 놓은" 50여 명의 공동체적 관계를 개방하면 기본적으로 "시간적 관계" 속에 소통, 연계된 역사적 개체이나 아울러 역사적 사실을 근거로 확장, 개방된 문장 형식이기도 하다. 따라서 단순히 본기 사실과 대조하여 인물의 존재 사실 확증에 주력하거나 역사 상황과는 무관하게 인물의 존재 상황만을 상상하는 이해 방법은 어느 쪽이든 부분적이며 피상적 관점에 그치기 쉽다. 말하자면 인물의 전체(열전 50여 명)와 부분(개별 존재), 세계(나라, 시대, 역사 상황)와 존재 방식(인물의 총체적 형식), 구성 내용과 형식 등을 통해 총체적

---

[1] 총50권 중 총10권의 비율(20%)은 "각 권"의 분량이 정해진 일정량이 아니어서 정확히 산출될 수 있는 비율은 아니다. 곧 권수를 하나의 단위로 본 분량이다.

으로 이해되고 해석될 수 있는 형식 체계이기 때문이다.

그럼에도 편찬자 체재는 크게 여덟 부분(제1권-제10권)으로 나뉘고, 각 권은 구성된 인물들 수 뿐 아니라 나라, 역사적 공과, 사회적 명성, 남녀 등 구성원의 성향도 다양하다. 더욱이 구성원들의 서술 분량은 보다 큰 차이가 있어서 50여 명을 체계화 할 분류 기준을 정하기도 쉽지 않으며, 유형별 형식 체계를 규정할 합리적 방안도 모색되기 어려웠다.

결국 "열전" 총 서술 분량 중 20%[2]를 차지한 김유신(총1명)부터 총 분량의 0.6%를 차지한 솔거(총15명)까지 이들의 편차(偏差)를 도외시하고 유형화 할 객관적 기준을 설정하기란 거의 불가능하다고 볼 수 있다. 따라서 지극히 외형적이면서도 편찬자의 주관적 선택[3]처럼 보이는 서술 분량에 대한 객관적 검증이 우선 파악될 필요가 있다.

각 권에 구성된 인물들의 서술 분량들을 편찬자 체재에 따라 정리하면 다음과 같다.[4]

열전 권수, 총인원	인물의 명칭	총 분량 쪽수, +/-	논평 쪽수, +/-	백분율 %
제 1권	김유신 상	6.5쪽		8%
제 2권	김유신 중	5.5쪽, -		6%
제 3권	김유신 하	5쪽	0.5쪽	6%
총 1명		총 17.5쪽[5]		총 20%

---

2) 이때 분량은 권수의 분량(3/10권, 총30%)과 달리 열전 총 분량을 기준으로 산출한 비율이어서 보다 객관적인 수치라고 볼 수 있다.
3) 이우경, 『한국의 일기 문학』, 집문당, 1995, 166-170면.
4) 총10권에 나누어진 50여 명의 서술 분량을 쪽수와 백분율로 정리했다.
　방법은 A.4 용지에 서술된 쪽수를 세어서 1/2쪽까지 단위에 포함했다. 이는 분량이 적은 인물들이 다수 포함된 때문이나 보다 세밀하게 산출할 수 있는 방법이기도 하다. 그 중 과부족 없는 1/2쪽을 기준으로 1/2쪽보다 조금 많은 경우(+)와 조금 적은 경우(-)에 따라 과(+), 부족(-)을 표시했다.
　한편 같은 권에 구성된 인물 수에 따라 그 차지할 수 있는 비율이 달라서 이를 쉽게 구분할 수 있도록 인물 수와 각 권의 총 비율도 표시했다. 이때 내용 끝에 편찬자의 논평이 덧붙여진 8명은 논평의 쪽수를 따로 표시하고, 전체 비율에 이를 포함시켰다. 즉 김유신, 을지문덕 등 8명에 대한 비판적 혹은 보완적 관점이므로 서술 비율에 포함했다.

제 4권	을지문덕	1.5쪽, −	0.5쪽, −	2%
	거칠부	1쪽, +		1%
	거도	0.5쪽, −		0.6%
	이사부	0.5쪽, +		0.6%
	김인문	2.5쪽, −		3%
	김양	2.5쪽, −		3%
	흑치상지	0.5쪽		0.6%
	장보고/정년	1쪽, −	1쪽	2%
	사다함	0.5쪽		0.6%
총 9명		총 12쪽		총 14%[6]
제 5권	을파소	1쪽		1%
	김후직	0.5쪽, +		0.6%
	녹진	1.5쪽, +		2%
	밀우/뉴유	1쪽, −		1%
	명림답부	1쪽, −		1%
	석우로	1쪽, −	0.5쪽, −	2%
	박제상	2쪽, −		2%
	귀산	1쪽, +		1%
	온달	2쪽		2%
총 9명		총 11.5쪽		총 13%
제 6권	강수	2쪽, −		2%
	최치원	3쪽, −		3%
	설총	1.5쪽, +	(+)[7]	2%
총 3명		총 6.5쪽		총 8%[8]
제 7권	해론	1쪽		1%
	소나	1쪽, +		1%
	취도	1쪽, −		1%
	눌최	1쪽, −		1%
	설계두	0.5쪽		0.6%
	김영윤	1쪽, +		1%
	관창	0.5쪽, +		0.6%
	김흠운	1쪽	0.5쪽, −	2%
	열기	1쪽		1%
	비령자	1쪽, −		1%
	죽죽	1쪽, −		1%
	필부	0.5쪽		0.6%
	계백	0.5쪽		0.6%
총 13명		총 11.5쪽		총 13%[9]
제 8권	향덕	0.5쪽, −		0.6%
	성각	0.5쪽, −	0.5쪽, −	1%
	실혜	0.5쪽, +		0.6%
	물계자	0.5쪽, +		0.6%
	백결선생	0.5쪽		0.6%
	검군	1쪽, −		1%
	김생	0.5쪽	(+)[10]	0.6%
	솔거	0.5쪽, −		0.6%
	효녀지은	0.5쪽	(0.5쪽)[11]	1%

	설씨녀	1.5쪽		2%
	도미	1쪽		1%
총 11명		총 8.5쪽		총 10%
제 9권	창조리	1쪽		1%
	연개소문	3쪽, -	0.5쪽, -	4%
총 2명		총 4.5쪽		총 5%
제 10권	궁예	5쪽, -		6%
	견훤	9.5쪽	0.5쪽	11%
총 2명		총 15쪽		총 17%

이상의 결과를 총 정리하면 다음과 같다.

총 권수 10권	총 인물 50명	총 쪽수 87쪽	논평 8편	총 100%

이를 토대로 각 권의 서술 분량과 인물들의 위상을 일별하면 다음과 같다.

가. 먼저 총 10권 중 제 1, 2, 3권에 서술된 김유신은 서술 분량이 가장 많다. 이는 열전 총 분량의 20%가 된다. 곧 삼국 통일을 주도적으로 이끈 그의 역사적 위상과 존재적 의의에 따른 결과라고 볼 수 있다.

총 세 권 중 그의 가계와 탄생 내력과 초기 상황이 포함된 제1권의 분량이 가장 많으며 역사적 위업 전 후 과정이 포함된 제2권이 두번째이고 그의 말기와 후손들 내용이 대부분인 제3권의 분량이 제일 적다. 그러나 3권 끝에

---

5) 김유신 상(1권), 중(2권), 하(3권)의 총 서술 쪽수는 17쪽이나 논평 0.5쪽이 더해져 17.5쪽이다.
6) 실제 1쪽 이상의 경우 이미 반올림하거나 반내림 해서 나온 %이다. 그러므로 이를 더한 것이 13.4%이나 총 숫자에서 반내림 해서 13%가 된다. 그러나 전체 비율의 경우 열전의 전체 쪽수인 87쪽과 각 권의 전체 쪽수(12쪽)와의 비율로 계산하는 것이 정확도가 크므로 그에 따랐다. 따라서 13.7%를 반올림한 14%가 되었다.
7) 설총의 경우 편찬자의 논평은 아니나 여러 문장가들에 대한 간략한 설명이 덧붙여져서 "+"가 표시되었다.
8) 각 인물의 %를 합하면 7%이나 총 쪽수로 하면 반올림해서 8%가 되었다.
9) 각 인물들의 비율을 더하면 총 12.4%이나 총 쪽수로 산출하면 총 13%가 된다.
10) 김생의 경우 편찬자의 논평은 아니나 고려 시대 이야기가 덧붙여졌음을 표시했다.
11) 효녀지은의 경우 편찬자의 논평은 아니나 효종랑의 이야기가 반쪽 정도 덧붙여졌다.

덧붙인 편찬자 논평을 포함하면 제2권과 3권은 비슷한 분량이다. 결국 신라 초기부터 통일 신라 중반(혜공왕)까지 그와 가계의 업적을 중심으로 관계된 삼국 현황이 총체적으로 서술된 총 3권은 단순히 3/10(30%)권과 같은 비율이 아님을 알 수 있다.

나. 둘째는 총 15쪽이 서술된 제 10권이다.

궁예와 견훤의 서술 분량은 총 분량의 17%로 김유신 다음으로 많다. 그러나 총 두 명의 분량이 합해진 결과이므로 개개인의 분량은 김유신에 비해 훨씬 적다. 그럼에도 "한 권(제10권)"의 분량이 "세 권(제1, 2, 3권)"에 서술된 김유신의 분량과 큰 차이가 없는 것도 알 수 있다.

그 중 견훤이 보다 많아서 총 인물 중 두 번째 순위가 된다. 이는 견훤과 왕건 사이에 오간 장문의 편지와 편찬자 논평이 덧붙여진 결과이다.

결국 이들이 김유신 다음으로 중시된 이유는 궁예와 견훤의 흥망사에 고려 건국사가 함축되었기 때문이며, 이로 인해 두 번째 맞는 고려 통일의 의의가 중시되었다고 할 수 있다.

한편 이들의 분량을 비교하면 견훤이 궁예의 두 배가 되나 김유신은 견훤의 1.75배 분량이다. 곧 이들의 서술 분량은 7(김유신) : 4(견훤) : 2(궁예)의 비율이 된다.

따라서 "3권" 혹은 "1권"의 분량은 표준화된 정량이 아님을 알 수 있다. 곧 "1권"의 단위는 "3권"과 비교할 때 단순히 "3"배의 수치가 아닌 것이 총 3권으로 서술된 김유신(총17.5쪽, 1권:6.5쪽, 2권:5.5쪽, 3권:5.5쪽) 외에 제 4권(12쪽), 5권(11.5쪽), 6권(6.5쪽), 7권(11.5쪽), 8권(8.5쪽), 9권(4.5쪽), 제 10권(총15쪽) 등에서도 확인할 수 있다.

다. 셋째는 총 12쪽이 서술된 제 4권이다.

구성된 총 9명의 서술 분량이 총 14%의 비율이어서 2명 혹은 3명으로 구성된 "권"에 비하면 결코 적지 않으나 개개인의 서술 분량은 비교적 적은 편이다.

그 중 김인문과 김양이 각각 2.5쪽으로 이들 중 가장 많다. 그러나 통일의 주역들(김유신, 견훤, 궁예)과 비교하면 총 인물 중 3위인 궁예와 비교해도 그 1/2에 해당된다.

구성원 각각의 서술 분량 순위는 다음과 같다.

김인문 2.5쪽 -	김양 2.5쪽 -	을지문덕 2쪽 -	장보고/정년 2쪽 -	거칠부 1쪽 +	이사부 0.5쪽 +	흑치상지 0.5쪽	사다함 0.5쪽	거도 0.5쪽 -

이상은 거칠부를 중심으로 고구려(을지문덕), 백제(흑치상지) 명장이 신라인들 사이에 배치되었다.

그 중 김인문(김춘추아들)은 일찍이 당(唐)과의 외교 관계를 수행하고 통일 과업에 크게 기여했으며 김양은 통일신라 중반 이후 치열했던 왕권 쟁탈을 마무리한 공적이 있다.

곧 서술 분량에서는 통일 과업(김인문)이 중시되어 가장 앞세워졌으나 편찬자 체재에서는 선조인 거칠부, 거도, 이사부보다 후반(5위)에 배치되었다. 말하자면 이들 대부분이 공적이 큰 역사적 인물이어서 편찬자가 대략 시대 순위에 따랐으나 김인문은 당(唐)에서 대부분의 생애를 보냈기 때문에 뒤세웠다고 추측할 수 있다.

한편 편찬자가 가장 앞세웠던 을지문덕(고구려)은 서술 분량이 1.5쪽이어서 뒤에 배치되었으나 편찬자는 "논평"을 통해 수(隋)를 물리친 위업을 보완했다. 즉 편찬자 체재에서는 김유신에 이어 고구려 명장(을지문덕)의 위업을 중시했으나 서술 분량에서는 통일 위업을 수행한 김인문을 앞세워 이들의 위상을 고루 순환시켰다.

다음 장보고와 거칠부는 그 역사적 위상에도 불구하고 서술 분량(1쪽)은 아주 적은 편이다. 그러나 장보고 경우 사사로운 감정보다 나라 위한 신의를 높이 본 편찬자 논평(1쪽)을 덧붙여 앞세웠다. 이는 편찬자 체재에서 거칠부(2위)를 앞세우고 장보고(8위)를 뒤세운 것과 크게 다르다.

그 외 거도, 이사부, 흑치상지, 사다함 등은 모두 서술 분량이 0.5쪽이다. 이들 중 이사부(+)가 보다 많고, 흑치상지와 사다함은 과부족 없는 0.5쪽이며 거도(-)는 조금 부족한 편이다. 즉 편찬자 체재에서는 서술 분량이 가장 적은 거도(3위)를 앞에 배치하여 당시 "마숙"으로 두 나라를 병합한 신라 최초의 김씨 인물을 부각했다. 또한 이사부는 거도의 책략(마숙놀이)을 이어 가야를 빼앗고 목우사자로 우산국을 항복시킨 인물로 거칠부(진흥왕) 보다 시대적으로 앞선 인물이나 편찬자는 거칠부(2위) 뒤(4위)에 세웠다. 즉 편찬자는 고구려 명장과 신라 진흥왕대 업적을 앞세웠으나 서술 분량에서는 통일 업적을 앞세워 균등하게 순환시켰다.

한편 흑치상지는 나당(羅唐) 연합군이 백제를 쳤을 때 유일하게 항복하지 않은 백제 명장이어서 실제 김유신과 을지문덕 못지않다. 비록 편찬자가 동시대 신라 명장이며 외교가인 김인문과 후대 인물인 김양보다 뒤에 배치했으나 서술 분량에서는 신라의 장보고와 사다함보다 앞에 배치해 그의 업적을 중시했다. 이어 사다함은 화랑으로서 의의가 적지 않으나 공과가 단편적이어서 편찬자(9위)와 서술 분량 순위(8위)가 비슷하며, 거도는 편찬자 순위(3위)에 비해 서술 분량(9위) 순위가 크게 뒤세워졌다.

종합하면 편찬자는 각 인물들의 위상을 역사적 업적, 시대, 나라, 존재 상황 등에 따라 배치했으나 서술 분량에 의해 그 순위를 변모, 교체했음을 알 수 있다. 특히 견훤과 궁예를 통해 "태조 왕건의 통일 역량"을 삼국 통일(김유신) 다음으로 중시했으며 아울러 호국 저항 정신으로 맞선 흑치상지(백제)의 뛰어난 역량도 중시했다.

라. 넷째는 서술 분량이 총 11.5쪽인 제 5권과 제 7권을 들 수 있다.

이들은 앞에서 살핀 제 4권보다 0.5쪽 적은데 총 비율로는 13%에 해당되어 큰 차이가 없어 보이나 인물들의 존재 양상은 차이가 있다.

그 중 제 5권(총9명)이 제 7권(총13명)보다 구성원이 적기 때문에 각 구성원들의 서술 비율이 높아졌다. 따라서 제 5권이 넷째, 제 7권은 다섯째 순위가 되었다.

먼저 제 5권에 구성된 9명의 서술 분량 순위는 다음과 같다.

온달 2쪽	박제상 2쪽 -	녹진 1.5쪽 +	석우로 1.5쪽 -	귀산 1쪽 +	을파소 1쪽	밀우/뉴유 1쪽 -	명림답부 1쪽 -	김후직 0.5쪽 +

이들 중 온달은 본기에 명시되지 않은 인물로 편찬자 체재에서는 가장 뒤에 배치되었으나 서술 분량은 1위로 부상한 파격적 인물이다. 특히 고구려인 중 가장 "후대"이며, "부부" 혹은 "여성"이 포함되었음에도 그 위상이 전도되었다.

다음 박제상은 고구려와 왜에 인질로 간 눌지왕의 아우들을 구하고 왜(倭)에서 희생된 인물이다. 곧 편찬자 체재에서는 역사적 충신들 뒤에 배치되었으나 서술 분량에서는 그의 역사적 위상이 회복되었다.

다음 서술 분량이 1.5쪽보다 조금 많은 녹진은 통일 후 헌창의 반란(헌덕왕)을 물리친 인물로 편찬자 순위(3위)와 서술 분량 순위(3위)가 같다. 곧 왕정의 방향을 제시한 충간이 변함없이 중시되었다. 이에 비해 1.5쪽보다 조금 적은 석우로는 태자로 서불한까지 오른 용장(6위)이나 편찬자는 평범한 녹진보다 뒤세웠다. 그럼에도 왜왕에 대한 희언을 비판한 편찬자 논평 때문에 서술 분량(4위)에서는 귀산보다 앞세워졌다.

한편 서술 분량이 1쪽인 귀산, 을파소, 밀우/뉴유, 명림답부 등은 귀산을 제외하고 모두 고구려인이다.

그 중 을파소는 정치와 교화를 밝힌 인물로 편찬자는 고구려 초기 쇄신된 변화와 한(漢)나라를 물리친 고구려 기상(명림답부)을 높이 보았으나 서술 분량에서는 신라 화랑정신을 앞세웠다. 곧 고구려 정신(온달)도 세우고 신라인들의 위상도 높인 방법이 균등하게 실현되었다.

특히 중심에 배치된 귀산(서기 600년-602년)은 소위 화랑정신을 실천한 이들(제7권)과 유사하나 그들 중 가장 먼저 희생된 해론(서기 611년-618년)보다 적어도 10~20년이 앞선 인물이다. 따라서 일찍이 원광법사[12]의 "세속오계"를 실천한 그를 통해 화랑들의 근원 정신을 일깨우고, 그와 같은 태도가 통일의 원동력이 되었음을 함축했다.[13]

끝으로 김후직은 "왕의 도리"를 충간(忠諫)한 충신이어서 편찬자가 그 위상(2위)을 높였으나 서술 분량(9위)은 가장 적어서 온달의 위상만큼 크게 전도되었다. 곧 통일 전 가장 무기력하고 혼란스러웠던 성골 말기(진평왕)를 대표한 인물이다.

결국 편찬자는 인물들의 위상을 나라, 시대, 사회적 위상, 역사적 공적에 따라 세웠으나 그 본질적 의의를 회복하기 위해 서술 방법과 문장 형식 등 다양한 방법과 기준으로 순환, 교체한 점에서 개방된 의식과 중용적 태도를 견지했다.

마. 다섯째는 제 7권으로 서술 분량은 제 5권(11.5쪽)과 같다.

이들의 서술 비율은 총 13%이나 총 13명이 구성된 때문에 이들 개개인의 서술 분량은 대부분 1쪽 혹은 0.5쪽에 불과하다.

그 중 서술 분량이 가장 많은 김흠운(1.5쪽)은 인물에 관한 내용(1쪽) 외에 편찬자의 논평(0.5쪽 -)이 덧붙여져 1.5쪽이 되었다.

이들의 서술 분량에 따라 3부분으로 나누어 정리하면 다음과 같다.[14]

---

[12] 본기에서 원광법사는 26대 진평왕 11년(서기 589년) 3월 진(陳)에 들어가 불법을 구했으며, 왕 22년(서기 600년)에 돌아왔다.
[13] 이우경, 『한국 산문의 형식과 실제』, 집문당, 2004, 174면.
[14] 같은 1쪽이라도 과("+") 부족("-")으로 그 미세한 차이를 표시했으며, 소나와 김영윤처럼 분량이 같은 경우는 편찬자 체재에 구성된 순서에 따랐다. 이후에도 이와 같은 기준이 적용되었다.

1.5쪽 - : 김흠운							
1쪽 +: 소나	김영윤	1쪽: 해론	열기	1쪽-: 취도	눌최	비령자	죽죽
0.5쪽 +: 관창	0.5쪽:설계두	필부	계백				

　이상은 대부분이 통일 신라 전, 후 혼란기에 호국 희생정신으로 나라를 지키다 전사(열기 제외)한 화랑과 무사들로 각 인물들이 처한 시대와 존재 상황을 대표하기 때문에 그 특징도 다양하다.

　이들 중 가장 앞세워진 김흠운(대왕 사위)은 그에 관한 분량(1쪽) 외에 화랑들에 관한 편찬자 논평(0.5쪽)이 보완되었다. 즉 편찬자 체재(8위)에 비해 화랑들의 의의와 업적이 환기되었다. 특히 "문노"파 화랑의 무사적 기개를 솔선수범 실천한 상층인(흠운)의 희생 정신을 높이 보았다.

　다음 서술 분량이 1쪽인 인물은 8명이며, 해론과 열기를 중심으로 과(+), 부족(-) 인물들로 나뉘었다. 그 중 분량이 비교적 많은(+) 소나와 김영윤은 조상들의 업적이 포함된 때문에 그 전, 후 양상이 비교되었다.

　즉 선덕왕 대15) 백제와 대결한 심나(소나아버지)를 백제인들은 "신라의 비장(飛將)"이라고 했는데 그 때부터 치열했던 삼국 관계는 소나(문무왕 15년, 서기 675년)에 이르러 비로소 마무리되었다. 특히 당(唐)과의 대립 관계가 함축된 "소나"는 말갈과 함께 침입한 당(唐)까지 물리치고 이룬 "삼국 통일"의 역사적 의미(2위)와 주체 정신이 부각되었다. 이에 비해 김영윤은 대대로 통일 과업에 앞장 선 명문 세가의 후손으로 흠순부터 김영윤(3위)까지 이어진 삼대의 통일 과업이 마침내 마무리된 국내 현황(신문왕 4년, 서기 684년)이 함축되었다.

　이어서 서술 분량이 1쪽인 해론과 열기 경우 먼저 찬덕과 복합된 해론(진평왕 40년, 서기 618년)은 백제와의 갈등으로 대 이어 희생된 부자의 고통이 앞세워졌으나 서술 분량에서는 화랑정신을 수행하고 삼국통일에 기여한 상

---

15) 선덕왕(서기 632년-647년)의 지배 기간 중 사용한 인평 연호는 왕 3년부터 왕 16년(서기 634년-647년)까지이다.

층(김영윤)보다 뒤세워졌다. 이에 비해 열기는 신분이 낮고 유일한 생존 인물이기 때문에 편찬자가 뒤(9위)에 세웠으나 서술 분량에서는 그 역사적 업적(5위)이 회복되었다.

이어서 1쪽에 조금 못 미치는 분량(-)에 해당하는 인물들은 취도, 눌최, 비령자, 죽죽 등이다. 그 중 취도는 태종무열왕, 문무왕(부과), 신문왕(핍실)대까지 이어진 삼형제의 업적(3위) 때문에 앞세워 기렸으나 서술 분량(6위)에서는 상층(김영윤)의 중심전이 백성들의 국지전보다 앞세워졌다.

다음 눌최는 찬덕("해론")보다 후대 인물이나 중앙군의 해이해진 면모는 크게 달라지지 않아서 찬덕과 유사한 상황이 재현되었다. 따라서 편찬자는 그를 앞세워(4위) 그 심각성을 환기했으나 서술 분량(7위)에서는 통일 과업보다 뒤에 세웠다. 또한 비령자는 편찬자가 이름 있는 집안인 설계두와 관창보다 뒤(10위)에 세웠으나 서술 분량에서는 그 실질적인 공적(8위)이 회복되었다.

한편 품석(김춘추사위)의 당(幢)에서 사지(舍知)가 된 죽죽은 본기에 생략된 품석의 실상(부도덕)과 패망(지휘자 판단 착오) 이유가 상술(열전)된 때문에 뒤(11위)에 세웠으나 서술 분량에서는 설계두와 관창보다 앞세워 그 실상을 밝히고 그의 업적(9위)도 기렸다.

끝으로 서술 분량이 0.5쪽인 인물은 관창, 설계두, 필부, 계백 등이다.

이들 중 서술 분량이 비교적 많은 관창은 명장(품일)의 아들로 편찬자는 통일 전(김흠운), 후(김영윤) 사이(7위)에 세워 상층인(김영윤, 관창, 김흠운)의 호국 희생정신을 기리고 백성들의 귀감이 된 상황을 환기했다. 그러나 본기에 서술된 사전(史傳)을 압축 요약(열전)한 서술 분량(10위)에서는 공적이 보다 많은 이를 앞세웠다.

다음 설계두는 신라의 이름 있는 자손으로 당(唐) 과의가 되어 고구려를 친 공적 외에 당(唐) 태종이 대장군의 벼슬(5위)을 추증했기 때문에 김영윤보다 앞세웠다. 그러나 서술 분량(11위)에서는 자신(신라)의 나라를 지키다 희생된 이들보다 뒤에 세웠다.

다음 필부는 신라인 중 가장 뒤(12위)에 세웠는데 서술 분량(12위)도 변함 없다. 곧 신라는 백제 멸망 후 백제 회복군의 항거와 고구려 침입으로 피로하고 지친 상황에서도 대부분 나라를 위해 일치단결했으나 외부의 적과 내통한 이(비삽)들도 없지 않아 그 위험성을 환기했다.

끝으로 계백은 백제를 대표한 인물로 신라인(총12명)과 적대 관계이며 망국의 패장이어서 편찬자가 가장 뒤(13위)에 세웠다고 볼 수 있다. 따라서 서술 분량(13위)에서도 변함없다. 그러나 신라 본기 뿐 아니라 "관창"을 통해 그 용맹성과 인간적 품성이 다각도로 함축되었다. 그럼에도 김유신을 물리친 흑치상지(제4권)와 달라서 제 7권에 배치되었다.

바. 여섯째는 제 8권으로 총 11명이 구성되었다.

이들은 총 8.5쪽의 분량으로 총 10%의 비율이어서 대체로 1쪽 혹은 0.5쪽의 분량으로 서술되었다.

이들 역시 서술 분량에 따라 3부분으로 나누어 정리하면 다음과 같다.

1.5쪽: 설씨녀							
1쪽: 도미	효녀지은	1쪽 −: 검군	성각				
0.5쪽 +: 실혜	물계자	0.5쪽: 백결선생	김생	0.5쪽 −: 향덕	솔거		

이상은 대체로 본기에 명시되지 않은 인물(향덕 제외)들로 미천하거나 가난하며, 역사 상황에서 소외된 인물들 같다. 그러나 효자효녀, 예인(藝人), 의인(義人) 등 나라와 이웃과 가족을 위해 의미 있는 신념과 사랑을 실천한 이들이다.

이들 중 분량이 가장 많은 설씨녀(1.5쪽)는 나라를 지킨 가실과 혼인한 일반 남녀이어서 편찬자 체재는 뒤(10위)에 세워졌다. 그러나 서술 분량에 따라 가장 앞세워진 상황은 "온달(고구려)"과 같이 파격적이다.

이어서 서술 분량이 1쪽인 인물은 도미, 효녀지은, 검군, 성각 등이다.

이들 중 도미와 효녀지은은 같은 1쪽이나 효녀지은은 효종랑의 분량이 반이어서 도미가 앞세워졌다. 또한 검군과 성각은 1쪽보다 약간 부족(-)하나 성각은 덧붙여진 논평 때문에 뒤에 세워졌다.

한편 도미(백제)는 평범한 "부부"의 시련이어서 편찬자가 가장 뒤(11위)에 세웠으나 서술 분량(2위)에서는 파격적으로 변화되었다. 또한 효녀 지은은 여성이어서 편찬자가 효자와 달리 9위에 세웠다고 볼 수 있으나 서술 분량(3위)에서는 크게 앞세워졌다. 결국 편찬자 체재에서 7, 8, 9위였던 여성들 모두가 서술 분량에서는 1, 2, 3위로 교체되어 그 존재 의의가 중시되었다.[16]

또한 검군은 서술 분량이 성각보다 많아서 6위(편찬자 체재)에서 4위로 앞세워졌다. 곧 편찬자가 앞세웠던 성각(2위)은 향덕(1위)의 효행이 반복된 점이 특이하나 모두 뒤세워지고 성각(5위)과 향덕(10위)의 위상도 뒤바뀌는 등 다채롭게 순환되었다.

끝으로 서술 분량이 0.5쪽인 인물은 실혜, 물계자, 백결선생, 김생, 향덕, 솔거 등이다. 이들 대부분(향덕 제외)이 본기에 명시되지 않았거나 가난(향덕)하고 미천해서 소외된 인물처럼 보인다. 즉 앞의 2명(실혜, 물계자)은 소외된 지사(志士)이며, 가운데 2명(백결선생, 김생)은 가난하고 미천하나 예인(노래, 글씨)의 재능이 부각되었다. 그리고 마지막 2명(향덕, 솔거)은 기존의 절대적 가치(효, 황룡사 벽화 채색)가 퇴색된 상황까지 내포되었다. 곧 양면적 가치가 혼융된 이들은 모두 서술 분량이 극히 적어서 편찬자가 세운 위상보다 뒤세워졌다.

그 중 아첨한 자에게 밀린 실혜는 3위(편찬자)에서 6위(서술 분량)로, 물계자는 4위에서 7위로, 방아타령이 전하는 백결선생은 5위에서 8위로, 명필

---

[16] "도미"는 원래 남편이나 그 부인을 탐한 왕의 행위로 빚어진 과정 등 그 부인과의 관계가 중심 내용이기도 하다. 따라서 "도미 부인"이라고 명명해도 무방할 정도이다.

가인 김생은 7위에서 9위로, 효자인 향덕은 1위에서 10위로, 그리고 화가인 솔거는 8위에서 11위로 교체되었다. 특히 향덕의 위상은 파격적으로 전도되었으나 본기의 "사전(史傳)" 형식이 재현, 반복된 의의는 적지 않다.

종합하면 대부분의 위상들이 일관성 있게 순환, 변모, 교체되었는데 이들에 내포된 세계관은 통념적인 범주 이상으로 개방된 특징이 있다. 곧 인간이 지향하는 삶의 원천적인 기운과 본래적인 성정을 통해 당대의 불합리하고 모순된 상황과 그 본질적 의의가 다각도로 함축, 개방되었다.

사. 일곱째는 제 6권으로 대표적 문장가들로 구성되었다.

이들은 서술 분량이 총 6.5쪽으로 총 8%의 비율이나 구성원이 세 명(강수, 최치원, 설총)이어서 개개인의 분량은 적지 않은 편이다. 그 중 최치원이 1위(3쪽)이고 강수(2쪽)가 2위이며 설총(1.5쪽)이 3위이다.

먼저 최치원은 정치적 업적이 적어서 편찬자가 가장 뒤세웠으나 그의 문집에 수록된 편지와 친구의 시 등이 포함된 결과 김유신, 견훤, 궁예, 연개소문 등 명장들에 이어 총 5위이다. 이는 국내외적으로 알려진 그의 문장력과 유학자의 위상을 높이 본 때문인데 고려 건국을 인지한 공로도 없지 않다.

다음 강수는 통일 과업(태종무열왕, 문무왕) 중 당(唐)의 표문을 이해하고 외교 문서를 작성한 공적 때문에 편찬자가 가장 앞세웠으나 서술 분량은 최치원보다 적다. 특히 부모, 부부, 부자 관계가 통일 전, 후 과도적 상황과 교차, 병행되었는데 그로부터 개시된 유학의 삼강오륜 사상 등이 복합되었다.

끝으로 설총은 삼국 통일 후 복잡해진 정치, 사회와 외교적 관계를 우화로 표현해 신문왕대 고민을 대변했다. 곧 왕 된 이의 경계(警戒)가 우회적으로 충간되어 열전의 표현 형태가 확장되었다.

아. 여덟째는 제 9권으로 서술 분량이 총 4.5쪽이어서 총 5%의 비율이다.

비록 서술 분량은 가장 적으나 구성된 두 명(창조리, 연개소문) 중 연개소문이 논평(0.5쪽)을 합해 총 3.5쪽이어서 총 50여 명 중 4위이다. 반면 창조리는 1쪽(26위)이어서 이들의 서술 분량 비율은 7:2가 될 정도로 편차가 크다.

　그 중 연개소문은 김유신, 견훤, 궁예에 이은 서술 분량 때문에 당(唐)을 물리친 역사적 의의가 크게 회복되었다. 이에 비해 창조리는 고구려 중반 모용외(봉상왕 2년, 서기 293년)를 물리칠 방법을 강구하고 어질지 못한 봉상왕(왕 9년) 대신 미천왕(서기 300년)을 세운 인물이다.17)

　이상으로 편차가 큰 서술 분량을 객관적인 수치로 살펴 편찬자 체재의 한계와 새롭게 순환, 변모된 인물들의 위상을 확인할 수 있었다.
　이들 양상을 총체적으로 비교하면 다음과 같다.18)

[표 1]

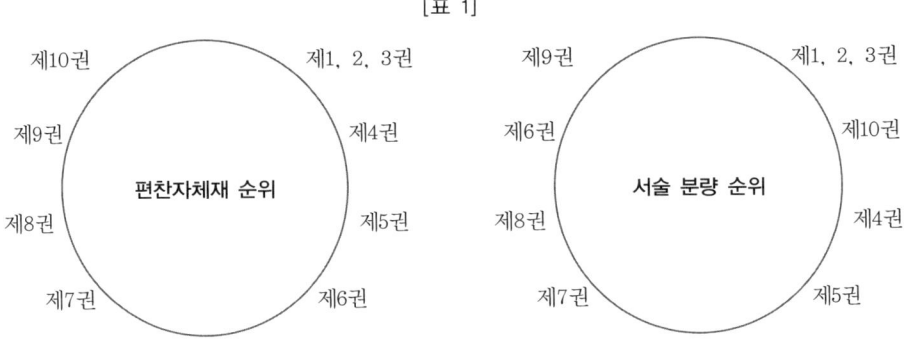

---

17) 15대 미천왕은 왕 3년(서기 302년)에 현도군을, 왕 12년(서기 311년)에는 요동의 서안평을, 그리고 왕 14년(서기 313년)에는 낙랑군 등을 침입해 빼앗고 많은 사람들을 사로잡았다.
18) [표 1]에서 순위는 제 1, 2, 3권부터 시계 방향 순이며, 표2에서는 이들 관계를 총체적으로 살피기 위해 서술 분량에 따라 변화된 각 권의 차례와 각 권 속 인물들의 총 순위를 이름 앞에 표시했다.

[표 2]

	① 제1, 2, 3권 1 김유신 (삼국통일)	
⑧ 제9권 4연개소문, 26창조리 (고구려 명장)	(고구려흥망/신라흥망사)	② 제10권 2견훤, 3궁예 (신라패망/ 고려 건국)
⑦ 제6권 5최치원, 10강수, 14설총 (신라 문장가)	(문/무 조화)	③ 제4권 6김인문, 7김양, 11을지문덕 12장보고/정년, 18거칠부 36이사부, 37흑치상지, 42사다함, 48거도 (삼국 명장)
⑥ 제8권 15설씨녀, 25도미 33효녀지은,34검군,35성각, 40실혜,41물계자,46백결선생, 47김생, 49향덕, 50솔거 (신라/백제 백성)	(상/하 공존) (삼국 흥망사) (고구려 회복)	④ 제5권 8온달, 9박제상, 13녹진 17석우로,19귀산,22을파소 27밀우/뉴유, 28명림답부 38김후직 (고구려 / 신라 충신)
	⑤ 제7권 16김흠운,20소나,21김영윤, 23해론,24열기,29취도, 30눌최,31비령자,32죽죽, 39관창, 43설계두, 44필부, 45계백 (삼국통일/백제패망)	

 이상과 같이 외형적인 서술 분량 차이는 인물들의 역사적 위상과 존재 방식을 다각도로 순환, 개방하기 위한 또 다른 방법이었다. 곧 자체로 다양하고 복잡한 인간과 세계 현황을 현시하기 위한 다양한 형식들은 정치, 역사적 한계에도 불구하고 그 본래의 의의와 가치 등을 구현하기 위한 실천적 전언(傳言)이었다.

 결국 삼국 통일 과업과 고려 통일 과업을 주축으로 형성된 순환 체계는 근본적으로 상, 하, 좌, 우 관계가 고정되지 않아서 끊임없이 변화하는 인간 세계 현황과 같다. 곧 갈등과 부조화 속에서 조화와 공존의 본질적 의의가 우주적 현황으로 현시되었다.

2. 조화된 배분과 체계적 분포

『삼국사기』 열전은 다양한 인물들이 역사 공동체적 형태로 구성되었으나 문장 형식에 따라 다양하게 변모, 순환된 양상을 볼 수 있었다.

특히 서술 분량 차이는 인물들의 역사적 위상 속에 함축된 본질적 의의가 균등하게 존중되고 다각도로 부각된 표현 형식임을 입증할 수 있었다. 때문에 자체로 불공평하고 난삽해보였던 서술 분량 차이는 이들의 관계 상황을 체계화하기 어려운 장애 요인이었다기보다 오히려 누구 하나 소홀히 할 수 없는 대표적 유형들의 다양한 관계 상황임을 확인할 수 있었다.

이미 아는 바와 같이 몇몇 대표적 인물들은 서술 분량이 월등히 많아서 그 존재 의의와 가치가 특별히 중시되었다고 볼 수 있다. 그러나 나머지 인물들 중에도 그 역사적 업적과 존재 의의에 비해 서술 분량이 적은 경우가 적지 않으며, 본기에 명시되지 않은 보편적 인물들임에도 적지 않은 분량으로 그 존재 의의와 시대적 한계 등이 크게 부각된 경우도 적지 않다. 더욱이 비교할 수 없을 정도로 간결하고 소략한 분량으로도 세계관과 역사관 그리고 인간관이 의미 있게 발현된 인물도 적지 않아서 서술 분량은 인물들의 중요도와 비례된 외장(外裝)만은 결코 아니었다. 오히려 기존의 역사 관점의 한계를 벗고 보다 복잡하고 변화무쌍한 인간과 세계의 본질적 형태를 재현하기 위한 서술 방법이었다.

결국 기존의 편찬자 체재가 인물들의 기존 권위를 보호하기 위한 잠금장치와 같다면 서술 분량 차이는 새로운 통로와 연계된 또 다른 형태로 그 내적 요소들이 개방되고 소통될 수 있는 열쇠와 같다.

따라서 편찬자 체재에 구성된 인물들의 서술 분량 분포와 그 군집 관계를 보다 구체적이며 체계적으로 살피기 위해 그 순환, 변모된 양상을 다시 정리하면 다음과 같다.[19]

---

[19] 우선 편찬자가 분류한 총 10권을 서술 분량 순위에 따라 재배치하고 기존의 구성 인물들

Ⅱ. 열전의 형태적 특징과 의의 67

권수 (서술분량)	편찬자 체재(상부)와 서술 분량 순위 체재
① 제1권-3권	(김유신) 1김유신
② 제10권	(궁예, 견훤) 2견훤 3궁예
③ 제4권	(을지문덕, 거칠부, 거도, 이사부, 김인문, 김양, 흑치상지, 장보고/정년, 사다함) 6김인문 7김양 11을지문덕 12장보고/정년 18거칠부 36이사부 37흑치상지 42사다함 48거도
④ 제5권	(을파소, 김후직, 녹진, 밀우/뉴유, 명림답부, 석우로, 박제상, 귀산, 온달) 8온달 9박제상 13녹진 17석우로 19귀산 22을파소 27밀우/뉴유 28명림답부 38김후직
⑤ 제7권	(해론, 소나, 취도, 눌최, 설계두, 김영윤, 관창, 김흠운, 열기, 비령자, 죽죽, 필부, 계백) 16김흠운 20소나 21김영윤 23해론 24열기 29취도 30눌최 31비령자 32죽죽 39관창 43설계두 44필부 45계백
⑥ 제8권	(향덕, 성각, 실혜, 물계자, 백결선생, 검군, 김생, 솔거, 효녀지은, 설씨녀, 도미) 15설씨녀 25도미 33효녀지은 34검군 35성각 40실혜 41물계자 46백결선생 47김생 49향덕 50솔거
⑦ 제6권	(강수, 최치원, 설총) 5최치원 10강수 14설총
⑧ 제9권	(창조리, 연개소문) 4연개소문 26창조리

 이상은 서술 분량에 따라 총 10권(제1권-10권)이 총 8그룹(①-⑧)으로 나뉘었다. 그리고 각 권마다 상부는 기존의 편찬자 체재의 구성원들이, 하부는 서술 분량 순위로 변화된 양상이 총 50여 명의 순위 번호와 더불어 나열되었다.

 즉 "① 제1권-3권"에서 앞의 ①은 총10권 중 서술 분량 순위가 1위임을 뜻한다. 그중 김유신은 유일하게 제1, 2, 3권으로 구성되어 "제1권-3권"으로 표시되었다. 또한 하부의 "1김유신"은 "김유신"의 서술 분량이 총 50여 명 중 1순위이며 유일하게 단독으로 구성되었음을 알 수 있다.

 다음 제 10권은 우선 편찬자 체재에 비해 파격적으로 전도되었다.
 그 중 견훤과 궁예의 위상이 서술 분량에 의해 바뀐 이유는 지속된 역사

을 ( ) 속에 묶어 상부에 배치했다. 이는 서술 분량 순위에 따라 재배치된 아래 인물들의 개별적, 총체적 위상과 비교, 대비될 수 있다.

기간이 궁예보다 길고 장문의 외교 문서(편지)가 포함된 때문이다. 그럼에도 구성된 두 인물(견훤, 궁예)은 비록 경쟁 관계이나 서술 분량 순위가 각각 2위, 3위로 나란히 짝을 이루고 있다. 곧 후삼국 시대를 대표한 이들의 시대적 목표가 비슷해서 많은 부분이 공유, 대비된 관계라고 할 수 있다.

다음으로 제 4권은 구성된 인물(9명)들의 서술 분량 순위가 6위와 7위, 11위와 12위, 36위와 37위 인물 등이 서로 짝을 이루고 있다. 또한 6위, 7위/ 11위, 12위, 18위/ 36위, 37위/ 42위, 48위 등 네 부분이 고르게 분포된 형태는 거칠부(18위)를 중심으로 크게 양분되었다.

다시 말해 쌍을 이룬 김인문(6위)과 김양(7위)은 통일 과업에 기여한 외교적 수훈자와 통일 신라 중반 왕권 쟁탈의 혼란을 마무리한 공로가 있으며, 을지문덕(11)과 장보고(12)는 고구려와 신라의 대표적 명장이다. 또한 이사부(36)와 흑치상지(37)는 신라와 백제 명장으로서 두 쌍 모두 나라와 시대는 달라도 역사적 전환기에 나라를 지킨 공통점이 있다. 끝으로 사다함(42위)과 거도(48위)는 역사적 의의에도 불구하고 비교적 단편적인 행위가 공통적이다.

결국 6위부터 48위까지 광범위하게 구성되었으나 비교적 고르게 배분되어 치우치지 않았다. 또한 거칠부(신라)를 중심으로 고구려(을지문덕) 명장과 백제(흑치상지) 명장이 신라인 사이에 배치되었다. 곧 편찬자 체재처럼 나라별로 분리되거나 뒤에 배치되지 않고 조화롭게 통합되었다.

아울러 신라인 경우 거칠부를 중심으로 통일 후(김인문, 김양, 장보고/정년)와 통일 전(이사부, 사다함, 거도) 인물로 구분되었다. 그 중 김양과 장보고가 동시대 같은 목적을 수행해 친화성이 크나 중앙 권력층과 지방 세력으로 구분되며, 이사부와 사다함이 동시대 같은 목적을 수행한 인물이나 장수와 부하의 차이가 서술 분량 차이로 구현되었다.

다음 총 서술 분량이 넷째인 제 5권은 구성원 9명 중 8위와 9위, 17위와

19위[20]), 27위와 28위가 쌍을 이루며, 이들 세 쌍 사이에 13녹진, 22을파소, 38김후직 등 신라와 고구려 현량과 충신이 분포되었다.

곧 8위, 9위/ 13위, 17위, 19위/ 27위, 28위/ 38위 등 네 부분이 고르게 배분되면서 비교적 친화적인 관계도 안배되었다. 특히 40위권 이하로 구성된 양상은 김후직(38위)을 포함해 왕의 측근들이어서 보다 중시되었다. 또한 정치, 역사적 입장에서 앞세워진 편찬자 체재와 달리 대부분(녹진 제외)의 위상이 바뀌었다. 그 중 고구려 회복 정신이 함축된 온달과 신라 김씨 왕조 확립에 기여한 박제상(외교가)의 신라 건국 정신 등이 부각되었다.

전체적으로는 귀산(17위)을 중심으로 고구려인(온달)과 신라인(김후직) 사이에 신라인 3명과 고구려인 3명을 나란히 배치해 엇갈린 형태로 조화롭다. 특히 양 끝의 두 인물은 나라는 달라도 고구려 회복 정신과 신라 왕도(王道) 회복이 촉구된 형태이다.

다음 총 서술 분량이 다섯 번째인 제 7권은 구성원 대부분(총13명)이 삼국 통일 전, 후 호국 희생정신을 실천한 인물들이다. 그 중 백제를 대표한 계백(백제)은 적장이나 나라 위한 희생정신은 근본적으로 다르지 않았다.

이들은 구성 인원이 많아서 보다 복잡해보이나 서술 분량은 20위와 21위, 23위와 24위, 29위와 30위, 31위와 32위, 43위와 44위와 45위가 나란히 짝을 이루어 총 11명이 친화적 형태로 구성되었다. 말하자면 총 13명 중 김흠운(16위)과 관창(39위)을 제외한 대부분이 짝을 이루고 있어서 가장 친화적이며 유사성이 큰 인물들로 구성되었다.

또한 16위/ 20위, 21위, 23위, 24위, 29위/ 30위, 31위, 32위, 39위/ 43위, 44위, 45위 등 네 부분이 10위권부터 40위권까지 고르게 배분된 점은 다양하나 조화로워서 체계적으로 구성되었음을 알 수 있다.

---

[20]) 이들은 17위와 18위, 또는 18위와 19위와 같은 관계는 아니나 거의 유사한 형태라고 볼 수 있다.

그럼에도 눌최를 중심으로 비교적 공적과 의의가 큰 인물들을 앞세우고 공적이 적거나 신분이 낮은 인물들을 뒤에 세운 경향이 있다. 즉 부자, 형제 등이 대대로 또는 나란히 공적을 세운 인물들은 나양한 내용이 혼융, 복합된 때문에 분량이 많아서 앞세워진 반면 단편적인 행적이나 부정적이거나 비판적인 경우 대체로 뒤세워졌다.

다음 서술 분량이 여섯 번째인 제8권은 대부분의 위상이 크게 변화되었다. 이들의 서술 분량은 33위와 34위와 35위, 40위와 41위, 46위와 47위, 49위와 50위가 짝을 이루고 있어서 설씨녀(15위)와 도미(25위)를 제외한 대부분이 친화적 관계로 구성되었다. 특히 15위/ 25위/ 33위, 34위, 35위/ 40위, 41위,/ 46위, 47위, 49위/ 50위 등으로 분포된 양상은 10위권부터 50위권까지 비교적 고르고 광범위하다. 그러나 15위와 25위를 제외한 대부분이 30위권과 40위권이며 그 중 반 이상이 40위 이상이어서 서술 분량이 비교적 적은 인물들이다.

또한 앞세워진 두 인물(15위, 25위)은 구성 형식이 유사해 친화적 특징이 없지 않으나 서술 분량의 차이는 크다. 곧 신라와 백제로 구분된 외에 통합과 패망의 상황이 함축, 구성된 점이 비교된다.

한편 30위권의 세 인물들이 통일 신라 전, 후, 말기 상황을 대변한 인물이라면 40위권 인물들은 신라 초기부터 통일 전 그리고 통일 후 절정기에서 쇠퇴 징후까지 보다 광범위하게 분포되었다. 결국 재능 있고 의로운 이들 비역사적인 인물들은 비록 적은 분량이나 독특한 구성 양식과 표현 방법으로 그 존재 의의가 보다 자유롭게 개방된 특징이 있다.

다음 서술 분량이 일곱 번째인 제 6권은 명망 있는 대표적 문장가들이어서 유사성이 가장 높고 친화적이라고 볼 수 있으나 서술 분량(5위/ 10위/ 14위)에서는 그 차이가 크고 개별적이다.

곧 시대와 업적(행적) 그리고 서술 양식이 다른 특징이 그대로 반영된 결과이나 모두 20위권 이하이어서 그 중시된 위상을 알 수 있다.

끝으로 여덟 번째인 제 9권의 두 인물(연개소문, 창조리) 중 연개소문의 서술 분량은 총 50여 명 중 4위이나 창조리는 26위여서 편차가 크다. 앞서 두 명(견훤, 궁예)으로 구성된 제 10권(2위)이 친화적(2위, 3위) 대립 관계라면 제 9권은 서술 분량(4위, 26위)과 시대적 차이는 크나 공통성이 적지 않은 관계이다.

이상을 종합하면 편찬자 체재는 대체로 나라와 시대 그리고 사회, 역사적 통념에 따라 체계화된 표본적 분류 같았으나 각 권에 구성된 인물들의 서술 분량 차이는 적지 않았다. 때문에 이들의 내적 요인들을 단순히 비교·대비하기에는 근본적인 한계가 있다. 그럼에도 문장의 외형적 특성인 서술 분량이 전체적으로 고르게 배분되고 광범위하게 분포된 양상에서 보다 체계적으로 구성되었음을 객관적으로 확인할 수 있었다.

결론적으로 편찬자에 의해 경계 지어진 인물들이 소위 규범적인 역사 관점에 의해 일방적이고 고정된 체계로 한정되기보다 문장 형식(서술 분량 등) 등 다양한 방법으로 해체하면 그 본질적 기능과 의의가 보다 의미 있게 개방될 수 있음을 알 수 있었다.

3. 중심인물과 공동체의 총화

『삼국사기』 열전은 아는 바와 같이 본기 사실을 근거로 인물전 혹은 전기 형식으로 재현된 기록 문장 형식이다.

그러나 그동안 역사적 권위에 고착되어 편찬자 체재 이상의 분류 방법이 모색되기 어려웠다. 무엇보다 외형적인 서술 분량의 편차(偏差)가 커서 내적 관계를 총체적으로 모색할 합리적 기준을 정하기가 어려웠다.

그러나 기록 문장 형식은 기본적으로 광범위하게 개방된 담론의 형식으로 다양한 세계 상황과 인간 존재 상황들의 관계 속에 내재된 불합리하고 모순적인 복잡한 형태들이 다양하게 구성된 체계이다. 곧 다양하고 복잡한 서술 분량 차이는 자체로 무질서하고 불합리해 보이는 갖가지 세계 현상이 외형적으로 현시된 결과이며, 자체로 친화적이거나 차별적인 여러 상황이 순환, 변모, 공존된 본질적 양상을 의미하고 있다. 말하자면 이들 관계 속에 고유한 인물들의 독자적이고 총체적인 세계상이 범 우주적으로 구축되었다고 볼 수 있다. 따라서 이들을 그 본래의 공동체적 관계로 개방하여 그 총체적 세계상을 다각도로 파악할 필요가 있다.

우선 이들 관계를 보다 총체적이며 효과적으로 비교하기 위해 각 인물들의 서술 분량을 다시 백분율로 환산했다. 이때 같은 비율의 인물들이 적지 않기 때문에 세운 몇 가지 기준은 먼저 인물 자체에 관한 서술 분량 비율이 최우선시 되었다. 따라서 덧붙여진 분량(논평) 때문에 비율이 더해진 인물을 차선으로 세웠다. 아울러 서술 분량이 여러 면에서 같을 경우에는 편찬자가 각 권에 배치한 기존 순위에 따랐다.

이들을 서술 분량 비율에 따라 크게 여덟 그룹(가-아)으로 나누어 정리하면 다음과 같다.

가. 20%:	1 김유신 : 김유신 상(8%), 중(6%), 하 +논평(6%)	〈총 1명〉
나. 11%:	2 견훤 : 견훤+논평	〈총 1명〉
다. 6%:	3 궁예	〈총 1명〉
라. 4%:	4 연개소문 : 연개소문+논평	〈총 1명〉
마. 3%:	5 최치원 6 김인문, 7 김양	〈총 3명〉
바①. 2%:	8 온달 9 박제상 , 10 강수	

11 을지문덕 : 을지문덕+논평 12 장보고/정년 : 장보고+논평	〈총 5명〉
바②. 2%: 13 녹진, 14 설총 15 설씨녀 16 김흠운 ; 김흠운+논평 17 석우로 ; 석우로+논평	〈총5명〉
사. 1%: 18 거칠부, 19 귀산, 20 소나, 21 김영윤, 22 을파소, 23 해론, 24 열기, 25 도미, 26 창조리 27 밀우/뉴유, 28명림답부, 29취도, 30눌최, 31비령자, 32죽죽, 33효녀지은, 34검군 35 성각 : 성각+논평	〈총18명〉
아. 0.6%: 36 이사부, 37 흑치상지 38 김후직 39 관창 40 실혜 41 물계자 42 사다함, 43 설계두, 44 필부, 45 계백, 46 백결선생 47 김생 48 거도, 49 향덕, 50 솔거	〈총 15명〉

이상 총 여덟 그룹(가-아)은 각각의 서술 비율(총 20%-0.6%)에 따라 나뉘었으며, 그 중 같은 비율의 인물들이 여러 부분으로 나뉜 "마" 이하는 구체적 분량에 따라 다시 세분되었다.

즉 서술 분량 비율 순위가 1위인 "가"는 총 20% 비율이나 구성원은 김유신이 유일해서 단독 배치되었다. 따라서 "1김유신"은 총 50여 명 중 총 20%의 분량이 서술된 김유신이 1위임을 알 수 있다. 특히 그는 유일하게 상(1권), 중(2권), 하(3권) 세 권으로 나뉘어 서술되었기 때문에 각각의 서술 비율이 참고로 표시되었으며, 3권에 덧붙여진 논평과 그 분량의 비율도 표시해 그 구성 형태가 총체적으로 비교되도록 했다.

다음 총 50여 명 중 2위인 견훤(나)은 논평을 합해 총 11%의 분량으로 서술되었으며, 아울러 "나" 그룹의 유일한 인물임을 알 수 있다. 마찬가지로 총 6%(다)의 궁예와 총 4%(라)의 연개소문도 유일하게 배치되었다.

이에 비해 "마" 그룹(3%)은 구성원이 3명이다.

이들은 서술 비율은 같으나 상(최치원), 하(김인문, 김양) 두 부분으로 나뉘었다. 그 중 상위에 배치된 최치원은 "3쪽 -"이며, 하위에 구분된 김인문과 김양은 "2.5쪽 -"로 실제 0.5쪽의 차이가 있다. 즉 백분율로 환산될 경우 반올림되어 같은 비율이나 쪽수로는 엄밀히 구분된다.

또한 김인문과 김양의 경우 실제 서술 분량은 같으나 편찬자 체재 순위에 따라 김인문의 순위가 앞세워졌다. 결국 전체 순위는 최치원(5위), 김인문(6위), 김양(7위)으로 표시되었다.

이어서 "바①"과 "바②"는 서술 분량 비율(2%)도 같으며 구성원(5명)도 같다. 그러나 "바①"은 "2쪽", "바②"는 "1.5쪽"이어서 다시 총 8부분으로 세분되었다. 그 중 온달은 "2쪽", 박제상과 강수는 "2쪽 -"이어서 구분되었으며, 을지문덕은 "2쪽 -"이나 논평이 덧붙여진 비율이어서 박제상, 강수와도 구별되었다. 끝으로 장보고/정년도 "2쪽-"이나 논평의 내용이 을지문덕보다 많기 때문에 하위가 되었다. 이어서 "바②" 중 녹진과 설총은 "1.5쪽 +"이나 인물 자체의 서술 분량이 많은 녹진이 앞세워졌다. 설씨녀는 "1.5쪽"으로 구분되었으며, 김흠운과 석우로는 모두 논평이 덧붙여진 "1.5쪽 -"이나 인물의 서술 분량이 석우로("1쪽-")보다 김흠운("1쪽")이 많아서 전체 순위는 각각 16위, 17위로 표시되었다. 이와 같이 총 50여 명의 전체 순위는 여러 기준에 따라 객관적이며 합리적으로 구분되었다.

다음 "사" 그룹은 총 인물 중 18위의 거칠부에서 35위인 성각까지 총 18명이 각각 1% 비율로 서술되었으나 네 부분으로 구분되었다. 즉 "1쪽 +", "1쪽", "1쪽 -"의 분량은 모두 1쪽이나 그 과(+), 소(-)와 인물 자체의 서술 분량에 따라 세분되었다.

끝으로 "아" 그룹은 총 인물 중 36위인 이사부에서 50위인 솔거까지 총 15명이 각각 0.6%의 비율로 서술되었으나 세 부분으로 나뉘었다. 즉 "0.5쪽 +", "0.5쪽", "0.5쪽 -"의 분량은 모두 0.5쪽이나 그 과(+), 소(-)에 따라 세분되었다.

이상을 종합하면 여덟 그룹 중 가, 나, 다, 라 그룹의 대표적 인물들은 총 50여 명 중 각각 1(20%), 2(11%), 3(6%), 4(4%)위로 이들 네 명의 위상은 다른 인물들에 비해 독보적이다. 그러나 이들 네 명은 앞, 뒤 인물의 서술 분량이 대략 1/2 전, 후 비율로 감소될 정도로 차이가 크다. 그럼에도 소위 삼국의 역사를 주도한 김유신. 견훤, 궁예, 연개소문 등 네 명이 열전의 총 41%의 분량이어서 거의 2/5에 해당되는 분량이 할애되었다.

이어서 나머지 46명의 서술 비율도 3%, 2%, 1%, 0.6% 등 비교적 단계적으로 배분되었으며, 그 중 가장 비율이 적은 사(1%)와 아(0.6%)그룹은 각각 18명, 15명으로 총 33명이 구성되었다. 즉 1% 이하의 분량으로 서술된 이들 총 33명은 총 인물의 66%(33/50)로 약 2/3에 해당된다.

결국 이들에 배당된 서술 분량 비율(18%+9%)은 비록 27%(30%)[21]에 불과해도 이들 인물들의 모아진 힘(2/3)과 그 각각의 위상을 감안하면 결코 소홀히 할 수 없음을 확인하게 된다.

특히 서술 분량이 1%에 해당된 인물 중에는 거칠부, 귀산과 같은 역사적 업적과 존재 의의가 큰 인물들과 을파소, 창조리, 명림답부 등 고구려 대표적 충신과 신라 화랑들과 의로운 이, 효자 효녀 등이 다채롭게 포함되었다. 또한 서술 분량이 0.6%에 불과한 인물 중에는 이사부, 김후직, 관창, 물계자, 사다함과 같은 명망 있고 공적이 큰 인물 외에 백결선생, 김생, 향덕, 솔거 등과 같이 재능 있고 시대적, 존재적 의의가 큰 인물들이 다방면으로 구성되었다.

한편으로는 총 여덟(가-아) 그룹 중 김유신(20%), 견훤(11%), 궁예(6%), 연개소문(4%), 최치원(3%), 김인문(3%), 김양(3%) 등 총 7명이 총 서술 분량의 반(50%)을 차지하고 있어서 소위 삼국 통일의 주역, 고려 건국의 주역(통일신라 멸망)을 비롯해 고구려 명장, 신라 최고 문장가, 신라 통일 과업의 외교적 수훈자, 통일 신라 중기 왕권 쟁탈을 마무리한 공로자 등 전환기를 대표한 이들이 주축을 이루고 있다.

결국 시대적으로 삼국 통일 전후 전환기를 대표한 [**연개소문**(영류왕 25년,

---

21) 실제는 30%가 되어야 100%가 되나 앞 항목에서 이미 반올림(9.6%, 12.6%) 혹은 반내림(12.4%, 13.4%)한 결과이다. 이때 오차 범위가 총 3%에 달한 것은 연관된 인원이 모두 33명이어서 평균 0.1%의 미세한 오차가 모아진 결과이다.

서기 642년-보장왕 25년, 서기 666년)--**김유신**(진평왕 51년, 서기 629년-660년-문무왕 13년, 서기 673년)--**김인문**(태종무열왕 3년, 서기 656년-660년-668년-효소왕 3년, 서기 694년)]과 통일 신라 혼란기와 말기의 인물인 [**김양**(흥덕왕 11년, 서기 836년-신무왕 원년, 서기 839-헌안왕 원년-서기 857년)--**최치원**(헌강왕 11년, 서기 885년-진성왕 8년, 서기 894년)--**궁예**(진성왕 5년, 서기 891년-경명왕 2년, 서기 918년)--**견훤**(진성왕 6년, 서기 892년-936년)] 등이 전체적 윤곽을 형성하고 있다.

다시 말해 두 번의 통일 역량을 근거로 삼국 흥망사가 함축된 이들은 고구려, 백제 말기와 **삼국 통일**, 그리고 통일 신라 말 **후삼국 통일**(고려 건국)의 근간들임을 알 수 있다. 그러나 나머지 총 43명에 할애된 총 50%의 서술 분량도 이들과 비등해서 이들 대표적 인물들과 쌍벽을 이룬 관계임을 중시하지 않을 수 없다. 바꾸어 말하면 몇몇 중시된 인물들(7명)의 위대한 업적(50%) 뿐 아니라 나머지 인물들(43명)의 모아진 힘(50%)이 서로 균등하여 그 모아진 힘이 이룬 두 번의 통일 역량도 동등하게 과시되었다.

이때 대표적 5그룹(가, 나, 다, 라, 마)의 인물(총7명)은 삼국 통일의 주역인 김유신으로 시작된 반면 양립된 또 다른 3그룹(바①,②, 사, 아)의 인물(총43명)은 고구려 회복 정신이 함축된 온달로 시작되어 고려 건국이 예시된 바이다. 곧 고구려 회복 정신과 동명성왕(유화)의 건국 이념이 함축된 온달(8위)의 "은유적 실재"는 솔거(50위)에 함축된 "퇴색된 통일 정신"과 극 대비된 점에서 의미한 바가 적지 않다.

특히 박제상, 강수, 을지문덕, 장보고 등 전환기 위기를 외교적 업적(박제상, 강수)과 위대한 책략과 신의(을지문덕, 장보고)로 전환시킨 이들(바①,②)은 김유신(20%)의 서술 분량에 비하면 그 1/10에 해당되는 비율(2%)이나 실제 이들 모두(2% X 10명)에 구현된 역사적, 민족적 힘(총20%)은 김유신 못지 않은 분량임을 알 수 있다.

따라서 삼국을 대표한 몇 몇 인물들(총7명)이 차지한 많은 "서술 분량(총

50%)"이 자체로 의미 있다면 역으로는 적은 서술 분량이지만 이들 총 43명(총 50%)의 존재 상황과 공동체적 의의도 결코 소홀히 할 수 없다. 다시 말해 총 20%가 할애된 김유신은 물론 11%가 배분된 견훤과 그 외 6%, 3%의 분량으로 서술된 이들의 의의가 중시되었다면 역으로는 나머지 총 86%(43/50)의 존재적 의의와 그 모아진 힘(50%)도 중시되지 않을 수 없다.

결국 통일 과업의 중심 인물로 신화(神話)적 존재였던 김유신으로 시작되어 신화(神畵)적 벽화로 진흥왕 대 진취 정신과 사상적 통합을 투영한 솔거까지 총 50여 명의 존재 의의는 온달의 고구려 회복 정신을 중심으로 구축되었다. 곧 [김유신의 신화적인 통일 정신-(온달의 고구려 회복 정신)-솔거의 신화적 벽화와 흐려진 채색]이 서술 분량에 의한 열전의 총체적 구성 체계라고 할 수 있다. 때문에 지시된 **표면적 사실**(신라 위주/ 갈등과 대립/ 대외적 관계 / 지배 중심)과 다른 내재된 **심층적 의미**(삼국 관계/ 두 번의 통일 역량/ 자주적 주체정신/ 불교 성쇠와 병행된 민중의식)가 총체적으로 구현되었음을 알 수 있다.

종합하면 대표적 인물들의 위대한 신념과 실천 행위를 주축으로 구축된 통일 역량은 개개인(백성)들의 작지만 의미 있는 업적이 융화된 공동체적 성과였다. 따라서 김유신의 승리에는 비령자와 관창 등 수 많은 희생자가 있었으며 열기와 같은 보좌관이 있었다. 또한 이사부의 승리에는 사다함의 공과가 있었고 진평왕 대 혼란상은 김후직의 충언을 비롯해 귀산과 같은 이들의 희생 정신으로 전환되었다. 그러나 녹진의 사심 없는 충언에도 불구하고 말기적 병폐는 치유되기 어려웠다.

또한 고구려 초기 명림답부와 을파소의 정치적 쇄신이 나라 발전의 기틀이 되었으며 위(魏) 침입의 극한적 위기는 밀우/뉴유의 호국 희생정신으로 극복될 수 있었다. 특히 내외적으로 위축된 중기 고구려 위상이 창조리의 결단으로 중흥의 기반을 닦았으며 수(隋)와 당(唐)을 물리친 을지문덕의 지략과 연개소문의 기개는 고구려 기개와 자주적 주체 정신에서 비롯되었다. 그럼에도 말기적 한계는 평강의 초월적 기능과 온달의 초극적 신념을 통해 범 민족적 근원 정신으로 발현되었다.

반면 백제는 인간적 품성을 지닌 계백의 호국 희생 정신과 흑치상지의 용맹스러운 저항 정신에도 불구하고 근본을 잃은 지배층의 횡포(말기왕조, 신라품석)로 인해 의로운 백성(백제 도미, 신라의 죽죽)들의 역사적, 존재적 고통이 범국가적으로 현시되었다.

따라서 명망 있는 몇몇 인물들의 위대한 업적에도 불구하고 각각의 시대와 존재적 위상을 면면히 이어 유지 발전시킨 백성들의 존재 의의를 수렴하지 않고는 "우리"의 역사와 삶(존재)의 본질적 형태가 결코 정립될 수 없다는 대명제가 총체적으로 환기되었다.[22]

결론적으로 열전의 형태적 특징인 서술 분량에 따른 각 인물들의 위상과 그 분포도를 총정리하면 다음과 같다.[23]

서술 분량 \ 나라	고구려	(전) 통일 신라 (후)			백제
① 20%–3% 총7명(1–7위)	4연개소문	1김유신6김인문	7김양	5최치원 3궁예2견훤	
② 2% 총5명(8–12위)	(8온달) 11을지문덕	9박제상	9강수	12장보고/정연	
③ 2% 총5명(13–17위)		(15설씨녀) 14(설총) 13녹진 17석우로 16김흠운			
④ 1% 총18명 (18위–35위)	22을파소 26창조리 27밀우/뉴유 28명림답부	18거칠부19귀산 23해론 24열기 30눌최32죽죽31비령자29취도 (34검군) (35성각) (33효녀지은)		20소나(21김영윤)	(25도미)
⑤ 0.6% 총15명 (36–50위)		36이사부38김후직 39관창 (41물계자)(40실혜)(43설계두) (47김생) (46백결선생)42사다함 44필부 (48거도) (50솔거) 49향덕			37흑치상지 45계백

---

22) 이우경(편역), 『새로운 삼국사기』①신라·통일신라 편, 한국문화사, 2007, 525면.
  곧 "위로는 하늘의 도리를 깨닫고, 아래로는 땅의 이치를 알아야 하며, 가운데에서는 사람의 마음을 얻어야 공을 이룰 수 있다."는 김유신의 신념은 근본적으로 천(天), 지(地), 인(人) 삼재(三才) 사상에서 비롯되었다.
23) 서술 비율에 따라 서술 순위가 각 인물들 앞에 일련 번호로 표시되었다. 인물 중 온달, 설씨녀 등 본기에 명시되지 않은 인물은 필자가 ( )로 구분했다. 삼국 중 신라 인물들은 통일 신라를 중심으로 그 전, 후 시대가 대략 구분되었다.

이상 총 5그룹(①-⑤) 중 최상부(①)의 총 7명과 그 이하(②,③,④,⑤) 총 43명은 서술 분량(총50%)이 비등해서 양립된 형태로 공존하고 있다.

특히 두 번째 통일로 민족 역량이 축적, 확장된 "현재(고려)" 고구려, 신라의 대표적 인물(①, 총7명)을 주축으로 [김씨내물왕계 확립(고구려 최전성기)-춘추무열왕계 통일(백제, 고구려 멸망과 고구려 회복정신)-내물왕계 혼란]이 집약(②,③, 총10명)되었으며, 나아가 삼국(고구려, 신라, 백제)의 초, 중, 후기(삼국, 통일신라, 후삼국)의 역사적, 존재적 상황들이 다각도로 망라(④,⑤, 총33명)되면서 중국과 왜의 관계까지 포괄되었다.

결국 서술 분량에 투영된 3.3구조(①/②,③/④,⑤와 고구려/신라/백제, 통일전 삼국/통일신라 태종무열왕계/ 통일신라 내물왕계)는 표면적으로는 삼국 통일에서 후삼국 통일까지 반복, 순환된 역사적 역량이나 심층적으로는 천(天)/지(地)/인(人) 삼재 사상과 연계된 역사적/존재적/우주적 형상이 열전의 근원적 바탕이며 광활한 윤곽이라고 할 수 있다.

Ⅲ. 인물의 시대적 위상과 삼국 흥망사

『삼국사기』 열전(列傳)은 각 인물들의 역사적 경험을 근거로 그 존재 상황이 문장 형식으로 구성된 "인물전 모음"이다.

고대 삼국의 "역사적 실재"를 바탕으로 "세계-내-존재"의 실상과 의미가 "담론"[1]의 형식으로 재현된 구성 체계는[2] 지시된 "사실"뿐 아니라 존재

---

1) 폴 리쾨르, 『텍스트에서 행동으로』, 박병수·남기영(편역), 아카넷, 2002, 172면~192면.
2) 소위 문학이 상상력에서 나온 창조적 산물이라고 볼 때 "상상력"에 의해 구축된 "창조적 기법"도 포함된다. 한편 서술 주체가 경험한 정신 세계에서 비롯된 내용과 형식의 관계는 이미 장르 인식으로부터 시작된다. 곧 기록문장, 수필, 소설, 시 등의 장르를 나눌 때 이들이 "글"로 "구성"된 "문장 형식"이라면 그에 따른 "서술 기법" 또한 여러 형태로 "창조"될 수 있다. 때문에 삼국사기 본기 중에도 규범적인 역사 서술 방식 외에 "사전(史傳)" 형식 등 다양한 문체 방식 등이 활용되었다.
  또한 여러 문장 형식과 창조적 문학의 차이는 그 서술 형식에 따라 장르적 차이가 확연히 구분되나 여러 형태들이 혼융, 교차되면서 다양한 형태가 생성, 확장될 수도 있다. 따라서 역사(경험)적 내용의 문장 형식들을 논할 때 "사실"인가 혹은 "창조적 내지 상상적 범주"인가를 단정적으로 확신, 구별하기는 결코 단순하지 않다.
  그럼에도 이미 "담론"의 관점에서는 이들이 "글(문장)"로 "구성"된 형식인 점에서는 크게 다르지 않다. 따라서 원천적으로 "기록 문장"과 "역사 기록"이 자체로 참이며, 사실일 것이라는 단순성에서 벗어날 필요가 있다. 역으로는 "문학 형식" 자체로 모두 허구이며, 상상력의 산물이라는 단순성에서도 벗어나야 "표현"의 실재(표면적) 세계와 구조화된 "참된" 의미를 보다 깊이 있게 이해하고 해석할 수 있다. 곧 역사 관점과 문장 형식이 어우러진 열전의 "기법"을 이해하고 해석하기 위해서는 보다 개방적 관점이 요구된다.

상황과의 관계가 광범위하게 내포되었다.

곧 "역사적 사실(실록)"에서 "상상적 형태(존재상황)"[3]까지 광범위하게 구현된 열전의 체계는 "지시된" 세계로부터 다시 생각한 방법[4]에 의해 "인물 본래의 의의"가 다채롭게 생성, 확장되었다. 그러나 역사 기록 관점에서는 불확실한 "단편 이야기" 같고 서사적 형식 체계에 비하면 산만하고 "불완전한 형식" 같다고 할 수 있다. 결국 "열전"의 총체적 체계가 규명되지 않은 상황에서 몇몇 인물들의 "단편적이고 한정된" 논의는 표면적인 역사 사실(실록)이나 인물전(傳) 성향에 따라 양분될 수밖에 없었는데 그와 같은 한계는 "역사 기술 체계"와 "표현 형식"에 대한 고정된 인식에서 비롯되었다. 말하자면 역량 있는 대 문장가(김부식)가 천여 년의 짧지 않은 궤적들을 50여 명의 존재 상황으로 재현한 열전의 체계는 역사적 경험과 고유한 존재 상황이 역사 기술 방법과 문장(문학) 형식에 교차, 혼융된 자체로 "하나의 전체"이어서 서로의 "관련성"을 뛰어넘는 방법으로 이해되고 해석될 수 있는 "의미의 총체"들이다.[5]

따라서 우선 역사 기술 방법에 대한 고정 관념과 편견을 벗고 편찬자가 사회 통념적 방법으로 규정한 경계를 해체하여 역사 공동체적 관계 속에 구성된 그 본질적 위상(편찬자의 본래의식도 포함)을 회복하지 않을 수 있다. 이때 문장 형식에 구축된 "세계-내-존재"[6]의 의미가 "존재하는 총체"[7]로 이해될 수 있는 방법은 마치 축약된 "보물 지도"처럼 풀어야 할 "코드"가 다양하게 은닉(함축, 생략)된 "암호(부호)"를 해체하는 방법과 같다. 이유는 표면

---

[3] 폴 리쾨르, 『텍스트에서 행동으로』, 박병수·남기영(편역), 9면. "생산적인 상상력"이라고 했다.

[4] 앞글, 216-223면, 역사는 과거 사람들의 행동에 대한 실화의 내러티브인 점에서 텍스트와 행동 이론이 결합되어 있다고 했다.

[5] 앞글, 225-267면.

[6] 앞글, 54면, 100면.

[7] 앞글, 223면.

에 드러난 최소한의 사실들을 근거로 행간에 수렴, 함몰된 시대 역사 상황과 존재 방식까지 체계적이고 단계적으로 "발굴(이해방법 포함)"하지 않고는 그 본래적 의의를 탐색하기 어려우며 나아가 총체적으로 소통, 연계된 "통로"를 일관성 있게 개방하기도 쉽지 않기 때문이다.

결국 구성된 인물들의 외현(外現)적인 역사 상황은 그 존재 방식과 의의가 생성된 바탕과 배경인 동시에 축적된 실재(경험)적 요소들이어서 인물들에 대한 무한적인 상상의 범주를 한정할 구체적 기준이 된다. 따라서 그동안 편찬자의 틀 속에 표본적인 "귀감(龜鑑)"처럼 유리되고 보존된 시대적 좌표를 해체해 편찬자의 "숨은 뜻"과 그 본질적 위상을 보다 객관적이고 실재적인 경험으로 복원하지 않을 수 없다.

이를 위해 전환적 시대에 따라 크게 여섯 부분으로 나누고, 인물들의 다양한 관계 상황을 개방하면 다음과 같다.

1. 형성기 진취적 기상과 초기 혼란

고대 삼국은 기원전 1세기 즈음부터 각 국의 건국 정신을 기반으로 개국된 후, 진취적 기상과 자주 정신으로 체재 확립과 세력 확장에 힘쓰며 유지 발전되었다.[8]

그 중 신라는 건국 초기(4대석탈해이사금)부터 건국 시조(시조박혁거세)와 성(姓)이 다른 왕조로 교체되었다. 따라서 삼성(三姓) 교체기가 지속되면서 나라 발전이 늦었으나 내물이사금(17대)부터 김씨 왕조가 확립되었다. 반면 고구려는 부여에서 이주한 이후 일찍부터 한(漢)[9]과 대립하면서 호국 자주

---

[8] 본기에서 박혁거세 19년(기원전 39년)에 변한이 항복했으며, 동명성왕 2년(기원전 36년)에 송양이 항복했다. 그리고 온조왕 26년(서기 8년)에 마한을 병합했다.

[9] 본기에서 유리명왕 3년(기원전 17년) 왕비 송씨가 세상 떠난 후 골천 사람 딸 화희와 한인(漢人) 딸 치희를 두 왕비로 맞았으나 왕 31년(서기 12년) 한(漢)과의 갈등이 시작된 내

정신이 계발되었으나 용맹스러운 전제(專制) 군주의 전권은 때로 왕조 변혁의 원인이 되었다.

관계된 인물들을 시대와 편찬자 체재에 따라 차례로 정리하면 다음과 같다.10)

편찬자 체재 신라왕조	제 4권	제 5권	제 7권	제 9권
(시조박혁거세) 4대탈해이사금(서기 57-80년)	1거도 (57-80년)			
8대아달라이사금		[2]명림답부 (165-179년) 8대신대왕		
9대벌휴이사금 (내해왕)		[3]을파소 (191-203년) 9대고국천왕		
(벌휴왕, 196년) 10대내해이사금(196-230년)	(석우로) 내해왕아들		4물계자(196- 209-212년)	
11대조분이사금 (230-247년)	(석우로)	[5]밀우/뉴유(246년) 11대동천왕		
(11대조분왕) 12대첨해이사금	6석우로 (231-249년)			
12대첨해이사금(247-261년) 13대미추이사금(262-284년) 14대유례이사금(284-298년) 15대기림이사금 16대흘해이사금(310년-356년)	(석우로아들)			[7]창조리 (294 -300년) 14대 봉상왕

이상에서 열전 최초 인물인 거도(신라)를 비롯해 3세기 말 고구려를 대표

력이 상세하다.

10) 인물과 관계된 신라 왕조와 편찬된 권수를 밝혔으며, 총 인물의 시대적 순위를 각 인물 앞에 명시했다. 또한 존재한 중심 년도를 ( )에 밝혀 이해를 도왔는데 고구려인과 백제인이 활약한 중심 년도와 왕조도 밝혀 삼국 관계가 동시에 비교되도록 했다.
  이때 고구려인은 시대 순위 번호에 [ ]로 표시해 구분했으며, 백제인은 { }로 그리고 후삼국인은 〈 〉로 표시해 구분했다. 한편 이들 중 본기에 명시되지 않은 인물들도 적지 않으며, 어느 특정한 시대에만 국한될 수 없는 경우도 있어서 명시된 왕조를 유추하거나 본기 기록과 열전의 내용을 참고하여 중심 시대 혹은 연계된 기간을 유추해 명시했다.
  즉 "석우로" 경우 중심 활동 기간은 12대첨해이사금 대이나 10대내해이사금의 아들로 밝혀진 이상 그와 연계되어 있음을 표시하기 위해 ( )에 넣어 "(석우로)"로 표시했다. 동시에 16대 흘해이사금의 아버지이기 때문에 연계된 마지막 시대까지 "(석우로 아들)"로 거듭 표시했다. 이후에도 같은 방법이 적용되었다.

한 창조리까지 총 7명이 1세기 말부터 3세기 말까지 일렬로 구성되었다. 따라서 이들은 각국의 시대 상황을 대표한 인물들임을 알 수 있다.

곧 양국의 초기 상황을 대변한 신라(총3명), 고구려(총4명)인들은 각기 국내(왕조 변화), 외(왜, 한, 위, 연 등) 전환기를 대표한 인물들이나 건국 초 양국이 처한 시대 상황이 달라서 각각의 세계에 한정되었다. 그러나 3세기 중반 "석우로(조분왕, 첨해왕, 서기 244년-248년, 동천왕)"부터 서로 대립(조분왕 16년, 고구려의 신라침입) 또는 화친 관계(첨해왕 2년)로 연계되기 시작했다.

이들의 배경 역사와 의의를 나라별로 살피면 다음과 같다.11)

가. 신라 인물

1거도: 열전 최초 인물인 거도는 본기에 명시되지 않은 인물로 건국 시조(박혁거세)인 박씨 왕조에서 석씨 왕조(탈해이사금)로 전환된 시대를 대표했다. 실제 명시된 배경이 "탈해왕"이나 개방된 의의는 그 전, 후 역사 배경이 광범위하게 포괄되었다.

우선 시조 박혁거세가 세운 신라는 남해차차웅(2대)의 사위가 된 석탈해(대보)가 유리(아들)와 왕좌를 두고 서로 사양하다가 잇금이 많은 유리(3대)가 먼저 즉위했다. 그러나 그 후 왕의 유훈(遺訓)에 따라 "공적이 많은" 탈해(4대)가 즉위하면서 석씨 왕조가 최초로 수립되었다.

신라는 이후에도 아들과 사위가 왕위를 이었기 때문에 지극히 순조롭고 자연스러운 과정 같으나 "학문을 익히고 지리를 아는" 석탈해가 박씨 왕조를 이은 사실은 일종의 변혁이었다.

본기에 의하면 남해차차웅 원년(서기 4년)에 낙랑이 금성을 포위하자 왕이 두려움을 표했으며, 이어(왕 11년, 서기 14년) 왜인(倭人)이 병선 100척을 보내 해변에 있는 백성

---

11) 총 50여 명의 시대 순위를 인물에 일렬로 표시했다. 또한 열전의 내용을 이해하기 위해 본기 사실을 활용하면서 인물 상황에 따라 (본기), 혹은 (열전)의 내용임을 밝혀 그 차이가 비교되도록 했다.

들을 약탈했다. 그리고 낙랑은 "신라의 내부가 허약할 것"이라고 생각하여 금성을 쳤다.

곧 신라 초기 "내부가 허약하고", 왜(倭)의 침입으로 불안한 상황에서 "학문과 지리를 아는" 탈해가 남해왕(왕 5년, 서기 8년)의 사위가 되었으며, 이후(왕 7년) 양산 밑에 있는 호공의 집을 "계책"으로 "빼앗고" 대보가 되어 군사와 정치를 맡게 되었다.

한편 탈해이사금(24년통치)은 즉위 초 왜(倭)와 화친 관계(왕 3년, 서기 59년)를 맺고 마한 장수가 항복(왕 5년)해왔으나 후반기는 강성한 백제(2대다루왕, 서기 28년-77년)가 신라를 여러 차례 침입하고 왜(倭)도 침입해 정국이 불안정했다.[12] 그즈음 시림의 금궤에서 김알지(왕 9년, 서기 65년)를 얻어 기른 반면 박씨의 귀한 친척들은 주군(州郡)으로 나누어(왕 11년, 서기 67년) 보냈다.

즉 토착 세력인 김씨와 유대 관계를 맺고 시조 박혁거세 후손들은 지방으로 분산시킨 것을 알 수 있다.

그러나 5대파사이사금(서기 80년-112년, 유리이사금둘째아들)이 박씨 왕조를 회복했다. 당시 박씨와 석씨가 왕위를 이으면서 "연장자와 현명한 자"를 세웠는데 "위엄 있고 현명한" 파사왕은 첫째 아들(일성)을 지지한 이들을 물리치고 즉위했다.[13]

결국 "거도"는 변경 관리(김씨 토착세력)가 "마숙(馬叔)놀이(책략)"로 이웃 나라를 병합한 시초의 인물로서 의의가 크다. 아울러 "탈해왕" 전, 후 개혁적 변화(+김알지)와 이로부터 삼성(三姓) 통치가 시작된 역사적 배경이 총체적으로 함축되었다.

---

12) 본기에서 백제(다루왕 36년, 서기 63년, 탈해왕 7년)는 땅을 개척해 낭자곡성에 이르렀으며, 이듬해 8월에는 와산성을 치고, 10월에는 구양성을 침입했으나 신라가 물리쳤다. 또한 백제(다루왕 39년, 서기 66년, 탈해왕 10년)가 다시 와산성을 침입했으며, 탈해왕 14년(서기 70년), 왕 18년에도 침입했다. 그 사이(왕 17년) 왜(倭)도 침입했다. 또한 왕 19년(서기 75년)은 가물고 백성들이 크게 굶주렸으며, 그 해 10월 백제가 다시 와산성을 함락했다. 왕은 이듬해(왕 20년) 와산성을 다시 빼앗고, 왕 21년에는 가야와 싸웠다.
13) 본기에서 파사왕 즉위 후 백제(3대기루왕, 서기 77년-128년)는 한 차례 침입(왕 6년, 서기 85년)했다. 왕 15년, 17년에는 가야를 물리치고, 왕 18년 다시 가야를 치려고 했으나 가야왕이 사죄해 그만 두었다. 그 후(왕 23년) 주변국인 음집벌국, 실직곡국, 압독을 병합하고, 왕 27년 가야를 쳤다. 왕 29년(서기 109년) 비지국, 다벌국, 초팔국 등을 병합하여 초기 위상을 확립했다. 이에 백제(기루왕 29년, 서기 105년, 파사왕 26년)가 화친 관계를 청했다.

4물계자14) : 물계자(서기 196-209-212년)는 본기에 명시되지 않은 인물15)로 석씨 왕조인 내해이사금 대 두 번의 공적을 세웠으나 왕손의 미움을 받아 그 공적이 기록되지 않은 시대 상황이 투영되었다.

처음 팔포상국이 아라를 쳤을 때 왕(왕 14년, 서기 209년)의 자손인 날음16)과 함께 이들을 구원했으나 왕손이 그를 미워해 그 공적이 기록되지 않았다. 그리고 3년 후 갈화성 싸움에서도 왕과 함께 공을 세웠으나 얻은 것이 없었다. 이에 나라 위기에 오히려 죽지 못한 것을 부끄러워하며 거문고를 들고 산으로 들어가 돌아오지 않았다.

본기에 의하면 내해왕 대 백제의 침입(왕 4년), 가야와 화친(왕 6년), 가야를 도와 팔포상국을 석우로와 이음이 물리친 사실(왕 14년)이 기록되었다. 그러나 열전(물계자)에서는 가야와 그 주변국과의 상황이 중점 서술되었다.17)

다시 말해 신라는 시조 박혁거세가 나라를 세웠으나 석씨 왕조(4대탈해이사금)로 바뀌었으며, 다시 파사이사금(5대)이 박씨 왕조의 위상을 회복한 후 아달라이사금(8대)까지 지속되었다.18) 그 중 일성이사금(7대, 왕 14년)은 지혜롭고 용맹스러운 장수를 구하기도 했으나 비교적 기후가 고르지 못하고 말갈의 침입 등으로 안정되지 못했다. 이어

---

14) 물계자 앞에 표시된 번호는 총 50여 명 중 총 시대 순위가 네 번째임을 알 수 있다. 그 사이 고구려 인물이 2명 있기 때문이다.
15) 신라 본기에는 명시되지 않았으나 『삼국유사』에 같은 내용이 서술되어 있다.
16) 신라 본기(내해왕 12년)에 이음 혹은 내음이 명시되었으나 열전에서는 내(奈)가 날(捺)로 표기되었다. 그러나 "내음"과 동일인이라고 추측할 수 있다.
17) 본기에 신라와 가야의 화친 관계(서기 201년), 가야가 인질을 보낸 역사 상황(서기 212년) 등과도 연계된다.
18) 신라 본기에서 파사왕 맏아들인 지마이사금(6대)은 가야를 치던 중 위기에 처하기도 했으며, 왕 10년 왜(倭)인이 침입하고, 왕 14년 말갈이 침입해 백제의 구원을 청했다. 한편 왕 9년 전염병이 크게 돌았으며, 왕 11년 왜군 침입 소문에 백성들이 산골짜기로 다투어 숨었다. 그리고 그해 7월 황충이 곡식을 해쳐 흉년이 들자 도적이 많았다. 왕 20년은 비가 많이 내려 집이 떠내려가고 잠겼다.
    이어 일성이사금(7대)은 유리이사금 첫째아들로 당시(왕 4년,6년) 말갈의 침입 후 목책을 세워 방비했다. 그리고 왕 11년 농사를 장려하고 주군(州郡)의 제방을 수리해 논과 밭을 개척하고자 했다. 한편 왕 6년 서리가 내려 콩이 자라지 않았다. 왕 10년 궁실을 수리했으며, 우레가 쳤다. 왕 12년 봄과 여름에 가물어 백성들이 굶주렸다. 다음해(서기 146년) 압독이 배반해 평정 후 남쪽으로 옮겼다. 왕 16년 전염병이 크게 퍼졌으며, 이듬해 4월부터 비가 내리지 않았다가 7월에 내렸다. 또한 왕 18년 3월 우박이 내렸다.

아달라이사금은 초기에 도로를 개설하고, 두 현(縣)을 설치했으며, 죽령을 개척했으나 왕 12년(서기 165년) 반란이 있었다. 또한 왕 14년(서기 167년, 초고왕 2년)에 백제가 성을 함락하고[19] 왕 17년 다시 백제가 침입했다.

한편 농경 시대 경제를 좌우한 기후는 백성들의 생존과 직결되어 정치적 기반에 적지 않은 영향을 미쳤다. 그런데 백제가 침입한 그 해(왕 17년) 지진이 있었고, 서리와 우박이 곡식을 해쳐 이듬해(왕 18년) 백성들이 굶주렸다. 이어 그 이듬해는 전염병이 크게 퍼졌으며, 왕 21년에는 우물과 샘물이 말랐다. 결국 아달라왕(박씨) 왕조는 총 31년의 통치 기간 중 후반의 반란, 백제의 침입, 굶주림 등 국내외적인 혼란과 경제적 어려움으로 다시 석씨 왕조로 교체되었다고 볼 수 있다.

반면 9대 벌휴이사금(석씨)은 바람과 구름을 점쳐 수재, 가뭄, 풍년과 흉년을 알았으며, 사람의 간사함과 정직함도 알아 사람들이 성인이라고 불렀다.[20] 따라서 그의 신이한 재능으로 위기가 전환되기를 기대했다고 볼 수 있다.[21] 그 후 내해이사금이 즉위했으며 12대까지 석씨 왕조가 이어졌다. 그리고 13대 미추이사금(김씨왕조시조)은 탈해왕이 계림에서 얻은 김알지의 후손으로 최초의 김씨 왕조이나 조분이사금(석씨)의 사위이기도 하다. 따라서 석씨와 김씨의 연합 관계가 지속되었음을 짐작할 수 있다. 곧 9대부터 13대[22]까지 석씨 왕조 전, 후 상황이 물계자를 통해 집약되었다.

종합하면 석씨 왕조의 사사로운 미움으로 "물계자"의 공적이 기록되지 않았던 이유는 삼성(三姓) 교체기 중 석씨가 견제한 박씨 계보였기 때문이라고 추측할 수 있다.[23]

---

19) 당시 백제가 1천 명의 백성을 사로잡아갔다. 이때 왕이 2만 명의 군사를 보내고 친히 8천 명의 기병을 거느리고 나아가 사로잡힌 백성들을 돌려받고, 백제는 화친하기를 청했다.
20) 왕은 총 13년의 통치 기간 중 왕 4년 10월 눈이 많이 내렸으며, 왕 9년 4월에도 눈이 많이 내렸는데 5월은 큰물이 져 산이 10여 곳 무너졌다. 그리고 왕 13년 3월에는 가물었다.
21) 왕 2년(서기 185년) 소문국을 치고, 이어(왕 5년,6년) 침입한 백제를 물리쳤으나 왕 7년에는 패했다. 왕 10년 천여 명의 굶주린 왜인이 양식을 구하러 왔다.
22) 석씨 왕조는 13대 미추왕 이후 14대(유례이사금, 11대조분이사금 아들), 15대(기림이사금, 조분이사금 손자), 16대 흘해이사금(내해이사금 손자, 석우로 아들)까지 지속되었다.
23) 당시 왕자인 "이음"이 중앙과 지방의 군사 일(왕 12년)을 겸하고, 가라가 팔포상국 침입

돌이켜 볼 때 탈해왕이 〈박씨+석씨(사위)〉 연합 체재에서 즉위했으나 즉위 후 토착 세력인 "김씨(김알지)"를 키워 〈석씨+김씨〉 연합 체재를 시도한 이유도 기존의 박씨 세력을 약화시키고 석씨 체재를 강화(왕 9년)하기 위해서였다고 볼 수 있다. 곧 국호(계림)를 바꾸고 박씨의 친인척은 주군(州郡)에 나누었다.

결국 역사적 전, 후 관계로 회복된 물계자의 존재적 위상(박씨계보)은 편찬자 체재의 한계와 체재 해체의 가능성을 동시에 증명한 성과라고 할 수 있다.

6석우로: 석우로(서기 231-249년)는 내해이사금의 태자로 대장군(조분이사금2년)이 된 후 감문국을 병합하고 왜군(조분왕 4년)을 물리친 명장이었다.24)

비록 석우로가 이음과 팔포상국의 침입(내해왕 14년)을 당한 아라를 구한 기록(본기)이 열전(물계자)에서는 생략되었으나 본기 사실에서 물계자와 동시대인임을 확인할 수 있다.

곧 석우로는 내해이사금 태자였으나 조분(사위)을 세우도록 한 유언에 의해 조분이사금(석씨, 벌휴왕 손자)이 즉위25)하고 그는 서불한(왕 15년)이 되어 군사 일을 맡았다. 그 후 고구려 침입(조분왕 16년, 동천왕 19년)을 이기지 못하고 물러나 추위에 떠는 부하들을 위로했으며, 배반한 사량벌국을 쳐 없앤 명장이었다.

그러나 왜(倭)의 사신에게 한 희언 때문에 왜인에게 죽임(왕 3년, 서기 249년)26)을 당했다.

(왕 14년, 서기 209년)을 당했을 때 태자인 "석우로"와 "이음"이 6부의 군사를 거느리고 물리친 사실에서 이들은 당시 지배 권력층(석씨)의 대표적 장수였던 반면 물계자는 그 공로에도 불구하고 박씨 계보였기 때문에 소외되었다고 볼 수 있다.
24) 본기에는 이 외 조분왕 3년(서기 232년) 왜(倭)인이 금성을 포위했을 때 왕이 친히 나아가 1천여 명을 베었다.
25) 조분왕은 일에 임해 명철하게 판단하므로 나라 사람들이 공경했다고 했다.
26) 열전에서는 점해이사금 7년(서기 253년)이라고 했으나 본기에서는 점해왕 3년(서기 249년) 4월 왜인이 그를 죽인 기록이 있어서 차이가 있다.

당시 신라(첨해이사금 2년, 서기 248년, 동천왕 22년)는 고구려와 화친 관계를 맺었는데 이는 동천왕이 위(魏)에 패하고 도읍을 평양성으로 옮긴 다음 해였다. 그리고 그 이듬해 왜인(倭人)이 서불한 우로[27]를 죽인 상황으로 보아 삼국 주변과 연계된 복잡한 국제 정세도 짐작할 수 있다.

결국 왜에 대한 주체 정신에도 불구하고 양국 갈등이 표면화된 근원적 인물인 동시에 "삼성(三姓) 교체"가 마감된 전환기 국내/외 상황이 그의 언행에 집약되었다.

나. 고구려 인물

2명림답부: 명림답부는 열전에 구성된 고구려 최초 인물이나 시대 순으로는 총 50여 명 중 두 번째 인물이다.

그는 영토 확장으로 왕권이 강화된 태조대왕(6대, 53년-146년)을 이은 차대왕(76세, 태조대왕 아우)이 포악했기 때문에 왕(왕 20년, 서기 165년)을 해치고 신대왕(태조대왕의 막내아우)을 추대했다.[28]

그러나 열전은 국내 정변(본기)은 생략되고 국상(신대왕 2년)이 되어 한(漢)을 물리친 업적(왕 8년, 서기 172년)이 상술되었다.

본기에 의하면 고구려는 일찍이 2대 유리왕(왕 31년, 서기 12년)부터 중국과 대립했다.

즉 한(漢)의 왕망이 오랑캐를 치기 위해 고구려 군사를 강제로 보내자 고구려 군사들이 변방으로 도망가 법을 어기는 떼도둑이 되었다. 이에 요서(遼西) 대윤이 이들을 쫓다 죽임을 당하자 그 허물을 고구려에 돌렸다. 당시 엄우는 지나치게 큰 죄를 씌우면 반란이 일어날 수 있다고 했으나 왕망은 이를 듣지 않고 고구려 장군을 목 베어 서울로 보내고 고구려왕을 "하구려후(下句麗侯)"라고 했다. 이 후 고구려와 한(漢)의 대결이 심화되었다.[29]

---

27) 12대 첨해왕 3년 우로가 죽자 왕 9년(서기 255년) 9월 백제가 침입해 익종이 전사했으며, 10월에 백제가 다시 침입했다. 그 후 왕 15년(서기 261년, 고이왕 28년)에는 백제가 화친을 청했으나 따르지 않았다.
28) 고구려는 5대 모본왕 4년(서기 51년)에도 가까운 신하인 두로가 포악한 왕을 죽였다.

따라서 고구려 최초 인물로 도의가 무너진 왕조의 기강을 세운 명림답부는 국내 업적보다 중국을 물리친 용맹성과 주체 정신 그리고 중국과의 갈등이 시작된 근원적 요인 등이 보다 강조되었다.

3 을파소: 을파소는 고구려 유리명왕(2대)의 대신이었던 을소의 손자로 고국천왕(왕 13년, 서기 191년, 신라벌휴이사금8년)의 개혁 정책을 도운 충신이다.

고국천왕(서기 179년-197년)은 신대왕의 둘째 아들로 나라 사람들이 부족한 맏아들(발기) 대신 세운 왕이다. 그러나 발기는 그 후 3만여 명을 거느리고 공손강에게 나아간 것으로 보아 그 순조롭지 못한 과정을 짐작할 수 있다.

한편 성품이 어질고 너그러웠던 신대왕을 이은 고국천왕은 한(漢)의 요동 태수가 침입(왕 6년, 서기 182년)했을 때 친히 이들을 물리쳤으며, 어진 이를 뽑아 교만하고 사치스러운 외척들을 없애고 국정을 쇄신했다.

곧 건국 초부터 부여, 옥저 등과 겨루고 중국과 연계 혹은 대립하면서 강성해진 고구려는 왕이 사냥을 즐기고 용맹스러웠던 대신 전제적이었다.30) 그러나 을파소는 용감하면서도 지혜로운 고국천왕31)을 보필하며 정치와 교

---

29) 한(漢) 요동 태수가 고구려를 침입(3대 대무신왕 11년, 서기 28년)했으며, 대무신왕(왕 20년)이 낙랑을 쳐 멸망시켰으나 다시(왕 27년) 한(漢)의 광무제가 낙랑을 쳐 빼앗고 군현(郡縣)으로 삼았다. 또한 5대 모본왕 2년(서기 49년), 6대 태조대왕 53년(서기 105년), 66년(서기 118년), 69년(서기 121년)에 서로 침입하고 침입 당하는 사이 갈등이 고조되었다. 특히 태조대왕(왕 69년)은 부여와 한(漢)이 함께 침입해 크게 패했는데 왕(왕 94년, 서기 146년)이 한(漢)의 요동 서쪽을 쳐 대방의 우두머리를 죽이고 낙랑 태수 가족들을 잡아왔다. 그러나 한편으로는 부여와 한(漢)과 화친 관계를 맺고 왕 59년, 72년에는 한(漢)에 공물을 바치기도 했다. 신대왕 4년(서기 68년)에는 한(漢)의 현도군 태수의 침입으로 수천 명이 죽자 왕이 복종할 것을 청하기도 했다.

30) 고구려 본기에서 2대 유리왕 22년(서기 3년) 충간한 협보에게 관의 뜰을 관리하게 했으며, 옛 도읍지에 있던 해명왕자의 잘못을 논해 그를 죽게 했다. 또한 대무신왕(3대)은 호동왕자를 죽게 하고, 모본왕(5대)은 포악해서 측근이 왕을 해쳤으며, 차대왕(7대)은 법도가 없어 명림답부가 해쳤다.

31) 왕은 자태와 풍채가 뛰어나고 힘은 큰 솥을 들 수 있을 정도였으나 너그럽고 엄함이 알맞았다. 또한 체재를 정비하고 왕권을 강화해 나라의 기틀을 세웠다. 왕 16년(서기 190년7

화를 밝히고 상과 벌을 신중히 해서 백성들을 안정시키고 나라의 기틀을 바로 세웠다.

5밀우/뉴유: 밀우/뉴유는 3세기 중반 위(魏)의 침입으로 위기에 처한 왕과 나라를 호국 희생정신으로 지킨 대표적 인물들이다.

그 중 밀우는 위(魏) 관구검(유주자사)의 침입으로 위급해진 왕(동천왕 20년, 서기 246년)을 끝까지 보필했으며, 뉴유는 왕이 남옥저까지 밀려 계책이 다했을 때 적에게 나아가 거짓으로 항복하고 위(魏) 장수를 베어 나라를 구했다.

당시 신하인 득래의 충간을 "듣지 않은" 왕이 위(魏)를 가볍게 보아 큰 위기(본기)를 맞았으나 열전에서는 나라의 위기가 "군신"의 "신의와 충절"로 극복될 수 있음을 환기했다.

이에 앞서 동천왕(왕 16년, 서기 242년)은 장수를 보내 요서(遼西)의 서안평을 무찔렀으며, 왕 19년(서기 245년, 조분이사금16년)에는 신라의 북변을 치기도 했다.[32] 또한 일찍이 위(魏)와 화친 관계(왕 8년, 서기 234년)를 맺고, 화친 관계를 청한 오(吳)의 사신(왕 10년)을 베어 위(魏)에 전하기도 했다. 이어 위(魏)의 연호 고친 것을 하례하고, 왕 12년에는 공손연을 친 위(魏)를 돕기 위해 군사 1천 명을 보내기도 했다.

그럼에도 위(魏) 침입(왕 20년)을 당해 처음에는 이들을 물리치고 3천 명을 베었으며 다시 추격해 3천 명을 베고 사로잡았다. 때문에 왕은 적은 군사로도 이길 것 같아 갑옷 입은 군사 5천 명을 거느리고 나아갔으나 크게 패하고 1만8천여 명이 전사했다.

결국 환도성이 함락되고 남옥저까지 밀린 위기를 밀우와 뉴유의 계책으로 물리쳤으나 이후 평양성으로 도읍(왕 21년, 서기 247년)을 옮겼다.

월) 서리가 와 백성들이 굶주렸으나 곡식 없는 백성들에게 관청에서 곡식을 빌려주고 가을에 돌려받는 제도를 만들어 백성들의 호응을 얻었다. 그후(왕 19년, 서기 197년) 중국이 어지러워지면서 한(漢)인들이 난을 피해 왔다. 10대산상왕(서기 197년-227년) 21년 한(漢)의 평주 사람 하요가 1천여 가구를 데리고 항복할 때까지 비교적 태평한 시대였다.

32) 이때 석우로가 물러나 마두책을 지켰으며, 몹시 추운 날이어서 사졸들에게 불을 피워 위로했다.

7 창조리: 창조리는 3세기 말(봉상왕) 국상(왕 3년, 서기 294년)이 되어 외세를 막고 나라를 안정시킨 인물이다.

곧 나라의 근심거리였던 전연(前燕)의 모용씨의 침입으로 봉상왕(왕 2년)이 위험에 처했을 때 고노자가 이들을 물리쳤다. 그 후 다시 침입(왕 5년)한 모용씨를 창조리가 천거한 북부 대형 고노자가 다시 물리쳤다.

그러나 왕(왕 9년, 서기 300년)은 백성들이 굶주리고 곤궁할 때 15세 이상의 남녀를 모아 궁전을 수리했다. 그리고 굶주림과 일에 지쳐 도망가는 백성들을 보고 여러 신하들이 중지할 것을 충간했으나 듣지 않았다. 특히 창조리는 군신(君臣)의 도리를 충간 했으나 궁실로 위엄을 세우려 한 왕은 오히려 왕을 헐뜯는다고 비방했다.

결국 이웃의 적을 방비하고 백성의 형편을 살피기보다 자신의 위엄만 생각하는 왕을 창조리와 신하들이 내치려 하자 왕이 자결했다. 이에 을불을 맞아 미천왕(15대, 서기 300년-331년)을 세웠다.

본기에 의하면 봉상왕(서기 292년-300년)은 즉위 후 숙부인 안국공[33]을 시기하고 의심해 해치고, 이어(왕 2년) 동생도 의심해 죽였다. 때문에 그 아들인 을불이 도망가 숨었다. 그 후 왕(왕 7년, 서기 298년 9월)은 서리와 우박이 내려 백성이 굶주릴 때 궁실을 화려하게 증축(10월)했다. 그리고 그 해(왕 7년) 11월 도망간 을불을 찾아 해치려 했으나 찾지 못했다.

또한 자연 재해가 그치지 않았는데 봉상왕 8년(서기 299년) 12월 천둥과 지진이 있었으며 이듬해 정월에도 지진이 있었다. 이어 2월부터 7월까지 비가 내리지 않고 흉년이 들어 백성들이 서로 잡아먹을 지경이었다.

종합하면 위협적인 중국으로부터 나라를 지키고 백성을 보호하기 위해 고구려 충신들은 일찍부터 용감하고 강력하면서도 포용력 있는 왕도(王道)를 세우는데 힘썼다.[34]

---

[33] 앞서 서천왕(13대)은 숙신이 침입(왕 11년, 서기 280년)해 변방의 백성을 죽이자 용맹스럽고 지략 있는 아우(달고)를 임명해 이들을 물리치고 속국을 삼았다. 그 후 왕은 그를 안국공으로 봉해 중앙과 지방의 군사 일을 맡기고 양맥과 숙신 등을 다스리게 했다

2. 발전기 문화 바탕과 정치적 변화

삼국은 정치 사회 제도가 확립되고 선진 문화 의식이 고양되면서 보다 강력한 국가 형태로 성장할 수 있었다. 특히 강화된 왕권을 토대로 대외 발전에 크게 힘썼다.

그 중 고구려는 4세기 초(미천왕) 대외적으로 크게 발전한 후 불교(소수림왕)를 수용해 정신적 바탕을 구축하고 태학을 세워 인재를 양성했다. 이어 율령을 반포하는 등 체제가 강화되었다. 따라서 광개토왕(19대)과 장수왕(20대)대 발전으로 대내외적 위상이 절정에 이르렀다.

또한 백제는 일찍이 4세기 중반(13대근초고왕) 크게 융성해서 고구려 지역까지 영토를 넓혔는데 역사 인식[35]과 불교(15대침류왕)를 통해 국가 기반이 확립되었다.

그러나 고구려 고국원왕이 백제 침입군에 희생된 후 양국 갈등이 표면화되었으며, 마침내 강성해진 고구려(광개토왕, 장수왕)의 침입으로 크게 위축(개로왕)되었다. 당시 신라(소지마립간)와 연합(동성왕)해 고구려에 대응했으나 마침내 신라(진흥왕)가 한강 유역을 차지하면서 새로운 국면이 전개되었다.

한편 삼국 중 가장 발전이 늦었던 신라는 김씨(내물이사금) 왕조 확립 후 체재와 제도가 정비(지증왕)되고 이어 불교 도입(법흥왕)으로 고양된 정신 문화의식은 진흥왕 대 발전의 초석이 되었다.

관계된 인물들을 시대와 편찬자 체재에 따라 차례로 정리하면 다음과 같다.

---

34) 미천왕 즉위 후 현도군(왕 3년)을 쳐 8천 명을 평양으로 옮기고, 요동 서안평을 함락(왕 12년)했으며, 그 후(왕 4년) 낙랑군을 쳐 남녀 2천 명을 잡았다. 또한 이듬해(왕 15년) 대방군을 치고 그 이듬해 현도성을 함락하는 등 위(魏)의 침입(동천왕)으로 위축되었던 고구려 위상 회복에 힘썼다.

35) 백제 본기에서 13대 근초고왕 30년(서기 375년) 박사인 고흥이 처음으로 역사 사실을 기록한 "서기(書記)"를 편찬했다.

편찬권수 신라왕조	제4권	제5권	제8권
(17대내물왕, 18대실성왕) 19대눌지마립간(417년-458년)		8박제상(418년)	
눌지마립간39년-자비왕18년 (475년)36)- 소지마립간13년		(고구려장수왕) (413년-475년)	{9}도미(455-475년) 21대개로왕
20대자비마립간(458-479년) (21대소지마립간)			10백결선생(458-479년) (장수왕413년-491년)
22대지증마립간(500년-514년) 23대법흥왕(514년-540년) 24대진흥왕(540년-576년)	11이사부 (512-550-562년)		
24대진흥왕	12거칠부 (545-551-576년)		
24대진흥왕	13사다함(562년)		
24대진흥왕14년-27년 25대진지왕(576년-579년) 26대진평왕(579-632년)	(거칠부) (진지왕원년, 576년) 상대등 된후 죽음	[14]온달 (559-590-618년) 25대평강왕, 26대영양왕	15솔거(566년-634년)
진평왕12년-진평왕40년 27대선덕왕3년(634년)		(온달) 26대영양왕(590-618년)	(솔거) 채색 퇴색

이상 총 8명이 시대(5세기초-7세기초)에 따라 일렬로 배치된 양상에서 이들 역시 나라와 시대를 대표한 인물들임을 알 수 있다.

이들(신라인 6명, 백제인 1명, 고구려인 1명) 중 4명(박제상, 이사부, 거칠부, 사다함)은 본기에 명시된 역사적 인물이나 나머지 4명(도미, 백결선생, 온달, 솔거)은 본기에 명시되지 않은 은유적 인물들이어서 다양하게 혼융, 공존된 형태이다.

이들의 배경 역사와 의의를 나라별로 살피면 다음과 같다.

가. 신라 인물

8박제상: 박제상은 눌지마립간 즉위 다음해 고구려와 왜(倭)에 인질로 있던 눌지왕의 두 동생을 구하고 왜(倭)에서 희생된 인물로 전환기 국내외 양

---

36) 신라 본기에는 자비왕 4년(서기 474년) 장수왕이 백제를 침입해 구원을 청했으며, 구원군이 이르기 전 백제왕이 해침을 당하고 함락되었다. 그러나 고구려와 백제 본기는 장수왕 63년(서기 475년) 백제(개로왕 21년, 서기 475년) 침입 사실이 기록되었다.

상이 총체적으로 구성되었다.

아는 바와 같이 신라는 시조 박혁거세에서 석씨로 전환된 동안 석씨와 김씨(토착세력)가 연합했으나 마침내 김씨 왕조가 즉위하면서 3성(三姓) 교체기가 마감되었다. 특히 초기 대립 관계37)를 극복하고 즉위한 눌지마립간은 시조 미추이사금(13대)에서 비롯된 김씨 왕조가 비로소 강화된 시기였다.

곧 왕조 초기 내분, 강성한 고구려와의 관계, 왜(倭)의 침입 등 불안정한 국내외 상황을 극복하기 위해 박씨(박제상)와 연합하고 분산된 힘(삼형제)을 모으려 했다.

특히 신라와 왜(倭)의 대립 관계는 시조 박혁거세 8년(기원전 50년)부터 시작되어 남해차차웅 11년(서기 14년)에는 왜의 병선 100척이 침입할 정도로 역사적 뿌리가 깊다. 그 후 4대(화친/침입). 6대(침입/화친), 8대(화친), 9대(왜인이주) 왕조에 이어 내해이사금대는 왕자인 이음(왕 13년)이 이들을 막았다. 그 후 조분왕(왕 3년)과 석우로(왕 4년)가 이들의 침입을 막았으나 "석우로"의 희언 때문에 왜(倭)와의 갈등이 심화되었다.

결국 석우로가 왜(倭) 사신에 의해 불태워지고, 다시 그 부인이 왜(倭)의 사신을 불태워 보복(미추왕)한 후 왜와의 관계(유례이사금4년, 9년, 11년)가 보다 격화되었다.38)

그 후 왜(倭)와 사신 교환(기림왕)이 있었으나 다시 흘해이사금(석우로아들) 말기 왜(倭)와 국교가 단절(왕 36년, 서기 345년)되고 그 이듬해 왜(倭)가 풍도를 침입한 후 금성을 포위했다.

더욱이 석씨 왕조(9대-16대)와 왜(倭)의 대립이 극심했을 때 국내(흘해왕 9년) 상황은 가뭄, 홍수, 황충, 지진 등 자연 재해로 농사가 순조롭지 않았다. 반면 고구려와 백제 등은 상대적으로 강성해 획기적인 변화가 요구된 때였

---

37) 고구려에서 돌아온 실성이사금은 즉위 원년에 왜(倭)와 우호 관계를 맺고 미사흔(내물왕 아들)을 볼모로 보냈다. 또한 실성왕(왕 11년, 서기 412년)은 내물왕이 조카인 자신을 고구려 인질로 보낸 불만 때문에 복호(내물왕아들)를 고구려에 인질로 보냈으며, 눌지(내물왕 아들)도 고구려에 보내 해치려 했다. 그러나 고구려인의 도움으로 도리어 왕(왕 16년 서기 417년)을 해치고 눌지 마립간으로 즉위했다.
38) 유례왕 4년에는 왜인이 불을 지르고 1천 명의 백성들을 사로잡아갔다. 왕 14년에는 "이서고국"이 금성을 침입해 막을 수 없었으나 미추왕의 음조로 물리쳤다고 했다.

다.39) 곧 김씨 체재는 강성한 백제와 위협적인 고구려와 극성을 부린 왜(倭) 사이에서 모색된 역사적 변혁이었다.

그러나 내물이사금 시초는 전대(흘해왕 36년)에서 선언한 국교 단절로 왜(倭)와의 관계가 보다 어려웠다. 그 중 왕 9년(서기 364년)에 침입한 왜(倭)를 왕의 책략으로 막았으나 왕 38년(서기 393년)에는 금성이 5일 동안 포위당했다. 그리고 왕 44년(서기 399년)40) 왜(倭)의 침입은 고구려 광개토왕의 도움으로 물리쳤다. 이후 신라는 직, 간접적으로 고구려의 간섭을 받지 않을 수 없었다. 이에 앞서 내물왕(왕 37년, 서기 392년)이 실성을 고구려에 볼모로 보냈는데 실성이사금41) 즉위에 이어 눌지마립간 즉위도 고구려와 연계되었다.

이와 같은 배경에서 눌지왕은 즉위 이듬해(서기 418년) "박제상"의 외교적 도움으로 복호를 고구려에서, 미사흔을 왜(倭)에서 구했으나 박제상은 왜(倭)에서 희생되었다.

그 후 눌지왕(왕 8년, 서기 424년, 장수왕 12년)은 강성한 고구려와 사신 관계를 유지하고, 백제가 청한 화친 관계(왕 17년, 서기 433년, 비유왕 7년, 장수왕 21년)도 지속(왕 18년)했다. 따라서 고구려(장수왕 42년)가 신라(왕 38년, 서기 454년)와 백제를 침입(눌지왕 39년, 서기 455년, 개로왕 원년, 장수왕 43년)했을 때 서로 구원했다.

결국 눌지왕 대 왕권 강화는 분산된 삼형제(신라, 고구려, 왜)의 힘을 하나로 모은 박제상의 외교적 업적에서 비롯되었다. 이는 석씨와 연합했던 김씨가 다시 석씨 대신 박씨와 연합한 결과였다. 곧 시조 박씨의 건국 정신을 잇고 정립된 김씨 체재의 국내외적 상황이 총체적으로 투영되었다.

---

39) 백제는 당시 가장 절정기였던 근초고왕(서기 346년-375년), 근구수왕(서기 375년-384년) 대 이후 광개토왕의 침입을 받게 된 진사왕(15대), 아신왕(16대, 서기 392년-405년) 대였으며, 고구려는 고국원왕(서기 331년-371년), 소수림왕, 고국양왕, 광개토왕(서기 392년-413년) 대여서 백제와 고구려가 가장 치열했던 때였다.

40) 이범교, 『삼국유사의 종합적 해석』 상, 민족사, 2005, 220-237면.

41) 왜(倭)의 침입은 실성왕이 미사흔을 왜(倭)에 보낸 후에도 지속되어 왕 4년(서기 405년) 명활성 침입에 이어 왕 6년 3월과 6월에도 침입했다. 따라서 그 이듬해는 대마도에 병영을 설치한 왜인(倭人)들을 먼저 치려했으나 서불한(미사품)이 만류했다. 그리고 왕 14년(서기 415년)에는 풍도에서 이들을 물리쳤다.

10백결선생: 백결선생은 『삼국사기』잡지[42]에 자비마립간 대 인물로 기록되었다. 자비왕은 눌지왕의 맏아들로 초기(17대, 18대, 19대) 알력을 극복하고 부자 세습이 최초로 실현된 왕조이다.

그러나 앞서 도읍을 평양(장수왕 15년)으로 옮긴 고구려 장수왕(서기 413년-491년)의 위력은 실로 위협적이었다. 당시 장수왕(왕 63년, 서기 475년)은 신라 구원병이 이르기 전 백제를 초토화[43]하고 개로왕(서기 455년-475년)을 해쳤는데 자비왕은 전대부터 왜(倭)의 침입이 잦아서 국방에 힘썼다.

곧 자비왕 2년 왜인(倭人)이 병선 100여척으로 침입해 월성을 포위했으나 크게 물리쳤다. 그러나 다시 활개성을 침입(왕 5년)해 백성 1천 명을 사로잡아갔다. 그 이듬해(왕 6년, 서기 463년)는 삽량성을 침입해 크게 물리쳤으나 변방에 두 성을 쌓아 막았다. 또한 왕 8년에는 큰물이 져 산이 17곳 무너지고 황충이 있었으나 왕 10년 전함을 수리했다. 그리고 이듬해(왕 11년) 고구려와 말갈의 실직성 침입에 그해 9월 15세 이상 된 하슬라 백성들을 모아 이하성을 쌓았다. 그리고 왕 12년 서울의 방리(坊里) 이름을 정했으며, 4월에는 큰물이 져 집이 떠내려가고 무너져 왕이 이들을 위무했다. 또한 왕 13년(서기 470년) 역사(役事)를 시작한지 3년 만에 삼년산성을 쌓았다. 왕 14년에는 전염병이 크게 퍼졌으나 모로성을 쌓았다. 또한 왕 16년 명활성을 수리하고, 왕 17년(서기 474년)에는 일모성, 사시성, 광석성, 답달성, 구례성, 좌라성 등 6성을 쌓아 방비했다.

결국 통치 기간(총 22년) 동안 빈번한 왜(倭)의 침입과 강성한 고구려까지 의식한 성 쌓기(왕 6년, 11년, 13년, 14년, 16년, 왕 17년)가 자연 재해에도 불구하고 지속되었다. 곧 외세 침입과 성 쌓기로 가중된 백성들의 고된 노역과 가난의 시름이 "백결선생"에 총체적으로 투영되었다.

---

[42] 『삼국사기』 권32, 〈잡지〉 1. 음악 부분에서 "백결선생의 대악(碓樂)이 '자비왕' 때" 작품이라고 서술되었다.

[43] 백제 본기는 개로왕 21년(서기 475년), 고구려 본기는 장수왕 63년(서기 475년)의 내용으로 서술되었으나 신라 본기는 자비왕 17년(서기 474년)으로 서술되어 1년이 앞섰다. 그러나 자비왕 18년(서기 475년)에 왕이 명활성에 옮겨 거처한 사실은 이와 무관하지 않다고 볼 수 있다. 즉 고구려가 앞서 강성했던 백제에게 영토를 빼앗기고 고국원왕이 전사한 때문에 광개토왕은 즉위 후 백제를 집중 공격했다. 이어 장수왕(개로왕 21년, 서기 475년, 장수왕 63년9월)도 백제를 침입해 한성을 함락하고 개로왕을 해쳤다.

11이사부: 이사부(내물왕 4대손)는 거칠부(내물왕 5대손), 사다함(내물왕 7대손)과 동시대 공존한 인물로 진흥왕의 영토 확장에 기여한 대표적 명장이다.

특히 지증마립간 대 변경의 관리가 되어 "마숙놀이"로 가야를 빼앗았으며, 신라(지증왕 6년, 서기 505년) 최초의 "군주(실직주)"로 하슬라 군주가 되어 우산국을 목우사자로 항복시킨 업적(왕 13년, 서기 512년)이 있다.

그 후 진흥왕 11년(서기 550년) 백제와 고구려가 싸우는 틈에 그들이 빼앗은 두 성(고구려 도살성, 백제 금현성)을 빼앗고, 가야의 반란(왕 23년, 서기 562년)을 사다함과 함께 물리쳤다.

즉 신라는 지증왕 4년에 국호를 "신라(新羅)"[44]라 하고 "왕"의 칭호를 쓰는 등 제도와 법령을 마련하고 주, 군, 현 등 행정 구역을 정비(왕 6년)했다. 특히 순장을 금지(왕 3년)하고 농사를 장려했으며 소를 밭갈이에 처음 이용했다. 또한 상복법을 제정(왕 5년 4월)하고, 같은 해 9월에는 파리성 등 12성을 쌓았다. 그 후 저자를 설치(왕 10년)하고 맹수의 피해를 없애려 했으며 소경(小京)을 설치(왕 15년, 서기 514년)하고 6부의 민호를 옮겨 채웠다. 이어 법흥왕(23대, 서기 514년-540년)은 율령을 반포하고, 공복(公服)을 정했으며, 처음(왕 18년)으로 상대등을 세워 나라 일을 주관하게 했다. 이때 금관가야 왕인 김구해가 아들인 무력(김유신조부) 등과 항복(왕 19년, 서기 532년)해 왔으며, 이로 인해 백제와 가야 소국들과의 관계가 변화되었다. 그 후 건원이라는 연호를 사용(왕 23년, 서기 536년)했다.

한편 백제는 25대무령왕(서기 501-523년), 26대성왕(서기 523년-540년-554년) 전반기로 동성왕 대 회복된 국력을 바탕으로 백제 중흥의 기반이 마련되었다. 과거 광개토왕, 장수왕의 침입으로 크게 위축되었던 백제는 무령왕 2년부터 고구려(문자명왕 11년, 서기 502년) 변경을 침입하고 이듬해[45]는 군사 5천 명이 수곡성을 쳤다. 이에 고구려가 문자명왕 15년(무령왕 6년) 백제를 쳤으나 큰 눈으로 돌아갔으며, 이듬해 말갈과 함께

---

44) 신라 본기 지증마립간 4년(서기 503년)에 "신(新)"은 덕업이 날로 새로워진다는 뜻이며 "라(羅)"는 사방을 망라한다는 뜻이라고 했다.

45) 백제 본기에 "무령왕 3년 말갈의 침입을 물리쳤다. 그리고 왕 6년 다시 말갈이 고목성을 함락했다.", 그러나 고구려 본기에는 "문자명왕 12년(무령왕 3년) 백제가 5천 명의 군사로 수곡성을 침입했다."고 했다.

백제 한성을 치려 했으나 백제가 맞서 물러났다. 그 후 왕 21년(무령왕 12년, 서기 512년) 고구려가 백제의 가불성과 원산성을 함락46)했으나 백제 또한 이들을 물리쳤다.47)

이와 같았던 삼국 관계는 신라 진흥왕 이후 크게 변화되었다.

곧 진흥왕 9년(성왕 26년, 서기 548년) 신라는 고구려 평성(24대양원왕 4년)이 예(濊)와 연합해 한북의 독산성을 치자 백제를 도와 이들을 물리쳤다. 이어 이사부(진흥왕 11년)는 백제(성왕 28년, 서기 550년, 양원왕 6년정월)가 고구려 도살성을 함락하고, 고구려(양원왕 6년)가 백제의 금현성(3월)을 포위한 틈에 두 성을 빼앗아 지켰다. 이에 고구려가 다시 금현성을 쳤으나 이사부가 물리쳤다.48)

결국 신라 진흥왕 초기 발전이 이사부를 통해 이루어졌으나 지증왕 대 시작된 "신라"의 혁신적 변화가 그 바탕이 되었다.

12거칠부: 거칠부(내물왕 5대손)는 진흥왕 대 문무를 겸비한 대표적 인물로 국사49)를 편찬(진흥왕 6년)하고 이어 고구려 침입(왕 12년, 서기 551년, 양원왕 7년) 때 이긴 기세를 타고 죽령 밖과 고현 안의 10군을 빼앗아 한강 유역을 확보했다.50)

---

46) 고구려 본기에는 이때 남녀 1천 명을 사로잡아왔다. 그러나 백제 본기에는 당시 그들이 빼앗은 것이 많았다고 했다. 그 후 백제왕이 기병 3천 명을 거느리고 갔으나 고구려 군사들은 백제 군사 수가 적은 것을 보고 쉽게 여겨 진영을 벌이지 않았다. 이에 왕이 급히 쳐 이들을 물리쳤다고 했다.
47) 백제는 고구려 22대 안장왕(서기 519년-531년) 5년(서기 523년, 성왕 원년)에 침입한 고구려를 패수에서 물리쳤으며, 안장왕(왕 11년, 서기 529년, 성왕 7년)이 몸소 혈성을 함락하자 성왕이 이들을 오곡에서 막다가 2천 명이 전사하기도 했다. 그 후 백제는 성왕 16년(서기 538년)에 도읍을 사비로 옮기고 국호를 남부여라고 했다. 그리고 성왕 18년(서기 540년, 안원왕 10년) 9월에 고구려 우산성을 쳤으나 이기지 못했다.
48) 이때 백제는 성왕(서기 523년-554년) 후반기와 27대 위덕왕(서기 554년-598년) 전반기였으며, 고구려는 23대 안원왕(서기 531년-545년) 말기부터 24대 양원왕(서기 545년-559년) 그리고 25대 평원왕(서기 559년-590년) 전반기로 고구려가 가장 위축된 시기였다.
49) 진흥왕 6년(서기 543년) 이사부(이찬)가 나라 역사는 임금과 신하들의 선악을 기록하여 그 잘하고 잘못함을 만대에 보이는 것임을 아뢴 후 편찬되었다.

한편 그가 신라 국사로 모신 고구려 혜량법사는 당시 고구려 양원왕(서기 545년-559년) 대를 "정치가 어지러워 멸망할 날이 얼마 남지 않았다."고 했다.51)

결국 정치, 문화, 불교 발전에 크게 기여한 거칠부는 무엇보다 한강 유역을 확보하여 신라가 삼국의 중심이 된 공적이 크다. 이는 거칠부(열전)가 앞서 고구려를 깊이 정탐한 것으로 보아 주도면밀하게 이루어졌다고 볼 수 있다.

당시 진흥왕(왕 2년, 서기 541년)은 외교적으로 백제와 화친 관계를 맺고 이어(왕 14년, 서기 553년, 성왕 31년 10월) 백제 왕녀를 소비(小妃)로 들여 백제와의 관계를 유지하고자 했다. 또한 중국과의 관계도 적극적이어서 왕 10년 양(梁), 왕 25년, 26년, 33년은 북제(北齊), 왕 26년(서기 565년), 27년, 28년, 29년, 그리고 왕 31년, 32년에는 진(陳)에 사신을 보냈다.

특히 과거(법흥왕 8년, 서기 521년) 양(梁)과의 관계 이후 중국과 지속적인 화친 관계를 유지하며 불경 등 불법에 관한 것을 들여와 문화적 바탕을 마련했다. 그 후 월성의 동쪽 궁궐터에 황룡사(왕 14년, 서기 553년2월)52)를 짓고 불법을 일으킴으로써 신성성이 부각된 왕임을 표명하고 정신문화적 우월성을 과시하며 신라 위상을 대외적으로 확장했다.

당시 신라(진흥왕 14년, 서기 553년, 성왕 31년7월)는 백제 동북 변경을 쳐 신주를 설치하고 아찬인 무력(김유신 부)을 군주로 삼았는데 신라가 한강 유역을 확보하면서 백제와 틈이 생겼으나 이해 10월 왕은 백제 왕녀를 맞아 작은 왕비로 삼았다. 그러나 백제 성왕(진흥왕 15년, 서기 554년, 성왕 32년7월)이 친히 5천 명의 군사를 거느리고

---

50) 그로부터 1세기(91년) 후 고구려(보장왕)에 구원을 청한 김춘추(선덕왕 11년, 서기 642년)에게 보장왕이 빼앗긴 "죽령 서북쪽 땅"을 요구했으며, "연개소문"과 "온달"까지 그 땅에 대한 회복 의지를 잊지 않았다. 당시 양원왕(왕 10년)은 영토 회복을 위해 백제를 쳤으나 이기지 못했으며, 왕 13년(서기 557년)에는 환도성의 간주리가 반란을 일으켰다.

51) 열전에서 당시 승려였던 "거칠부"가 고구려 실정을 엿보기 위해 고구려 경계에 들어가 고명한 혜량법사의 강론을 들었다. 그러나 법사가 그 본래의 모습을 밝혀내고 신라로 돌아갈 것을 권해 목숨을 구한 내용이 상세하다. 이후 고구려(영양왕-보장왕)는 도교가 성해 보덕화상도 남으로 옮겼다.

52) 『삼국유사』, 〈황룡사 장육〉 조에 의하면 17년만인 기축년(서기 569년, 왕 30년)에 완공되었다.

가량(가야소국)과 함께 신라의 관산성을 침입했으며, 무력이 이들을 막던 중 비장인 고간도도가 백제왕을 급히 쳐 해치고 크게 이겼다.53)

이는 이미 신라에 항복한 금관가야와 나머지 가야 세력과의 대결54)이기도 했다. 결국 금관가야 왕의 아들(무력, 김유신조부)이 승리함으로써 신라의 위상이 크게 강화되었으나 이로부터 백제와의 갈등은 보다 심화되었다.

반면 고구려(양원왕 10년, 서기 554년10월)는 위축된 영토 회복을 위해 성왕에 이어 즉위한 위덕왕(27대, 서기 554년-서기 598년) 원년 백제 웅천성을 크게 침입했으나 패하고 물러났다.55) 또한 백제(위덕왕 8년, 서기 561년, 진흥왕 22년)56)는 성왕의 전사로 훼손된 자존심과 빼앗긴 영토 회복을 위해 신라 변경을 침입했으나 패하고 1천 명이 전사했다. 이후 삼국 관계는 잠시 소강 상태에 들게 되었다. 대신 각국은 수(隋), 북제(北齊), 진(陳), 주(周) 등 중국과의 외교 관계에 주력했다.

무엇보다 한강 유역을 확보한 신라는 그동안 모퉁이에 자리했던 지리적 한계를 벗고 중국과의 교류로 경제력과 국력이 강화되어 통일의 기반이 마련되었다. 때문에 업적이 가장 컸던 거칠부는 진지왕(25대, 진흥왕둘째아들, 서기 576년-579년)57) 즉위 후 상대등이 되었으나 왕이 폐위58)되면서 그의 업적도 희석되었다고 볼 수 있다.

13사다함: 사다함(내물왕 7대손)은 진골 출신으로 일찍이 1천여 명의 무리를 거느린 화랑이었다.

당시 가야의 반란(진흥왕 23년, 서기 562년)을 물리치기 위해 15, 6세 나이

---

53) 신라 본기에 좌평 4명, 사졸 2만 9천 6백 명을 베어 한 필의 말도 돌아가지 못했다.
54) 이시우 엮음, 『가야사』, 가락국사적 개발연구원, 141-162면.
55) 신라 진흥왕은 이듬해(왕 16년, 서기 555년) 북한산 여러 곳을 돌며 개척한 영토를 정했으며, 왕 18년에는 신주를 없애고 북한산주를 설치했다.
56) 신라 본기에는 진흥왕 23년(서기 562년) 7월에 이 내용이 서술되었다.
57) 진흥왕의 태자가 일찍 죽고 그 아들(진평왕)이 어려 즉위했다.
58) 이범교, 『삼국유사의 종합적 해석』 상, 민족사, 2005, 260면. 당시 왕이 음란하고 정치가 문란해져 나라 사람들이 4년 만에 폐위시켰는데 거칠부가 죽자 동륜태자를 중심으로 한 귀족들이 왕을 폐위시키고 태자의 아들인 진평왕을 즉위시켰다.

로 이사부의 부장이 되어 5천 명의 군사를 거느리고 나아갔다. 곧 금관가야 항복 이후 가야 소국으로 남았던 대가야를 항복시킨 그는 본기의 사전(史傳)을 근거로 친우와의 신의가 덧붙여져(열전) 화랑의 덕목이 총체적으로 구현되었다.

아는 바와 같이 진흥왕 대는 북으로 고구려 영토(이사부, 거칠부)를 차지하고, 고구려와 백제 지역이었던 중부 한강 유역(거칠부, 이사부)을 확보했으며, 우산국(이사부)과 남으로 가야(사다함)까지 확장되었다.

그 중 사다함은 단편적인 공적에도 불구하고 진흥왕 대 대표적 화랑으로서 존재 의의가 부각되었다. 말하자면 진흥왕 대 업적 중 지속적으로 유지, 발전되어 통일의 바탕을 이룬 화랑 제도를 대변한 인물이다.

즉 원화(源花)에서 비롯된 화랑(진흥왕 37년, 서기 576년)은 도의(道義)로 연마하고 가락(歌樂)을 즐기며 산수를 유람하여 즐겨 이르지 않은 곳이 없었는데 이 때 그 바르고 어진 이를 알고 가려 뽑아 조정에 추천했다.

원래 여성의 산천제 혹은 호국신과 연관된 원화(源花)는 여러 토착 세력을 융합하기 위한 융사(戎祀) 공동체였다. 그러나 중앙 집권 체재에 따라 범국가적 신궁으로 통합되고 다시 사회 발달로 인해 교육 기능이 수반되어 인재 등용 기관이 되면서 남자 화랑으로 바뀌었다. 그 후 치열해진 삼국 관계로 인해 이들은 호국 전사로 변모되었는데 당시 사다함이 5세 풍월주였다.59)

결국 사다함의 호국(가야진압) 희생정신을 비롯해 애민 정신(포로석방), 무사심(공적사양), 친구와의 신의(무관랑) 등이 중시되었던 화랑 정신은 진흥왕 대 발전에 이어 통일 과업의 중추적 기반이 되었다.

---

59) 이도학 외, 『신라 화랑 연구』, 한국정신문화연구원, 1992, 99면. 이들은 원래 배달길(道) 곧 풍월도(風月道)라고 해서 그 우두머리를 풍월주라고 했으나 후에 화랑(花郎)이라고 불렀다. 그리고 옛 소도의 제천 단에서처럼 충, 효, 신의, 용기, 어짐 등 다섯 계율을 익히고, 글읽기, 활쏘기, 말달리기, 예절, 노래와 음악, 주먹치기와 칼쓰기 등 여섯 가지 재주를 배웠다. 곧 풍월주 세계(世系)를 기술한 "화랑세기"에 의하면 1세 풍월주인 위화랑에서 15세 풍월주인 김유신까지 계보 중 5세 풍월주가 사다함이다.

15솔거: 솔거는 본기에 명시되지 않은 미천한 화가로 그가 그린 "황룡사 벽화"를 통해 시대 상황을 유추할 수 있다.

곧 신라는 궁궐을 지으려던 월성 동쪽 터에서 황룡이 출현한 때문에 황룡사(진흥왕 14년, 서기 553년)를 지어 진흥왕 27년(서기 566년)[60] 완공했다.

그리고 선덕여왕 3년(서기 634년) 완성된 분황사의 관음보살상(열전)도 그의 필적이기 때문에 실제 벽화를 그린 시기는 정확히 알 수 없으나 대체로 진흥왕 27년(서기 566년)부터 진지왕, 진평왕, 선덕여왕 초까지 활동 기간(약68년) 중 진흥왕(통치기간37년) 말기 이후로 추측할 수 있다.

아는 바와 같이 진흥왕은 지증왕, 법흥왕 대 구축된 제도와 체재를 바탕으로 내외적으로 눈부신 발전을 이룩했다. 특히 화랑 제도를 통해 인재 양성에 힘썼으며, 황룡사와 황룡사 장륙상(왕 35년, 서기 574년) 등 불국토적 징표는 문화적 우월감과 정신 문화적 의의를 고양하고 합일된 민족의 힘을 창출한 사상적 바탕이 되었다.

특히 역사 편찬(왕 6년), 음악과 춤(왕 12년, 13년), 그림(솔거) 등 문화적 위업이 적지 않았는데 그 중 합병된 가야의 음악을 도입, 계발한 태도 등은 6주 체재로 3성(三姓)이 공존했던 신라의 개방적 태도와 무관하지 않다. 이는 황룡사 9층탑(선덕왕 14년, 서기 645년3월)에 내재된 호국 의지에 백제인[61]의 기술 도입 뿐 아니라 공존할 세계상이 인식된 태도에서도 알 수 있다.[62]

따라서 "강력한 힘"을 과시했던 고구려와 백제에 맞서 새로운 변화를 창출한 신라의 "힘"은 단순히 외세(당)에만 의존한 결과가 아니고 일찍부터 경험한 다양한 "공동체 의식"에서 터득한 융합과 공존의 가치와 의의를 중시하고 이를 다방면으로 실천한 결과라고 할 수 있다. 즉 다양성(삼성, 6부)을 포용하기 위한 개방적 태도, 인재 양성(화랑), 무리를 이끈 화랑의 지도자적

---

[60] 『삼국유사』 탑상 제4, 〈황룡사 장육〉에서는 왕 30년(서기 569년)에 마쳤다고 했다.
[61] 앞글, 92-98면.
[62] 앞글, 1층의 왜를 비롯해 2층 중화, 3층 오월, 4층 탐라, 5층 응유, 6층 말갈, 7층 단국, 8층 여적, 그리고 9층은 예맥을 의미해서 이들의 침입을 막고자 했으나 아울러 공존한 세계 상황에 대한 의식도 함축되었다고 볼 수 있다.

능력 계발(풍월주), 선진 세계에 대한 인식(백제, 고구려, 중국)과 다양한 문화와 사상 도입(가야, 중국, 고유신앙, 불교, 유교) 등을 바탕으로 국내외적 위기(삼성갈등/삼국대립)를 극복한 결집력(박씨+석씨, 석씨+김씨, 김씨+박씨/진골+성골+당/신라+고구려, 신라+고구려+백제)이 일찍부터 배양된 결과였다.

특히 신화(神畵)적 재능이 발현된 황룡사 벽화(솔거)도 자연 생태(세계)와 일체된 관계(노송과 새들)를 통해 조화, 합일된 세계상(부처와 왕, 상층과 백성들)이 함축되었다. 따라서 그 신성성과 정신적 의의(황룡사, 왕권)에 투영된 신화(神話)적 위업은 진흥왕 대 발전에 이어 태종무열왕 대 통일 과업까지 함축, 개방되었다. 그럼에도 "시간적 변화"에 따른 생태(순환)적 현상은 마침내 성골왕조 퇴색에 이어 통일 정신까지 퇴색(혜공왕, 춘추무열왕계)되고 나아가 말기 변화(통일신라 멸망)까지 총체적으로 내포되었다.

말하자면 모퉁이에 위치한 신라는 불법을 통한 이상적 국가를 지향하기 위해 황룡사와 탑을 세웠다. 그리고 이를 통해 신성시 된 왕권을 강화하고 문화적 위상을 강구해 사상적 통일과 평화적 안정을 희구했으며, 나아가 나라와 왕조의 존속을 위해 세계의 중심이 되기를 기원했다.

그러나 진평왕 중반부터 일어난 백제와 고구려의 영토 회복 의지는 김유신(진평왕 51년, 서기 629년, 영류왕 12년) 등장 전까지 가속되어 진평왕의 무기력함도 한계에 이르렀다. 특히 선덕여왕(서기 632년-647년) 즉위 후 더욱 극심해진 존망의 위기[63]로 고구려와 당(唐)에 호소했으나 고구려는 빼앗긴 땅을 요구한 반면 당(唐) 태종(선덕왕

---

[63] 선덕여왕 2년(무왕 34년, 서기 633년) 백제가 쳤으며, 왕 7년(서기 638년, 영류왕 21년)에는 고구려가 침입했다. 왕 11년(서기 642년)은 백제 의자왕(서기 641년-660년) 즉위 다음해로 그 해 7월 의자왕이 신라의 40여성을 빼앗았다. 이어 그 해 8월 백제가 고구려와 연합해 당항성을 빼앗고 당(唐)으로 가는 길을 막으려 하므로 신라는 당(唐) 태종에게 그 위급함을 알렸다. 그러나 백제는 다시 대야성을 함락해 김춘추 사위와 딸 등 많은 사람들이 전사했다.
한편 고구려는 영류왕 25년(서기 642년) 말기로 장성을 쌓던 연개소문이 이해 10월 왕을 해치고 보장왕을 세운 격변기였다. 그러나 나라 존망이 위급해진 김춘추가 고구려에 구원을 청했으며, 보장왕은 먼저 "죽령 서북쪽 땅"을 돌려줄 것을 요구했다. 이후 신라는 해마다 (왕 12년, 13년, 14년) 당(唐)에 사신을 보내 호소했으며, 당(唐)은 침입한 고구려를 타일렀으나 연개소문은 옛 고구려 땅을 회복하기 위해 신라 침입을 그치지 않겠다고 했다.

12년, 서기 643년)은 여왕을 세웠기 때문에 이웃 나라가 업신여긴다고 했다.

결국 신라(선덕왕 14년, 서기 645년3월)는 자장의 청에 따라 "덕은 있으나 위엄이 없어 보이는 여왕"의 권위를 강화하고 위협적인 외세를 불법(佛法)의 힘으로 극복하기 위해 황룡사 9층탑을 건립했다. 그리고 고양된 불국토적 신성성(왕권), 불교 중심의 사상적 일체감, 문화 민족 의식 등이 통일 정신으로 극대화되었다. 그럼에도 벽화의 신화(神畵)적 채색(솔거)과 퇴색에 함축된 양극적 상황(절정기/쇠퇴기, 새 모임/새 모이지않음)은 불교 성/쇠와 더불어 신라 흥망성쇠까지 포괄되었다.

나. 백제 인물

9도미: 백제인 "도미"는 본기에 명시되지 않은 인물이나 명시된 "개루왕"을 통해 우선 4대 개루왕과 21대 "개로왕(근개루왕)"을 유추할 수 있다.

그 중 명시된 이름과 일치된 개루왕(4대)은 시대적으로 너무 이르고 왕의 성품이 공손했기 때문에 차이가 있다. 따라서 고구려 장수왕이 보낸 간자에게 속아 나라가 초토화된 개로왕(21대)과 가깝다. 일명 "근개루왕(본기)"이라고 불리는 "개로왕" 대 상황이 은유적 형태로 개방된 도미와 여러 형태로 부합되나 결국 개루왕(4대) 전, 후부터 개로왕(근개루왕) 전, 후까지 백제 역사 상황이 광범위하게 포괄되었다고 볼 수 있다.

우선 개로왕 전, 후(본기) 상황을 보면 먼저 강성했던 고구려 광개토왕을 이은 장수왕이 도읍을 평양성(서기 427년)으로 옮기고 백제와 신라를 쳐 남으로는 한강 유역을 차지하고 북으로는 만주까지 확장하여 명실공이 동북아의 강대국이 되었다. 따라서 고구려 사신은 위(魏)에서 제(齊) 다음으로 우대 받을 정도로 위상이 높았다.

그러나 이보다 앞서 백제의 고구려 침입(근초고왕 26년)으로 고국원왕이 전사한 후 양국 갈등이 표면화되었다. 때문에 광개토왕(17대고국원왕손자, 18대고국양왕아들) 즉위 후 많은 영토를 빼앗겼다. 즉 백제는 진사왕(16대, 서기 385년-392년)에 이어 아신왕(17대, 서기 392년-405년) 대도 광개토왕에게 크게 패하자 태자를 왜(倭)에 인질로 보내 화친 관계(아신왕 6년, 서기 397년)를 맺었다. 그 후 개로왕이 위(魏)에 고구려 침입을 청하는 장문의 표문(왕 18년, 서기 472년, 장수왕 60년)을 올리고 군사를 청했으나 오히려 장수왕이 백제를 침입(개로왕 21년, 장수왕 63년, 서기 475년)해 한성이 함락되고 개로왕도 죽임을 당했다.

당시 장수왕(본기)은 백제 침입에 앞서 중 도림을 간자로 보내 엿보게 했으나 장기와 바둑을 좋아한 개로왕은 도림과 바둑을 두면서 그의 말에 속아 왕의 위엄 세우기에 급급했다. 그 결과 나라 창고가 비고 백성들이 곤궁하게 되어 고구려의 침입에 속수무책이 되었다.

비약하면 도미부인을 속이려다 도미부인(도림)의 "속임수"에 속은 왕(개루왕/근개루왕)은 도미의 두 눈을 빼(인식불능) 추방했으나 실제로는 개루왕(도미) 자신의 인식 불능(국내외정황)과도 같다. 따라서 간음(침탈)을 피해 도망간 도미 부인(영토)과의 관계는 군신 관계, 외세(침입/간음)와 자주 국방(몸지키기), 지배자 횡포와 망국(도미부인)의 현실(피, 월경) 등이 복합, 혼용되었다고 볼 수 있다.

다. 고구려 인물

14온달: 온달은 본기에 명시되지 않은 고구려 인물로 평강왕(평강상호왕, 25대평원왕)의 딸(평강공주)과 한 마음이 된 후 신라에 빼앗긴 영토 회복을 위해 싸우다 전사했다.

그는 원래 시정의 평범한 인물이었으나 평강왕의 희롱을 믿은 공주의 청으로 합일되었다. 그 후 공주가 키운 국마를 타고 고구려 제천 의식에 참여해 공적을 세웠으며, 외세(후주)64)를 물리쳐 왕의 사위가 된 후 벼슬(대형)과 권세가 날로 높았다. 그러나 "양강왕(양강상호왕, 24대양원왕)" 대 신라에 빼앗긴 영토 회복을 도모하다 희생되었으며, 평강공주와 교감 후 돌아갈(순환) 생명력(정신)을 초월적으로 회복했다.

앞에서 "도미(백제)"의 시대 배경이 백제 최 위기인 동시에 고구려 최 전성

---

64) 평원왕은 후주(後周)와의 외교 관계가 있었다.

기(장수왕)인데 비해 "온달(고구려)"은 신라 최 전성기(진흥왕, 서기 540년-576년)인 동시에 고구려 최 위축기(양강왕, 서기 545년-559년) 직후인 평강왕(서기 559년-590년) 대이다. 말하자면 삼국 관계는 어느 중심 인물(세계)에 한정되기보다 광범위하게 소통, 연계되었음을 알 수 있다.

한편 본기에 서술되지 않은 "도미"에 명시된 "개루왕"이 개루왕(4대)부터 "개로왕"의 또 다른 명칭인 "근개루왕(21대)"까지 원용되었듯이 "평강왕"은 "평원왕"의 또 다른 명칭인 "평강상호왕"이 활용되었다. 즉 본기나 열전에서 공시된 "시호(성왕, 안장왕)" 외에 "이름(명농, 흥안)"을 쓴 경우는 특별한 왕조(패전, 전사)이거나 기능적 효과를 위해 활용된 일종의 은유적 "표현 방법"이라고 할 수 있다.

그럼에도 본기에 기록된 평원왕(통치기간 총32년) 대는 앞서 삼국이 치열하게 대결했던 양원왕 이후 삼국이 대체로 소강 상태였던 대신 위(魏), 진(陳) 남북조로 갈라진 중국과 외교 관계에 주력한 시기였다.

그러나 과거 만주 뿐 아니라 한성(백제)을 함락해 죽령 부근과 한강 유역을 차지했던 대 고구려(광개토왕, 장수왕) 위상이 신라 이사부와 거칠부로 인해 전환기(24대양원왕, 545년-559년, 양강상호왕)[65]를 맞은 바로 다음 왕조(평강왕)이어서 영토 회복 의지가 강했다고 볼 수 있다.

결국 "온달"은 비교적 조용했던 시대임에도 그 전(24대양원왕) 후(26대양강왕) 혼란상을 이길 평강왕[66] 대 전환적 의지들이 총체적으로 함축, 개방되었다고 할 수 있다. 특히 "신라에 빼앗긴 영토 회복 의지"가 고구려 본기와 "김유신(열전)"에서 명장(연개소문)과 왕(보장왕)을 통해 지속적으로 공표되고

---

[65] "거칠부"에서 고구려 혜량법사가 패망을 예견했다. 구체적으로는 양원왕 4년부터 6년, 7년, 왕 10년까지 백제와의 싸움에 신라가 합세했으며, 그 틈에 신라가 죽령 부근과 한강 유역을 확보했다. 또한 신라에게 10성을 빼앗기기 직전(양원왕 7년)에는 침입한 돌궐을 막기 위해 1만 명의 군사를 동원한 상황이었다.

[66] 평원왕(왕 28년, 서기 586년)은 도읍을 장안성(평양)으로 옮기고 내정의 변화를 시도했으며, 진(陳)이 망하고 수(隋)가 중국을 통일(평원왕 32년, 서기 590년)한 국제 정황으로 인해 군비를 다스리고 군량을 쌓아 나라 지킬 계획을 세웠다.

강조되었는데 실제로는 신라에 패망한 말기(보장왕) 상황까지 포괄되었다고 볼 수 있다.

곧 26대영양왕(서기 590년-618년)은 요서(왕 9년)를 비롯해 신라(왕 14년, 19년), 백제(왕 19년) 등을 쳤는데 치열해진 삼국 관계와 연계되어 왕 23년, 24년, 25년에는 수(隋)의 침입이 있었다. 따라서 수(隋)의 침입을 계기로 자주 국방 의식은 보다 강화되어 상층(왕, 명장)부터 백성(온달)들까지 건국 정신(유화+동명성왕/후예인 평강공주+온달)을 되새기며 일체(평강공주+온달, 결혼)된 마음이었다.67)

비약하면 온달에 내포된 "고구려 회복 정신"은 고구려 건국부터 통일 신라에 이어 고려까지 지속된 동안 결코 잊을 수 없는 "부모나라"는 보다 원천적이어서 영토 회복 의지(부여, 발해)와 주체 정신이 보다 광범위하게 함축, 개방되었다고 볼 수 있다.

3. 확장된 지배 의지와 세계 상황

삼국은 한강 유역의 지배 상황에 따라 중심 세력이 되었는데 복잡한 세계 상황으로 인해 보다 치열해졌다.

특히 백제(무왕)와 고구려(영양왕)는 7세기 초부터 강력한 영토 회복 의지에 따라 신라를 집중 공격하기 시작한 반면 신라(진평왕후반)는 점점 무기력해졌다. 또한 중국을 통일한 수(隋)는 고구려를 크게 침입했으나 큰 성과도 없이 갈등만 심화되었다.

그 중 신라(선덕여왕, 진덕여왕)는 진평왕 이후 강성한 백제(의자왕)의 침입과 백제와 고구려의 연합으로 존망의 위기감이 절정에 달했는데 중앙 권력층(비담)의 반란으로 내외적 혼란이 가중되었다. 그때 김춘추의 외교적 성과

---

67) 수(隋) 고조가 이들의 침입을 대비한 평원왕을 칙서로 책망하자 왕이 표문을 올려 사과하려 했으나 실행하지 못했다. 그리고 영양왕(서기 590년-618년)이 즉위했다.

III. 인물의 시대적 위상과 삼국 흥망사   109

로 신라 침입을 만류한 당(唐) 태종의 조서가 고구려에 보내졌으나 연개소문의 거부로 당(唐)의 고구려 침입이 단행되었다. 그 사이 백제는 신라를 집중 공격했으나 김유신의 활약으로 반전되기 시작했다.

관계된 인물들을 시대와 편찬자 체재에 따라 차례로 정리하면 다음과 같다.

신라왕조 \ 편찬권수	제 4권	제 5권	제 7권	제 8권
진평왕(579-632년)		16김후직(580년)		
26대진평왕22-24년 (서기600-602년)		17귀산 (백제무왕3년)		
진평왕33, 34년 (611-612년)	18을지문덕(612년) 26대영양왕23년		(해론아버지 찬덕) (30대무왕12년)	
진평왕33-40년 (611-618년)			19해론(611-618년) (무왕12-19년)	
진평왕46-49년			20눌최(624년) (무왕25년)	21검군 (627년-628년)
26대진평왕 (579-632년)				22실혜 (579-632년)
진평왕43년 (579-632년)			(설계두, 621년, 출국)	23설씨녀 (579-632년)
27대선덕왕11년 (632-647년)			24죽죽(642년) (의자왕 2년)	
(26대진평왕43년) 선덕왕14년			25설계두(당,唐) (621-645년)	
진덕왕(647-654년) (29대태종무열왕-문무왕-31대신문왕)			26비령자(647년) (31대의자왕7년)	(설씨녀) 6년(왕조)후 결혼

이상 총 11명이 시대 순으로 일렬 배치된 양상은 마찬가지로 각국의 전환기를 대표한 인물들임을 알 수 있다.

그 중 신라인(10명)은 본기에 명시된 역사적 인물(6명)과 명시되지 않은 인물(4명)들이 성골 말기 3왕조(진평왕, 선덕여왕, 진덕여왕) 상황을 다각도로 대변했다. 반면 고구려 을지문덕은 치열해진 삼국 관계와 복잡해진 세계 정세에도 불구하고 침입한 수(隋) 대군을 크게 물리친 대표적 명장이다.

이들의 배경 역사와 의의를 나라별로 살피면 다음과 같다.

가. 신라 인물

16김후직: 김후직은 진평왕(왕 2년, 서기 580년) 대 병부령으로 충간을 외면한 왕에게 신하의 도리와 왕된 이의 도리를 역설한 충신이었다.

곧 옛 왕은 하루에도 많은 중요한 일을 부지런히 힘써 살피고 깊이 생각해 앞일을 헤아렸으며, 좌우에 바른 사람을 두고 충간을 너그러이 받아들여 덕정(德政)을 폈다. 그러나 "지금"의 왕은 사냥에 빠져 혼란이 초래되었다고 직설했다.

당시 진평왕은 진흥왕의 위업을 이은 진지왕이 4년 만에 폐위된 후 어린 나이(13세)[68]에 즉위했으나 전반기는 여러 가지 제도와 문물이 크게 정비되었다.

우선 안으로는 위화부(왕 3년)를 설치하고, 선부서(왕 5년)에 대감과 제감을 두었으며, 연호를 건복(왕 6년, 서기 584년) 으로 고쳤다. 그리고 공물과 부세를 맡은 조부령과 거마를 맡은 승부령을 두었으며, 예부령(왕 8년)과 영객부령(왕 13년)을 설치했다. 또한 둘레가 2천8백보가 되는 남산성(왕 13년)을 쌓고 이어 왕 15년에는 3천보가 되는 명활성과 2천보가 되는 서형산성을 고쳐 쌓아 나라를 방비했다.

외교적으로는 수(隋), 당(唐)과 화친 관계를 유지했으며, 진(陳)과 수(隋)에 불법을 구하러 갔던 원광법사(왕 22년)가 돌아와 왕을 보필하고 외교문서 등을 작성했다.

따라서 진평왕 초, 중반기는 진흥왕 이후 보다 강화된 왕권을 바탕으로 불국토적 위상과 제사장[69]으로서 신성성을 현시하며 절대 권력자로 군림했다. 그 위상은 신라 세 가지 보물(진흥왕 대 황룡사와 장륙상, 진평왕 대 옥대)에 집약되었다.

그러나 후반기 무력해진 틈에 다시 강성해진 고구려와 백제가 빼앗긴 영토 회복을 위해 신라를 집중 공격하기 시작했다.

앞서 전반의 침입(백제무왕 3년, 진평왕 24년, 서기 602년/고구려영양왕 14년, 진평왕 25년)은 크게 막았으나 왕 30년(서기 608년)에 고구려에 패하고 왕 33년(서기 611년)에는 백제에 패했다. 그리고 왕 54년(서기 632년)까지 백제 무왕에게 수많은 성을 빼앗겼다.

---

68) 이범교, 『삼국유사의 종합적 해석』 상, 민족사, 2005, 262-272면.
69) 앞글, 262면.

결국 김후직의 충간을 뒤늦게 깨달은 진평왕이 "눈물을 줄줄 흘린" 모습(열전)은 후반기 혼란상과 고통이 함축되었다고 볼 수 있다. 곧 김후직이 설파(충간)한 "군주론(君主論)"으로 나라의 근본인 "왕도(王道)"가 회복되기 바랐으나 시대는 진골 체재로 전환되었다.

17귀산: 귀산은 추항과 함께 학문과 덕행이 높은 이들과 벗하며 유람에 앞서 몸을 닦고 수양하기 위해 원광법사에게 나아가 세속오계를 들었다. 그리고 백제 침입 중 이를 총체적으로 실천하고 희생된 대표적 인물이다.

당시 원광법사(진평왕 11년, 서기 589년)는 불법을 구하기 위해 진(陳)에 갔으나 다음해(서기 590년, 평원왕 32년) 수(隋)가 일어나 수(隋)에서 지낸 후 진평왕 22년(서기 600년) 돌아왔다. 그리고 수(隋) 사신(왕 35년, 서기 613년)이 황룡사에 왔을 때 백고좌를 베풀고 강론했다. 특히 진평왕이 공경한 고승으로 수(隋)에 구원을 청한 글(왕 30년, 왕 33년)을 올렸으며, 황룡사70)에 거주했다.

따라서 귀산(아간 무은아들)이 실제 원광법사와 마주하기는 어려운 상황이다. 그러나 위기에 처한 아버지를 구하고 백제를 크게 물리친 후 추항과 함께 희생된 그의 호국 희생 정신이 당시 나라의 정신적 지주였던 원광법사의 "세속오계"에서 비롯되었음을 함축했다.71)

결국 유교적 도리와 혼융된 호국 불교가 무사들의 실천적 호국 신념(충, 효)의 사상적 바탕이었음을 예시했다.

19해론: 해론은 진평왕 후반기 인물로 먼저 찬덕(해론아버지)이 백제의 침

---

70) 이범교, 『삼국유사의 종합적 해석』 하, 2005, 민족사, 262면.
71) 백제 본기에서 무왕 3년 신라(진평왕 24년, 서기 602년)는 백제가 아막성을 포위하자 정병 수천 명을 보내 이들을 막았다. 그리고 신라가 다시 소타성 등을 쌓고 백제 변경을 침입했을 때 무왕이 4만 명의 군사로 이들을 막았으나 이기지 못하고 물러났다. 그때 무은(귀산아버지)이 이긴 틈을 타고 추격하자 후군이 그를 말에서 끌어내렸으며, 귀산은 "싸움에 임해 물러나지 않는다."는 스승의 말씀에 따라 아버지를 구한 후 추항과 함께 전사했다. 당시 해수(백제좌평)는 한 마리 말과 함께 겨우 돌아갔다.

입(진평왕 33년, 서기 611년)에 희생되었다. 그 후 해론이 빼앗긴 가잠성을 회복(진평왕 40년, 서기 618년)했으나 또한 전사했다.

먼저 찬덕(가잠성현령)의 성이 100일 동안 포위되었을 때 진평왕이 보낸 중앙의 구원병들은 백제(무왕 12년)가 강한 것을 보고 되돌아갔다. 이에 그 의리 없음을 한탄하고 죽음으로써 성을 지키고자 했다.[72] 그 후 아버지 공적으로 대내마가 된 해론은 변품과 가잠성을 쳐 이를 되찾았으나 결국 전사했다. 이에 사람들이 장가(長歌)를 지어 그 슬픔을 표했다.

곧 강성한 백제에 비해 신라 중앙군은 무력했고 안이했으며, 이로 인해 부자가 대대로 희생된 현실이 대변되었다.

결국 이들의 희생적 결과만 간략히 서술된 본기에 비해 백제와 신라의 뺏고/빼앗기는 악순환과 대 이어 지속된 부/자의 "비극적 역사 현황과 존재 상황"이 진평왕(지배층)의 "눈물"과 백성들의 장가(長歌)를 통해 보다 구체적이고 생생하게 구현되었다.

20 눌최: 눌최는 대내마 아들로 진평왕 후기 백제의 침입에 종과 함께 희생된 인물이다.

진평왕 45년(서기 623년) 백제(무왕 24년)가 신라 늑노현을 쳤으며, 이듬해는 속함, 앵잠, 기잠, 봉잠, 기현, 용책[73] 등 6성을 포위했다. 이에 왕이 서당 5군을 보내 구했으나 이들은 백제군의 위엄에 나아가지 못하고 미처 쌓지 못한 성을 쌓고 돌아갔다. 그 후 세 성이 함락되고 눌최와 그를 지키던 종이 고립된 성을 지키다 전사했다.

곧 서당 5군의 해이한 지휘 체계와 기강 등 무기력한 성골 말기 현황이 다각도로 현시되었다.

이는 대궁, 양궁, 사량궁 등 세 곳에 각기 사신을 두었던 진평왕 즉위 초(왕 7년, 서기 585년)에 비해 내성사신 한 사람이 세궁을 맡을 정도로 규모가

---

72) 수(隋)의 고구려침입 전해였다. 백제는 그후 모산성(진평왕 38년, 무왕 17년, 서기 616년)도 쳤다.
73) 본기에는 "혈책"으로 서술되었다.

III. 인물의 시대적 위상과 삼국 흥망사   113

축소된 후기(왕 44년, 서기 623년) 상황과도 연계된다.

결국 지배층의 통치력 약화와 기강 해이로 초래된 총체적 난국에서 백성들의 강인한 지조와 의분만으로 고립된 성을 지키기에는 한계가 있었다.

21검군: 검군은 본기에 명시되지 않은 사량궁 사인으로 진평왕 대 관료층의 부패상과 비교된 인물이다.

열전에 명시된 "건복 44년"은 진평왕 49년(서기 627년8월)으로 당시 내린 서리에 곡식이 상한 때문에 이듬해(왕 50년) 흉년이 들어 자식을 팔아먹을 지경[74]이었다. 이에 궁중의 사인들이 창예창의 곡식을 훔쳐 나누었으나 검군은 홀로 받지 않았다. 때문에 자신들의 죄가 드러날 것을 우려한 사인들이 그를 몰래 죽였다.

한편 근랑의 무리에서 행실을 닦던 검군은 장부의 "의로움"을 지키기 위해 그들이 준 음식을 먹고 죽었으나 태산 같이 중한 목숨을 가볍게 여겼다고 비판되었다.

결국 백성들의 고난이 가중된 현실, 관료들의 해이해진 기강, 의로운 이들이 사라진 성골 말기의 혼란상은 관료층의 부패와 부도덕성에서 비롯되었다. 곧 장부(丈夫)의 바른 위상 회복을 위해 새로운 가치관과 의식 전환(진골, 태종무열왕계 개혁)이 필요했는데 무엇보다 의로운 근랑(화랑)들의 무사적 용기(검군:劍君)가 절실했다.

22실혜: 실혜는 본기에 명시되지 않은 인물로 진평왕 대 곧고 의로운 상사인이었다. 그러나 말과 아첨을 잘해 왕의 사랑을 받은 하사인의 참소로 축출되었다.

특히 과거 능력 있고 충성스러운 인재가 쓰였던 조부(진흥왕)의 시대와 비교되었는데 아첨한 이들이 왕의 곁에 있는 부조리한 현실로 인해 "고통과 눈물"이 만연된 시대임이 환기되었다.

결국 백성들의 애환과 슬픔(찬덕)이 서린 장가(長歌)에서부터 곧고 바른 이

---

74) 신라 본기에 진평왕 49년과 50년에 나타난 내용이며, 열전에서는 "건복 44년(진평왕 49년, 서기 627년) 정해"로 나타나 있다.

(실혜)의 충정과 시련이 함축된 장가(長歌)까지 이들에 내포된 한결같은 "참뜻"은 개혁(진골)의 당위성이었다고 볼 수 있다.

23설씨녀: 설씨녀는 진평왕 대 노쇠한 아버지 대신 병역을 치른 가실(이웃 청년)의 충, 효로 나라와 아버지를 지키고 결혼도 한 은유적 인물이다.

이들 남녀는 명시된 "진평왕"에서 시대 배경이 유추되나 본기에 명시되지 않은 인물이어서 보다 자유롭다. 그럼에도 가실의 시련은 당면한 시대적 혼란상과 결코 무관할 수 없다.

우선 설씨녀는 비록 가난하나 얼굴 모습과 품행이 바른 여인으로 아버지의 병역을 대신한 가실을 끝까지 기다렸으며, 사량부의 가실은 보잘 것 없으나 품은 뜻이 있어서 설씨녀 아버지 대신 나라를 지키고 귀환한 용사였다. 당시 가실은 "거울"을 신표로 나누고 "3년"을 기약하며 떠났으나 나라에 "변고"가 생겨 "6년" 후에야 돌아왔다.

결국 시초의 언약보다 두 배의 시련을 치른 후 통합된 거울은 개인적으로는 남녀 혼인 약조를 의미한 신표이나 이들이 경험한 역사적 거울이기도 하다.

곧 진평왕 후기(노쇠한 아버지)는 백제의 침입이 극심한 때였다.

따라서 무력(無力)해진 아버지(진평왕)의 무력(武力)을 대신할 젊은이(후손, 가실)의 호국 희생 정신과 실천적 의지가 절실했다. 특히 강성해진 백제(무왕, 의자왕)에 비해 신라는 노쇠한 진평왕 이후 선덕여왕, 진덕여왕(딸, 조카딸, 설씨녀)이 즉위했다. 바로 김춘추(선덕왕 11년-태종무열왕)의 외교 활동과 김유신(진평왕51년-문무왕 13년)의 무력이 절실했던 시기였다.

비약하면 노쇠한 진평왕과 여왕(딸, 조카)을 대신해 호국 통일 과업(외교, 통일)에 앞장 선 김춘추(젊은가실)75)는 설씨녀(진평왕 딸, 선덕여왕/진덕여왕)를 위해 그의 분신(천하의 좋은 말, 김유신의 무력)을 곁에 둔 후 당(唐)에 구원

---

75) 가실은 가을(추:秋)을 뜻하는 방언(전라, 경상, 충북)으로, 김춘추 중 "추(秋)"를 우리말로 변용했다고 볼 수 있다. 그러나 젊은(春) 가실(秋)은 바로 김춘추(金春秋)를 뜻하며 나아가 신진(개혁적인) 김춘추(春秋)까지 내포되었다. 한편 가실은 가야왕의 이름이기도 해서 가야의 후예인 김유신과 표리(분신) 관계도 함축되었다.

을 청하는 등 국가 수호(당번)에 앞장섰다. 그러나 통일 과업(백제, 고구려 멸망)은 처음에 기약했던 3년(진평왕, 선덕여왕, 진덕여왕, 3대)보다 여러 가지 변고로 3년(태종무열왕, 문무왕, 신문왕, 3대)이 더 지연되었다.

말하자면 설씨녀와 가실의 결혼 언약은 성골(진평왕, 선덕왕, 진덕여왕)에 이어 즉위한 김춘추(성골+진골)의 삼국 통일 과업(백제, 백제회복군, 고구려, 당과 대결)이 예기치 못한 변고(태종무열왕 죽음/백제회복군 저항/당 침입)로 3대가 더 소요된 사실과 병치되었다.[76]

그 후 다른 날(異日)을 가려 혼인(통일)함으로써 "다른 해(異日)" 즉 성골과 진골 왕조가 차별화(삼국/통일신라)된 의미가 있으며, 이후 일생을 해로한 태종무열왕계 왕조(춘추무열왕-혜공왕) 역사(총126년)까지 총체적으로 함축되었다.[77]

결국 진평왕 대 위기를 타개할 혁신적 대안은 호국제세(護國濟世)의 꿈을 지닌 젊은 가실(신진김춘추)과 같은 새롭고 유능한 인재(진골, 개혁왕조)였음이 내포되었다.

24죽죽: 죽죽은 당시 품석(대야성도독, 김춘추사위)의 당(幢) 사지였는데 백제의 감언으로 성이 함락된 후에도 대항하다 용석(동료)과 함께 전사했다. 즉 백제(의자왕 2년, 서기 642년, 선덕왕 11년7월)가 신라의 40여성을 함락하

---

76) 신라 본기에서 당(唐) 태종이 김춘추에게 구원병을 허락(진덕왕 2년, 서기 648년)한 이듬해 세상을 떠나고 당(唐) 고종이 즉위하면서 구원병이 지연되었으며, 태종무열왕(왕 7년, 서기 660년)은 백제(의자왕 20년)를 멸망시킨 이듬해 세상을 떠났다. 이어 즉위한 문무왕이 곧 고구려를 치려했으나 백제 회복군의 저항으로 지연되었다. 결국 문무왕 8년(서기 668년) 고구려가 멸망되었으나 다시 당(唐)과의 연합(언약)이 깨지고 대립되어 마침내 당(唐)까지 물리친 문무왕 16년(서기 676년)에야 비로소 통일 과업이 마무리 되었다. 그리고 5년(왕 21년, 서기 681년) 후 문무왕이 세상을 떠났다. 따라서 신문왕 대는 최초의 통일 왕조가 되었으나 신문왕 4년(서기 684년) 고구려 회복을 시도한 대문(실복)을 핍실, 김영윤 등이 물리치고 비로소 9주가 정비(왕 5년)되었다.
77) 3년이 3대를 의미하듯이 1세기(100년)는 지속된 춘추무열왕계 왕조를 뜻하나 신라 천년의 역사가 포괄된 의미도 없지 않다.

고 고구려와 함께 당항성을 빼앗아 당(唐)으로 가는 길을 막으려 한 그달(8월) 다시 백제(윤충)가 대야성을 함락했다. 특히 품석에게 아내를 빼앗긴 부하가 백제와 내응해 창고를 불태운 때문에 성이 함락되어 대부분이 죽고 남녀 1천 명이 사로잡혔다.

이에 앞서 신라는 선덕여왕(서기 632년-647년) 초 백제(무왕 37년, 서기 636년, 선덕왕 5년)가 옥문곡을 치고, 고구려(영류왕 21년, 서기 638년, 선덕왕 7년)가 북변의 칠중성을 침입했을 때 "알천 장군"이 이들을 모두 물리쳤다. 그리고 왕 9년(서기 640년)에는 왕의 자제를 당(唐)에 보내 국학에 입학하기를 청했다.[78]

그러나 백제 의자왕(서기 641년-660년)이 즉위 다음해(7월) 신라(선덕왕 11년)의 미후성 등 40여성을 빼앗고 8월에는 대야성도 함락한 때문에 신라는 위기감이 절정에 달했다.

결국 "죽죽"의 희생정신과 더불어 본기에 생략된 상층(품석도독, 김춘추사위)의 부도덕성과 내분이 표명되었는데 그로 인해 김춘추의 외교 활동(본기)도 본격화되었다. 그리고 그 과정에서 "김유신"과의 삽혈 동맹이 맺어졌다. 곧 성골 왕조(선덕여왕, 진덕여왕)는 강력한 백제와 고구려를 막기 위해 김춘추(진골)의 외교적 성과와 김유신(가야인)의 뛰어난 무력에 의존하게 되었다.

25설계두: 본기에 명시되지 않은 설계두는 신라의 이름 있는 자손이나 골품 제도에 불만을 품고 진평왕 43년(서기 621년) 당(唐)에 간 인물이다.

그러나 당(唐) 태종(보장왕 4년, 서기 645년, 선덕왕 14년)이 고구려를 칠 때 과의(果毅)로 나아가 전사(주필산싸움)한 후 당(唐)의 대장군 벼슬을 추증 받았다.

본기에서 당(唐) 태종은 연개소문(영류왕 25년)이 왕을 해쳤다는 이유로 고구려(보장왕 2년, 서기 643년) 침입을 단행하려 했으나 당시 신하(장손무기)가 만류했다. 그 후

---

[78] 본기에서 당(唐) 태종은 천하의 명 선비들을 불러 학관으로 삼고, 자주 국자감에 행차해 학문과 토론을 참관했다. 이들 중 경에 밝은이를 관리로 뽑자 사방에서 모여들었는데 고구려, 백제, 고창, 토번 등도 자제들을 입학시켰다.

고구려가 백제와 연합해 신라를 침입하고 당(唐)으로 가는 길을 막으려 한다는 신라의 호소를 듣고 이를 말린 조서를 보냈으나 연개소문이 거부했다. 따라서 그 불손함을 빌미로 당(唐)의 고구려 침입(보장왕 4년)이 단행되었다.

곧 당(唐) 태종은 여러 군대와 신라, 백제, 해, 거란 등에 조서를 내리고, 장양을 평양도 행군대총관으로 삼아 군사 4만3천 명과 전함 500척을 거느리고 바다 건너 평양으로 내닫게 했다. 그리고 이세적을 요동도 행군대총관으로 삼아 보병과 기병 6만 명과 항복한 오랑캐 군들을 거느리고 요동으로 내닫게 했다. 이어 그 해(보장왕 4년) 정월 유주에 이른 당(唐) 태종은 "사방이 대략 평정되었으나 오직 고구려는 평정되지 않았기에 내가 아직 늙지 않았을 때 남은 힘을 써서 이를 빼앗으려 한다."고 밝혔다.

그로부터 개모성(4월)을 함락하여 1만 명을 사로잡고 양곡 10만석을 얻은 후 개주로 삼았다. 이어 비사성(5월)이 함락되고 남녀 8천 명을 죽였다. 또한 요동성 아래에서는 전사자가 천여 명이 되었으나 성이 불타 만여 명이 전사했다. 그리고 우수한 병사 만여 명을 사로잡고 주민 4만 명과 양식 50만석을 빼앗은 후 요주로 삼았으며, 백암성을 함락하여 암주로 삼았다.

한편 안시성에서는 고연수(고구려)의 군사를 유인하기 위해 거짓으로 달아나 성 동쪽 산에 진을 치고 기다렸다. 이때 고구려 군과 말갈 군 15만 명의 진영이 40리에 이르자 당(唐) 태종도 두려운 기색이었다. 결국 사신을 보내 "서로 싸우게 된 것은 본래의 마음이 아니고 경계에 오니 마초와 식량이 공급되지 않아서 몇 개의 성을 빼앗았다."고 속이고 신하의 예를 하면 되돌려주겠다고 했다. 이에 방비를 게을리 한 고연수는 마침내 3만6천여 명을 거느리고 항복했는데 전사자가 3만 명이었다.

당시 당(唐) 태종은 욕살 이하 관직의 우두머리 3500명을 중국 본토로 옮기고 나머지는 평양에 돌아가게 했으며, 말갈 사람 3300명은 모두 구덩이에 묻었다. 그리고 말 5만 필, 소 5만 마리 갑옷 1만 벌을 얻었는데 기구와 기계도 그 정도 되었다. 그 후 산 이름을 주필산으로 고쳤는데 바로 설계두가 전사한 싸움이다.[79]

결국 당(唐) 태종은 다음해(보장왕 5년, 서기 646년) 2월 당(唐) 서울로 돌아왔으나 이룬 공적이 별로 없어 후회하고 탄식했다. 반면 나라를 지킨 고구려(연개소문)는 관계 개선을 위해 사신을 보내 사죄했으나 당(唐)은 연개소문을 "교만하고 방자하며 말이 경솔하고 허탄한 사람"으로 폄하하고 다시 고구려 침입을 논의했다.

곧 진평왕 대 골품 제도에 불만을 품고 신라 밖 세계를 동경한 설계두[80]는 선덕왕 대 당(唐)을 돕기 위해 파견, 희생된 신라인을 대표한 동시에 고구려와 당(唐)의 관계, 신라와 백제의 관계, 신라와 당(唐)의 관계 등이 총체적으로 표상되었다.

26비령자: 비령자는 백제의 침입으로 위기에 처한 김유신을 위해 앞장 서 희생된 인물로 승리의 원동력이 되었을 뿐 아니라 존재 회복도 표명되었다.

곧 성골 마지막 왕조인 진덕여왕 원년(서기 647년, 의자왕 7년)에 백제 의직[81]이 3천 명의 군사를 거느리고 무산, 감물, 동잠 등 세 성을 포위했다. 이에 김유신이 1만 명을 거느리고 막았으나 기운이 다해 물러났다.

이때 김유신이 비령자의 충정을 송죽(松竹)의 절조에 비유했는데 비령자에 이어 아들과 종의 전사에 분격한 군사들이 적의 날카로움을 꺾고 승리했다. 결국 비령자 가계의 호국 희생정신은 김유신의 뛰어난 용병술과 함께 백제를 물리친 전환점이 되었다.

곧 비령자의 위국(爲國) 정신과 지기(知己)의 마음을 일깨운 김유신의 호국 신념은 과거 중앙군과 달랐으며 백성들의 존재 회복 의지와 강력한 염원도 과거와 크게 달랐다.

---

79) 본기에서 신라(선덕왕 14년, 서기 645년)가 3만 명의 군사를 내어 당(唐)을 도운 사이 백제는 그 허술한 틈을 타 김유신이 빼앗은 신라의 7성을 다시 빼앗았다.
80) 신라 본기에서 진평왕 9년(서기 587년) 내물왕의 7대손인 대세가 이찬의 아들로 해외를 유람하고자 한 사실이 서술되었다.
81) 백제 본기에서 의자왕 7년(서기 647년)에 서술되었다.

나. 고구려 인물

18 을지문덕: 을지문덕은 가계를 알 수 없으나 문무를 겸비한 고구려 명장으로 수(隋) 대군의 침입을 뛰어난 책략으로 물리친 수훈자이다.

곧 영양왕 23년(서기 612년) 침입한 수(隋) 양제의 113만 대군 중 요동에 처음 도착한 9군은 30만5천 명이었는데 그 중 2700명이 돌아갔다. 때문에 고구려 기상이 만방에 떨쳤으나 중국과의 관계는 보다 심화되었고 양국의 피해도 적지 않았다.

당시 삼국과 수(隋)와의 관계를 요약하면 평원왕 말기 수(隋)가 중국을 통일하자 위협을 느낀 고구려는 이를 막을 계책을 세웠다. 따라서 영양왕은 즉위 원년(서기 590년)부터 왕 2년, 3년, 8년, 9년, 11년(서기 600년)[82]까지 수(隋)와 교류했다. 그러나 왕(왕 9년, 서기 598년)이 말갈의 군사 1만 명을 거느리고 요서를 침입하자 노한 수(隋) 문제가 수륙군 30만 명을 거느리고 침입했다.[83]

한편 백제는 수(隋)에 사신을 보내 고구려 침입 때 군사들의 길잡이가 될 것을 청했으며, 이를 안 고구려는 백제 변경을 치기도 했다. 또한 혜왕, 법왕에 뒤이어 즉위한 백제 무왕이 다시 고구려 칠 것을 수(隋)에 청하며 수(隋)와 사신 교류(왕 9년, 12년, 13년)를 지속했다.

또한 신라는 진평왕부터 수(隋)와 교류해 왕 18년, 22년, 24년, 26년, 27년(서기 605년), 33년(서기 611년), 왕 35년까지 지속했다. 그러나 강성해진 백제(무왕)와 고구려(영양왕)는 과거 신라에 빼앗긴 영토 회복을 위해 신라를 집중 공격[84]했다. 이에 원광

---

[82] 영양왕 11년(서기 600년) 태학박사 이문진은 초기에 편찬된 옛 역사책 "유기"를 간추려 "신집 5권"을 만들었다.

[83] 장마로 군량이 수송되지 않아 군사들이 굶주리고 역질에 걸렸으며, 풍랑에 침몰되어 죽은 자가 열에 8, 9명이 되었다.

[84] 고구려 영양왕 14년(진평왕 25년, 서기 603년) 신라 북한산성 공격에 진평왕이 한수를 건너와 막았다. 그리고 왕 19년(진평왕 30년, 서기 608년) 2월에 다시 신라 북변을 쳤으며, 4월에는 신라의 우명산성을 함락했다. 그리고 왕 18년(무왕 8년, 서기 607년) 백제의 송산성을 쳤으며, 석두성으로 옮겨 남녀 3천 명을 사로잡아갔다. 결국 고구려(영양왕)는 과거 양원왕(양강왕) 때 빼앗긴 영토 회복을 위해 신라와 백제를 쳤기 때문에 양국 모두 수(隋)가 고구려를 치기를 청했다. 그런가 하면 백제 무왕(서기 600년-641년)은 왕 3년(서

법사85)가 수(隋)에 군사 청하는 표문을 올리기도 했다.

이러한 상황에서 비롯된 수(隋) 양제의 고구려 침입은 결국 을지문덕에게 패했다. 그리고 이듬해 우문술이 다시 평양의 신성을 쳤으나 고구려가 성을 굳게 지킨 20여일 동안 서로의 피해도 컸다. 특히 흙주머니, 누거 등으로 성이 거의 함락될 즈음 양현감의 반란이 일어나 이들은 산더미 같은 군자와 기계를 놓고 밤에 도망갔다. 그럼에도 고구려는 감히 이들을 쫓지 못하고 이틀이 지나서야 수만 명의 후군 중 수 천 명을 쳤다.

그 후 천하가 이미 어지럽고 고구려도 지쳤으나 수(隋)는 다시 고구려 침입을 위해 평양으로 향했다. 이에 왕이 항복을 청하며 양현감 반란 때 고구려로 도망온 곡사정을 돌려보내 회군시켰다.

결국 네 번의 고구려 침입86)으로 많은 국력을 소모한 수(隋)는 "쇠뇌"같은 수(隋)가 "생쥐"같은 고구려에 패했다고 했으나 "쇠뇌"같은 을지문덕 책략에 패했다.

4. 신라 통일 과업과 일체된 화랑정신

백제와 고구려의 영토 회복 의지는 7세기 중반 복잡한 국내외 정세와 더불어 보다 치열했다.

우선 백제 의자왕은 신라 성골 왕조(진덕여왕)에 비해 막강했으며, 고구려

기 603년, 진평왕 25년)에 신라의 아막성을 쳤으나 신라가 다시 침입하자 4만 명의 군사를 보내 대응했다. 이때 신라의 귀산 등에 패했다. 그러나 무왕 6년(진평왕 27년), 12년(서기 611년, 진평왕 33년), 17년, 19년(진평왕 40년) 등 신라를 집중 공격했으며, 진평왕이 이를 수(隋)에 호소했으나 수(隋)는 당시 고구려 침입에 주력할 때였다. 그 후 국제 정세가 바뀌어 진평왕 43년(서기 621년)부터 당(唐)에 사신을 보냈다.

85) 진(陳)에 불법을 구하러 갔던(진평왕 11년) 원광법사가 진평왕 22년(서기 600년) 돌아왔다.
86) 본기에서 보장왕 4년(서기 645년) 당(唐) 태종이 '4번 출동'했다고 했으나 영양왕 9년(서기 598년)에는 장마와 풍랑으로 10중 8, 9명이 전사해 돌아갔다.

III. 인물의 시대적 위상과 삼국 흥망사   121

연개소문은 당(唐)과 친화적이었던 영류왕과 달리 당(唐) 태종을 강력히 견제했다.87) 이에 신라는 혁신적인 체제 변화(진골, 태종무열왕)로 그 대안을 모색했다.

특히 사각(四角)의 영웅들(삼국, 당) 중 강력한 세 통치자(연개소문/의자왕/당)들의 지배 야심은 시초부터 치열하고 팽팽해서 그 향방이 예측될 수 없을 정도였다. 그러나 태종무열왕의 혁신적 체재에 결집된 투철한 저항 정신과 민족적 역량(김유신/김인문/백성들)도 그들의 지배 의지를 능가할 정도였다.

관계된 인물들을 시대와 편찬자 체재에 따라 차례로 정리하면 다음과 같다.88)

신라왕조 \ 편찬권수	제 1, 2, 3권	제 4권	제 6권	제 7권	제 9권
3대유리이사금19년	(김유신조상, 42년)				
24대진흥왕(540-575년) 6대진평왕(579-632년) 27대선덕왕3년-16년 28대진덕왕5년(651년)	(김유신조상, 554년) (김유신탄생, 595년) (활약, 629-649년)	(김인문) 진덕5년(651년) 당, 숙위		(소나, 부, 심나) 선덕왕3년-16년 (634년-647년)	(연개소문) (642년)
29대태종무열왕 (654-661년)	태종무열왕 즉위 (김유신, 654년)		(강수654년)		
(선덕왕11년-진덕왕) (647-654년) 29대태종무열왕 (654-661년)	(김유신, 655년)			27김흠운 (655년) (취도, 655년)	[28]연개소문 27대영류왕 28대 보장왕
29대태종무열왕(660년) 백제 멸망	29김유신(42년-595 -629-644-647-64 9-655-660년)	(김인문) (660년)		30관창(660년) (계백) 31대의자왕	(연개소문) (642-666 -668년)
(29대태종무열왕)	(김유신)660년		(강수)	{31}계백(660년) (백제회복군)	
(29대태종무열왕)				32필부(660년)	
30대문무왕(661-681년)	(김유신)661-662년	(김인문)	(강수)	33열기(662년)	(연개소문)
(태종무열왕) 30대문무왕	(김유신)661-663년	{34}흑치상지 (660년-661년			(연개소문죽음) (666년)

---

87) 고구려 침입 후 패망(서기 618년)한 수(隋)를 이은 당(唐) 고조와 영류왕은 화친 관계에 힘썼으나 당(唐) 태종(서기 627년-649년)은 화친 관계 중 진대덕(영류왕 24년) 등을 보내 고구려를 엿보았다.

88) 앞에서와 같이 고구려인은 [ ]로 백제인은 { }로 구분했다.

		-663년		
문무왕8년(668년) 고구려 멸망 문무왕13년(673년) 문무왕14년(674년)	(김유신) 태대각간(668년) 김유신죽음(673년)	35김인문 668-674년 (신라왕봉함)	36강수(사죄 표문) 사찬(673년)	(연개소문아들들)(668년)
문무왕15년(675년) 문무왕16년(당(唐)축출)	(김유신아들)		37소나(675년)	
31대신문왕(681-691년) (통일 신라)			(강수죽음) 신문왕	(연개소문 후손들)
32대효소왕(692-702년) 33대성덕왕(702-737년) 34대효성왕(737-742년) 35대경덕왕(742-765년) 36대혜공왕(765-780년) 42대흥덕왕(826-836년)	(김유신후손들) 성덕왕24, 31, 32년 36대혜공왕6년 김융모반(770년) (김유신흥무대왕봉)	효소왕3년(694년 인문죽음) (695년, 신라문힘)		

이상 11명은 김유신을 중심으로 통일 과업 전, 후 신라인(8명), 당(唐)을 물리친 고구려인(1명), 신라와 겨룬 백제인(2명) 등 전환기를 대표한 삼국 인물들이다.

그 중 고구려 연개소문(탄생-서기 642년-666년-이후)을 제외한 대부분이 태종무열왕부터 문무왕[89]까지 신라 통일 과업과 연계된 명장, 화랑, 외교가, 무사, 문장가 등이다.

이들 실존 인물들의 역사적 배경과 의의를 나라별로 살피면 다음과 같다.

가. 신라 인물

27김흠운: 김흠운(내물왕 8대손)[90]은 일찍이 문노 화랑에서 벗 삼은 대왕의 사위로 백제, 고구려, 말갈 연합군이 33성을 함락(태종무열왕 2년, 서기 655년)했을 때 백제 조천성에서 싸우다 전사했다.

당시 진골 왕조(태종무열왕)는 최상층부터 쇄신된 획기적인 시대이어서 보

---

89) 당(唐)을 물리친 대표적 인물인 소나는 문무왕 15년(서기 675년) 매초성의 승리 사실 등을 함축했으나 실제로는 이들을 완전히 물리친 왕 16년(서기 676년) 기벌포 싸움까지 함축된 인물이다.

90) 신라 본기에 신문왕 3년(서기 683년) 왕이 김흠운(일길찬)의 작은 딸을 부인으로 맞았다.

다 근본적인 개혁이 광범위하게 추진되었다.[91] 따라서 격변기 혼란을 틈 탄 고구려(보장왕 14년), 백제(의자왕 15년), 말갈 등 주변 3국이 함께 신라의 33성을 함락했다. 과거 백제(의자왕 2년, 서기 642년, 선덕왕 11년)에게 40여성을 빼앗겼던 신라(태종무열왕 2년)는 다시 나라 존망 뿐 아니라 진골 왕조 존립 여부의 전환점이기도 했다.

이때 문노 화랑에서 벗 삼던 최상층(왕의사위, 김흠운)이 말리는 시종인들의 만류를 뿌리치고 의롭게 몸을 바친 희생 정신은 휘하에 있던 대감, 소감 그리고 보기당주 등에 확산되어 마침내 일반 백성들에게까지 귀감이 되었다.[92] 곧 편찬자가 김대문[93]의 말을 논평(열전)에 인용하여 당시 중추적 역할을 한 무사파 "화랑"의 활약과 의의를 대표한 인물로 보았다.

당시 3대로 이어진 화랑이 200명이라고 했으므로 한 사람에 속한 무리들이 천 명 혹은 그에 버금되는 수일 때 이들 집단의 결속력과 추진력을 대략 짐작할 수 있다.

다시 말해 화랑 집단은 인재 등용 기관이었으나 진흥왕 대 영토 확장에 따라 전사단으로 변모되기 시작했다. 그 후 무사파인 "문노(8세 풍월주)"가 귀족에 국한하지 않고 재능 있는 낭도를 뽑기 위해 문호를 개방하자 보다 많이 호응했다. 곧 진흥왕 대 "사다함(진골출신, 화랑)"에서 진평왕 대 "귀산"(원광법사의 세속오계 실천)에 이어 태종무열왕 대 무사파(김흠운)들이 중심이 되었다.[94]

결국 혁신적인 최상층부터 변모, 개방된 사회 체제는 백성들이 재능에 따라 벼슬을 얻게 되면서 자신들의 주체적인 신념과 개아적인 의지가 발휘된

---

91) 태종무열왕(서기 654년-661년)은 즉위(3월) 후 곧(4월) 율령을 고쳐 정하고, 왕을 책봉한 당(唐)에 부절과 사신을 보내 사례했다.
92) 화랑 출신의 명장 자제들(김흠순 아들 반굴, 품일아들 관창 등)이 앞장 서 실천한 호국 희생 정신과 이에 호응한 군사들이 백성들의 모본이 되었다.
93) 신라 본기 진흥왕 37년(서기 576년) 내용이 서술되었으나 실제로는 "설총"에 소개된 후대 문장가이다.
94) 당시 왕의 사위인 김흠운이 문노파에 속했던 것으로 보아 기존의 문식파보다 무사파가 우위를 차지한 변화를 알 수 있다. 이재호, 『신라 화랑연구』, 한국정신문화연구원, 1992.

역동적인 시대였다. 때문에 당시 사람들이 양산가(陽山歌)로 이들(김흠운과 부하들)의 호국 희생정신을 기린 슬픔은 진평왕 대 백성들의 장가(長歌)와 달랐다.

29김유신: 김유신[95]은 7세기 중반부터 보다 강성해진 백제의 공격을 물리치고 마침내 삼국 통일의 기반을 세운 명장이다.

특히 그의 조상(서기 42년)부터 후손(서기 780년)까지 총 800여년의 역사 상황이 폭 넓게 개방되어 보다 복잡하나 백제 멸망을 이룬 다양한 관계 상황(열전)과 고유한 행적 때문에 배경 역사에 대한 전반적 이해는 보다 중요하다.

총 3권의 배경 역사를 나누어 살피면 다음과 같다.

먼저 상권(1권)은 가야를 세운 수로(신라3대유리이사금19년, 서기 42년)부터 김유신 탄생, 화랑으로서 각오, 난승 노인과 만남, 고구려(영류왕 12년) 낭비성 출정과 승리, 백제 물리침[96], 당(唐)에서 구원병 얻고 귀환(진덕왕 2년, 서기 648년)한 김춘추와 만남 등 그의 공, 사(公私)적 행적이 혼용되었다. 곧 김유신(서기 595년-673년) 탄생 전, 후 가야와 신라 관계를 비롯해 삼국 초, 중반기 상황 중 나라를 안정시킬 뜻을 펴기 시작한 청년기(17세, 진평왕 33년, 서기 611년)부터 신라의 중심 인물(진덕왕 2년, 서기 648년, 53세)로 부각된 7세기 초, 중반 37여년이 중요 활동기였다.

우선 그의 가계를 보면 가야(유리이사금19년, 서기 42년)를 세운 수로(12대 조상)의 9대 자손인 구해(김유신증조부)는 원래 금관가야 왕이었으나 왕비와

---

95) "김유신"은 신라 역사 대부분과 관계된 때문에 각 시대를 대표한 인물들의 배경 상황과 여러 면에서 중복될 수 있다. 그럼에도 역사 배경 상황이 누구에게나 획일적으로 적용되는 것은 아니다. 곧 각 인물의 고유한 상황에 따라 그 관계 상황이 다른 점은 "비령자", "열기", "김인문" 등이 김유신과 동시대 공동의 목표를 향해 활약했으나 그 의의가 다른 점과 같다.
96) 신라 본기 진덕왕 2년(서기 648년)을 비롯해 백제 본기 의자왕 7년, 8년(서기 648년), 9년에 상세하다.

세 아들과 함께 신라(법흥왕 19년, 서기 532년)에 귀의했다. 그 후 막내아들인 무력(김유신조부)이 신주(新州)의 군주(軍主)가 되어 백제 성왕(진흥왕 14년, 서기 554년)을 해치고 좌평 네 명과 사졸 2만9천6백 명을 벤 공로를 세웠다. 따라서 가야 왕손에서 신라인으로 태어난 김유신을 중심으로 신라와 가야의 관계도 함축되었다.

신라는 시조 박혁거세 대부터 주변 왜(倭), 변한(항복), 낙랑 등의 침입이 있었다. 그리고 탈해이사금부터 백제 침입(왕 8년, 10년, 14년, 18년, 19년, 20년)이 극심했으며 왜(왕 17년), 가야(왕 21년, 서기 77년)와의 대결도 시작되었다. 특히 가야는 파사이사금(5대, 박씨왕조) 15년(서기 94년), 17년, 18년 그리고 왕 27년에 신라와 크게 싸웠다. 그럼에도 당시 음집벌국과 실직곡국이 싸우면서 그 판결을 신라왕(파사왕 23년, 서기 102년)에게 맡겼으나 왕은 나이가 많고 사리를 잘 분별하는 금관국의 수로왕에게 맡긴 것으로 보아 양국은 서로 견제하면서도 화친했던 관계였다고 할 수 있다.97)

그 후 파사왕(왕 29년, 서기 109년)이 비지국, 다벌국, 초팔국 등 주변 지역을 합병하면서 신라의 서쪽은 백제가 자리하고 남쪽은 가야가 자리했다. 결국 금관가야는 신라에 항복할 때까지 총 513년 동안 지속되었으므로 백제(총678년), 고구려(총705년)와 비교할 때 결코 짧은 역사가 아니었다.

한편 김유신의 아버지(소현)는 진흥왕 동생(숙흘종)의 반대에도 불구하고 그의 딸과 혼인하여 김유신(진평왕 17년, 서기 595년)을 낳았다. 유신은 15세(진평왕 31년, 서기 609년)에 화랑이 되어 용화향도(龍華香徒)라고 불리었으며, 고구려와 백제와 말갈이 침입(17세, 진평왕 33년, 서기 611년)한 때 나라를 안정시킬 뜻을 갖게 되었다.98) 특히 그 다음해(서기 612년)는 수(隋) 양제가

---

97) 당시 신라왕이 수로를 위해 잔치를 베풀며 6부를 모았으나 수로왕이 한기부가 지위 낮은 이를 주빈으로 삼은 것에 노해 한기부주를 죽였다. 이로 인해 신라왕은 연루된 실직을 치고 압독도 항복시켰다.
98) 6세기 말 진평왕 16년(서기 595년)에 태어난 김유신은 만 7세인 왕 24년(서기 602년)에 백제의 침입으로 귀산과 추항이 전사하고, 이듬해(왕 25년)는 고구려가 북한산성을 침입했으며, 고구려가 북쪽 변경을 침입한 때(왕 30년, 서기 608년) 만 13세였다. 그리고 만 16세가 되던 해(진평왕 33년, 서기 611년)에 백제가 가잠성을 쳐 찬덕이 전사했다. 따라서 열전에 서술된 "삼국이 침입한 해"는 통일 과업이 아닌 일반적인 관계였다고 볼 수 있다.

113만 대군으로 고구려를 침입한 혼란기였다. 그러나 김유신(35세)은 어지러운 진평왕 말기(왕 51년, 서기 629년)에 비로소 아버지(서현)와 고구려(영류왕 12년) 낭비성을 침입해 승리했다.

종합하면 상권99)은 〈아버지 서현과 고구려를 친 최초의 업적(진평왕 51년)〉, 〈김춘추의 고구려 청병(선덕왕 11년)과 유신의 출병〉, 〈선덕왕 13년, 14년 백제 물리친 업적〉, 〈선덕왕 16년 비담과 염종의 반란 물리친 공적〉, 〈진덕왕 원년 비령자와 백제 물리친 업적〉, 〈진덕왕 2년(의자왕 8년) 백제 물리친 공적〉,100) 〈진덕왕 2년 당(唐) 청병을 얻고 귀환한 김춘추와 유신의 만남〉 등의 단편 사실을 근거로 "김유신 가계와 탄생 과정, 난승 노인의 비법 전수와 보검의 영험, 김춘추의 고구려 청병(선덕왕 11년)과 유신의 출병, 선덕왕 16년 비담과 염종의 반란 물리친 공적, 진덕왕 2년 3월과 4월의 백제 물리친 공적과 품석 내외 유골 송환" 등이 각각 단편 삽화 형식으로 상술, 확장되었다.

이어 "김유신" 중권(2권)은 상권에 이어 진덕여왕 3년(서기 649년)101) 백제 물리친 사실부터 문무왕 3년(서기 663년) 백제 멸망(서기 660년) 이후까지 총 14년의 역사 상황이 서술되었다.

이는 총 800여년에 비하면 지극히 짧으나 신라 역사상 가장 급박하고 중대한 전환기로 가장 핵심적인 부분이다. 또한 김유신 개인에게도 최 절정기였다.

그 후(22세, 왕 38년, 서기 616년)에도 백제가 침입했으며, 2년 후(왕 40년, 서기 618년) 가잠성을 회복한 해론이 전사했다. 그리고 왕 45년(서기 623년) 백제가 침입해 눌최가 전사한 때가 29세였다. 이어 32세(왕 48년, 서기 626년)된 해와 이듬해(서기 627년)도 백제가 침입했으며, 진평왕 50년(34세, 서기 628년) 백제가 가잠성을 다시 포위했다.

99) 이중 앞의 〈 〉 부분은 재현된 본기 역사 사실이며 이를 근거로 " " 부분이 확장 또는 연계되었다.
100) 진덕왕 2년 3월과 4월의 업적이 신라와 백제 본기에서 상술되었으나 열전에서는 이를 종합해 서술했으며, 품석 내외의 유골 반환 내용은 본기에 서술되지 않았으나 상세하다.
101) 열전에서 "2년"이라고 서술되었으나 1권에 이어 "태화 2년(진덕왕 3년)"을 말한다.

그동안 백제의 침입(진평왕후반, 선덕왕)으로 크게 위축되었던 신라가 김유신의 출현으로 반전되기 시작한 후 백제(의자왕 9년) 은상의 침입을 크게 물리친 사실은 새로운 기폭제가 되었다.[102] 말하자면 당시 방외인(가야인)이었던 김유신이 성골 말(선덕여왕, 진덕여왕) 위협적인 백제의 침입과 중앙 권력층(상대등 비담)의 반란을 물리친 후 명장으로서 위상이 보다 확고해졌다. 앞서 김춘추와의 삽혈 동맹(선덕왕)은 김유신의 중앙 진출에 결정적 계기가 되었으나 진골인 김춘추[103]는 그의 외교적 업적과 김유신과의 관계로 등극할 수 있었다.[104]

결국 김유신은 태종무열왕 등극(서기 654년) 전, 후부터 백제 멸망(서기 660년)까지 신라 건국 이래 가장 극적인 시대를 이끈 중심 인물이었다. 곧 사직의 존폐 위기에서 체제 변화(진골왕조)가 시도되고 마침내 백제가 병합된 최전환기는 가장 혼란스럽고 치열했던 과도적 급변기였다. 결과적으로 통일 과업의 진통과 시련은 김유신과 김춘추의 신념과 더불어 민족의 희생과 인내심이 수반된 고난 극복 과정이었다. 상대적으로 나라 잃은 백제 유민들의 항거도 결사적이었다.

종합하면 〈진덕왕 3년(서기 649년) 백제 은상 물리침〉, 〈진덕왕 8년(서기 654년) 김춘추 즉위〉, 〈태종무열왕 7년(서기 660년) 백제 멸망〉, 〈문무왕 원

---

[102] 백제 은상이 7성을 함락한 상황에서 열흘 동안 대치한 끝에 김유신의 지략으로 달솔, 좌평 등과 군사8천 명 이상을 베고, 말 만 필과 갑옷 1800 벌을 얻는 대 승리는 새 전환점이 되었다. 곧 이듬해(서기 650년) 6월 당(唐)에 승전을 알리면서 왕이 "태평송"을 짜 넣은 비단을 법민(춘추의 아들, 문무왕)을 통해 당(唐) 고종에게 바쳤다. 그리고 왕 5년(서기 651년)에는 춘추의 아들인 김인문을 당(唐)에 보내 조공하고 숙위했다.

[103] 『삼국유사』, 〈진덕왕〉 조에 의하면 진덕여왕 대에 알천공, 임종공, 술종공, 무림공, 염장공, 유신공이 나라 일을 의논할 때 알천공이 윗자리에 앉았으나 유신공의 위엄에 복종했다고 했다. 또한 『삼국사기』 신라 본기에서는 신하들이 알천에게 임금을 대신해 정사를 맡도록 했으나 그가 사양하여 춘추가 즉위하게 되었다. 결국 신하들이 알천을 천거했으나 유신의 힘으로 춘추가 즉위했다고 볼 수 있다.

[104] 태종무열왕 2년(서기 655년) 10월에 왕은 딸인 지조(智照)를 김유신에게 시집보냈는데 이미 유신의 누이동생이 춘추의 아내가 되어 후에 문무왕이 된 법민을 낳았다.

년(서기 661년) 고구려 침입 중 백제 회복군과 대결〉, 〈문무왕 2년 고구려 침입한 당(唐) 소정방에게 양식 전달〉, 〈문무왕 3년 백제 회복군의 반란 중 임존성만 평정 못함〉 등과 같은 사실을 근거로 "김유신의 백제 도비천성 함락과 백제 이변, 백제인의 종이 된 신라인 조미압과 소통, 백제 멸망과 당(唐)의 신라 침입 계획, 백제회복군의 반란과 고구려의 북한산성 포위 위기, 김유신의 고구려 첩자 확인, 신라와 당(唐) 고종의 고구려 침입 계획과 백제 회복군 반란, 고구려 침입한 당(唐) 소정방에게 양식 전달, 백제 회복군의 반란과 유일하게 평정 못한 임존성" 등이 대화체 형식으로 확장되었다.

특히 성골 왕조의 한계와 획기적인 변혁(태종무열왕)이 김유신의 영웅적 위업과 병행되었으나 연합한 신라(김유신)와 당(소정방)의 목적이 달라서 한계도 노출되었다. 때문에 보다 많은 인명이 희생되고 정신적 혼란도 가중되었다. 그럼에도 인간 한계를 극복한 신화(神話)적 과업이 피와 땀으로 얼룩진 치열한 현장에서 상, 하 일체된 희생정신과 호국 주체적 의지로 실현된 의의는 실로 크다. 아울러 임존성의 실패는 인간 영웅(김유신)이 당면한 불가피한 현실(노쇠)이기도 했다.

끝으로 김유신 하권(3권)은 백제 회복군들이 항거한 문무왕 4년(서기 664년)부터 혜공왕 15년(서기 779년)[105]까지 총 115년 동안의 상황이 서술되었다. 그러나 흥무대왕으로 봉해진 흥덕왕(42대, 서기 826년-836년) 대까지 포함하면 그 이상(총172년)이 된다.

역사적으로 고구려 멸망에 이어 당(唐)까지 축출하고 거듭난 통일 신라(신문왕)가 태평성대(성덕왕)를 지나 춘추무열왕계 마지막 왕조(혜공왕)까지 이어진 상황이 김유신 말년(70세-79세)과 후손들의 행적과 병행되었다.

우선 서두(문무왕 4년)는 백제(사비성) 반란을 물리친 김유신의 책략을 통해 웅진도독(당)보다 우세한 김유신과 신라 위상이 부각되었다. 그러나 본

---

105) 『삼국유사』 〈미추왕 죽엽군〉의 내용 일부가 서술되었다.

기에서는 김유신(문무왕 4년)이 벼슬(70세)에서 물러나기를 청한 후 웅진 도독 군사들이 물리쳤다. 그리고 자손(맏아들 삼광)들을 통해 후대(후손) 상황이 함축, 개방됨에 따라 김유신의 실천적 업적보다 지론과 말씀 등 정신적 상황이 구성되었다.

곧 고구려 정벌에 불참하고 그 멸망 사실이 생략된 대신 고구려 정벌에 나선 흠순과 인문에게 그의 "장수론"[106]이 설파되었다. 아울러 고구려로 향했던 문무왕의 귀환 도중 남한주에서 김유신 조상(조부 무력과 아버지 서현)의 업적을 상기하며 김유신 가계의 위업을 되새긴 내용은 김유신 중심임에도 파격적이다.

또한 당(唐)과 대결 중 향년 79세로 영웅적 일생을 마친 김유신(문문왕 13년, 서기 673년 7월 1일)이 당시 본격적인 대결을 앞두고 신라 사직을 지켜야 할 방도를 직설했다. 당시 신라와 당(唐)의 대결[107]을 상기할 때 기벌포(왕 16년, 서기 676년11월)에서 이들을 완전히 물리쳐야 할 당위성이 강조된 충간이었다. 결국 시간 파기로 위기 타파가 강조된 김유신의 충간은 기존의 신념과 상, 하 일체된 호국 주체 정신과 희생정신을 일깨우고 결속력이 강국된 정신적 다짐이었다고 볼 수 있다.[108]

종합하면 〈문무왕 4년(서기 664년) 백제 회복군의 사비성 반란〉, 〈왕 6년 유신의 맏아들 삼광의 당(唐) 숙위〉, 〈문무왕 8년 고구려 멸망〉, 〈문무왕 12

---

106) 본기는 "풍병"으로 불참했으나 열전은 왕의 배려로 불참한 상황이 서술되었다.
107) 문무왕 11년 백제와 웅진 남쪽에서 싸우다 당주인 부과가 전사했다. 그리고 이듬해는 정월, 2월, 8월 등 당과의 대결이 확산되어 마침내 석문의 들에서 크게 패했다.
108) 문무왕 15년 말갈이 아달성에 들어와 위협하고 약탈했을 때 성주인 소나가 전사했으며, 당(唐)군이 거란과 말갈군과 와서 칠중성을 포위했을 때 이기지 못하고 유동이 전사했다. 또한 말갈이 적목성을 포위해 물리쳤으나 현령인 탈기가 전사했으며, 당(唐)군이 석현성을 포위해 함락되었을 때 현령인 선백과 실모 등이 전사했다. 이와 같이 당(唐)군과 크고 작은 18번의 싸움에서 모두 이기고 6천 47명을 베었으며 200필의 말을 얻었다. 이어 왕 16년(서기 676년) 7월 당(唐)군이 도림성을 함락해 현령인 거시지가 전사했다. 그리고 11월에는 사찬인 시득이 병선을 거느리고 설인귀와 기벌포에서 싸우다 패했다. 결국 크고 작은 22번의 싸움에서 이들을 이기고 4천여 명을 베었다.

년 당(唐)과 석문의 들 대결〉, 〈문무왕 13년 김유신 죽음〉, 〈문무왕 15년(서기 675년) 당(唐)과 매소천성 싸움의 승리〉, 〈성덕왕 24년 김유신 맏손자 윤중〉, 〈혜공왕 15년4월 유신의 무덤에서 나온 탄식과 회오리 바람〉 등의 단편 사실을 근거로 "김유신의 책략, 고구려 멸망 전 김유신의 장수론, 고구려 멸망 후 문무왕의 김유신 가계 회상과 태대서발한 하사, 그리고 당(唐)의 표창, 김유신의 군주론과 김유신 죽음, 당(唐)과 석문의 들 대결과 원술의 패함, 지소부인과 자손들, 매소천성 싸움과 원술의 승리, 성덕왕의 맏손자 총애와 왕족들의 시기, 윤중의 당(唐)군 원조, 윤중의 서손 김암의 행적과 김유신의 무덤 속 감응" 등이 확장, 구성되었다.

결론적으로 신라 존망의 위기가 삼국 통일로 변환되기까지 역전과 역설로 점철된 과정은 고유 사상과 불교 의식과 유교 사상을 바탕으로 김유신의 도전적인 책략과 호국 희생정신과 일체된 화랑과 백성들의 역동적 기운과 실천 의지 등이 이룬 승리였다. 특히 김유신의 신념(인의정신)과 호국 의지(장수론, 군신론, 군주론)는 "화합(소통)과 순환(흥망성쇠)"의 가치관에서 비롯되었으나 인간(대화)과 세계(변화)의 한계 등이 새로운 역사 창출로 구현된 점에서 보다 초월적이다.

30관창: 관창은 김유신과 계백의 대결이 치열했던 황산벌 싸움(태종무열왕 7년7월10일)에서 화랑 정신을 실천한 대표적 인물이다. 특히 권세 있는 명장들의 후손들이 앞장 서 실천한 호국 희생정신은 백성들의 귀감이 되어 공동체적 일체감을 이끈 원동력이 되었다.

당시 대장군인 아버지와 부장인 아들이 함께 출정한 모습은 과거 무은과 귀산, 서현과 김유신을 비롯해 품일과 관창, 흠순과 반굴, 김유신과 삼광[109] 등으로 이어졌다.[110] 그 외 찬덕과 해론, 소나와 심나도 부자 관계이

---

[109] 문무왕 8년(서기 668년) 김유신이 고구려를 치기 위해 대당대총관으로 서울에서 출발했으나 풍병 때문에 서울에 머물렀고 아들인 삼광은 당(唐)에서 숙위하던 중 유인궤와 같

며 가계를 알 수 없는 비령자도 아들인 거진과 종인 합절이 김유신 휘하에서 앞장 서 사기를 돋우고 전사했다. 이밖에 김영윤과 반굴(흠순아들) 삼대와 지배층인 김춘추(태종무열왕)와 법민(문무왕), 김인문 부자가 즉위 전부터 국내외적으로 활약했으며 일반 백성으로는 취도 삼형제가 있다.

결국 상, 하층을 불문하고 부자에 이어 손자까지 대대로 이어진 역사 과정에서 종적으로 계승된 이들의 재능과 용맹성 그리고 횡적으로 결속된 형제(법민과 김인문/김유신과 흠순/취도 삼형제/삼광과 원술)들의 혈연적 유대감과 민족 공동체적 의식은 막강한 힘이 되었다고 할 수 있다. 곧 싸움에 "이기고 지는 것이 군사의 수가 많고 적음에 있는 것이 아니고 그 사람들의 마음에 달려 있다."[111]고 한 바는 이들의 정신적 유대감과 확고한 신념이 승리의 장력(張力)이 되었음을 뜻한다.

32필부: 필부는 칠중성 현령으로 백제와 고구려와 말갈이 가까워졌을 때 이를 막기 위해 태종무열왕이 구한 "충성스럽고 용맹스러우며 재주 있는 인재" 중 하나였다.

곧 백제 멸망 후 이들의 나라 회복을 위한 저항이 그치지 않았을 때 고구려(10월)[112]가 칠중성을 침입해 20여일을 포위했다. 그러나 성 안의 비삽(대내마, 10급)이 적과 내응해 양식이 모자라고 힘이 다한 성안의 사정을 알려 패했다.

이 고구려로 향했다.
110) 이와 같은 부자(父子) 관계는 고구려의 연개소문과 남생, 후백제의 견훤과 신검 등에서도 그 담력과 용맹스러움을 볼 수 있으나 신라에서는 일반 백성들에서도 볼 수 있다.
111) 이 말은 때마다 다양하게 쓰였다. 곧 김유신과 계백은 열전에서 적은 군사이나 각기 기운을 다해 힘쓸 것을 강조했으며, 보장왕 27년(서기 668년)에 침입한 설인귀(본기)는 승리가 용병술에 달렸음을 의미했다.
112) 신라 본기에서는 11월 1일 칠중성을 포위했다고 했으나 고구려에서는 이미 10월 말일 즈음부터 출발했다고 볼 수 있다. 또한 이때 당(唐) 장수들이 세 길로 나누어 고구려(보장왕 19년, 서기 660년 11월)를 침입했다.

당시 신라는 백제 회복군의 저항과 고구려의 침입이 지속되어 군사들이 지치고 피로했다.113) 그럼에도 대부분 나라를 지키기 위해 처자를 돌보지 않고 싸웠으나 적과 내통한 사람도 있었음을 알 수 있다. 이는 과거("죽죽")에도 경험한 바 이어서 외세 침입도 위협적이나 내분은 더 위험한 망국적 요인임이 통일 과업 시초에 다시 환기되었다.

33열기: 열기는 당(唐) 소정방이 고구려(보장왕 20년, 서기 661년 8월) 평양성을 포위한 후 양식이 수송되지 않은 위기에 처했을 때 김유신 등과 양식을 전달했다.

즉 당(唐) 고종은 문무왕 즉위 후 곧(6월) 김인문 등을 보내 고구려를 칠 군사를 내어 소정방과 호응할 것을 명했다. 이에 왕이 김유신 등 24명의 장군들을 거느리고 시이곡정(8월)에 이르렀다. 그러나 백제 회복군들이 옹산성에서 길을 막아 이들과 대결한 사이 평양의 소정방 군은 양식 때문에 위급해졌다.

따라서 열기는 이듬해(왕 2년) 정월 고구려의 공격을 무릅쓰고 김유신, 김인문 등 9명의 장군들과 2천여 수레에 쌀 4천섬과 벼 2만 2천여 섬을 싣고 평양으로 향했다. 당시 눈보라와 강추위로 사람들과 말이 많이 얼어 죽었으나 2월 1일 장새114)에 도착했다.

먼저 열기(보기감) 등이 당(唐) 진영으로 가 도착을 알리고, 6일에는 양도 등을 보내 군량과 물자를 보냈다. 아울러 소정방에게 은 5천7백푼, 세포 30필, 머리털 30냥, 우황 19냥을 선물했다. 그러나 소정방이 이를 받고 곧 귀환했기 때문에 열기와 김유신 등도 되돌아왔는데 도중에 뒤쫓던 고구려 군사 1만 명을 베고 병장기 만점을 얻어 돌아왔다.

---

113) 본기에서 백제 멸망 후인 왕 8년(서기 661년) 5월 고구려 장군 뇌음신이 침입했다. 이때 북한산성 성주인 동타천은 "양식이 떨어지고 힘이 지쳐서" 하늘에 빌었으며, "김유신"의 군사들이 문무왕 3년(서기 663년) 임존성을 쳤으나 30일이 되어도 항복하지 않자 군사들이 "피로하고 괴로워해서" 마침내 돌아왔다.
114) 본기에는 "평양에서 3만6천보되는 거리"로 열전에서는 "3만여보"로 서술되었다.

그 후 열기의 공로를 특별히 치하하며 김유신이 왕에게 벼슬 올려주기를 청했는데 가계와 성씨를 알 수 없는 그가 사찬(8급) 벼슬을 받았다. 그리고 함께 간 구근은 나라에서 "국사(國士)"로 대했다.

결국 양식 수송 사실은 이외에도 "본기", "김유신", "설인귀의 편지에 답한 문무왕의 글", 그리고 "김인문" 등에 반복 서술되어 국내외적으로 중대한 업적이었음을 환기 했다. 그럼에도 김유신 아들들(삼광, 원정공)이 이를 외면한 행위는 통일 과업에 대한 신, 구세대의 인식 차이를 알 수 있다.

아울러 신라 최상층이며 통일 과업의 핵심 인물(김유신, 김인문)들이 위험을 무릅쓰고 실행한 막중한 임무와 정성에도 불구하고 그 많은 군량을 얻고 곧 귀환한 소정방 군의 일방적 행위에 대한 의문도 투영되었다.115)

35김인문: 당(唐)에서 숙위(23세, 진덕왕 5년, 서기 651년)하며 통일 과업에 힘쓴 후 보국대장군 상주국 임해군공(신문왕 10년, 서기 690년)이 된 김인문(태종대왕 둘째아들)은 나당(羅唐) 외교 관계를 수립한 외교가로 문무를 겸비한 통일 과업 수훈자이다. 그러나 나당(羅唐) 대립 때 문무왕 대신 관작을 받고 귀국했던 한계도 없지 않다.

즉 신라는 문무왕 6년 고구려 연개소문이 세상을 떠나자 고구려를 치기 위해 당(唐)에 군사를 청했다. 이어 당(唐) 고종은 문무왕 8년(서기 668년, 보장왕 27년) 정월 고구려를 다시 치기 위해 유인궤를 요동도 부대총관으로 삼고 김인문을 부관116)으로 삼았는데 그 해 2월 이적 등이 부여성을 함락했다.

---

115) 신라 본기에서 당시 소정방이 김유신 부하의 죄를 추궁하자 그의 부하가 그의 발등을 밟으며 "신라 병장들이 변란을 일으킬 것입니다."라고 하여 그 죄를 묻지 않았다. 이와 같은 관계는 "김유신 중"(열전)에서도 암시되었는데 백제 멸망(태종무열왕 7년) 당시 김유신을 제압하려던 소정방과 이에 주체적으로 맞선 김유신의 팽팽한 관계는 시초부터 양국의 목적과 의도가 달랐기 때문인데 그 후 당(唐)의 신라 침입으로 표면화되었다.

116) 고구려 본기에는 정월에 부관으로 삼아 고구려를 쳤으며, 신라본기에는 6월에 유인궤가 김삼광과 당항진에 이르자 김인문에게 중대한 의식으로 이들을 맞게 했다. 또한 열전에서는 인문을 보내 군사를 모으게 했다고 서술되었다. 즉 수행한 임무들이 각국의 관점에 따라 다르거나 혹은 내용에 따라 본기와 열전에 나누어 서술되었다.

그러나 열전에서는 당(唐) 고종이 영국공 이적에게 고구려를 치게 하면서 인문을 보내 군사를 모으도록 했다. 이에 문무왕(왕 8년6월)이 북한산성에 머물면서 인문에게 20만 명을 내어 당(唐) 군사들과 평양을 치게 했다.

결국 그 해 9월 이적이 고구려(보장왕 27년) 평양성을 함락하고 200리를 추격해 욕이성을 함락한 후 여러 성들이 잇따라 항복했다. 이에 왕은 평양성이 포위된 지 한 달만에 수령 98명을 거느리고 항복했다. 그럼에도 천남건(연개소문 둘째아들)이 성문을 막아 지키며 대항했으나 군사를 맡은 신성(중)이 당(唐)과 내응해 결국 패했다.

이 때 국내외적으로 큰 공을 세운 인문은 문무왕과 당(唐) 고종에게 관작과 식읍을 받고 당(唐)에서 계속 숙위했다.[117]

그러나 그 후 신라가 고구려 반란 무리들을 받아들이고 백제의 옛 땅을 차지했다는 이유로 당(唐)과 대립하게 되었다. 곧 당(唐) 고종이 유인궤를 보내 침입하고 왕(문무왕 14년, 서기 674년)의 관작을 빼앗았다. 이에 앞서 왕은 백제가 당(唐) 군사를 청해 침입한 상황을 당(唐) 고종에게 알리지 않고 물리친 것을 사죄하기 위해 170명의 군사를 보내고 겸하여 많은 공물을 바쳤다. 즉 은 3만3천5백 푼, 구리 3만3천 푼, 바늘 4백 개, 우황 1백20푼, 금 1백20푼, 40승 베 6필, 30승 베 60필 등을 보냈다. 그리고 신라는 이 해 곡식이 귀해 사람들이 굶주렸다.

이어 김유신(왕 13년, 서기 673년7월1일)이 세상을 떠났다. 또한 대토(아찬)가 반란을 도모하고 당(唐)에 붙으려 하다 참형되었다. 때문에 왕은 당(唐) 침입에 대비해 사열산성(8월)을 늘여 쌓고 국원성(9월) 등 여덟 성을 쌓았으며, 1백척의 병선으로 서해를 지켰다. 그리고 침입한 당(唐)과 말갈과 거란 등을 9번의 싸움 끝에 물리쳤다. 이에 당(唐) 고종은 그 이듬해(문무왕 14년, 서기 674년) 왕의 관작을 빼앗았다.

---

117) 본기에 의하면 문무왕은 당시 고구려 평양으로 향했으나 도중에 당(唐) 장수들이 이미 돌아갔다는 소식을 듣고 되돌아왔으며, 도중에 왕(10월 22일)이 김유신에게는 태대각간을 그리고 김인문에게는 대각간을 내렸다. 그리고 사로잡은 고구려인 7천 명을 거느리고 서울(11월 5일)에 돌아왔다. 그러나 당(唐)으로 간 "김인문"은 이 부분이 생략되고 "김유신"은 이 부분이 상술되었다.

대신 왕의 아우인 김인문을 왕으로 세워 보내고 나아가 유인궤 등을 보내 신라를 침입했다. 결국 문무왕(왕 15년, 서기 675년)이 다시 사신을 보내 사죄하고 공물을 바쳐 관작을 회복한 때문에 김인문은 중도에 돌아가 임해군공에 봉해졌다. 말하자면 김인문은 신라와 당(唐) 사이를 오가며 화친 관계를 유지, 발전시키고 백제와 고구려 멸망에 헌신했으나 한편으로는 나당(羅唐) 양국이 대립된 상황에서 신라왕으로 세워진 인물이기도 했다.

종합하면 신라는 당(唐)과의 대립에 사죄하면서 다른 한편으로는 주체정신으로 맞선 격변기 혼란을 결집된 민족적 역량으로 극복했다. 곧 기존의 모든 체제와 관계가 거듭 와해되고 전도, 쇄신된 후 다시 세워진 "통일 신라"였다.

바로 그 중심에서 신라와 당(唐)을 일곱 번 오가며 교량 역할을 수행한 김인문은 국내 위급한 상황을 국제적으로 알리고, 여러 요인이 복합된 세계 상황과 연계된 신라 존망의 위기를 통일 과업으로 전도시킨 핵심 인물이었다.118) 그러나 당(唐)에서 생의 2/3를 숙위하며 보낸 상황 때문에 양면적 인물이기도 하다.

그가 당(唐) 서울에서 66세(32대효소왕 3년, 서기 694년)로 세상을 떠나기까지 당(唐)의 진군 대장군과 행우무위위 대장군(문무왕 19년, 서기 679년)을 거쳐 보국대장군 상주국 임해군 개국공 좌우림장군(신문왕 10년, 서기 690년)이 되었으나 사후 효소왕(왕 4년)이 그를 맞아 태대각간을 추증하고 경서원에 장사지냈다.

36강수: 강수는 태종무열왕과 문무왕의 통일 과업에 문장(외교문서)으로

---

118) "김인문"은 끝 부분에 "양도"에 관한 내용이 한 줄 덧붙여진 특징이 있다.
　　본기에서 이들은 평양으로 군량을 운반(문무왕 2년, 서기 662년)하고 고구려 정벌 (왕 8년, 서기 668년)에도 동행했다. 아울러 양도가 당(唐)에 오간 여섯 번의 횟수를 볼 때 김인문의 측근에서 보좌한 인물로 추측된다. 특히 본기에서 양도가 김유신의 아우인 흠순과 함께 사죄사(왕 9년, 서기 669년)로 갔는데 김흠순의 통역 겸 동반되었다고 볼 수 있다. 그러나 흠순은 이듬해(서기 670년) 귀환한 반면 양도는 감옥에서 죽었다고 했으며, "김인문"(열전)에서는 서경에서 죽었다고 했다.

기여한 인물이다.

　일찍이 그의 어머니가 꿈에 뿔 있는 이를 보고 낳았는데 그의 아버지가 어진 이에게 물으니 범, 뱀, 소, 말과 같았던 옛 성현들처럼 그가 비범한 인물임을 예시했다. 그 후 효경, 곡례, 이아, 문선 등을 읽고 유학을 배워 빼어난 문장가가 되었는데 그의 머리뼈를 본 태종무열왕이 "강수(强首)"로 이름 지었다. 그리고 관직을 두루 거치며 신라 유학의 대두(擡頭)가 되었다.

　곧 태종무열왕 대 당(唐) 조서를 풀어 설명하고 사례 글 등을 극진히 표명한 외교 문서로 당(唐)과 우호 관계를 증진시켰으며, 당(唐)과 대립되었을 때(문무왕 11년, 서기 671년)도 "글"로 소통했다. 따라서 문무왕이 양국이 평정된 것은 무사들의 공적 뿐 아니라 문장가(강수)의 공도 적지 않았다고 보았다.[119]

　한편 부모가 그의 배필이 신분 낮은 대장간 집 딸임을 문제 삼자 강수(열전)는 가난과 낮은 신분은 부끄러운 것이 아니고 도리를 배우고 실행하지 않는 것이 부끄럽다고 하여 신분 체제에 대한 인식 변화와 도의 실천을 강조했다. 그러나 신문왕 대 그가 죽은 후 내려진 부의가 아내를 통해 부처 공양에 돌려짐으로써 유학과 불교가 혼용된 사회상도 반영되었다.

　결국 통일 과업을 근거로 부모, 부자, 부부 관계 등 개인적 행적이 삼 왕조(태종무열왕, 문무왕, 신문왕)와 교차, 병행된 가운데 삼국에서 통일 왕조로 전환된 과도적 혼란상이 고유신앙, 유교(삼강오륜사상), 불교 등 사상적 변화와 복합되었음을 알 수 있다.[120]

　37소나: 소나는 당(唐)이 말갈과 거란 군사들과 함께 침입(문무왕 15년, 서기 675년)했을 때 아달성에서 이들을 물리치다 전사했으나 통일 과업 시초(아버지심나)부터 마무리(문무왕 16년, 서기 676년)까지 총체적으로 구성되었다.

---

119) 열전에서 태종무열왕이 해마다 신성의 벼 100석을 내렸는데 본기는 문무왕 13년(서기 673년)에 사찬 벼슬과 벼 200석을 해마다 내렸다고 했다.
120) 이우경, 『한국 산문의 형식과 실제』, 집문당, 2004, 151-154면.

특히 그의 아버지(심나)는 백제와 경계 지역인 사산 사람으로 선덕여왕 대 백제 침입을 물리친 용장이었다. 따라서 과거 백제 침입의 혼란기(서기 634년-647년)[121]부터 당(唐) 축출(서기 675년-676년)까지 40여 년 이상 지속된 통일 과업이 이들 부자를 통해 대변되었다. 아울러 그의 아내가 소나의 장부(丈夫)의 뜻을 되새김으로써 남녀(부부), 노소(부자) 일체된 호국 희생정신과 주체정신이 삼국 통일의 근본 정신임을 함축했다.

결국 당(唐)과 몇 십번 대결한 동안 희생된 유동, 탈기, 선백, 실모 등을 대표한 소나는 과거 선덕왕 대 백제를 물리친 선조들(아버지)의 용맹성을 이은 후손(아들)임을 다시 한 번 재확인 했다. 곧 주체적 통일 과업(문무왕)의 역사적 의의(부자)와 민족 공동체적 역량 등 그 본질적 의의(부부)가 총체적으로 함축되었다.[122]

나. 고구려 인물

28연개소문: 영류왕 대 장성의 역사(役事)를 감독한 연개소문은 영류왕을 해치고 보장왕을 세운 후 수 십 년 동안 당(唐) 태종의 침입을 막아 지킨 고구려 명장이다.

본기에 의하면 수(隋) 침입을 물리친 영양왕(서기 590년-618년)을 이은 영류왕은 수(隋) 이후 일어난 당(唐) 고조(서기 618년-626년)와 즉위 초(왕 2년)부터 거의 해마다 사신을 교환하며 화친 관계(왕 4년, 5, 6, 7, 8, 9, 11, 12, 14, 23, 24, 25년)를 유지했다.

그러나 고구려가 당(唐)으로 가는 길을 막고 침입한다는 신라(진평왕 47년7월)[123]의

---

121) 열전에서 인평(서기 634년-647년) 대는 특히 선덕왕 11년(서기 642년) 백제 의자왕이 침입해 40여성을 빼앗고 이어 대야성을 쳤다. 그리고 왕 14년(서기 645년) 백제가 7성을 빼앗았다.
122) 백제 멸망(태종무열왕 7년, 서기 660년) 이후 16년 만에 고구려, 당(唐)을 물리치고 삼국 통일(문무왕 16년, 서기 676년)을 이룬 문무왕은 그 후(왕 20년) 고구려 안승을 보덕왕으로 삼아 신라 왕실과 혼인 관계를 맺었다. 그리고 가야군에 금관 소경을 설치하는 등 국방과 민족 통합에 힘쓰던 중 왕 21년(서기 681년) 유조(遺詔)를 남기고 세상을 떠났다.
123) 신라 본기에 진평왕 48년7월 당(唐) 고조가 주자사를 보내 고구려와 화친한 것을 타일

호소로 영류왕이 당(唐)에 사죄했다. 또한 당(唐) 태종에게 고구려(왕 11년, 서기 628년) 국경 지도(봉역도)를 올린 13년 후 당(唐) 태종(영류왕 24년)은 진대덕을 보내 고구려 곳곳을 살피며 그 허실을 엿보았다.

따라서 연개소문은 당(唐)과 유화적인 영류왕(왕 25년, 서기 642년, 선덕왕 11년10월)을 해치고 당(唐) 태종과 강경하게 대립했다.

그 사이 강성해진 백제(의자왕 2년, 서기 642년, 선덕왕 11년)는 신라의 40여성을 함락하고 대야성도 함락했다. 이에 김춘추가 고구려(보장왕 원년, 선덕왕 11년)에 구원을 청했으나 오히려 영토 반환을 요구하며 가두었다. 이듬해는 고구려(보장왕 2년, 선덕왕 12년9월)124)가 백제와 연합해 당(唐)으로 가는 길을 끊으려 하므로 신라는 다시 당(唐) 태종에게 호소했다.

이에 당(唐) 태종이 고구려에 서로 화친할 것을 권했으나 연개소문(보장왕 3년, 서기 644년, 선덕왕 13년)은 "수(隋) 침입 때 신라에 빼앗긴 500리 성읍" 때문에 대결이 불가피함을 말했다. 이때 당(唐)의 이현장(사농승상)은 "요동이 본래 중국 땅"이었음을 비추어 각국의 이해 관계가 영토 회복 의지로 복잡하게 연계되었음을 의미했다.

결국 고구려에 보낸 "당(唐) 사신을 가두고 위협"125)했기 때문에 당(唐)의 고구려 침입(선덕왕 14년, 서기 645년, 보장왕 4년)이 단행되었는데, 신라는 이때 3만 명의 군사를 내어 당(唐)을 도왔으나 연개소문이 이들을 물리쳤다.

곧 당(唐)은 앞서(보장왕 3년) 400척의 배에 군량을 싣고 거란, 해, 말갈의 군사를 거느리고 먼저 요동을 치기 위해 4만3천 명의 군사와 500척의 배를 평양으로 향하게 했다. 특히 보병과 기병 6만 명과 항복한 오랑캐 군사들을 요동으로 보내면서 신라, 백제, 해, 거란 등을 포함한 모든 군사들에게 길을 나누어 향하도록 했다. 그리고 이듬

렀다. 이해(영류왕 9년, 서기 626년) 당(唐) 태종(서기 626년-649년)이 즉위했다.
124) 신라 본기에는 이 사실이 선덕왕 11년(서기 642년)에 서술되었다. 즉 선덕왕 11년(서기 642년) 7월 백제의 침입을 8월에 당(唐) 태종에게 알렸다. 이때 1년의 차이는 두 번의 다른 침입을 나라별로 구분했을 수도 있으나 신라는 침입한 해를 고구려는 사신 도착 후 알린 때를 서술했다고도 볼 수 있다.
125) 이 내용은 열전 "연개소문"에 서술되었다.

해(왕 4년, 서기 645년) 당(唐) 태종이 친히 출정했다.

이들이 개모성, 비사성, 요동성, 백암성, 주필산126) 등을 함락하는 동안 양쪽의 군사와 말이 많이 희생되었다. 그러나 안시성을 물리치지 못한 채 큰 공적 없이 귀환한 당(唐) 태종은 이를 크게 후회했다.127)

그 후 이세적의 군사 1만여 명이 다시 침입(보장왕 6년, 서기 647년)해 서로 100여 차례 싸웠으며, 이듬해는 3천 명의 군사가 바다를 건너오고 4월에는 보병과 기병 5천 명이 침입했다. 또한 고구려 박작성이 포위되었을 때 고구려 군사 3만 명이 와 구했으나 패했다.

이에 당(唐) 태종은 고구려가 곤궁하고 피폐해진 것을 알고 다음해 30만 명을 거느리고 한 번에 멸망시킬 계획이었으나 이듬해(왕 8년, 서기 649년, 진덕왕 3년) 4월 세상을 떠나 요동 싸움도 그치게 되었다. 그러나 당(唐) 태종의 집념은 당(唐) 고종에게 이어졌다. 이와 같은 대결이 반복 지속된 사이 갈등 관계가 보다 고조되었으나 이를 물리친 중심 인물이 바로 연개소문이었다.

한편 신라(진덕왕 2년, 서기 648년)는 백제 침입을 막을 당(唐) 태종의 구원병이 당(唐) 태종의 죽음(보장왕 8년, 서기 649년4월)으로 무산되자 당(唐) 고종과의 화친 관계(진덕왕 4년, 서기 650년6월)에 보다 주력했다.

특히 김춘추의 외교적 활약128)과 김유신129)의 무력(진덕왕 4년, 서기 650년)에 힘입어 승전보(勝戰譜)를 당(唐)에 전한 후 진골의 위상130)도 크게 높아졌다. 또한 중국 복장과 의관(진덕왕 3년)을 따르고 중국 연호를 시행(왕 4년)했으며, 이듬해(왕 5년, 서기 651년)는 김인문이 당(唐)에 숙위하는 등 중국과의 관계 개선에 보다 힘썼다.131) 그리고

---

126) 이때 상황을 본기에 명시되지 않은 "설계두"를 통해 함축했다.
127) 당(唐)은 고구려가 산에 의지해 성을 만들었기 때문에 함락하기 어려움을 알고 그 후 일부의 군대를 자주 보내 피로하게 만든 후 점점 인심이 떠나면 함락할 것을 계획했다.
128) 진덕왕 2년(서기 648년) 정월과 겨울에 당(唐)에 사신을 보냈으며, 겨울에는 한질허 뿐 아니라 김춘추와 그 아들도 입조해 마침내 당(唐) 태종이 구원병을 보내기로 허락했다. 그러나 다음해(왕 3년, 서기 649년) 당(唐) 고종이 즉위했다.
129) 신라는 진덕왕 2년 3월 백제 의직이 10성을 함락했으나 김유신이 다시 빼앗았다. 그 이듬해 8월에는 백제 은상이 7성을 함락했으나 유신 등이 다시 되찾았다.
130) 본기에 진골로 벼슬 있는 이는 상아홀(笏)을 가지게 했다.
131) 신라(진덕왕 4년, 서기 650년)는 당(唐)에 승전보를 알리고, 법민(김춘추 맏아들, 문무

태종무열왕(서기 654년-661년, 진골왕조)이 즉위한 획기적인 변혁이 시도되었다. 그러나 격변기를 틈 탄 고구려, 백제, 말갈 3국이 즉위 시초(왕 2년, 서기 655년정월)에 신라의 33성을 함락했다. 이에 신라는 다시 당(唐)에 구원을 청했다.

이를 빌미로 당(唐) 고종은 보장왕 14년(서기 655년2월) 소정방을 보내 고구려를 쳤다. 5월에는 정명진이 요수를 건너 와 천여 명을 죽이고 성 둘레와 촌락에 불을 지르고 돌아갔다. 그리고 설인귀는 보장왕 17년(서기 658년, 태종무열왕 5년) 침입했으나 이기지 못하고 그 다음해(서기 659년) 다시 횡산을 침입하니 고구려가 패했다.

곧 당(唐) 고종(보장왕 14년, 서기 655년) 역시 신라 구원을 이유로 고구려 침입을 재개(보장왕 17년-왕 21년, 서기 658년-서기 662년)했으나 연개소문의 영웅적 활약 때문에 큰 성과는 없었다.

결국 신라(태종무열왕 6년, 서기 659년, 보장왕 18년)가 백제를 물리치기 위해 다시 당(唐)에 구원을 청하므로 마침내 나당(羅唐) 연합군(왕 7년, 서기 660년)이 백제를 멸망시켰다.

그리고 백제 멸망(서기 660년7월) 이후(보장왕 19년11월)부터 다음해(왕 20년) 정월과 4월 고구려는 당(唐)의 침입132)을 막았으며, 5월에는 말갈과 연합해 신라의 북한산성을 포위하기도 했다.133) 이어 8월에는 당(唐) 소정방이 평양성을 포위했으며 9월에는 연개소문이 당(唐) 침입을 막기 위해 남생(연개소문 맏아들)에게 압록강을 지키게 했으나 설필하력에게 패해 3만 명의 군사가 죽고 단신으로 돌아왔다. 반면 보장왕 21년(서기 662년, 문무왕 2년)에는 방효태

왕)을 통해 당(唐) 고종에게 태평송을 비단에 짜 보낸 후 해마다 사신을 보냈다.
132) 이때 당(唐) 고종이 군사를 크게 거느리고 나아가려 하자 이군구가 말렸다.
"고구려는 작은 나라인데 어찌 중국을 기울게 할 것까지 있습니까. 고구려가 멸망되어도 군사를 내어 지켜야할 텐데 조금 내면 위엄이 없고 많이 내면 사람들이 편안하지 못하며 수자리를 옮기느라 피로할 것입니다. 곧 정벌하는 것은 정벌하지 않은 것만 못하고 멸망하는 것은 멸망하지 않은 것만 못합니다."라고 했다.
133) 고구려가 북한산성을 20여일 포위했을 때 신라는 양식이 떨어지고 지친 상황이었다. 그때 마침 천둥과 벼락이 쳐 고구려 군사들이 물러났다. 이어 6월에 태종무열왕이 돌아가시고 문무왕이 즉위(서기 661년, 보장왕 20년)했으며, 그 달(6월) 당(唐)은 하남, 하북 등 67주의 군사를 모집하고 소정방을 평양도 행군총관으로 삼아 평양으로 나아갔다.

가 연개소문에게 패하자 평양을 포위했던 소정방도 성과 없이 물러났다. 곧 7세기 중반 이후 극렬해진 삼국 관계는 당(唐)뿐 아니라 왜(倭)까지 연계되어 한반도가 격전지로 변했다.

그러나 막강했던 연개소문(보장왕 25년, 서기 666년)이 죽은 후 막리지가 된 맏아들(남생)이 형제 간의 불화로 당(唐)에 붙어 고구려(보장왕 27년, 서기 668년, 문무왕 8년) 멸망에 동참한 대 반전이 일어났다.

결론적으로 연개소문의 주체적 위업에도 불구하고 열전에서 그 배경 역사가 "고구려 본기에 갖추어져 있다."라는 문구로 대체된 이유는 고구려와 당(唐) 그리고 신라와 당(唐) 외에 고려와 중국과의 관계까지 의식한 때문이라고 볼 수 있다. 더욱이 당시 상황 대부분이 당(唐) 태종의 관점에서 서술된 점도 그와 같은 맥락이 없지 않아서 그 본질적 위상과 의의는 지시된 사실과 다를 수 있다.

곧 나라를 막아 지킨 고구려 명장의 위업이 자국(고구려) 본기임에도 당(唐)의 관점에서 사납고(용감하고) 모진(강력한) 적국(고구려)의 방자하고 허탄한 이(명장 연개소문)로 역설되었으나 시점을 바로 하면 위협적인 적(당)에 대항한 용감하고 강력한 고구려 명장으로 도치, 회복될 수 있다.

다. 백제 인물

31계백: 계백은 백제 달솔로 김유신과 대결(의자왕 20년, 서기 660년7월9일) 당시 5천 명의 군사로 신라군 5만 명과 당(唐)군 13만 명의 대군을 물리치다 전사한 명장이다.

그는 김유신 등과 대결하기에 앞서 옛날 구천(춘추시대 월임금)이 5천 명의 군사로 오(吳)의 70만 명을 이겼듯이 기운을 다해 나라에 보답할 것을 당부했다.

계백은 황산의 들에서 김유신과 네 번이나 맞설 정도로 강했으나 마침내 반굴과 관창 등 화랑들의 호국 희생 정신과 일체된 신라 군사들의 의분과 패기에 패했다. 그럼에도 사로잡힌 어린 "관창"의 용감한 기개에 인간적 연민과 부러움을 느낀 품성은 인간 정신에서 비롯되었다고 할 수 있다.

곧 백제인 "계백"이 극한적 현장에서 적대 관계인 신라 "관창"을 인간적 감성으로 포용한 점은 정치적 한계에도 불구하고 인간 의식에 내재된 보편적 가치들이 서로 교차, 교류된 현황을 의미한다. 마치 신라인 "죽죽"과 백제인 "도미"가 인간 삶의 부정적 단면(남의 아내 빼앗기/침입)에도 불구하고 역사적으로 밀접하게 교차, 소통, 연계된 것처럼 편찬자(김부식)는 이들 개개인이 처한 시대 역사적, 정치적 한계에도 불구하고 인간 근원 정신 속에 내재된 원천적 가치들이 서로 교류, 소통, 교감될 수 있음을 함축했다.[134]

특히 백제와 신라의 대립은 지리적 관계로 건국 초부터 시작되었다.

일찍부터 발달한 백제에 비해 변방의 신라는 발전이 늦었으나 진흥왕 대 위업으로 부상했다. 그리고 백제 성왕(왕 32년, 서기 554년)이 신라군에 전사한 이후 양국의 갈등이 보다 표면화되었다. 그러나 다시 강성해진 백제 무왕과 의자왕(의자왕 11년, 진덕왕 5년, 서기 651년)이 빼앗긴 영토 회복을 위해 신라를 집중 공격하면서 신라는 국토가 줄고 위엄과 힘이 사라져 가는 현황을 당(唐)에 호소하여 백제가 침입한 성을 돌려주기를 원했다.

그러나 백제(의자왕 15년, 서기 655년, 태종무열왕 2년)는 고구려와 말갈과 연합해 신라의 33성을 빼앗고, 이어 왕 19년(서기 659년)에는 독산과 동잠 두 성을 침입했다.

---

[134] 지정학정 특성 때문에 백제와 신라는 일찍부터 충돌, 견제했으나 이로 인해 연합, 공존할 기회도 잦아서 함께 고구려에 대항하며 나라를 지켜왔다. 때문에 백성(내물왕 18년, 서기 373년, 근초고왕 28년)들은 훨씬 일찍부터 서로 넘나들며 공존해 왔던 점이 적지 않다. 곧 2대 다루왕 37년(서기 64년, 탈해왕 8년)부터 아산성을 두고 신라와 빼앗고, 빼앗기기를 거듭하며 서로 오갔으며, 3대 기루왕도 침입과 화친 관계가 빈번했다. 곧 대결이 잦은 만큼 이들이 혼융, 교류될 기회도 많았다. 4대 개루왕 38년(서기 165년, 아달라왕 12년)은 반역을 도모한 길선이 도망가기도 했으며, 5대 초고왕(왕 2년, 서기 167년, 아달라왕 14년) 7월에 신라 포로 1천 명을 잡아오자 아달라왕은 8월에 2만 명의 군사로 침입했다. 그 외 아신왕 8년(서기 399년)은 고된 역사(役事) 때문에 백성들이 신라로 달아났으며, 동성왕 13년(서기 491년)에는 굶주린 600가구가 신라로 도망했다. 그 외 동성왕 21년(서기 499년)은 굶주린 백성 2천 명이 고구려에 도망하기도 했다. 또한 김유신이 백제 멸망 전 소통한 조미압은 원래 신라인이나 백제에 잡혀 종이 된 인물로 이와 같은 예는 부지기수이다.

이에 신라(태종무열왕 6년)는 당(唐)에 다시 구원을 청했다.

반면 강력했던 의자왕(왕 16년, 서기 656년)은 그 후 술과 여자에 빠져 정도를 벗어났으며, 충언한 좌평 성충을 옥에 가둔 후로 감히 말하는 이가 없었다.

결국 계백 장군이 요충지인 백강(기벌포)과 탄현을 지난 신라와 당(唐) 군사들에게 패하고 이어 소정방이 웅진성에 이르자 왕(7월18일)이 성충의 충간을 듣지 않은 것을 탄식하고 후회하며 항복했다. 그리고 소정방(9월3일)은 왕, 태자 효, 왕자 태, 융, 연과 대신들 그리고 장수와 군사 등 88명과 백성 1만2천8백7명을 당(唐) 서울로 보냈다. 그럼에도 자신의 나라를 지키기 위해 호국 희생정신으로 나아가 전사한 계백의 호국 충절은 신라 화랑들과 크게 다르지 않았다.

34흑치상지: 흑치상지는 백제의 달솔로 백제가 신라와 당(唐) 연합군에 항복(의자왕 20년, 서기 660년7월18일)한 후 나라 회복을 위해 강력히 대항하며 임존성을 지킨 명장이다. 그러나 권력층의 내분으로 세력이 분산되자 당(唐)에 회유되어 마침내 공헌했으나 마침내 참언으로 희생되었다.

처음에 "흑치상지"는 나당(羅唐) 연합군에 항복했으나 소정방이 왕을 가두고 그 군사들이 약탈하자 우두머리 10여 명과 함께 임존성으로 달아나 3만여 명을 모았다. 그 후 200여성을 되찾고 나당(羅唐) 군사들이 일시에 물리칠 수 없을 정도로 강력했으나 세력이 커지면서 주도권 쟁탈이 일어나 분산되었다.

그 배경 상황(본기)을 요약하면 먼저 패망 후 복신(29대무왕 조카)이 도침(중)과 나라 회복을 위해 주류성에 웅거하며 강력히 대항했다.

이들은 왜국에 볼모로 간 옛 왕자 부여풍을 맞아 왕으로 세우고 서북부 군사들과 함께 유인원을 포위하기도 했다. 이에 신라는 당(唐)에서 보낸 유인궤와 합세해 유인원을 구했는데 당시 달아나던 백제인 1만여 명이 전사했다. 그러나 이들(용삭원년, 서기 661년3월)[135]이 임존성으로 물러나 대항하므로 신라인들은 양식이 다해 물러났다.

한편 도침은 스스로 영동장군이라 칭하고, 복신은 상잠장군이라고 하며 무리를 모아 세력을 키운 후 도침을 죽이고 그 무리를 아울렀다. 그럼에도 부여풍은 이들을 다스릴 수 없었다. 따라서 인원과 인궤가 복신의 남은 무리를 크게 물리치고 지라성, 윤성, 대산책, 사정책 등도 함락(용삭2년, 서기 662년7월)136)한 후 군사를 두어 지키게 했다. 이에 복신은 요충지인 진현성에서 다시 군사를 더해 지키면서 부여풍을 죽이고 권세를 잡으려 했다. 그러나 이를 안 부여풍이 오히려 그를 죽이고 왜에 군사를 청해 당(唐)군에 대항하려고 했다.

그러나 문무왕, 유인원, 손인사 등이 육군을 거느리고 유인궤, 두상, 부여융 등은 수군을 거느리고 백강에서 왜인을 물리쳤다. 그리고 동시에 주류성으로 나아가니 부여풍은 달아나고 왕자인 부여충승과 왜인들이 모두 항복했다. 그러나 지수신만은 홀로 임존성에 웅거해 항복하지 않았다.

이에 유인궤가 흑치상지에게 임존성을 빼앗아 충성을 보이도록 했다. 결국 흑치상지 등이 성을 빼앗자 지수신은 고구려로 달아나고 무리들은 평정되었다.137)

---

135) 백제 본기에 용삭 원년(서기 661년) 3월로 서술되었으나 신라 본기에는 백제 회복군과의 대결이 이미 여러 차례 있었다.
136) 신라 본기에는 30대 문무왕 3년(서기 663년)에 같은 내용이 있다. 즉 혼란스러웠던 말기 상황이어서 년대가 불분명한 듯하나 백제 본기와의 차이를 알 수 있다.
137) 그 후 손인사는 돌아가고 유인궤는 머물러 군사들을 통솔하며 이들을 다스렸다.
  이상은 백제 본기(문무왕 2년)에 나타난 바이나 신라 본기(문무왕 3년)와는 시기적으로 1년의 차이가 있다. 즉 문무왕 즉위 원년(서기 661년) 6월 당(唐) 고종이 소정방에게 고구려 칠 것을 명하고 신라에 군사를 동원하도록 했다. 이에 왕(7월17일)이 김유신을 대장군으로 삼고 김인문 등 모두 24명의 장군들을 나아가게 했다. 그러나 중도에 백제인이 옹산성을 포위해 길을 막았다. 그리고 문무왕 2년(서기 662년) 8월에는 백제인들이 내사지성에 웅거했으므로 흠순 등 19명의 장군이 이들을 물리쳤다. 그리고 다음해(서기 663년) 흠순과 천존 등이 백제의 거열성, 거물성, 사평성을 쳤으며 덕안성을 쳐 1천여 명을 목베었다. 그러나 그 해 5월 백제 장수인 복신 등이 옛 왕자인 부여풍을 왕으로 세우고 웅진성을 포위했다. 결국 당(唐) 고종이 유인궤를 백제 진영으로 보내 함락했으나 복신 등은 포위를 풀고 다시 임존성을 지켰다. 이후 복신의 세력이 강해져 유인궤와 유인원이 군사 증원을 청하므로 손인사 등 군사 40만 명이 웅진부성으로 나아가 김유신 등 28명의 장수와 합세해 두릉윤성과 주류성을 쳐 항복시켰다. 그러나 임존성에 웅거한 지수신만 남겨둔 채 11월 4일 군사를 돌렸다. 그리고 다음해(문무왕 4년, 서기 664년) 문무왕 4년(서기 664년) 유신 종합하면 백제는 강력한 회복 의지에도 불구하고 내분으로 도침, 복신, 부여풍, 흑치상지, 지수신 등이 차례로 제거되면서 그 중심점을 잃게 되었다. 그 중 유인궤에 회유되어 지수신(임존성)을 물리친 흑치상지는 김유신과 당(唐) 장수들(문무왕 3년, 서기 663년)이 유일하게 물리치지 못한 명장이었다.

말하자면 신라의 김유신, 고구려의 을지문덕, 연개소문 등과 함께 한(韓)민족의 기개와 용맹성이 과시된 백제의 대표적 명장(제4권 배치)이었다. 그럼에도 당(唐)에서 좌령군 원외장군 양주자사로 공적을 쌓고 상을 받았던 그가 마침내 참언으로 희생된 상황은 나라 잃은 방외인(백제)의 고통과 한이 투영되었다.

이상으로 통일 과업과 연계된 이들의 복잡한 관계를 총체적으로 도식화하면 다음과 같다.

우선 김유신을 중심으로 신라인들을 중앙에 시대순으로 배치하고 그 좌우로 신라와 대결한 백제{좌}와 고구려[우] 인물들을 배치했다. 이때 침입(→)과 침입 당한(←) 관계를 화살표로 표시했다.138)

이 70세가 되어 사직을 청했다.

138) 이름 앞에 명시된 숫자는 이미 밝혀진 총 50여 명 각각의 시대 순위이다.

또한 중심 활동기를 기준으로 원 안쪽은 태종무열왕과 문무왕 대 통일 과업에 동참한 인물들이다. 그 중 소나는 아버지 심나가 포함되어 아버지 활동기인 선덕왕조는 태종무열왕 이전이어서 원 밖 상부에 배치되었으나 소나와 연계된 점을 감안해 (   ) 속에 표시했다. 또한 중심인물인 김유신은 진평왕조부터 선덕왕조를 지나 혜공왕조까지 연계된 점에서 모든 인물과 시대가 안팎으로 광범위하게 연계 된다.

한편 김흠운은 태종무열왕 2년의 인물이기 때문에 원 안의 상부에 배치되었으며, 김인문과 강수는 역사적 활동기간에 따라 김유신보다 후대에 배치되었다. 그러나 태종무열왕 대부터 활약했기 때문에 (   )에 넣어 그 시초의 시기를 표시했다. 아울러 당(唐)과 관계된 때문에 (당:唐)이 명시되었으나 백제(태종무열왕), 고구려(문무왕) 멸망까지 지속된 나당 연합(+) 관계와 고구려 멸망 이후 변모된 대립(-) 관계가 +/-로 표시되었다. 그 중 소나는 문무왕과 당(唐)이 대립된 시대 대표적 인물로 당(唐)을 축출하고 통일 과업이 마무리된 인물이다.

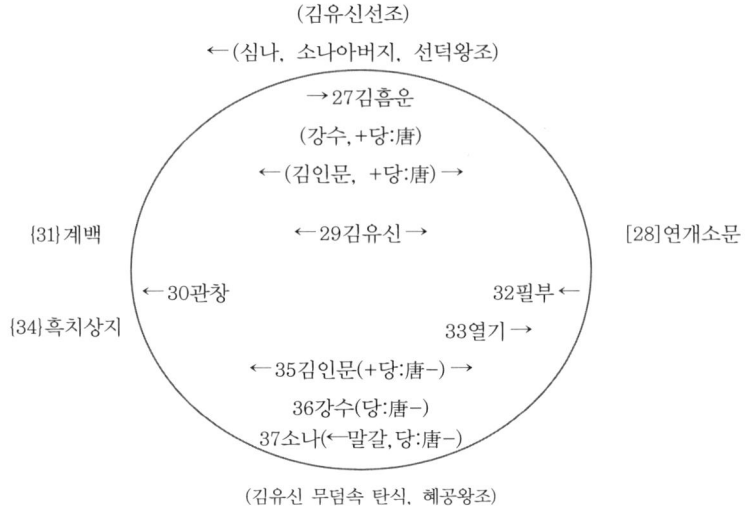

5. 통일 신라 위상과 통일 정신의 한계

통일 신라는 태종무열왕계를 중심으로 방만한 체제를 정비하고 유학을 도입하여 정치, 문화 등 다방면으로 크게 발전했다.

그러나 시초부터 신/구 세력을 비롯해 나라 잃은 유민들과 당(唐)과의 관계 회복 등 민족 화합과 주체 의식 강화 등을 위한 국내외 정책이 핵심 사안이었다.

그럼에도 복잡해진 사회 체제는 권력층의 불만 외에 불균형적 외교 관계로 상, 하층의 사회 경제적 양극화도 심화되었다. 특히 통일 역량이 지배층의 도덕성 상실로 약화되어 지배 체계가 태종무열왕계(태종무열왕-혜공왕)에서 내물왕계로 바뀌었다.

관계된 인물들을 시대와 편찬자 체재에 따라 정리하면 다음과 같다.

편찬권수 신라왕조	제6권	제 7권	제 7권	제 8권
26대진평왕 (579-632년)				(김영윤 조부 흠순, 화랑)139)
29대태종무열왕2년(655)		(취도)		
태종무열왕7년(660년)				(김영윤, 반굴, 흠순)
30대문무왕11년(671년)		(부과)		(흠순)
31대신문왕(681-691년)	40설총(화왕계)	38취도(핍실) 왕4년(684년)	39김영윤 왕4년(684년)	
33대성덕왕10년(711년)	(설총)문장가140) (김대문, 화랑세기 등)			41김생 (711년-791년)
35대경덕왕14년(755년)				42향덕
36대혜공왕13년-16년				43성각 (777년-780년)
37대신무왕-38대원성왕 (785-798년) 51대진성여왕 (887-897년)이후	(설총) (최승우, 견훤격서) (최언위, 태조한림학사) (박인범, 원걸, 김운경, 김수훈), (거인, 진성왕 비판 참소)			(성각, 원성왕) (김생, 791년 이후)

이상 6명은 크게 신문왕 대 인물(3명)과 이후 인물(3명)로 나뉘며, 본기에 명시된 인물(향덕)과 명시되지 않은 인물(설총, 김생, 성각) 그리고 이들 관계가 혼융된 인물(취도, 김영윤)로 구분된다.

그 중 통일 신라 초기 인물〈취도(부과, 핍실)/김영윤(흠순, 반굴)/설총(문장가)〉들은 과거 통일 과업에 동참한 상층(김영윤 선조)과 백성(취도 형제)을 대표해 과거 역사와 연계되었다. 반면 지배층과 연계된 문화적 인물(설총, 화왕계)은 정신적 의의와 더불어 통일 신라 국내외 정책에 함축된 미래상까지 개방되었다. 이어 통일 신라 태평 성대(김생), 쇠퇴 징후(향덕), 태종무열왕계 마지막 왕조(성각)까지 집약된 이들 중 본기에 명시되지 않은 인물들(김생, 성각)은 향덕을 전, 후해 보다 광범위한 의의가 함축, 개방되었다.

---

139) 흠순(김유신 동생)은 진평왕 대 화랑으로 태종무열왕, 문무왕 대 통일 과업의 중심인물이었다.
140) "설총"은 덧붙여진 문장가들(진성여왕 이후 인물들)을 통해 말기까지 개방되었다.

이들의 배경 역사와 의의는 다음과 같다.

38취도: 실제사(진흥왕 27년, 서기 566년건립)에서 불법을 닦던 취도[141]는 백제가 33성을 함락(태종무열왕 2년, 서기 655년)했을 때 조천성에 나아간 왕의 승부가 나지 않자 나라에 몸 바쳐 보답하기로 했다. 그 후 형(부과)과 아우(핍실) 등 삼형제가 호국 희생정신을 실천했다.

특히 형(부과)은 당(唐)이 백제(백제 회복군)와 연합해 신라(문무왕 11년, 서기 671년)를 쳤을 때 웅진 남쪽에서 대결했으며, 핍실은 보덕성에서 고구려 회복(신문왕 4년, 서기 684년)을 도모한 이들을 물리쳤다. 곧 시초에 빼앗긴 영토 회복 의지에서 비롯되었으나 결국 통일 과업의 국지전을 대표한 형제를 격동한 취도는 통일 전 호국 불교의 실상도 투영되었다.

39김영윤: 김영윤은 반굴의 아들이며 흠순(진평왕 대 화랑, 문무왕 대 재상 우두머리)의 손자로 보덕성(신문왕 4년)에서 고구려 회복군을 물리치고 전사했다.[142]

그는 핍실과 동시대 같은 업적을 세웠으나 일반 백성(취도)과 달리 명문 세가의 중심전(김영윤삼부자, 백제, 고구려멸망)과 연계된 인물로 통일 후 유교(예기)적 변화도 투영되었다. 따라서 취도 삼형제와 김영윤 삼부자는 통일 과업의 총체적 양상이다.

종합하면 지배층(김영윤)과 백성(취도)들의 호국 희생정신으로 거듭난 통일

---

141) 원래 취도는 본기에 명시되지 않았으나 형(부과)과 동생(핍실)이 명시되었다.
  또한 진평왕 대부터 서술된 김영윤과 태종무열왕 대부터 서술된 취도의 경우 김영윤의 선조가 시대적으로 앞섰다. 즉 흠순은 백제 멸망, 고구려 멸망, 사죄사 등 태종무열왕, 문무왕 대 중심 활동을 한 반면 취도(태종무열왕), 부과(문무왕), 핍실(신문왕)은 보다 후대까지 활약했다. 그럼에도 동시대 공존(핍실, 김영윤)한 이를 중심으로 볼 때 본기에 명시된 취도(핍실)로 인해 본기에 명시되지 않은 김영윤보다 앞세워졌다.
142) 대문은 혹은 실복이라고도 한다. 또한 열전에서는 금마저를 보덕성이라고 했는데 고구려왕 안승을 보덕왕이라고 했다.

왕조의 역사성과 신(김영윤/핍실), 구(흠순/취도) 세대의 공존 관계와 더불어 사상적 변화가 환기되었다. 곧 통일 왕조(신문왕)는 방대해진 정치 체제를 개선하고 민족 화합과 주체적 위상 확립을 위해 백제인, 고구려인, 당(唐)과의 관계 개선이 필요했는데 신/구 세대, 나/당 관계, 불교/유교 등에 대한 의식 변화와 함께 조화로운 공존 관계가 중요 과제였다.

40 설총: 설총(원효아들)은 우리말로 구경(九經)을 읽고 가르친 학자로 신문왕이 "경계 삼을" "이야기"를 우화로 충간했다.

당시 신문왕(왕 6년)의 청으로 측천무후가 요약해 보낸 50권 중 제왕을 경계(중국체재)한 글이 있었는데 설총은 이를 우회적으로 구성(화왕계)했다.[143]

특히 통일 왕조(신문왕) 초기는 그동안 통일 위업에 크게 기여한 구세대의 희생적 공적을 외면할 수 없으나 변화를 모색할 신세대의 새로운 재능도 절실했다. 나아가 연합과 대립으로 미묘해진 당(唐)과의 관계도 단순하지 않다. 더욱이 나라 잃은 백제와 고구려 백성들을 아우르고 포용하는 균형적인 정책 등도 쉽지 않았다.

말하자면 민족(삼국)의 값진 희생으로 거듭난 통일 왕조는 즉위 초 일어난 중앙 귀족(구세대)들의 반란과 고구려 회복군의 반란(본기) 등 그 시기상조적 혼란으로 그 다양한 관계들의 공존이 결코 쉽지 않음을 인식했다. 특히 태종문황제의 묘호와 김춘추의 묘호(태종)가 같아서 고치라는 당(唐)의 간섭(신문왕 12년)도 비록 무마되었으나 우려하지 않을 수 없었다.

결국 신문왕(화왕)은 새로운 인재와 개혁의 필요성 외에 자주적 주체 정신을 재인식하지 않을 수 없었으나 국내 신/구세대와 외교적 화친/자주성 확립의 조화와 균형 관계는 복잡한 국내외 요인이 복합되어 단순하게 표명하기 어려운 문제였다.

---

143) 이우경, 『한국 산문의 형식과 실제』, 집문당, 2004, 166-172면.

곧 설총의 "이야기(우화)" 형식은 복잡한 국내외 상황이 우회적으로 함축된 방법이나 "사실"을 중시한 역사 관점에서 보면 "파격적이고 애매한" 방법이어서 일반화된 남녀 이야기 혹은 옳고 그른 신하에 한정된 것처럼 보인다. 그러나 신문왕과 교감된 의미는 지시된 사실 이상의 "진실"과 "깊은 뜻"이 있어서 왕은 이를 "글(문장)"로 써서 임금 된 이의 "경계"가 되도록 했다.

41김생: 김생은 집안 내력은 알 수 없으나 "여든이 지나도록" 글씨에 전념한 결과 예서, 행서, 초서 등에 능한 명필가가 되었다.

우선 본기에 명시되지 않은 김생의 생애를 유추하면 태평성대 절정기(성덕왕 10년, 서기 711년, 경운2년)에 태어나 "여든"이 된 시기는 원성왕 7년(서기 791년) 즈음이어서 성덕왕 10년부터 효성왕, 경덕왕, 혜공왕(서기 765년-780년) 대를 지나 선덕왕, 원성왕(38대, 서기 785년-799년) 대까지 포함된다.

따라서 배경 왕조를 대입해보면 대체로 왕성한 청년기(15세-26세)는 성덕왕 25년(서기 726년)부터 36년(서기 737년)까지로 통일 신라 절정기(성덕왕)와 병행되었다. 이어 청, 장년기(26세-31세-40세)는 통치 기간 6년의 효성왕(서기 737년-742년)[144]에 이어 경덕왕(원년-왕 10년) 전반(서기 742년-751년)에 해당된다. 즉 왕권 강화를 위해 체제를 정비(왕 6년, 7년, 9년)했으나 권력층의 불만도 적지 않았다. 그 후 완숙기(41세-54세)는 경덕왕 후반(왕 11년-왕 24년)으로 자연 재해(왕 13년)로 백성들이 굶주리고(왕 14년)[145] 귀족층의 불만(왕 15년)[146]이 표면화 되었으며 당(唐)과의 관계는 형식과 명분에 치우쳤다. 또한 체제를 크게 정비(왕 16년, 17년, 18년)했으나 어느 날 갑자기

---

144) 신라는 절정기(성덕왕) 이후 문제점도 없지 않아서 효성왕(34대, 서기 737년-742년) 통치 기간 6년 중 조정의 정사를 비방(왕 4년, 서기 740년)한 여인이 있었으며, 외척의 반란이 있었다.

145) 이해(왕 14년) 봄에 굶주린 백성 중 다리 살을 베어 부모를 봉양한 "향덕"이 있었으며, 당(唐)은 안록산의 난으로 현종이 촉(蜀)에 피신해 국내외적으로 불안정했다. 그러나 왕은 그해 4월 당(唐)에 사신을 보내 신년 하례를 했다.

146) 상대등 김사인이 시정을 비판했으나 왕은 촉에 피신한 당(唐) 현종에게 사신을 보내 조공했다.

산으로 피했던 총신이 음탕한 음악을 좋아한 왕(왕 22년) 앞에 나와 충간을 했다.

그 후 노년기(54세[147]-69세) 전반은 혜공왕(서기 765년-780년) 대로 어린 나이(8세)에 등극한 왕 대신 태후가 정사를 맡았다. 따라서 일찍부터 반란(왕 4년)이 일어나 통치 기간(16년) 중 다섯 차례나 거듭된 사이 권력층의 불만(왕 13년)과 사회적 불안(왕 15년)이 가중되었다. 그럼에도 왕(왕 16년)은 절도가 없고 기강이 문란해서 춘추무열왕계의 통일 정신도 힘을 잃게 되었다.

결국 노년기 후반(69세-74세-80세이후)은 내물왕계(선덕왕 원년-왕 6년-원성왕 7년이후)로 전환되었으나 거듭된 왕권 쟁탈로 말기(노년기) 징후가 나타나기 시작했다. 특히 반란을 진압한 상대등 양상(선덕왕, 내물왕계)의 즉위(서기 780년-785년) 이후 신하들이 논의해 세운 주원(태종무열왕계) 대신 경신(상대등, 내물왕계)이 원성왕(서기 785년-798년)으로 즉위했다.

말하자면 통일 왕조 절정기에서 쇠퇴기까지 상황이 미천한 가계에서 왕희지에 버금간 명필가로 거듭난 김생의 생애와 병행되었다. 당시 김생이 태어난 해(왕 10년)는 성덕왕 초기로 백관들을 경계(警戒)한 잠언(箴言)으로 권력층의 "부패와 사치"를 경계했었다.

곧 여러 제도가 신설되고 빈번했던 당(唐)과의 외교 관계로 절정에 이른 성덕왕 대를 요약하면 우선 도살을 금하고, 백관들을 경계하는 글을 지었으며, 전사서(典祀署)를 설치(왕 12년)했다. 또한 상문사(詳文司)를 통문박사(通文博士)로 고치고 국서와 표문의 사무를 맡겨 외교 관계(왕 13년)에 힘썼다. 그 외 공자와 제자를 그린 그림을 국학(왕 16년)에 두었으며, 물시계(왕 17년)를 만들었다. 그리고 15세 이상 남자들에게 정전(丁田)을 주는(왕 21년) 등 다방면으로 발전했다.

무엇보다 왕성했던 당(唐)과의 외교 관계[148]로 물화가 풍부했으며, 선진 문화 도입으로 촉진된 문화 발달과 고양된 의식 때문에 대외적 위상도 크게 높아졌다. 따라서 "군자의

---

147) 경덕왕 24년(서기 765년)과 혜공왕 원년(서기 765년-780년)이 겹치나 왕조로 구분하면 경덕왕과 혜공왕으로 구분된다.
148) 이우경(편역), 『새로운 삼국사기』①신라·통일신라 편, 한국문화사, 2007, 314-318면. 성덕왕 22년(서기 723년) 사신을 당(唐)에 보내 조공한 물품 내역이 자세하다. 왕 2년(서기 703년)에는 일본 사신 204명이 왔다.

나라"로 불리었는데 서기(書記)를 알아 중국과 유사하다고 인식되었다.149)

특히 사신들이 주고 받은 물품이 다양하고 사치스러웠다. 기록(성덕왕 22년, 서기 723년)에 의하면 과하마, 우황, 인삼, 땋은 머리(미체), 조하주, 어하주(비단), 매 새긴 방울(누응령), 바다표범 가죽, 금, 은 등을 보낸 반면 당(唐) 현종은 비단도포와 금띠, 오색비단과 생초비단 2천필을 보냈다. 이어 왕 29년에는 작은말 5필, 개 1마리. 금 2000량, 머리카락 80량, 해표가죽 10장을 보내고, 당(唐) 현종은 왕의 친족에게 명주 100필, 자주빛 도포와 비단 띠 등을 보냈다. 그리고 왕 32년에는 당(唐) 현종이 흰 앵무새 암수 한 쌍과 자주빛 비단에 수 놓은 도복, 금 은 보배로 꾸민 상서로운 기물, 무늬 비단과 세그물 오색 비단 300필을 보냈다.

따라서 총 36년의 통치 기간동안 의례적인 신년 하례를 포함해 사신들이 들여온 사치품과 가져간 토산물과 조공 물품들이 상당했다고 볼 수 있다. 바꾸어 말하면 권력층의 사치 뿐 아니라 조공 물품을 생산하고 공급한 백성들의 노역과 어려움도 그와 비례했다.

결국 가장 번성했던 성덕왕 대 태어나 왕희지(중국)에 비견된 김생의 영묘한 글씨는 "고려(숙종7년, 서기 1101년-예종5년, 서기 1109년) 시대 송(宋)에 간 후대인(진봉사)"들150)을 통해 확인되었으나 통일 신라 절정기(김생) 위상과 더불어 중국(왕희지)과 대등한 문화 민족으로서 자부심 외에 중국(당/송)과의 외교 관계가 함축되었다.

다시 말해 "부모의 신분이 낮아서 집안 내력을 알 수 없는 그"가 "여든이 넘도록 글씨에 전념해 이룬 재능"은 절정기(빛)의 또 다른 면모(그림자)라고 볼 수 있다. 아는 바와 같이 당(唐)과의 교역으로 풍요롭고 문화적인 삶을 향유했던 상층(지배층)에 비해 일반 백성(신분낮은)들은 조공 물품을 조달하기 위해 평생(여든) 노역(기술연마)에 힘썼다. 그 결과 신라 물품(재능)은 당

---

149) 신라본기에서 성덕왕에 이어 34대 효소왕(서기 737년-742년) 즉위 다음 해 전왕을 조상하고 새 왕을 책봉하기 위해 당(唐)에서 선비(형숙)를 보내며 한 말이다.
150) 실제 『삼국사기』 열전은 삼국 시대 인물전이어서 고려 시대 상황은 시간이 파기된 형태이다. 곧 고려 시대 편찬자 시점으로 확장된 구성 형태는 일종의 역설적 방법이다.

(唐) 뿐 아니라 송(宋)에까지 전해져 그 국제적 명성도 높았다.

　종합하면 김생의 양면성은 소위 신분이 낮았던 일반 백성들의 고단한 노역(성덕왕)과 극대비된 양극화와 같아서 마침내 쇠퇴기(혜공왕, 선덕왕, 원성왕이후)로 전환된 요인임이 시사되었다.

　실제 본기(성덕왕)에 기록된 당(唐)과의 사신 왕래를 보면 대략 왕 2년(서기 703년)부터 왕 3, 4, 5, 6, 8, 10, 11, 12, 13, 14, 15, 16, 17, 18, 21, 23, 25, 26, 27, 28, 32, 34, 왕 35년 그리고 왕 36년(서기 737년)까지 거의 매년 실행되었으며, 때로는 한 해에 여러 차례 보내기도 했다. 또한 후기로 갈수록 신년 하례가 의례적으로 행해진 상황을 볼 때 그 외 다양한 의식 등을 포함하면 그 횟수와 물품 내력은 보다 많았다고 짐작될 수 있다. 그러한 정성 때문에 당(唐) 현종이 누문에 나와 사신(왕 12년)들을 접견하고, 그 이듬해(왕 13년2월, 10월)는 사신들을 위한 연회에 조정의 재상과 4품 이상의 관원들도 참여(10월)하게 했다. 또한 말기(성덕왕 34년, 서기 735년정월)에는 신년 하례 차 당(唐)에 간 김의충을 통해 패강 이남 지역을 돌려받기도 했다.

　따라서 성덕왕 대 당(唐)과의 교류는 정치, 경제, 외교, 문화 발전에 기여한 긍정적 측면도 적지 않았으나 물품 향유층(상층)과 공급층(일반백성)이 달라서 파생된 문제도 적지 않았다. 대체로 "당(唐) 사신 내력"과 "자연 재해"를 나란히 서술(본기)해 "풍요로운 물품 조달" 전, 후로 가중된 "백성들의 경제적 빈곤"이 대비된 현황도 총체적으로 재현되었다.

　특히 경제와 밀접한 기후(본기)를 보면 성덕왕 2년(서기 703년) 큰물이 져 빠져 죽은 이가 많았으며, 왕 4년에는 동쪽 주군(州郡)에 흉년이 들어 사람들이 떠돌고 도망갔다. 그리고 왕 5년 정월 흉년이 들어 창고를 내어 구제했으며 8월에는 곡식이 잘 익지 않았다. 따라서 이듬해(왕 6년) 정월 백성들이 많이 굶어 죽어서 하루 석 되의 곡식 배급이 7월까지 지속되었다. 또한 왕 7년 2월과 왕 9년에 지진이 있었으며, 왕 13년에는 가물고 전염병이 돌았다. 이어 왕 14년, 왕 15년 크게 가물어 기도 했더니 비가 왔다. 그리고 왕 16년 3월에 궁궐을 새로 세웠으며 4월에는 지진이 있었다. 왕 17년 늙은 홀아비 등 백성들을 위문하고 물품을 내렸는데 그 해 3월 지진이 있었고 6월에는 황룡사 탑에 벼락이 쳤다. 왕 18년에는 미륵사에 벼락이 쳤다. 또한 왕 19년 정월 지진이 있었고 4월에는 큰비로 산이 13곳 무너지고 벼 이삭이 상했으며 7월에는 황충이 곡식을 해쳤다. 왕 20년에 눈이 내리지 않았고 왕 21년, 22년에 지진이 있었으며 왕 24년 3월에 눈이 내리고 4월에는 우박이 내렸다. 그리고 그해 10월 지진이 있었다.[151]

이와 같은 재해 전, 후로 당(唐) 사신 왕래가 지속된 사이 지배층과 피지배층에 배태된 불균형적 관계가 "미천한 김생(신라)의 /명필(문화)이/왕희지(중국) 글에 버금간 현황"으로 구성되었다.

42향덕: 향덕은 경덕왕(왕 14년, 755년봄) 중반 나라에 흉년이 들었을 때 다리 살을 베어 부모를 봉양한 효자이다. 그의 효행은 이미 본기에 단편 사전(史傳) 형식으로 기록되어 널리 귀감이 되었다.

배경 상황을 보면 경덕왕 13년 자연 재해로 백성들이 이듬해 굶주렸으며, 그 이듬해(왕 15년)는 상대등(김사인)이 시정의 잘, 잘못을 극렬하게 논했다.[152]

그럼에도 왕(왕 14년)은 신년 하례를 위해 당(唐)에 사신을 보내고, 이듬해(왕 15년)는 촉에 피신한 당(唐) 현종에게 사신을 보내 조공했다.[153] 이와 같이 당(唐)과의 외교 관계(신년하례 등)는 변함없었으나 왜(倭)의 사신(즉위원년, 왕 12년)은 맞지 않았다.

---

151) 성덕왕 말기(왕 30년, 서기 731년4월) 일본의 병선 300척이 침입해 물리쳤으며, 또한 발해(고구려 유민)와 말갈이 바다 건너 등주를 침입(왕 32년, 서기 733년 7월)하자 당(唐) 현종이 왕에게 군사를 내어 치게 했다. 이에 김유신의 맏손자인 윤중(允忠)이 나아갔으나 눈 때문에 죽은 이가 많아 공적 없이 돌아왔다.
  당시 신라에 패한 고구려의 유민들은 신라와 당(唐) 등 여러 지역으로 나뉘었으나 일부는 당(唐)에 대항해 안동도호부를 물리치고 만주 길림성 근처에 발해(대조영, 서기 698년, 32대효소왕 7년)를 세워 통일 신라와 함께 남북국이 형성되었다. 따라서 발해는 건국 시초에 신라와 당(唐)에 적대적이었으나 비교적 안정을 되찾은 문왕 대부터 당(唐)의 문물을 받아들이고 신라와도 교류해 대외적인 발전을 도모했다. 그 후 선왕(9세기전반)은 고구려 옛 땅을 대부분 회복해 "해동성국"이라고 했으나 9세기 후반부터 약화되어 거란족에 패망(서기 926년, 경애왕 3년)했다.
152) 상대등(경덕왕 4년)이 된 김사인이 천재 이변이 자주 나타남을 이유로 정치의 득실을 논하자 왕이 그 논의를 받아들였으나 그는 이듬해 병으로 물러났다. 곧 신하들의 사직과 임용도 잦았다.
153) 이때 중국에서는 안록산의 난(왕 14년)이 일어났으며, 현종이 "예악(禮樂)과 명의(名義)"를 실천한 경덕왕의 지극한 정성을 가상히 여겨 시(詩)를 내렸다.

그리고 왕 16년(서기 757년3월) 중앙 관리들에게 녹읍 제도를 다시 시행했으며, 지방 행정 구역과 정치 기구를 지속적으로 크게 정비(왕 16년, 17년, 18년)했다. 또한 왕 19년에는 궁궐을 단장했다. 이어 통치 말기(왕 22년, 서기 763년)에 왕이 풍류를 즐긴다는 말을 듣고 과거 피신했던 총신이 나와 충간(諫)했다. 이 후 왕이 풍류를 그치고 그의 설법을 들었으나 곧 듣기를 그쳤다.

아울러 나라 경제와 밀접한 기후(본기)를 살펴보면 왕 2년 8월 지진이 있었으며, 왕 4년 4월 우박이 내리고 5월에는 가물었다. 또한 왕 6년 벼락이 치고 가물었는데, 백성들이 굶주리고 전염병이 돌았다. 그리고 왕 8년 폭풍이 불었다. 그 후 왕 13년(서기 754년) 4월 서울에 우박이 내렸으며 8월에는 가물고 황충이 생겼다. 때문에 이듬해 봄 곡식이 귀해 백성들이 굶주렸으나 살을 베어 부모를 봉양한 "향덕"의 효행이 알려졌다.

이어 그 이듬해(왕 15년)도 우박이 내렸으며, 왕 17년 우레가 쳤고 절 16곳에 벼락이 쳤다. 그리고 왕 22년 바람이 크게 불었으며 왕 24년 지진이 있었다.

이와 같은 재해는 전대와 같이 대체로 당(唐)에 사신 보낸 기록(본기)과 병행되었다. 그 중 왕 3년 2월과 4월, 왕 5년, 왕 6년, 왕 14년은 신년을 축하하고 토산물을 바친 "신년 하례"로 해마다 치러진 인사였다. 따라서 일일이 기록되지 않았으나 자연 재해와 연계된 전, 후 관계를 통해 물품 조달의 어려움이 보다 강조되었다. 그 외 왕 15년, 17년, 21년, 22년, 24년 전, 후도 당(唐) 사신으로 인해 그 고통이 배가된 상황이다.

종합하면 "향덕(본기)"은 자연 재해와 당(唐)에 간 사신 내력이 번갈아 기록된 중심에서 백성들의 굶주림이 그 해(왕 14년) 4월 당(唐)에 보낸 사신의 신년 하례와 극 대비된 양상을 볼 수 있다. 아울러 이듬해(왕 15년) 2월 상대등이 시정의 잘, 잘못을 논한 국내 현황과 촉(蜀)에 피신한 당(唐) 현종에게 사신이 조공한 현황도 극 대비되었다. 결국 해마다 당(唐)에 조달된 토산물과 공물의 빈도수와 물량이 늘수록 백성들의 굶주림과 살을 베는 고통이 증가되었다고 볼 수 있다. 때문에 향덕의 효심은 충(忠)에 버금가는 도덕적 가치로 기려야할 미담이나 "정치 지배 현황과 사회 경제적 모순"[154]이 포괄되었음을 알 수 있다.

43성각: 성각은 본기에 명시되지 않은 인물로 원래 법정사에 의지했던 거사이나 어머니를 봉양하기 위해 잠시 돌아왔을 때 변변치 못한 음식 때문에 다리 살을 베어드린 효자이다. 그는 어머니 사후 다시 부처를 공양했으나 주원(이찬)과 경신(각간)이 이를 왕에게 알려 왕이 벼 300석을 내렸다.

곧 향덕(경덕왕)의 효행이 거듭 반복된 이유가 의문시 되나 거사의 효성을 알린 "주원과 경신"이 혜공왕 13년(서기 777년)과 16년(서기 780년)에 명시된 역사적 인물이어서 혜공왕 대 상황임을 유추할 수 있다.

결국 본기에 명시된 향덕과 본기에 명시되지 않은 성각은 같은 효행이 거듭되었으나 여러 면에서 비교된다.

그 중 향덕이 가난한 일반 백성으로서 경덕왕 대 상황이 대변되었다면 성각은 부처를 공양한 거사로서 혜공왕 대 양상이 함축되었으며 신하들이 추대한 주원 대신 경신이 원성왕(서기 785년-798년)으로 즉위한 때문에 이들 관계까지 포괄되었다.

그 배경 상황(본기)을 요약하면 우선 경덕왕에 이어 즉위한 혜공왕(경덕왕 적자)은 나이(8세)가 어려 태후가 대신 정사를 돌보았다. 그러나 재해와 이변이 잦은 가운데 장년(23세)이 된 왕은 풍류와 여색에 빠져 법도가 없었다.

결국 왕 4년(서기 768년) 대공(일길찬)의 반란으로 궁중이 33일이나 포위된 것을 시작으로 김융(대아찬, 김유신자손)의 반란(왕 6년, 서기 770년)이 있었으며,[155] 왕 11년에 이찬인 김은거(6월)와 염상(8월)이 각각 반란을 도모했다. 그리고 왕 13년(서기 777년)에는 양상(상대등)이 당시 정치를 극렬하게 논했다. 이어 왕 16년(서기 780년)에 일어난 김지정(이찬)의 반란을 김양상(상대등)과 경신(이찬)이 함께 물리친 후 등극하여 내물왕계로 전환되었다. 곧 반란을 진압한 김양상(내물왕 10대손)이 선덕왕으로 즉위해 6년을 통치했으며, 이어 신하들이 왕의 조카뻘 되는 주원을 세우려 했으나 경신(상대등)이 원성왕으로 즉위했다.

---

154) 이범교(역해), 『삼국유사의 종합적 해석』 상, 민족사, 2005, 525-533면.
  삼국유사에는 "향득" 외에 대성, 손순, 빈녀 양모(효녀지은) 등이 있다.
155) 이범교(역해), 『삼국유사의 종합적 이해』 상, 민족사, 2005, 214-217면.

따라서 성각은 혜공왕(태종무열왕계)에서 선덕왕(내물왕계)으로 전환된 상황과 주원(태종무열왕 9대손) 대신 원성왕(경신, 내물왕 12대손)156)이 즉위한 상황까지 포괄되었다.

당시 "충과 효"는 근원적으로 "선(善)"에 버금가는 "의(義)"를 바탕으로 행해졌으나 지배 권력층의 충심이 흔들리게 되면서 백성들의 살을 에는 고통(효행)이 가중(향덕, 성각)되었다. 말하자면 왕 된 이들의 의롭지 못한 행위(반란)로 근본이 훼손되고157) 통일 정신이 약화된 ("변변치 못한") 때문에 다시 살을 벤 성각의 효행이 거듭되었다.

돌이켜 보면 충, 효가 바탕이 된 호국 희생정신으로 국가 존망의 위기를 극복한 때문에 "효자 마을"은 "통일 신라"의 상징적 기호이기도 하다. 그러나 굶주린 "향덕"의 효심이 당(唐)에 대한 허례허식의 결과이며 지배층의 사치와 사욕을 위한 고혈제도(膏血制度)와 관련된다면 우려하지 않을 수 없다. 특히 중앙 귀족들이 그들의 권력 유지를 위해 살을 에는(권력쟁탈) "변변치 못한 상황" 때문에 백성(현실, 유교)과 거사(정신, 불교)의 살을 에는 고통(향덕)이 거듭(성각)된 내외적 모순은 통일 정신(충, 효/상, 하 일체)과 큰 차이가 있다.

결국 "효"는 자체로 "충"에 버금가는 가치관이어서 상(성각, 거사, 근원정신/이상적), 하(향덕, 일반백성, 세계상황/현실적)를 막론하고 인간이 지향해야 할 최고 규범(표/리, 충/효, 완전체)이나 백성들(향덕)보다 먼저 상층(지배층)이

---

156) 본기에서 원성왕 대부터 독서삼품(讀書三品)에 따라 관직에 올랐는데 당시 문적(文籍)으로 관직에 오르지 않은 이를 지방관 직책을 맡긴 사실이 반박되었으나 왕(왕 5년)은 이를 무시했다. 곧 원성왕 4년(서기 788년) 춘추좌씨전, 예기, 문선을 읽고 그 뜻에 능통하며 논어, 효경에 밝은 이를 제일로 삼았으며, 곡례, 논어, 효경을 읽은 이를 중간으로 삼았다. 그리고 곡례, 효경을 읽은 이를 가장 아래로 삼았다. 또한 오경, 삼사, 제자백가서에 널리 통하여 아는 것이 많은 이는 남보다 앞서 등용하도록 했다. 따라서 편찬자(원성왕 5년)는 유학의 도(道)와 위배된 왕의 "근본" 상실을 비판했다.

157) 과거 병부령이었던 김후직은 진평왕에게 죽을 때까지 충간했으나 김양상(혜공왕조 상대등)은 난을 진압한 후 본연의 신하자리로 복귀하지 않고 선덕왕으로 즉위했으며, 경신(상대등)도 신하 자리보다 왕좌를 구했다는 의미가 함축되어 있다.

지향할 바가 환기되었다. 곧 성각의 살신성인(殺身成仁)적 효행은 부조리한 시대 "왕 된 이가 깨달아야(聖覺) 할 도리"였다.158)

6. 분산된 권력 구조와 새로운 기운

통일 신라는 8세기 말 통일 과업의 주축이었던 춘추무열왕계(태종무열왕-혜공왕) 시대가 끝나고 내물왕계(선덕왕, 원성왕) 시대로 이어졌다.

그러나 9세기 초(헌덕왕)부터 극심해진 중앙 권력층의 왕권 쟁탈은 그 후 보다 확장되어 지방 세력까지 가담하게 되었다. 결과적으로 왕권이 약화되고 정치 역량이 분산되어 말기 징후가 촉진되었다.

비록 9세기 중반 왕권 회복(경문왕)을 위한 개선책이 모색되었으나 내실보다 외형적 권위에 주력하고 당(唐)과의 관계 또한 실리보다 명분에 치우쳐 재정 소비만 컸다.

결국 사회적 기강이 무너진 진성여왕 대는 재정 파탄까지 겹쳐 중앙의 행정 기능이 상실되고 말기적 혼란상이 가속되었다.

관계된 인물들을 시대와 편찬자 체재에 따라 차례로 정리하면 다음과 같다.

편찬권수 신라왕조	제4권	제4권	제5권	제6권	제 8권	제10권	제10권
41대헌덕왕 (왕10-14년)			44녹진 (818-822년)				
42대흥덕왕 (826-836년)	45김양 (828-836년)	46장보고/정년 828-839년					
43대희강왕	(김양)						
44대민애왕	(김양)	(장보고/정년)					

---

158) 이우경(편역), 「김유신」하, 『새로운 삼국사기』①신라·통일신라 편, 529면.
　　과거 "김후직"의 군주론(성골 말기)에 이어 "김유신"의 군주론(진골 시초) 등이 역사적 전환기를 환기했듯이 통일 왕조에서는 신문왕 대 "설총"의 화왕계(태종무열왕계 시초)와 혜공왕 대 "성각(태종무열왕계 말기)"을 통해 우회적으로 환기되었다.

45대신무왕	(김양)						
46대문성왕 (839-857년)	(김양) (848, 857년)	(장보고)(왕8년, 846년)					
47대헌안왕 48대경문왕 (861-875년) 49대헌강왕 (875-886년) 50대정강왕 51대진성왕 (887-897년)				48최치원 (874-878 -885- -894년-)	47효녀지은 (886-887 -897년-)	〈49〉궁예 (857-861 -891년)	〈50〉견훤 (858-892년)
52대효공왕 (897-912년)						(궁예) (898-911년)	(견훤) (900년)
53대신덕왕 (912-917년)						(궁예) (913-918년)	(견훤)
54대경명왕 (917-924년)				(최치원) 태조왕건		(궁예) *태조왕건159)	(견훤) (918년)
55대경애왕 (924-927년)							(견훤) (925-927)
56대경순왕 (927-935년)				(최치원)	(효녀지은)		(견훤) (928-936)
고려태조왕건 8대현종14년				(최치원) (1022년)		(*태조왕건)	(견훤) *태조왕건

이상 통일 신라 말기 상황을 대표한 인물들(총 7명)이 9세기 초부터 10세기 초까지 차례로 구성되었다. 그 중 효녀 지은은 은유적 인물이다.

이들은 근원 정신 회복을 촉구한 녹진을 필두로 동시대 인물 세 쌍(김양과 장보고, 효녀지은과 최치원, 궁예와 견훤)이 중앙 권력층/지방 세력, 일반 백성/지식인, 후고구려/후백제인들의 현실적/정신적 혼란상을 대변했다.

이들의 배경 역사와 의의를 살피면 다음과 같다.

44녹진: 녹진은 헌덕왕 대 심화된 사회적 병폐를 인식하고 그 근원적 요인과 해결 방안을 제시한 총론적 인물이다.

23세에 벼슬해 집사시랑(헌덕왕 10년, 서기 818년)을 한 녹진은 김헌창160)

---

159) 궁예와 견훤의 흥망사는 통일 신라 멸망사이면서 태조 왕건의 건국사이기도 하다.
160) 헌창(웅천주 도독)은 선덕왕(37대) 사후 주원(헌창 아버지, 태종무열왕계) 대신 경신(상

의 반란(헌덕왕 14년, 서기 822년)을 진압한 공로로 대아찬의 벼슬을 내렸으나 사양하고 받지 않았다. 따라서 "근원 정신(충의)"이 사라진 시대에 사심 없는 그를 통해 호국 충정의 참뜻을 대변했다.

앞서 혜공왕 대 반란을 진압한 양상(상대등)이 선덕왕으로 즉위하고 이어 논의된 주원(헌창아버지)이 미처 이르기 전에 경신(상대등)이 원성왕으로 즉위했다. 그러나 소성왕 즉위 2년 만에 애장왕이 어린 나이(13세)로 즉위하자 숙부인 언승(병부령, 소성왕아우)이 정사를 대신하다 왕(왕 10년)을 해치고 헌덕왕으로 즉위했다.

때문에 헌창의 반란을 계기로 "왕권 쟁탈"을 나라 중심부(지배층, 심장)의 병폐로 인지한 녹진이 그 근원적인 치유법을 "지극한 말씀"과 "고상한 논의"로 제시했다.161)

곧 목수가 집(나라)을 지을 때 재목이 큰 것은 대들보(왕)와 기둥(신하, 관료)을 삼고 작은 것은 서까래로 쓰는 점에 비추어 군신 관계와 벼슬하는 이의 덕목을 환기했다. 특히 공기(公器)인 벼슬이 재능에 따라 주어져야 하나 사사로움에 따라 쓰이며, 뽑고 버리는 것이 투명해야 하나 옳고 그른 것이 일관되지 않아서 혼탁한 상황이 충공(상대등)의 심장병(중심부 병폐)에 비유되었다.

결국 "녹진"을 통해 자신(충공)의 병(나라 병폐)과 치유 방법(근원정신 회복)을 깨달은 기쁨을 왕에게 전하고 왕은 그 "바른 말(충간)"이 기뻐 태자에게 전했다. 이에 태자가 "일찍이 임금이 바르면 신하가 바르다고 들었는데 이 또한 나라의 아름다운 일"임을 경하했다. 바꾸어 말하면 당시 애장왕을 해치고 즉위한 헌덕왕162)처럼 임금이 바르지 못하면 신하도 바르지 못해서 헌

대등)이 원성왕(38대)으로 즉위한 불만으로 반란(헌덕왕 14년)을 일으켜 나라 이름을 장안, 연호를 경원 원년이라고 했다. 이에 왕은 장수 8명을 보내 서울의 8방을 지키게 하고 군사들을 나아가게 했다. 헌창은 그 후 성에서 열흘 동안 싸우다 패해 스스로 죽었으며, 연루된 친족 등 239명이 죽었다. 그 후 김헌창의 아들인 범문이 고달산의 도둑인 수신 등 100여 명과 다시 반란(왕 17년, 서기 825년)을 도모해 북한산주를 쳤으나 패했다.

161) 이우경, 『한국 산문의 형식과 실제』, 144-146면.
162) 헌덕왕(39대소성왕 아우)은 38대 원성왕 태자의 아들이다. 즉 원성왕의 손자로 원성왕 7년(서기 791년) 반역한 신하를 베어 잡찬이 된 후 병부령(왕 12년, 서기 796년)이 되었다.

창의 반란과 같은 나라 병폐가 심화되었음이 역설되었다.

 종합하면 과거 어진 이들의 정치적 "지론(持論)"이 "사심 없는" 녹진(옥음)을 통해 충공163)과 헌덕왕 그리고 다음 왕이 될 태자에게까지 전달된 것은 나라 다스리는 보편적 원리를 지키지 않는 "지배층"(왕권, 심장부)을 일깨우기 위해서였다. 더욱이 태자의 "직언(直言)"은 그 후 이어진 왕권 쟁탈(43대.44대.45대)에 대한 우려와 비판도 포괄되었다.

 그럼에도 "녹진"의 충언이 권력 중심층인 충공(상대등, 각간)에게로, 다시 헌덕왕과 태자에게까지 전달된 과정은 실제 상황이기보다 당대의 "병폐"를 환기하기 위한 은유적 방법164)이라고 할 수 있다. 곧 "왕권"에 내재된 기휘된 사실을 분산, 희석하기 위한 표현 방법이었다.

 45김양: 김양(태종대왕 9대손)165)은 대대로 장수와 재상을 한 집안의 자손으로 흥덕왕 대 무주 도독이 되었다. 그러나 흥덕왕 사후 균정(왕의 사촌아우)과 제륭(희강왕, 사촌아우의 아들)의 왕위 다툼 중 균정을 받들다 실패했으나 지방 세력인 장보고의 도움으로 우징(균정아들)을 신무왕으로 즉위시킨 인물이다.

 당시 균정의 아들(우징)과 매서166)와 함께 균정을 받들어 적판궁에 들어갔으나 제륭을 받들던 김명167) 등에 패했다. 결국 제륭이 희강왕으로 즉위

---

163) 충공은 실제 헌덕왕의 충신(각간)으로 태자(흥덕왕)가 그의 사위이고 44대 민애왕(김명)이 그의 아들이어서 왕권 쟁탈자와 다방면으로 연계되었다.
164) 이는 "귀산"과 원광법사의 만남 그리고 "성각"과 경신과 주원의 관계와 같으며, 춘추(태종무열왕)에 대한 우화(토끼와 거북이), 신문왕에 대한 충언(우화) 등에서도 볼 수 있다. 말하자면 역사적 상황에 내포된 본질적 의를 구현하기 위한 "구성 방법"이라고 할 수 있다.
165) 혜공왕 대에 그친 태종무열왕계 후손들이 왕권 회복을 시도하거나 내물왕계 권력 쟁탈에 관여했다고 볼 수 있다. 곧 주원이 그의 증조할아버지이다.
166) 매서(妹壻)는 누이동생의 남편인데 균정의 매서를 뜻한다.
167) 본기에서 흥덕왕 10년(서기 835년) 2월 왕이 김균정(아찬, 우징 아버지)을 상대등으로 삼았다. 이때 우징(시중)이 관직에서 물러나고 김명(대아찬)이 시중이 되었다.

한 이듬해(왕 2년) 우징은 청해진으로 들어갔으며, 김양도 그 다음해(왕 3년) 군사들과 청해진으로 들어갔다.

한편 희강왕을 도운 김명은 상대등이 되었으나 다시 반란을 일으켜 왕(왕 3년 정월)을 해치고 스스로 민애왕이 되었다.[168] 따라서 김양은 시초에 적대 관계였던 이들(희강왕과 김명)의 내분으로 부도덕한 민애왕(김명)을 칠 명분이 보다 확실해졌다. 곧 도덕성 회복을 내세운 우징과 함께 청해진에 있는 궁복의 도움을 청했다.

그 후 김양은 12월[169]에 평동장군이 되어 염장, 정년 등과 왕의 군사인 대흔[170] 등을 대구에서 물리치고 도망가던 왕을 해쳤다. 그리고 그 해 4월 신무왕이 즉위함으로써 왕권 쟁탈이 마무리 되었다. 그러나 그 해 7월 병사한 왕을 이어 그 태자가 문성왕으로 즉위했다.[171]

이어 김양은 병부령이 되고 당(唐)에서 검교위위경을 받았으며, 왕 4년 그의 딸이 왕비가 되었다. 그 후 관직(왕 10년)에서 물러나 일생을 마친 때(왕 19년, 50세)에는 김유신의 옛 관례에 따랐다. 결국 통일 신라 중반기 대 혼란을 평정한 수훈자로 김유신에 버금간 대우를 했으나 그 동기와 결과는 판이했다.

우선 몇 대에 걸쳐 지속된 외세 침입을 상하 일체된 호국 희생정신(김유신)으로 피 흘리며 싸웠던 통일 과업은 삼국 통일로 귀결되었으나 혜공왕 이후 몇 대에 걸쳐 피 흘리며 싸운 중앙 귀족들의 내분(김양)은 왕권과 민족의 힘을 가르고 쪼갠 결과 말기 상황으로 이어졌다.[172]

---

168) "김양"에서 민애왕(충공 아들)의 즉위 내용이 생략되고 그에 대한 항거만 나타나 보다 단순해졌다. 당시 김양은 청해진에 있었으나 앞서 일어난 시초 상황이 강조되었다.

169) 신라 본기에 민애왕 원년(서기 838년) 2월 김양이 군사를 모아 청해진으로 들어가 우징을 뵈었으며, 우징은 청해진에서 김명의 왕위 찬탈을 듣고 청해진 대사에게 임금의 원수 갚기를 청했다. 이에 장보고가 군사 5천 명을 주니 12월에 출발하여 무주에 이르렀다.
그러나 열전에서는 이 해 3월 5천 명의 군사로 무주를 쳤다고 했다. 즉 이해 정월 민애왕이 즉위하자 김양이 2월에 청해진으로 가 대결할 것을 청하고 3월에 무주를 친 것으로 나타나 있다.

170) 대흔은 본기에서 민애왕 2년(서기 839년) 김양의 군사와 대결해 패하고, 다시 46대 문성왕 11년(서기 849년)에는 김식과 함께 반란을 도모하다 죽임을 당했다.

171) 문성왕 통치 기간(총 19년) 중 네 번(왕 3년, 8년, 9년, 왕 11년)의 반란이 있었다.

한편 "김양"은 그의 사촌 형인 "김흔"의 내용이 거의 독립된 형태로 덧붙여졌다. 곧 친구 관계인 "장보고/정년"처럼 드러내지 않고 말미에 덧붙인 이유는 혈연적 친족이면서 대립된 "김양/김흔(사촌)"의 관계가 당시 사촌, 오촌, 육촌들의 골육상쟁(骨肉相爭)과 같은 중앙 귀족들의 분열상이 구체적으로 예시된 때문이다.

종합하면 김명의 "부도덕성"을 "도덕적 명분" 하에 물리친 김양은 비록 중반기 혼란을 마무리하고 왕권(신무왕)을 회복했으나 실제로는 시초의 불합리한 왕권 쟁탈의 중심 인물이었다. 때문에 청해를 지키던 궁복(장보고)의 "의로운 뜻"173)과는 차이가 있다.

46장보고/정년: 장보고/정년은 일찍이 당(唐)에서 소장을 할 때 말 타고 창 쓰는 재능이 제 일이어서 통일 신라 후예임을 과시했으나 돌아와 청해를 지킨 인물이다.

당시 지방 세력을 대표한 장보고는 희강왕을 보필하던 김명(상대등)이 왕을 해치고 민애왕이 되자 우징과 김양을 도와 부도덕한 왕을 내치고 신무왕을 즉위시킨 공적이 있다.

열전에 의하면 당(唐)에서 활약하다 신라(흥덕왕 3년, 서기 828년)에 돌아온 장보고가 1만 명의 군사로 청해를 지키자 정년도 장보고에게 돌아왔다. 그 후 희강왕이 시해되자 장보고가 5천 명의 군사를 정년에게 주어 난리를 평정한 공적으로 재상이 되고 년은 청해를 지켰다.174)

---

172) 혜공왕 통치 16년(서기 780년)에 이어 37대선덕왕(서기 780년-785년)부터 45대신무왕 원년(서기 839년)과 46대문성왕(서기 839년-857년)까지 77년 동안 즉위한 8왕조 중 6왕조(3/4)가 왕권 쟁탈로 바뀌었고 그 중 평균 3년 미만을 통치한 왕조가 반(4왕조)이다.
173) 이 부분은 간결하나 "김양"에서는 생략되고 "장보고"에 서술되었다. 즉 "김양"에서는 장보고의 군사를 주체적으로 거느린 것처럼 서술되었다. 그러나 그 역사적 추이가 달랐기 때문에 이들 두 인물들의 행적이 거듭 서술되었다.
174) 편찬자는 신라의 전기와 다르나 만당(晩唐)의 시인 두목이 지은 전기가 있어서 둘 다 적었다는 주(註)를 붙였다. 그러나 열전은 김양의 공적과 달리 약술되고 이들의 개인적 관

결국 동시대 같은 행적으로 나라의 기틀을 바로 세운 "김양"과 "장보고/정년"의 행적이 거듭 서술된 이유는 중앙 권력층과 지방 세력을 대표한 이들의 동기와 목적이 근본적으로 달랐기 때문이다.[175]

즉 중앙 권력층(균정과 김양/제륭과 김명, 김양/김흔)의 내분이 나라의 정치적, 정신적 기반까지 흔든 말기적 요인이었음에 비해 대표적 지방 세력이었던 장보고/정년은 비록 경쟁 관계였으나 나라의 위기에 사심 없는 신의와 명철한 생각으로 융화한 점이 편찬자 논평을 통해 보완되었다.

그럼에도 김양[176]의 딸은 문성왕의 비가 된 반면 장보고[177]의 딸은 신분 차이 때문에 배척되었다. 이로 인해 장보고가 반란을 일으키자 무주 장사인 염장이 그를 없앴다.[178] 따라서 평정 결과만 서술되고 당(唐)에서 펼친 용맹스러운 재능과 우의 그리고 청해의 백성들을 중국으로부터 보호한 업적이 부각되었다.

47효녀지은: 효녀지은은 본기에 명시되지 않은 은유적 인물[179]로 덧붙여진 효종랑을 통해 정강왕 전, 후 시대임이 짐작된다.

특히 효자들에 비해 지속된 고난이 보다 심화되었으며 국내외 상황이 광범위하게 포괄된 점에서 보다 총체적이다. 곧 덧붙여진 효종랑 때문에 김양/김흔, 장보고/정년과 같이 복합된 형태는 효녀 모녀 외 길 가던 백성, 화랑, 서발한(최상층관료), 왕, 당(唐)까지 망라되었다.

계가 확장되었다.
175) 이러한 경우는 비슷한 효행을 거듭 실천한 향덕과 성각의 경우가 있으며, 그 외 단편적인 에피소드가 반복(비령자, 열기, 김유신, 김인문 등) 혹은 차용(죽죽)된 경우도 간혹 있다.
176) 본기에서 위흔의 딸을 왕비로 맞았는데 위흔은 김양의 자(字)이다.
177) 본기에서 그는 신무왕 원년에 감의 군사, 문성왕 원년에 진해장군이 되었으나 문성왕 8년(서기 846년) 딸이 왕비로 입궁되지 못하자 반란을 일으키고 죽임을 당했다.
178) 『삼국유사』는 이보다 앞서 신무왕 대 사건으로 서술되어 차이가 있다.
179) 『삼국유사』 효선편에 "빈녀 양모"로 수록되었다.

그 중 서발한 인경의 아들인 효종랑(화달)이 "왕의 형"인 "헌강왕" 사위가 되었으므로 정강왕의 통치 기간(2년)과 효녀지은(32세)의 나이를 대입하면 대략 그 전(헌강왕), 후(진성여왕) 30여 년은 거의 말기 상황(종)에 해당된다.[180]

우선 그 시대 배경을 유추하면 효녀지은은 정강왕 당시 32세이므로 문성왕 말기에 태어났다. 이어 문성왕의 숙부이며 신무왕의 이복동생인 헌안왕이 즉위했으나 5년 만에 사위인 경문왕(총 15년)이 즉위했다. 바로 효녀지은의 성장기였다. 그 후 헌강왕(총 12년), 정강왕(총 15년), 진성여왕(총 11년)과 병행되었는데 이들은 경문왕의 두 아들과 딸이다. 곧 경문왕부터 진성여왕까지 총 36년 이상의 통치 기간이 중심 배경임을 알 수 있다.

한편 당(唐)과의 관계(본기)를 보면 성덕왕(33대)부터 원성왕(38대)까지는 오간 물자의 기록[181]이 보다 구체적이다. 실제 흥덕왕(42대)까지 지속되었다가 왕권 쟁탈(희강왕, 민애왕, 신무왕)로 소원해졌다. 때문에 문성왕 2년(서기 840년) 당(唐) 문종이 볼모와 학생들을 합해 총 105명을 돌려보낸 상황은 홍려시에 유학생들의 유학 비용과 식량 제공을 청한 시대(헌덕왕 17년, 서기 825년)와 비교된다. 그 후 외교 관계(문성왕 3년, 왕 13년)가 재개되었으나 문성왕 통치 기간(총19년) 중 일어난 네 차례의 반란(왕 3년, 8년, 9년, 왕 11년)으로 보아 여전히 불안정한 상황이었다.

그러나 균정파에 이어 즉위한 경문왕(제륭파)이 안으로 왕권 강화에 힘쓰면서 밖으로는 외교 관계(왕 2년, 서기 862년7월, 8월)를 재개해 당(唐)에 사신을 보내고 일본 사신(왕 4년)도 맞았다. 왕 5년(서기 865년)에는 당(唐)에서 헌안왕을 조문하면서 비단 1천 필을 보내고 아울러 많은 양의 물품을 왕실에 보냈다.

당시 물품 내력을 보면 왕에게 임명장 1통, 정절 한 벌을 내리면서 오색비단 500필, 의복 2벌, 금과 은으로 만든 그릇 7벌을 보냈으며, 왕비에게는 오색비단 50필, 의복 1벌, 은그릇 2벌, 그리고 왕태자에게는 오색비단 40필. 의복 1벌, 은그릇 1벌을 보냈다. 또한 대재상에게는 오색비단 30필, 의복 1벌, 은그릇 1벌, 그리고 다음재상에게는 오색

---

180) 실제 53대 신덕왕(박씨)이 헌강왕 사위이다.
181) 본기에서 성덕왕, 효성왕, 경덕왕, 혜공왕, 원성왕 대는 특히 상세하다. 경덕왕 15년 당(唐) 현종이 "해마다 조공을 잘하고 예악과 명의를 힘써 실천"하므로 시 한편을 내렸다.

비단 20필, 의복 1벌, 은그릇 1벌을 내렸다.

　이로 인해 상류층이 향유한 생활 정도와 향후 보내야 할 답례 물품도 대략 짐작할 수 있다. 특히 경문왕(왕 9년, 서기 869년)이 왕자인 김윤 등을 당(唐)에 보내 그 은덕에 사례하며 보낸 물품 내력은 전대와 비교할 수 없을 정도로 다양하고 사치스러웠다.[182] 대략 종류만 해도 말, 부금, 은, 우황, 인삼, 비단, 모직, 모시, 머리털, 금비녀, 댕기, 장식품, 금사슬 주전자, 칼집 전대, 은사슬 주전자, 금 새긴 방울, 금 새긴 통, 매 묶는 가죽, 금바늘 통, 은바늘 통, 바늘 등이 각각 수십, 수백 개 씩이며 바늘은 1500개를 보냈다.

　당시 물품 교류는 물자 교역의 의의도 적지 않았으나 상층에서 쓰인 생활용품 내지 소비용품들이 백성들의 노역과 조세를 통해 마련되기 때문에 백성들의 부담이 적지 않았다고 볼 수 있다.

　특히 경문왕은 왕이 되기 전 헌안왕과의 문답에서 겸손하고, 검소하며, 위세 부리지 않은 인품 때문에 사위로 선택되어 나이 16세[183]에 즉위했다.[184] 그러나 통치 후반(왕 11년-13년, 서기 871년-873년)부터 약화된 왕권과 위엄을 회복하기 위해 황룡사 탑을 고쳐 만들고 궁궐을 수리하는 등 재정 소비가 적지 않았다. 또한 통치 기간(총15년) 중 반란군(왕 6년, 8년, 왕 14년)의 일족을 죽이고 수레에 매어 찢는 등 그 벌이 가혹했다.

　더욱이 경제와 연계된 자연 기후를 보면 왕 3년(서기 863년) 11월 눈이 오지 않았다. 왕 7년 8월 큰물이 지고 곡식이 여물지 않았으며, 전염병이 돌았다. 또한 왕 10년에는 지진이 있었고 큰물이 졌으며 전염병이 돌았다. 왕 12년도 지진이 있었으며 8월에는 황충이 생겨 곡식이 상했다. 그리고 왕 13년 백성들이 굶주리고 전염병이 돌았다. 왕 15년 지진이 있었으나 왕은 임해전(왕 7년)을 수리하고 이듬해(왕 8년8월)는 조원전을 수리했다. 그리고 왕 11년에는 황룡사 탑을 다시 고쳐 만들고 월상루를 수리했으며 월정

---

182) 이우경(편역), 『새로운 삼국사기』①신라·통일신라 편, 392-393면. 경문왕 9년 기록 (본기)은 그 어느 시대보다 상세하다.
183) 『삼국사기』 신라 본기 헌안왕 4년의 문답에 의하면 당시 왕의 나이는 16세이나 『삼국유사』에 의하면 약관(弱冠)으로 표현(20세)되어 차이가 있다.
184) 신라 본기 헌안왕 4년(서기 860년) 왕과 응렴의 문답이 사전(史傳) 형식으로 서술되었다.

루(왕 14년)를 다시 수리했다.

반면 헌덕왕(경문왕아들) 대는 그 어느 왕조보다 풍요로웠다. 역사적으로 당(唐)의 사정(황소의 난) 때문에 당(唐) 사신 교류가 7년 동안 중단된 시기였다. 이와 같이 사신 교류가 중단된 사이에 나라와 백성들의 삶이 보기 드물게 풍요로웠다면 그동안 당(唐)과의 교류는 화친 관계 이상의 부담이 되었다는 의미와 같다. 곧 통일 신라 초기에는 정치, 외교 관계가 개선되고 경제적 효과와 문화적 영향이 적지 않았다. 그러나 점점 형식에 치우치고 물품에 대한 욕구가 지나치면서 나라 재정에 부담이 되고 귀족층의 과소비와 사치가 조장된 반면 가난한 백성들은 조세와 부역의 부담이 가중되었다고 볼 수 있다. 실제 헌강왕 대 풍년(본기)이 기후 때문이라고 했으나 당(唐) 사신 중단으로 백성들이 생업에 전념한 결과였다고 볼 수 있다.[185]

종합하면 효녀지은(경문왕딸, 진성여왕)은 아버지 없이(부권상실, 왕권상실, 경문왕이후) 홀로 어머니(나라영토)를 봉양(통치)했으나 갈수록 가난(피폐한상황, 재정파탄)에 시달린 말기 상황이 대변되었다.

비록 효종랑 부자(경문왕, 헌강왕)의 도움으로 양민(왕)이 되었으나 거의 종(극한적 현실, 망국적 상황, 나당관계)과 다름없는 효녀지은의 양면적 상황(신라 상, 하층/신라영토)은 지배층(사유화된 권력, 효종랑 부자)과 비교할 때 양극화된 사회 현실이 그대로 투영되었다.

특히 호국 희생정신으로 나라를 지켰던 과거 화랑들(통일정신)에 비하면 오늘날(효종랑, 화랑들)은 망국(신라 영토)적 위기(도적봉기)에도 불구하고 모녀의 생존을 위한 선행(곡식 한석)으로 그들의 본분(호국 희생정신)을 대신했다. 그러나 무엇보다 아버지 없이(신라현실, 나당관계) 극한적 현실에 이른

---

[185] 앞에서 자연 재해로 인한 백성들의 고통과 당(唐) 사신 왕래 기록이 여러 차례 병행 서술된 것과 달리 당(唐) 조공 의무에서 해방되자 적시에 맞춰 농사에 전념한 결과라고 할 수 있다. 한편 헌강왕은 그 다음해(왕 7년) 신하들에게 잔치를 베풀고 거문고와 노래를 즐겼으며, 왕 9년(서기 883년)에는 삼랑사에 행차해 문신들에게 시 한 수를 짓게 했다.

효녀지은의 "미담(효행)"이 당(唐) 외교 문서(표문, 수사에 치우친 미문 형식)로 활용된 상황이 보다 비극적(모녀의 통곡)이다. 곧 가난한 백성들의 노고(조세, 부역)로 생산, 조달된 "거리(조공물품)"가 당(唐)과의 외교 관계 유지에 일익을 담당했던 "현실적 고통(효행)"이 사실과 은유적 형태로 구성되었다.

48최치원: 최치원은 집안 내력은 알 수 없으나 일찍이(12세) 당(唐)에 유학해 과거에 급제하고 고변의 종사관이 되었다. 그 후 최고 문장가가 된 그는 신라에서 뜻을 펴기 위해 귀환했으나 말기여서 쓰이지 못하고 방랑하며 일생을 보냈다.

곧 경문왕 14년(서기 874년) 당(唐)에서 급제[186]하고 "황소의 난"(헌강왕 4년, 서기 878년)에 고변의 종사관이 되어 표(表), 장(狀), 서(書), 계(啓) 등을 지었는데 그 중 적을 크게 위압한 "격황소서(檄黃巢書)"가 유명하다.

그러나 뜻한 바가 있어서 신라(헌강왕 11년, 서기 885년3월)에 돌아왔으나 꺼리는 이들이 많아 쓰이지 못하고 태수로 나아갔다. 특히 기강이 해이해진 진성여왕 대 재정궁핍으로 공물과 부세 독촉에 곤궁해진 농민들이 토지를 잃고 노비가 되거나 초적(草賊)이 되어 나라 곳곳에 도적(왕 3년)이 일었다. 그 중 궁예(왕 5년)와 견훤(왕 6년)의 세력이 대표적이었다.

그 중 궁예가 북원과 하슬라(왕 8년) 그리고 성천, 철원(왕 9년) 등을 함락하며 강성해지자 최치원이 왕에게 "시무(時務) 10조"를 올려 가납되었으나[187] 실행되지 못했다. 그리고 왕(왕 11년)은 3년 후 태자(효공왕)에게 왕위를 물려주었다.

이러한 말기 상황이 투영된 "최치원"은 은유적 인물인 "효녀 지은"과 동시대이나 과거 중국의 "태사시중에게 보낸 글"[188]을 수록해 강성하고 진취

---

[186] 17세 나이로 과거 급제하여 28세에 돌아왔으나 나라가 어지러워 뜻을 펴기 어려웠다.
[187] 진성여왕 8년(서기 894년) 최치원이 왕에게 시무(時務) 10조를 올리니 가납하고 아찬(6급)을 삼았으나 이미 나라가 어지러워져 37세 나이로 자연에 귀의했다.
[188] 최예옥(편), 『국역 고운선생 문집』 하, 고운선생문집편찬회, 1973, 132-138면.

적이었던 삼국 역량과 이들을 아우른 통일 역량과 더불어 통일 신라의 역사적, 정신적, 존재적 의의를 총체적으로 되새겼다.

수록된 글을 요약하면 삼국은 마한, 변한, 진한으로 시작되어 고구려, 백제, 신라로 성장했으며, 고구려와 백제 전성기에는 군사들이 백만 명이어서 오(吳)와 월(越)을 쳤고 유연(幽燕), 제(齊), 노(魯)를 흔들어 중국의 근심이 되었었다. 특히 고구려는 수(隋)를 물리쳤을 뿐 아니라 당(唐) 태종도 물리쳤다.

그 중 신라는 태종무열왕이 "나라 위한 정성"으로 당(唐) 조정에 들기 시작했으며, 마침내 왕 7년(서기 660년) 당(唐)과 함께 백제를 물리쳤다. 그 후 당(唐)은 부여도독부를 두어 다스렸으나 풍습과 취향이 맞지 않아 이들을 하남으로 옮겼다. 이어 문무왕 8년(서기 668년) 당(唐)과 함께 고구려를 물리치고 이어 안동도독부를 두었으나 그 후(왕 18년, 서기 678년) 이들을 하남 농우로 옮겼다.

한편 고구려는 패망 후 그 무리를 모아 태백산 아래에 발해를 세웠다. 그러나 이들이 등주를 쳐 자사를 죽이자 당(唐) 현종이 이들을 쳤다. 이때 우리 군사(성덕왕 31년, 서기 732년)도 당(唐)을 도왔으나 눈과 추위 때문에 되돌아 왔다.

종합하면 경문왕부터 진성여왕에 이르기까지 당(唐)과 신라를 오간 "최치원"은 앞서 진취적이고 역동적이었던 삼국의 주체적 위상("편지")과 통일 과업을 되새겼다. 곧 삼한에서 삼국으로, 다시 나당(羅唐) 관계와 더불어 통일 신라로 지속된 역사적 바탕과 역량은 현재(김부식) 고려 건국으로 이어진 역사 현황까지 포괄되었다.

곧 고려(현종14년, 서기 1023년) 때 문창후(文昌候) 시호를 받은 대문호가 방랑한 자취는 광활했던 삼국 현장과 민족적 정기를 되새긴 역사적, 정신적 행보였다.[189]

49궁예: 궁예는 9세기 중반 신라 왕족[190]이었으나 그를 해치려 한 궁중의

---

[189] 당시 중앙 권력층과 귀족들에 대한 비판은 지방 호족들 외에 당(唐) 유학생, 육두품, 선종 승려 등 여러 계층들에게 파급되었다.

[190] 본기에는 명시되지 않았으나 열전에서는 47대헌안왕(서기 857년-861년)의 후궁이 낳았다고 했으며, 어떤 이는 48대경문왕(서기 851년-875년) 아들이라고도 했다. 말하자면

눈을 피해 종(유모)이 몰래 키웠다. 그 후 중이 되어 선종이라고 불렀으나 진성여왕 혼란기에 도적의 우두머리가 되었다.

본기에 의하면 정치가 문란하고 기강이 무너져 백성들의 삶이 피폐해진 진성여왕 대 궁예(왕 5년, 서기 891년)는 기훤에 이어 양길의 부하가 되었고 동쪽 지역을 함락한 후 무리가 600명에 이르자 스스로 장군(진성왕 8년)이라고 했다. 그리고 이듬해(왕 9년, 서기 895년) 저족과 생천을 빼앗고 한주 관내 부약과 철원 등 10여 곳을 함락했다.[191]

이에 신라는 최치원의 "시무 10조(왕 8년)"로 타개하려 했으나 실패하고, 마침내 진성여왕(왕 11년)이 태자인 요(52대효공왕, 서기 897년-912년)에게 전위했다.

그러나 궁예의 세력은 더욱 강성해서 패서도와 한산주 관내 30여성을 빼앗고 송악군에 도읍(효공왕 2년)했다. 그리고 이듬해는 양길도 물리쳤다. 이어 국원, 청주, 괴양 등이 항복한 이듬해(왕 5년, 서기 901년) 궁예는 왕을 칭한 후 신라 제도에 따라 백관(왕 8년, 서기 904년)을 마련했다. 그리고 국호를 마진, 연호를 무태 원년이라고 했다.

결국 패강도의 10여 곳이 항복하자 궁예는 이듬해(왕 9년7월) 도읍을 철원으로 옮기고 다시(8월) 변방을 침입해 죽령 동북쪽에 이르렀다. 이에 효공왕은 강토가 줄어 근심스러웠으나 궁예(왕 13년)는 진도군과 고이도성도 함락했다.

한편 견훤(효공왕 11년, 서기 907년)이 일신군 이남의 10여성을 빼앗은 후 친히 나주성(왕 14년)을 열흘 이상 포위했으나 궁예가 수군을 내어 물리쳤다.

그 사이 태조 왕건[192]이 진성여왕 10년(서기 896년) 송악군에서 와 궁예[193]에게 의탁하고 광주를 비롯해 충주, 청주, 괴양 등을 평정한 후 이찬(효공왕 4년, 서기 900년)의 벼슬을 받았다. 그 후 왕건이 금성을 쳐 나주로 만들고 대장군(왕 15년, 서기 911년)이 되었을 때 궁예가 국호를 태봉으로 고치고 연호를 수덕만세라고 했다.

9세기 중반 권력 쟁탈에 휩싸였던 인물이라고 볼 수 있다.
191) 견훤(왕 6년, 서기 892년)은 완산에서 세력을 키웠고, 적고적(赤袴賊)(왕 10년, 서기 896년) 등은 서남쪽에서 일어났다. 그 중 강성했던 궁예와 견훤이 후삼국 시대를 주도했다.
192) 신라 본기에 의하면 고려 태조왕건이 헌강왕 3년(서기 877년) 송악군에서 태어났다.
193) 열전에서는 이때의 시간이 불분명하나 고려사절요(고전 국역 총서 I, II, 민족 문화 추진 위원회, 1968년)에 의하면 진성왕 10년(서기 896년)의 행적이다.

반면 신라는 효공왕 말기(왕 15년, 서기 911년)로 왕이 첩에 빠져 정사를 돌보지 않았다. 그 이듬해 아달라왕(8대)의 먼 후손인 신덕왕(53대, 서기 912년-917년, 헌강왕사위)이 즉위해 박씨 왕조가 회복되었으나 궁예와 견훤의 세력은 보다 강성했다.

특히 궁예는 스스로 미륵불이라 일컫고 경전을 지어 강론하기도 했으며, 그 부하인 태조(신덕왕 2년)는 파진찬 시중이 되었다. 궁예는 다시 연호(수덕만세)를 정개 원년(신덕왕 3년)으로 고치고 태조는 백강 장군이 되었다.

그러나 궁예는 점점 법도에 어긋나서 이를 간한 부인을 해치고 주변 신하들과 백성들도 해치기 시작했다. 결국 왕건의 부하들이 태조 왕건을 우두머리로 추대하고 달아난 궁예는 산림 속에서 죽임을 당했다.[194] 곧 궁예가 일어난 지 28년(경명왕 2년, 서기 918년6월) 만이었다.

50견훤: 견훤은 상주 사람으로 원래 이씨였으나 견씨로 고쳤으며, 그의 아버지는 처음에 농사를 지었으나 후에 장군이 되었다. 특히 어려서 범이 젖을 먹였다는 견훤은 모습이 웅장하고 뜻과 기질이 비범하고 용맹스러워 일찍이 비장이 되었다. 그리고 진성여왕 혼란기에 완산에서 일어나 무주의 군현(郡縣) 등을 함락하고 후백제(진성왕 6년, 서기 892년)라고 했다.

시초에는 궁예가 강성했으나 견훤도 후백제 왕(52대효공왕 4년, 서기 900년)이 된 후 관제와 직급을 만들고 사신을 오월(吳越)에 보내는 등 외교 관계에도 힘썼다. 그 이듬해(효공왕 5년) 대야성을 쳤으나 함락하지 못하고 금성 남쪽으로 옮겨 부락을 약탈했다. 또한 효공왕 14년(서기 910년) 금성(나주)이 궁예에게 항복하자 견훤이 보병과 기병 3천 명을 거느리고 나주성을 포위했으나 궁예의 수군에 패했다. 이어(53대신덕왕 원년, 서기 12년) 궁예와 덕진포에서 싸웠다.

곧 후삼국 전반기는 궁예(+태조왕건)와 견훤이 신라를 집중 공격하면서 서로 견제했으나 후반에는 궁예 대신 추대된 태조 왕건과 견훤이 우세했다. 특히 견훤의 거센 공세로 신라는 태조 왕건의 도움을 청했다.

---

[194] 열전 "궁예"에서는 부양의 백성에게, 신라 본기에는 그의 부하에게 죽임을 당했다.

결국 견훤은 근품성을 빼앗고 불 지른 후 고울부를 급히 쳤다. 당시 신라가 태조의 구원을 청했으나 구원병이 이르기 전 포석정에 있던 시종인, 관료, 궁녀, 악공들을 해치고 이어 왕을 해친 후 왕비를 난행했다. 그리고 김부를 경순왕으로 세웠다.

이는 태조가 신라를 먼저 칠 것을 우려한 때문이었으나 이후 신라(경순왕 5년, 서기 931년)는 태조에게 귀의했다.

한편 신라를 초토화한 견훤은 그 해(경순왕 원년) 12월 태조에게 장문의 편지195)를 전했으며, 태조는 왜곡된 부분을 바로하기 위해 답했다.196) 이 후 견훤과 태조의 대결이 보다 치열해졌다.

우선 견훤(경순왕 2년, 서기 928년5월)이 강주를 치자 유문이 항복했으며, 8월에는 견훤이 양산성을 쌓았다. 이에 태조가 왕충에게 이들을 치게 하니 물러나 대야성을 지켰다. 그해 11월 견훤이 부곡성197)을 쳐 빼앗고 지키던 군사들을 죽였다. 또한 이듬해(왕 3년, 서기 929년7월)는 견훤이 의성부를 쳐 성주인 홍술이 전사했다. 때문에 태조가 좌우의 팔을 잃었다고 슬퍼했다.

그리고 이들은 고창군 병산 밑에서 싸웠으나 견훤이 패하고 8천여 명이 죽었다. 이어 견훤이 다음 날 패잔병으로 순주성을 급히 쳤는데 원봉이 성을 버리고 도망하자 견훤이 백성들을 전주로 옮겼다. 그러나 왕 6년(서기 932년)에 견훤의 신하이며 책략가인 공직

---

195) 요약하면 백성들이 도탄에 빠질 것을 우려해 육부를 의롭게 타일렀으나 그들이 피해 달아나다 변란으로 죽게 되었다. 이에 경명왕 외가 동생인 헌강왕 외손을 경순왕으로 받들어 위급한 나라를 구했는데 "그대"는 소문만 듣고 침입해 소란스럽게 했다. 이어 여러 장수들이 패한 사실들을 일일이 열거하고 평양성 다락에 활을 걸고 패강의 물을 말에게 먹일 것이라고 했다.
196) 태조의 답은 삼한이 재앙을 만나 구주가 흉년이 들고 백성들은 도적이 되었기 때문에 좋은 이웃이 되기 위해 우호 관계를 맺었으나 갑자기 일이 생겨 싸우게 되었다. 또한 견훤은 임금이 다스리는 지역을 흔들어 금성을 어지럽히고 임금을 해치는 등 포악했으나 태조는 임금을 도울 충성으로 나라의 위험을 지키려 했다고 말했다. 이어 싸움한 지 두해가 되니 한(漢) 왕처럼 공적을 세워 천하를 평화롭게 구하겠다고 했다. 아울러 견훤이 병기를 거두면 오월왕의 말을 받들어 끊어진 왕업을 이을 수 있을 것이라고 했다.
197) 신라 본기에는 10월에 무곡성(武谷城)을 쳤다고 했으나 열전에서는 부곡성(缶谷城)이라고 했다. 또한 『고려사절요』에는 오어곡성(烏於谷城)이라고 했다.

이 태조에게 항복했다. 이에 견훤은 그해 9월 염주, 백주, 정주의 배를 빼앗고 100척을 불 지르게 했다. 그리고 방목한 말 300필을 잡아 갔다.

그 후 견훤은 마침 태조(경순왕 8년, 서기 934년정월)가 운주에 있다는 말을 듣고 군사 5천 명을 뽑아 갔다. 그러나 고려의 금필이 이들이 미처 진을 치기 전 갑자기 쳐 3천여 명을 베고 사로잡았다. 이후 웅진 이북의 30여성이 태조에게 항복했다.[198]

당시 견훤은 10여 명의 아들 중 금강(넷째아들)에게 왕위를 전하려 했다. 때문에 신검(큰아들)이 견훤을 불당에 가두고 금강을 죽이게 한 후 왕(경순왕 9년, 서기 935년3월)으로 즉위했다. 이에 견훤은 그 해 6월 금성으로 달아나 태조에게 귀의하고 상보(尙父)가 되었다.[199] 그리고 다음해[200](천복원년, 서기 936년6월) 태조와 함께 신검을 쳤다.

곧 태조는 먼저 태자인 무(武)와 장군인 술회에게 보병과 기병 10만 명을 거느리고 천안부로 나아가게 했다. 이어 태조(9월)가 삼군을 거느리고 천안에서 군사들을 합한 후 일선군에서 신검의 군사와 마주했다.[201] 그러나 이미 항복한 후백제 장군들(효봉, 덕술, 명길 등)이 신검의 위치(중군)를 알렸기 때문에 태조는 양쪽에서 이들을 일시에 쳤다.

결국 신검(후백제)이 두 아우와 장군 40여 명과 함께 항복함으로써 후백제는 견훤이 세운지 45년 만에 견훤 스스로 나라를 물리친 비극이 초래되었다.[202]

---

198) 신라 본기에서 경순왕 9년(서기 935년)10월 신라는 사방 토지가 모두 다른 이의 소유가 되고 나라 힘이 약해져 안전을 보존 할 수 없었다. 이에 왕이 김봉휴에게 국서를 주어 태조에게 항복하기를 청했다.
199) 견훤의 사위인 영규도 다음해(천복 원년, 서기 936년2월) 태조에게 호응했다.
200) 신라 56대 경순왕이 왕 9년(서기 935년)10월 태조에게 항복하여 11월에 귀순한 때문에 그 다음 해는 "천복 원년(서기 936년)"으로 표기되었다.
201) 태조는 먼저 상보인 견훤과 함께 군사들을 살피고, 대정승인 견권, 술회 등에게 보병과 기병 3만 명을 거느리고 왼쪽 진영이 되도록 했다. 또한 김철, 홍유 등은 보병과 기병 3만 명을 거느리고 오른쪽 진영이 되도록 했다. 그리고 순식을 비롯해 긍준, 왕겸, 왕예, 금필 등에게는 무장한 기병 2만 명, 보병 3천 명, 흑수철리 등 여러 도에서 뽑은 강한 기병 9천 5백 명을 거느리고 중군이 되게 했다. 또한 대장군인 공훤과 장군인 왕함윤은 군사 1만 5천 명을 거느리고 선봉이 되게 했다.
202) 그 후 태조는 일을 꾸민 능환을 베고, 신검 등 나머지는 죽음을 면해 주었다. 그러나

종합하면 통일신라 멸망과 병행된 궁예와 견훤의 흥망사는 시초에 부조리한 시대에 당면한 여러 모순에 도전했으나 스스로에 내재된 정체성 혼란은 자체로 복잡하고 혼란스러웠던 통일 신라 말 과도기 상황이었다고 볼 수 있다. 곧 사상적 바탕(고유한 문화 의식과 유학적 국가관과 불교적 세계관)에서 비롯된 시대 의식과 존재 가치관의 혼란과도 연계되었다.

그럼에도 이들이 발호한 순리(順理)적이고 역리(逆理)적인 여러 요인들은 기본적으로 통일 신라 말 정치적 내분과 연계된 사회적 모순과 인간적 한계 외에 세계사적 변화에 부응한 시대적, 사상적 새 기운이기도 했다.[203]

이상으로 삼국 전환기를 대표한 인물들(총50여 명)의 시대적 위상과 배경 역사를 통해 이들의 역사 공동체적 관계와 그 본질적 위상을 살펴보았다.

무엇보다 기존의 편찬자 체재를 해체하여 중심 인물과 소통, 연계된 역사 공동체적 관계를 회복하면 이들의 본질적 위상과 세계 상황이 보다 총체적으로 조망될 수 있음을 알 수 있었다.

특히 사관의 역사 기술 방법을 근거로 중심 인물의 역사적, 존재적 "실재들"이 재현된 열전은 각국의 정통성과 국가 존립 의의가 중시된 지배 관점(본기)과 근본적으로 달랐다. 무엇보다 본기는 그 독자적인 역사적 위상 때문에 삼국 대결 상황이 나라(삼국)마다 반복 서술되면서 대립과 갈등 양상이 실제 이상(2, 3배)으로 증폭된 것처럼 인식될 수 있었다. 또한 각국의 지배 왕조 중심에서 서술된 단편 사실들은 흔히 "역사 기술"이라는 고정관념 때문에 그 지시된 단편 문장의 역사적 사실 여부와 진위 등이 우선시된 역사 관점에 한정되기 쉬웠다. 때문에 문장 형식에 내포된 다양하고 본질적인 의의—삼국 대결이 반복 강조된 참뜻, 각국 지배층의 시대적 한계와 연계된 자

견훤은 등창이 나 황산의 불당에서 죽었다.
[203] 통일 신라에 이어 두 번째 통일 국가를 자력으로 세운 고려(태조 왕건)는 고구려 회복 정신을 바탕으로 통일 신라 문화를 계승하고 거란에게 멸망 당한 발해(서기 926년) 유민도 포용하는 개방 정책으로 보다 실질적인 민족 통일을 이루었다.

연 재해, 외교 관계와 병행된 백성들의 존재 상황, 지배층의 권력 쟁탈과 도덕성, 상, 하층의 균형 관계 등- 등이 간과되기 쉬웠다.

따라서 편찬자(김부식)는 다시 일반 백성들 관점으로 도치, 전환된 열전을 통해 그 시대적, 존재적 의의를 사실(역사)과 은유(문장형식)적 방법으로 개방했다. 그럼에도 흔히 정사(正史)의 권위에 압도되어 다양하고 광범위하게 함축된 의미를 유추하기는 결코 쉽지 않으나 본기를 근거로 확장, 개방된 열전의 문장 형식과 구성 형태는 본기에 정체(停滯, 正體)된 시대와 역사 경험을 인간 보편적 현실로 새롭게 인식하고 활성화 한 또 다른 역사 인식 방법이며, 존재적 질문들이다.

결국 열전의 생성 요인인 배경 역사는 따로따로 서술된 역사적, 개인적 경험 사실에 한정되기보다 인간 공동체적 세계 상황과 다양하게 소통, 연계된 관계 속에 구성된 의미 상황들이기도 하다. 때문에 열전의 전체와 부분이 보다 총체적이며 본질적으로 이해되기 위해서는 이들의 시대 역사적 위상이 역사 공동체적 관계로 재정립될 필요가 있다.[204]

---

[204] 삼국은 화친 관계와 침입 등으로 민족 이동이 끊임없이 지속되었다. 곧 건국 초기부터 말기까지 변경을 중심으로 다양하게(교류, 포로, 이주, 도망 등) 교차, 혼융되어 문화적으로도 침윤되었음을 알 수 있다. 그럼에도 동시대 공통적으로 연계된 대립, 갈등 사실이 삼국 본기마다 기록되면서 그 양상이 두, 세 배로 증폭(반복)된 결과 그 본질이 왜곡될 수 있었다. 특히 각국의 지배 의식에 고정되면 상대(나라, 역사, 인물)는 모두 적과 침입자로 구분된 단순 논리에 그치기 쉽다. 따라서 통시적, 공시적으로 개방된 관계 상황 등을 통해 그 본래의 의의가 보다 심도 있고 광범위하게 주시, 개방될 필요가 있다.

Ⅳ. 인물의 관계 양상과 함축된 의의

　『삼국사기』 열전은 이른 바 삼국 역사를 배경으로 총 50여 명의 고유한 상황이 독자적으로 구성된 인물전 모음이다. 따라서 시, 공간 등 다양한 관계 상황에 따라 일렬로 구성된 이들 공동체적 세계 상황은 비록 같은 시대, 같은 경험을 공유했더라도 "지나간 실재(경험된 시간)" 속에 구현된 각 형식 체계[1]에 따라 다양하게 구분된다. 말하자면 하나의 "지시된 세계"에 한정되기보다 다양한 "문장(문학) 형식"에 투영된 "세계-내-존재"로서 "의미"의 총체들이기도 하다.[2] 때문에 시, 공간적 변화를 포함해 인간과 세계와의 관계 속에 다각도로 구축된 "담론"의 형식과 기능[3]을 통해 보다 의미 있게 이해(해석)될 수 있다.[4]

---

1) 폴 리쾨르, 『텍스트에서 행동으로』, 박병수·남기영(편역), 아카넷, 2002, 6-9면.
　역사는 역사를 만들어 내는 사람들의 행동과 결합되어 있어서 궁극적으로 이야기와 완전히 단절될 수 없다. 곧 역사 속의 이질적인 요소들을 하나의 지성적인 전체로 구성하는 기초적 이야기 단위가 "플롯"으로 구현되었다.
2) 앞글, 233-236면.
　한스 페터 헴펠, 『하이데거와 선』, 이기상·추기연(옮김), 민음사, 1995, 151-162면.
3) 앞글, 7면. "행동자, 목적, 상황, 상호 관계, 결과" 등이다.
4) 앞글, 233-235면.

그럼에도 열전의 세계는 보다 다양하고 광범위해서 본기에 명시된 역사적 인물들의 "지시된 역사 사실" 혹은 "통념적인 시대 상황" 뿐 아니라 본기에 명시되지 않은 은유적 인물들의 "고유한 상황"과 형식적 체재 등 그 관계 상황이 보다 복잡하다.

결국 사실과 은유가 혼융된 다양한 구성 방식은 역사적 사실의 유한성을 개방, 확장하고 은유적 의미의 무한성을 구체화, 현실화하기 위한 교체 방법이었다. 곧 보이는 세계(역사, 현실)와 보이지 않는 세계(정신, 문화)가 공존, 혼융된 인간 본래의 양상이 우주적 관계로 확장, 개방된 형태가 바로 열전의 본질이라고 할 수 있다.

이들 관계 양상을 나라와 시대에 따라 크게 여섯 부분으로 나누어 살피면 다음과 같다.[5]

1. 삼성 교체와 김씨 내물왕계 확립

시조 박혁거세가 세운 신라는 일찍이 사위인 석씨 왕조(4대탈해이사금)로 교체된 후 두 성씨(박씨, 석씨)가 때에 따라 지배했다. 그리고 토착 세력인 김씨 왕조가 포함되어 삼성(三姓) 교체기가 일정기간 지속되었다.

곧 탈해왕이 계림 숲에서 금궤에 든 김알지(왕 9년)를 얻어 아들로 삼았는데 그 후손이 김씨 왕조 시조인 13대 미추이사금(11대조분왕 사위)이다. 그러나 흘해이사금(석씨)을 끝으로 삼성(三姓) 시대가 마감되었다.

그리고 내물이사금대 정립된 김씨 체재는 부자 세습이 온전하게 이룩된 자비마립간 이후 진흥왕(24대) 대 발전으로 이어졌다.

이들 관계는 다음과 같다.[6]

---

[5] 방법은 역사 지속 기간에 따라 나라별(신라, 고구려, 백제)로 나누고, 고구려(총7명), 백제(총3명)에 비해 구성원이 많은 신라 인물(총40명)은 통일 과업 전(시조박혁거세-진덕여왕, 총19명), 후(태종무열왕-경순왕, 총21명) 전환기에 따라 총 네 부분으로 나뉘었다.

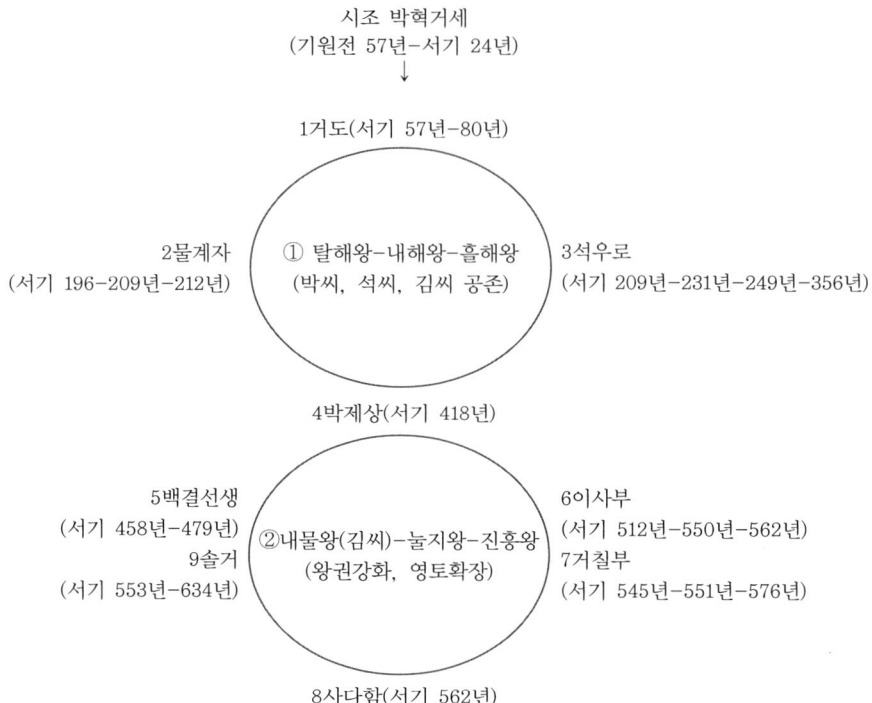

이상에서 원 ①과 원 ②는 "박제상"을 중심으로 상(△), 하(▽) 형태로 구성되었다.

그 중 원 ①(△)은 신라 초기 탈해이사금(거도)부터 마지막 석씨 왕조인 흘해이사금(석우로)까지 삼성(三姓) 공존의 시대가 세 인물(거도/ 물계자/ 석우로)로 대변되었다.

그 중 상부 중심에 위치한 "거도"는 신라 최초의 변환기였던 탈해이사금(석씨) 대 인물이나 김알지를 아들로 삼은 사실(김씨 토착세력)이 혼융, 복합된 은유적 인물이다.

결론부터 말하면 최초 인물인 "거도"는 본기에 명시되지 않았으나 "마숙놀이(거도, 이사부)"로 6세기 인물인 이사부와 소통 연계된 결과 실제 거칠

---

6) 명시된 이름 앞에 붙인 일련 번호는 신라인 총 40명의 시대 순위를 나타낸 것이다. 따라서 총 50여 명의 시대 순위와 차이가 있다.

부, 사다함과 같은 김씨(김알지) 계보(미추이사금)임을 알 수 있다. 곧 박씨(시조박혁거세)를 견제한 석씨(탈해왕)가 토착 세력인 김씨(김알지)와 연합, 공존한 초기 상황과 4세기 중반 이후 확립된 김씨(내물이사금) 왕조가 이미 시초부터 발아되었다는 "대전제"가 개시(開始)되었다.

그러나 건국 초 왕위를 서로 양보(3대유리이사금, 박씨)하며 공존(4대탈해이사금, 석씨)했던 삼성(三姓) 관계는 박씨 왕조(5대)에 이어 다시 석씨 왕조(9대)로 바뀐 후 대립 관계가 보다 표면화되었다.

바로 물계자(원①, 좌측)의 공적 무시에 투영되었으나 그가 본기에 명시되지 않은 일반 백성이어서 개별적으로 보면 내해이사금(석씨) 태자였던 석우로(원①, 우측)와 무관해 보인다. 그러나 이음(석씨왕손)이 미워한 때문에 기록되지 않은 물계자의 공적은 그 후 왕(10대내해이사금)이 나아간 싸움에서도 그 공적이 기록되지 않았다. 결국 본기와 열전에 서술된 사실들을 종합하면 실제 물계자, 이음, 이벌찬, 석우로는 팔포상국이 가라를 침입(내해왕 14년)했을 때 모두 같은 공적을 세운 동시대인들이다. 따라서 지배층의 왕손인 이음이 물계자의 공적을 사심으로 외면했다면 결과적으로 물계자는 당시 석씨 왕조가 견제한(미워한) 박씨(건국시조) 계통의 대표적 인물이었다고 추측될 수 있다. 곧 신라 초기 시대 상황과 삼성(三姓) 관계가 거도(김씨)/ 물계자(박씨)/ 석우로(석씨)의 행적에 집약되었음을 알 수 있다.

때문에 물계자는 시조 박혁거세의 정통성이 "지사(志士)"로 비유된 반면 석씨 왕손은 물계자의 공적을 무시한 "부덕과 불합리성"으로 인해 과거 석탈해가 "빼앗은 행위"까지 함축되었다. 결국 "산속으로 은둔"한 물계자의 행위는 표면적으로는 석씨 왕조에 밀린 지사 정신이나 "세속적 행위와 구분된 신성성(건국시조 신화)"이 내포되었다. 특히 그가 지닌 거문고[7]는 몸을 닦고

---

[7] 삼국사기 제 32권 잡지1 "음악"에서 거문고는 원래 진(晉)에서 고구려에 보내진 칠현금으로 왕산악이 본 모양에다 구조를 고쳐 100곡을 지어 연주했으며, 신라에서는 옥보고가 곡을 지어 전했다. 당시 검은 학이 와 춤을 추어 현학금(玄鶴琴)이라고 했으나 후에 현금(玄

성품을 바로잡아 자연 그대로의 참됨을 표시하며, 모양과 줄은 천지와 오행을 본뜨고 큰 줄과 작은 줄은 임금과 신하의 관계가 표상된 점에서 참된 군신 관계가 내포된 상징적 매체라고 할 수 있다.

반면 역사적 실존 인물인 "석우로(원①, 우측)"는 당시 감문국, 왜, 사량벌국 등 외세를 물리친 뛰어난 명장이었다. 그러나 왜(倭) 사신에게 왜왕을 비하한 희언 때문에 왜군에게 불태워진 사실과 부인의 보복으로 왜와의 대립이 정치적, 심리적으로 가중된 현황이 재현되었다. 곧 석씨 왕조가 마감되고 김씨 왕조가 도래한 당위성이 총체적으로 함축되었다.

이어 원 ②는 김씨 내물왕계 시초부터 영토를 크게 확장한 진흥왕 대까지 상황이 사실과 은유적 형태로 개방되었다.

그 중 김씨 내물왕계 왕권 확립에 기여한 박제상이 상, 하 좌, 우 중심부(원①,②)에 배치되어 그 바탕 정신임이 함축되었다.

곧 석씨 왕조(흘해왕, 석우로아들)에 이어 즉위한 내물이사금은 보다 강성한 주변국(고구려 고국양왕, 광개토왕)과 격변기 내부(석씨/김씨, 내물왕/실성) 정세로 인해 실성(조카)을 고구려에 인질로 보냈다. 그러나 실성은 왕 말기에 돌아와 실성이사금으로 즉위했다.

그 후 실성왕은 다시 내물왕의 아들들을 고구려(복호)와 왜(미사흔)에 인질로 보내고 눌지까지 해치려 했으나 고구려인의 도움으로 오히려 눌지가 실성왕을 물리치고 눌지마립간(19대)으로 즉위했다. 그리고 박혁거세 후손인 박제상(파사왕 5대손)[8]과 연합(도움)해 왕권을 강화했다.[9]

결국 "박제상"은 거도(김씨)부터 사다함(김씨 내물왕 7대손)까지 소통, 연계된

쫒)이라고 불렀다.
8) 삼국유사에는 김제상으로 나타나 있다. 이범교(역해), 『삼국유사의 종합적 해석』 상, 민족사, 2005, 220-243면.
9) 건국 시조인 박혁거세는 2대남해왕부터 〈박씨+석씨〉 관계였으나 석탈해(사위)는 박씨를 견제하기 위해 〈석씨+김씨〉 체재로 바꾸었다. 그러나 김씨(내물왕) 왕조는 다시 〈김씨+박씨〉 관계로 바뀌었다. 결국 석씨 왕조는 견제된 양측(시조박씨, 김씨왕조)에서 볼 때 모두 부정적인 왕조가 된다.

중심에서 시조 박혁거세 건국 정신이 함축된 양상이다. 따라서 김씨 왕조는 그 정통성을 기반으로 수립된 의의가 크다. 그럼에도 신라 초기 대표적 세 성씨(姓氏) 중 두 성씨가 왜(倭)에 불태워진 상황(3세기-5세기)은 당시 심화된 양국 관계를 짐작할 수 있다.

이어 체제가 정비되고 왕권이 강화된 후 크게 발전한 양상이 본기에 명시된 역사적 인물들(원②, 우측)과 본기에 명시되지 않은 예인[10]들(원②, 좌측)로 표상되었다. 이들은 진흥왕 대 영토 확장과 더불어 문화적, 사상적 발전을 이룬 주체들이다.

먼저 백결선생(원②, 좌측)은 『삼국사기』 "잡지(雜志)"에 "방아타령(碓樂: 대악)"의 작자로 명시된 사실을 근거로 자비왕 대 역사 상황이 상징적으로 구성되었다. 특히 꿰매 입은 옷 때문에 백결선생으로 지칭된 그는 섣달 그믐 즈음 이웃의 곡식 찧는 소리를 듣고 가난한 삶을 한탄한 아내를 위해 거문고로 방아소리를 표현했다.

즉 자비왕 대는 김씨 왕조가 온전하게 세습된 역사적 의의에도 불구하고 극심한 왜(倭)의 침입으로 불안정했다. 또한 고구려 장수왕(왕 63년, 서기 475년)[11]이 백제를 초토화한 상황이어서 국방(성 쌓기)에 주력했다.

마치 꿰맨 옷처럼 둘러친 성곽에 메추리(왜인)가 주렁주렁 매달린(침입)듯한 상황은 김씨 왕조 초기(맑은) 혼란상과 궁핍함이 복합된 양상이다. 반면 강성한 이웃(고구려장수왕)의 풍요로운 방아 찧는 소리(침입, 강력한 힘)는 궁핍한(힘없는, 두려운) 아내(신라영토)에게 시름(백성들의 고통)만 더했다. 더욱이 고구려의 침입 후에는 대체로 왜(倭)의 침입이 있어서 백성들의 시련이 가중되었다.[12]

---

10) 3대 유리왕 5년(서기 28년)에 백성들의 즐거운 생활을 표현했다는 두솔가(兜率歌), 회소곡(會蘇曲) 그리고 눌지왕 대의 우식곡(憂息曲), 자비왕 대 백결선생의 대악(碓樂, 방아타령) 등이 『삼국사기』 권32, 〈잡지〉1, 음악 편에 서술되었다.

11) 신라 본기에는 자비왕 17년(서기 474년)의 기록이어서 차이가 있다.

12) 먼저 말갈(왕 2년, 서기 480년)의 침입이 있었으며, 이듬해(장수왕 69년, 서기 481년) 3월에는 고구려가 말갈과 연합해 신라의 호명성 등 7성을 빼앗고 미질부로 나아갔다. 이에 신라는 백제와 가야와 연합해 이들을 막고 천여 명을 목 벴다. 그리고 다음해(왕 4년) 왜(倭)가 침입했다.

결국 "백결선생(방아타령)"은 부부애(사랑, 군/신/백성 화합)를 통한 고난 극복 의지와 "새해(새 김씨왕조)"에 대한 희망(역동적 흥취/강력한 왕권/확장된 국력)이 구가되었다. 곧 진흥왕 대 역사적 인물들(이사부, 거칠부)의 위업으로 구체화되었다.

그 중 "이사부"(열전)가 지증마립간 대 변경의 관리가 되어 "마숙"13)으로 가야를 빼앗은 업적은 거도와 유사하다. 일찍이 "마숙놀이"가 본기에는 명시되지 않았으나 신라 최초 인물인 "거도"(탈해왕)부터 4세기가 지난 "현재(이사부)"까지 변경에서 집단적으로 행해진 점에서 김씨(토착세력) 계보의 "전통 놀이이며 책략"임을 짐작할 수 있다.

그 후 이사부는 목우사자로 우산국을 항복시키고 이어 백제와 고구려 성을 함락했다. 그리고 사다함14)을 부장으로 삼아 가야의 반란을 진압한 공적 등 진흥왕 대 영토 확장의 중심인물이었다.

또한 거칠부는 당시 이사부(이찬)의 역사 편찬 주청으로 역사를 편찬했다. 그리고 고구려 죽령 밖과 고현 안의 10여성을 빼앗아 한강 유역을 확보한 때문에 신라 발전의 전환점이 되었다. 그 외 고구려에서 혜량법사를 국통으로 맞은 사상적 업적(열전)도 크다.

또한 2년 후(왕 6년, 장수왕 72년) 다시 침입한 고구려를 백제와 연합해 물리쳤으나 그 2년 후(왕 8년, 서기 486년) 왜(倭)가 다시 침입했다. 그리고 왕 11년(장수왕 79년) 9월과 10월 고구려가 호산성을 함락했는데 백제 동성왕(왕 15년, 서기 493년, 자비왕 15년, 고구려 20대문자명왕 2년)이 혼인하기를 청해 이벌찬 비지의 딸을 보냈다. 왕 16년은 고구려가 다시 침입해 견아성으로 물러나 포위당하자 동성왕이 군사 3천 명을 보내 구원했다. 그리고 다음해(왕 17년) 고구려가 백제의 치양성을 포위했을 때 신라가 구원해 고구려 군사들이 흩어졌다. 이어 왕 18년(서기 496년) 고구려가 신라의 우산성을 쳤으나 물리치니 이듬해(왕 19년) 4월 왜(倭)가 침입했다. 그리고 9월에 고구려가 우산성을 함락했다. 왕 22년(서기 500년)에는 왜(倭)가 장봉진을 함락했다. 그 후 고구려(장수왕)가 백제를 크게 치고 이어 신라를 공격했으나 신라와 백제는 서로 연합해 강력한 고구려에 대응했다. 그러나 고구려 침입 후엔 대체로 왜(倭)가 침입한 상황이 반복되었다.

13) 마숙(馬叔)은 일종의 놀이(연례행사)가 상황에 따라 변한 책략인데 열전 "거도"와 "이사부"를 통해 서술되었다. 이는 고구려와 백제 본기에서 왕이 예로부터 말을 타고 "사냥"한 기록과 차이가 있다.

14) 이 부분은 "사다함"에 서술되었다.

한편 황룡사 벽화를 그린 솔거(원②, 좌측)는 본기에 명시되지 않은 은유적 인물로 "백결선생"과 함께 진흥왕 대 불교 사상과 문화적 업적을 뜻하나 그 후 퇴색된 현황까지 상징적으로 대변해 역사적 지속성도 함축되었다.

곧 6세기 이후 크게 확장된 영토(이사부, 거칠부, 사다함)를 기반으로 정치적, 사상적, 문화적 우월감이 발현된 진흥왕 대는 특히 불교 사상(황룡사)을 중심으로 통일의 기반과 바탕 정신이 구축되었다. 말하자면 벽화에 그려진 생생한 노송에 까마귀, 솔개, 제비, 참새(세계상황, 삼라만상, 백성들)가 날아든(모여든) 생기(솔거의 예술적재능, 신라의 역동적생기, 진취정신)는 진흥왕 대 발전상이 투영되었다. 그럼에도 세월의 변화(성골말기, 태종무열왕계 말기, 통일신라 말기)로 채색이 변질되자 덧칠(모방, 모조)로 본래의 생기를 모색했으나 진흥왕 대 신화(神畵)는 통일 왕조(태종무열왕계) 중반 이후 신화(神話)적 기운을 잃고 퇴색된 상황까지 포괄되었다.

끝으로 원 하부 중심에 위치한 사다함은 진골 출신의 화랑으로 진흥왕 대 가야를 친 공적에도 불구하고 상으로 얻은 가야 사람들을 모두 놓아주고 밭도 사양한 후 무관랑과의 신의를 지킨 대표적 화랑이다. 곧 과거 문식파에서 무사파로 변모된 대표적 풍월주(5세)로서 그의 화랑 정신(선행, 무사심, 신의)이 신라 통일 과업의 중추적 바탕 정신임이 거도(김알지)와 일관된 형태로 관통되었다.

종합하면 초기 삼성(三姓) 체재 이후 확립된 김씨 내물왕계를 주축으로 체제를 정비하고 자주 국방에 힘쓰며 정신 문화 의식이 고취된 결과 진흥왕 대 발전에 이른 총체적 상황(원 ①,②, (△/▽))이 사실(원우측)과 은유적 형태(원좌측)로 구축(◇)되었다.

2. 성골 왕조의 한계와 새로운 대안

신라는 6세기 중반 한강 유역을 확보한 후 크게 발전했다.

그러나 많은 영토를 빼앗긴 고구려와 백제는 영토 회복을 위해 보다 공격적이었다. 그 중 백제는 성왕이 관산성에서 전사한 후 신라와의 갈등이 보다 표면화되었으며, 고구려는 중국을 통일한 수(隋)가 위협적이어서 영토 회복을 위한 침입이 다각도로 시도되었다. 그러나 강성한 고구려를 견제하기 위해 백제와 신라가 수(隋)의 힘을 구하면서 삼국 관계는 보다 복잡해졌다.

결국 고구려는 7세기 초 수(隋) 대군을 물리치고 민족적 기개를 드높였으나 피해도 적지 않았으며, 당(唐) 침입까지 막아 그 위상이 만방에 떨쳤으나 중국과의 대립은 보다 심화되었다. 그 사이 백제의 공격에 시달린 신라는 백제를 대적하기 위해 당(唐)과의 외교 관계에 주력했다.

이들 관계는 다음과 같다.

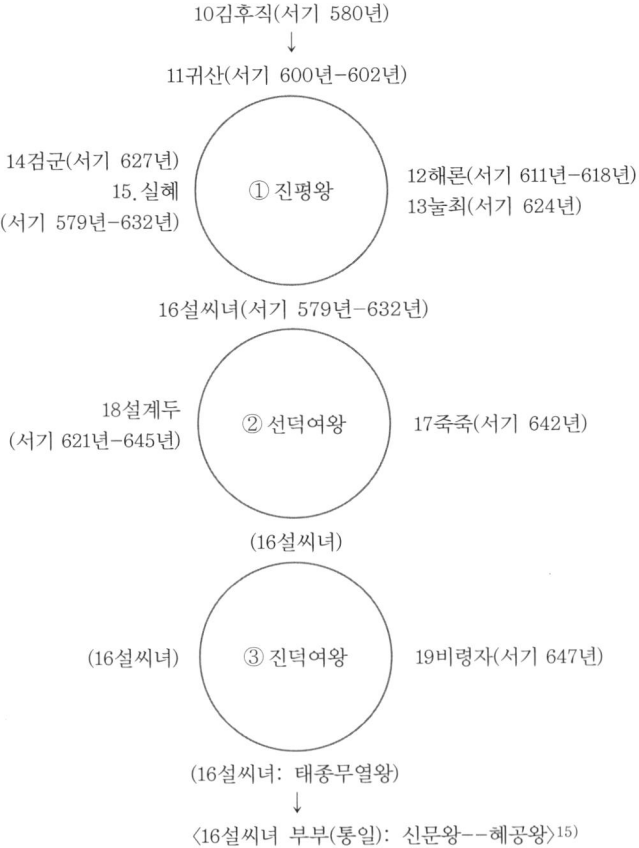

이상에서 원 ①, ②, ③은 성골 말기 3왕조로 원 ①은 진평왕(김후직-설씨녀), 원 ②는 선덕여왕(죽죽-설계두), 원 ③은 진덕여왕(비령자-설씨녀) 대 현황(3부녀왕조)16)이 총체적으로 구성되었다.

특히 최 상부 중심에 위치한 김후직을 주축으로 비령자까지 총 10명은 본기에 명시된 역사적 인물(원 우측)과 명시되지 않은 은유적 인물(원 좌측)들이 다양하게 혼용되었다.

그 중 왕의 도리를 직설한 김후직은 진평왕 대 병부령으로 성골 말기 위기(원①,②,③)와 혼란의 근본 원인이 충간을 멀리한 지배층(진평왕) 때문임을 역설했다. 곧 살아서는 물론 죽은 후에도 환기된 그의 충간은 선왕들의 덕정(德政)과 노자(老子)와 상서(尙書) 등을 인용해 왕 된 이의 자세(군주론)를 반복, 강조했으나 수용되지 않았다. 때문에 왕이 흘린 후회의 "눈물"은 시대적 고통과 성골 왕조 마감이 투영된 "사실적 은유"라고 할 수 있다.

따라서 "김후직(병부령)"은 성골 말기 혼란의 근본 원인(원①)과 대안(원②, ③)을 예시한 총론이라고 할 수 있다.

이어 중심에 위치한 "귀산"은 진평왕 대 원광법사17)의 세속오계(世俗五戒)를 총체적으로 실천한 대표적 무사로 그와 같은 정신이 당시 위기를 구할 수 있는 근본 바탕임을 함축했다. 곧 두 근원 정신(왕/화랑)이 상징적 인물인 설씨녀(진평왕-태종무열왕-혜공왕)까지 관통되었다.

결국 두 인물에 내재된 근본 정신은 은유적 인물인 설씨녀를 중심으로 은유적 인물인 설계두(원②, 좌측)와 역사적 인물인 죽죽(원②, 우측)과 비령자(원③, 우측)의 호국 희생정신을 통해 지속적으로 실천되었다.

---

15) "설씨녀"는 원래 명시된 진평왕 대 인물이나 보다 총체적 체계로 개방된 인물이어서 중앙에 위치했으며 실제 혜공왕 대까지 광범위하게 확장된 때문에 ( )에 넣어 개방했다.
16) 진평왕과 선덕여왕은 부녀 사이이며 진덕여왕은 조카딸로 선덕여왕과는 사촌 자매이다.
17) 군신, 부자, 신의 관계를 실천하고 "싸움에 임해 물러나지 않는 정신"으로 대승리를 이끈 귀산의 호국 희생정신은 당시 정신적 수반이었던 원광법사의 "세속오계"와 더불어 호국 불교 정신이 바탕이 되었다.

그 중 진평왕(원①) 대 혼란상은 본기에 명시되지 않은 의로운 관료들(원①, 좌측)과 본기에 명시된 용맹스러운 무사들(원①, 우측)을 통해 구체화되었다.

당시 의로운 이들(검군, 실혜)이 축출되고 용맹스러운 무사들(해론, 눌최)이 희생된 이유는 아첨하는 이를 좋아한 왕, 부패한 관료, 기강이 해이해진 중앙군들 때문이었다. 곧 총체적 난맥상이 드러난 시대적 한계18)로 수(隋)19)와 당(唐)20)에 구원을 청하게 된 현황이 사실과 은유적 인물을 통해 역설되었다.

한편 원 ①, ②의 중심에 배치되어 그 상, 하, 좌, 우 현황이 다각도로 소통, 개방된 "설씨녀"는 본기에 명시되지 않아서 보다 자유로우나 평범한 일반 남녀의 위상이 의문스럽기도 하다. 그럼에도 명시된 "진평왕"으로 인해 성골 말기(진평왕, 선덕여왕, 진덕여왕) 국내외(신라, 백제, 고구려, 당) 상황을 비롯해 그 이상(부부해로, 백년)까지 함축, 개방된 상징적 인물들이다.

이미 밝힌 바와 같이 "설씨녀"는 젊은 가실(春秋)이 김춘추의 통일 과업이 내포된 인물이어서 중심을 관통하며, 백년 해로의 기간이 포괄되어 선덕여왕(원②)에서 진덕여왕(원③) 이후까지 개방되었다.

비약하면 진평왕 대 노쇠한 아버지(무기력해진 진평왕)의 딸 설씨녀(선덕여왕, 진덕여왕)는 병역 의무(외교행위, 태종무열왕, 통일과업)를 대신한 가실(김춘추)21)과 결혼(성골+진골/삼국통일)했다. 그리고 백년해로(태종무열왕계 왕조, 혜공왕)한 역사 상황이 복합, 개방되었다. 곧 진평왕(원①) 대 한계 상황을 대신하고 이어 선덕여왕, 진덕여왕(원②) 대 위기도 극복했으며 나아가

---

18) 백제 무왕 12년(진평왕 33년, 서기 611년)부터 왕 33년(진평왕 54년, 서기 632년)까지 20여년 동안 9번(무왕 12년, 17년, 19년, 24년, 25년, 27년, 28년, 29년, 왕 33년) 침입했다.
19) 신라 본기 진평왕 33년(서기 611년)에 서술되었다.
20) 신라 본기 진평왕 47년(서기 625년), 48년, 49년, 백제 본기 무왕 28년(서기 627년)에 서술되었다.
21) 이미 말한 바와 같이 가실은 가을(秋:추)의 방언으로 젊은(春) 가실(秋)은 "춘추"를 의미하며, 가야왕(김유신조상)의 이름이기도 하다.

태종무열왕계는 삼국 통일 후 혜공왕(태종무열왕계 마지막왕조)까지 이어졌다. 따라서 가실(태종무열왕계)이 치른 6년(6왕조)은 신라(김춘추)가 당면한 3왕조(진평왕, 선덕여왕, 진덕여왕) 위기에 이어 다시 3왕조(태종무열왕, 문무왕, 신문왕)까지 지속된 통일 과업임을 짐작할 수 있다.

결국 표면적으로는 진평왕 대 평범한 남녀(일반백성)의 고난 극복과 결혼 과정이나 시대적 위기에 호국 의지를 실현(통일과업)한 젊은이(새로운, 쇄신된 의지)의 새로운 역사 현실이 광범위하게 포괄되었다. 곧 가난하고 보잘 것 없던(진골) 가실(김춘추)의 뜻(세상구제)이 김유신(비령자)과 더불어 당(설계두)과 연합해 백제 침입을 물리칠 뜻과 의지(선덕여왕 11년, 서기 642년, "죽죽")였으며, 나아가 당(唐)까지 물리친 주체적 통일 과업이었음을 알 수 있다.

이어서 원 ②(선덕여왕)도 본기에 명시되지 않은 인물(설계두)과 본기에 명시된 인물(죽죽)로 구분된다.

먼저 대야성 도독인 김품석(김춘추사위)의 당(幢)에서 사지(舍知) 벼슬을 한 죽죽은 품석의 부덕과 시행 착오로 크게 패한 대야성을 지키다 전사했다.

이는 과거 품석에게 아내를 빼앗긴 부하가 적과 내통해 창고를 불태운 때문이나 백제 윤충의 감언이설에 속아 많은 장수와 군사들이 죽임을 당했다.

곧 본기에는 품석과 죽죽과 용석의 전사 결과만 간략히 기록되었으나 열전에서는 품석(지배층)의 부덕과 잘못된 상황 판단까지 적나라하게 표출되어 평범한 백성들의 구체적 현실과 보편적 진실이 다양하게 개방되었다.[22]

결국 품석(지배층)의 개인적 욕망(부도덕)과 안이한 판단(지배관료층의 한계)에도 불구하고 위기에 처한 나라를 지키기 위해 "호국 희생정신"을 실천한 "죽죽"은 외세 침입 뿐 아니라 내분의 위험성이 아울러 환기되었다. 그러나 이를 계기로 김춘추의 외교적 능력(본기)이 발휘되고, 당(唐)과 함께 외세를

---

22) 김춘추가 사위인 품석과 딸의 죽음을 알고 종일 기둥에 서 있은 후 백제를 치기 위해 고구려와 당(唐)에 구원을 청한 사실(본기) 외에 근원적으로 상층인들의 도덕적 해이와 지휘 체계의 안이한 대처로 패배한 혼란상(열전)이 총체적으로 함축되었다.

물리칠 대안이 개시(開始)되었다.

반면 본기에 명시되지 않은 설계두는 골품 제도에 불만을 품고 7세기 초 당(唐)에 가 과의(果毅)가 되었으나 당(唐) 태종이 고구려를 친 주필산 싸움에서 전사하고 대장군을 추증 받았다. 곧 골품 제도(진평왕)에 대한 불만 때문에 일찍이 당(唐)에 갔으나 당(唐)을 도와 고구려를 친 그는 선덕왕 대 국내외 현황이 포괄되었다.

당시 신라는 백제 의자왕이 40여성을 빼앗고, 이어 고구려와 연합해 당(唐)으로 가는 길을 끊으려 한 상황이어서 이를 당(唐)[23]에 알렸다. 그리고 당(唐)은 이를 빌미로 고구려를 침입했다. 이에 신라(선덕왕 14년)는 3만 명의 군사를 보내 당(唐)을 도왔다.

종합하면 "설계두"는 당시 골품제도의 한계와 나당(羅唐) 관계가 함축된 동시에 당(唐)의 고구려 침입을 구원하다 희생된 신라인(3만 명)을 대표한 상징적 인물이어서 신라, 고구려, 백제, 당 그리고 지배층과 피지배층의 양상이 총체적으로 구현되었다.

끝으로 비령자(원③, 우측)는 진덕여왕(성골 마지막왕조) 대 김유신 휘하에서 김유신의 위기를 승리로 이끈 수훈자이다.

당시 뛰어난 책략과 포용심을 겸비한 김유신의 용병술과 비령자의 위국지심이 일체되어 이룬 업적은 그동안 대야성 참패와 비담의 반란으로 위축되었던 신라에 새로운 전환점이 되었다.[24]

특히 죽죽(선덕왕)과 비령자(진덕왕)가 추운 겨울에 시들지 않고(죽죽) 견딘 소나무와 잣나무의 절조(비령자)를 되새긴 심회는 성골 말기(추운겨울) 시련

---

[23] 신라 본기는 선덕왕 11년(서기 642년)과 12년(서기 643년) 9월 두 차례이나 고구려 본기는 다음 해(서기 643년) 9월의 내용으로 서술되어 있다.
[24] 김유신은 대장군인 용춘(김춘추아버지)과 서현(김유신아버지)이 고구려 낭비성(진평왕 51년, 서기 629년)을 칠 때 부장군으로 공적을 세우면서 비로소 본기에 명시되었다. 그 후 백제(의자왕 4년, 선덕왕 13년, 서기 644년 9월, 이듬해 정월, 3월)가 신라를 집중 공격했으나 이를 거듭 물리치면서 그의 위상도 확고해졌다. 따라서 "(설씨녀)"에는 김춘추와 연계된 김유신의 무력(말)도 함축되었다.

을 견디고 극복할 대안(김춘추, 김유신)이 예시된 의미였다. 이 때를 기점으로 김춘추와 김유신의 위상도 크게 회복되었다.

결과적으로 무기력하고 부패한 성골 왕조 말기(원①) 현황이 보다 심화(원②, ③)된 반면 이를 전도(김춘추/ 당/ 김유신)시킬 구체적 대안과 시련이 설씨녀 결혼 과정(통일과업)에 총체적으로 구성되었다.

3. 태종무열왕계 통일 역량과 그 명암

신라가 7세기 초 고구려와 백제의 집중 공격을 받는 동안 내외 정세는 보다 복잡해졌다.[25]

특히 강력한 주변 정세로 인해 여왕에 대한 불만이 표출된 가운데 지배 권력층의 한계도 보다 가시화되었다.[26] 결국 태종무열왕(진골)이 등극한 일대 개혁이 단행되고 전도된 의식이 사회 전반으로 파급되었다.

무엇보다 신라와 당(唐)의 연합으로 통일 과업이 본격화되었으나 나당(羅唐) 관계는 서로의 목적이 달라서 보다 많은 고난과 희생이 따랐다. 그러나 일체된 통일 역량과 자주적 주체 정신으로 당(唐)까지 물리친 후 삼국 통일이 완수되었다.

한편 통일 신라는 강화된 왕권을 바탕으로 눈부신 발전을 이루어 민족 통일 역량이 국내외적으로 크게 확장되었다. 그러나 정치, 문화적 발전 이면에 수반된 불균형적 관계 등으로 사회적 갈등 요인도 증폭되었다.

이들 관계는 다음과 같다.

---

[25] 백제는 강성했던 무왕과 의자왕 대이며, 고구려는 영류왕과 보장왕대 연개소문이 있었다. 또한 중국은 천하를 통일한 수(隋), 당(唐) 대였다.

[26] 선덕왕 12년(서기 643년) 당(唐) 태종은 부인을 임금으로 삼았기 때문에 이웃나라가 업신여긴다고 했다. 결국 왕 16년(서기 647년) 정월에 비담(상대등)과 염종이 여왕이 나라를 잘 다스리지 못한다고 반란을 도모했으나 김유신이 물리쳤다.

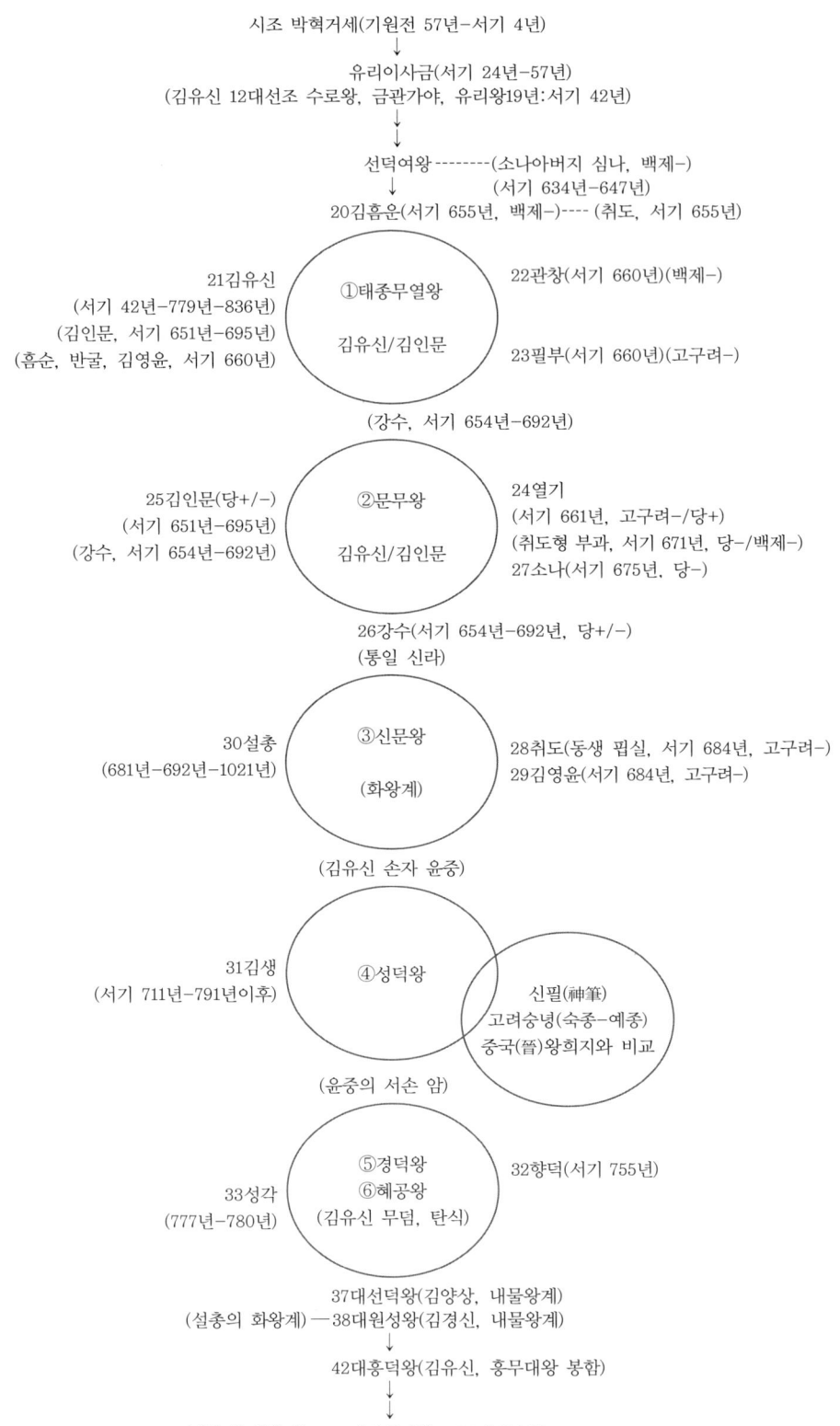

이상 원 ①, ②, ③, ④, ⑤⑥과 관계된 총 14명은 크게 삼국 통일 전(원①, ②), 후(원③,④, ⑤⑥)로 나뉘며, 다시 통일 과업(원①,②)/ 통일 신라 개국과 전성기(원③,④)/ 쇠퇴기와 태종무열왕계 말기(원⑤⑥)로 나뉜다. 곧 태종무열왕계 왕조사(태종무열왕-혜공왕)는 삼국 최대 격변기(신라통일과업)와 통일 신라 절정기로 양분되었다.27)

이들 중 통일 과업(원①,②)은 김유신, 김인문을 비롯해 모두 본기에 명시된 역사적 인물들이나 나머지 통일 신라 인물들은 본기에 명시된 역사적 인물(원③,④,⑤, 우측)28)과 본기에 명시되지 않은 은유적 인물(원③,④,⑥, 좌측)로 구분된다.

그 중 취도와 김영윤(원③, 좌측)은 혼융된 부과와 핍실(취도 형과 동생) 그리고 김흠순과 반굴(김영윤 조부와 아버지)이 역사적 인물이어서 실존성이 보완되었으며, 김생(원④, 우측)은 고려 시대 역사 상황(원④, 좌측)이 덧붙어 파격적(시, 공간) 형태로 확장되었다.

먼저 최 상부 중심(원①)에 자리한 "김흠운"은 상층인으로 통일의 원동력이 된 "문노파" 화랑을 대표했다. 곧 백제 조천성 싸움29)에서 호국 희생 정신을 솔선수범 실천한 지배층의 변화로 부하들(대감, 소감, 보기당주 등)과 백성들에게 나아갈 방향을 제시한 인물이어서 통일 과업의 "모본적 전제"가 된다.

당시 "문노파(8세풍월주, 무사파화랑)"는 귀족에 국한하지 않고 재능에 따라 뽑았기 때문에 미천한 신분도 고관이 될 수 있어서 낭도들의 호응을 얻었다.30)

---

27) 통일 과업 인물들의 대결(-)과 연합(+)이 표시되었다.
　　곧 소나 아버지 심나는 백제와 대결했으며 필부는 고구려와 대결했다. 김인문은 당과 화친, 대립(+/-)을 겪었으며 소나는 당과 대립한 인물이다.
28) 이때 원④ 우측은 실제 고려 사신(홍관)으로 시대적, 공간적 차이가 있다. 그럼에도 당시 "김생의 글씨"를 두고 소통한 점에서 김생의 양면성과 복합되었다.
29) 신라는 이해(태종무열왕 2년) 정월 백제, 고구려, 말갈이 33성을 함락하자 당(唐)에 구원을 청했는데, 당(唐)고종은 곧(3월) 소정방 등을 고구려에 보내 외곽과 촌락을 불태우고 많은 사람들을 잡아갔다. 그리고 3년 후(보장왕 17년, 태종5년, 서기 658년) 설인귀가 침입했으나 고구려가 물리쳤다.

종합하면 명문 세도가(내물왕 8대손)의 자손이 앞장 서 의롭게 전사하고 백성들의 역량을 차별 없이 수용한 문노파 화랑의 혁신적인 변화는 민족적 일체감과 존재적 의의를 돋운 동인이 되어 통일 과업의 원천적 장력(張力)이 되었다. 때문에 김흠운의 화랑정신은 김유신, 관창(화랑), 김인문에 이어 호국 희생정신으로 전사한 취도(일반백성) 삼형제(태종무열왕, 문무왕, 신문왕), 김영윤(상충) 삼대(원①, ②, ③)까지 소통, 연계된 근원 정신이었다.

이어서 통일 과업의 대표적 인물인 "김유신(원① 좌측)"은 선조(수로왕, 2대 유리 이사금)부터 후손(윤중의서손 암, 36대혜공왕)까지 포함된 일대기이어서 대략 800여 년의 역사 상황이 포괄되었다.

특히 호국 희생 정신을 종횡무진으로 실천한 대표적 화랑[30]으로 삼국 통일을 이끈 주축(원①,②)이어서 당대 중요 인물 대부분과 직, 간접적으로 소통, 연계되며 나아가 후손(원③, ④)까지 이어져 혜공왕(원⑥)까지 확장되었다. 그러나 가장 왕성하게 활동한 시기는 7세기 초 강성해진 백제 침입을 막고 당(唐)과 연합해 백제를 멸망시킨 전, 후이다. 따라서 역사적으로 가장 어지러웠던 진평왕 대[32]부터 선덕여왕,[33] 진덕여왕[34]을 거쳐 태종무열왕, 문무

---

30) 이재호, 『신라 화랑연구』, 한국정신문화연구원, 1992.
31) "김유신"은 15세(진평왕 31년, 서기 609년)에 화랑이 되어 용화향도(龍華香徒)라고 불리었으며, 그 후 "제 15세 풍월주"가 되었다.
32) 진평왕 51년(서기 629년) 서현(김유신아버지)과 고구려 낭비성을 침입해 공적을 세운 이후로 신라가 무력해진 때(34세) 비로소 두각을 나타냈다.
33) 당시 알천(선덕왕 6년, 서기 637년)이 대장군이 되어 활약했으나 대야성(왕 11년) 함락 후 고구려 구원병을 청한 춘추(선덕여왕 11년)를 구하기 위해 대장군으로 나섰다. 한편 신라는 이듬해(왕 12년)부터 사신을 당(唐)에 보내 호소했으며, 당(唐)은 그 이듬해(왕 13년) 종용했으나 연개소문이 듣지 않았다. 그러나 김유신(대장군)은 그해(선덕왕 13년) 백제를 크게 이기고 다음해(정월)도 이들을 물리쳤다. 그리고 비담(상대등)의 반란을 진압했다.
34) 진덕여왕(서기 647년)원년10월 백제 대군의 침입을 김유신 등이 막았으나 힘이 다했을 때 "비령자"가 앞장 서 전사하고 아들과 종이 뒤따라 전사하자 군사들이 분격해 물리쳤다. 백제는 그 이듬해(왕 2년)도 10여성을 함락했으나 김유신이 물리쳤다. 그러나 왕은 김춘추 등을 당(唐)에 보내 백제 침입을 알리고 구원을 청했으며, 마침내 태종의 허락을 얻었으나

왕 대까지 신라 최 격변기 혼란상을 앞장 서 막아 지키고, 삼국 통일의 초석을 세운 최고 수훈자이다. 곧 태종무열왕 등극(서기 654년) 전, 후 극한적 위기에서 백제 멸망(서기 660년)으로 역전된 위업의 중심에 김유신(원①)이 있었다.

때문에 관창(원①, 우측), 김인문(원②, 좌측), 열기(②, 우측) 등의 행적과 교차, 병행되고 동 시대 문장으로 기여한 강수(원②, 하부중심)의 사상(유학)적 변화도 수렴되었다.

한편 통일 과업은 중심인물을 주축으로 다양한 대결 관계(백제, 백제회복군, 고구려, 당, 고구려 회복군)가 거의 동시 다발적으로 진행되었기 때문에 나라와 지역을 대표한 다양한 유형들이 구성되었다. 말하자면 관창(중심전, 백제와 대결, 대표적 화랑, 승리)과 필부(국지전, 고구려와 대결, 내분 위기, 패함)와 같이 대결 상대와 양상이 달라서 비교된다.

그 중 품일(좌장군)의 아들로 어려서 화랑이 된 관창은 유신이 황산의 들에서 백제와 대결했을 때 불리했던 전세를 승리로 바꾼 인물이다. 반면 필부(아찬아들, 칠중성현령)는 백제가 멸망되던 해 칠중성(11월)을 침입한 고구려에 대항했으나 비삽의 내응으로 성이 불타고 전사했다. 당시 나라를 빼앗긴 백제(서기 660년7월) 유민들의 거센 대항으로 항복과 저항이 거듭된 사이 고구려가 칠중성을 20여 일이나 포위했다. 곧 지치고 피로한 상황에서 외세(고구려)뿐 아니라 내분(비삽)도 위협적임은 이미 "죽죽"에서 경험(백제)한 바이다. 따라서 앞으로 치러야 할 과업(백제회복군, 고구려, 당)에 앞서 초기부터 내분의 위험성이 재삼 환기되었다고 볼 수 있다.

이어 "열기"(원②, 우측)는 가계와 성씨가 전하지 않은 인물로 김유신, 김

다음해(보장왕 8년, 진덕왕 3년, 서기 649년 4월) 당(唐) 고종이 즉위했다. 백제는 그 해 8월 다시 일곱 성을 공격했으나 유신 등이 크게 이기고 이듬해(왕 4년 6월) 승전보를 당(唐)에 알렸다. 이때 진덕왕이 춘추 아들인 법민(문무왕)을 통해 "태평송"을 짜 넣은 비단을 당(唐) 고종에게 바치고 칭찬 받았다.

인문과 당(唐) 소정방에게 양식을 전한 공적으로 사찬(8급)의 벼슬을 받았다. 그리고 김유신 사후 김유신 아들에게 그 공적을 내세워 삼년산군 태수를 얻었으나 처음에는 거부당했다.[35] 곧 아무리 강조해도 지나치지 않을 위업이나 신세대의 변화된 의식도 함축되었다.

한편 김인문(원②, 좌측)은 태종무열왕(원①) 대 김유신(대표적 상층)과 함께 통일 과업(백제멸망, 외교)에 다방면으로 기여한 대표적 인물이나 김유신과 달리 고구려 멸망에도 기여했다.

즉 태종무열왕의 둘째 아들로 7세기 중반부터 당(唐)에서 숙위한 이래 신라와 당(唐) 외교에 힘쓰고 백제 멸망(원①), 고구려 멸망(원②)에 크게 공헌했다. 대체로 당(唐)의 명을 신라에 전하는 입장이었으나 양국에 처한 역사적(연합/대립), 존재적(나/당, 문무왕/신라왕 봉해짐) 상황이 혼용, 복합되어 시점도 다방면으로 개방되었다.

결국 평생 당(唐)에서 숙위하며 나당(羅唐) 관계를 구축한 신라인 "김인문"은 그 양면적 상황 때문에 이방인(당)과 방외인(66년 생애 중 43년 당거주)으로서 한계가 없지 않았으나 위기에 처한 신라를 대외(당)에 알리고 복잡해진 국제 관계를 신라 상황과 연계해 새로운 체재(통일신라)를 열게 한 수훈자였다.

그러나 통일 과업의 중추적 인물로 두 왕조(원①, 태종무열왕, 원② 문무왕)를 보필한 양대 축인 김인문과 김유신은 다음과 같이 비교된다.

백제 침입(성골3왕조)	백제 멸망(태종무열왕)	고구려 멸망과정(문무왕)	당(唐)과 대립(문무왕)
①김유신: 백제와 대결	김유신+화랑+당(唐) *당(唐)소정방 견제	김유신+열기(+김인문) 당(唐)소정방에 양식전달 *김유신 백제 유민 공략	아들 원술 당(唐)과 대결 (석문의들 패함, *유신조언)
②김인문: 당(唐)에서 숙위	김인문+당(唐)소정방 부하*나, 당 양면성	김인문+열기(+김유신) 당(唐)소정방에 양식전달 *김인문 고구려 멸망	김인문+당(唐) *문무왕 대신 관작 받음 왕 사죄로 당(唐)귀환

---

35) "열기"에서 "김인문"이 동참한 내용은 제외되고 "김유신"과 그 아들들과의 관계가 상술되었다. 곧 변화된 신세대 의식을 알 수 있다.

이상에서 성골 3왕조 대 백제 침입은 김유신이 물리친 반면 당(唐)에서 숙위한 김인문은 김춘추의 외교적 성과와 연계된다. 곧 국내/외 활동 공간과 중요 행적이 달랐다. 또한 나라 존망의 위기가 승리로 전환된 백제 멸망(태종무열왕)은 나당(羅唐) 연합의 성과였으나 김유신은 당(唐) 소정방과 주체적 대등 관계를 표출한 반면 김인문은 당(唐) 소정방의 부대총관이어서 차이가 있다.

이어 김유신과 김인문이 평양을 포위한 당(唐) 소정방에게 양식 전달 이후 김유신이 백제 회복군을 물리친 반면 김인문은 고구려 멸망 업적이 있다. 끝으로 신라와 당(唐)이 대립(문무왕)했을 때 그 관계 개선에 김인문의 외교적 역할이 적지 않았다고 볼 수 있으나 당(唐)의 명령으로 문무왕을 대신한 상황은 신라에 위배되었다. 이에 비해 김유신(+아들)은 당(唐)과 대립한 문무왕을 도와 조언("적을 막기에 편리하고 중요한 곳을 지킬 것")하고 그 아들은 당(唐)에 대항하여 마침내 그들(매초성 싸움)을 물리쳤다.

결국 이들 내외적 보완 관계에 결집된 힘이 "통일 과업"으로 극대화되었는데 대체로 원①은 삼국 관계가, 원②는 당(唐)과의 관계가 총체적으로 구현되었다.

또한 문장가인 강수(원②, 하부중심)는 통일 과업(원①,②) 중 문장으로 기여한 문화적 인물로 통일 후(원③,④,⑤⑥) 중심 사상이 된 "유학"을 일찍부터 탐구한 선구자이다. 따라서 그 전(원①,②), 후(원③,④,⑤⑥) 중심에서 사상적 바탕임이 함축되었다.

특히 당(唐)과 연합(태종무열왕)한 공적 뿐 아니라 대립(문무왕 11년, 서기 671년)했을 때 설인귀 글에 답한 장문의 "글"과 사죄의 글(왕 12년) 등이 모두 강수의 업적이라고 짐작할 수 있다. 따라서 김인문(원②, 좌측)이 직접적인 대화로 외교 관계를 수행했다면 강수는 간접적인 문장으로 기여한 차이가 있다.

끝으로 소나(원②, 우측)는 당(唐)이 말갈, 거란 군사들과 함께 침입(문무왕

15년, 서기 675년)했을 때 전사한 인물로 당(唐)과 수십 차례 싸우다 희생된 이들을 대표했다.36) 아울러 이듬해 끝난 통일 과업이 이들 부자(심나+소나), 부부(소나+아내)를 비롯해 남녀노소(마을사람)를 망라한 모든 이들의 "충성과 신의와 주체적 호국의지"로 "세상을 구한" 민족적 과업이었음을 환기했다.37)

특히 나당(羅唐) 관계의 양면성을 새기고 백성들의 강력한(주체적) 힘(삼)과 의지만이 나라를 지킬(자식사랑) 수 있음이 소나의 희생(고슴도치)을 통해 "따끔하게" 현시되었다.

결론적으로 원 ①②(태종무열왕, 문무왕)의 역사적 인물들은 모두 통일 과업에 동참한 대표적 유형들로 문/무, 당연합/당대립, 유학/불교 등이 혼융, 복합된 과도적 혼란상 속에서 외세 침입과 민족적 갈등을 극복하고 민족의 기상을 드높인 핵심 인물들이었다. 비록 백제와 고구려 멸망, 당(唐) 축출 등으로 보다 많은 인명이 희생되고 이중, 삼중의 고통과 피해가 따랐으나 삼국 통일 과업은 민족적 일체감과 주체적 위상을 되찾고 통일 역량이 구축된 민족 대 전환기였다.

다음 통일 신라로 거듭난 새 왕조(원③, 신문왕)는 먼저 백성들(취도삼형제)과 상층(김영윤삼부자)이 일체된 통일 과업(원③, 우측)의 의의를 사실(부과, 핍실 / 김흠운, 반굴)과 은유적 방법(취도 / 김영윤)으로 되새기고, 새로운 국가 위상을 정립하기 위한 군주론(원③, 좌측, 설총의 화왕계)을 상징적으로 개방

---

36) 이우경(편역), 『새로운 삼국사기』①신라·통일신라 편, 한국문화사, 2007, 279-282면. 당(唐)이 거란과 말갈과 연합해 신라를 침입한 상황은 일찍이 김유신이 예상한 바였다. 결국 문무왕 11년 이후부터 왕 12년(효천, 의문, 산세, 능신, 두천, 안나함, 양신), 13년, 14년, 15년(소나, 유동, 탈기, 선백, 실모), 왕 16년(거시지)까지 희생된 많은 이들의 호국 희생 정신이 "소나"를 통해 집약되었다.

37) 제 7권에 희생된 인물들 대부분이 왕의 탄식과 눈물(해론, 취도, 눌최, 김영윤, 김흠운, 비령자, 죽죽, 필부)로 마무리되었다. 그러나 관창은 백제 멸망이 실현되었으며, 소나는 당(唐)군을 물리치고, 취도와 김영윤은 과업이 마무리 된 점에서 달랐다. 또한 당(唐)군으로 희생된 설계두와 백제 장군인 계백은 위상이 달라서 신라왕과 무관하게 마무리 되었다.

해 앞으로의 방향을 모색했다. 곧 신문왕(화왕계)은 역사적 위업을 바탕으로 조화로운 군신 관계와 균형적인 나당(羅唐) 관계로 새 시대를 열고자 했다.

우선 "취도(불교, 실제사)" 삼형제의 국지전과 "김영윤(유교, 예기)" 삼부자의 중심전을 대비하면 다음과 같다.

성골 진평왕	선덕왕 진덕왕	진골태종무열 왕2년(655년)	무열왕7년 (660년)	문무왕8년 (668년)	문무왕10년 (670년)	문무왕11년 (671년)	통일신라 신문왕4년 (684년)
		28취도(백제, 고구려, 말갈)				취도형(부과) (당, 백제회복군)	취도동생(핍실) (고구려회복)
(흠순) 백제침입		당(唐) 연합	(흠순, 반굴) 백제멸망	(흠순) 고구려멸망	(흠순, 사죄사) 당(唐) 대립	당(唐) 대결	29김영윤 (고구려회복)

이상과 같은 역사를 기반으로 수립된 통일 신라는 빛나는 통일 역량에도 불구하고 그 후 지배층의 근원 정신 상실로 사회 불안 요인이 점점 가중되었다. 신문왕(원③)을 중심으로 통일 신라 전(일체된 통일정신), 후(상·하 괴리, 지배층 내분) 상황을 종합하면 다음과 같다.

진평왕(선덕, 진덕왕) 이전	태종무열왕	문무왕	신문왕	성덕왕	경덕왕	혜공왕	(이후)
(외세 침입)←	←	←	← 취도, 김영윤				
			설총의 화왕계→	→	→	→	(내분)

이상과 같이 태종무열왕계 왕조(원①,② /③/ ④,⑤⑥) 중심에 위치한 신문왕(원③)은 과거 역사(원①,②, 취도 형제와 김영윤 가계)가 이룬 결과인 동시에 미래 역사(④,⑤⑥, 설총의 화왕계)가 창출될 출발점이었다.

곧 지배층과 백성들의 시련과 희생을 딛고 개시(開始)된 새 왕조는 구/신 세대, 무사/문장, 불교/유학[38] 등이 혼융, 공존된 관계 외에 신라/백제와 고구려 유민, 나/당 관계 등이 복잡하게 연계된 상황이어서 이들의 조화와

---

[38] 특히 "설총(문장가)"은 신라 고기(古記)에 나타난 강수, 제문, 수진, 양도, 풍훈, 골번 등 여러 문장가를 덧붙여 당(唐)으로부터 유학이 도입, 발전된 현황도 아울러 제시했다.

균형적 공존 관계가 신문왕의 "근심"이었다. 그러나 통일 왕조의 핵심 과제로 지배층(왕)이 경계 삼아야 할 "근본 정신"이 은유적 형태로 함축된 이유는 무엇보다 나당 관계에 내포된 주체 정신 때문이었다.[39]

다음 김생(원④, 우측)은 통일 신라 최 전성기에 신분이 낮은 인물로 태어나 여든이 넘도록 "글씨"에 전념한 결과 그의 글씨는 고려 시대에 중국 최고 명필인 왕희지 글씨와 혼동될 정도로 신묘했다.

곧 성덕왕 대 김생(원④, 우측)과 고려 시대 그의 글씨(원④, 좌측)와 중국을 오간 사신들이 교차, 혼융된 복잡한 형태는 "삼국"의 경계를 벗어난 파격적인 형태로 "온달(고구려)"과 같은 초월(정신)적 의미가 함축되었다.

우선 "신필(神筆)"에 가까운 그의 재능은 성덕왕 대 태평성대 문화적 정기와 신라 위상이 함축되었으나 고려에 전승된 그의 글씨는 통일 역량과 더불어 신라 문화가 고려로 계승된 역사적 의미까지 포괄되었다. 아울러 중국 왕희지에 버금가는 재능은 문화적 자부심 외에 중국과의 외교 관계도 투영되었다.

반면 김생의 신분이 낮아 집안 계통을 알 수 없는 미천한 백성임은 자체로 백성들의 어려운 현실 상황(노역, 조세)이 복합되었다. 곧 성덕왕 대는 그 어느 시대보다 활발했던 당(唐)과의 교류로 정치, 경제, 문화 발전을 이루었으나 상층은 사치와 과소비가 조장된 반면 백성들은 사신들의 공물 조달로 노고가 적지 않았다.

결국 김생의 양극적 현황이 성덕왕 대 번성한 나/당 관계의 명/암과 같아서 그로부터 양극화 된 사회 모순으로 말기 상황(고려건국)이 초래된 결과가 고려와 송(宋)의 사신 관계로 확장되었다고 할 수 있다.

이들 관계를 시대 순으로 비교하면 다음과 같다.

---

[39] 이우경, 『한국 산문의 형식과 실제』, 집문당, 2004, 166-172면.
    이는 김후직(성골말기)의 군신론, 김유신(통일왕조)의 군주론 등과 연계된다.

통일신라전성기		무열왕계 / 내물왕계				신라말기 / 고려전기	
33대성덕왕 (702-737년)	효성왕 (737-742)	경덕왕 (742-765)	36대혜공왕 (765-780)	37대선덕왕 (780-785)	38대원성왕 (785-798)	39대-56대 (799-935)	고려 시대
왕10년(711년) 김생 탄생 (신분 낮음)	김생 (31세)	김생 (54세)	김생 (54-69세)	김생 (69-74세)	여든살 (신필)	말기	(숙종-예종) 김생(신필) 왕희지버금
통일신라절정기, 당(唐)사신 교류, 당(唐) 발해 침입에 구원병 보냄	중국에서 군자나라 로 칭함	중앙귀족 불만노출	반란 거듭, (태종무열왕 계 마감)	김양상 (내물왕계) 즉위	주원(태종무 열왕계)대신 경신 즉위	왕권쟁탈 왕권약화 멸망징후	고려진봉사 송(宋)사신 (고려현황)

    이상과 같이 미천한 김생과 신필(神筆)의 양극적 관계는 당시 백성/지배층의 관계 뿐 아니라 시대 역사적 상황(태종무열왕계/내물왕계, 나/당, 통일신라/고려)까지 포괄되었다.

    결국 "통일 신라 정기"와 같은 "김생의 신필(神筆)"은 미천한 존재적 의의(과거 신라위기)를 극복한 정신적 가치(통일정신)로 민족의 재능(통일역량)과 문화적 가치(문화민족)가 전아하고 웅경하며 귀족적인 왕희지(국제적위상)와 비교되었으나 빛나는 통일 역량이 쇠퇴한 국내외(통일신라, 나당외교, 고려전기, 중국) 요인까지 복잡하게 투영되었다. 곧 분산된 시점과 파격적인 형식으로 부각된 김생의 명필(태평성대)은 절정기 시대 명/암과 불균형적 외교 관계의 표/리가 우회적으로 역설되었음을 알 수 있다.

    끝으로 원 ⑤⑥(경덕왕, 혜공왕)은 태종무열왕계 쇠퇴기로 다리 살을 벤 향덕(원⑤우측, 경덕왕)과 성각(원⑥좌측, 혜공왕)의 효행이 역사적 사실과 은유적 형태로 거듭되었다.

    그 중 향덕(원⑤, 일반백성)은 8세기 중반 흉년으로 다리 살을 베어 봉양한 사실이 본기에 단편 사전(史傳) 형식으로 수록되었다. 당시 효(孝)와 충(忠)은 최고의 도덕적 가치이나 백성들의 극한적 현실로 살을 벤 실상은 부정적 사회상도 함축되었다. 말하자면 자연 재해 외에 "지배 세력 간의 분열 징후와 사회 경제적 모순"이 드러난 시대였다. 따라서 왕이 상을 내리고 정문(비석)40)을 세워 만인의 귀감이 되었으나 실제로는 왕(지배층)이 반드시 알아야 할 참상이었다.

실제 "효자마을"은 당시 도덕적 규범의 증좌이나 충, 효를 바탕으로 확립된 "통일 왕조"의 상징적 기호이기도 하다. 그럼에도 지배층의 살신성인(殺身成仁)적 "충의"가 사라지고 백성들이 살을 베는 "효행"만 두드러진 현실은 모순이며 새로운 위기임이 환기되었다.

때문에 본기에 명시되지 않은 성각(원⑥, 거사)이 "살을 벤 향덕의 행위"를 거듭한 정황은 보다 심화된 양상이다.

곧 경덕왕(향덕)을 이은 혜공왕(성각)은 거듭된 반란(권력층의 살베기) 끝에 태종무열왕계 마지막 왕조가 되었다. 그 고통은 통일 과업의 일등 공신이었던 "김유신" 무덤의 회오리바람을 통해 현시되었다.41)

결국 "법정사에 의지한 거사의 세속적 효행"42)은 근본적으로 실행되기 어려운 행위이다. 그러나 "성각"은 늙고 병든 어머니(통일신라 후반기 상황)에게 "효(충)"를 실천하기 위해 잠시 돌아왔으며, 그 후 다시 불사(본성)에 귀의함으로써 양면을 무리 없이 실천했다. 따라서 이들(향덕, 성각)의 효행은 만인의 귀감이 될 선행이며 본받아야 할 가치임이 거듭 강조되었으나 "충의"가 배제된 현실(거듭된 반란)은 말기적 병폐(늙고 병든 성각 어머니)가 심각한 상황이어서 바로 지배층(왕)에 대한 각성(覺醒)이 "성각(聖覺)"을 통해 거듭 환기되었다. 다시 말해 성각(聖覺)은 세속성보다 불법을 추구한 신적, 초월(정신)적 의미가 함축된 존재로 비록 "사친(事親) 관계(향덕)"가 거듭되었으나 연계된 경신(원성왕)과 주원으로 인해 존엄한 "군신 관계(성각)"가 포괄된 효선(+충의)이라고 할 수 있다. 때문에 어머니 사후 본래의 자리(본성, 신하)로 돌아가지 않고 왕이 된 김양상(선덕왕), 김경신(원성왕)과 비교된다.

---

40) 본기에는 정문(旌門), 열전에서는 비석을 세워 효행을 알렸다.
41) 『삼국유사』〈미추왕 죽엽군〉에서 "슬프게 울며 탄식하는 소리"가 활용되었다.
42) 앞글, "효선편"에서 이를 "효선쌍미(孝善雙美)"라고 표현했다.

종합하면 원③의 역사적 변화(우측)를 바탕으로 통일 신라 국내외 정책(좌측)이 개시된 이래 원④는 나당 외교 관계의 허/실이, 원⑤,⑥은 지배층과 피지배층의 전도된 현실이 총체적으로 투영되었다.

이상에서 삼국 최 격변기의 갈등과 대립을 통일로 승화한 이들의 빛나는 역량에도 불구하고 시대적 변화와 약화된 통일 정신은 마치 천여 년의 삼국 역사(건국-절정-쇠퇴)가 응축된 양상이다. 그럼에도 태종무열왕계(통일과업/통일신라 절정기/쇠퇴기) 성/쇠와 연계된 인물들의 호국 희생적 신념과 실천 정신에 내재된 통일 역량과 도덕적 가치 실현은 길이 보존되어야 할 문화적 핵이다. 곧 시대적 모순과 한계에도 불구하고 조화롭게 공존하기 위한 다양한 관계 상황(지배층/일반백성들, 문/무, 불교/유학, 나/당)과 개방된 의식이 사실과 은유적 방법으로 도치, 순환, 역설되었다.

4. 중앙 권력층의 내분과 결과적 파장

통일 신라는 8세기 말 중앙 권력층의 내분으로 왕권이 약화되고 정치력이 분산된 가운데 자연 재해가 겹쳐 사회적 불안이 심화되었다. 결국 지방 세력과의 연합으로 내분이 마무리된 상황은 지방 호족이 중앙에 진출한 계기가 되었으나 한계도 없지 않았다.

또한 실추된 왕권과 대외적 위상을 회복하기 위해 소모된 재정적 부담은 또 다른 사회 문제가 되었다. 결국 권력층의 기강 해이와 국가 재정 파탄으로 말기적 혼란상이 촉진되었다.

이들 관계는 다음과 같다.

202 삼국사기 열전 새로 읽기

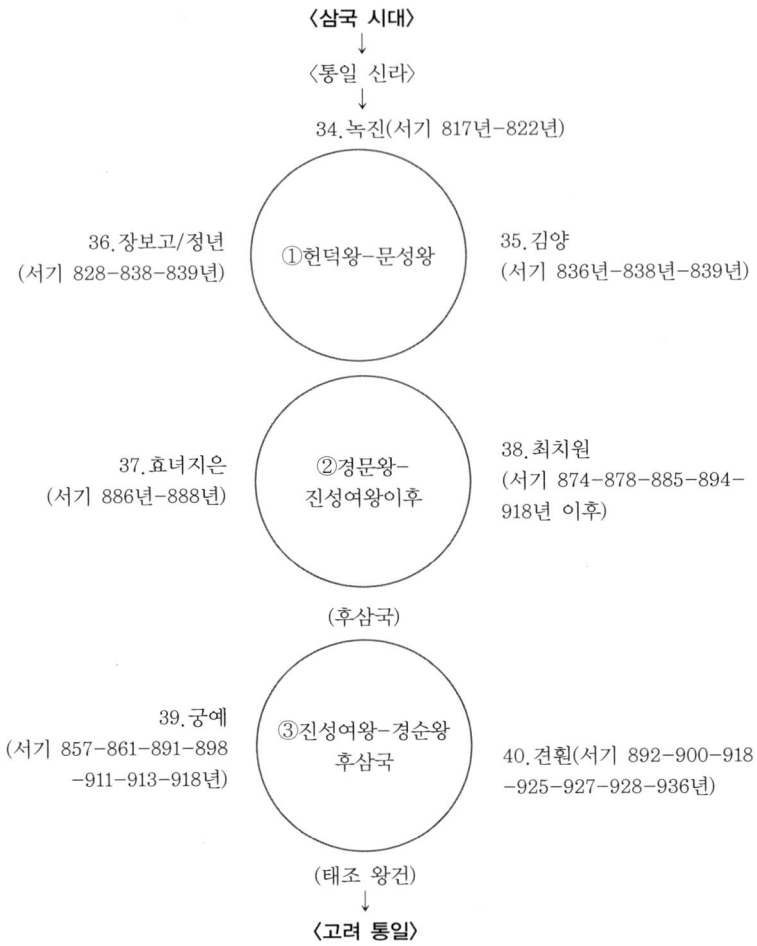

이상 통일 신라 후반기가 경문왕(원②)과 그 자(헌강왕, 정강왕)녀(진성여왕)를 중심으로 전(원①, 헌덕왕-문성왕), 후(진성여왕-경순왕) 3부분(원①,②,③)으로 나뉘었다.

그 중 헌창의 반란을 진압한 "녹진"은 나라 "심장부(중앙권력층)"의 병폐를 인식하고 그 해결 방안을 제시한 총론적 인물이어서 최 상부 중심(원①)에 배치되었다.

당시 상대등인 충공의 심장병을 역사적 공과에 "사심 없는" "녹진"의 정치

Ⅳ. 인물의 관계 양상과 함축된 의의 203

도리로 치유한 충언(열전)은 일종의 은유적 역설이다.

곧 충공이 앓던 마음의 병은 나라 중심부(상대등, 지배층)에 뿌리박힌 병폐와 같아서 "지극한 충언과 고상한 논의"로 타파해야 할 시급한 병(과제)이었다. 말하자면 어린(13세) 애장왕을 대신했던 병부령 언승(왕의 숙부)이 왕(왕 10년, 서기 809년)을 해치고 "헌덕왕(41대)"으로 즉위한 행적이 이후 반복되었기 때문에 녹진과 충공과 태자(흥덕왕)를 통해 우회적으로 환기되었다.

결국 집을 지을 때 대들보와 서까래 등 적재적소(適材適所)에 재목을 바르게 써야 하듯이 벼슬은 재능에 따라 주어져야 하나 사사로움에 따라 쓰이고, 뽑고 버리는 것이 투명해야 하나 옳고 그른 것이 일관되지 않아서 어지럽고 혼탁(충공의 증세)한 상황이 되었다.43) 그러나 그 후 사회 현실(원 ①, ②,③)은 녹진의 충헌과 반대 상황(왕권쟁탈, 말기현황)으로 나아갔다.

이어 김양(원①, 우측)과 장보고/정년(원①, 좌측)은 통일 신라 후반 가장 극심했던 왕권 쟁탈(43대희강왕, 44대민애왕, 45대신무왕)을 마무리한 수훈자들로 중앙 권력층과 지방 세력을 대표한 이들이다.

그 중 김양은 태종대왕의 9대손으로 대대로 장수와 재상을 한 주원의 증손자로 대표적인 중앙 권력층이다.

그는 흥덕왕 사후 균정(왕의 사촌아우)과 제륭(왕의 사촌아우의 아들)의 왕위 다툼에서 제륭(43대희강왕)을 받든 김명 등에 패해 청해로 들어갔다.

그러나 희강왕을 도운 김명(상대등)이 다시 왕을 해치고 민애왕으로 즉위한 부도덕성을 응징한다는 명분으로 청해를 지킨 궁복44)의 도움을 얻었다. 결국 궁복이 "의로운 뜻"으로 군사 5천 명을 정년에게 주었으며, 평동장군

---

43) 이우경, 『한국 산문의 형식과 실제』, 집문당, 2004, 144-146면.
　　당시 일어난 헌창의 반란은 주원(헌창아버지) 대신 원성왕(38대)이 즉위한 불만 때문이었다. 곧 혜공왕 이후 거듭된 반란 왕조(37대선덕왕, 38대원성왕, 41대헌덕왕)는 정통성과 명분이 보다 약화되면서 또 다른 반란(43대, 44대, 45대)으로 이어졌다.
44) 궁복은 장보고(청해진 대사)를 말한다. 그는 흥덕왕 3년(서기 828년) 4월 당(唐)에서 군중소장을 하다 돌아와 1만 명의 군사로 청해를 지켰다.

이 된 김양은 마침내 염장, 정년 등과 함께 왕의 군사(대흔)를 물리치고 우징을 신무왕으로 세웠다.

반면 장보고/정년(원①, 좌측)은 고향과 조상을 알 수 없는 신라인으로 일찍이 당(唐)에서 소장을 했는데 말 타고 창 쓰는 재능이 제 일이었다.

그 중 보고가 신라로 돌아와 청해(완도)를 지킬 때 희강왕을 도운 김명이 다시 희강왕을 해치고 민애왕으로 즉위했다. 이에 장보고는 우징(신무왕)과 김양을 도와 부도덕한 왕을 내치고 나라의 기틀을 바로 세웠다.

그럼에도 "장보고/정년"은 개인적 친분 관계(열전)가 중점 서술되고 덧붙인 논평(편찬자)을 통해 이들의 역사적 의의가 보완되었다. 말하자면 이들의 위업에도 불구하고 신분이 낮은 지방 세력이어서 중앙 권력층의 배척(문성왕 7년)에 항거하다 죽임(본기)을 당했기 때문이다.

종합하면 지방 세력이 중앙에 진출한 의의가 적지 않은 장보고/정년은 김명(민애왕)의 불충과 불의를 응징하고 왕권을 바로 세운 수훈자였다. 반면 김양은 일찍이 중앙 권력층(사촌, 오촌, 육촌 등)의 권력 쟁탈의 중심 인물로 희강왕, 민애왕과 크게 다르지 않았으나 결과적으로 도덕성 회복을 실현한 인물이 되었다. 때문에 편찬자(논평)는 나라 위기에 개인적 경쟁 관계보다 사심 없는 위국 충절로 나라를 구한 장보고/정년을 높이 평가했다.

다음 원 ②(진성여왕 전, 후)는 왕권 쟁탈 이후 왕권과 정치적 기반이 약화된 상황에서 왕권 회복을 시도하다 재정 소모로 통치력이 상실된 전환기이다.

곧 본기에 명시되지 않은 효녀지은(원②, 좌측)의 부권(왕권) 상실로 초래된 구체적 현실이 상징적으로 구현된 반면 당대 최고 문장가인 최치원(원②, 우측)의 양극적 상황처럼 빛나던 통일 역량이 쇠퇴된 말기 상황이 사실적으로 대비되었다.

그 중 효녀지은은 덧붙여진 효종랑(화랑)을 통해 9세기 말 전, 후 상황임을 유추할 수 있다.

당시 아버지를 잃고 32년(32세) 동안 어머니를 봉양한 효행은 효자들(향덕, 성각)보다 오래 지속되었는데 종(나라상실)과 같은 극한 상황이 어머니(신라영토)를 비롯해 만천하(시정인, 화랑, 관료, 왕, 당)에 알려짐으로써 더 이상 좌시(坐視)할 수 없는 지경임이 예시되었다. 곧 "어린" 백성들의 헌신(육체)적인 노역(품, 공역, 구걸)에도 불구하고 더 이상 개선될 수 없는 가난(부잣집/종이 된 현실) 때문에 어머니(신라영토) 속을 찌른 듯(전란)한 아픔이 효녀(신라, 진성여왕)의 현실이었다.

결국 길 가던 이(모든백성), 효종랑(화랑)과 그 부(서발한)모, 왕(정강왕, 진성여왕)까지 인식했을 뿐 아니라 그 효양방(孝養坊)의 미담(효행, 표문)이 당(唐) 황실에 돌려짐으로써 신라와 당(唐) 관계(부자집/종, 나/당 외교관계)까지 확장, 내포된 양상이다.

특히 32년의 생애(역사)를 되돌아보면 경문왕(진성여왕의 부왕)을 이은 진성여왕(신라)의 내적 현실과 더불어 부잣집 종(노역)이 된 외적 상황은 발달한 당(唐)과의 정성어린 외교(사신, 공물) 관계까지 포괄되었다.

종합하면 경문왕, 헌강왕, 정강왕에 이어 진성여왕 즉위 3년(서기 889년) 만에 창고가 비고 재정이 궁핍해진 상황은 그동안 지배 권력층이 재물을 탕진(왕권회복, 사신교류, 사치)했기 때문이다. 이러한 상황에서 공물과 세금을 독촉한 결과 곳곳에서 도적(궁예, 견훤)들이 일어난 혼란상이 효녀지은(진성여왕)에 내려진 곡물 약탈(도적)을 우려한 "현황"으로 도치되었다.[45]

반면 집안 내력을 알 수 없는 최치원(원②, 우측)은 당(唐)에서 과거에 급제하고 당(唐) 고변의 종사관이 되어 많은 글을 남긴 대표적 문장가이다. 그러나 귀국 후 나라가 어지러워 할 일 없이 방랑한 그는 자체로 "통일신라 역량

---

45) 실제 53대 신덕왕(박씨)이 헌강왕의 사위이다. 따라서 헌강왕 사위로가 된 효종랑은 화랑으로 왕이 된 경문왕의 속성부터 신덕왕의 속성까지 포괄되었다. 곧 말기 상황을 대변한 의의 등이 효녀지은의 나이로 보면 경문왕부터 진성여왕까지, 이어 효종랑의 가계로 보면 신덕왕부터 경순왕까지 상황이 총체적으로 함축되었다.

과 쇠망"이 표상되었다.

앞에서 "녹진"이 우려한 바가 그대로 실증된 진성여왕 대는 권력을 휘두르던 각간 위홍(진성여왕 2년, 서기 888년)이 죽은 후 아첨과 뇌물이 성행하고 상과 벌이 공정하지 못해 나라의 기강이 무너졌다. 더욱이 지방에서 공물과 세금을 보내지 않아 나라 재정(왕 3년)이 궁핍해졌으며, 토지를 잃고 노비가 되거나 초적(草賊)이 된 농민은 곳곳에서 도적이 되어 일어났다. 그 중 대표적 인물이 궁예와 견훤이었다.

이에 최치원이 왕 8년(서기 894년) 시무(時務) 10조를 올려 가납되었으나 실행되지 못했다. 그 후 궁예가 더욱 강성해지자 왕(왕 11년)은 효공왕에게 전위하고, 최치원은 자연을 벗 삼아 일생을 보냈다.

결국 당(唐)에서 귀국한 신진 최치원(육두품)의 할 일 없는 방황은 자체로 통일 역량이 쇠락한 신라 현실(유학한계/선종대두)과 같았으나 대 문장가(지식인)의 정신적 행로(절, 국토유람, 은둔)는 사상적 변화와 민중 의식에서 비롯된 과도기 세계 상황도 함축되었다.46)

끝으로 원 ③(진성여왕-경순왕)은 통일 신라 말 사회적 기강이 무너지고 재정 파탄으로 통치력이 상실된 후삼국 과도기를 대표한 인물들(궁예, 견훤)이다.47)

그 중 궁예(원③, 좌측)는 태어나자마자 축출된 신라 지배층의 후예로 승려가 되었으나 진성여왕 5년(서기 891년) 혼란기에 도적이 된 후 그 우두머리가 되었다.

결국 궁예는 시초의 〈신라←(궁예+왕건)→견훤〉48) 관계에서 측근(가족, 신하)을 불신하고 없앤 정체성 분열 증세로 왕건의 부하들에게 축출되었다. 따라서 후반에는 왕건과 견훤의 대결로 변모되었다. 곧 궁예는 권력에서 밀

---

46) 당시 왕조와 중앙 귀족들을 비판하며 등장한 호족들 외에 당(唐) 유학생, 육두품, 선종 승려 등 각계 각층이 새로운 변화를 추구했던 점에서 이들을 대표했다고 볼 수 있다.
47) 이들은 중앙 권력 쟁탈(43대-45대, "김양")에 지방 세력("장보고/정연")이 가담(민애왕 2년, 서기 839년)한 지 53년(견훤) 만에 재개된 지방 세력이며, 그로부터 반세기(43년)만에 신라 천년(기원전 57년-서기 935년, 총 992년)의 역사가 마감(경순왕 9년, 서기 935년)되었다.
48) "→"는 대립 관계로 궁예는 왕건을 부하로 삼아 신라를 치고, 견훤을 견제하며 쳤다.

려난 신라 왕족(중앙권력층)으로 신라 멸망(내분)을 촉진시키고 왕건(지방호족)의 고려(통일) 건국의 바탕이 되었다.

반면 견훤(원③, 우측)은 통일 신라 말 사회적 기강이 무너지고 나라 재정이 파탄된 혼란기(진성여왕 6년)에 일어난 도적으로 대표적인 지방 세력이다.

당시 견훤과 궁예는 시초에 신라와 대결했으나 후반에는 보다 쇠락해진 신라를 사이에 두고 견훤과 왕건의 대립으로 바뀌었다. 따라서 신라는 강성한 견훤의 침입을 막기 위해 왕건의 구원을 청했다.[49]

때문에 견훤은 신라[50]와 연합한 왕건을 물리치기 위해 보다 치열했으나 왕건의 부하 금필에게 패했다. 그럼에도 아들들(10명)의 내분이 보다 결정적이어서 신검이 아버지(견훤)를 내치고 형제가 분산된 후 견훤이 태조와 함께 큰 아들 신검을 물리친 이변이 초래되었다.

결국 후백제를 세운지 45년 만에 왕건을 도와 나라를 멸망시킨 견훤은 신라 멸망[51]의 핵심 세력인 동시에 고려 건국(왕건)의 중심 인물이 되었다. 따라서 시초의 〈신라←(견훤+아들들+사위)→(궁예/왕건)〉 관계가 정체성 분열로 〈(견훤 아들)←(견훤+왕건+신라+견훤사위)〉의 관계[52]로 전도된 결말은 보다 비극적이며 자가당착적이다.

종합하면 이들의 국가관, 세계관, 존재관에 대한 정체(正體, 政體)성 혼란은 고려 개국 과정이 보다 복잡한 관계와 의식 변화 속에 이루어진 민족 통합임을 의미하나 10세기 세계사적 요인도 적지 않았다.

---

49) 그해 12월 태조에게 장문의 편지를 보냈으며, 태조는 이듬해 정월 이에 답(열전)했다.
50) 경순왕 9년(서기 935년) 10월 신라는 사방의 토지가 모두 다른 이의 소유가 되고 나라의 힘이 약해져 태조에게 항복하기를 청했다.
51) 견훤이 1만 명의 군사로 대야성(경명왕 4년)을 함락하자 신라(본기)는 태조에게 도움을 청했다. 열전에서는 이에 앞서 근품성(왕 4년9월)을 빼앗고 불 질렀으며, 나아가 신라 고울부(9월)를 급히 쳤다. 그리고 김부를 56대 경순왕(서기 927년~935년11월)으로 세웠다.
52) "→"는 대립 관계로 중심의 견훤 일가는 신라와 궁예(왕건)를 쳤으나 아들과 대립한 후 왕건(신라, 견훤사위)을 도와 아들을 쳤다.

5. 자주적 주체정신과 고구려 회복 정신

고구려는 시조 주몽을 중심으로 부여에서 졸본천으로 남하한 건국 초부터 진취적 기상과 용맹스러운 기개로 주변국 등을 병합, 견제(선비, 부여, 황룡국, 한 등)하며 크게 성장했다.

그러나 일찍부터 시작된 한(漢)과의 갈등은 강력한 지배력과 더불어 자주적 호국 의지도 계발되었다. 비록 전제적 한계도 없지 않았으나 2세기 전, 후(태조대왕)부터 정비된 체제는 3세기 전후 강화된 왕권(고국천왕)과 더불어 정치와 교화가 밝혀지고 체제가 확립되었다.

그 후 위(魏)의 침입(3세기중반)과 모용씨(燕)의 침입(4세기 초중반)으로 피해가 컸으며, 백제의 침입(4세기후반)으로 양국의 갈등도 표면화되었다. 이에 불교를 수용하고 태학을 설립하는 등 체제를 강화(소수림왕)한 결과 영토를 크게 확장하고 동북아의 패자(覇者)로 부상(광개토왕, 장수왕)했다. 따라서 백제와 신라는 한강 유역을 차지한 고구려를 견제하기 위해 서로 화친하고 연합하기도 했다.

결국 보다 치열해진 삼국 관계 이후 백제와 신라의 공동 대응에 위축된 고구려는 수(隋)와 당(唐)의 침입은 막았으나 신라와 당 연합군에 멸망했다. 곧 중국을 물리친 자주 국방력으로 민족적 자긍심과 대외적 위상이 크게 높았으나 그 피해도 적지 않았다. 특히 을지문덕에 이어 연개소문의 기개와 강력한 호국 주체 정신은 당(唐) 태종도 두렵게 했으나 아들들의 내분으로 말기 상황이 촉진되었다.

이들 관계는 다음과 같다.[53]

---

[53] 고구려 총 7명의 일련 번호가 시대 순으로 명시되었다. 따라서 총 50여 명의 시대 순위와 차이가 있다.

Ⅳ. 인물의 관계 양상과 함축된 의의

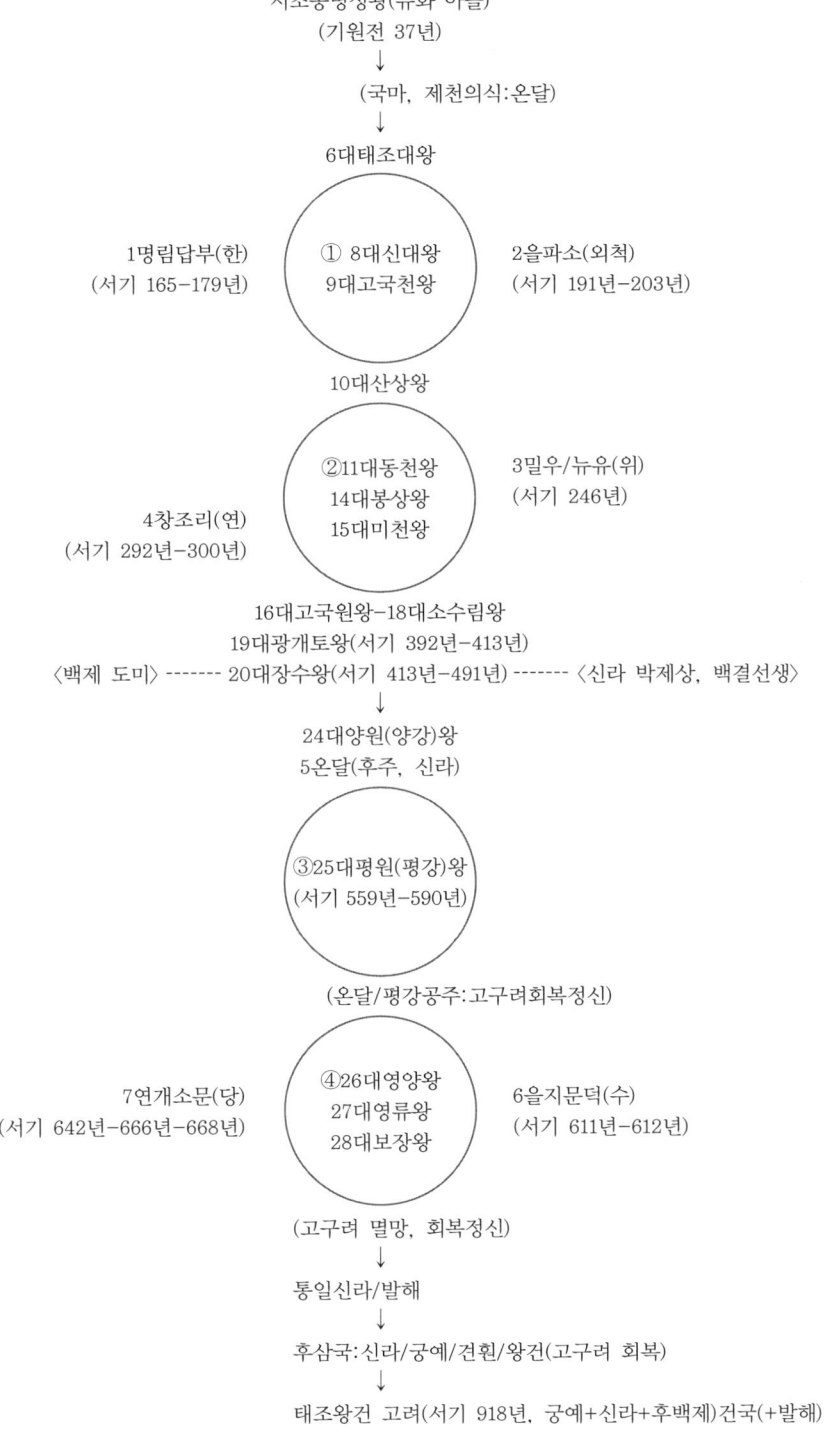

이상 고구려 전환기를 대표한 총 7명(14%)은 은유적 인물인 "온달(원③, 상부중심)"을 중심으로 고구려(기원전 37년-서기 668년) 700여년의 역사(원①, ②,③,④)가 망라되었다.

그 중 우측(원①을파소, 원② 밀우/뉴유, 원④을지문덕)의 인물들은 당시 왕과 함께 시대적 위기를 힘 모아 극복한 반면 좌측(원①명림답부, 원②창조리, 원④연개소문)은 위협적인 외세를 막았으나 나라의 안정을 위해 보필했던 왕을 바꾼 격변기 인물들이다.

그럼에도 이들은 영토를 크게 확장하고 고구려 위상을 만방에 떨친 최 절정기(광개토왕, 장수왕)가 생략된 채 그 전(원①,②), 후(원③,④) 중흥기와 쇠퇴기가 비교되었다. 그런데 생략, 함축된 최 전성기는 신라("박제상", "백결선생")와 백제("도미")의 혼란기로 광개토왕과 장수왕 대 영웅적 기상이 상대국(백제, 신라)의 고통과 시련으로 도치, 전환된 관점은 삼국이 일방적이며 폐쇄된 관계가 아니고 보다 긴밀하게 연계, 소통된 역사 상황임을 뜻한다.

돌이켜 보면 고대 삼국 이전에 이미 무수한 소국(부족단위)이 있었는데 각 국은 시초부터 독특한 정치 체제와 문화적 관습이 있었다. 그 후 기원전 1세기 즈음부터 정립된 삼국은 각기 이웃의 여러 소국을 병합하면서 보다 확고한 국가 체제로 성장, 발전했다.

곧 강력한 통치력과 연계된 영토 확장 의지로 인해 침입과 저항 그리고 영토 회복이 교체, 반복, 순환되었는데 지리적으로 한 나라의 지배 영역이 확장되면 상대국 영역이 축소되었던 삼국 관계는 일찍부터 변경을 중심으로 영역 통치권이 빈번하게 교체되었다. 따라서 백성들 역시 인접 지역을 중심으로 끊임없이 교차, 교류, 혼용되고 흡수, 구분되면서 그 독특한 고유성과 더불어 도전 정신, 저항 정신, 영토 회복 의지 등이 다양하게 유지, 발전, 확장되었다고 볼 수 있다.[54]

---

54) 백제 시조온조왕 37년(서기 19년)에 굶주린 백성 1천 명이 고구려로 이주했으며, 2대다루왕 37년(서기 64년)부터 왕 49년까지 와산성을 중심으로 백제와 신라의 승패가 번갈아

결국 삼국 역사 상황을 대결 관점에서 보면 극 대립된 관계처럼 보이나 연합/대립이 수 없이 반복, 지속된 700여 년 동안 민족의 통일 역량도 더불어 성장했다고 볼 수 있다. 때문에 각국의 호국 희생정신과 용맹성 그리고 자주적 주체 정신과 걸출한 기개(氣槪) 등을 배경으로 형성된 고유한 특성과 문화 의식 등은 통일 후 "다양한 원형질"로 수렴 계발될 수 있었다. 말하자면 단군 이래 본래적이고 원천적인 인간 정신을 바탕으로 진취적이고 도전적인 지배 역량과 정통적이고 개방적인 문화 의식 등이 다양하게 충돌, 변모, 확장, 계발된 사이 보다 다채롭고 창조적인 문화 민족으로 거듭났다고 볼 수 있다.

다시 말해 고구려 흥망 과정은 백제, 신라 흥망 과정과 밀접하게 연계되어서 삼국 흥망사는 보편적인 국가 흥망사의 다각적인 면모(신라의 주체적 통일 정신, 고구려의 주체 정신과 국가 회복 정신, 백제 호국 저항 정신 등)가 총체적으로 내재된 민족적 역사 과정이기도 하다.

특히 고구려 "온달(+평강공주)"은 표면적으로는 평강왕(원③, 상부중심, 양원왕, 평강왕) 대 지배층 여성과 일반 남성의 결합이나 시, 공간을 초월한 상징적 인물55)로 원①,②,③,④ 중심에서 시대 역사 상황과 더불어 인간 존재 상황이 총체적으로 소통, 개방, 함축되었다.

결과적으로 태조 왕건(서기 918년-1392년)에 함축된 고구려 회복 정신은 평면적이며 단선적인 "고구려 회복 정신"이기보다 "고구려(백제, 신라)", "통일 신라", "후삼국" 흥망 과정까지 수렴된 총체적 현황임을 간과할 수 없다. 역으로는 신라, 백제 인물들 역시 연계된 삼국 관계가 보다 개방적이며, 총체적 형태로

바뀌면서 지배자가 교체되었다. 또한 3대기루왕 49년(서기 125년)은 말갈이 신라를 침입하자 신라에 군사를 보냈으며, 4대개루왕 28년(서기 155년)은 반역을 도모한 신라 길선이 백제로 도망가는 등 백성들이 오간 형태는 다양하고 지속적이었다. 이는 부여씨를 가진 백제와 고구려 경우도 마찬가지였다. 곧 승패에 따라 수천 명의 백성들이 잡혀가고 잡혀오면서 여러 형태의 교류 현상이 삼국 통일 직전까지 반복된 것을 알 수 있다. 그 외 연합 관계와 자연적인 이동 현상까지 감안하면 지배층이 치열하게 대치했던 통일 과업 전, 후까지 삼국 백성들은 보다 다양한 형태로 교류, 혼융, 개방되었다고 볼 수 있다.

55) 이우경, 『한국 산문의 형식과 실제』, 집문당, 2004, 159-163면.

구성된 체계임을 미루어 짐작할 수 있다. 때문에 고구려 인물들과 동시대 신라, 백제 역사와 인물 뿐 아니라 그 전, 후, 좌, 우 상황까지 포괄될 수 있다.

이들 중 원 ①(8대신대왕-9대고국천왕)은 고구려 초(2세기말-3세기초) 전환기 상황이 대표적 두 인물의 전, 후 양상과 병행되었다.

우선 고구려 최초 인물인 명림답부(원①, 좌측)는 열전 총 50여 명 중 두 번째 인물이나 최초의 역사적 실존 인물이기도 하다. 곧 신대왕 초 국상이 된 그는 포악한 차대왕 대신 신대왕을 세워 나라의 기틀을 바로 세웠다. 그럼에도 한(漢)을 물리친 위업을 부각해 일찍부터 중국을 물리친 자주적 주체 정신을 과시하고 양국의 역사적 관계를 예시했다.

말하자면 당시 도의가 무너진 왕조를 내치고 나라의 근본을 바로 세운 국내 업적(본기)이 생략(열전)된 대신 중국을 물리친 업적과 의의가 표상된 점은 구성된 인물 대부분이 중국(한, 위, 연, 후주, 수, 당)과의 관계가 중시된 점에서 민족적 숙원(宿怨, 宿願)이 거듭 강조되었다고 볼 수 있다.

결국 중국과의 관계가 고구려의 역사적, 정치적 난제였으며 외교적 난관이었음을 투영했다. 따라서 열전 시초의 대표적 두 인물(신라거도, 고구려명림답부)은 한(韓) 민족(+삼국)의 중대한 내/외적 관계(통일과업/주체정신)와 위상이 대 역사적 명제로 예시된 표본적 인물이었다.

다음 을파소(원①, 좌측)는 2세기 말 외척을 물리치고 왕권 강화에 힘쓴 고국천왕이 구한 현량(賢良)으로 국상이 된 후 정치와 교화를 밝히고 상과 벌을 신중히 해 나라와 백성을 안정시킨 대표적 관료이다.

결국 태조대왕(6대)의 업적을 이어 고구려 초기 국내/외 발전을 이룬 이들 현량들은 외세를 막은 용장(명림답부)과 내정을 쇄신한 현량(을파소)이 강화된 왕조를 좌우 보필한 이상적 관계(△)이다. 곧 이들 내외적 위업이 초기 고구려 발전의 기틀이 되었다.[56]

---

56) 고구려는 초기부터 여러 형태의 침입과 내분이 있었으나 중국과의 관계로 "가까운 이웃에

다음 원 ②(11대동천왕-15대미천왕)는 3세기 중반부터 4세기 초 사이 외세(위, 연) 침입으로 나라와 왕이 위태로웠으나 밀우/뉴유의 실천적 호국 희생 정신과 창조리의 위국충절(爲國忠節)로 위기를 막았다.

먼저 밀우/뉴유(원②, 우측)는 위(魏)의 침입으로 동천왕이 죽령으로 달아날 때 왕을 끝까지 보필한 충신으로 그 중 뉴유는 남옥저까지 밀렸을 때 계책을 내어 위(魏) 장수를 물리치고 전사(뉴유)한 인물이다.

당시 왕은 위(魏) 침입을 크게 물리친 후 이들을 가볍게 보아 다시 크게 패했다. 바로 득래의 충간을 "듣지 않은" 때문이었다.

그로 인해 도읍(왕 21년)을 환도성에서 평양성으로 옮겼는데 군신(君臣)의 신의와 화합과 인내심으로 위기를 극복한 대 전환기였다.57)

이어 창조리(원②, 좌측)는 봉상왕 대 국상으로 전연(前燕)58)의 침입을 막아 나라를 안정시켰으나 백성들보다 자신의 위엄을 중시한 봉상왕을 내치고 미천왕을 세웠다.59)

강한 적이 있기(창조리의 충간)" 때문에 피폐한 틈에 침입할 수 있음을 항상 의식했다.
  곧 시조 동명성왕이 말갈과 인접한 졸본천에 개국한 후 2대유리왕이 왕 11년 선비족을 물리쳤으며, 또한 왕 14년 부여의 침입을 받았다. 그리고 국내성(왕 22년)으로 도읍을 옮겼다.
  그 후 한(漢)과의 갈등(왕 31년)이 시작되었다. 이듬해는 침입한 부여 군사를 크게 물리쳤다. 그러나 왕 27년 주변 황룡국과의 관계로 태자와 부자간의 갈등(왕 28년)이 있었다. 이어 대무신왕 2년에 백제인들(1천 명)이 항복해왔으며, 부여(왕 3년, 4년, 5년), 낙랑(왕 20년), 한(왕 11년, 왕 27년)과 대립했다. 또한 왕 15년(서기 32년)은 왕비의 계략으로 호동왕자가 자결했다.
  한편 4대민중왕(서기 44년-48년)은 대무신왕의 아우로 나라 사람들이 추대했는데 왕 4년 잠우락부 대가(大家) 등 1만여호가 낙랑으로 가서 한(漢)에 의지했다. 이어 모본왕(대무신왕 맏아들)이 즉위했으나 왕이 포악해 측근인 두로가 왕(왕 6년)을 해쳤다. 그리고 나라 사람들이 6대태조대왕(서기 53년-146년)을 추대했다. 곧 통치 기간 94년 동안 국방(왕 3년)을 튼튼히 하고 지경을 넓혔으며, 현도와 요동(왕 69년, 왕 94년)을 쳤다. 그 후 차대왕(서기 146년-165년, 태조대왕 동생)에게 전위했으나 왕이 포악해 명림답부가 해쳤다.

57) 본기에서 동천왕 22년(서기 248년) 왕이 세상을 떠나자 나라 사람들이 그 은덕을 생각해 슬퍼하지 않은 이가 없었으며, 근신들은 왕을 따라 자살하려는 이가 많았다.
58) 전연(前燕)의 모용씨(慕容氏)는 고대 북아시아 유목민으로 선비(鮮卑)의 한 부족이었다. 이들은 3세기 경부터 중국 동북부로 옮겨 전연, 후연, 서연, 남연 등을 세웠으나 5세기 초 북위(北魏)에 합병되었다.

봉상왕은 모용씨의 침입이 거듭되고 자연 재해로 백성들이 굶주릴 때 궁궐을 증축하며 신하들의 충간을 듣지 않아 마침내 신하들이 폐했다. 이어 즉위한 미천왕(서기 300년-331년)은 현도군(왕 3년, 서기 302년), 요동(왕 12년), 낙랑군(왕 14년), 대방군(왕 15년), 현도성(왕 16년, 서기 315년) 등을 친 후 영토를 크게 확장하여 위(魏) 침입으로 위축된 고구려 위상을 회복했다.

종합하면 군신이 내외적으로 안정된 시대(원①, "△")에 비해 "군왕"의 잘못된 판단으로 왕이 피신하거나 자결한 혼란상(원②, "▽")이 비교된다. 특히 우측의 인물들(을파소, 밀우/뉴유)은 시대 배경이 크게 다르나 왕과 힘을 모은 군신 관계로 왕권이 강화되고 사회 체제가 쇄신되었다. 반면 좌측의 인물들(명림답부, 창조리)은 강력한 외세를 물리친 업적 외에 전권을 부린 부덕한 왕(차대왕, 봉상왕)을 내치고 나라와 백성들의 안위를 지킨 전환기였다. 곧 고구려 초기 국내/외 양면 현황이 총체적으로 집약되었다.

다음 원 ③(24대양원왕, 25대평원왕)은 고구려 후기로 본기에 명시되지 않은 "온달"이 상부 중심에서 전, 후 시대와 상징적으로 소통, 연계, 개방된 양상이다.

앞서 동북아의 패자로 군림했던 최 절정기(광개토왕, 장수왕)에 비해 양원왕(24대), 평원왕(25대) 대는 백제와 신라에 영토를 빼앗기고 가장 위축된 시대였다. 따라서 평강왕 딸은 "온달"과 한 마음이 되어 고구려 건국 정신(유화, 동명성왕)을 되찾고자 했으나 결국 고구려 회복 정신(고려 왕건)을 염원하게 되었다.

곧 시정의 평범한 백성이었던 온달은 평강공주(지배층)와 결합한 후 고구려 기개와 재능을 회복하고 중국(후주)을 물리쳤으나 신라에 빼앗긴 영토 회복을 도모하다 전사했다. 그럼에도 평강공주에 의해 "돌아가는(순환성)" 초월성이 현시되어 동명성왕(유화아들)의 건국 정신(국마키우기, 제천행사)부터 절정기 진취 정신(광개토왕, 장수왕, 온달)

---

59) 진실로 하늘을 두려워하고 백성을 근심하며 반성할 때 굶주린 백성들을 몰아 토목 일에 시달리게 하니 백성의 부모 된 뜻에 어긋나며, 나아가 가까운 이웃에는 강한 적이 있어서 피폐한 틈을 타 침입하면 나라와 백성들이 어찌될 것인가를 깊이 생각해야 함을 충간했다. 또한 임금이 백성을 사랑하지 않으면 어질지 못하며, 신하가 임금에게 간하지 않으면 충성이 아니라고 역설했다.

Ⅳ. 인물의 관계 양상과 함축된 의의 215

에 이어 미래상(보장왕 대 패망, 고구려 회복정신)까지 개방된 양상이다.

비약하면 고구려 건국 시조의 신화적 의의(건국정신, 국마키우기)가 내재된 온달(평강공주)의 기개와 재능은 앞서 동북아의 패자(霸者)였던 광개토왕, 장수왕60)의 기개와 역량과도 관통되었으며, 나아가 을지문덕, 연개소문까지

---

60) 생략, 함축된 중기 상황을 요약하면 16대고국원왕(서기 331년-371년, 미천왕태자)은 강성해진 모용씨 등을 방비하기 위해 여러 성(평양성, 신성, 국내성)을 쌓고, 수리(환도성)했으나 모용씨는 1만 5천 명의 군사를 남북 양길로 나누어 고구려 심장부를 치려했다. 이에 왕(왕 12년)이 남쪽을 친히 막았으나 크게 패해 단웅곡으로 들어간 사이 왕모와 왕비가 사로잡혔다. 적들은 후환을 막기 위해 미천왕 묘를 파헤치고 왕모를 잡아갔다. 이에 왕은 이듬해 아우를 연(燕)에 보내 1천여가지의 진기한 물품을 바쳤으나 미천왕 시체만 돌려받고 어머니는 그 후 다시 공물을 바치고 귀환(왕 25년)했다.

한편 신라는 흘해이사금(석씨)에서 김씨 왕조로 전환된 때이며, 백제는 비류왕(통치기간 3년)에서 계왕으로 이어져 삼국은 잠시 소강상태에 들어갔다.

그 후 고구려 고국원왕(왕 39년, 서기 369년)이 강성해진 백제(근초고왕 24년)를 쳐 크게 패했으며, 다시 침입한 백제(근초고왕 26년)에게 고국원왕(왕 41년)이 전사하면서 양국 갈등이 표면화되었다. 결국 소수림왕(서기 371년-384년)은 불교를 수용하고, 태학을 세워 인재를 양성했으며, 체재를 정비했다. 그리고 왕 5년(서기 375년) 백제(근초고왕 30년)의 수곡성을 함락하고 이듬해도 백제를 치니 백제(근구수왕 3년, 서기 377년)가 평양성을 침입했다.

그러나 고구려(소수림왕 8년, 서기 378년)는 가뭄으로 백성들이 굶주려 서로 잡아먹었으며, 백제는 근구수왕 6년(서기 380년) 전염병이 번지고 땅이 갈라졌다. 그리고 왕 8년(서기 382년)은 가뭄으로 백성들이 굶주려 자식을 파는 사람까지 생겼다.

이어 고국양왕(서기 384년-392년)은 대외 팽창을 시도해 요동과 현도를 함락하고 1만 명을 사로잡아 왔으나 모용씨가 이들(요동과 현도)을 다시 빼앗았다. 그리고 왕 3년(서기 386년, 진사왕 2년) 백제를 쳤다. 이때 백제(진사왕 2년)는 관문을 설치하고 고구려 침입 등을 방비했다.

또한 고구려(고국양왕 5년, 서기 388년)는 여름에 가물고 가을에는 황충이 생겨 이듬해 백성들이 굶주려 서로 잡아먹을 정도였다. 이때 백제가 변방을 침입해 약탈했으며, 이듬해는 고구려 도압성(都押城)을 쳐 2백 명을 사로잡아 갔다. 이에 고구려(고국양왕 9년, 서기 392년봄)는 신라와 화친하기를 청했다. 당시 신라는 김씨 왕조(내물이사금, 서기 356년-402년)로 바뀐 전환기 후대(왕 37년, 서기 392년)로 내물왕(왕 37년, 서기 392년)은 실성(조카)을 인질로 보냈다.

그러나 그 해 5월 태자인 담덕이 광개토왕(서기 392년-413년)으로 즉위했으며, 7월에 백제의 10성을 함락하고 이어(9월) 거란을 쳐 남녀500명을 사로잡고 거란에 항복해 살던 고구려인 1만 명을 데리고 왔다. 그리고 10월에는 백제의 중요 요새인 관미성을 함락했다. 곧 백제 진사왕(서기 385년-392년) 말기였다.

한편 그 이듬해(내물왕 38년, 서기 393년) 5월 왜인(倭人)이 신라 금성을 포위했으나 신라는 퇴각한 이들을 추격해 물리쳤다. 이어 왕 44년(서기 399년, 광개토왕 8년) 왜(倭)가

소통, 연계되었다.

　그 중 광개토왕은 안으로 국방[61]에 힘쓰면서 만주와 거란을 정복하고 신라를 침입한 왜(倭)를 물리쳤으며, 백제를 침입해 고구려 전성기를 열었다.[62] 이어 장수왕은 도읍을 평양으로 옮기고 신라와 백제를 쳐 남으로 한강 유역을 차지했다. 그리고 연(燕)을 위축시킨 위(魏)[63]를 중심으로 송(宋), 남제(南齊) 등과 외교 관계를 맺으며 동북아의 패자로 군림했다. 반면 백제와 신라는 크게 위축되었다. 그 중 백제의 피해는 보다 극심했다.

　당시 신라는 김씨 왕조 초기 내분이 진정되고 부자 세습(눌지왕, 자비왕, 소지왕)이 온전하게 이루어지면서 왕권이 강화되었다. 특히 왜(倭)의 침입이 잦았으나 성을 쌓아 방비하고 백제와 화친(눌지왕 17년, 18년, 소지왕 15년) 하며 고구려 침입(눌지왕 39년,

---

　　신라를 크게 침입하자 고구려(광개토왕)가 구원했다. 그리고 그 3년 후 실성이 돌아와 실성이사금(서기 402년-417년)으로 즉위했다. 그러나 실성왕은 내물왕의 아들들을 왜(즉위 원년, 미사흔)와 고구려(왕 11년, 복호)에 인질로 보내고, 눌지도 없애려 했으나 고구려 도움으로 오히려 실성왕을 해치고 눌지마립간으로 즉위했다.

61) 광개토왕(왕 3년, 서기 394년)은 남쪽에 일곱 성을 쌓아 백제 침입을 방비했으며, 왕 18년(서기 409년)에는 동쪽에 독산 등 여섯 성을 쌓아 방비했다.

62) 광개토왕(왕 8년)이 신라를 도와 신라(내물이사금44년)에 침입한 왜를 물리친 후 고구려는 실성이사금(광개토왕 11년), 눌지마립간(장수왕 5년) 등 김씨 왕조 체제 확립에 관여했다. 반면 백제 근초고왕의 침입으로 고구려 고국원왕이 전사한 후 양국 갈등이 심화되었는데 광개토왕 즉위 후 10성(진사왕 8년, 서기 392년7월)과 북쪽 요새지인 관미성(10월)이 함락되고, 패수 상류(아신왕 4년, 서기 395년8월, 광개토왕 4년)에서 8천 명이 사로잡히는 등 큰 위기를 맞았다. 이에 아신왕(왕 2년, 광개토왕 2년, 서기 393년)은 관미성을 되찾기 위해 1만 명의 군사로 고구려를 쳤으나 패했으며, 이듬해(광개토왕 3년, 아신왕 3년)는 수곡성을 쳤으나 광개토왕이 5천 명의 군사로 막았다. 또한 아신왕(왕 4년11월)은 패수 싸움의 패배를 되갚기 위해 7천 명의 군사로 한수를 지나 청목령에 주둔했으나 큰 눈이 내려 회군했다.
　그 후 아신왕(서기 397년, 광개토왕 6년)은 왜(倭)와 화친하기 위해 전지(태자)를 인질로 보내고, 다시 고구려(광개토왕 8년)를 치기 위해 병마를 크게 모았으나 백성들이 고역에 시달려 신라로 많이 달아났다. 이어 고구려(광개토왕 9년, 서기 400년)는 연(燕)의 모용성이 침입해 두 성(신성, 남소)이 함락되었으나 왕 11년 숙군성(모용귀)을 공격해 물리쳤다. 이어 왕 13년에도 연(燕)을 쳤으며, 이듬해(왕 14년, 서기 404년)는 모용희가 요동성을 쳤으나 물리쳤다. 또한 연(燕)이 거란을 치고 돌아가던 중 고구려(왕 15년)를 쳤지만 피로와 추위로 군사들이 상해 돌아갔다.

63) 당시 위(魏)는 고구려 사신을 제(齊) 나라 다음으로 우대했다.

자비왕 17년, 소지왕 3년, 6년, 16년, 17년)에 함께 대응했다.

반면 백제는 광개토왕 침입(진사왕, 아신왕) 이후 전지왕(서기 405년-420년) 후대부터 구이신왕, 비유왕, 개로왕(21대, 서기 455년-475년), 문주왕, 삼근왕(6왕조)까지 장수왕(총79년) 대였다.

그 중 개로왕(왕 15년, 서기 469년, 장수왕 57년)이 고구려를 치기 위해 위(魏)의 도움(왕 18년)을 청했으나 오히려 고구려(장수왕 63년, 서기 475년, 개로왕 21년)의 침입을 당해 수도(한성)가 초토화되었다. 때문에 도읍을 웅진(문주왕 원년)으로 옮기고 한강유역의 백성들을 대두산성(왕 2년)으로 옮겼다. 그리고 권력층(병관좌평 해구)의 정변(문주왕 4년, 삼근왕 2년)이 거듭되었다.[64]

결국 고구려 절정기 위력이 동시대 신라(박제상, 백결선생)와 백제(도미)인들의 "근심과 고통"으로 도치, 전환되어 그 본래의 영웅적, 세계적 위상(광개토왕, 장수왕)이 고구려 전성기에 한정될 수 없는 관계 상황임이 제시되었다. 바꾸어 말하면 범민족(세계)적 역량이 상대국 현실로 객체화되어 보다 광범위하게 개방, 강조되었다. 곧 중심에 자리한 "온달"의 역사적, 존재적 위상에 내포된 총체적 의의를 짐작할 수 있다.

유추하면 평강왕 말기 도읍을 장안성으로 옮긴 변화는 평강왕의 딸 평강공주(쇄신된 지배층)가 왕(지배층)과 결별하고 시정의 "온달(일반백성)"을 찾아 나선 획기적인 변화와 같다. 따라서 쇄신된 지배층(평강공주)과 결합(결혼)한 재능 있는 백성(온달, 을지문덕, 연개소문)들의 호국 희생정신으로 중국(후주, 수, 당)을 물리치고 나아가 빼앗긴 영토 회복(신라)에 주력했다. 이는 동시대 신라(성골말기)의 한계를 쇄신하기 위해 지배층과 결합(결혼, 성골+진골+가야인+백성들)한 재능 있는 백성(설씨녀+가실, 김유신, 화랑들, 무사들)들과 같아서 당시

---

64) 그 후 동성왕(24대, 서기 479년-501)이 신라(왕 7년, 왕 15년), 남제(南齊) 등과 화친 관계를 맺고 고구려 침입에 신라와 함께 대응했다. 즉 동성왕 16년(서기 494년) 고구려와 신라가 살수에서 싸웠는데 고구려가 포위하자 백제가 구원했다. 이듬해(왕 17년) 고구려가 백제 치양성을 포위했을 때 신라가 구원해 물리쳤다. 또한 성(왕 12년, 23년)을 쌓아 방비하고 국력 회복에 힘썼으나 말기에는 신하들의 충간을 듣지 않아 시해되었다. 그리고 무령왕(동성왕 둘째아들)이 즉위했다.

공통적인 시대 변화였다고 볼 수 있다. 때문에 평강공주의 "울음"65)은 아버지 (지배층)의 "희언(지배층한계)"과 "언약 파기(불신)"로 야기된 말기적 고통(온달의 굶주림)과 같아서 평강공주(유화 후예, 동명성왕 건국정신, 모태적 근원정신)의 획기적인 결단(출궁, 지배층+피지배층 화합, 근원정신회복)이 필요했다.

특히 양원왕(양강상호왕) 대 "신라에 빼앗긴 계립현과 죽령 서쪽 땅 회복은 실제 보장왕(마목현, 죽령)66)과 연개소문 등도 김춘추에게 요구한 것으로 보아 당시 고구려인 모두(왕, 명장, 백성, 평강공주와 온달)의 숙원(宿願)이며 범민족적 의지였다. 곧 "2, 8(16세)" 나이에 고씨(고구려)를 거부하고(시집가지 않고) 온달 (일반백성)을 찾은 평강공주 출궁에는 이미 고구려(고씨) 멸망(28대보장왕)이 포괄되었다. 따라서 온달의 호국 희생정신으로 교감된 "돌아가기"는 초월적(신화적) 재생 의식(보름달)에 함축된 "고려 건국(고구려 회복)"이 실제 통일 신라(250여년)와 더불어 지속, 변모, 순환된 민족 "통일 역량"임을 간과할 수 없다. 말하자면 온달(밝은 땅/재생)67)의 영토 회복 의지는 신라에 패망(전사)한 고구려인들의 기원이나 그 순환적(돌아가는) 의미에 내포된 "초월적 의지"는 결코 단선적이며 평면적 형태가 아니고 다시 신라 통일 역사 과정에서 변모, 재현(재생)된 범민족적 근원 의식(부여, 부모 나라)까지 복합되었다.

결국 본기에 명시된 인물들(명림답부-연개소문)에 비해 명시되지 않은 "온달"은 고구려 흥망 과정을 근거로 확장된 정신적 초월성이 통일 신라 흥망사에 배태된 흥망성쇠의 순환성과 더불어 인간 보편적 삶(모순성)과 죽음(한계)까지 광범위하게 함축, 개방되었다. 따라서 궁극적으로는 민족(온달, 보편적인간)의 원형질 속에 배태된 역동(빛, 해모수)적 생명력(알, 온달, 보름달)과 우주(하늘, 땅, 물, 인간, 말 등)적 순환(자연)성을 통해 인간 세계의 본질적

---

65) 이는 성골 말기 설씨녀의 눈물, 통일 신라(진성여왕) 말 효녀지은 모녀의 통곡과 유사하다.
66) "김유신, 상"에서 고구려(보장왕)에 구원을 청한 춘추에게 보장왕이 이를 요구하며 춘추를 가두었다. 과거 "거칠부"가 한강 유역을 빼앗기 전 고구려 내정을 두루 엿보았다.
67) 이우경, 『한국 산문의 형식과 실제』, 159-163면.

측면이 광활하게 현시되었다.

끝으로 원 ④(26대영양왕-28대보장왕)는 실로 위협적인 수(隋)와 당(唐)의 침입을 크게 물리친 역사적 명장들로 그 영웅적 기개와 자주적 역량으로 민족의 자긍심과 고구려 위상을 크게 드높인 인물들이다.

그 중 을지문덕(원④, 우측)은 영양왕 대 수(隋) 양제의 대군을 크게 물리친 명장으로 문무가 겸비된 인물이다.

당시 영양왕(평원왕맏아들, 서기 590년-618년)은 즉위 초반(왕 9년, 서기 598년) 요서와 신라(진평왕 25년, 서기 603년, 영양왕 14년)를 침입해 영토 회복을 도모했으나 이득 없이 수(隋) 침입의 요인이 되었다.[68] 또한 후반(왕 18년, 19년)에는 백제(무왕 8년)와 신라(진평왕 30년)의 성을 함락하고 많은 사람을 잡아간 때문에 양국 모두 수(隋)에 고구려 칠 것을 청했다.[69]

결국 수(隋)의 고구려 침입(영양왕 23년, 서기 612년)은 요서(遼西) 침입에 대한 응징, 진(陳)과의 화친 관계, 치열해진 삼국 관계 때문이었으나 실제로는 영토를 확장하고 신하로 삼을 야심이 있었다.

당시 수(隋) 양제의 군사는 모두 113만3800명으로 군량을 운반한 이는 그 배가 될 정도로 대군이었다. 그러나 양제의 군사가 먼저 패하고 좌익위대장군인 내호아의 수군도 패해 물러났으며 부여도로 나온 우문술과 낙랑도로 나온 우중문 등은 30만 대군 중 2천 7백 명만 돌아갈 정도로 크게 패했다.[70]

반면 연개소문(원④, 좌측)은 보장왕 대 침입한 당(唐)을 물리치고 나라를 지킨 위대한 명장이나 말기의 한계로 비판적 관점이 두드러진 인물이다.

---

[68] 고구려(26대 영양왕 9년, 서기 598년)가 말갈과 함께 요서(僚西)를 침입한 후 수(隋) 문제가 노해 수륙 30만 군대로 고구려를 침입했다. 그러나 풍랑을 만나 군량이 수송되지 못하고 전염병이 돌아 수(隋) 군사는 열에 여덟, 아홉이 죽었다. 이에 왕이 표문을 올려 사죄했다.

[69] 백제(무왕 8년, 서기 607년)가 수(隋)에 고구려 칠 것을 청했으며, 신라(진평왕 30년, 33년, 서기 608년, 611년)도 수(隋)에 고구려 칠 군사를 청했다.

[70] 실제 수(隋) 침입은 영양왕 23년부터 왕 25년까지 시도되었다. 그 후 왕의 입조를 명했지만 따르지 않자 다시 거사를 도모했으나 실행되지 않았다.

특히 당(唐)은 과거 수(隋)의 참패를 거울 삼아 철저한 준비(봉역도)와 각오(보장왕 3, 4년 당태종의 말)로 보장왕 통치 기간(총27년) 내내 침입(왕 4년-왕 21년)했으나 연개소문이 물리쳤다. 그럼에도 사후 아들들의 불화와 나당 연합으로 고구려 패망이 촉진되면서 그의 위업도 희석되었다고 볼 수 있다.

곧 대인(大人)의 아들로 자태가 웅장하고 뛰어났으며 기개가 장했으나 "성품이 모질고 사납다."고 비판된 이유는 중국의 침입을 막기 위해 장성[71]을 쌓은 역사(役事)를 감독했으며 아울러 영류왕(왕 25년, 서기 642년)과 측근들을 해치고 막리지가 되어 당(唐) 태종과 대립한 때문이다.[72]

결국 "침입자(당)" 관점에서 "적대자(고구려)"로 도치된 역사 기록(고구려본

---

[71] 영류왕 14년(서기 631년) 동북쪽 부여성에서부터 동남쪽 바다까지 1천여리가 되는 장성은 공사 16년 만에 마쳤는데 서부 대인 연개소문이 장성의 역사를 감독했다. 그러나 그는 영류왕 25년(서기 642년) 10월 왕을 해치고 보장왕(서기 642년-668년)을 세웠다.

[72] 당시 배경을 보면 수(隋)를 물리친 영양왕에 이어 즉위한 영류왕(서기 618년-642년)은 같은 해 즉위한 당(唐) 고조와 사신을 교환하고, 불교와 도교 배우기(왕 8년)를 청하는 등 유화적이었다. 이어 당(唐) 태종(영류왕 9년, 서기 626년)이 즉위한 후 고구려를 포함한 삼국은 당(唐)과 화친 관계를 맺고 사신 교류와 조공을 보다 빈번히 했다. 그러나 신라(진평왕 48년, 서기 626년)와 백제(무왕 27년, 서기 626년)를 견제한 고구려(영류왕 9년)가 이들의 당(唐) 입조 길을 막자 양국은 이를 당(唐) 태종에게 호소했으며, 당(唐)은 고구려(영류왕)를 타일렀다. 이에 왕은 사과하고 이들과 화친할 뜻을 표명했다.

한편 신라는 진평왕(서기 579년-632년)에 이어 선덕여왕(서기 632년-647년)이 즉위했으며, 백제는 강력했던 무왕(서기 600년-642년)에 이어 보다 강력한 의자왕(서기 642년-660년)이 즉위 원년부터 신라(선덕여왕 11년, 서기 642년, 보장왕 2년9월)의 40여성을 빼앗고, 고구려와 함께 당항성을 빼앗아 당(唐)으로 가는 길을 막으려 했다. 따라서 위급해진 신라가 당(唐) 태종에게 군사를 청했으나 백제(윤충)는 다시 신라의 대야성을 함락했다. 이때 딸과 사위(대야성도독, 품석)를 잃은 김춘추가 먼저 고구려에 구원을 청했으나 보장왕은 죽령 서북쪽 땅을 돌려받기 위해 춘추를 가두었다. 이에 김유신(대장군)이 1만 명의 군사를 거느리고 경계에 들어가자 그를 돌려보냈다.

그 후 지속된 백제와 고구려의 침입으로 신라(선덕여왕 12년)는 다시 당(唐)에 구원을 청했다. 그 이듬해(왕 13년, 서기 644년)도 사신을 보내고 토산물을 바치니 당(唐) 태종이 고구려에 조서를 보내 신라 침입을 만류했다. 그러나 연개소문은 빼앗은 영토를 돌려줄 때까지 그만둘 수 없음을 표명했다. 결국 김유신이 백제의 집중적인 공격을 물리치기 시작했으나 그 해 정월부터 당(唐) 태종이 고구려(보장왕 4년)를 치기 위해 신라군을 징발했으며, 신라(선덕여왕 14년5월)가 3만 명의 군사를 내어 당(唐)을 도운 틈에 백제(왕 4년)는 신라를 집중 공격했다.

기) 때문에 연개소문(고구려)의 강력한 호국 저항 정신과 위협적인 용맹성이 "모질고 포악하게" 도치되었으나 실제 당(唐)의 관점에서 도저히 대적할 수 없는 동북아의 최고 명장이어서 "사납고 무례한 적장"이었다. 더욱이 고구려 멸망에 앞장 선 남생과 헌성(연개소문맏아들과 손자) 중 헌성이 당(唐)에서 참언으로 생을 마친 비극적 결말에서도 고구려와 당(唐)의 본질적 관계와 한계를 알 수 있다.

이상 고구려인들의 역사적 위업과 은유적 의미(고구려 정신 회복)가 내포된 총체적 관계를 정리하면 다음과 같다.

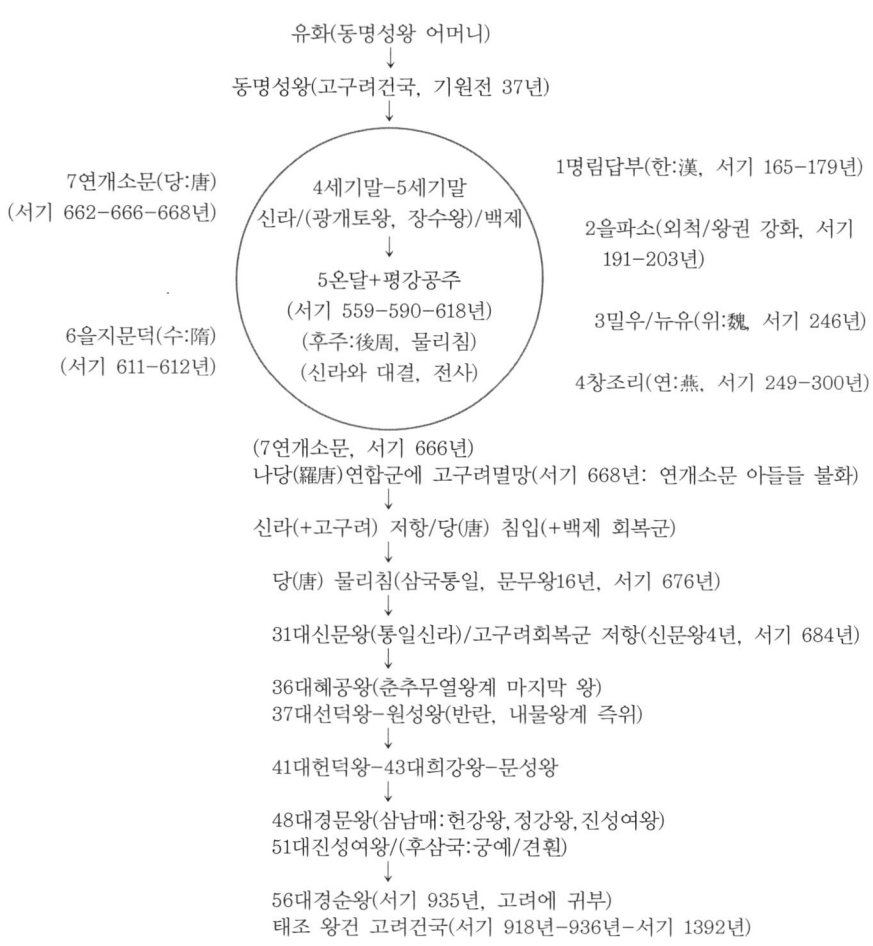

이상은 은유적 인물인 "온달(평강왕)"을 중심으로 전(우측), 후기(좌측) 인물로 나뉘었다.

그 중 최 절정기(광개토왕, 장수왕) 기개가 신라(백결선생)와 백제(도미) 혼란기 역사 배경으로 전환되어 범세계적 형태로 개방되었으나 좌, 우 인물들(총6명)의 시대, 역사적(상, 하) 관계는 온달을 중심축으로 〈고구려 동명성왕-(최절정기)-**온달**-(통일신라)-고려 왕건〉과 같은 형태로 변모, 재현되었다. 곧 고구려와 통일 신라 절정기 역량과 위상이 수렴, 개방된 민족적 기개와 의식이 고구려 동명성왕에서 고려 왕건까지 연계, 소통, 포괄되었다.

종합하면 고구려 회복 정신에 내포된 국내(삼국) 외(중국. 세계상황) 관계를 통해 진취 정신, 호국 주체 정신(저항정신), 통일정신(통일신라, 고려) 등이 총체적으로 구성되었으나 궁극적으로는 인간(세계, 역사) 한계와 모순 그리고 다양한 관계 상황(삶/죽음, 부/부, 상/하, 영/육, 내/외, 좌/우, 생성/소멸, 고구려/신라, 백제, 삼국/통일신라) 등이 돌아가는(역사적, 자연적순환) 방법으로 극복(조화, 화해, 공존, 상생)된 의의가 총체적으로 함축되었다.

6. 국가 멸망 요인과 백제 저항 정신

백제는 부여에서 나온 시조 온조왕이 위례성에 도읍을 정하고 일찍부터 가까운 주변국(말갈, 마한, 낙랑, 신라, 고구려)과 대결, 연합하며 크게 성장했다.

특히 한강 유역을 중심으로 농경이 발달되고 바다를 통해 선진 문화가 유입된 백제는 4세기 중반에는 고구려 지역까지 확장되었다.

그러나 광개토왕 이후 크게 위축된 백제는 밖으로 왜와 화친하고 신라와 합세해 고구려에 대응했다. 따라서 빼앗긴 한강 유역이 일시 회복되었으나 곧 이어 신라가 한강 유역을 차지하면서 삼국 관계는 새롭게 전개되었다.

결국 성쇠를 거듭하며 다시 강성해진 백제가 7세기 초 영토 회복을 위해

IV. 인물의 관계 양상과 함축된 의의 223

고구려와 함께 신라를 집중 공격했으나 위기에 처한 신라가 당(唐)과 연합해 백제를 멸망시켰다. 그 후 백제 유민들이 나라 회복을 위해 결사 대항하며 힘을 모았으나 또한 내분으로 분산되었다.

이들 관계는 다음과 같다.

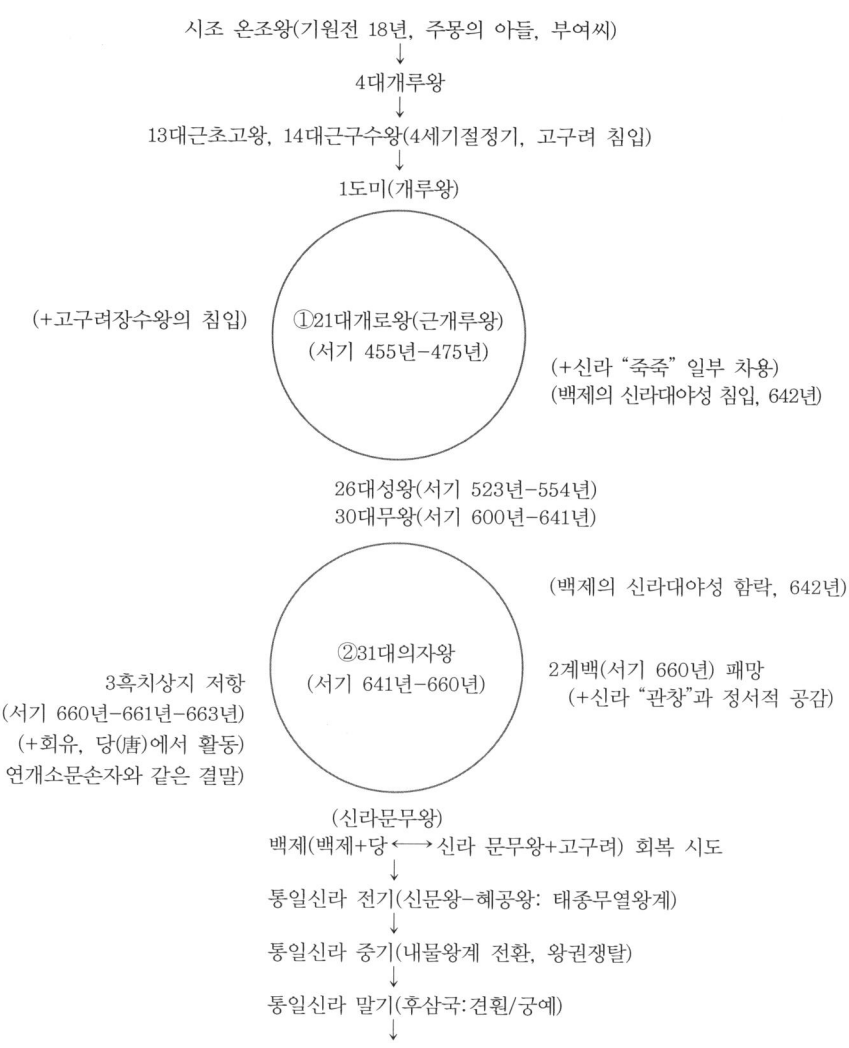

이상 백제 전, 후 최 전환기를 대표한 총 3명(6%)은 은유적 인물인 "도미"(원①, 상부중심)를 중심으로 백제 700여년(기원전 18년-서기 660년)의 역사(원①, 원②)가 광범위하게 포괄되었다.

그 중 원 ①(4대개루왕 전, 후-21대개로왕 전, 후)은 본기에 명시되지 않은 "도미"가 그 전(개루왕 전, 후), 후(근개루왕 전, 후) 상황과 소통, 개방된 상부중심에서 이들 역사 상황이 총괄된 형태(△)로 전제되었다. 이어 원 ②(31대 의자왕)는 백제 말 전환기에 호국 희생 정신으로 나라를 지키다 전사(계백, 우측)했거나 항거(흑치상지, 좌측)한 이들을 대표한 역사적 명장들이다.

우선 "도미"에 명시된 시대 배경은 "개루왕(4대, 서기 128년-166년)"이나 "공손하고 온순했던(본기)" 초기 왕보다 고구려(중 도림)의 속임수에 빠진 개로왕(21대, 근개루왕, 서기 455년-475년) 대 혼란상과 부합된다. 그럼에도 상징적으로 개방된 "도미"의 역사적, 존재적 변화는 4대개루왕 전, 후부터 21대개로왕(근개루왕) 전, 후 상황이 포괄되었다. 마치 고구려 절정기(광개토왕, 장수왕) 상황이 생략되었으나 은유적 인물인 "온달"에 그 전, 후 세계(삼국) 상황이 연계, 개방, 포괄되었듯이 백제의 강성했던 시대(근초고왕, 근구수왕)가 생략되었으나 은유적 인물인 "도미"에 그 전, 후 전환기(5세기) 세계(삼국) 상황이 연계, 개방 포괄되었다.

우선 그 전, 후 배경을 요약하면 시조 온조왕(기원전 37년-서기 28년)은 주몽(졸본부여 왕)[73]의 아들로 위례성에 도읍을 정하고 나라 이름을 백제라고 했다.

그러나 이웃 낙랑과 말갈의 잦은 침입을 피해 도읍(왕 14년, 기원전 5년)을 옮기고 농사에 힘썼다. 그리고 한강 서북쪽에 성을 쌓아 한성의 백성을 나누었다.[74] 이어 2대

---

73) 고구려 본기에서 주몽(유화아들)은 동부여 왕의 아들인 금와가 그 태생을 확인한 후 그 아들들이 시기해 졸본천으로 도망가 나라 이름을 고구려라 하고 시조가 되었다.
　한편 백제 본기에서는 북부여에서 졸본부여에 이른 주몽이 비류와 온조를 낳았는데, 이들은 북부여에서 낳은 주몽의 아들을 피해 남쪽(위례성)으로 와 백제라 하고 "부여"를 성으로 삼았다. 즉 이들은 고구려와 부자 관계로 근본이 같다.
74) 본기에서 온조왕 26년(서기 8년) 마한과 서로 반목할 때 왕이 사냥한다고 하며 마한을 쳐 국읍을 병합했으나 원산과 금현 두 성은 항복하지 않았다. 그러나 이듬해(왕 27년) 두

다루왕(왕 36년, 서기 63년)이 토지를 개척해 낭자곡성에 이른 후 신라 왕(탈해왕 7년)과 만나기를 청했으나 신라는 따르지 않았다. 이후 백제와 신라 양국은 와산성(다루왕 37년, 39년, 43년, 47년, 48년, 왕 49년)을 사이에 두고 서로 빼앗고, 회복하기를 거듭했다.75) 또한 강력했던 5대 초고왕(신라벌휴왕, 내해왕)과 6대 구수왕(신라내해왕)도 인접 지역인 신라를 지속적으로 쳤으며, 그 승패가 반복되었다.

한편 8대 고이왕(서기 234년-286년, 신라조분왕, 점해왕, 미추왕)은 신라가 삼성(三姓) 체제로 갈등이 심화된 사이 여러 차례(왕 7년, 22년, 33년, 39년, 45년, 50년) 침입했다. 그리고 안으로는 관직을 마련하고 제도를 정비(왕 27년, 서기 260년)하며 관리들의 규범(왕 29년, 서기 262년)을 정하는 등 체제를 강화했다.

그 후 백제(근초고왕)는 보다 강성해져 고구려(16대고국원왕 39년, 41년)의 침입을 막고 이어 태자(근구수왕)와 고구려(평양성)를 쳐 크게 이겼다. 그러나 고국원왕의 전사는 양국 갈등의 도화선이 되었다.76)

곧 고구려 광개토왕 즉위 후 10여성(진사왕 8년, 서기 392년)이 함락되고 이어 한강 북쪽 부락과 관미성(10월)이 함락되었다.77) 이에 백제(아신왕 6년)는

성이 항복하고 마한이 멸망했다. 왕 37년(서기 19년)에는 한수의 동북쪽에 흉년이 들어 1천 명이 고구려로 도망갔다. 이에 왕이 이듬해 지방의 백성들을 무마하고 농잠을 장려하며 백성들을 번거롭게 하는 모든 일을 금했다. 그리고 2대 다루왕 2년(서기 29년) 왕은 시조 동명왕 사당에 참배했다.

75) 신라 탈해이사금 8년(서기 64년, 다루왕 39년), 10년, 14년, 18년(서기 74년, 다루왕 47년), 19년, 20년(서기 76년, 다루왕 49년) 등 12년 동안 와산성을 사이에 두고 양국의 지배권이 오갔다.

76) 백제는 그 후 도읍(근초고왕 26년, 서기 371년)을 한산으로 옮기고, 고구려(소수림왕 5년, 서기 375년, 근초고왕 30년)가 함락한 수곡성을 되찾으려 했으나 흉년이 들어 이루지 못했다. 그러나 고흥(근초고왕 30년)이 서기(書記)를 만드는 등 문화적 바탕을 이루었다. 한편 신라는 시조 박혁거세 이후 석씨 왕조(4대탈해왕, 사위)가 등극하여 흘해이사금(16대, 서기 310년-356년)까지 박씨, 석씨, 김씨 왕조가 교체되면서 발전이 늦었다. 그러나 김씨 체재인 내물이사금(17대, 서기 356년-402년) 즉위 후 백제와 고구려가 대립되면서 백제(근초고왕 21년, 23년)가 신라(내물왕 11년, 13년)와 화친 관계를 맺었으며, 고구려(고국양왕 9년)도 신라(내물왕 37년)와 화친 관계를 청하므로 실성(조카)을 인질로 보냈다.

77) 아신왕(왕 2년, 3년, 4년)이 고구려 침입을 몇 차례 시도했으나 크게 패하고, 패수에서는 8천 명이 전사(왕 4년, 서기 395년 2월)했다. 이에 왕은 그해 11월 친히 7천 명의 군사를 거느리고 한수를 지났으나 눈이 많이 와 귀환했다.

왜(倭)와 화친하기 위해 태자(전지)[78]를 볼모로 보내고 고구려 침입을 계획했으나 중지(왕 7년, 8년)하고 신라(실성왕 2년, 서기 403년, 아신왕 12년)를 침입했다.

결국 고구려 최 전성기(4세기말-5세기말, 광개토왕, 장수왕)에 가장 위축되었던 백제는 개로왕이 빼앗긴 영토 회복을 위해 위(魏)에 도움을 청했으나 오히려 고구려(장수왕)의 침입으로 수도가 초토화되고 왕이 죽임을 당했다. 그리고 도읍을 웅진으로 옮겼다.

따라서 도미에 명시된 "개루왕(개로왕, 근개루왕)"이 "의리 있고 절개 있는 백성들(도미부부)"을 시험(불신, 희롱)하고 속인(속은) 부덕함 때문에 군신과 부부(남녀 백성들)가 결별(내분)하고 유리(추방, 도망)된 상황은 마치 고구려 간자에 속은 개로왕(도미)이 장수왕의 침입으로 나라가 초토화된 혼란상과 같다.[79]

그럼에도 원천적으로는 "주몽이 북부여에서 낳은 아들이 태자가 된" 후 남쪽으로 이동한 시조 온조왕("백성들이 많이 따랐던", 공손하고 온순했던 개루왕 선조)의 건국 정신(도전정신, 진취정신, 애민정신 등)을 이은 개루왕(4대)부터 절정기 기개(근초고왕, 근구수왕)와 빼앗긴 영토 회복을 위한 호국 저항 정신(아신왕, 진사왕) 등을 이은 개로왕(원①, 근개루왕) 등이 총체적으로 내재되었다. 그러나 다른 한편으로는 왕(지배층)의 부덕한 욕망(신하 아내 빼앗기/이웃 영토 빼앗기/고구려 침입)으로 인해 군신과 백성(부부) 그리고 이웃 나라(외교) 간에 불신(속임수)이 초래되어 영토(도미부인)가 "피(월경)"로 물들게 되었다.

따라서 개루왕의 행적에는 고구려와 백제 관계 뿐 아니라 신라(대야성) 품석(부하아내 빼앗기, "죽죽")과 백제 윤충(속임수)의 행적이 차용되어 "나라 패

---

[78] 왜(倭)에서 돌아온 전지가 왕권 쟁탈의 내분을 극복하고 전지왕으로 즉위한 후 진(晉, 왕 2년)과 왜(倭)(왕 4년, 14년)에 사신을 보냈다.
[79] 이는 신라 성골 말에 품석 도독이 부하의 아내를 빼앗은 상황과 통일신라 말 경문왕이 왕의 위엄을 위해 재정을 소모한 상황과 연계된다.

망(통일신라 내분, 연개소문아들들, 견훤부자의 권력쟁탈)"의 공통적 요인(내분, 빼앗기, 속이기)이 시대와 공간을 넘어 보편적 형태로 확장되었다.

때문에 "도미" 부부가 고구려로 이입된 결말은 나라 패망의 구체적 실상(원②, 계백, 흑치상지)과 함께 "통일 신라" 시대가 포괄되었다. 곧 후백제(견훤)의 백제 회복 정신과 더불어 고려(고구려 회복정신)로 통합된 역사 상황("△, ▽")까지 총체적으로 함축, 개방되었다.

종합하면 불의(不義)가 지배적인 불합리하고 모순된 세계 상황(인간과 세계 한계)에서 "의롭고 절개 있는 도미부부(백제)"가 인지(눈, 정신적, 초월적) 능력을 잃고 삶의 터전(영토, 몸, 현실)에서 추방(군/신, 부/부결별, 내분)되고 도망(도미부인, 탈출, 강, 공간이동, 저항, 도전, 역사성)한 시련에도 불구하고 역설적으로는 근원 정신(도덕성, 본질적 존재의의와 가치)을 회복(천성도, 부부재회, 근원적 공존관계)하고 궁극적 지향점(통합, 화해, 공존)으로 회귀(순환)한 형태이다. 곧 "절개와 기상을 굽히고 구차한 나그네(망국적 삶, 인간 본래의 한계)" 삶과 같으나 한(韓) 민족의 "뿌리 깊은 생명력(풀뿌리)과 순환성(귀환)"을 통해 인간(나라)의 흥망성쇠, 대립과 소통의 본질적 의의(초월적 재생, 자연적 순리)가 보다 구체적으로 현시되었다.

다음 원 ②(31대의자왕 전, 후)는 본기에 명시된 역사적 인물들로 백제 말 호국 희생정신으로 나라를 지키다 전사한 이(원②, 우측, 계백)와 투철한 저항 정신으로 나라 회복을 주도한 이(원②, 좌측, 흑치상지)들을 대표했다.

그러나 근본적으로 "도미(원①, 상부중심)"와 연계, 소통된 점에서 국력이 회복되기 시작한 24대동성왕(서기 478년-501년) 전, 후부터 말기 상황까지 포괄된 "역사적 실재들"이 대변되었다.

그 중 강력한 힘으로 신라를 집중 공격한 무왕(30대)과 의자왕(31대) 초기는 신라 무사들(귀산, 찬덕, 눌최, 죽죽 등)의 희생정신에 확장, 내포되고 7세기 후반 나당(羅唐) 연합군에 패망한 전, 후(원②) 상황이 집약되었다.

먼저 "계백(원②, 우측)"은 백제의 달솔로 나당(羅唐) 연합군(왕 20년, 서기 660년)을 막기 위해 황산의 들에서 신라 명장인 김유신과 대결하다 전사한 명장이다.

그럼에도 계백은 당시 사로잡힌 "관창(신라화랑)"의 어리고 용맹스러운 기개를 아낀 인간적인 명장(본기, "관창")이어서 양국의 소통 가능성도 시사되었다. 즉 나라 존망과 백성들의 생사가 달린 교전 현장에서 상대국 화랑("관창")의 호국 희생정신에 인간 보편적 박애 정신과 연민 그리고 부러움을 느낀 솔직한 정서는 역사적 관계보다 인간 보편적 면모(인간 정신)라고 할 수 있다.

결국 역사적 지배 권력 측면에서는 양국이 건국 초부터 적대(이웃) 관계였으나 인간 본질적 측면에서는 이들이 크게 다르지 않았다.[80] 마치 "도미"에서 "죽죽(신라인)"의 패인(敗因)을 도치, 혼용해 나라 패망의 일반적이며 공통적 요인으로 구성했듯이 "계백"에서는 생략되었으나 신라 본기와 "관창(열전)"에서 구애받지 않는 인간 자율적 성정이 소통, 교감됨으로써 양국 관계가 극복, 공존할 가능성이 함축, 개방되었다.

곧 명장으로서 자신의 가족을 먼저 희생시킨 솔선수범적인 행동이 계백(백제)의 역사적, 인간적 태도라면 적국(신라)이라도 어린 용장("관창")의 호국 희생정신과 용맹스러움에 대한 부러움(인간본성)과 연민(인간애)이 교차,

---

80) 본기에서 의자왕 11년(서기 651년)에 신라가 그들의 국토가 줄고 위엄과 힘이 사라져 간 상황을 당(唐)에 호소하며 백제가 침입한 성을 돌려주기를 바랐다.
한편 의자왕은 신라의 33성을 함락(왕 15년, 서기 655년)한 다음해부터 술과 여자에 빠져 정도를 벗어난 것으로 서술되었다. 또한 충언한 좌평 성충을 옥에 가둔 후 말하는 이가 없었다. 그러나 성충은 싸움이 있을 것을 예견하고 육로로는 침현을 지나지 못하게 하고, 수군은 기벌포 언덕에 들어오지 못하게 하라는 책략을 말했으며, 귀양 간 좌평 흥수도 같은 의견이었다. 그러나 왕의 측근들은 이를 믿지 않았다. 결국 왕 20년 신라와 당(唐) 군사들이 백강(기벌포)과 탄현을 지나자 계백장군이 이들과 맞서게 되었다. 또한 소정방이 성에 이르니 왕이 성충의 말을 듣지 않은 것을 탄식하고 후회했다. 그리고 그해 7월18일 웅진성에서 항복한 후 왕, 태자, 왕자 등과 대신들, 장수와 군사 88명과 백성 1만2천8백7명이 당(唐) 서울로 보내졌다.

혼융된 양상은 계백(인간)의 인간적, 존재적 의의라고 할 수 있다.

이에 비해 흑치상지(원②, 좌측)는 백제의 달솔로 백제가 신라와 당(唐) 연합군에 항복한 이후 나라 회복(서기 660년-662년)을 위해 강경하게 맞선 이들을 대표한 명장이다.

그는 패망 당시 당(唐) 소정방이 왕을 가두고 그 군사들이 약탈하자 우두머리 10여 명과 함께 임존성으로 도망해 3만 여 명을 모았다. 그 후 이들 저항 세력은 200여성을 되찾아 일시에 물리치기 어려울 정도로 강성했으나 주도권 쟁탈로 분산되었다.

특히 신라(김유신)가 유일하게 물리치지 못한 흑치상지는 그 후 유인궤에게 회유되어 당(唐)에서 공헌했으나 참소로 억울하게 죽었다. 이는 당(唐)에 공헌한 연개소문 손자와 크게 다르지 않아서 나라를 잃고 이방인(당, 왜)으로 일생을 마치거나 희생된 이들의 고통도 시사되었다. 곧 한(韓) 민족과 당(唐)의 본질적 관계와 한계 등이 계백(신라와 백제)과 도미(고구려와 백제)와 비교된다.[81]

아울러 나라 패망 요인은 외세도 위협적이나 내분이 보다 위협적임을 백제의 "도미"를 비롯해 신라의 "죽죽", "필부", "김양", "궁예", "견훤"과 고구려의 "연개소문(아들들)" 등에서 지속적으로 환기되었다. 따라서 "흑치상지(백제)"의 용맹성과 강력한 호국 저항 정신에도 불구하고 그 내분의 실상과 한계 등이 보다 대비되었다.

결론적으로 700여년의 백제 흥망사와 연계된 고구려와 신라(원①, 도미), 신라와 당(원②, 계백), 왜와 당(원②, 흑치상지) 등 범세계적 관계 상황이 백제 건국 정신, 진취 정신, 호국 저항 정신과 더불어 나라 패망의 궁극적 요인 등이 총체적으로 수렴, 개방 되었다.

---

81) 김유신과 백제의 대결 관계가 본기에 간략히 서술되었는데 "김유신" 열전에서도 그 대결 양상이 생략, 압축되었다. 또한 과거 신라인이었던 조미압이 백제에서 종으로 사나 백제 주인과 친밀한 관계였으며, "김유신"과도 소통, 연계된 현황에 비해 연합국인 당(唐) 소정방과의 이해 관계는 보다 심각했다. 결국 중국과 한(韓) 민족(삼국)과의 관계는 그 대립 양상에도 불구하고 근본적으로 다른 관계임이 거듭 환기되었다.

이상 열전에 구성된 인물들의 공동체적 관계에 내포된 삼국 흥망 과정과 그 본질적 의의를 총체적으로 살펴보았다.

기본적으로 본기에 명시된 실존 인물(34명, 68%)과 명시되지 않은 은유적 인물(총16명, 32%, 약1/3)들의 구체적 실상과 내포된 의의 등이 시대 배경을 중심으로 횡적으로는 삼국 국내외 관계, 종적으로는 통일 과업 전, 후 국내외 관계 등이 연계, 소통, 개방, 포괄되었음을 알 수 있다.

곧 고대 사회의 역사적 실재인 동시에 인간 보편적 단면이기도 한 열전의 세계는 삼국 성쇠 과정(대립/연합/공존)과 밀접하게 연계된 세계 상황(삼국/중국/왜)으로 인해 보다 복잡하고 치열했다. 특히 지배 권력(인간욕망)의 추이와 연계된 도전 정신(중심적 지배의식)과 저항 정신(자주적 주체의식)이 교차, 반복, 순환된 사이 수반된 불합리한 세계 현실과 부조리한 인간 모순 등이 각국의 전환기를 대표한 이들의 다양한 관계 상황에 사실과 은유적 방법으로 함축되었다.

결국 급변한 세계 상황과 인간 한계로 인해 수많은 이들의 극한적 고통과 희생이 따랐던 민족 대 통합(화해, 공존) 과정은 결과적으로 인간의 신념과 존재 의의를 실현하고 근원적 가치(도덕성, 근원정신) 회복을 위한 자율적(주체적) 실천 의지에 구현된 민족 대 역량이기도 했다. 따라서 각국의 역사 상황에 따라 계발된 "백제 진취 정신과 저항 정신, 신라 통일 정신과 외교적 역량, 고구려(영토) 회복 정신과 자주적 주체 정신" 등은 상호 교차, 연계, 순환된 한(韓) 민족의 원형적 자질들이었다. 그럼에도 인간의 근본적인 가치 체계가 범 사회적으로 소통, 개방된 정신 문화적 기반 속에서 보다 조화롭고 의미 있게 계발되며, 보다 총체적(초월적)인 역량으로 창출될 수 있다는 대전제가 함의(含意)되었다.

제2부
열전의 문장 형식과 인물의 존재 방식

Ⅰ. 열전의 형식 체계와 구성 관계

김부식의 『삼국사기』는 삼국 본기(本紀)와 열전(列傳) 그리고 잡지와 연표로 구성되었다.

그 중 본기는 왕조의 언행이 순차적으로 기술된 실록(일기)이며, 열전은 일반 백성들의 행적이 전기(傳記) 혹은 전(傳) 형태로 재현된 "인물전 모음"이다. 따라서 본기가 역사 기록 방법으로 체계화되었다면 열전은 삼국 지배 역사(본기)를 근거로 확장된 인물의 존재 방식들이 "언어적 구성"[1]을 통해 총체화된 문장 형식이다. 곧 "접속과 재생 능력"[2]에 열린 문장 형식(담론)들은 그 체계화된 조직 원리[3]에 따라 구체적 사실과 은유적 진술[4]이 다채롭게 구성되었는데 그 역사(사실)적 요소들은 하나의 구성 규칙[5]을 표시하고, 분절하며, 명료화할 수 있는 "실재적 기준"이 될 수 있다.

---

[1] 폴 리쾨르, 『텍스트에서 행동으로』, 박병수·남기영(편역), 아카넷, 2002, 4면.
    이야기를 만드는 행위는 텍스트를 이야기로 구성하는 "언어적 구성"을 지칭한다. 아리스토텔레스는 이를 뮈토스(muthos)라고 했으며 사람들은 우화, 플롯이라고 번역했다.
[2] 앞글, 181-245면.
[3] 앞글, 3면.
[4] 앞글, 12-19면.
[5] 앞글, 3-4면.

따라서 서술 형식과 구성 방식에 따라 "단편 삽화 형식부터 일대기 형식"까지, "역사 사실부터 상징적 기능"까지 광범위하게 확장된 열전은 그 내적 요소들이 따로 따로 이해될 수 있는 문장들의 단순한 연결이 아니고 전체이며, 전체와 부분의 상호 관련성을 통해 설명되고 해석될 수 있는 총체[6]이다. 곧 이들 요소들의 다양한 관계 상황을 통해 그 본질적 의의가 이해(해석)될 수 있다.

1. 문장 형식과 인물의 존재 상황

　열전은 기본적으로 본기와의 관계 때문에 역사 기술 방법과 기록 문장(문학) 형식이 혼용되었다. 특히 천여 년의 역사 상황에 따라 다양한 존재 방식이 광범위하게 구성되어 일관된 기준으로 규정하기 어려운 체계이다. 이는 편차가 큰 서술 분량에서 이미 확인된 바이다.

　그럼에도 자체로 인간 세계의 다양성과 복잡성이 투영된 서술 분량 차이(김유신-솔거, 20%-0.6%)는 인물들의 존재적 위상과 공동체적 관계 등을 다양한 방법으로 개방, 순환하기 위한 체계적이고 합리적인 방법 중 하나였다. 특히 본기와의 관계를 비롯해 역사와 문학(문장), 역사 기록 방법과 기록 문장 형식, 역사 현실과 존재 의의, 보이는 세계(실존적 경험)와 보이지 않는 세계(정신 문화의식) 등 다양한 요소들이 교차, 혼용된 복잡한 체계는 우선 가장 객관적이고 합리적인 방법으로 확인될 수 있는 외형적인 서술 분량과 내적 구성 요소 등을 통해 그 전체와 부분의 총체적 윤곽이 체계화 될 수 있다.

　즉 단순히 외형적인 서술 분량에 따라 가장 짧은 단편 삽화 형식부터 가장 긴 일대기 형식까지 나눈 네 가지 체계는 그와 연계된 인물의 존재 방식과

---

6) 앞글, 250-251면.

밀접함을 알 수 있다.

그 중 단편 삽화 형식은 중심 인물의 단편 행적에 집중되었기 때문에 서술 분량이 가장 적으나 독자적인 존재 의의가 크다. 일반적으로 열전의 기본적인 체계라고 할 수 있는데 내재된 의미는 결코 단순하지 않다.

특히 본기에 명시되지 않은 은유적 인물들은 단편적인 역사 상황 등에 한정되기보다 고유한 세계가 보다 자유롭게 개방되어서 우회적이고 상징적인 의미 등이 보다 광범위하게 함축되었다. 곧 명시된 "탈해왕" 혹은 "방아타령"과 같은 단순한 개념이 한정된 시대 혹은 생성 요인에 불과해보이나 응축된 의미는 근원적인 상황부터 확장된 의미까지 다양하고 광범위해서 마치 "시"와 같은 이해 방법이 요구될 수 있다. 열전 총 50여 편 중 15편(30%)이 이와 같은 형식인 점은 시사하는 바가 크다.

다음 복합 형식은 중심 인물을 주축으로 그와 연계된 또 다른 인물의 단편 상황이 복합된 체계이다. 따라서 서술 분량도 그만큼 많아졌으며 그 관계 상황도 보다 입체적이다.

이들은 역사적 실존 인물들이 대부분이나 역사적 사실과 은유적 존재 상황이 혼융된 경우 보다 다양한 관계가 함축, 개방되었다. 열전 총 50편 중 18편(36%)이 이에 해당되어 가장 많다. 따라서 단편 삽화 형식과 복합 형식을 합하면 약 2/3(66%)가 된다.

한편 연대기 형식은 중심인물의 핵심적인 행적을 중심으로 그 전, 후 관계 등이 확장되어 서술 분량이 보다 증가되었다. 대체로 단편 삽화 형식 혹은 복합 형식이 결합되었거나 시, 공간의 변화에 따라 시대 상황이 지속, 확장되었다. 특히 삼국 역사를 주도한 대표적 인물일 경우 전환기 역사적 행적과 존재 방식이 다양하게 혼융, 병행되어 문체 양식과 표현 방법이 다채로워졌다. 비록 총 10편(20%)으로 감소되었으나 총 서술 분량은 결코 적지 않다.

끝으로 일대기 형식은 역사적 인물들을 중심으로 그 선조와 후손들의 행적과 시대 상황이 포괄되었다. 대체로 단편 삽화 형식을 기본 단위로 본기의 단편 역사 사실과 사전(史傳) 그리고 연대기 형식까지 다양하게 구성되어 서술 분량이 월등히 많아졌다. 곧 전환기 역사 상황과 고유한 존재 방식이 다양하게 확장된 관계 상황과 의미 등을 짐작할 수 있다. 이는 총 50편 중 7편(14%)에 불과하나 총 서술 분량은 열전의 반(총50%)이 될 정도로 많다. 결국 단편 삽화 형식, 복합 형식, 연대기 형식으로 구성된 총 43편과 같은 분량이다.

이들 문장 형식과 구성 형태는 대략 다음과 같다.[7]

가. 단편 삽화 형식과 독자적 위상

단편 삽화 형식은 중심 인물의 독립된 행적에 집중된 체계로 열전 총 50여 명 중 서술 분량(36위-50위)이 비교적 적은 인물들(총15명, 30%)로 구성되었다. 이들의 구성 형태는 대략 다음과 같다.[8]

---

[7] 먼저 인물 앞에 붙인 일련 번호는 서술 분량 순위이며, 인물 중 본기에 명시되지 않은 은유적, 상징적 인물들은 "괄호( )"로 표시해 구분했다. 또한 고구려, 백제, 후삼국 인물은 앞 장과 같이 순위 번호에 "[ ], { }, 〈 〉"를 표시해 구분했다. 곧 일대기 형식에서 "[4]연개소문"은 본기에 명시된 고구려 인물이며, 년대기 형식의 "[8](온달)"은 본기에 명시되지 않은 고구려 인물임을 뜻한다. 따라서 복합 형식의 "{25}(도미)"는 본기에 명시되지 않은 백제 인물이다.
  한편 그 내적 구성 형태를 대략 살피기 위해 임의로 본기의 "역사 사실"을 기준으로 전개된 내용을 이야기 단위에 따라 대략 나누었다. 그리고 그 순차적 진행 양상을 해당된 항목에 1, 2, 3… 과 같은 번호로 표시했다. 그 외 인물에 따라 그 특징 등을 구체적으로 명시(장가, 시 등)했으며, 역사 사실을 근거로 대부분이 구성된 경우는 일일이 나누기 어려워 "O"으로 일괄 표시했다.

[8] 인물 앞의 숫자는 이미 앞장에서 살핀 총 서술 분량 순위이다. 또한 신라, {백제}, [고구려], 〈후삼국〉 인물과 (은유적 인물) 등이 각각 표시되었다.

구성 요소 인물명	역사사실, 배경시대	확장된 내용	독자적 구성	문화적 업적(관습)	노래
36이사부[9]	2, 3 지증왕, 진흥왕	3	1	마숙놀이, 목우사자	
{37}흑치상지	2, 3 의자왕	2, 3	1, 4, 5		
38김후직	2진평왕		1, 3, 4, 5		
39관창	1, 2 태종무열왕	1, 2			
40(실혜)[10]	진평왕		1, O		장가
41(물계자)	내해이사금		1, O	거문고	
42사다함	3 진흥왕	3	1, 2, 3		
43(설계두)	진평왕, 선덕여왕		1, O		
44필부	2, 3, 4, 5 태종무열왕	2, 5	1, 6		
{45}계백	2, 3, 4 의자왕	3	1, 4		
46(백결선생)	자비마립간		1, O	거문고	방아타령
47(김생)	성덕왕-원성왕		1, O	글씨	
48(거도)	탈해이사금		1, O	마숙놀이	
49향덕	1, 2, 3 경덕왕	1, 2, 3	4		
50(솔거)[11]	진흥왕		1, O	황룡사 벽화 분황사 관음보살상 단속사 유마상	

이상의 인물들은 서술 분량이 비교적 많은 "이사부"부터 가장 적은 "솔거"까지 모두 중심 인물 소개(1)로 시작되었다. 이어 본기 사실(2, 3 등)을 근거로 확장(1, 2, 3)되거나 새롭게 구성된 부분(1, 3, 4, 5, 6) 등이 서술되었다.

이들은 본기에 명시된 역사적 인물(총8명)과 은유적 인물(총7명)들이 비등한데 이사부 경우 본기(왕조중심)에서는 그의 행적들이 왕조(지증왕/진흥왕)에 따라 분리, 분산되었으나 열전에서는 그의 행적을 중심으로 시대 배경이 종합되었다. 반면 본기에 명시되지 않은 은유적 인물(실혜, 물계자)은 인물 소개(1)에 이어 명시된 시대(진평왕, 내해이사금)를 배경으로 대부분("O")이 새롭게 재현되었다.

결과적으로 열전의 기본 형식인 단편 삽화 형식은 본기에 이미 사전(史傳) 형식으로 서술된 "관창(충, 효)"과 "향덕(효)"이 그 모본임을 알 수 있다. 말하

---

9) "이사부" 경우 짧은 단락의 인물 소개(1)부터 역사 사실(2, 3) 등이 순차적으로 서술되었는데 그 중 역사 사실(3)을 바탕으로 확장된 내용(3)이 있음을 알 수 있다.
10) "실혜" 경우 본기에 명시되지 않은 인물임을 ( )로 표시했으며, 대부분 구성된 내용이어서 일괄하여 "O"로 표시되었다. 아울러 중심 인물의 "장가"가 있음을 명시했다.
11) "솔거" 경우 본기에 명시되지 않은 인물이며, 불교 문화 업적이 소개되었다.

자면 본기의 "단편 사전(史傳) 형식"이 열전으로 재현되면서 축약 혹은 확장(사다함, 계백, 이사부 등)되거나 본기의 여러 단편 사실이 선택 혹은 조합(이사부)되었다. 반면 은유적, 상징적 인물들(백결선생, 김생, 거도, 솔거)은 거의 사전(私傳)적 기능까지 확장되었다.

곧 열전 최초 인물인 거도를 비롯해 본기에 명시되지 않은 상징적, 문화적 인물들은 그 고유한 상황과 더불어 신라 삼성(三姓) 체제 시초(거도)와 변화(물계자), 신라 김씨 왕조 시초의 국/내외 관계(백결선생) 등 그 시대정신이 총체적으로 환기되었다. 이어 진흥왕 대 실존 인물들(이사부, 사다함)의 역사적 위업은 사상적, 문화적 인물(솔거)에 내포된 불교 사상과 화랑정신(사다함)이 그 바탕이 되었다.

이어 강력한 외세(백제, 고구려) 침입에 저항하며 시작된 통일 과업은 사실과 은유적 방법으로 구성된 성골 왕조의 한계(설계두/실혜/김후직)에서 비롯되었으나 쇄신된 지배층(진골, 태종무열왕)의 개혁 의지와 일체된 화랑정신(관창)이 그 원동력이 되었다. 그러나 백제 멸망(계백/흑치상지) 후 지속된 일련의 내/외적 혼란상-백제 회복군(흑치상지)의 저항, 고구려의 침입과 내분의 위험(필부)-은 시초에 불과했다.

결국 통일 신라의 주체성 회복으로 수립된 통일 역량이 태평성대(성덕왕) 김생의 뛰어난 재능(통일역량)과 문화적 가치(글씨)로 대변되었으나 고려로 이전된 한계(+외교관계) 또한 상징적, 우회적으로 환기되었다.

종합하면 단편 삽화 형식은 인물의 독자적 위상에 내재된 전환기 시대 상황(신라:9명/통일과업:4명/통일신라:2명)과 공동체적 세계상(신라인:6명/백제인:2명)이 역사 사실과 은유적 형태로 함축, 개방되었다. 곧 축적된 통일 역량(삼성/삼국통일)에도 불구하고 변화된 세계 상황과 지배층의 한계(솔거/향덕)가 전(분산→통일), 후(통일→분산) 비교된 가운데 인간 세계의 본질적 양상인 다양성(독자적 위상), 공존성(삼성/삼국통일/신라 성골+진골+가야인/유교+불교+도교/당, 왜 등 국제외교관계), 순환성(흥망성쇠) 등이 총체적으로 역설되었다.

Ⅰ. 열전의 형식 체계와 구성 관계   239

나. 복합 형식과 입체적 관계

복합 형식은 중심 인물의 단편 행적을 중심으로 또 다른 인물의 행적이 복합, 병행되어 입체적으로 구성되었다.

이들의 구성 형태는 대략 다음과 같다.

구성요소 인물명	역사사실	확장된 내용	독자적 구성	노래	병행된 인물	논평
18거칠부	2, 3, 6	3, 6	1, 4, 5		혜량법사	
19귀산	2, 3	2, 3	1		원광법사, 아버지 무은	
20소나	3	3	1, 2, 4		아버지 심나, 아내	
21(김영윤)	1, 2, 4	4	1, 3		조부 흠순/ 아버지 반굴	
22을파소	O, 실록		1		고국천왕	
23해론	2, 3, 6/8, 9	2, 3	1, 4, 5/7, 8, 9, 10	장가	아버지 찬덕	
24열기	2, 3, 5, 7	5	1, 4, 6, 7/8, 9		김유신과 김유신 아들	
{25}(도미)			1, O		개로왕, 도미부인	
[26]창조리	O, 실록		1		봉상왕	
[27]밀우	O, 실록		1		동천왕, 뉴유	
[28]명림답부	O, 실록		1		신대왕	
29(취도)	2/4, 5/6	6	1, 2, 3/7		형 부과/ 동생 핍실	
30눌최	2, 4	2, 4	1, 3/5, 6		종, 어떤이	
31비령자	2, 6	3, 4/5, 6	1, 7		김유신/ 비령자아들, 종	
32죽죽	2, 3, 7	3, 5, 6, 7	1		품석 도독, 동료 용석	
33(검군)			1, O		근랑, 어떤이, 진평왕	
34(성각)			1, O		혜공왕, 경신(원성왕), 주원	O
35(효녀지은)			1, O		효종랑, 정강왕과 헌강왕	

이상에서 서술 분량(18위-35위)이 보다 증가된 복합 형식은 총 18편(36%)으로 네 가지 형식 중 가장 많다.

이는 기본 형식인 단편 삽화 형식(총15편)과 합하면 약 2/3(총33편, 66%)가 되므로 열전의 구성 형태를 대략 짐작할 수 있다.

이들 역시 본기에 명시된 역사적 인물(총12편)부터 본기에 명시되지 않은 은유적, 상징적 인물(총6편)[12]까지 다양하나 역사적 실존 인물이 은유적 인물의 두 배가 되어 단편 삽화 형식과 비교된다. 또한 중심인물들의 역사적

---

12) 이들 중 김영윤과 취도는 본기에 명시되지 않았으나 병행된 일부가 본기에 명시된 역사적 인물이어서 혼용되었다.

행적에 비해 확장된 구성 부분이 증가된 이유는 연계된 또 다른 인물과의 관계가 구성된 때문이다.

이들 중 서술 분량이 비교적 많은 거칠부는 그의 역사적 업적을 중심으로 고구려 혜량법사와의 관계가 복합되었으며, 귀산은 그의 역사적 행적에 앞서 원광법사의 세속오계가 중심 부분에 구성되었다. 또한 은유적 인물인 효녀지은은 효종랑의 행적이 덧붙었으며, 성각은 실존한 향덕의 효행이 재현되었을 뿐 아니라 지배층인 경신(원성왕)과 연계되어 그 의미가 보다 확장되었다. 그 외 부자, 군신, 주종, 부패한 관료와 기존의 근랑(화랑) 등과 같이 일종의 기본 형태인 단편 삽화 형식이 중첩되거나 확장되면서 입체적(형식)이며 공동체적 관계(내용)로 구성되었다.

한편 본기의 사전(史傳) 형식이 그대로 재현된 고구려 관료(을파소, 창조리, 명림답부)와 충신(밀우)들은 내용이 "실록"과 거의 동일(○)해서 혼동될 수 있다. 그러나 역사적 지배 관점(본기)에서 중심인물 관점(열전)으로 전도된 형식 변화는 실로 크다. 곧 외세 침입(2세기후반-3세기말) 위기를 극복하고 나라 발전에 이바지한 군신 관계가 중심인물의 관점으로 전환된 의의는 자율적이며 주체적이어서 그 존재 의의가 지대하다.

특히 백제에 저항하다 희생된 부자(해론, 비령자), 주종(눌최, 비령자), 장졸과 동료(죽죽) 등의 충절과 신의가 지배층(성골)과 사회 제도(골품)의 한계에도 불구하고 자신의 고유한 언어와 사유 방식에 의해 활성화되었다. 반면 은유적, 상징적 인물들(도미, 검군, 성각, 효녀지은)은 백제와 신라 전환기(개로왕-의자왕/성골진평왕/진골태종무열왕계/경문왕-진성여왕-경순왕) 지배층의 불의와 부덕(不德)과 비교된 의로운 백성들(부부, 화랑들, 거사, 모녀)로 그들의 시련과 고통을 통해 세계와 존재의 한계가 다양하게 환기되었다. 그 중 백제인 도미는 도미부부의 원천적 시련 외에 신라인 품석 도독(죽죽)의 부도덕성이 교차, 복합되어 나라 패망의 일반적 요인으로 확장, 개방되었다. 또한 은유적 인물 중 유일하게 편찬자 논평이 덧붙여진 성각은 지배층의 충의 상실을 우회적으로 환기했다.

결국 복합 형식은 본기(내용)와 열전(형식)의 체계가 복합된 형태(총4편), 실존 인물과 은유적 인물이 복합된 형태(총10편), 상징적 인물로 일반 백성들의 존재 상황이 복합, 대변된 형태(총4편) 등에서 자체로 복잡한 세계 상황과 다양한 존재 방식들이 내재되었다. 곧 인간과 세계의 이질적인 관계 상황(군/신, 실천적행위/근본사상, 유학/불교, 문식파/무사파, 국내/외, 중심/주변, 근본/지엽 등)에도 불구하고 조화롭게 극복, 공존하기 위한 정신적 신념과 실천 행위 등이 신라(총13명), 고구려(총4명), 백제(총1명)의 역사적, 은유적 인물 등에 총체화 되었다.

다. 연대기 형식과 대화적 관계

연대기 형식은 대체로 문(언어)/무(실천행위)가 겸비된 역사적 명장(무사, 화랑)과 말과 글로 기여한 외교가, 문장가 외에 말(충간, 신의)과 연계된 은유적 인물들로 구성되었다.

이들의 구성 형태는 대략 다음과 같다.

구성요소 인물명	역사사실	확장된 내용	독자적 구성	노래	시	덧붙인 인물	논평
[8](온달)	8, 9		O, 1-15				
9박제상	2, 3, 4, 5, 8, 12, 14	3, 14	1, 6, 7, 8, 9, 10, 11, 13	15우식곡			
10강수	5, 7, 8	5, 7, 8	1, 2, 3, 4, 6, 9			10문장가	
[11]을지문덕	2, 3, 4, 5, 7	5	1, 6		O(5)		O(8)
12장보고/정연	2, 3, 6	2, 3, 6	1, 4, 5, 7				O(8)
13녹진	2, 3, 9	3	1, 4, 5, 6, 7, 8				
14(설총)			O			문장가	
15(설씨녀)			O				
16김흠운	2	2	1	3양산가			O(4)
17석우로	1, 2, 3, 4, 5, 10	5	6, 7, 8, 9, 11, 13				O(12)

이상은 대체로 대화적 관계로 소통, 연계된 인물들로 서술 분량(8위~17위)

이 크게 증가되면서 문장 양식도 보다 다채롭다.

　비록 신라(총8명)와 고구려 인물(총2명) 등 총 10편(20%)으로 감소되었으나 역사적 인물들의 국내/외적, 공/사적, 말/행위 등이 복합된 양식 속에 대전환적 역사 상황이 총체적으로 구성되었다. 특히 본기에 명시된 역사적 인물(총7편)에 비해 반 이하로 감소된 은유적 인물(총3편)들의 파격적 형식은 존재 상황에 내재된 복잡한 역사 의식 등이 보다 총체적으로 개방되었다.

　그 중 고구려인은 본기의 사전(史傳) 형식(을지문덕)이 모본이 된 역사적 인물과 본기에 명시되지 않은 은유적 인물의 사전(私傳)적 기능(온달)이 크게 비교된다. 또한 신라인은 역사적 인물(총6명)들의 단편 사실과 확장된 부분이 비교적 균등한 체계(장보고/정연, 석우로), 은유적으로 확장된 부분이 보다 많은 체계(녹진, 박제상, 강수, 김흠운), 상징적 인물(총2명)의 사전(私傳)적 기능(설총, 설씨녀)이 보다 확장, 개방된 체계 등 다양하다.

　또한 역사적 인물인 석우로(명장, 왜왕 희롱)와 박제상(외교가, 왜 속임)은 왜(倭)와의 갈등이 투영된 주체적 인물들이기도 하다. 당시 부정적(왜)/긍정적(고구려) 외교 상황이 속임수(희롱, 갈등관계)/진실된 대화(소통관계)로 표명된 가운데 복잡했던 초기 국내/외(신라, 고구려, 왜) 상황이 복합되었다. 반면 강수(문장가)는 통일 과업 전, 후 과도기 혼란상과 당(唐)과의 긍정적(연합)/부정적(대립) 관계가 복합되었다. 아울러 박제상(외교가)의 말과 실천 행위에 비해 글을 매개로 전개된 강수의 외교적 업적도 비교된다.

　한편 통일 과업의 원동력이 된 김흠운(화랑 정신)의 호국 희생적 신념과 실천적 행위는 설씨녀의 언약과 믿음을 실천(결혼, 통일)한 가실의 구체적 단면이기도 하다. 그 후 통일 신라는 화왕계(군주론, 군신론, 외교적 주체사상)를 통한 경계(警戒)에도 불구하고 중반기 왕권 쟁탈로 인해 장보고/정년의 신의와 인의(仁義)지심 그리고 녹진의 무사심(無私心) 등이 환기되었다.

　아울러 은유적 인물들(온달, 설씨녀, 설총)의 파격적인 형식은 부분적으로 서사 방식(말, 행위)이 활용되었으나 기본적으로 역사 기록 문장 형식(역사

사실과 군신의 대화체)이 상상적 형태로 확장, 개방된 체계이다.[13]

그 중 "온달(평강공주)"은 평강왕의 희언에 맞선 평강공주의 진실 회복 과정이 온달의 고구려 건국 정신 회복과 고구려(영토) 회복 정신과 연계, 함축되었다. 곧 유화의 후손(평강공주)이며, 고구려 동명성왕의 후예(온달)인 이들은 수(隋) 대군을 거의 혼자 힘(책략)으로 물리친 을지문덕의 기개와 호국 주체(저항) 정신과 정신문화 의식(시)이 함축된 총체적 대상이기도 하다.

이에 비해 "설총(화왕계)"은 통일 신라(신문왕) 국내외 핵심 현황을 우회적으로 충간한 문장가로 자주적 주체 정신과 신, 구세대(백제, 고구려/신라관계 포함)의 조화로운 공존 관계가 함축되었다. 또한 신라 혼란기를 주체적 신념으로 극복한 설씨녀 부부의 결혼 과정과 백년해로는 태종무열왕계 통일 과업과 지속된 백년 역사(태종무열왕-혜공왕)가 교차, 복합되었다.

결국 연대기 형식은 사전(史傳)이 모본이 된 실록 형태(총1명)를 비롯해 역사 사실과 은유적 진술이 비교적 균등한 혼융적 형태(총2명), 역사 사실보다 은유적 진술이 확장된 구상적 형태(총2명), 역사적, 은유적 인물의 상징적 형태(총5명) 외에 무사(을지문덕)의 시, 문장가(설총)의 우화적 충간, 지배층(우식곡)과 백성들(양산가)의 상반된 노래 등 다양한 양식이 구성되었다. 더욱이 중심 인물들(강수, 설총)의 행적 끝에 덧붙인 문장가는 통일 신라의 유학(문장가) 발전상을 내포했으며, 덧붙인 편찬자 논평은 고구려 기개와 자주적 주체 정신(을지문덕), 신라 화랑 정신(김흠운), 개인적 관계보다 우선시된 호국 충절(장보고/정연), 왜(倭)와 대립된 외교 관계(석우로) 등이 역설되었다.

---

[13] 역사 사실을 바탕으로 서술된 문장(역사이야기)의 경우 흔히 실록에 구성된 말(군신의 대화)과 행위(역사사건)가 구성되어 장르적 혼동이 야기된 경우가 적지 않다. 예를 들면 계축일기의 대화체와 사건 구성이 서사 구조에 익숙한 관점에서는 단순히 서사 문학의 전 단계처럼 보일 수도 있다. 그러나 아는 바와 같이 기록 문장과 서사 형식의 구성 방식은 엄밀히 다르다. 간혹 실록의 문답 체재와 역사 사건의 원인과 결말 등이 부분적으로 서사 형식과 유사해보이나 그 다양한 요소들의 구성 방식과 총체적 구성 관점 등은 본질적으로 다르다.

종합하면 연대기 형식은 역사적 인물들의 국내외 관계 등에 함축된 주체 정신(을지문덕, 석우로, 박제상, 강수, 설총, 장보고/정연), 시대 정신과 연계된 근원 정신 회복(김흠운, 강수, 녹진, 장보고/정연) 그리고 은유적 인물들의 존재 의의에 내포된 고구려 회복 정신과 신라 통일 정신(온달, 설씨녀) 등이 다각도로 구성되었다.

라. 일대기 형식과 역사적 관계

일대기 형식은 서술 분량(1위–7위)이 최상위인 역사적 인물들로 구성되었다. 이들의 구성 형태는 대략 다음과 같다.

구성요소 인물명	역사 사실	확장된 내용	독자적 구성	우화	활용된 문집	축문/ 편지	시	교서	덧붙인 인물	논평
1김유신 상[14]	2,7,8,9,10,11, 12,13,14	1,7,8,9,11, 12,13,14	1,3,4,5,6, 10,15,16	9거북이 와 토끼		13[15] 축문			난승노인 김춘추	
김유신 중	17,18,21,22, 23,25,26,27	17,22,23	19,20,24,25, 26,27						조미압 고구려간자	
김유신 하	28,29,30,31, 32,33,34,36, 37,38,39,40	28,31,32, 34,36,37, 38	29,33,35		41삼국유사				지소 부인 후손들	(42) O
<2>견훤	2,5,19	2,5,26,27, 28	1,3,4,6,7, 8,13,14,18		고려사절요 7,9,10,11,12, 15,16,17,22,2 3,24,25,26,2 7,28,29,30/ 31,33,34,35	20견 훤편 지 O 21태 조 답		(32) O	왕건/ 후손	(37) O
<3>궁예	2,3,4,5,6,8, 9,12,13,14,17, 18,21	2,3,4,7,8, 9,12,13,14, 18,19,21	1,10,15,16, 22		고려사절요 7,11,17,19,20, /22,23,24,25 ,26		24고시		왕건	
[4]연개 소문	3,5,6,7,8,9, 10,11/12,13, 14,15,16	3,7,9,10, /12,14,15	1,2,4,/16, 17,18,19		삼국사기 10 본기				후손들	20 (O)
5최치원	3,4,5	3,4,5,10	1,2,6,7,8, 11,12,13,14, 15,16		9최고운 문집 14신당서	9 O	13,15 O		12,13 당(唐) 벗	
6김인문	2,4,5,6,7,8, 9,11,13,14,15	2,4,5,6,9, 10,12,15,16	1,3,10,12, 17,21,25,27						28 양도	

	16,18,19,20, 22,23,24,26	18,19,20, 22,23,26								
7김양	2,3,4,8, 9,10,11		1,5,6,12						13 김흔	

이상의 대표적 인물들(총7명, 14%)은 중심 인물을 중심으로 전(선조), 후(후손)가 총체적으로 구성된 인물들(김유신-연개소문, 총4명)과 삼대 내력이 인물 소개에 축약된 인물들(최치원-김양, 총3명)로 나뉜다.

곧 삼국 통일 과업의 중심 인물인 김유신, 통일 신라 말기인 동시에 고려 통일 과업 과도기 인물인 견훤과 궁예[16], 중국 외세를 물리친 고구려 연개소문, 통일 신라 말 대표적 문장가인 최치원, 통일 과업의 외교적 수훈자인 김인문(통일과업 전후), 왕권 쟁탈 혼란기를 마무리한 김양(통일신라 중기) 등이 있다.

이들은 본기의 단편 사실과 사전(史傳) 형식을 근거로 연대기 형식, 복합 형식, 단편 삽화 형식 등이 다양하게 활용된 가운데 다양한 서술 양식(우화, 교서, 편지, 시, 단편 인물전) 등이 구성되었다. 또한 편찬자의 주관적 논평(총3명)[17]을 통해 그 긍정적/부정적 관점들이 보다 구체적으로 표명되었다. 특히 인물의 고유한 상황에 따라 『삼국사기』 본기 외에 『삼국유사』, 『고려사

---

14) 실제 총 3권에 해당된 내용을 일일이 밝히기보다 역사 사실과 그 외 구성 관계를 대략 순차적으로 살필 수 있도록 역사 사실 혹은 구성된 내용 등을 단편 삽화 형식 단위로 번호를 붙였다. 이때 같은 번호가 다른 체재에 겹친 경우는 역사 사실을 근거로 연계, 확장된 부분임은 이미 밝힌 바이다. 한편 하나의 단위는 그 분량의 많고 적음이 일정하지 않다. 곧 "김유신 상"의 경우 김유신 가계(1)가 먼저 독자적으로 구성되었으며, 이어 역사 사실 (2) 그리고 다시 3, 4, 5, 6의 내용이 독자적으로 구성되었다. 이어 역사 사실(7)이 구성되었으며, 이를 근거로 확장된 내용(7)이 상술되었다.
15) 축문과 편지는 실제 다른 문체 방식이나 편의상 함께 배치했음을 밝힌다.
16) 그 중 궁예는 선조(헌안왕 혹은 경문왕)와 궁예 그리고 부인과 아이들 삼대가 서술되었으나 그의 개혁 의지가 왕건의 건국 의지로 변모, 확장되었기 때문에 신라왕조(선조)-궁예-왕건(후대)의 체재로 구성되었다고도 할 수 있다.
17) "견훤"에 덧붙여진 논평은 실제 후삼국을 대표한 궁예와 견훤이 종합된 체계이나 1편의 논평이어서 견훤에 붙여졌다.

절요』등과 개인 문집(최치원) 등에 서술된 내용이 다양하게 활용되면서 서술 분량이 나머지 43명(총50%)의 서술 분량과 같을 정도로 확장되었다.[18]

그 중 삼국 통일의 대표적 수훈자인 김유신은 신라 전, 후 역사 대부분이 연계되어 서술 분량(총20%)도 가장 많다. 따라서 복잡한 내용을 기본적인 단편 삽화 형식과 같은 단위로 나누면 대략 12편(상), 14편(중), 10편(하)으로 세분된다. 그 외 우화, 축문, 단편 인물전(난승 노인, 김춘추, 조미압, 고구려 간자 등), 경험적 지론(열사론, 장수론, 군주론, 책략, 용병술), 편찬자 논평 등 다양한 양식이 구성되었다.

다음 후삼국 시대 대표적 인물인 견훤(지방세력)과 궁예(신라왕족)는 시초에 신라와 대결하며 서로 견제했으나 후반은 견훤과 왕건의 대결로 전환되었다.

그 중 견훤은 대략 12편의 단편 삽화 형식이 구성된 가운데 『삼국사기』 본기와 『고려사절요』에 수록된 사실과 사전(史傳) 형식이 활용되어 서술 분량이 두 번째로 많다. 그 외 왕건에게 보낸 편지(격서)와 왕건의 답장(격서), 견훤 아들의 교서, 편찬자 논평 등이 구성되었다. 반면 궁예는 총 8편의 단편 삽화 형식이 구성된 가운데 『삼국사기』 본기와 『고려사절요』에 수록된 사실과 사전(史傳) 형식 그리고 왕건의 등극이 예시된 고시(古詩) 등이 구성되었다. 곧 통일 신라 말 혼란기 인물들은 왕건(고려태조)과의 관계 때문에 『삼국사기』 외에 『고려사절요』 등이 활용되었다.

한편 자주적 주체 정신으로 당(唐)을 물리친 연개소문은 고구려 위상을 만방에 떨친 고구려 명장이나 역사적 위업보다 개인적 성품이 부각되었다. 아울러 후손(아들)들의 불화로 촉진된 고구려 멸망 과정 등이 단편 사전(史傳) 형식(연개소문아들)을 근거로 확장되었다.

그러나 구성된 13편의 단편 삽화 형식 속에 고구려 "본기"가 지시된 상황은 파격적이다. 곧 당(唐)을 물리친 수십 년의 주체적 위업이 단편 "문구"에

---

[18] 『삼국유사』와 『고려사절요』는 실제 『삼국사기』보다 후에 서술되었으나 당시 공인된 여러 사실들이 다양하게 활용되고 있었음을 확인할 수 있다.

압축된 방법은 열전과 본기의 생성 관계 뿐 아니라 서로 보완적 이해 관계임을 뜻한다. 특히 열전의 부정적 관점이 편찬자의 주관적 논평에서 긍정적으로 보완된 점은 연개소문에 대한 서술 방식(본기, 열전)이 일종의 도치된 표현임을 짐작할 수 있다.

이들에 비해 삼대의 내력이 인물 소개에 축약된 인물들(총3명)은 보다 단순해졌으나 시, 공간적 변화와 연계된 역사적, 존재적 관계 상황은 결코 단순하지 않다.

그 중 최치원은 통일 신라 말 당(唐)에 유학한 대표적 문장가로 그 양극적 상황이 실제 행적과 개인 문집과 신당서(新唐書)를 통해 복잡하게 투영되었다. 특히 문장가로서 역량이 외교 서한, 시 등과 함께 표명되었는데 신라와 당(唐)을 오가며 이룬 역사적, 개인적, 존재적 명/암이 삼국 통일 역량/통일 신라 말 혼란상과 병행되었다. 또한 통일 과업에 크게 기여한 외교적 수훈자로 문/무를 겸비한 김인문은 나/당을 오가며 신라와 당의 연합/대립 관계로 빚어진 양면 상황이 총체적으로 구성되었다. 끝으로 통일 신라 중반기 왕권 쟁탈을 마무리한 김양은 시초에 왕권 쟁탈을 주도한 중앙 권력층이었으나 실패한 후 지방 세력가와 연합해 본래의 목표를 이루었다. 따라서 근본적으로는 왕권 쟁탈의 중심 인물이었으나 결과적으로 도덕성을 회복한 인물로 변화되었다.

결국 일대기 형식은 삼국 통일에서 고려 건국(후삼국통일)까지 거듭된 통일 역량을 주축으로 그 성/쇠 과정과 명/암 등 양극적 상황이 다양하고 복잡한 형태로 전도, 순환되었다.

2. 역사 사실과 은유적 진술의 총화

열전은 기본적으로 본기 사실을 근거로 생성, 개방된 새로운 체계로 외형적인 서술 분량과 인물의 존재 상황에 내재된 의의는 그 구성 요소와의 관계를 통해 보다 구체화될 수 있다.

다시 말해 본기 사실과 그 밖의 요소들과의 관계에 따라 다양하게 구현된 형식 체계는 우선 본기에 명시된 역사적 인물(총34명, 68%, 약2/3)[19] 외에 명시되지 않은 인물(총16명, 32%, 약1/3)이 혼융되었으며, 본기에 명시된 역사 사실 외에 은유적 진술 등이 다채롭게 구성되었다.

이는 역사 경험에서 비롯된 존재 상황이 문장 형식[20]으로 구현되면서 그 교환성과 상호성에 의한 순환 관계[21]에 따라 사실에서 "실재를 형상화한 상징 체계"[22]까지 광범위하게 개방된 때문이다. 곧 자체로 복잡하고 다양한 세계 현황과 존재 방식이 역사 경험 뿐 아니라 "심오한 시간적 차원에서 끊임없이 재형성된" 인간과 세계 현황 그리고 인간 가치와 의식 변화까지 총체적으로 구성되었다. 따라서 그 본질적 의의는 각각의 형식 체계와 부분적 요소들과의 관계를 통해 보다 총체적으로 이해될 수 있다.

그 중 각 인물들마다 공통적 요소로 활용된 본기 사실은 하나의 실재적 기준이 되므로 이를 객관적으로 비교, 확인하기 위해 환산한 백분율을 편찬자 분류 체계에 따라 정리하면 다음과 같다.[23]

---

[19] 『삼국사기』 본기 외에 잡지에 명시된 백결선생(방아타령)까지 포함(총35명 70%)될 수 있으나 구성 내용은 은유적 인물로 볼 수 있다.

[20] 폴 리쾨르, 『텍스트에서 행동으로』, 박병수·남기영(편역), 아카넷, 2002, 4-15면, "플롯은 전체를 하나로 만드는 것이며 여러 사건들을 "하나"의 이야기로 결합하는 것 즉 상황들, 서로 다른 계획들과 동기들을 갖는 특징들과 같은 이질적인 요소들, 협력, 적대나 도움, 방해 등을 포함하는 상호 작용, 우연 등을 하나의 전체로 구성하는 것이다."

[21] 앞글, 247-267면, 일종의 변증법적 관계로 텍스트는 문장들의 직선적 연결이 아닌 축적이며 전체이어서 그 전체와 부분이 순환적으로 연결된 관계는 해석과 같은 "특정한 판단"으로 이해된다.

[22] 앞글, 8-11면.

[23] 이들 중 본기에 이름과 행적이 명시된 인물(O)과 명시되지 않은 인물(X)들을 구별했으며, 그 중 명시되지 않은 인물들은 이해를 돕기 위해 서술된 왕조, 나라, 시대적 위상 등을 간략히 밝혔다. 이들 중 일부는 본기에 명시되고, 일부는 명시되지 않아 은유적 인물로 볼 수 있는 경우는 "O, X"로 표시하고 그 이유를 밝혔다. 또한 『삼국사기』 열전의 권수는

열전의 권수	인물의 명칭	본기와 관계	본기 활용 비율	기타
제 1권	김유신 상	O	18%	
제 2권	김유신 중	O	30%	
제 3권	김유신 하	O	11%	
총 1명	김유신		평균 20%	
제 4권	을지문덕	O	90%	고구려
	거칠부	O	10%	
	거도	X	5%	탈해왕조
	이사부	O	85%	
	김인문	O	45%	
	김양	O	33%	
	흑치상지	O	20%	백제
	장보고/정년	O	33%	
	사다함	O	50%	
총 9명			평균 41%	은유적인물: 총 1명
제 5권	을파소	O	99%	고구려
	김후직	O	5%	
	녹진	O	10%	
	밀우/뉴유	O	99%	고구려
	명림답부	O	98%	고구려
	석우로	O	50%	
	박제상	O	5%	
	귀산	O	40%	
	온달	X	10%	평강왕조, 고구려
총 9명			평균 46%	은유적 인물: 총1명
제 6권	강수	O	3%	
	최치원	O	21% (55%+)	(최고운전편지+)[24]
	설총	X	5%	신문왕조
총 3명			평균 10%	은유적 인물: 총1명
제 7권	해론	O	15%	
	소나	O	7%	
	취도	X(O)[25]	15%	태종무열왕-신문왕조
	눌최	O	15%	
	설계두	X	7%	진평왕-선덕왕조
	김영윤	X(O)[26]	30%	신문왕조

제 41권부터 제 50권에 서술되었으나 간편하게 제 1권(제41권)부터 제 10권(제50권)으로 표시했다.

한편 본기 활용 비율(%)은 먼저 A.4 용지에 번역된 내용 중 본기에 서술된 역사 사실과 대조한 후 이를 전체 문장 수를 기준으로 산출한 비율이다. 이때 20% 이상은 원편에 그 이하는 오른편에 배치해 구별했으며, 기타 난에는 이해를 돕기 위해 보충 자료를 보완했다. 예를 들면 『삼국사기』 본기에는 명시되지 않았으나 『삼국사기』 잡지나 『삼국유사』에서 볼 수 있는 경우 등을 명시했으며, 고구려와 백제 인물은 신라 인물과 구별하기 위해 나라 명을 표시했다. 그 외 본기에 명시되지 않은 인물 중 여러 왕조에 걸쳐 활동한 인물들 경우도 이를 대략 명시했다.

	관창	O	80%	
	김흠운	O	2%	
	열기	O	25%	
	비령자	O	20%	
	죽죽	O	15%	
	필부	O	11%	
	계백	O	40%	
총 13명			평균 22%	은유적 인물: 총3명
제 8권	향덕	O	33%	삼국유사
	성각	X	12%	혜공왕조
	실혜	X	5%	진평왕조
	물계자	X	20%	내해왕조, 삼국유사
	백결선생	O(X)27)	5%	자비왕조, 잡지
	검군	X	5%	진평왕조
	김생	X	3%	성덕왕-원성왕조
	솔거	X	10%	진흥왕-선덕왕조
	효녀지은	X	2%	정강왕조, 삼국유사
	설씨녀	X	2%	진평왕조
	도미	X	5%	개루왕, 백제(개로왕)
총 11명			평균 9%	은유적 인물: 총10명
제 9권	창조리	O	98%	고구려
	연개소문	O	50%	고구려
총 2명			평균 74%	
제 10권	궁예	O	11%(57%+)	(고려사절요+)
	견훤	O	12%(73%+)	(고려사절요+)
총 2명			평균 12%(65%+)	

　이상을 근거로 각 권에 구성된 본기 사실 활용 비율과 그 특징을 요약하면 다음과 같다.28)

　우선 열전의 대표적 인물로 서술 분량(총20%)이 가장 많은 김유신(제1권-3

---

24) 이는 참고 자료는 되나 개인 문집인 점에서 궁예, 견훤의 『고려사절요』와 다르다.
25) 취도 경우 형 부과와 아우 핍실이 함께 서술되었다. 그 중 취도는 본기에 명시되지 않았으나 부과와 핍실은 본기에 서술되었다. 따라서 O, X로 표시했으나 명명된 "취도"를 기준으로 볼 때 은유적 인물(총15명, 30%)에 포함되었다.
26) 김영윤은 흠순(김유신 동생), 반굴 등 대표적 명문세가의 자손으로 과거 선조의 내용이 복합되었으나 명명된 "김영윤"은 본기에 명시되지 않았다.
27) 백결선생은 본기에는 명시되지 않았으나 삼국사기 "잡지"에 그의 "방아타령"이 서술되었다. 그러나 구성된 내용에서 은유적 인물로 포함되었다.
28) 이우경, 『한국고전연구』 제3집, 1997년. 에서 제 5권, 6권의 인물 중 본기 활용 비율이 이와 다른 경우는 위와 같이 수정되었음을 밝힌다.

권)은 삼국 통일 과업의 대표적 수훈자임에도 본기 사실 활용 비율은 평균 20%(제6위)에 그쳐 그 차이가 파격적이다.

특히 상권(18%), 중권(30%), 하권(11%)의 활용 비율이 각각 다른 이유는 800여년 이상의 역사 상황이 절정기 위업(중권)을 중심으로 본기에 명시되지 않은 선조(상권)와 후손(하권)의 행적이 보완된 때문이다. 결국 "김유신"은 그 역사적 위상에도 불구하고 보다 고유한 존재 상황(80%)을 통해 그의 역사의식이 다각도로 개방되었다고 볼 수 있다.

한편 앞 장에서 모든 인물들의 위상이 다양한 기준에 의해 교체, 순환되었으나 서술 분량이 가장 많은 김유신은 유일하게 제외된 인물처럼 보였다. 그러나 본기 활용 비율 순위(제6위)로 김유신을 포함한 모든 인물들이 균등하게 교체, 순환되었음이 입증되었다.

다음 서술 분량(제8위)이 최하위였던 제 9권(창조리, 연개소문)은 본기 활용 비율(제1위)이 가장 높아서 그 전도된 위상도 파격적이다. 곧 고구려 충신(창조리)과 대표적 명장(연개소문)이 신라의 대표적 명장의 위상과 교체된 변화는 열전의 인물들이 다양한 기준에 의해 고르게 중시된 현황을 거듭 확인할 수 있다.

그 중 본기의 사전(史傳) 형식이 열전에 그대로 재현된 창조리(98%)는 "실록 형태"로 구성되었다. 이에 비해 연개소문은 본기 사실이 50% 활용되고 나머지 50%는 개인적 존재 상황이 다각도로 개방되었다. 따라서 역사적, 존재적 상황이 비교적 균등하게 혼용, 개방된 "혼용적 형태"라고 할 수 있다. 그럼에도 이들의 평균적인 본기 활용 비율(평균74%)은 나머지 독자적으로 구성된 비율(평균26%)보다 월등히 높아서 그 시대 역사 상황이 보다 부각되었다. 결국 이들의 본기 활용 비율은 기본적으로 인물의 존재 상황과 긴밀하게 연계되었으며 구성된 비율과는 서로 반비례적임도 짐작할 수 있다.

다음 제 2위[29)]는 제 10권으로 후삼국 인물들(총2명)이다.

실제 궁예와 견훤은 통일 신라 말 반란자들이어서 『삼국사기』 본기 활용 비율(11%, 12%)은 평균 12%에 불과했다. 그러나 왕건(고려태조)과의 관계로 『고려사절요』의 역사 사실이 보완되어 평균 65%(57%, 73%)가 되었다. 곧 본기(역사사실) 활용 비율 순위가 서술 분량 순위 못지않게 보완된 이유는 고려 건국과 연계된 때문이다.

다음 제 3위는 평균 46%가 구성된 제 5권(총9명)이다.

이들은 고구려와 신라의 대표적 관료와 충신들로 99%(총2명)부터 98%(총1명), 50%(총1명), 40%(총1명), 10%(총2명), 5%(총2명)까지 본기 활용 비율이 광범위하게 분포되었다.

그 중 을파소(99%), 밀우/뉴유(99%), 명림답부(98%) 등은 모두 고구려 인물들로 본기에 구성된 사전(史傳) 형식이 그대로 재현되었다. 말하자면 이들의 역사적 행적(본기)이 열전에 다시 강조되었는데 지배 왕조 시점(본기)에서 중심 인물들의 시점(을파소, 밀우/뉴유, 명림답부)으로 전도된 차이는 실로 적지 않다. 곧 내용면에서 본기 사실(실록)과 거의 동일해서 실록 형태라고 명명되었으나 열전의 체계로 전환되면서 서술 시점과 인물의 관계 상황이 크게 달라졌다. 때문에 해석의 관점과 내포된 의미도 차이가 있다.30)

한편 석우로와 귀산 등은 본기 활용 비율이 각각 50%, 40%이므로 나머지 50%(1/2), 60%(3/5)는 새로운 형태로 확장되었다. 곧 귀산은 원광법사와의 관계(1/2)가 구성되었으며, 석우로는 지배층으로서 긍정적인 측면(본기) 외에 부정적인 측면(열전) 등도 혼용되어 양면적 인물로 전환되었다.

또한 녹진과 온달은 각각 !0%(본기) 활용되어 나머지 90%가 새롭게 구성되었다. 그 중 역사적 인물(10%)인 녹진이 통일 신라 중반기 시대 병폐를 직설적으로 표명(90%)했다면 본기에 명시되지 않은 온달은 고구려 쇠퇴기

---

29) 앞에서 이미 말했지만 본기 활용 비율은 낮으나 본기와 같은 역사 기록인 『고려사절요』의 내용이 보완되어 제2 순위가 되었다.
30) 폴 리쾨르, 『텍스트에서 행동으로』, 박병수·남기영(편역), 아카넷, 2002, 251면.
　　텍스트의 여러 다른 주제들은 서로 다른 고도에 있어서 전체의 재구성은 시점주의적 양상을 가지며, 해석의 문제가 존재한다. 고 했다.

쇄신을 위해 고구려 건국 정신 회복과 영토 회복 정신이 은유적 방법으로 함축(90%)되었다. 특히 "온달"은 그 파격적인 형식 때문에 "설화"로 보기도 하나 『삼국사기』 열전의 체계 속에서 그 본질적 의의를 이해할 수 있다.

끝으로 본기 사실이 5% 활용된 김후직과 박제상은 전환기 역사적 인물들임에도 95%가 개방되어 상징적 형태로 구성되었다. 이들 중 김후직은 성골 말기 왕에 대한 비판적 충간(95%)이 직설적으로 거듭(말/문헌)된 반면 박제상은 김씨 왕조 초기 왕권 강화를 위한 외교적(고구려/왜) 말과 행적이 거듭 실천(95%)되었다.

결국 열전은 역사적 인물부터 상징적 인물까지, 실록 형태의 사전(史傳)적 존재에서 상징적 형태의 사전(私傳)적 기능까지 광범위하게 구성되어 그 지시 사실만으로 이해될 수 없는 복잡한 체계임을 알 수 있다.

다음 제 4권(총9명)은 본기 활용 비율이 평균 41% 반영되어 제 4위가 되었다.

이들은 각국 명장들의 역사적 업적에 따라 활용 비율(90%, 85%, 50%, 45%가 각 1명, 33%가 2명, 나머지 20%, 10%, 5%가 각각 1명)의 차이가 크나 비교적 고르게 분포되었다.

그 중 고구려 명장인 을지문덕(90%)과 신라 이사부(85%)와 같이 역사적 업적이 큰 인물들은 본기 사실이 상당 부분 활용되었다. 특히 을지문덕은 본기의 사전(史傳) 형식이 거의 재현되었으나 삽입된 시(詩)로 인해 문무 겸비된 인물로 확장된 반면 이사부는 본기에 분산된 역사적 위업이 그를 중심으로 새롭게 종합되었다. 그 외 사다함(50%)은 본기에 구성된 단편 사전(史傳)의 군신 관계 외에 벗과의 신의(열전)가 덧붙어 역사적, 존재적 상황이 혼융, 확장되었다.

한편 김인문은 당(唐)에서의 활동이 신라 본기에 생략된 결과 활용 비율(45%)이 낮아졌으나 나당(羅唐) 외교 관계로 인한 양면이 고르게 배분되었다. 또한 동시대 같은 과업에 동참한 김양과 장보고/정년 등은 활용된 본기 사실 비율(33%, 1/3)은 유사하나 그 긍정적/부정적 양상이 달라서 확장된 개인 행적(2/3)은 전도, 대비되었다.

그 밖에 백제 명장인 흑치상지(20%), 신라 명장 거칠부(10%), 열전 최초 인물인 거도(5%)는 그 활용 비율이 1/2씩 감소되었다. 반면 구성된 비율 (80%, 90%, 95%)이 보다 증가될수록 보다 자유롭게 개방된 특징이 있다.

그 중 흑치상지는 그의 역사적 업적(20%) 외에 당(唐)에서의 행적(80%)이 구성되어 공간적으로 다변화된 존재 상황이 대비되었다. 또한 거칠부는 진흥왕 대 위업(10%)에도 불구하고 축출된 왕조(진지왕)를 보좌한 최상층(상대등)이어서 고구려 혜량법사와의 관계(90%) 등이 부각되었다. 끝으로 본기 활용 비율이 가장 낮은 거도(5%)는 명시된 왕조(탈해왕)에 한정되었다. 따라서 이를 단순하게 지나치면 일개 변방 관리의 시초의 업적에 불과할 수 있다. 그러나 상징적 형태로 개방된 범주(95%)는 보다 광범위해서 열전의 총론과 같은 의미가 함축된 인물이다.

다음 제 7권(총13명)은 열기를 제외한 대부분이 나라를 지키다 희생된 화랑과 무사들로 평균 22% 활용되어 제 5위이다. 따라서 서술 분량 순위(5위)와 차이가 없다.

그 중 관창은 본기에 구성된 사전(史傳) 형식이 요약, 재현되어 본기 활용 비율(80%)이 이들 중 가장 높다. 곧 통일 과업의 원동력이 된 화랑정신과 계백의 인간적 품성에 투영된 한(韓) 민족의식이 개방되었다. 반면 백제인의 호국 희생정신(40%)을 대표한 계백은 명장의 호국 희생정신과 더불어 시대적 한계와 망국인의 고통이 혼융되었다.

그 외 인물들은 본기 활용 비율이 보다 낮아서 30%, 25%, 20% 등이 각 1명이며, 그 외 15%(총4명), 11%(총1명), 7%(총2명), 2%(총1명) 등 다양하게 분포되었다.

이들 중 본기에 명시되지 않은 김영윤(30%)은 명문 가계의 후손으로 선조의 역사적 업적이 더해졌으며, 열기(25%)와 비령자(20%)는 김유신의 부하로서 통일 과업과 내재된 존재 회복 과정이 상술(75%, 80%), 확장되었다.

한편 해론, 취도, 눌최, 죽죽(각15%)과 필부(11%) 등 본기에 이름과 전사

결과만 서술된 무사들은 그 시대적 한계에도 불구하고 이들의 신념과 행위(89%, 85%, 80%, 75%) 등이 활성화되어 그 역사적, 존재적 상황이 보다 구체적이고 의미 있게 회복되었다.

또한 호국 자주적 주체 정신과 나당(羅唐) 관계의 본질과 화랑 정신이 발현된 소나(7%), 설계두(7%), 김흠운(2%)31) 등은 전환기 무사파 화랑들의 호국 희생 정신과 일체된 호국 실천 의지 등이 상징적 형태로 함축되었다. 곧 이들의 도전 정신과 존재 회복 의지와 자주적 저항 정신은 시대적 한계(나당 관계, 골품제도, 화랑제도)를 극복하고 새로운 장을 열었다고 볼 수 있다.

다음 제 6권(총3명)은 제 7위(평균12%)로 서술 분량 순위(7위)와 큰 차이가 없다.

그 중 서술 분량이 가장 많은 최치원은 신라와 당(羅)을 오가며 이룬 역사적 위상(27%)32)보다 존재적, 정신적 의의(73%)가 크며 설총(5%)과 강수(3%)는 역사적, 외교적 과업에 내포된 정신적, 사상적 의의 등이 상징적 형태(97%, 95%)로 확장되었다. 곧 최치원은 그의 서신을 통해 과거 삼국 위상을 비롯해 통일 과업과 당(唐)의 야욕 등이 총체적으로 환기되었으며, 아울러 그의 양극적 존재 상황이 통일 신라 명/암과 복합되었다. 또한 통일 전, 후 과도적 혼란상과 유학 사상(강수), 통일 후 복잡해진 신/구 세력과 나/당 관계(설총) 외에 사상적 변화(불교, 유학) 등이 가계(원효)와 문장가들을 통해 다각도로 환기되었다.

끝으로 제 8권(총11명)은 향덕을 제외한 대부분이 본기에 명시되지 않은 은유적 인물들로 본기의 활용 비율(평균9%)이 가장 낮아서 제 8위가 되었다.

---

31) 앞에서 서술 분량을 살필 때는 편찬자 논평이 포함되었으나 본기 활용 비율에서는 편찬자 논평(총8편)이 제외되었다.

32) "최치원"은 본기의 활용 비율은 27%이다. 그러나 그의 문집인 최고운전에 수록된 편지가 그대로 인용된 점에서 "최고운전"까지 참조하면 55%가 된다. 그러나 기준 방법은 정사(正史)인 『삼국사기』 본기와의 관계이므로 편지 속에 서술된 역사 사실 중 본기에서 확인할 수 있는 내용은 본기의 활용 비율에 포함되어 27%가 되었다.

이들은 본기의 단편 사전(史傳) 형식이 재현된 향덕(33%)을 제외하면 대부분이 20%, 12%, 10%, 3%(각1명), 5%(총4명), 2%(총2명) 등 활용 비율이 아주 낮아서 사회 역사적 관점에서 소외된 듯하나 정신 문화적 기반을 토대로 도덕적 의의가 실현된 특징이 있다. 곧 본기에 명시되지 않은 물계자(20%)는 역사적 전공(戰功)이 무시되었으나 시조 박혁거세의 신화적 바탕 정신(80%)이 함축되었으며, 성각(효자, 12%)과 솔거(화가, 10%)는 존재 상황과 연계된 사회적, 역사적, 사상적 의의가 다양하고 광범위하게 내포되었다. 또한 실혜, 백결선생, 검군, 도미(각5%)와 김생(3%), 효녀지은, 설씨녀(각 2%) 등은 본기에 명시되지 않은 고유한 상황이 명시된 시대를 근거로 보다 자유롭고 개방적인 관계로 현시되었다.

결론적으로 본기 사실 활용 비율 순위를 순환 체계로 정리하여 앞장에서 살핀 서술 분량 순위와 총체적으로 비교하면 다음과 같다.[33]

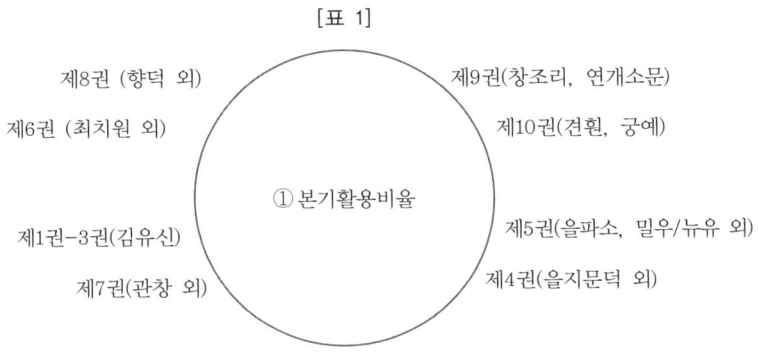

[표 1]

---

33) 권수에 나타난 본기 활용 비율 순위(제9권, 10권, 5권, 4권, 7권, 1-3권, 6권, 8권)와 서술 분량 순위를 각각 시계 방향으로 정리했다. 즉 서술 분량에서 제 1순위는 신라 김유신(제1권-3권)이고 제 8위는 고구려 연개소문 등이 수록된 제 9권이다. 반면 본기 활용 비율에서 제 1순위는 제 9권(창조리, 연개소문)이고 제 8위는 향덕 등 의로운 이들이 수록된 제 8권임을 알 수 있다.

Ⅰ. 열전의 형식 체계와 구성 관계 257

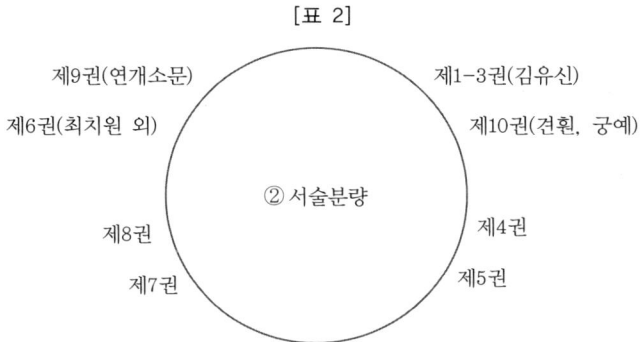

　이상의 순환 체계를 종합하면 서술 분량(표2)에서는 신라 삼국 통일(제1-3권)과 고려 통일(제10권)을 주축으로 고구려 명장과 고구려 주체 정신(제9권, 제4권)이 중시된 반면 본기 활용 비율(표1)에서는 고려 통일(제10권)을 중심으로 고구려 주체 정신과 충신(제9권, 제5권)들이 중시되었다.

II. 문장의 구성 요소와 세계-내-존재 윤곽

    열전의 문장 형식은 외형적인 서술 분량과 인물의 존재 상황에 따라 단편 삽화 형식부터 일대기 형식까지, 내적 구성 요소인 본기 사실과 은유적 진술에 따라 실록 형태부터 상징적 형태까지 다양하고 광범위하게 구성되었다.
    다시 말해 "과거(역사경험)에 대한 간접적인 지시와 픽션(존재의의)의 생산적인 지시" 사이에서 "하나의 전체"로 구성된 열전의 체계는 지시된 사실과 은유의 의미 작용이 이룬 총체[1]이다. 곧 기존의 제도화된 적합성을 탈피한 형식적 변화를 통해 그 본질적 의의가 "복원"될 수 있으며, 그 "생산적 상상력"에 구축된 본래의 역동적 의미까지 새롭게 활성화될 수 있다.[2] 결국 구성된 본기 사실과 그 밖의 요소들이 열전의 구성 형태와 존재 방식과 그 관계 구조를 총체적으로 이해할 수 있는 핵심 요소들[3]이며 나아가 "세계-내-존

---

1) 폴 리쾨르, 「텍스트에서 행동으로」, 박병수·남기영(편역), 아카넷, 2002, 12-19면.
2) 앞글, 41면 등에서 "존재의 의미"는 초월적 주관성과 경험적 자아 사이에서 현상학적 "환원"을 통해 이루어지며, 본질적으로 우리와 세계, 영혼과 육체, 정신과 자연 사이에 실존하고, 존재한다는 역설 이전에 주어진 것, 실존하는 것, 존재하는 것을 통과하면서 이루어진다고 했다.
3) 앞글, 254-267면. "인간 행동의 의미. 역사적 사건의 의미 그리고 사회적 현상의 의미가 항상 몇 가지 다른 방식으로 해석될 수 있다는 것은 인문 과학의 모든 전문가들이 잘 아는 바이다."

재"의 윤곽을 이해하고 해석할 수 있는 그 본질적 조건들이다.[4]

1. 열전의 서술 유형과 총체적 체계

열전은 기본적으로 문장 형식 체계로 그 핵심 요소인 역사 사실은 시간적 계기와 인물의 배경 역사를 이해할 수 있는 근본 요소들이다. 바꾸어 말하면 "역사 이야기"의 다양한 형식 변화와 유형적 차이를 객관적이고 구체적으로 규정할 수 있는 한 부분이다.

그럼에도 활용된 본기 사실은 이미 살핀 서술 분량 이상으로 편차가 커서 그 구성 비율에 따라 다섯 가지 형태로 나누어 볼 수 있다.[5]

이들은 다음과 같다.

① 99%-80% 활용된 인물 : 총 7명(총14%)	
99%: 1위 을파소(22/3), 밀우/뉴유(27/5)	총2명
98%: 3위 명림답부(28/2), 창조리(26/7)	총2명
90%: 5위 을지문덕(11/18)	총1명
85%: 6위 이사부(36/11)	총1명
80%: 7위 관창(39/30)	총1명
② 73%-33% 활용된 인물 : 총 11명(총 22%)	

---

4) 앞글, 241면.
5) 분류된 인물은 각 명칭 앞에 "본기 활용 비율" 순위를 일련번호로 붙였으며, 아울러 명칭 뒤 괄호(서술분량 순위/시대 순위) 속 순위와 총체적으로 비교될 수 있다. 예를 들면 "1.을파소(22/3)"는 본기 활용 비율이 99%로 제 1 순위임이 표시되었으며 아울러 괄호 속 순위 (22/3) 중 서술 분량 순위는 제22위이어서 본기 활용 비율 순위와 크게 다르다. 이어 시대적으로는 총 50여 명 중 "제3순위"로 표기되어 초기 인물임을 짐작할 수 있다. 즉 고구려인 을파소는 시대적으로 신라 최초 인물인 거도(1)와 고구려 최초 인물인 명림답부(2) 다음 시대 인물이다. 또한 서술 분량은 이들 중 가장 많은 김유신부터 차례로 제 22위이나 본기 사실 활용 비율은 1위여서 고구려인들의 역사 상황이 중시되었음을 알 수 있다.

또한 본기 활용 비율이 같은 경우는 인물의 시대 순위에 따랐다. 즉 99%의 비율에 해당하는 인물(을파소와 밀우/뉴유) 중 시대적으로 앞선 을파소가 1위 그리고 밀우/뉴유가 2위가 되었다.

*73%:	8위	견훤(2/50)6)	총1명
*57%:	9위	궁예(3/49)	총1명
50%:	10위	석우로(17/6), 사다함(42/13), 연개소문(4/28)	총3명
45%:	13위	김인문(6/35)	총1명
40%:	14위	귀산(19/17), 계백(45/31)	총2명
33%:	16위	향덕(49/42), 김양(7/45), 장보고/정년(12/46)	총3명
③ 30%-20% 활용된 인물 : 총 7명(14%)			
30%:	19위	김영윤(21/39) (김유신 중)7),	총1명
27%:	20위	최치원(5/48)	총1명
25%:	21위	열기(24/33)	총1명
20%:	22위	물계자(41/4), 비령자(31/26), 김유신(1/29),	
		흑치상지(37/34)	총4명
④ 18%-10% 활용된 인물 : 총 10명(20%)			
18%:		(김유신 상)	
15%:	26위	해론(23/19), 눌최(30/20), 죽죽(32/24), 취도(29/38)	총4명
12%:	30위	성각(34/43), *견훤(2/50)	총1명
11%:	31위	필부(44/32), *궁예(3/49) (김유신 하)	총1명
10%:	32위	거칠부(18/12), 솔거(50/14), 온달(8/15), 녹진(13/44)	총5명
⑤ 7%-2% 활용된 인물 : 총 15명(30%)			
7%:	36위	설계두(43/25), 소나(20/37)	총2명
5%:	38위	거도(48/1), 박제상(9/8), 도미(25/9), 백결선생(46/10),	
		김후직(38/16), 검군(33/21), 실혜(40/22), 설총(14/40)	총8명
3%:	46위	강수(10/36), 김생(47/41)	총2명
2%:	48위	설씨녀(15/23), 김흠운(16/27), 효녀지은(35/47)	총3명

이상은 본기 사실 활용 비율이 가장 큰 을파소(99%)부터 가장 적은 효녀지은(2%)까지 총 다섯 가지 형태로 구분되었다.

이들은 우선 형식면에서 ③군(群)을 중심으로 ①, ②군(群)과 ④, ⑤군(群)이 대칭을 이루며, ①, ②, ③군(群)과 ④, ⑤군(群)은 각각 25명(50%)으로 양분되었다. 또한 각 군(群)은 다시 4, 5, 6 부분으로 세분되어 체계적인 양상을 재확인할 수 있다.

---

6) "견훤"의 경우 이미 밝힌 바와 같이 "본기" 활용 비율은 12%이나 『고려사절요』에 서술된 역사적 내용이 보완되어 73%가 되었다. 아울러 "궁예"도 본기 활용 비율은 11%이나 『고려사절요』내용이 보완되어 53%가 되었다.

7) "김유신 중"의 경우 개별적으로는 30%이므로 이를 밝히기 위해 (김유신 중)의 비율을 ( )에 넣어 표시했다. 그러나 "김유신" 상, 중, 하에 모아진 총 활용 비율은 평균 20%이므로 ③군(群) "김유신"에서 설명된다.

그 중 ①군(群)의 고구려(99-90%) 인물들(총5명, 10%)은 본기 사실이 대략 90% 이상 활용되었는데 상대적으로 10% 미만인 ⑤군(群)의 인물들(총15명, 30%)과 비교된다. 역으로는 ①군(群)에 활용된 본기 사실(99%-80%)에 비해 구성된 내용이 1%-20%이어서 거의 "사전(史傳)적 존재"에 가까우나 ⑤군(群)의 인물들은 본기 사실(7%-2%)에 비해 90% 이상(93%-98%) 개방되었기 때문에 거의 사전(私傳)적 기능에 가깝다. 따라서 열전의 형식적 범주는 사전(史傳)적 존재에서 사전(私傳)적 기능까지 광범위하게 확장되었다.

한편 이들 중 서술 분량이 가장 많은 김유신은 본기 활용 비율 순위(24위)[8]가 총 50여 명 중 중심에 위치하며, 서술 분량이 22위였던 을파소는 본기 활용 비율(1위)이 가장 높아서 이들이 다양하게 교체, 순환되었음을 재확인 할 수 있다. 특히 본기 활용 비율을 역으로 환산하면 이들에 개방된 구성 비율이 산출된다. 말하자면 ①, ②군(群)을 합한 총 18명(36%)이 본기 사실을 최대 99%에서 최소 33%(1/3)까지 활용했다면 역으로는 최소 1%에서 최대 67%(2/3)까지 확장, 개방된 상황이어서 열전의 개방된 존재 상황과 확장된 형식체계를 짐작할 수 있다.

다음 내용면에서는 근본적으로 일반 백성들의 관점이기 때문에 규범적인 역사적 존재에서 자유롭고 보편적인 존재 상황으로 변모, 확장되었다. 따라서 광범위한 시대 상황이 포괄된 여러 보편적인 인간 관계(군신, 부모, 부자, 부부, 붕우, 지배층과 피지배층, 주종)와 더불어 고유 신앙부터 불교, 도교, 유학 등 정신문화 의식도 다양하게 혼용되었다.

종합하여 외, 내적 구성 형태의 공통성과 차이를 일별하기 위해 당시 인간 보편적 삶의 근본인 삼강오륜 사상[9]을 통해 그 역사적, 존재적 위상을

---

8) 실제 김유신은 다음의 흑치상지보다 앞서 활동하고 후대까지 지속된 인물이어서 제 25위가 적합하다. 그러나 통일 과업의 시초 업적인 백제 멸망(서기 660년)을 중시한 결과 백제 회복군의 대표적 인물인 흑치상지보다 앞세워진 제 24위가 되었다.
9) 유교의 삼강오륜(三綱五倫)은 군신, 부자, 부부의 도(道)와 다섯 가지 인륜(人倫) 즉 부자유친(父子有親), 군신유의(君臣有義), 부부유별(夫婦有別), 장유유서(長幼有序), 붕우유신

비교하면 다음과 같다.

가. 실록 형태와 혼융적 형태

본기비율 삼강오륜	99%	98%	90%	85%	80%	73%~57%	50%	45%	40%	33%,
군신 (충, 의)	1을파소 2밀우/ 뉴유	3명림답부 4창조리	5을지 문덕	6이사부	7관창	(견훤 궁예)	10석우로 11사다함 12연개소문	13 김인문	14 귀산 (계백)	17김양/김흔 18장보고/정년
부자 (친, 효)					(관창)10)	(견훤)	(연개소문)	(김인문)	(귀산)	16향덕
부부(분별)						(궁예)	(석우로)		(계백)	
붕우(신의)							(사다함)		(귀산)	(장보고/정년)
기타(후삼국, 백제인)						8견훤 9궁예			15계백	

이상에서 본기의 사전(史傳) 형식이 거의 그대로 재현된 ①군(群)의 인물(99%~80%)들은 내용이 본기 사실과 거의 유사해서 실록 형태로 명명(命名)되었다. 그러나 본기의 "사전(史傳)" 형식이 왕조 중심의 실록인데 비해 열전의 형태는 서술 시점의 변화로 본기의 사전(史傳)과 양립된 체계이다.11) 때문에 고구려 본기에 구성된 관료, 무사, 명장의 기록이 거의 그대로 재현되었다 해도 서술 관점이 변화된 형식의 변화로 인해 그 이해(해석) 방법도 달라지게 된다.

그 중 "을파소"는 고국천왕과 산상왕의 공간이 엄격히 구분된 본기와 달리 왕조의 경계가 해체되고 을파소를 중심으로 두 왕조가 결합된 파격적인 변화를 볼 수 있다. 또한 명림답부(98%)는 "국상"이 된 본기(8대신대왕 2년,

---

(朋友有信) 등 충, 효가 그 바탕이다.
10) "관창"의 경우 충과 효를 다한 행위였기 때문에 ( )에 넣어 중복된 것을 표시했다. 이와 같이 중복된 경우는 이후 다른 인물에도 유사하게 적용되었음을 밝힌다.
11) 이때 90%가 활용된 인물은 총 10%(총5명)이며, 80%까지 활용된 인물(총7명)까지 포함해도 총 14%이다. 따라서 "사전(史傳)적 형식"이 열전(列傳)을 총칭할 수 있는 "개념"이 될 수 없다. 곧 열전과 사전(史傳)은 기본적으로 구분되어야 할 체계이다.

서기 166년) 사실이 활용되었으나 그때부터 "우보를 국상"으로 고친 새 제도(본기)는 열전에 생략되었다.

그러나 전환기 시대 상황 혹은 인물의 존재 의의 등을 총체적으로 파악하기 위해서는 배경 역사(본기)와 그 관계 상황에 내재된 근원적 의의를 수렴하지 않을 수 없으며 나아가 열전의 새로운 형식 체계와의 관계도 중시되지 않을 수 없다.

곧 신대왕 8년(서기 172년)[12] 한(漢)의 침입(열전)이 상술된 것처럼 보이나 실제로는 왕 4년 한(漢)의 침입(본기)이 복합되었다. 비록 단편이라도 외세 침입 사실을 때마다 반복 서술한 본기에 비해 열전은 인물의 독자적인 세계상과 중심 관점에 따라 생략 혹은 복합 등 다양하게 구성되었기 때문이다. 따라서 신대왕 4년과 8년의 역사 사실(본기)과 함축된 의의가 배제된 채 열전의 표면적 사실(왕 8년 외세침입)에 한정된다면 이전부터 지속된 중국과의 관계는 물론 이후의 "용병론"도 깊이 있게 파악되기 어렵다.

결국 시대 역사 사실(본기)과 배경(열전)은 인물의 본질적 위상과 존재 의의(열전)를 보다 의미 있게 이해할 수 있는 중요 요소로 그 지속된 역사 상황을 통해 왕이 베푼 특별한 예우가 결코 "상투적인 결말(열전)"이 아님을 알 수 있다.

이에 비해 본기 활용 비율이 낮아진 관창(신라 화랑)은 충, 효가 복합된 군신 관계와 부자 관계가 혼용, 확장되면서 역사의식 외에 존재 의의가 포함되기 시작했다. 아울러 인간 정서도 내포되어 인간 본래의 보편적 양상들이 보다 활성화되었다.

결론적으로 실록 형태는 본기의 사전(史傳) 형식이 그대로 복사된 문장이 아니고 인물의 존재 방식에 따라 보완(을파소, 을지문덕, 사다함, 귀산, 향덕), 혹은 생략(밀우/뉴유, 명림답부, 관창), 혹은 조합(창조리, 이사부)된 새로운 형

---

[12] 본기에서는 그 사이 신대왕 3년, 4년, 5년의 행적이 거듭 서술되어 있다.

식 체계임을 알 수 있다.

　다음 본기 사실이 50% 전, 후 구성된 ②군(群)은 본기 사실과 구성된 요소가 비등해서 혼융적 형태(73%-33%)로 명명(命名)되었다. 곧 본기 사실(73%-33%)이 보다 약화되고 구성된 내용(27%-67%)이 보다 증가되면서 역사적 위상 뿐 아니라 인간 보편적 상황이 크게 확장되었다.
　말하자면 대부분 군신 관계(향덕 제외)가 중시된 역사적 인물들임에도 부자(관창, 연개소문, 김인문, 귀산 등), 붕우(장보고/정년) 관계 등이 복합되었다. 그 중 향덕(효자)은 대부분의 무사들과 근본적으로 다른 일반 백성이나 "효"는 "충"에 버금가는 가치여서 이미 본기에 사전(史傳) 형식이 서술된 역사적 인물 중 하나이다. 또한 기타 인물로 구분된 계백(백제)은 나라가 달라서 구분되었을 뿐 근본적인 군신 관계는 신라인과 다르지 않았다. 아울러 처자(부자, 부부)에 대한 애정과 근심도 인간(신라인) 보편적 관점에서 크게 다르지 않다.
　한편 후삼국 인물인 견훤과 궁예는 통일 신라 말 과도기 과정이 고려 왕건의 행정과 병행된 때문에 본기 사실(12%, 11%) 외에 『고려사절요』 사실이 보완되어 대략 73%-57%(평균65%) 활용되었다. 또한 50%(1/2)에서 33%(1/3)까지 활용된 인물들(총 9명, 약18%)은 총 1/2에서 2/3가 개방되었다. 곧 역사적 관점(1/2-1/3) 외에 존재적 의의(1/2-2/3)가 다양하게 교차, 혼융된 형태는 정서적 측면(계백)과 인간적 한계(석우로, 사다함, 연개소문, 견훤, 궁예) 등 "인간(존재)적 면모"가 보다 확장되었다.
　결국 이들의 역사적 위업에도 불구하고 긍정적/부정적 측면에 내포된 영웅적 면모와 인간적 면모(견훤, 궁예, 석우로, 연개소문, 김양/김흔, 장보고/정년)로 인해 인간 보편적 의의가 보다 확대되었다. 이는 군신과 붕우(사다함), 신라와 당(김인문), 무사들(귀산)의 화랑정신과 불교 정신(원광법사), 백제와 신라(계백), 개인과 사회상(향덕) 등 다양한 형태로 교차, 순환, 복합되었다.

따라서 일부의 관점에 고정된 상반된 논의보다 그 총체적 의의(정/반/합)가 그 본질적 양상이라고 할 수 있다.

나. 개방적 형태

본기비율 삼강오륜	30%	27%	25%	20%
군신(충의)	19김영윤 (김유신 중)13)	(최치원)	21열기	22물계자 23비령자 24김유신 (흑치상지)
부자(친, 효)	(김영윤)			(비령자)(김유신)
부부(분별)				(물계자)
붕우(신의)		(최치원)		(김유신)
기타(문장가, 방외인, 백제인)		20최치원		(물계자)(김유신) 25흑치상지

이상 ③군(群)은 다섯 가지 형태의 중심에서 양면에 개방된 위상으로 인해 개방적 형태(총7명, 14%)로 명명(命名)되었다.

곧 이들의 역사적 위상은 ①, ②군(群)에 가까우나 확장된 존재 상황은 ④, ⑤군(群)에 가까워서 인물의 개아(個我)적인 신념과 고유한 행적이 보다 구체화되었다. 따라서 역사적 핵심 인물들임에도 본기 사실 활용 비율(30%-20%)이 대폭 감소된 대신 존재적 의의(70%-80%)가 크게 확장, 개방되었다. 더욱이 본기에 명시되지 않은 인물(김영윤, 물계자)들이 포함되고 개인적 관계 상황이 확충되면서 표현 방법(역사적 사실, 대화, 비유, 우화, 상징, 시, 설명)도 다채롭고 유연해진 특징이 있다.

한편 이들은 열전의 중심 인물인 김유신의 통일 과업을 중심으로 신라 초 전환기(물계자, 내해이사금)부터 말기 상황(최치원, 진성여왕)까지 열전의 근간이 집약된 결과 열전의 "노른자"와 같다.

그 중 서술 분량이 가장 많은 "김유신"은 통일 과업의 중심 인물이나 압축

---

13) "김유신" 중은 30%이나 "김유신" 전체를 평균적으로 보면 20%이다.

된 본기 활용 비율(1/5)을 근거로 그의 도전적인 신념, 말씀, 실천적 행동(4/5) 등이 다양하게 개방되었다. 또한 김유신과 연계된 비령자, 흑치상지 등은 통일 과업 전, 후 역사적 공적과 더불어 존재의 본질적 의의가 복합되었다. 그리고 "김영윤"은 통일 과업 중 선조(김흠순, 반굴)의 호국 희생적 업적과 그의 자율적 호국 의지가 병행되었다.

결국 투철한 군신 관계(충)를 근거로 확장된 효(부자), 근원 정신(부부), 신의(붕우) 외에 방외인(가야인, 육두품, 하층민, 석씨가 견제한 박씨, 망국인)으로서 존재 의의와 나당 관계의 본질 등이 포괄되었다. 곧 시대와 존재적 한계를 극복하기 위한 저항과 개혁 의지 등이 보다 주체적이고 도전적이었으나 역사적, 존재적 흥망성쇠(물계자, 김유신, 흑치상지, 최치원)의 본질적 순환 양상이 광범위하게 개방되었다.

다. 구상적 형태와 상징적 형태

본기비율 삼강오륜	18%	15%	12%	11%	10%	7%	5%	3%	2%
군신(충의)	김유신 (상)	24죽죽 26해론, 27눌최, 29취도	(성각)	김유신 (하)	32거칠부 (온달) 31필부 35녹진	(설계두) 37소나	38거도 39박제상 42김후직 45설총 (도미)	46강수	49김흠운 (설씨녀) (효녀지은)
부자(효) 부모, 부녀		(해론)	30성각		(온달)	(소나)		(강수)	50효녀지은 (설씨녀)
부부(분별)					34온달	(소나)	41백결선생 (박제상)(도미)	(강수)	48설씨녀
동료(신의)		(죽죽)					43검군 44실혜		
기타(주종, 외교, 예인, 거사, 문장)		(눌최)	(성각)		33솔거 (거칠부)	36설계두	40도미 (박제상)(설총)	(강수) 41김생	(효녀지은)

이상 ④, ⑤군(群)의 인물들은 본기 활용 비율(18%-2%)[14]이 실제 15%에서 2%까지 감소되면서 역사적 인물(총10명)에 비해 은유적 인물(총15명)이 보다

---

14) 김유신 상을 제외하면 실제 비율은 15%-10%이다.

증가되었다.

 본기 활용 비율을 역으로 환산한 구성 비율(98%-85%)이 실록 형태(99%-80%)의 비율과 거의 유사할 정도로 확장되었는데 열전 구성원의 반(총25명, 50%)이 이에 해당되므로 열전의 구성 형태를 대략 짐작할 수 있다.

 그 중 ④군(群)은 본기 사실(15%-10%)보다 확장된 구성 내용(85%-90%)이 크게 증가되어 구상적 형태로 명명되었다. 곧 역사적 실존 인물(총6명, 12%)과 은유적 인물(총4명, 8%)의 역사적 근거는 보다 함축되고 고유한 존재 방식이 보다 확장, 포괄되었다.

 특히 구상적 형태(총10명, 20%)는 역사적 무사들의 호국 희생정신(해론, 눌최, 죽죽, 취도, 필부), 통일 전/후반의 사상적 추이와 정치적 변화(거칠부/녹진), 본기에 명시되지 않은 효자, 명장, 예인(성각, 온달, 솔거) 등 그 존재 상황 등이 보다 자유롭고 파격적 형태로 구상되었다. 곧 자체로 복잡하고 불합리한 세계 상황에서 시, 공간이 다른 부자의 일관된 호국 희생적 신념과 실천 행위를 비롯해 존재 양상이 다른 주종, 장수와 부하, 장수와 법사, 부부와 동료, 효자와 관료, 효녀와 화랑 등의 시대적 한계와 존재 회복 과정 등이 은유적 방법으로 구상되었다.

 그 중 향덕의 효행이 반복된 성각(12%)은 향덕과 다른 존재 위상이 비교되며, 솔거(10%)는 신화(神畵) 같은 벽화가 시간 변화로 퇴색된 양상까지 포괄되었다. 또한 고구려 인물인 온달(10%)은 평범한 백성과 평강공주의 정신적 결합으로 고구려 건국 정신과 영토 회복 정신이 상징적, 초월적으로 구축되었다. 반면 역사적 인물인 녹진은 신라 말기 병폐가 우회적 방법으로 환기되었다.

 결국 역사적 인물들은 그 시대적 한계와 모순 등을 배경으로 존재 의의가 활성화된 반면 은유적 인물들은 그 존재적 한계와 배경 역사의 본질적 의의 등이 고유한 존재 상황과 더불어 상징적이고 함축적으로 개방되었다.

끝으로 ⑤군(群)은 명시된 본기 사실(7%-2%)을 근거로 인물의 은유적, 상징적 의의(93%-98%)가 더할 수 없이 확장되어 상징적 형태로 명명되었다.

특히 역사적 실존 인물(총5명, 10%)보다 은유적 인물(총10명, 20%)이 배가 되었는데 그 자유롭고 파격적인 체계는 거의 사전(私傳)적 기능에 가깝다.

그 중 본기에 명시되지 않은 은유적 인물인 설계두(7%)는 그의 이상 속에 국내 현황과 나당(羅唐) 관계가 복합, 병행되었으며, 소나(7%)는 나당(羅唐) 관계의 부정적인 요인과 주체 정신 등이 부자, 부부 관계와 복합, 병행되었다. 또한 본기 활용 비율이 보다 낮아진 인물(5%)은 확장된 존재 의의와 더불어 전환기 김씨 왕조 발아(거도)와 확립 과정(박제상, 백결선생)이 함축되었으며, 성골 왕조의 한계(김후직, 검군, 실혜)와 통일 신라(진골, 춘추무열왕계 왕조)의 국내외 정책(설총) 등이 환기되었다. 그 외 백제 백성을 대표한 도미는 부부의 신의를 통해 개루왕 대 백제와 고구려 그리고 신라와의 관계 외에 나라(백제, 신라, 고구려) 멸망의 보편적 요인과 인간 존재의 근원적 형상 등이 포괄되었다.

한편 본기 비율이 가장 낮은 인물들(3%-2%) 중 역사적 인물인 강수와 김흠운은 통일 과업 과도적 혼란상이 유학, 화랑 정신 등과 복합되었다. 또한 은유적 인물들은 통일 위업(설씨녀)과 한계, 통일 신라 전성기 명암(김생), 쇠락한 말기 상황과 내외 요인(효녀지은) 등이 개인적, 존재적 상황과 교차, 복합되었다.

결국 ④, ⑤군(群)은 고유한 존재 상황과 더불어 총체적 의미가 보다 극대화된 체계로 역사적 경험(사실)을 기반으로 인간 보편적 세계상과 존재 의의가 상징적, 우회적으로 역설되었다.

이상으로 열전의 외(서술분량), 내(본기사실)적 관계에 따른 문장 형식과 구성 형태를 종합한 총체적 체계는 다음과 같다.[15]

---

[15] 인물 앞의 번호는 외형적인 서술 분량 순위이며, 괄호( ) 속 숫자는 내적 요소인 본기

Ⅱ. 문장 구성 요소와 세계-내-존재 윤곽   269

본기 사실 구성형태 \ 문장 형식	단편삽화 형식	복합 형식	연대기 형식	일대기 형식	총편수와 비율
실록 형태(99-80%)	36이사부(6) 39관창(7)	22을파소(1) 26창조리(4) 27밀우/뉴유(2) 28명림답부(3)	11을지문덕(5)	X	총7편 (총14%)
혼융적 형태(73-33%)	42사다함(11) 45계백(15) 49향덕(16)	19귀산(14)	12장보고/정년(18) 17석우로(10)	2견훤(8) 3궁예(9) 4연개소문(12) 6김인문(13) 7김양(17)	총11편 (총22%)
개방적 형태(30-20%)	37흑치상지(25) *41물계자(22)	*21김영윤(19) 24열기(21) 31비령자(23)	X	1김유신(24) 5최치원(20)	총7편 (총14%)
구상적 형태(18-10%)	44필부(31) *50솔거(33)	18거칠부(32) 23해론(26) 24죽죽(28) *29취도(29) 30눌최(27) *34성각(30)	*8온달(34) 13녹진(35)	X	총10편 (총20%)
상징적 형태(7-2%)	38김후직(42) *40실혜(44) *43설계두(36) *46백결선생(41) *47김생(47) *48거도(38)	20소나(37) *25도미(40) *33검군(43) *35효녀지은(50)	9박제상(39) 10강수(46) *14설총(45) *15설씨녀(48) 16김흠운(49)	X	총15편 (총30%)
총 편수와 비율	총15편(총30%)	총18편(총36%)	총10편(총20%)	총7편(총14%)	총50편 (총100%)

　　종합하면 본기에 명시된 인물들(총34명, 68%, 약2/3)과 명시되지 않은 인물들(총16명, 32%, 약1/3)이 혼융된 열전은 외형적인 서술 분량을 기준으로 인물의 관계에 따라 단편 삽화 형식과 복합 형식(총33편, 66%, 2/3) 그리고 연대기 형식과 일대기 형식(총17편, 34%, 1/3)이 구성되었다. 또한 열전의 기본 요소인 본기 사실 활용 비율과 인물의 존재 방식에 따라 실록 형태와 혼융적 형태와 개방적 형태(총25편, 50%, 1/2) 그리고 구상적 형태와 상징적 형

　사실 활용 비율 순위이다.
　　이들 중 본기에 명시되지 않은 은유적 인물들은 앞에 "*"를 표시해 구분했다. 또한 "X"는 해당된 인물이 없는 경우로 연대기 형식은 개방적 형태가 없으며, 일대기 형식은 실록 형태와 구상적, 상징적 형태가 없음을 알 수 있다.

태(총25편, 50%, 1/2)가 고르게 구성되었다.

결국 열전은 복잡한 인간 세계와 순환적 흥망성쇠에 내포된 보이는 세계(경험적 역사현실)부터 보이지 않는 세계(근원정신, 궁극적 이상)까지 다양한 의의가 단편 삽화 형식에서 일대기 형식까지, 실록 형태부터 상징적 형태까지, 사전(史傳)적 존재부터 사전(私傳)적 기능까지 체계적으로 구성되었다. 따라서 다양한 관계 속에 확장, 개방된 그 역사적, 존재적, 본질적 의의는 마치 광활한 우주처럼 광대무변하고 변화무쌍하다.

2. 활용된 문장 양식과 기능적 특징

열전은 아는 바와 같이 본기 사실을 근거로 다양한 서술 유형이 구성된 형식 체계로 구성된 여러 문장 양식들을 종합하면 대략 다음과 같다.

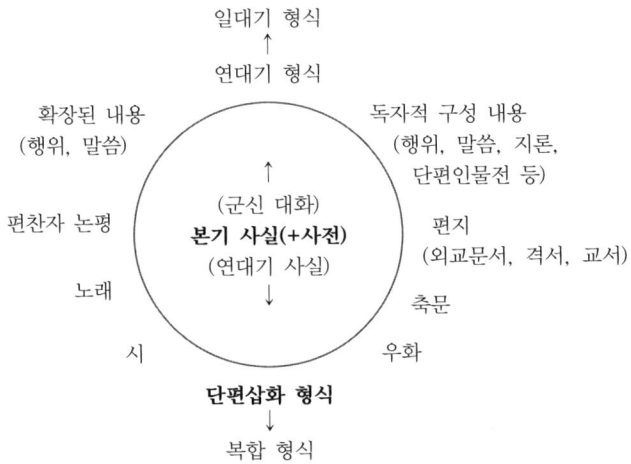

이상에서 기본적으로 본기 사실과 사전(史傳) 형식(원 중심)을 근거로 서술 분량이 가장 적은 단편 삽화 형식(원 하부)이 구성되었으며, 이를 단위로 복합 형식 나아가 연대기 형식, 일대기 형식(원 상부)으로 확장되었다.

한편 이들 각 문장 형식은 다양한 서술 방법이 활용되었는데 원 좌, 우 상부에 명시된 확장된 내용 혹은 독자적 구성 내용 외에 편지, 우화, 편찬자 논평까지 다양한 양식이 구성되었다.

그러나 이들 양식은 서로 "다른 고도에 있으며" "모두 동등한 자격을 가지고 따로따로 이해될 수 있는 단순한 연결"이 아니고 상호 관련성을 통해 이해될 수 있는 관계 양상들이다. 그럼에도 그 복잡한 체계의 윤곽을 이해하기 위해 먼저 활용된 서술 유형과 그 기능적 특징을 대략 살펴볼 필요가 있다.16)

가. 단편 인물전의 압축된 의미 기능

열전의 문장 형식 중 가장 짧고 단순한 체계인 단편 삽화 형식은 열전의 기본적인 구성 방식이며 의미 단위라고 할 수 있다.

대체로 "중심 인물 소개/ 독자적 행적/ 결과적 마무리"와 같은 단순한 형태로 구성된 단편 인물전은 그 소략한 내용 때문에 흔히 단순하게 지나치기 쉽다. 그러나 역사적 인물일 경우 대체로 고유한 존재 방식이, 일반 백성들일 경우 그 시대 정신이 다양하게 교차, 복합된 형태는 시대 역사적 의의와 인간 보편적 의미가 일종의 "시"처럼 문장 행간에 응축, 내재된 체계이다.17)

따라서 15편의 단편 인물전 외에 복합 형식과 연대기 형식에 구성된 단편 인물전들도 중심 인물과 복합, 병행된 존재 의의가 총체적 관계의 핵심 요소들일 수 있다.

특히 일대기 형식의 대표적 인물인 "김유신"은 "아버지 서현", "난승노인", "김춘추", "조미압", "아들 원술"과 같은 단편 삽화 등을 통해 시대적 변화와 고유한 존재 상황이 보다 구체화 되었으며, 이들과의 관계를 통해 "김유신"의

---

16) 폴 리쾨르, 『텍스트에서 행동으로』, 박병수·남기영(편역), 아카넷, 2002, 247-257면.
17) 앞글, 52~53면, 텍스트의 이해 방법과 의미 해석에 관한 과정이 단계적으로 설명되었다.

재능과 존재 의의 등이 다각도로 생성, 보완, 개방되었다. 또한 견훤과 궁예는 『삼국사기』 본기 사실 외에 『고려사절요』에 수록된 왕건(고려태조)과의 관계로 과도기 복잡한 혼란상이 보다 구체적으로 투영되었다. 그 중 견훤 "아들"과 "사위 부부"의 상반된 상황은 후백제 분열과 왕건의 통합 역량이 극대비 되었으며, 가족과 석충(승)과의 관계에 나타난 궁예의 분열상은 견훤의 모순된 행위와 더불어 정체성 분열로 심화된 과도기 양상을 유추할 수 있다.

결국 단편 인물전은 구성 형태의 최소 단위이나 인물들의 인간관, 세계관 등 그 본질적 특성이 응축된 일종의 의미소(意味素)와 같다.

나. 우화의 복합적 기능과 함축적 효과

우화는 근본적으로 픽션의 자료들로 행동을 모방한 방법[18]이어서 "역사 기록" 방법과는 다른 체계이다.

특히 열전의 대표적 상징 체계인 설총의 "화왕계"는 시대 역사적 한계를 우회적으로 개방한 대표적 우화이다.

당시 "울적한" 신문왕에게 설파한 설총의 이야기는 일종의 충간이나 왕을 경계(警戒)한 불경(不敬)스러움을 피하고 복잡하고 민감한 국, 내외 문제를 의미 있게 함축한 표현 방법이었다. 곧 상징적으로 교차, 대비된 장미와 백두옹 중 백두옹의 불만이 왕에게 이심전심으로 전해진 이후 설총의 벼슬이 오른 상황은 결코 평범한 내용이 아님을 짐작할 수 있다.

말하자면 통일 신라 초 조화로운 삼국 융합/신, 구 세력 안배/당(唐)과의

---

18) 앞글, 9-11면. 아리스토텔레스는 「시론」에서 우화는 픽션의 자료들만을 가지고 행동을 지성의 도식들로 구성한다는 점에서 "행동을 모방"한다고 했으며, 이는 생산적인 상상력과 관계가 있다고 했다. 한편 리쾨르는 역사는 지나간 실재로 역사만이 실재를 지시하는 것처럼 보이나 픽션의 지시유형과 역사의 지시유형 사이의 교차를 발견하게 된다. 결국 지나간 역사 기록은 엄밀히 말해 과거 복원과 같아서 상상의 작업(콜링우드)이라고 했다. 곧 문장으로 구성된 역사 "텍스트"의 본질을 알 수 있다.

자주적 외교 관계와 주체 정신 등 감히 직설하기 힘든 국내외 정책을 안전하고 복합적으로 충간(표현)한 우회적 방법이었다.

이는 "김유신(상편)"에서도 활용되었다. 즉 고구려 구원병을 청한 김춘추가 보장왕의 영토 회복 요구를 거부하고 옥에 갇혔을 때 고구려 총신(선도해)이 들려준 "거북이와 토끼"이다. 당시 김춘추는 등극 전이었으나 태종무열왕으로 등극한 위상과 연계해 불경스러움을 피하고 상대방(신라, 김춘추)의 간(요지, 생명)을 빼앗으려는 요구를 "현명하게" 피할 방도가 우회적으로 전달되었다. 무엇보다 지배층의 귀한 생명(용왕 딸/토끼, 김춘추)을 지키기 위해 속이고(거북이/토끼) 속은(토끼/거북이) 관계는 사실 고백(진정성)에 충실했던 거북이의 정직성(고지식함) 뿐만 아니라 자신의 생명을 지킨 토끼의 순발력 있는 정당방위(속임수)도 의의가 있다.

결국 복잡하고 모순된 세계 상황(외교관계)은 그 중심 관점에 따라 진실의 의미가 다양하게 전도될 수 있어서 직접적이기 보다 상징적 우화로 고구려(보장왕) 위신과 신라 외교가(김춘추)의 목숨을 보전했다.

다. 노래와 시의 표현적 기능과 시대 변화

열전은 문장 형식 속에 운문도 서술되었다.

그 중 노래는 단편 삽화 형식을 비롯해 복합 형식과 연대기 형식 등에 표명(제목)되었으며, 시(詩)는 연대기 형식과 일대기 형식에 구성되었다. 말하자면 고대 사회 초기는 민족 공동체적 정서가 백성들의 노래로 구현된 반면 후대는 개인의 시가 표현된 변화를 알 수 있다. 그러나 고구려 지배층은 중국과의 관계로 일찍부터 한시(漢詩)가 활용되었다.

특히 신라는 박제상의 도움으로 김씨 내물왕계 아들들이 모인 기쁨(왕권강화)이 지배층(눌지마립간)의 노래(우식곡)로 표현되었으며, 이어 새해를 희망한 백결선생의 방아타령(자비마립간)이 세상에 전해졌다. 또한 성골 말(진평왕) 대대로 희생된 부자(찬덕과 해론)의 참상이 백성들의 장가(長歌)로 불리었으며, 의로운 이가 축출된 시대 현황이 의리 있는 관료(실혜)의 장가(長歌)로 표현되었다.[19]

비록 이들의 가사는 전하지 않으나 단편 삽화 형식(백결선생, 실혜)은 개인이 노래한 반면 복합 형식(해론)은 백성들의 장가(長歌)로 표현되었다. 또한 연대기 형식에서는 지배층(눌지마립간)의 노래(우식곡)로 표현된 반면 통일 과업 중에는 지배층의 희생(김흠운과 부하들)을 기린 백성들의 노래(양산가)가 널리 불리어졌다.[20]

따라서 삼국 통일 초까지는 민족 공동체 의식과 정서적 공감대가 지배층과 백성들에게 널리 소통되었으나 통일 후에는 민족적 정서보다 개인적 감회가 시(詩)로 표현된 변화를 알 수 있다. 그 중 일대기 형식에서 왕건("궁예")의 등극을 예견한 고시(古詩), 중국 벗이 최치원에게 보낸 시, 최치원이 왕건에게 보낸 단편 문구(단시) 등이 있다. 반면 고구려[21]는 일찍이 을지문덕(영양왕 23년, 서기 612년, 진평왕 34년)의 전략이 경직된 격서보다 시로 표현되었는데 신라 백성들의 장가("해론", 서기 618년, 진평왕 40년)와 비교할 때 문화적 차이를 알 수 있다.

한편 왕창근(당 상인)이 노인에게서 받은 거울 속 고시(古詩)는 왕건의 개국이 예시된 점에서 일종의 신화적 의미(햇빛, 거울, 고시)가 내포되었다고

---

[19] 『삼국사기』「잡지」1에 유리왕(3대) 대 회악, 신열악부터 삼국 음악이 상술되었다.
 신라는 일찍이 "회소곡(유리이사금9년, 서기 32년)"이 본기에 소개되었으며, 진덕왕 4년 (서기 650년) 왕이 "태평송"을 당(唐) 고종에게 보냈다. 헌강왕(왕 7년, 9년)은 신하들에게 노래 가사와 시를 지어 바치게 했다. 또한 고구려는 일찍부터 왕이 지은 "황조가(유리명왕 3년, 기원전 17년)"가 한자로 표기되었으며, 영양왕 23년(612년) 을지문덕(열전)이 우중문에게 한시를 보냈다.
[20] 『삼국사기』「잡지」1, "음악"편에 도령가는 진흥왕 대, 날현인은 진평왕 대 담수가 지었으며, 사내기물악은 원랑도가 지었다. 따라서 화랑가가 있었음을 짐작할 수 있다. 그러나 노래는 신문왕 대까지 서술되었으며 그 후 최치원의 향악 잡영 5편이 시로 표현되었다.
[21] 『삼국사기』「잡지」1, "음악"편에서 고구려는 당(唐) 칙천무후까지 노래 25편이 있었으나 삼국사기 편찬 당시(고려 김부식) 1편이 남았다고 했다.

볼 수 있다. 곧 고구려 건국 정신(유화의 햇빛)과 신라 통일 정신(설씨녀 거울)이 복합된 형태(거울 속 고시)로 예시되었다.

라. 축문의 제의적 의의와 극복 의지

축문(祝文)은 신에게 제사 올리는 글[22]로 산문과 사륙문 등이 있었다.

곧 천지, 산천, 사직, 종묘, 오사 등 여러 신에게 제사 지내는 축문은 "진실한 마음을 전하는 문장(유협)"이었다.

삼국의 경우 신라(본기)는 즉위한 왕이 시조의 사당에 제사 지낸 사실을 비롯해 여러 제사에서 축문이 활용되었다고 볼 수 있다. 그 중 신문왕(왕 7년)이 삼국 통일 후 사당에 제사지낸 제문이 있다. 또한 고구려(본기)는 동명왕의 사당과 유화의 신묘에 제사지낸 외에 해마다 3월3일 낙랑의 언덕에 모여 사냥하고 제사 지내는 풍습에 따라 축문(제문)이 있었다고 볼 수 있다. 백제(본기) 또한 건국 초기(2대다루왕)에 시조 동명왕의 사당에 참배하고 남쪽 단에서 천지신명에게 제사지냈으며 고이왕도 천지신명에게 제사지냈다.

한편 열전에서는 김유신이 비담의 반란군을 물리치기 위한 책략으로 축문을 지었다. 일종의 위기 극복을 위한 방법으로 불안정한 상황을 안정시키고 질서 회복을 위한 기원(제의)은 근본적으로 하늘과 사람의 이치에 따라 선악의 이치를 구한 행위였다.

특히 김유신은 "길흉은 일정한 것이 아니고 사람이 부르는 것"이라고 하여 인간 의지와 신념에 따라 전도될 수 있음을 설파했다. 따라서 허수아비로 연을 날리고 사람들의 말로 의식 전환을 도모한 신선 사상, 절에 기원하

---

[22] 박완식(편역), 『한문 문체의 이해』, 전주대학교출판부, 2001, 184면.
   섣달에 여덟 신에게 제사 지내던 이기(伊祈)에서 비롯된 축문은 우, 순임금에 이어 상, 탕이 상제에게 올린 것으로 보아 유래가 오래되었다.
   「주례(周禮)」에 육축(六祝)의 문장을 관장한 관직이 보이는데 춘추 시대 이후 제의(祭儀)가 보다 중시된 고대 상황을 짐작할 수 있다.

는 불교 의식, 유교적 군신 도리 등이 다양하게 실현되었다.

마. 편지의 매개적 기능과 간접적 효과

편지(書)는 시초에 왕에게 올린 상서(上書)에서 비롯되었다.

그 후 서로 주고받는 기능에 따라 공식적인 문서(정치, 외교문서 등)와 사적인 편지로 구분되었다.

열전에서 일대기 형식에 수록된 견훤과 왕건이 주고받은 편지는 일종의 격서(檄書)이다.[23] 또한 견훤의 맏아들인 신검의 교서(敎書)는 위정자가 백성에게 공표한 명령과 같다. 반면 최치원이 태사시중에게 보낸 편지[24]는 나당(羅唐) 간의 외교 문서[25]로 당시 사륙문을 사용했으나 일반 산문도 활용되었다.

그 중 격서는 일종의 군서(軍書)로 흔히 자신의 정의로움에 비해 상대방의 가혹함을 말하고, 전세나 권세를 비교하며 승패를 단정 지은 강건한 형식이다. 말하자면 사실과 이치를 논변하며 기개를 드높인 글이나 전세를 위한 위엄도 없지 않았다.[26]

곧 견훤의 격서(편지)는 왕건이 병합하기 전 신라를 초토화한 이유를 말하고 자신의 승리를 다짐했다. 그러나 왕건의 답은 견훤이 신라(경애왕) 금성을 친 죄가 걸(桀), 주(紂)보다 커서 매가 참새를 잡는 기세로 승리할 것을

---

23) 최치원이 중국에서 고변의 종사관으로 있을 때 쓴 「격황소서(檄黃巢書)」가 유명하다.
24) 최치원, 『국역고운선생문집』 하, 최예옥(편), 고운 선생 문집편찬위원회, 1973, 132-138면.
    최치원이 보낸 「상태사시중장(上太師侍中狀)」에서 태사시중의 성명은 알 수 없다.
25) 박완식(편역), 『한문 문체의 이해』, 전주대학교출판부, 2001, 74-85면, 168면.
    표(表)는 원래 불가와 도가에서 부처와 노자에게 아뢰는 글이었으나 후에 상서의 한 부분이 되어 임금에게 올리는 글이 되었다. 따라서 사신이 왕에게 올린 사륙문의 외교 문서를 주로 표문이라고 했다. 또한 장(狀)은 원래 임금에게 올린 글이었으나 신하인 태사시중에게 보낸 경우처럼 당시 당(唐) 황제가 임시로 머문 행재소로 출발한 우리 사신의 편의를 부탁한 점에서 일종의 외교 문서라고 할 수 있다.
26) 앞글, 188-189면.

확신했다.

결국 말과 글은 서로 소통하고 교감하기 위한 수단임에도 팽팽하게 맞선 이들의 글(편지)은 대화적이기 보다 일방적 의지를 선포한 기능에 한정되었다.

한편 최치원이 쓴 외교 편지는 과거 중국에 사신 간 이들의 경험(헌덕왕, 헌강왕)을 예로 행재소를 방문할 사신들의 편의를 부탁한 글이다. 그러나 삼국 초 고구려와 백제의 강건했던 위상, 고구려가 수(隋)와 당(唐)을 물리친 내력, 통일 신라 역량에도 불구하고 부여도독부와 안동도독부를 두고 지배하려 했던 당(唐)의 야욕, 발해와 당(唐)의 대립 등이 총체적으로 구성되었다. 비록 통일 신라 말 어지러운 상황이나 과거 진취적이고 도전적이었던 한(韓) 민족 역사를 외교 문서(편지)에 집약해 결코 무시할 수 없는 국가와 민족임을 부각했다.

또한 신검(견훤 맏아들)의 교서(敎書)는 아버지(견훤)를 축출한 후 스스로 왕이 된 상황을 알리고 죄인들의 석방과 감형을 선포한 글로 백성들이 따라야 할 왕명이다.

종합하면 본기에 서술된 당(唐) 설인귀의 편지와 문무왕의 답장과 같은 일종의 외교 문서들, 문무왕(보덕왕 안승과 누이동생 혼약)과 신문왕(김흠돌 반란)의 교서 등 역사적 인물들의 편지들은 전달자(지배층)의 뜻(의지)과 목적(정책)을 전하기 위한 공적 기능이 크나 기본적으로 매개적 기능과 대화적 관계가 전제되어 호소력이 증가될 수 있다. 때문에 사신들이 전한 문장(표문)들이 비록 규범적이나 외교적 실리와 친화를 위한 매개체로 중시되었다고 볼 수 있다.

바. 편찬자 논평의 주관적 의식

『삼국사기』 열전은 편찬자의 주관적 논평(총8편)이 서술되었다.

대부분 역사적 명장(총7명)이나 유일하게 포함된 은유적 인물(1명)은 효자이어서 충, 효 사상이 중시된 현황을 알 수 있다. 즉 복합 형식의 성각, 연대기 형식의 을지문덕, 장보고/정년, 김흠운, 석우로, 일대기 형식의 김유신, 궁예/견훤, 연개소문 등 신라와 고구려 전환기 공과에 따라 다양하게 구성되었다.

이미 편찬자의 역사관과 세계관(신라8편, 고구려7편, 백제6편)이 본기의 대표적인 왕조(시대)에 덧붙여 표출되었듯이 열전에서는 편찬자의 인간관과 세계관이 대표적인 인물에 덧붙여 표명되었다.

이들을 나라 별, 시대 순으로 정리하면 다음과 같다.[27]

인물 \ 구성방법	비교 대상	주관적 평가	근본 정신	인식 태도	본기 논평과 관계
석우로/아내	본기 업적	군정. 방책 뛰어난 명장이나 희언으로 죽음. 왜와 갈등에 아내 보복 비판	외교관계, 아내도리 (국/내외)	긍정적/부정적 관점	12대첨해이사금 논평: 석씨 왕조에 부정적 시각
김흠운/화랑	김대문의 화랑세기	화랑제도로 인재발탁, 호국 희생정신 높이 봄	화랑제도, 호국 희생 정신	긍정적 관점	(주관적 의논) 24대진흥왕, 김대문 화랑세기, 최치원 난랑비서문
김유신/을지문덕, 장보고	당(唐)이강의 충간, 현종의 도리	군신의 신의와 겸손함으로 공적 이룸, 상, 하층 모두의 지지는 사람됨이 달랐기 때문	군신관계, 호국 희생 정신	긍정적 관점 (+을지문덕, 장보고의 중국 기록 다행임)	X
성각/향덕	송기의 당서(唐書)	한유는 팔다리 상처낸 효행 비판. 김부식은 고루한 민중의 정성으로 인식 (당에 대한 정성 함축)	효행	부정적/긍정적 관점	35대경덕왕 논평:촉 피신한 당(唐)현종이 사신에게 준 시, 후대인(고려) 감회
장보고/정년	안록산 난에 곽분양과 임회 고대 주공과 소공 관계, 송기	경쟁관계였던 장보고와 정년의 인의지심이 나라 위기 구함	군신관계, 호국 정신, 무사심	긍정적/부정적 관점	45대신무왕 논평: 왕권 쟁탈 사실 기록, 춘추(春秋) 뜻
견훤/궁예	신라 운수 다함 한(漢), 당(唐)개국, 고려 개국	궁예, 신라 왕자로 반란, 신하에게 축출/견훤, 신라 백성으로 반란, 아들들의 환란	군신 관계	부정적 관점 (모질고 악함)	56대경순왕 논평:삼국 기원, 군주론, 불교 폐해, 경순왕 귀부 칭찬
을지문덕/수(隋)장군	전하는말 (경전)	수(隋)대군 거의 혼자 힘으로 물리치고, 나라 지킨 기개 장함	군신 관계 호국 정신	긍정적 관점	X
연개소문	송(宋)신종과	연개소문 재능 있음, 모질	군신 관계	긍정/부정적	28대보장왕 논평:당(唐)태

27) 중심 인물은 열전에 명시된 석우로, 김흠운 등이나 실제 논평에서는 석우로와 아내, 김흠운과 화랑, 성각과 향덕, 견훤과 궁예, 연개소문과 후손들이 함께 논의되었다.

	왕개보 대화, 춘추(春秋)	고 사나워 대역 지음, 몸 보존 행운 /후손들 당 행적은 본국의 신의 저버린 것	바른 도, 신의 저버림	관점	종 책략 막은 안시성 성주 칭찬/당태종, 충언 듣지않아 위기봉착, 역사기록 안함/중국과 고구려 관계와 나라멸망 원인, 불화
/후손					

이상은 대체로 중국의 예를 들어 중심 인물들의 행적을 옹호 혹은 비판하면서 편찬자의 주관적 역사관, 세계관, 인간관을 함축했다.

당시 영웅적 업적을 이룬 김유신, 을지문덕 외 대부분이 공식적인 역사 관점(본기)과 원천적으로는 일맥상통하나 또 다른 관점이 있기 때문에 열전에 논했다고 볼 수 있다.

우선 시대적으로 신라 초기(석우로)/통일 과업(김흠운, 김유신)/통일 신라 태종무열왕계 쇠퇴기(성각, 향덕)/통일 신라 혼란기(장보고, 정년)/통일 신라 멸망(궁예, 견훤) 외에 고구려 쇠퇴기에 국제적 위상을 드높인 기개와 자주적 주체 정신(을지문덕, 연개소문) 등이 환기되었다.

그 중 신라는 석씨 왕조(10대내해이사금) 태자인 석우로의 희언으로 왜(倭)와의 갈등이 심화되었다. 따라서 그의 뛰어난 방책과 무력에도 불구하고 도리에 어긋난 말로 개인적 희생 뿐 아니라 국가적 위기(왜 침입)가 초래된 한계를 비판했다. 더욱이 그 아내의 보복으로 외교적 갈등이 격화되자 이들 내외의 말과 실천 행동이 어긋난 한계와 아내의 부덕(不德, 婦德)에 내재된 국내/외(말/행위, 婦德/不德/夫德) 균형 관계를 환기했다.

한편 김씨 내물왕계는 절정기(진흥왕) 발전 이후 다시 강성해진 백제의 영토 회복 의지로 인해 존망의 위기에 처했다. 이는 진골 왕조로 바뀐 결정적 요인이 되었다. 따라서 쇄신된 진골 왕조는 안으로는 상하 일체된 힘을 모으고 밖으로는 당(唐)과 힘을 모아 백제 멸망을 실현했다. 그 중심 인물이 김유신이었다.

이에 편찬자(논평)는 그의 업적이 임금과 신하의 바른 군신 관계(간사하고 아첨하는 이를 멀리하고, 충성스럽고 정직한 이를 가까이 하며, 덕 있고 어진 대신들을 믿고 공경하며 예로 다할 것)에서 실행되었다고 보았다. 아울러 장보고/정년(통일신라)과 을지문덕(고구려)의 행적이 중국 기록을 통해 알려진 다행스러움을 덧붙였으나 김유신과 함께 대표적 인물들임이 강조되었다.

한편 신라는 통일 후 유학 체제를 도입했으나 지배층과 중앙 귀족층의 근본 정신이 와해되면서 통일 정신도 흔들리기 시작했다.

특히 살을 벤 효행(향덕)이 "성각"에 거듭된 이유가 지배층의 도덕성 상실(불충)이 심화된 때문이나 덧붙인 당서(唐書)의 비판(한유)으로 시선을 분산했다. 곧 신라의 당(唐)에 대한 외교적 정성(본기, 열전) 때문에 살을 에는 백성들(효)의 시련이 가중된 현실과 더불어 지배층(충)의 각성이 환기되었다.

이어 장보고/정년은 과거 당(唐)에서 경쟁 관계였으나 귀국 후 왕권 쟁탈로 근본이 흔들린 나라 위기에 사심 없이 힘을 모은 인의지심(仁義之心)을 높이 보았다.

특히 편찬자는 본기(논평)에서 왕권 쟁탈 사실을 빠짐없이 기록한 이유가 후대에 그 잘, 잘못을 알려 잘한 것은 권장하고 잘못한 것은 경계하기 위해서였으며 이는 춘추(春秋)에서 비롯된 역사관임을 밝혔다. 결과적으로 중앙 권력층의 어지러운 현실이 적나라하게 투영되었음을 알 수 있다.

그 후 통일 신라는 왕권 회복과 사신(외교) 재개를 위한 지배층의 과소비(경문왕)가 재정 파탄(진성여왕)으로 이어지면서 백성들의 조세 부담이 가중되고 지방 세력이 발호하여 후삼국(궁예/견훤) 각축장이 되었다. 결국 편찬자(열전)는 신라 운수가 다하고 도의를 잃어 궁예와 견훤이 일어났으나 이들 또한 자신의 나라(통일신라, 후백제)를 배반했기 때문에 고려 개국을 막을 수 없었다고 보았다.

반면 본기(논평)에서는 신라 건국 신화 외에 고구려 건국 신화가 내포된 여신상(중국에 전해졌음)을 서두로 양국(신라, 고구려)[28]을 주시하며 시초의

---

28) 삼국 중 백제는 근본적으로 고구려에서 갈라진 나라로 보고 백제를 탈출한 "도미"부부가 고구려로 이입된 과정으로 고려 통합 의의까지 내포했다고 볼 수 있다.

왕 된 이의 도리, 중국과의 화친 관계, 삼국 통일(주체 정신) 위업에도 불구하고 불교 폐해29)와 지배층의 사치 때문에 패망했다고 보았다.

한편 고구려 인물로는 유례없는 대군으로 침입한 수(隋)를 뛰어난 방책으로 물리치고 나라를 지킨 을지문덕의 기개와 용맹성을 군자(君子)로 비유해 극찬했다. 때문에 김유신 논평에서도 그의 존재를 부각해 김유신과 버금가는 업적임을 환기했다.

이에 비해 연개소문(열전)은 당(唐)을 물리친 역사적 위업에도 불구하고 그 포악한 성품이 비판되었으나 열전에 덧붙인 "논평"은 연개소문의 재능을 부각하고 당(唐)을 도운 후손들의 행적이 비판되었다. 더욱이 본기(논평)에서는 보다 직설적으로 당(唐) 태종의 고구려 침입을 비판했다. 즉 당(唐) 태종이 크게 후회한 고구려 침입(요동전쟁)은 신하(방현령)의 충간(남는 바는 적고 잃는 것은 크다.)을 듣지 않았기 때문이라는 비판(크게 하기를 좋아하고 공세우기를 기뻐하여 군사들을 멀리 나아가게 했다.)과 함께 신, 구당서(唐書)와 통감에 숨긴 사실(태종이 주필산싸움에서 고구려와 말갈의 군사를 보고 두려워했다는 유공권의 소설)도 과감히 밝혔다. 바로 역사적, 공식적 입장에서 기휘된 사실이 주관적, 개인적 논평을 통해 직설되었다.

종합하면 편찬자 논평은 주관적 산문 형식이나 역사서에 기술된 정형적인 한계를 개방, 해체해 편찬자의 진실을 회복한 방법이었다.

결국 임금과 신하가 화합하고 백성들이 화목했을 때는 비록 큰 나라이더라도 빼앗을 수 없었으나 나라 지배층이 의롭지 못하고 어질지 못해 백성들

---

29) 흔히 김부식의 유학자적 입장에서 본 불교 비판이라고 생각하기 쉬우나 실제 불교 발전 과정과 의의가 본기에 다방면으로 상술되었을 뿐 아니라 보덕화상의 전기를 기술하는 등 당시 고려 사회의 중추적 인물로 불교 사상에 관심과 조예가 깊었다.
 실제 통일 신라는 유학 체제에도 불구하고 뿌리 깊은 불교 사상이 다방면으로 내재되었으며, 중기 이후 근본 정신을 잃고 왕권 쟁탈로 사회 갈등이 심화되자 말기(경문왕)에는 불교 회복을 통해 왕권을 강화하고 사회적 갈등을 통합하고자 했다. 따라서 말기 혼란상과 더불어 나타난 사상적 변화와 한계(유교의 한계 외에 구산선문 등 불교 종파와 미륵사상, 대중 불교로서 고유신앙과 연계된 밀교 등)를 총괄적으로 비판했다고 볼 수 있다.

의 원망이 일어났을 때는 나라가 무너지고 백성들이 흩어졌다. "하늘의 도움과 지형의 유리한 상황도 인심이 화합하는 것만 못하다."는 맹자의 말과 같이 인심이 이반된 결말은 나라마다 크게 다르지 않다는 의식이 다각도로 역설되었다.30)

3. 다양한 지론·국가관·외교관·정신문화 의식

열전의 인물들은 각각의 한계를 극복하고 존재 의의와 도덕적 가치를 실현하기 위한 다양한 신념과 지론 등이 발현되고 실천되었다.

특히 고대 삼국의 정치 체제가 강화되고 확장됨에 따라 이들의 호국 의지와 자주적 주체 정신도 강화되었으며 문화 의식도 고양되었다. 따라서 내용면에 구체화된 이들의 국가관, 외교관, 정신문화 의식 등은 그 바탕이 된 민족 고유 의식을 비롯해 불교, 유교, 도교 등 사상적 변화와도 밀접하게 연계되었다.

다시 말해 총체적 체계에 구축된 이들의 복잡한 관계 상황을 해석하기 앞서 열전의 다양한 문장 양식을 일별했듯이 역사적, 실증적으로 지시된 구성 요소들을 다각도로 해체하여 구성된 50여 명의 세계-내-존재의 윤곽을 대략 가늠할 필요가 있다.

이를 위해 우선 무사들(총 33명, 66%, 약 2/3)과 기타 인물들(총 17명, 34%, 약 1/3)로 나누고, 다양한 계층들로 구성된 무사들은 다시 단편 삽화 형식과 복합 형식(총 20명, 2/5) 그리고 연대기 형식과 일대기 형식(총 13명, 약 1/4)의 인물들로 나누어 볼 수 있다.31)

---

30) 이우경(편역), 『새로운 삼국사기』①신라·통일신라 편, 한국문화사, 2007, 508면.
 김유신이 백제를 칠 때 왕에게 말하기를 "백제가 도의가 없어 그 죄가 걸(桀)과 주(紂)보다 심합니다. 진실로 하늘의 도리를 따르고 백성들을 불쌍히 여겨 그 죄를 쳐야할 때입니다."라고 했다. 이는 태조 왕건이 궁예 대신 즉위할 때도 유사했다.

가. 단편 삽화 형식과 복합 형식의 무사들

인명 \ 지론	군신론 군주론	충, 효, 절, 의	호국희생 외교관계	신념	배경 사상	사회상황	인생론	공/사 관계	고사 (경서)	용병술 (책략)	인물 특징
거도		O	O(호국)	병합의지		이웃변경근심				마숙놀이	(은유)
물계자	O	O	O(호국)	지사론	신선 사상	공적무시불만	은둔	지배층 사심		몸잊고 목숨바침	(은유)
이사부		O	O			백제, 고구려와 대결, 승리		거도/이사부 연계		마숙놀이 목우사자 양국 틈	신라명장 군주
거칠부		O	O	원대한 뜻, 유람	혜량 법사, 불교	고구려 죽령 부근함락/ 국사편찬		신라/고구려 불교+		고구려 탐문	신라명장 문무겸비
사다함		O	O(호국)	화랑정신 신의		가야 함락		충/벗+		급습	신라화랑
귀산		O	O	세속오계	원광 법사	백제 침입, 신라 승리		충/벗+ 불교		임전무퇴	신라무사
해론		O 충, 효	O	부자저항		백제 침입, 지배층 한계		충/효+		의리, 죽음	신라무사
눌최		O	O	저항, 송백		백제 침입, 지배층 한계		주/종 신의+		지조, 의리, 죽음	신라무사
죽죽		O 충절	O (호국)	저항, 대나무		백제 침입, 백제약속파기, 지배층한계		충/동료+		굽힐 수 없음, 죽음	신라무사
설계두			O 당, 용병	존재회복		골품제도/당의고구려침입	영달	신라/당연합		희생	신라무사
비령자		O 충절	O (호국)	존재회복 저항, 송백		백제 침입, 패배, 승리	존재 의의	상사/부하, 아들, 종+		지기(知己) 위해 죽기각오	김유신 부하
관창		O 충효	O (호국)	충, 효 화랑정신		백제 침입, 승리		신라/백제 정서+		임전무퇴, 기개, 용맹	신라화랑
필부		O 충절	O (호국)	저항		고구려 침입 내분, 위기				죽기각오	신라무사
열기	O 군주론 군신론	O	O(호국)	벼슬녹봉 공평(김유신 론)		당(唐)의 고구려 침입, 군량 수송				보기감 사명의식	김유신 부하
소나		O	O(X) 자주적주 체정신	자주국방, 장부론		백제, 당(唐) 의 신라 침입		충/효 부자, 아내		장부로 죽음	신라무사

---

31) 이들은 우선 무사들과 기타 인물들로 나뉘었으며, 다시 시대와 나라별로 나누어 총 11항목을 대략 비교했다. 그 중 기본적인 호국 충절과 군신 관계 등 3 항목은 해당된 인물(O)들을 총괄적으로 구분했으나 나라(호국)를 위해(O) 혹은 중국, 왜 등과 저항(X)한 주체정신 등이 표시되었다. 그 외 역사적 실존 인물과 대비된 은유적 인물은 "(은유)"로 표시되었다.

취도		O	O(X) 호국, 자주적주체정신	보국	불도, 유학	백제 침입 통일 과업 고구려회복군 진압		삼형제 /아내		백제, 당, 고구려 저항	(은유) 신라무사
김영윤		O	O (호국)	자율성, 장부론	유학	통일 과업 고구려회복군		삼대 충/효	예기	임전무퇴	명장후예 (은유)
밀우 /뉴유	O 군주론 군신론	O 충, 의	O(X) (호국, 자주적 주체성)	헛된죽음 보다 계책필요		위(魏) 침입, 위기 극복				거짓항복, 위(魏) 장수죽임	고구려 무사
계백	O 군신	O	O(X) 호국, 저항	저항, 보국		나당 대결, 패망	인간 가치	공/사병치, 가족희생	춘추, 월왕	임전무퇴 죽기각오	백제명장
흑치상지	O 군신	O	O(X) 당 회유, 참언	저항/ 회유		나당의 백제침입, 저항		당/백제인, 공/사구분 한계		임전무퇴 당 이주, 부하사랑	백제명장

이상 단편 삽화 형식과 복합 형식의 무사들(총20명, 40%)은 대체로 삼국 초기 인물부터 통일 과업 전, 후 호국 희생 정신을 실천한 무사들이다.

곧 각국의 초, 중 전환기를 대표한 신라(총17명), 백제(총2명), 고구려(총1명) 인물들로 신라 초기 거도(탈해왕), 물계자(내해이사금), 고구려 초기 "밀우/뉴유"(동천왕, 조분이사금)를 비롯해 이사부, 거칠부, 사다함(진흥왕)/귀산, 해론, 눌최, 죽죽, 설계두, 비령자(성골말기)/관창, 백제의 계백, 필부, 열기, 백제의 흑치상지, 소나(태종무열왕-문무왕)/취도(부과, 핍실), 김영윤(신문왕) 등이다.

특히 본기에 명시된 역사적 인물(총15명)과 명시되지 않은 인물들(총5명)의 근본 신념(의리 없이 구차하게 살기보다 의롭게 죽기)은 대체로 신라 화랑 정신(사다함, 관창)에서 비롯되었으나 백제 명장들(계백, 흑치상지)과 고구려 무사들(밀우/뉴유)의 호국 희생정신도 이와 크게 다르지 않았다.

이들의 언행에 내포된 국가관, 세계관, 사상관 등은 대략 다음과 같다.

① 지사(志士)론:
일찍이 신라 지배층(왕손과 내해이사금)의 사심(私心)으로 물계자의 전공이

무시되었다. 그러나 그는 "공적을 자랑하고 이름을 구하는 것은 의로움을 위해 마음을 다한 이(지사)가 할 일이 아니다."라고 했다.

그리고 나라 위기에 목숨을 바치지 않은 자신이 부끄러워 은둔했으나 더불어 지배층(군왕)의 한계(군신관계)도 역설되었다.

② 군주론과 군신론:

대체로 서술 분량이 적은 단편 삽화 형식과 복합 형식의 일반 무사들(이사부, 거칠부, 사다함, 계백, 흑치상지 제외)은 전쟁 현장에 있었기 때문에 군신 관계가 직접적으로 표현되기 어렵다. 그럼에도 이들이 실천한 호국 희생적 충절 또한 근본적으로는 군신 관계에서 비롯되었다.

그 중 김유신을 통해 "열기"에 표명된 바른 군신 관계는 벼슬의 "공평함"이었다. 곧 당(唐) 소정방에게 양식을 운반한 열기의 공적을 높이 본 김유신의 지론(벼슬과 녹봉은 공평한 기물로 그 공적에 사심 없이 보답해야 한다.)에 따라 열기의 벼슬이 높아졌다. 결국 물계자의 공적이 무시된 석씨 왕조는 김씨 왕조로 전환되었으나 공평함과 충언이 중시된 문무왕조는 통일 신라로 거듭났다.

한편 고구려 동천왕은 위(魏)의 침입으로 위기에 처했을 때 호국 희생정신으로 왕을 지킨 밀우를 현장에서 되찾아 살리고 뉴유의 계책을 받아들여 위기를 극복했다. 곧 외세 침입으로 나라가 크게 위축되었으나 신의로 일체된 군신 관계는 나라를 구하고 백성들의 호응도 얻었다.

③ 호국 희생정신:

찬덕(해론아버지)이 백제의 침입으로 성이 함락될 위기에 처했을 때 충원된 중앙군(진평왕)은 "의리 없이" 회군했다. 반면 찬덕과 해론은 성을 지키기 위해 대를 이어 전사했다. 그 후 눌최의 위기에도 중앙군이 구원을 포기하고 물러나 피해가 컸으나 힘세고 활 잘 쏜다고 사람들이 우려한 그의 종은 눌최와 생사를 같이 했다.

또한 죽죽은 "추운 겨울에도 시들지 않고 꺾일 수 없다"는 이름의 의미를 되새기며 결코 살기 위해 항복하지 않을 것을 표명했다. 한편 비령자(김유신 부하)는 "위로는 나라를 위하고 아래로는 자신의 마음을 알아준 이를 위해 죽을 것"을 결심하고 앞장섰다. 이어 그 아들과 종이 뒤따라 전사한 후 군사들이 분격해 승리했다. 당시 "추운 겨울이 된 후에야 소나무와 잣나무가 견딘 굳은 절조를 알게 된다."는 김유신의 지론이 무사들의 일관된 신념이 되었다.

이어 필부는 "충신과 의로운 이는 죽어도 굽히지 않는다."는 절의(節義)를 역설했으며, 취도는 승려였으나 불법(본성을 찾거나 도의 쓰임새를 일으키기)보다 "나라에 몸 바쳐 보답하는 의로움"을 택해 형(부과)과 아우(핍실)의 마음을 북돋았다. 결국 진골 왕조(태종무열왕)의 쇄신된 정책과 더불어 상층과 화랑들(관창)이 솔선수범 실천한 호국 희생정신과 일체된 무사들(필부, 소나, 취도, 김영윤)의 호국 충의로 통일 과업이 완수되었다.

반면 계백과 흑치상지는 비록 패망한 백제 명장이나 자신의 나라를 지키기 위한 호국 희생정신은 신라 명장과 크게 다르지 않았다. 그 중 계백은 "살아서 욕을 당하느니 흔쾌히 죽는 것이 낫다."는 신념을, 흑치상지(백제회복군)는 신라에 맞서 "싸우다 죽을지언정 살아서 항복하지 않을 것"을 맹세했는데 당시 김유신이 유일하게 물리치지 못한 저항 세력이었다.

끝으로 고구려의 밀우/뉴유 중 밀우는 위(魏)의 침입으로 왕이 위기에 처했을 때 왕의 곁을 끝까지 지키고 막았으며, 뉴유는 형세가 위급했으나 "헛되이 죽을 수 없어" 최후의 계책으로 위(魏) 장수를 죽이고 자신도 전사했다.

종합하면 호국 "절의"를 실천하기 위해 죽음을 마다하지 않은 이들 무사들의 호국 희생정신과 일체된 힘은 자주 국방의 중요성과 더불어 인간 존재 의의를 각성한 계기가 되었다.

④ 세속오계:

　귀산 등은 당시 정신적 지존이던 원광법사의 다섯 가지 계율–임금을 충성으로 섬기고/어버이를 효도로 섬기며/벗을 믿음으로 사귀고/싸움에 임해 물러나지 않으며/그 외 산 것을 죽일 때 가림이 있어야 함–이 그들 행동의 정신적 바탕이 되었다.

　당시 위기에 처한 아버지를 구하고 벗과 함께 백제를 크게 물리쳐 충, 효, 신의와 임전무퇴를 실천한 귀산을 통해 화랑들의 호국 희생정신이 호국 불교 사상과 유교적 도리에서 구축되었음을 환기했다.

⑤ 장부(丈夫)론:

　소나는 아버지(심나)의 백제 침입(선덕왕)부터 자신이 대응한 말갈(당) 침입(문무왕)까지 신라 통일 과업 전, 후 역사가 집약된 인물로 "장부는 싸움터에서 죽어야 한다."는 평소 지론이 아내를 통해 표명되었다. 곧 통일 신라는 그러한 "충의"로 세상을 구한 결과였다.

　한편 김영윤은 조부(흠순, 진평왕–태종무열왕)의 통일 과업과 아버지(반굴, 태종무열왕)의 호국 희생정신으로 통일 신라(신문왕)를 맞았으나 다시 고구려 회복군과 대결하게 되었다. 이때 대부분 적(고구려회복군)이 피로해지기를 기다렸으나 김영윤은 "장부(丈夫)란 스스로 결정할 바이지 어찌 여러 사람의 뜻을 반드시 따라야 하겠는가."라고 하며 앞장 서 나아가 희생되었다.

　과거 급박하고 치열했던 통일 과업 중 실천된 "장부론(소나)"과 일맥상통하나 통일 후 변화된 자율적, 주체적 선택 의지는 유교적 바탕(예기)임이 함축되었다.

⑥ 호국 주체정신:

　신라 아달성 태수가 일제히 "삼(마)을 심도록" 한 사이 말갈(당)이 노약자만 남은 성(신라)을 침입했는데 이들을 향해 "죽기를 두려워하지 않고 저항한" 소나는 통일 과업의 마지막 희생자이다.

곧 식용, 약용, 사료, 섬유의 원료가 된 삼을 심기로 한 행위는 통일 과업으로 피폐된 현실(노약자)에서 강력한 외세(당)와 맞서 이기기 위해서는 "주체적 힘(삼, 생명력)"을 길러야 한다는 의미가 함축되었다.

⑦ 외교 관계:

신라는 강력한 백제의 침입으로 존망의 위기에 처하자 당(唐)의 힘을 빌리기 위해 성골 말부터 적극적인 외교 정책을 펼쳤다.

곧 은유적 인물인 설계두가 신라 골품 제도의 한계를 탈피하기 위해 "중국에서 공적을 세우고 영화롭게 될" 꿈을 키웠듯이 국내외적 한계로 당(唐)은 새로운 대안이었으나 그 한계도 없지 않았다. 바로 나당(羅唐) 관계의 긍정적/부정적 의의가 은유적, 상징적 방법으로 환기되었다.

⑧ 불교 사상:

고구려(양원왕) 혜량 법사는 고구려를 엿본 거칠부를 인식한 관계로 신라(진흥왕)로 이주해 승통이 되었다.

일찍이 고구려(고국원왕)는 백제(근초고왕)에게 크게 패한 후 소수림왕(서기 371년-384년) 2년 진(秦)에서 불법(중 순도)을 최초로 받아들였다. 그리고 중 아도(왕 4년)는 이듬해(왕 5년) 초문사(순도), 이불란사(아도)를 창건해 사상적, 문화적 바탕을 세웠다.

이에 비해 신라는 눌지마립간(서기 417년-458년) 대 중 묵호자가 고구려에서 왔으나 굴방에 있었으며, 그 후 소지마립간 대에 들어온 아도는 묵호자와 비슷하다고 했다. 곧 법흥왕(왕 15년, 서기 528년) 대 불교를 처음 폈으나 이미 고구려로부터 전해진 바였다. 특히 황룡사 건립(진흥왕 14년, 서기 553년)을 계기로 호국 영물인 "미르(용)"를 숭배한 토착 신앙이 불교와 융합되었으며, 고양된 문화 민족 의식과 더불어 왕권이 강화되고 사상적 통합을 이루었다.

결국 진(秦)에서 유입된 고구려(서기 372년), 진(晉)에서 온 인도 중 마라난 타를 통해 유입된 백제(침류왕 원년, 서기 384년), 고구려로부터 유입된 신라 (서기 417년-458년) 등 삼국 불교는 유입부터 발전 양상까지 달랐다.

⑨ 다양한 책략과 용병술:

무사들은 당시 나라를 지키고 자신의 신념과 존재 의의를 발현하기 위해 다양한 책략과 용병술을 활용했다.

우선 거도는 토착인(변경)의 연례 행사이며 공동체 의식인 "마숙놀이"로 두 나라를 병합했다. 곧 김씨 토착 세력의 전통적 놀이와 말달리기 경합이 병행된 일종의 "속이는" 전략이 이사부(지증왕, 서기 514년)까지 지속되었다. 또한 하슬라주 군주인 이사부(지증왕)는 어리석고 사나운 우산국 사람들을 나무로 만든 허수아비 사자(목우사자)로 위협했으며, 진흥왕 대는 고구려와 백제가 함락한 성을 양국이 피로해진 틈에 빼앗았다.

특히 거칠부는 승려로 고구려를 엿본 후 돌아와 연합한 백제가 평양을 친 사이 죽령 밖과 고현 안의 10군을 함락했다. 반면 사다함은 모든 군사들을 거느리고 뜻밖에 급습해 가야를 함락했다.

한편 백제와 백제회복군의 저항은 필사적이어서 계백은 과거 구천의 적은 군사(5천 명)가 오나라의 많은 군사(70만 명)를 물리쳤듯이 5천 명의 군사로 나라에 보답할 것을 역설했다. 이는 전쟁의 승패가 군사의 수보다 일체된 인심(김유신)과 용병술(설인귀)에 달렸다고 본 때문이다. 또한 김유신이 유일하게 이기지 못한 흑치상지는 지리적으로 험한 임존산에 의지해 무리들을 규합할 수 있었다.

결국 삼형제와 삼대에 걸쳐 수행된 삼국 통일(취도, 김영윤) 역량은 "죽기를 두려워하지 않고 나라에 몸 바친 희생정신"과 "예나 지금이나 나아감만 있고 물러남이 없는 군사들의 떳떳한 본분"(김영윤) 등 남녀노소 일체된 호국 희생정신과 주체적 의지(소나 부자, 부부)로 발현되었다. 따라서 안으로는 내분(죽죽, 필부)의 위험성이, 밖으로는 중국(위, 당)(밀우/뉴유, 흑치상지, 소나)을 물리칠 자주 국방력과 주체 정신이 환기되었다.

나. 연대기 형식과 일대기 형식의 무사들

인명\지론	군신론 군주론	충, 효, 절, 의	호국희생 외교관계	신념	배경 사상	사회 상황	인생론	공/사 관계	고사 (경서)	용병술 (책략)	인물 특징
석우로		O(X) 충, 의	O(X) 희언(외교 관계)	왜 무시, 주체성		박씨, 왜(倭)와 갈등		공/사한계 (+아내)		무력, 군사위로	내해왕 태자, 명장
설씨녀		O 충, 효	O(X) 당침입	신의, 희생정신		백제침입 당 침입	신의	공/사병치 (부부)		남녀일체	(은유)
김흠운		O	O	명예보다 실천행위, 솔선수범		백제침입	실천성	공/사구분		화랑정신	대왕사위, 화랑
김유신	O 군주론 군신론	O 충, 효, 의	O(X) 호국희생 정신, 자주적주 체정신, 당 침입	열사론, 장수론, 장부론	신선, 하늘, 절기도 비구니 (부인)	백제침입 /성골 한계, 당침입	생사, 복, 하늘뜻	공/사구분 적장수와 백성구분, 패한아들 목베기청함	속담 고사	무력, 기원, 솔선수범 행위 등 다양한 책략	금관가 야왕손, 신라 명장
김인문	O 군신론	O(X) 충효, 문무왕 대신 귀환	O(X) 호국, 외교관계 (당침입)	나당관계	유교, 불교, 노자, 장자	백제, 고구려, 당 침입, 삼국통일		공/사구분 나/당연합과 한계		외교술	명장 외교가 (문무 겸비)
녹진	O 군주론 군신론	O 충, 의	O 호국	벼슬공평 무사심		사회혼탁 병폐	무사심	공/사한계 지배층한계	옛정치, 공손홍, 조참	집 재목용도, 공평	신라 무사
김양	O 군주론 군신론	O(X) 충, 의	O(X)	주인위한 의리옹호		왕권 쟁탈	의리	공/사한계 지배층한계		지방세력 연합+	명장
장보고 /정년	O 군주론 군신론	O(X) 충, 의	O(X) 호국, 자주국방	신의, 주체성, 청해지킴		왕권 쟁탈	신의	공/사구분 지배층한계		중앙권력층 도움+	무사 (명장)
궁예	O(X) 군신론, 군주론	O(X) 충의	O(X) (호국)	고구려 회복	팔관회 미륵 정신, 불교	신라말기 혼란/정 체성혼란		공/사한계 지배층한계	은탕왕, 주무왕, 고려사 절요	신라, 견훤 과 대결, 태 조왕건 추대	후삼국 명장
견훤	O(X)	O(X)	O(X)	백제회복		신라말기		공/사한계지	조적,	왕건과대결	후삼

	군주론 군신론	충의	(호국)		혼란/ 아들불화	배충한계	한금호, 걸왕, 주왕, 고려사 절요	/왕건에게 귀의	명장
온달	O 군주론 군신론	O 충의	O(X) 호국, 중국과 자주국방	한마음공 존/영토 회복의지	생사 초월	평강왕 희언, 백성 굶주림	순환성	공/사병치 (부부) 지배층한계	옛사람, 국조신화	남녀일체, 국마키우기, 제천 의식재현	고구려 명장 (은유)
을지문덕	O 군주론 군신론	O 충의	O(X)	자주국방	노자	수(隋)침입, 승리	무욕	승리/피해	노자	거짓항복, 정탐, 승리	고구려 명장, 글 앎
연개소문	O(X) 군신론	O(X) 충의	O(X) 호국, 자주국방	호국, 영토회복 의지, 주체성	노자 도덕경 구함	당(唐) 침입, 아들내분	공/사한계지 배층한계	본기	무력, 자주국방, 내분한계	고구려 명장

이상 신라(총10명), 고구려(총3명) 대표적 명장들(총13명, 26%, 약1/4)의 역사적 호국 충절 위업과 지배 계층과 연계된 다양한 상황이 연대기 형식과 일대기 형식으로 서술되었다.

대부분이 역사적 인물(총11명/은유적인물:2명)로 구성된 이들은 시대적으로 통일 과업 전(삼국), 후(통일신라) 상황이 총체적으로 대비된 가운데 삼국(백제, 고구려, 신라) 흥망성쇠와 연계된 호국 희생적 신념 외에 군주론과 군신 관계의 중요성이 역설되었다.

그 중 신라 중반기 명장 석우로는 나라를 지킨 업적에도 불구하고 왜왕에 대한 희롱으로 왜(倭)와의 갈등이 심화되었으며, 고구려 은유적 인물인 온달(백성)은 지배층(평강왕)의 희언으로 평강공주와 결합했으나 온달의 영토 회복의 꿈은 일단 돌아가게(순환) 되었다. 곧 을지문덕과 연개소문의 기개와 자주적 역량에도 불구하고 고구려는 외세(중국, 신라)와 내분(연개소문 아들들)으로 패망했다.

한편 신라는 김흠운의 화랑정신, 김유신의 영웅적 위업, 김인문의 외교적 성과에 힘입어 통일 신라로 거듭났으나 태종무열왕계(설씨녀) 통일 역량에도 불구하고 그 한계 또한 피할 수 없었다. 특히 녹진이 우려한 권력층의 병폐는 김양과 장보고/정년의 연합으로 일단락되었으나 도덕성 상실로 말기 상황(궁예, 견훤)이 초래되었다.

결국 합일, 조화된 힘은 통일(통합)의 원동력이 된 반면 내분(분열)은 나라 패망의 결정적 요인이어서 임금의 도리와 바른 군신 관계가 거듭 강조되었다.

이들에 내포된 국가관, 세계관, 사상관 등은 대략 다음과 같다.

① 삼국 외교 관계:

삼국은 각국의 정치 상황에 따라 주변국(가야포함)은 물론 왜, 중국과 다양한 외교 관계를 유지했다.

그 중 백제(근초고왕)에 패한 고구려(고국원왕)는 그 후 고국양왕이 신라(내물이사금)와 화친 관계를 청했으며, 신라는 실성을 인질로 보냈다. 이어 광개토왕의 침입으로 수세에 몰린 백제(아신왕)는 왜(倭)와 화친하고 태자(전지)를 일본에 보냈다. 때문에 왜(倭)와 백제가 신라(내물이사금)를 크게 침입했을 때는 고구려(광개토왕)가 신라를 도와 물리쳤다.

특히 신라는 건국 초(남해차차웅, 탈해이사금)부터 왜(倭)의 침입이 번번해서 석우로(내해이사금 태자)가 왜(倭) 사신에게 표현한 희언은 일찍부터 지속된 갈등 관계가 내포되었다. 그러나 왜(倭)와의 관계는 그 후 절정에 이르렀다.

한편 위협적인 고구려(장수왕)에 대응하기 위해 백제와 신라가 다시 연합했으며, 신라(진흥왕)에 빼앗긴 영토 회복을 위해서는 고구려와 백제가 연합해 신라를 집중 공격 했다.

또한 중국과의 관계는 고구려가 건국 초 한(漢)과 대립한 후 화친이 없지 않았으나 점점 갈등이 심화되었다. 이에 비해 백제는 강력했던 근초고왕(왕 27년, 서기 3721년) 대 진(晉)과, 신라는 법흥왕(왕 8년, 서기 521년) 대 양(梁)과의 관계를 시작으로 북제, 진(陳), 수(隋), 당(唐) 등과 화친했다.

그러나 진평왕 말기부터 영토 회복을 도모한 백제와 고구려의 침입에 대응하기 위해 신라는 수(隋), 당(唐)에 구원을 청했다. 그리고 김춘추와 김인문의 외교적 업적으로 나당(羅唐) 관계가 수립되었다. 특히 당(唐)에서 숙위한 김인문이 신라 현황과 전략적 편의를 당(唐)에 전하고 당(唐) 황제의 계획과 호응 방법 등을 신라에 전해 통일 과업에 크게 기여했다. 그러나 나당(羅唐) 연합은 양국의 목적이 달라서 결렬되고 대립된 과정에서 신라의 주체 정신이 회복되었다.

② 군주론과 군신 관계:

대표적인 명장들은 대부분 지배층과 군신 관계가 형성된 때문에 군주론이 표명되었다. 곧 정치적 전환기에 나타난 위기 극복을 위해 지배층의 각성이 요구되었다.

그 중 고구려 "온달"은 평강공주가 부왕(평강왕)의 희언을 비판하고 왕 된 이의 신의(말의 기능)를 환기했다. 나아가 온달(시정의 백성)과 평강왕의 군신 관계가 평강공주(지배층)의 출궁(쇄신의지)과 결합 의지(지배층과 피지배층의 소통과 화합)로 회복되었으나 온달(고구려)의 영토 회복 의지는 그의 죽음(패망)으로 인해 고구려인들의 염원(순환)이 되었다.

한편 김유신은 고구려 간자에게 왕이 "위로는 하늘의 뜻을 어기지 않고 아래로는 백성들의 인심을 잃지 않았음"을 강조해 임금의 도리가 간접적으로 역설되었다. 그러나 나당(羅唐) 대결 직전에는 "밝으신 임금께서 주저하지 않고 등용해주시고 의심하지 않고 맡기신 때문에 아주 작은 공적을 이룰 수 있었습니다. 간절히 바라오니 공을 이루는 것이 쉽지 않다는 것을 아시고, 이룬 공적 또한 지키기 어렵다는 것도 생각해주십시오. 그리하여 소인들을 멀리하시고 군자를 가까이 하시어 위로는 조정의 정치를 화합되게 하시고 아래로는 백성들의 형편을 안정되게 하시어 환란이 일어나지 않게 하시면 나라의 기틀과 업적이 무궁할 것입니다."라고 그 절박한 상황(개인, 국가)을 사실적 은유로 충간했다. 이는 편찬자 논평(김유신)[32]에서 당(唐)의 이강이 헌종에게 한 말과 같아서 아무리 반복, 강조해도 지나치지 않는 근본 원리이기도 했다.

　그럼에도 통일 신라는 중반부터 빈번해진 왕권 쟁탈(헌덕왕, 헌창)로 근본 정신이 상실 되었다. 때문에 녹진이 군신 관계를 집 짓는 재목(큰 것은 대들보와 기둥을 삼고 작은 것은 서까래로 쓰며, 눕힐 것과 세울 것을 각기 제자리에 알맞게 써야 비로소 큰 집이 이루어진다.)에 비유했다.

　당시 녹진의 지론(벼슬은 재능에 따라 주어져야 한다.)은 김유신의 지론(벼슬은 공평한 기물, 군주론)과 같아서 지배층의 가능성(문무왕)과 병폐(충공의 심장, 헌덕왕)가 비교되었다. 곧 "임금이 바르면 신하도 바르다."는 태자(흥덕왕)의 말로 군신론과 군주론을 대변했다.

　끝으로 통일 신라 말 궁예는 일찍이 신라 왕실에서 소외(왕권쟁탈)된 인물로 시초에는 사졸과 고락을 함께 하며 주고 빼앗는 것이 공평하고 사사롭지 않아 장군(궁예)이 되었으나 점점 전권을 행사하며 야기된 정체성 혼란으로 부하인 태조 왕건이 추대되었다. 당시 혁명을 거부한 왕건에게 "예로부터 어둡고 어리석은 임금을 내치고 밝은 임금을 세우는 일은 천하의 큰 의리이어서, 어진 이가 어질지 못한 이를 치는 것 또한 하늘의 명(거울의 고시)이 돌아간 것"이라고 했다. 반면 통일 신라 말 지배층의 도덕성 상실(기강 해이, 사치, 뇌물 등)과 재정 파탄으로 백성들의 혼란이 가중된 때 후백제를 표방하며 지방 세력을 대표한 견훤은 아들들의 내분으로 왕건에게 귀의한 후 정체성 혼란으로 멸망했다. 곧 지배층(왕)의 도덕성 상실과 내분은 나라 멸망의 큰 요인이었다.

　③ **지사론:**
　김흠운은 통일 과업을 이끈 문노파 화랑에 속한 귀한 신분(왕 사위)이어서

---

32) "간사하고 아첨하는 이를 멀리하시고 충성스럽고 정직한 이를 가까이 하며, 대신들과 더불어 말씀하실 때는 공경하고 믿으시어 덕 없는 이들이 참여하지 못하게 하시고 어진 이들과 더불어 교류하실 때는 친근히 하되 예의 있게 하시어 어리석은 이가 참여하지 못하게 하십시오."라고 했다.

시종인이 백제와 맞서기를 만류했다. 그러나 "대장부가 이미 나라에 몸 바쳤으니 사람들이 알아주거나 모르거나 한가지이다. 어찌 감히 명예를 구하겠는가."라고 하며 앞장 서 나아가 따르는 이들의 귀감이 되었다.

곧 화랑정신에서 비롯된 그의 호국 희생정신은 공적을 자랑하고 이름을 구하기보다 의로움을 행한 물계자의 지사 정신과 일맥상통하며 김영윤, 소나의 장부론과도 연계된다.

④ 열사론:

김유신은 고구려에 구원을 청한 김춘추가 돌아오지 않자 "위기에 처했을 때 목숨을 바치고 어려움에 처했을 때 몸을 잊는 것이 지조 있는 이(열사)"라고 했다. 이는 물계자의 신하된 도리와 같은 입장이며 지사론과도 연계된다.

또한 고구려를 포위한 당(唐) 소정방의 군사가 양식이 수송되지 않는 위기에 처했을 때 모두들 적의 경계에 깊이 들어가기 어렵다고 했으나 김유신은 "죽어도 피할 수 없는 나라 일에 충절을 다하기"를 청했다. 곧 위기에 처한 소정방 군사를 위해 몸을 잊은 열사의 호국 희생정신은 그의 신하된 도리이기도 했다.

⑤ 대의 명분과 호국 희생정신:

김유신은 백제의 침입이 거듭되자 집에 갈 틈이 없었다. 때문에 가족들이 문 밖에서 그가 지나는 모습을 보고자 했으나 돌아보지 않고 가져온 숭늉 맛으로 집안의 무고함을 느꼈다. 이로 인해 일반 군사들도 부자, 형제들과의 이별을 한스러워하지 않았다.

곧 개인의 사사로움보다 나라 위한 대의를 우선시한 김유신, 김인문 등은 백제 멸망 후 소정방이 김유신, 김인문, 양도에게 식읍을 제안했으나 거절하고 오히려 나라 방비에 힘썼다. 또한 김유신은 당(唐)과의 싸움에 패하고 돌아온 아들(원술)의 목을 베기를 청했다. 이는 헌창의 반란을 진압한 녹진(벼슬사양)의 태도(무사심)와도 통한다.

한편 고구려 온달을 비롯해 을지문덕과 연개소문도 자신의 나라를 지키기 위한 호국 희생정신은 신라 명장과 다르지 않았다. 곧 온달과 연개소문은 신라에 빼앗긴 영토 회복을 위해 호국 희생정신으로 저항했는데 거대한 외세(수, 당)로부터 고구려를 지키고 그 위상을 만방에 떨친 을지문덕과 연개소문의 자주 국방 기개와 주체 의식은 민족적 역량이었다.

⑥ 인의(仁義) 정신:

김유신은 비담의 반란을 두려워 한 선덕여왕에게 덕스러움은 요망한 것을 이긴다고 했다. 아울러 하늘과 사람의 이치에 따라 착한 이를 좋게 하고 악한 이를 미워하여 그 신령스러움을 부끄럽게 하지 않기를 기원했다.

말하자면 주술적 행위임에도 인간의 도덕적 가치에 기준을 둔 입장은 일찍이 난승노인을 통해 터득한 "의로움"에서 비롯되었다. 곧 유교 도덕 이전 이미 하늘 숭배 사상 같은 고유 사상에 배태된 근원 정신이었다.

한편 김양은 흰백이 그 주인을 위해 자신에게 대항한 의로움을 높이 보았는데 이는 그의 왕권 쟁탈이 신무왕을 위한 의로운 행위임도 함축되었다. 또한 편찬자는 장보고가 중국인의 종이 되는 우리 백성들을 지킨 의로움 외에 장보고/정년이 비록 경쟁 관계였으나 나라 위기를 극복하기 위해 인의(仁義)의 마음으로 합세한 행위 등을 높이 보았다.

결국 충, 효, 의 등 나라를 지키기 위한 근본 정신은 고유 사상부터 유학까지 인간의 근본 도리에서 비롯되었는데 문장가 강수는 그 실천성을 보다 중시했다.

⑦ 장수론:

김유신은 고구려 출병 중 풍병으로 머문 대신 흠순(동생)과 김인문(외조카)에게 장수론을 설파했다.

곧 "장수가 된 이는 나라를 지키는 방패와 성곽이며, 임금을 호위하는 발톱과 어금니 같은 무사가 되어야 한다. 또한 위로는 하늘의 도리를 깨닫고 아래로는 땅의 이치를 알아야 하며 그 중심은 사람의 마음을 얻은 후에야 공적을 이룰 수 있다. 특히 우리의 곧은 생각으로 그릇된 이들을 치므로 반드시 뜻을 이룰 것이다."라고 했다.

이는 당(唐) 고종이 고구려 멸망에 공적이 큰 김인문에게 내린 조서(마치 손톱과 어금니같이 적을 막고 임금을 호위하는 중요한 장수이다.)와도 유사한데 맹자(하늘의 도움과 지형의 유리한 상황도 인심이 화합하는 것만 못하다.)의 가르침과 군주의 도리(하늘, 땅, 사람) 등이 복합되었다.

⑧ **대장부론:**
원술(김유신아들)이 당(唐)과의 싸움(석문의 들)에서 "구차하게 살 수 없다."는 호국 희생정신으로 임했으나 보좌관(담릉)이 "대장부는 죽는 것이 어려운 것이 아니고 죽을 곳에서 죽는 것이 더 어렵다."고 하며 말렸다. 곧 죽어서도 이룰 것이 없다면 살아서 공적을 도모하는 것만 못하다는 말에 패하고 돌아왔으나 부모에게 외면당했다. 비록 그 후 공적(매소천성, 매초성)을 세웠으나 평생 벼슬하지 않았다.

이는 과거 근랑(문식파화랑)의 무리였던 검군(관료)의 죽음을 비판한 군자의 말(죽을 곳이 아닌 곳에서 죽었으니 태산같이 중한 목숨을 새털보다 가볍게 여겼다.)과 비교되나 싸움터에서 죽어야 할 무사(무사파화랑)들의 장부론(소나)이 통일 과업 전(백제와의 대결, 김흠운), 후(당과의 대결, 원술) 다양하게 표출되었음을 알 수 있다.

⑨ **신라 통일 정신:**
은유적 인물인 설씨녀와 젊은 가실은 진평왕 대 결혼을 언약한 평범한 남녀이나 신라 통일 과업이 복합, 함축되었다.

곧 설씨녀(선덕여왕)는 노쇠한 아버지(진평왕)의 병역(호국의지)을 대신한 젊은 가실(김춘추)과 거울(신표, 역사적거울)을 쪼개 결혼(성골+진골)을 약속했으며, 가실은 천하에 좋은 그의 말(김유신의 무력)을 설씨녀에게 맡기고 떠났다.
그 후 이들의 결합(통일과업)은 나라의 변고로 지연되었으나 설씨녀(신라, 영토)는 "약속을 어기려는" 아버지(당)의 뜻(침입, 시집보내기)을 완강히 거부(저항)하고 "굶주림과 추위를 견디며 쓰린 고생"을 대신(태종무열왕계 통일과업)한 가실(호국 희생정신)을 믿고 기다렸다.
비약하면 진평왕 이후 선덕여왕(딸), 진덕여왕(조카딸)을 도운 김춘추(김유신)의 통일 과업이 나라의 변고(문무왕즉위, 당침입)로 6대(진평왕–신문왕)에 걸쳐 지속된 동안 "몸과 뼈가 마르고 쇠약해져 집안 사람들(국내 현황)이 알아보지 못할 정도"였으나 마침내 혼인(삼국 통일)하고 백년해로(태종무열왕–혜공왕) 했다. 곧 김흠운과 같은 무사파 화랑들(관창)의 호국 희생정신과 명장들(김유신, 김인문)의 호국 충절과 일반 무사들(열기, 소나 외)의 한결같은 호국 희생정신에 결집된 민족(남녀노소) 공동체적 역량이었다.

⑩ 호국 주체정신:

고구려는 일찍이 한(漢)과의 갈등으로 인해 자주 국방력과 주체 정신이 강화되었다.
곧 을지문덕이 수(隋) 대군을 물리친 역사적 위업은 광개토왕, 장수왕의 역량과 기개를 이은 호국 주체적 역량이었다. 이어 당(唐) 태종과의 대결은 심화된 양국 관계 외에 치열해진 삼국 관계가 복합되어 보다 복잡했다. 과거 네 번의 수(隋) 침입(영양왕)을 겪은 후 등극한 영류왕은 같은 해 즉위한 당(唐) 고조와 함께 양국의 피해를 의식하고 화친 관계에 힘썼다. 그러나 당(唐) 태종이 고구려 허실을 엿보는 사이 고구려(영류왕) 또한 장성을 쌓아 방비했다.
그 후 장성을 감독한 연개소문이 당(唐)과 유화적이던 영류왕을 해치고 보장왕을 세우자 그 불충을 이유로 고구려를 견제하던 당(唐)이 백제와 고구려의 침입을 호소한 신라를 돕는다는 핑계로 고구려를 치기 시작했다. 결국 자주적 주체 정신으로 당(唐)을 물리친 연개소문의 영웅적 업적을 알 수 있다.

한편 건국 시초부터 왜(倭)와의 갈등이 잦았던 신라는 석우로(첨해왕)의 희언으로 외교적 갈등이 심화되었으나 이면에는 왜군을 물리친 석우로(조분왕 4년, 서기 233년)의 자주적 주체 정신도 내포되었다. 그럼에도 부주의한 언행 이후 잦아진 왜의 침입 때문에 유례이사금(석씨)이 백제와 합해 왜(倭)를 치려했으나 서불한 홍권의 만류(신라는 수전에 약하고 백제는 신라를 병합할 뜻이 있음)로 중지되었다.

또한 백제 침입에 저항하기 위해 시도된 중국(당)과의 외교 관계(김인문)였으나 불의(소정방)에 저항한 김유신의 호국 주체 정신(본기, 열전)과 문무왕의 자주 국방 의식 등이 새롭게 정립 되었다.

결국 통일 과업은 외교 관계의 중요성과 자주적 주체 정신이 고취되었으나 통일 후 나당 외교 관계는 나라 발전을 위한 긍정적 측면 외에 예의와 명분에 치우친 한계도 적지 않았다. 그럼에도 청해에서 신라(흥덕왕) 백성들을 빼앗아 종으로 삼는 중국의 횡포를 막고 해상 교역 중심지로 개방한 장보고의 호국 주체정신은 보다 실질적으로 하층민(백성)을 보호한 의의가 적지 않다.

⑪ **고구려 건국 정신과 회복 정신:**

은유적 인물인 고구려 온달은 평강왕(지배층)의 한계(희롱/불신)를 비판하고 출궁한 평강공주(유화후예/쇄신된 지배층)의 청(옛 사람이 한말의 곡식도 찧을만하고 한자의 베도 꿰맬만하다고 했습니다. 진실로 한 마음이 될 수 있다면 어찌 반드시 귀하게 된 후에야 함께 할 수 있겠습니까.)으로 결혼(지배층과 피지배층의 소통과 화합)한 후 변모된 인물이다.[33]

---

33) 이우경, 『한국 산문의 형식과 실제』, 집문당, 2004, 159-163면.

특히 건국 정신(야원국마 기르기, 제천행사) 회복으로 군신 관계(온달)와 본질적 혈연 관계(평강공주와 평강왕)가 회복되었으나 신라에 빼앗긴 영토 회복 의지(마목현과 죽령)는 온달의 전사(고구려 멸망)로 돌아가게(순환) 되었다.

말하자면 동명성왕(활 잘 쏘는 주몽)의 기개와 건국 정신(유화의 신화적 의미, 평강공주)이 총체적으로 함축된 온달(밝은 땅, 재생, 보름달)의 영토 회복 의지는 을지문덕, 연개소문을 통해 유지, 발현되었으나 고구려 멸망으로 일단락되었다. 그럼에도 유화의 초월적 기능(생/사관장)과 교감된 고구려 회복 정신이 통일 신라 역사 과정 속에서 보다 구체화되었다.

⑫ 민족 고유 사상과 유학 등 중국 제가 사상:

역사적 명장들의 행적은 대체로 유학의 충, 효 사상이 그 바탕이라고 단정하기 쉬우나 그에 앞서 민족 고유 사상과 중국 제가들의 사상도 내재되었다.

곧 김인문(태종무열왕 차남)이 어려서 유가의 책을 많이 읽었으나 장자, 노자, 불교에 관한 글들도 두루 살폈다.

그 외 고구려 을지문덕이 우중문에게 보낸 시(신령스러운 책략은 천체의 현상들을 통달했고/ 기묘한 계책은 땅의 이치를 다 알았도다./ 싸움에 이긴 공적 이미 훌륭하니/ 만족함을 알아 그만 두기 바라노라.)34)는 노자 사상(만족함을 알면 욕되지 않고 그칠 줄 알면 위태롭지 않다.)과 연계된다. 이는 당(唐) 태종에게 고구려 침입을 만류한 방현령의 충간35)이기도 해서 대체로 지배욕을 경계(警戒)할 때 활용되었다. 특히 영토 회복 의지가 절정에 이른 연개소문이 보장왕에게 도교(도덕경) 구하기를 청한 점도 중국의 영향임을 짐작할 수 있다.

한편 은유적 인물인 온달은 평원왕 전, 후 역사 상황을 중심으로 고구려

---

34) 이우경(편역), 『새로운 삼국사기』②고구려·백제 편, 한국문화사, 2007, 287면.
35) 고구려 고국원왕(왕 39년, 서기 369년)이 백제 근초고왕(왕 24년, 서기 369년)을 침입했을 때 태자(근구수왕)가 이들을 크게 이기고 뒤쫓자 이를 말린 장군 막고해의 말이기도 하다.

건국 정신부터 패망 그리고 고구려 회복 정신까지 광범위한 시, 공간이 포괄되었다. 특히 온달의 생/사를 관장한 평강공주는 지상에서 초월적 세계와 교감한 중개자로 원시 자연 종교인 무(巫)의 기능이 내재되었는데 평범한 온달(백성)의 영웅적 변화(평강공주의 출궁/산에서 만난 온달/마음 합일/국마 키우기로 건국 정신 회복/제천 의식/왕의 사위로 지배층 이입/고구려 영토 회복 정신/죽음과 고구려 회복 정신)는 역사 의식과 함께 신성성과 초월적 의미가 내포되었다.

결국 고구려 평원왕 전(건국정신), 후(고구려 회복정신) 역사 상황과 통일 신라 전(삼국시대), 후(통일신라와 고려) 상황이 총체적으로 구성된 온달 부부(마음 합일)의 정신적 의의는 민족 고유의 종교 의식(무의 기능, 제천의식)을 비롯해 불교(생/사 순환), 유교(군신, 도의 정진), 도교(초탈) 사상 등이 혼융, 개방되었으며 아울러 신화적 원형 의식도 함축되었다.

이에 비해 신라 명장인 김유신은 일찍이 "의로움(난승노인)"을 바탕으로 "충, 효 의식과 함께 옷깃과 벼리가 될 것을 다짐(낭비성)"한 이래 영웅적 통일 과업 이후 호국신으로 신격화[36]되었다. 곧 민족 고유 신앙과 신선 사상에서 비롯된 그의 사상적 바탕은 그 후 불교 사상(절에서 기원)과 실천적 유학 사상 등이 혼융되었으며, 사 후에는 도교(초탈) 사상과 신화적 원형 의식(가야 수로왕 후손)도 함축되었다.

즉 고대 사회는 금기, 주술 등과 연계된 민족 고유의 원시 종교가 천지(天地), 일월(日月), 성신(星辰), 풍우(風雨), 암석(巖石), 산천(山川), 동식물(動植物) 등을 경외하고 신격화했다. 그 중 하늘 숭배 사상은 단군(제사장, 주재자) 이래 민족 고유의 초월적 하느님(생명신) 의식에서 비롯되었는데 밝음(태양)을 의미한 원형 의식은 고구려, 신라, 가야의 건국 신화를 비롯해 각국의 제천 의식에서도 볼 수 있다.

---

36) 이범교(편역), 『삼국유사의 종합적 해석』 상, 민족사, 2005, 350-356면.
　　문무왕과 김유신은 사후 호국 신으로 인식되었다.

그러나 김유신의 영웅적 행적(충, 효)에 복합된 민족 고유 의식이 유교적 도리 실천에 비해 허황되게 인식된 면도 없지 않았다. 특히 그의 "탄생(신이성)/영웅적 행적(불교, 유교)/죽음(신성성)"에 투영된 다양한 정신 문화 의식이 실제 나라를 지키기 위해 다양하게 혼융되어 마치 영웅담처럼 이해된 경향도 없지 않았다.

특히 신선 사상은 물질계 밖 초연한 가상적 존재가 진인(眞人) 혹은 신통한 신인(神人)으로 불리는 이상적 인물로 의식되면서 도가와 연계되었는데 소위 신선은 가장 이상적이고 숭고한 인간을 의미한 완전체이다. 따라서 유교적 수양과 처세술로 명문 귀인이 된 인물과는 반대되는 개념이다. 곧 유학이 제왕을 중심으로 통치자(지배자)의 사상이라고 한다면 도가는 민중 사상이다.37)

한편 김유신은 별이 나타난 태몽 후 성인(18세)이 되었을 때 다시 별빛(보검)을 영험하며 죽음 직전에도 별이 보였다. 곧 "탄생/성인/(시련기)/죽음/(신격화)" 등 생애 전환기마다 나타난 별의 징후는 천체와 교감되어 일종의 신화적 의미가 함축되었으나 당시 자연 기후와 천체에 대한 인식은 역사 기록(삼국사기 본기)에 상술될 정도로 중요시된 관점이며 일상화된 관찰이었다. 말하자면 하늘 숭배 사상과 더불어 우주 천체(과학정신)의 변화는 경외로운 현상인 동시에 농경 시대 사회 경제 구조와 밀접하게 연계된 인간 삶의 객관적인 판단 기준이기도 했다. 결국 그의 종교적 의식과 자연 과학적 경이로움과 경험적 자연 현상 그리고 농경 사회 현실이 융합된 우주관은 과거 금관가야(구지봉) 왕손(주재자)의 제천 의식에서부터 비롯되었다고 할 수 있다.

곧 김유신은 17세 때 난승 노인과의 만남부터 비담의 반란, 김춘추와의 만남, 고구려의 북한산성 침입, 고구려를 포위한 소정방에게 양식 수송 등

---

37) 박성의, 『한국 문학 배경연구』 상, 이우출판사, 1972년.

중대한 전환기(시련기)마다 하늘에 기도(난승노인)하거나 하늘의 운수(김춘추, 김유신)로 생각했다. 또한 절에 나아가 기도하고 하늘의 변화(고구려 물리침)를 기대하며 신령스러운 바위굴에서 생환(양식 수송)을 확신했다. 그럼에도 신선 의식이 내포된 난승 노인과 약속한 "의로움"을 실천한 김유신은 비록 축문(비담 반란), 절에서의 기도(침입한 고구려군), 북과 북채(고구려의 군사) 등 주술적 행위로 악을 없애고자 했으나 고대로부터 전승된 믿음(길흉화복이 악신에 의해 좌우된다.)에 매이기보다 의식 변화를 위한 실천적(허수아비 연날리기)이고 실리적인 책략(적군의 심리동요)과 수단(의로움 환기, 군사독려)으로 활용했다. 이는 물새의 부정적 징조(백제 은상침입)를 거부(괴이한 일 아니다.)하고 실제적인 책략(적군의 불안유발)으로 역이용한 점에서도 알 수 있다. 말하자면 인간 한계를 극복하기 위해 하늘의 도움을 구했으나 고정적 관습에 매이기보다 민족 고유의 자연 종교 사상, 불교 사상, 유학 사상이 다각도로 활용되었다.

 이는 고대 중국의 하늘 숭배 사상과 공자의 하늘 숭배 사상을 통해 보다 구체적으로 이해할 수 있다. 우선 하늘은 근본적으로 인간이 행할 도덕과 예의의 근원이어서 공자도 덕(德)의 근원을 하늘에서 찾았으나 공자는 그 도덕의 중심인 인(仁)을 사람의 도(道)로 보았다.[38] 마찬가지로 김유신의 하늘 숭배 사상도 고유의 민간 신앙을 바탕으로 유교 도덕적인 하늘 숭배 사상과 융합되었다고도 할 수 있다.[39]

 특히 김유신의 호국 명장의 위업이 사후 민족의 수호신으로 추앙되면서 신화적 재생 의미도 포괄되었는데 이는 "신병(神兵)의 보호"가 내재된 신기(神氣, 神技)의 무력(武力)이 미추왕의 죽엽군[40]과도 연계되었다. 곧 과거 왜

---

[38] 앞 글, 362-376면.
 중국 제가(諸家)의 하늘 사상을 요약하면 공자는 주재(主宰)의 하늘, 운명의 하늘이며 맹자는 의리의 하늘, 주자는 이(理)의 하늘, 노장은 자연의 하늘로 보았다.
[39] 공자의 하늘 숭배 사상은 크게 주재신과 천명(天命)사상으로 나누고 천명사상은 운명적/정치적/도덕적 천명사상으로 나누어진다.

(倭)의 침입이 극심했던 혼란기(유례이사금)에 미추왕의 음덕(초월적 주재자)으로 이서국의 침입을 극복한 의의는 김씨 시조의 신화적 위상과 김씨(내물왕계) 왕조의 현실적 번영이 복합되었으나 악을 물리친 천신, 산신, 부족신, 조상신, 영웅신과 같은 고대 무(巫, 제사장)의 기능도 내포되었다. 따라서 김유신 무덤의 회오리 바람이 미추왕 능과 교감하고 미추왕이 그의 호국적 기능을 재신임함으로써 김유신의 신화적 위상도 보다 상승되었다. 말하자면 삼국 통일을 주도한 그의 영웅적 무술(武術)을 길이 영험하고, 국가 위기를 그의 무술(巫術)적 음덕을 통해 극복하고자 한 후대인들의 정신적 대상이라고 할 수 있다.

결론적으로 김유신은 인간 최고의 영웅적 행적(충, 효)을 실천한 진인(眞人)으로서 유가(군신)와 도가(백성)적 의의가 융합된 화랑이기 때문에 불교와 유가(하늘의 도)와 고유의 자연 종교 사상(하늘 숭배, 巫)이 총체적으로 함축, 개방된 민족의 수호신이 될 수 있었다.

⑬ 불교 사상:

명장(지배계층)들의 호국 위업은 대체로 유교적 도리(충, 효)에서 비롯된 듯하나 통일 과업 전, 후의 정신적 바탕은 실제 호국 불교에서 비롯되었다. 특히 백제 멸망 후 백제회복군과의 대치는 보다 치열했다. 그 때 고구려의 북한산성 침입까지 겹쳐 한계를 의식한 김유신(열전)이 절에서 기도한 결과 천둥과 비가 내렸다(본기에서는 동타천이 하늘에 정성껏 고했다). 곧 인간 한계와 위기를 극복하고 안정시키기 위해 원시 종교 사상과 불교 사상이 혼융된 사상관, 우주관을 볼 수 있다. 또한 김유신 사후 부인이 비구니가 된 상황은 인간 삶과 죽음에 대한 제행무상 의식 등 당시 불교 의식을 짐작할 수 있다.

---

40) 이범교(역해), 『삼국유사의 종합적 해석』 상, 민족사, 2005, 214-219면.

Ⅱ. 문장 구성 요소와 세계-내-존재 윤곽 305

한편 미륵사상(궁예)은 미래 세상에 석가모니 뒤를 이어 하생한 미륵불이 중생을 구원한다는 미래불(未來佛) 사상이다.41) 이는 대체로 사회 혼란기나 전환기에 성행했다. 따라서 후삼국 혼란기에 새로운 세상을 열망한 민중에 부응하기 위해 궁예가 그 이상 세계를 열어줄 미륵불임을 자처했다고 볼 수 있다. 곧 미륵불이 신라에 현신 성도(現身成道) 한다는 신라인의 현실 정토 사상도 짐작할 수 있다.

⑭ 다양한 책략과 용병술:

삼국을 대표한 명장들의 호국 위업은 남다른 책략이 다양하게 수행되었다.

그 중 고구려 온달은 평강왕의 희언으로 평강공주와 결혼한 후 병들고 야윈 국마를 키워 사냥으로 두각을 나타냈다. 곧 제천 행사에서 고구려 동명성왕의 후예임이 재현되었다.

또한 고구려 명장인 을지문덕의 책략은 우선 침입한 수(隋) 대군의 허실을 엿본 후 굶주린 기색을 탐지하고 매번 싸우다 패하기를 반복해 평양성 가까이로 유인했다. 그리고 거짓 항복하여 이들이 방진으로 후퇴할 때 네 방면으로 몰아쳐 승리했다. 반면 연개소문은 보다 치열했던 당(唐)과의 대립 사실(보장왕 4년-21년, 서기 645년-662년)이 생략(열전)된 대신 본기를 참고하도록 지시되었다. 그러나 본기는 당(唐) 태종(보장왕 4년-7년)의 관점이어서 고구려 책략보다 당(唐)의 책략이 상술되었다.

그럼에도 대결 상황을 간추리면 침입 초기(왕 4년3월)에는 고구려 성읍이 놀라 대개 성문을 닫고 지켰다. 이어 보장왕(5월)이 국내성 보병과 기병 4만 명으로 요동을 구했으나 다시 당(唐)의 포위가 위급해지자 무(巫)인이 꾸민 부인신으로 성을 지키고자 하면서도 당(唐)의 포거(대포쏘는 수레)를 막기 위해 나무 다락을 만들고 밧줄로 얽어놓았다. 그러나 당(唐)이 충차로 성 위

---

41) 앞글, 하, 162-165면.

담과 집을 짓찧어 부수고 남풍을 이용해 다락을 불태운 결과 1만 명이 죽고 남녀 4만 명이 잡혀갔다.

그 후 안시성의 고연수(북부욕살)와 고혜진(남부욕살)이 고구려와 말갈군사 15만 명으로 대항하려 하자 고정의(대로)가 "당(唐) 태종은 안으로 뭇 영웅을 없애고 밖으로는 오랑캐를 굴복시켜 황제가 되었으니 일세에 뛰어난 분이다. 특히 전국 군사들을 거느리고 왔으니 군사를 진영에 두고 오래 버티면서 양식 수송 길을 끊어야 한다. 양식이 다하면 싸울 수가 없으며 돌아가려 해도 길이 없으니 이길 수 있다."고 했다. 그러나 고연수가 이를 듣지 않아 당(唐) 태종의 거짓 달아남에 속았다. 특히 "강한 신하가 임금을 해친 죄를 묻고자 왔다가 식량이 공급되지 않아 몇 성을 빼앗았으나 신하의 예를 닦기를 기다려 되돌려주겠다."는 말에 방비하지 않았다. 당시 천둥과 번개가 쳤음에도 설인귀 군과 싸워 3만 명이 죽고 패하자 3만6천8백 여 명을 거느리고 항복했다.

한편 안시성은 성안 사람들이 당(唐) 깃발을 보고 북을 치고 고함을 질렀으나 당(唐)은 60일 동안 50만 명의 공력으로 흙산을 쌓아 성안을 내려다보았다. 그러나 마침 이들이 방심한 사이 도리어 성안 사람들이 흙산을 빼앗아 지켰다. 결국 추위가 다가와 당(唐)이 물러났으나 양국의 사람과 말이 많이 희생되었다.

그 후에도 당(唐)은 백제, 고구려, 말갈의 침입을 당한 신라를 돕는다는 명목으로 다시 고구려 침입(왕 14년)을 재개해 왕 21년(서기 662년)까지 연개소문과 대결했다. 당시 당(唐)의 이군구(왕 20년, 서기 661년)는 "이들을 정벌하는 것이 정벌하지 않은 것만 못하며, 이들을 멸망시키는 것은 멸망시키지 않는 것만 못하다."고 했으나 그 해 8월 소정방이 평양을 포위했다. 이에 연개소문(9월)은 아들인 남생에게 압록강을 지켜 군사들을 막도록 했으나 물이 얼자 설필하력이 북치고 함성을 지르며 전진했다. 이에 고구려 군사들이 흩어져 남생은 단신으로 돌아왔다. 반면 그 이듬해(왕 21년)는 연개소문이 방효태 군사들을 전멸시켰으며, 소정방도 큰 눈이 내려 물러났다.

결국 당(唐)은 속임수, 불 지르기, 무기(포거, 충차), 사회 교란 등 다양한 책략으로 임한 반면 고구려는 고유 신앙인 무(巫)의 비법과 함께 나무 다락 등을 만들고 험한 산과 강을 활용했으며 바람, 천둥, 번개, 추위, 큰 눈 등 자연 기후에 의존했다. 그럼에도 강력한 대군들을 물리친 이유는 성곽과 다양한 무기가 활용되고 말타기와 활쏘기가 능한 명장들의 뛰어난 책략 때문이었다고 볼 수 있다.42)

이에 비해 신라(석우로) 명장은 침입한 왜(倭)군에게 바람을 타고 불을 놓아 군함을 불태웠다. 그러나 왜(倭) 왕과 왕비를 희롱한 때문에 왜(倭)군이 그를 불태워 보복했다.

한편 은유적 인물인 "설씨녀"에 집약된 진골 왕조는 쇄신된 정책 외에 지배층(김흠운)이 호국 희생정신을 앞장 서 실천함으로써 화랑과 백성들의 일체된 호국 의지를 북돋웠다. 특히 통일 과업의 최고 수훈자인 김유신은 열사론과 의로움을 바탕으로 다양한 책략과 용병술을 시도했다.

우선 대의를 위해 공/사가 구분(선덕왕 13년)되었다. 또한 위기 상황에서 고정 관념적인 길흉 의식(비담반란)에 한정되기보다 적합한 책략과 용병술(비령자)로 군사들의 호국 의지를 북돋웠다. 특히 전쟁에 이기고 지는 것은 군사가 많고 적은 것보다 인심에 달렸기 때문에 무엇보다 신의와 화합을 중시했다.

특히 백제 은상(진덕왕 2년)과의 대결은 "물새"에 내포된 부정적 인식보다 성벽을 굳게 지키고 적의 의심과 두려움을 소문(후원군)으로 증폭시킨 후 일시에 쳐 승리했다. 또한 조미압(백제 종이 된 신라인) 등을 통해 백제 지배층과 소통했으며, 나아가 나당(羅唐) 연합군 중 누구보다 앞장 서 백제를 물리쳤으나 소정방의 계략에는 주체 정신으로 맞섰다.

더욱이 백제 회복군의 치열한 저항 속에 당한 고구려의 침입을 절의 기도(천둥, 비)로 물리친 듯 하나 고구려 간자에게 알린 바와 같이 실제로는 임금

---

42) 고병익, 「고구려 문화사」, 『논장신서』 8, 사회과학출판사, 1988.

의 도(道)와 백성들의 일체된 호국 희생정신에서 비롯되었다. 따라서 고구려 정벌 도중 백제 회복군과 대결한 사이 당(唐) 소정방의 군사가 양식이 차단된 위기에도 먼저 나라 일에 충성을 다할 것을 맹세하고 두려워한 군사들보다 앞서 승선하고 고구려와 백제와의 관계를 설파해 단결력을 고취했다. 결국 강추위와 적의 출현을 무릅쓰고 양식을 전했으며, 돌아올 때는 북과 북채(악귀물리친 주술)를 소꼬리에 매달고 불로 연기를 지피면서 뒤쫓던 고구려 군을 쇠뇌로 막아 물리쳤다.

그리고 김유신(70세)이 벼슬에서 물러난 후에는 현장에서 터득한 경험들을 말(지론)과 충간으로 자문(당군의 책략은 헤아릴 수 없으니 장수와 군사들은 각기 적을 막기에 편리한 요새들을 지키는 것이 옳다.)했다.

다. 기타 인물들의 존재 의의와 내포된 시대 정신

인명 \ 지론	군신론군주론	충, 효, 절, 의	호국희생 외교관계	신념	배경 사상	사회 상황	인생론	공/사 관계	고사 (경서)	행적 (책략)	인물 특징
박제상	O 군주론군신론	O 충, 의	O(X) 호국/ 외교	내물왕형제찾기, 왕권확립, 건국정신재현	신의	김씨내물 왕계초기		공/사 구분 한계		외교 수행	외교가
백결선생				거문고로 희, 노, 비, 불평 표현	생사부귀 하늘 뜻	이웃 곡식방아/ 부부가난	낙천적	공/사 병치,	영계기	방아 타령	(은유) 음악가
솔거				신화(神畵), 자연의 생기	불교	새 모임/ 단청, 본성 잃음	세월, 자연성	공/사 병치,		황룡사 벽화	(은유) 화가
김후직	O 군주론군신론	O(X) 충의 /무시	O 호국	신하도리 충간	유학, 노자, 생사초월	진평왕, 충간거부	근원 정신	공/사 병치	옛임금 노자, 상서	충간	병부령 관료
검군		O(X) 의로움/ 불의	O(X) 호국/ 기능약화	의리 지킴, 장부론	화랑 정신	굶주림, 사회부패	장부	공/사 전도		장부/한계	(은유) 관료
실혜	O 군주론군신론	O(X) 충의 /참언	O(X) 호국/ 축출	의로움	절의	불의, 참언	신의	공/사 병치	굴원, 이사	의로움/ 한계, 장가	(은유) 관료
강수	O 군주론군신론	O 충, 의	O(X) 호국, 외교연합/ 대립	도리 실천	고유신앙, 유학, 불교	통일과업 전후 과도기	도덕 실천	공/사 병치, 부모, 부부	중국 고대 성인, 옛말	외교 표문	문장가

Ⅱ. 문장 구성 요소와 세계-내-존재 윤곽 309

설총	O 군주론군신론	O 우화적 충간	O 호국/외교	통일신라이념, 국내외균형적 공존관계	불교, 유학	통일신라 시초	균형적 공존	우화/사실	맹자, 풍당	우화	은유/사실, 문장가
김생			O(X) 통일신라 명/암	글씨 연마,	유학	태평성대	글씨 연마	공/사	왕희지	글씨	(은유) 명필가
향덕		O(X) 효행	O(X) 외교적 공/과	효행	효	경덕왕, 굶주림	효행	공/사 병치		다리살 베기	효자
성각	O 군주론군신론	O 효행		노쇠한 어머니봉양, 거사로 귀환	불교 유학	혜공왕	본분 충실	공/사 병치	향덕 고사, 한유	다리살 베기	(은유) 효자
효녀지은	O 군주론군신론	O(X) 효행/고통심화	O(X)당(唐)에 미담돌림	어머니봉양	효, 화랑정신	진성여왕 백성굶주림	근원 정신	공/사 병치 (모녀)		32세까지 효행	(은유) 효녀
최치원	O 군주론군신론	O(X) 충, 의/말기	O(X)당(唐)외교 말기혼란	당(唐)지식펴기, 개혁의지, 태조왕건인식	유학, 불교, 도교	통일신라 말기혼란	유람, 은둔	공/사 병치(벗)	당서, 편지	시무10 조, 한계	문장가
명림답부	O 군주론군신론	O 충간	O(X) 호국, 주체성	호국, 충간	충	한(漢) 침입	근원 정신			군사수 적음, 지킬것	고구려 국상
을파소	O 군주론군신론	O 충의	O 국내정비	정치교화밝힘, 상벌신중	충	외척발호	변화 수용			인재 천거, 쇄신	고구려 국상
창조리	O 군주론군신론	O(X) 충간/불신	O(X) 호국, 주체성	호국, 충간	충	모용씨 침입, 국내외 위기	근원 정신			고노자 추천, 막음	고구려 국상
도미	O 군주론 군신론	O(X) 절의/불신	O(X) 저항정신	도미부인 절개 지키기	절의, 하늘 사상	개루왕	근원정신회복	공/사 병치, (부부)		속이기 축출, 도망	(은유) 백제인

이상의 인물들(외교가, 예인, 관료, 문장가, 효자, 효녀)은 무사들의 존재 방식과 근본적으로 다르나 다양한 언행으로 불합리한 가치관과 시대적 한계 등을 환기하며 자신의 존재 의의를 발현한 인물들(총17명, 34%, 약1/3)이다.

우선 서술 방식은 일대기 형식(최치원), 연대기 형식(박제상, 강수, 설총), 복합 형식(도미, 검군, 성각, 효녀지은), 단편 삽화 형식(명림답부, 을파소, 창조리, 백결선생, 솔거, 김후직, 실혜, 김생, 향덕) 등 고르게 분포되었으나 비교적 단순해 보이는 복합 형식과 단편 삽화 형식이 대부분(약 2/3)이다.

또한 백제(총1명), 고구려(총3명), 신라(+통일신라, 총13명) 인물들이 망라되었으며, 본기에 명시된 인물(총8명)과 은유적 인물(총9명) 등도 고르게 구성되었다. 따라서 관료(총6명), 효자와 효녀(총3명), 문장가(총3명), 예인(총3명), 외교가(총1명), 일반 백성(총1명) 등 구성원들도 다양해서 사전(史傳)적 존재부터 사전(私傳)적 기능까지 포괄되었다.

시대적으로는 명림답부(신대왕, 아달라이사금), 을파소(고국천왕, 벌휴이사금), 창조리(봉상왕, 점해이사금-기림이사금3년)/ 박제상(눌지마립간, 장수왕)/ 도미(개로왕, 장수왕, 자비마립간18년)/ 백결선생(자비마립간, 장수왕)/ 솔거(진흥왕-진평왕-말기)/ 김후직(진평왕), 검군(진평왕), 실혜(진평왕)/ **강수**(태종무열왕-신문왕), 설총(신문왕), 김생(성덕왕-원성왕), 향덕(경덕왕), 성각(혜공왕-원성왕)/ 효녀지은(경문왕-진성여왕), 최치원(진성여왕-경명왕) 등으로 나뉘어 통일 과업 과도적 인물인 강수(문장가)를 중심으로 삼국 초기부터 통일 신라 말기까지 포괄되었다.

그 중 고구려 관료들(명림답부, 을파소, 창조리)은 중국에 저항하며 나라를 지킨 국상(國相)들로 군주의 도리와 군신 관계를 중시했음에도 나라와 백성을 위해 왕을 물리친 한계(명림답부, 창조리)도 있다. 반면 백제 백성들(도미부부)은 의롭고 절개가 있으나 지배층의 불신과 야욕으로 나라를 등지고 지배층과 유리된 과정이 총체적으로 역설되었다. 이에 비해 신라 인물들은 통일 과업에 문장으로 기여한 강수를 중심으로 김씨 내물왕계 확립(박제상, 백결선생)부터 진흥왕 대 발전상과 이후의 한계(솔거), 성골 왕조의 한계(김후직, 검군, 실혜), 통일 신라 태평성대 명암(설총, 김생), 태종무열왕계 통일 정신의 한계(향덕), 태종무열왕계 지배층의 한계(성각), 통일 신라 말기 시련과 고통(효녀지은, 최치원)까지 집약되었다.

이들에 내포된 국가관, 세계관, 사상관 등은 대략 다음과 같다.

① 군주론과 군신 관계:

고구려 명림답부는 한(漢)을 물리친 충신이나 이에 앞서 포악한 차대왕 대신 신대왕을 세워 나라의 근본을 회복하고 백성을 안정시켰다. 또한 을파소는 정치를 교화하고 외척의 권력 남용을 막기 위해 고국천왕이 구한 인재로 벼슬이 사랑하는 이에게 주어지고 지위가 덕행으로 오르지 않은 부조리를 개혁했다. 말하자면 벼슬이 공평하게 주어지는 것이 "정치와 교화를 밝히고 상과 벌을 신중히 하는" 구체적 방안이었다. 이는 물계자, 김유신, 녹진의 지론과도 같다.

한편 연(燕)의 침입을 막은 창조리(고구려국상)는 서리와 우박으로 백성들이 굶주린 때 봉상왕이 궁궐을 사치스럽게 수리하자 "대왕은 진실로 하늘을 두려워하고 백성들을 염려하면서 수양하고 반성할 때이나 굶주린 이들을 몰아 토목공사로 고단하게 하시니 백성들의 부모 된 뜻과 어긋나 있습니다. 더욱이 이웃에는 강하고 굳센 적들이 있어서 만약 지친 틈을 타고 쳐들어오면 나라와 백성들은 어찌 되겠습니까."라고 충간했다. 특히 "임금이 백성을 근심하여 구하지 않으면 어짊(仁:인)이 아니며, 신하가 임금에게 바르게 간(諫)하지 않으면 충성(忠誠)이 아닙니다,"라고 하여 임금과 신하의 도리를 밝혔다.

이에 비해 백제 도미는 은유적 인물로 개루왕(개로왕)과의 관계가 함축, 개방되었다. 곧 개로왕(근개루왕)이 고구려와 화친 관계인 위(魏)에 사신(본기)을 보내 고구려 치기를 청했으나 오히려 장수왕이 보낸 간자에게 속아 재정을 탕진하고 고구려에 크게 패한 상황이 투영되었다. 말하자면 고구려 간자에게 속아 나라가 초토화되고 백성들이 유리된 상황은 고구려 창조리(군주론)가 우려한 바였다. 결국 지배층의 불신과 횡포(어질지 못함)로 의롭고 절개 있는 도미부부(백성들)가 나라를 떠난 과정을 통해 왕 된 이의 도리(백성의 부모)가 역설되었다.

한편 신라 박제상은 실성왕에 의해 분산된 김씨 내물왕계 아들(복호, 눌지왕, 미사흔)을 고구려(복호)와 왜(미사흔)에서 구해 김씨 내물왕계 왕권을 강화한 수훈자이다. 곧 석씨에 이어 등극한 김씨 내물왕계는 초기 혼란을 극복한 눌지왕이 박씨(박제상, 박혁거세후손)와 연합하고 분산된 형제의 힘을 모은 대내외적 정책으로 왕권이 강화되었다.

이어 진평왕 대 김후직(병부령)은 전환기 위기가 왕된 이의 도리(군주론)와 바른 군신 관계로 회복될 수 있음을 직간했다. 곧 "옛 왕들은 좌우에 바른 사람을 두고 거리낌 없는 충간을 너그러이 받아들이고 힘써 부지런히 일해 어질고 바른 정치가 이루어졌다."고 충언했으나 사냥에 빠진 왕은 듣지 않았다.

또한 곧고 의로운 실혜가 동료의 참언으로 궁벽한 곳으로 축출된 사회상도 임금의 부덕(不德)에서 비롯되었다. 특히 아첨하는 신하가 임금을 흐리게 하여 충신이 배척된 상황은 옛날(굴원, 이사)부터 있었는데 진평왕도 그와 같았다.

한편 설총의 우화는 장부의 바른 말도 지켜야 하나 아름다운 여인도 얻으려는 신문왕을 통해 통일 왕조의 어려움이 비유되었다. 곧 "임금 된 이는 마음이 사악하고 아첨하는 이를 가까이 하지 않은 이가 드물었고, 바르고 곧은 이를 멀리하지 않은 이가 드물었기 때문에 맹자가 때를 만나지 못했고, 풍당이 낭중 벼슬에 잠기었다."는 장부의 말(김유신이 문무왕에게 소인을 멀리하고 군자를 가까이 하라는 충언과 같음)이 설총을 통해 환기되었다.

② 외교 관계:

신라는 삼성(三姓) 체제에서 김씨 내물왕계로 전환되었으나 초기부터 내부 갈등(내물왕/실성왕/눌지왕)과 주변국과의 관계(고구려, 왜)가 복합되어 불안정했다. 그러나 "굳세고, 용감하며, 지혜로운" 박제상의 외교술(말)과 실천 정신(호국 희생정신)으로 내물왕계 왕권이 강화되고 체제가 안정되었다.

이와 같이 신라는 위기마다 적절한 외교 관계로 그 대안을 모색했다.[43] 그 중 강수가 글(편지)로 중국과 고구려, 백제 양국에 신라의 뜻을 명백히

---

43) 이범교(역해), 『삼국유사의 종합적 해석』, 민족사, 2005, 233-237면, 내물이사금 44년 (399년, 광개토왕 8년) 왜의 대 침입을 고구려 광개토왕이 구원해 물리쳤다.

알렸기 때문에 당(唐)에 군사를 청하여 고구려와 백제를 평정할 수 있었다. 곧 김춘추(사신), 김인문(당 숙위, 말), 강수(외교 문서)의 외교적 업적이 통일 과업의 초석이 되었다.

그러나 통일 후 중국(당)과의 외교 관계(설총)는 신라 발전(김생)에 기여한 긍정적 측면도 적지 않았으나 갈수록 예의와 명분에 치우치면서 그 부정적 폐해(지배층의 사치와 과소비, 사신 조공을 위한 과도한 재정 소모, 피지배층의 공물 부담과 노역/향덕의 굶주림과 효녀지은의 가난)도 적지 않았다. 곧 신문왕 대 주체성 환기(설총)에도 불구하고 성덕왕 대 태평성대(김생) 명/암이 고려 사신(김생의 글씨)을 통해 우회적으로 역설되었다.

③ **자주적 주체정신:**

신라는 통일 과업 중 당(唐)과의 긍정적/부정적(연합/대결) 관계로 중국(외세)에 대한 주체 정신과 자주 국방 의식이 고취되었다.

특히 통일 초기는 그 중요성이 설총의 우화(화왕계)로 역설되었다. 곧 좋은 약으로 원기(자주 국방력, 주체사상회복)를 돋우고 독한 돌침으로 독(간섭, 폐해)을 없앨 것을 충간했다. 이는 신문왕(본기) 대 태종무열왕의 묘호가 당(唐) 태종 묘호와 같아서 고치도록 한 간섭과도 무관하지 않다.

반면 고구려는 일찍부터 중국(한)과 대결하면서 자주 국방력과 주체 정신이 보다 강화되었다. 따라서 명림답부의 충간(적들이 굶주리고 피곤해 돌아갈 때 뒤쫓아 칠 것)으로 한(漢)의 군사들을 크게 이겼으며, 창조리는 고노자(신성태수)를 천거해 강성한 모용외의 침입을 막았다.

이와 같은 호국 자주 의식과 주체적 저항 정신은 광개토왕(중국, 백제, 왜 대항)의 기개를 이은 을지문덕과 연개소문으로 이어져 수(隋) 대군과 당(唐)까지 물리칠 수 있었다.

④ 장부론:

은유적 인물인 검군은 근랑의 무리에서 행실을 닦은 관료로 의롭지 못한 행위보다 죽음을 택했다. 즉 검군은 "죽음이 두려워 여러 사람들이 죄를 받게 되는 것은 인정 상 차마 할 수 없었으며, 올바른 자신이 스스로 도망하는 것 또한 장부의 행동이 아니다."라고 생각했다.

그러나 군자는 "죽을 자리가 아닌 곳에서 죽었으니 태산 같이 중한 것을 새털보다 가볍게 여겼다."고 비판했다. 곧 장부는 군사와 대적하다 죽어야 한다는 소나(문무왕)의 호국 신념과 통일 후 고구려 회복군과 대결하기 위해 "스스로" 나아가 희생된 김영윤(예기, 신문왕)의 호국 신념과 비교된다.

⑤ 무위 자연 사상과 하늘 숭배 사상:

열전의 인물들은 천여 년의 역사 상황 동안 다양한 사상이 생성, 혼융되었으나 일찍이 민족 고유 신앙이 오랫동안 지속되었다.

그 중 백제의 도미가 축출된 후 홀로 남은 도미부인이 절개를 지키기 위해 도망하다 강에서 하늘을 보고 울부짖었다. 곧 "하늘" 숭배에 대한 고유 신앙과 더불어 인간 근원 정신이 환기되었다.

또한 신라(자비마립간) 동쪽 마을에 사는 가난한 백결 선생은 섣달 그믐 즈음 곡식이 없어 시름하는 아내에게 거문고로 방아 찧는 소리를 내 위로했다. 이때 "생사는 운수가 있고 부귀는 하늘에 달려서 그 오는 것을 막을 수 없고 가는 것을 뒤쫓을 수 없다."는 도가적 자연 주의 사상은 근본적으로 고대 하늘 숭배 사상과도 연계된다.[44]

한편 황룡사 벽화를 그린 솔거는 "황룡사"를 중심으로 구현된 불교 사상이 중심이다. 그러나 그 정신적, 민족적 통합(까마귀, 솔개, 제비 참새 등 모임)이 투영된 늙은 소나무 그림의 신화(神畵)적 생기는 신화(神話)적 통일 위업과 더불어 도가적 자연주의 사상도 혼융되었다.

---

44) 박성의, 『한국문학배경연구』 상, 이우출판사, 1972.

또한 김생(성덕왕)은 여든이 넘도록 글씨 쓰기를 쉬지 않아 영묘한 경지에 든 명필가이다. 곧 예인의 신필(神筆)의 경지는 성덕왕 이후 개화된 절정기 문화(유학)와 같으나 마치 신선(완전체)과 같은 경지는 당시 가난하고 미천한 예인들의 자연적 삶에 배태된 도가적 민중 의식도 함축되었다.
　종합하면 은유적 인물들에 포괄된 존재 의의는 정신적, 문화적 가치와 더불어 환기된 근원 정신이 유구한 고유 신앙을 바탕으로 변모, 생성, 혼융된 사상적 추이와 연계되었다.

⑥ 유학 사상:

　강수는 중국 성현(복희씨, 여와씨 신농씨, 고도 등)과 비교된 신라 최초의 유학자이다. 곧 통일 과업 과도기에 유입된 유학(효경, 곡례, 이아, 문선 등)은 인간 정신 회복(어리석은 인간이 사람답게 살기 위해)을 위해 그 실천 의지(조강지처, 빈천지교)가 중시되었다. 그러나 부모(고유신앙), 강수(유학), 아내(불법)를 통한 시대적, 정신적, 문화적, 사상적 변화와 차이에도 불구하고 그 공존성(부자, 부부관계)도 투영되었다.
　특히 유학 사상은 통일 후 방대해진 통일 신라의 정치적, 도덕적 규범이 되어 문장가들의 역할이 확대되었다. 곧 강수의 표문에 이어 설총의 경계(警戒), 본기에서 성덕왕(왕 10년)의 경계, 국서와 표문의 중요성(성덕왕 13년), 독서삼품(원성왕 4년) 등으로 확장되었다. 그럼에도 통일 신라 중반 이후 지배층의 충의와 신의가 와해되고 치열한 왕권 쟁탈로 초래된 말기 혼란상으로 인해 당대 최고 문장가였던 최치원의 재능이 쓰이지 못했다.

⑦ 불교 사상:

　삼국 시대 불교는 이미 아는 바와 같이 고구려 소수림왕 2년(서기 372년)[45]

---

45) 고구려는 이때 태학을 세워 자제들을 교육시켰다.

진(秦)의 부견이 중 순도를 고구려에 보내 시작되었다. 이어 백제는 침류왕 원년(서기 384년) 인도 중 마라난타가 진(晉)에서 와 이듬해 한산에 절을 짓고 시작되었다. 이에 비해 신라는 법흥왕 15년(서기 528년) 불교를 처음 폈으나 이미 눌지왕(서기 417년-458년) 대 중 묵호자가 고구려에서 왔다.

그 후 흥륜사(진흥왕 5년)와 황룡사가 완성(진흥왕 27년, 서기 566년)되었다. 따라서 사상적(토착신앙+불교) 통일과 불국토적 위상이 함축된 황룡사 벽화(솔거)는 진흥왕 대 번영과 고양된 문화 의식에서 비롯되었다. 곧 노송의 생생함에 새들이 모인 신화(神畵)적 의미는 신라가 문화 세계의 중심이며 보다 신성시된 왕권임이 함축되었다.

그러나 삼국 통일 후 유학이 도입되면서 민중 불교로 변화되었다. 곧 황룡사 벽화의 퇴색, 강수 부인의 내세 기원, 최치원이 말년에 유람한 공간(청량사, 쌍계사, 해인사 등) 등에서 그 변화를 볼 수 있다.

⑧ 다양한 책략과 용병술:

고구려 명림답부(국상)는 한(漢)의 침입을 막기 위해 "구렁을 깊이 파고 보루를 높이 쌓은 후 굶주린 적들이 피곤해 돌아 갈 때" 뒤쫓아 칠 것을 충간했다. 이에 따라 적군은 한필의 말도 돌아가지 못했다. 또한 창조리(국상)는 고노자(신성태수)를 천거해 강성한 모용외의 침입을 막았다.

한편 신라 박제상은 고구려에 인질로 보냈던 복호를 외교적 대화로 귀환시키고 왜(倭)에서 인질로 있던 미사흔은 속임수로 귀환시켰다. 또한 강수는 글(외교문)로 당(唐) 군사를 청해 삼국 통일에 기여했으며, 당(唐)과 대립 중에는 실증적이나 완곡한 글로 과거 화친 관계 등을 상세하고 설득력 있게 환기시켰다.

결국 말(충간, 외교)과 글(표문)로 기여한 이들의 정신 문화적, 사상적 업적은 무사들의 실천적 호국 희생적 행위와 달랐으나 각기 나라를 지키고 스스로의 신념(인간정신)을 실현하며 공존한 공동체였다.

Ⅲ. 문장의 구성 형태와 인물의 존재 방식

　열전의 구성 형태는 본기 사실 활용 비율에 따라 "실록 형태"에서 "상징적 형태까지 다양하고 광범위하다.
　곧 삼국 역사 공동체의 실상은 사전(史傳)적 존재에서 사전(私傳)적 기능까지 다양한 존재 방식 속에 보이는 세계(실존사실, 역사현실)부터 보이지 않는 세계(은유적존재, 총체적의미)까지, 세계-내-존재의 근원 정신부터 궁극적 이상까지 다양하고 광범위하게 확장, 개방되었다. 그러나 이미 말한 바와 같이 재현된 역사 경험과 활성화 된 존재 방식들은 각각이 따로 따로 이해되기보다 전체와의 관계 속에서 그 본질적 의의가 이해되고 해석될 수 있는 의미의 "총체"[1]들이다.
　따라서 표면적으로는 유구한 역사적 뿌리에서 배양된 삼국 공동체적 세계상(相)과 다양한 존재 상황이나 궁극적으로는 인간과 세계의 윤곽[2]에 투영된 원천적 경험인 동시에 궁극적 명제(命題)이기도 하다.
　담론의 형식으로 구현된 열전의 구성 형태와 존재 방식 유형과 이들에 내재된 "세계-내-존재"의 본질적 의의는 다음과 같다.[3]

---

1) 폴 리쾨르, 『텍스트에서 행동으로』, 박병수·남기영(편역), 아카넷, 2002, 205-223면.
2) 앞 글, 233-237면.

1. 실록 형태와 사전(史傳)적 존재

열전의 구성 형태 중 본기 사실이 가장 많이 활용된 실록 형태(99%-80%)는 본기의 사전(史傳) 형식이 거의 그대로 재현되었다. 따라서 본기는 열전의 근원적 모태라고 할 수 있다.

이들의 구성 방법을 본기 활용 비율 순으로 정리하면 다음과 같다.[4]

구성방법 활용비율	1도입	2전개	3 발전(절정)	4결말
99%	을파소 소개 (고구려인)	*9대고국천왕대 국내상황, 을파소 추천 과정	*왕과 을파소의 개혁적 행적	*을파소 죽음 (10대산상왕)
99%	밀우/뉴유소개 (고구려인)	*11대동천왕대 외세(위)침입, 밀우, 유옥구, 왕의 행적	*왕의 위기, 뉴유의 업적	*왕의 논공하사
98%	명림답부 소개 (고구려인)	*8대신대왕, 국상 됨, 외세(한) 침입, 진퇴 논의	*명림답부 판단으로 외세 퇴각, 대 승리	*왕의 논공 하사, 명림답부의 예장, 예우
98%	창조리 소개 (고구려인)	*14대봉상왕, 국상 됨, 외세(모용외) 침입, 창조리, 인재(고노자)추천	*왕의 부정적 행적과 창조리의 충간, 왕의 거부와 잘못된 인식	*창조리의 결단, 왕 자결
90%	을지문덕(+) (집안, 인물소개)	*26대영양왕, 외세(수)침입, 을지문덕 정탐	*을지문덕의 책략 승리(+시)	*을지문덕의 승리
85%	이사부 가계 (+내물왕4대손)	22대지증왕, 관리, (+)마숙(馬叔), 가야 함락	*군주 됨, 목우사자 우산국 함락, *24대진흥왕, 백제와 고구려와 대결 중 이들 두 성 함락, 지킴	(+) 고구려의 침입, 이사부가 물리침
80%	*관창 가계 (+재능, 화랑)	*29대태종무열왕, 나당(羅唐) 연합군과 백제대결, 계백이 돌려보냄	*관창이 다시 나아가 전사, 삼군이 분격, 승리	(+)왕이 벼슬 추증, 예장

이상은 비교적 서술 분량이 적은 단편 삽화 형식을 비롯해 복합 형식, 연

---

3) 앞 글, 53-62면, 215-223면.

4) 이들 중 을파소와 밀우/뉴유는 기본적으로 사전(史傳) 형식이 그대로 재현되었으나 열전의 형식(도입부분) 변화로 99%가 되었다. 또한 명림답부와 창조리의 경우 사전(史傳) 형식의 본기 내용이 생략, 조합된 결과 체재 변화가 시도되었기 때문에 98%로 보았다. 또한 비율이 낮아진 을지문덕은 대부분이 본기의 사전(史傳) 내용과 같으나 구성된 시(+)가 보완되었으며, 이사부와 관창은 본기 사실(*)에 구성된 논공(+)이 덧붙여진 상황이 표시(*/+)되었다.

이상의 인물들을 이해하기 위한 배경 상황은 이미 앞(Ⅰ부, Ⅱ부 앞장)에서 상술한 바를 참고할 수 있다.

대기 형식의 인물들로 구성되었다. 기본적으로 삼국 정사(正史)에는 역사적 인물들의 개인적 상황이 기록되기 어렵기 때문에 역사 사실(실록) 대부분 (99%-80%)이 재현된 경우라도 일대기 형식은 구성되기 어렵다.

결국 "실록 형태와 사전(史傳)적 존재"[5]는 내용의 대부분이 본기의 단편 사실 혹은 단편 "사전(史傳)"과 동일해서 명명(命名)되었으나 그 근원적인 생성 관계에도 불구하고 본기와는 근본적으로 다른 체계이다. 보다 구체적으로 비교하면 『삼국사기』 본기는 공일기(公日記) 체재의 실록이다.[6]

즉 사관(史官)이 왕의 좌, 우에서 왕의 행적과 말씀 등을 체계적으로 기록한 왕조 실록(實錄)은 왕조의 즉위 내력을 비롯해 왕의 행적과 말씀, 단편 역사 사실, 기후 현상, 백성들의 현황 등이 일기, 교서, 외교 문서, 유조, 사전(史傳), 편찬자 논평 등 다양한 문형(文型)들로 구성되었다. 그 중 열전의 모본이 된 "사전(史傳)"은 지배 왕조 시점의 실록이어서 열전의 중심 인물 관점과 근본적으로 다르며 일반 인물전(私傳)과도 다르다.[7]

때문에 본기의 "사전(史傳)(을파소, 밀우/뉴유, 명림답부, 창조리, 을지문덕, 관창)"들이 열전에 거의 동일한 형태로 재현되었다 해도 이미 중심 인물의 시점으로 전환된 열전의 형식은 본기와 크게 다른 체계이다.

---

5) 열전으로 구성되기 전 본기에 이미 구성된 "사전(史傳)"이 그 원형적 모본임을 함축한 명칭이다. 따라서 그동안 열전의 인물들을 일반적으로 총칭한 "사전(史傳)"(박희병, 「조선후기 전의 소설적 성향 연구」, 성균관대학교 대동문화연구원, 1993, 61-73면.)과는 다르다.
   열전 총 50여 명 중 본기 활용 비율이 90% 이상인 경우는 총 5명(10%)이며, 80% 이상 활용된 인물을 포함해도 총 7명(14%)에 지나지 않는 점을 볼 때 본기의 사전(史傳)과 열전(列傳)은 기본적으로 다른 형식 체계임을 확인할 수 있다.
6) 이우경, 「조선조 일기문학 연구」, 이화여대 박사학위 논문, 1988.
   _____, 『한국의 일기 문학』, 집문당, 1995.
   필자는 계해반정록, 계해정사록, 정무록, 연평일기, 응천일록 등과 같은 역사적이고 공식적인 일기를 공일기(公日記), 계축일기, 한중록, 열하일기, 난중일기 등과 같은 개인적이고 사사로운 일기를 사일기(私日記)로 구분했으며, 이를 다섯 가지 시점으로 구분했다.
7) 유협, 「사서의 체제와 문장」, 『문심조룡』, 최신호(역), 현암사, 1975.
   박완식(편역), 『한문 문체의 이해』, 전주대학교출판부, 2001, 148면, 255-260면.

보다 엄밀히 말하면 이미 "있었던 역사 사건"은 사라지고 상상의 작업8)을 통해 복원된 역사 상황(역사 담론)이 실록(본기) 혹은 사전(史傳) 형식으로 구성되었으며, 이를 근거로 "실록 형태"와 "사전(史傳)적 존재"로 재현된 열전은 서술 관점의 변화로 "세계-내-존재"9)의 의미 또한 새롭게 구축되었다. 결국 열전의 한 끝점인 "사전(史傳)"의 경계까지 개방된 실록 형태10)로 인해서 그 중심 인물도 사전(史傳)적 존재에 버금가는 형식으로 변화되었다.

이들을 본기 활용 비율에 따라 크게 두 부분[99%-90%(총5명)/85%-80%(총2명)]으로 나누어 살피면 다음과 같다.

가. 99-90% 활용된 고구려 인물

인물 중 본기 활용 비율(99%-90%)이 가장 높은 고구려 인물들(총5명)은 대체로 도입(1), 중심 내용(2, 3), 결말(4) 등 크게 3 부분으로 구성되었다.

그 중 도입 부분의 인물 소개는 열전(중심인물)의 체재로 전환된 형식적 변화를 뜻해서 그 전도된 의미는 적지 않다. 곧 "을파소는 고구려 사람이다."라는 서두는 관계된 본기의 왕조와 시대 상황이 배경으로 전도된 대신 을파소의 주체적 가치관과 세계관이 회복된 양상이다. 따라서 모본이 된 본기가 지배층(왕조실록) 중심이었던 세계 상황(지배층/외척/백성들)과 달리 세계(외세, 외척)와의 갈등(2)과 이를 극복(3)한 긴장 관계에 을파소가 중심점이다.

그럼에도 본기 활용 비율(99%-98%)이 높은 고구려 관료들(총4명, 총8%)은 기존의 군신 관계와 사회 통념적인 인식(왕의 권위)으로 인해 이들 변화된

---

8) 폴 리쾨르, 『텍스트에서 행동으로』, 박병수·남기영(편역), 아카넷, 2002, 10면을 요약하면 "역사 쪽에서도 엄밀한 의미에서 지나간 실재는 검증될 수 없다. 지나간 실재는 지금 없기 때문에 역사 담론에 의해서 간접적으로만 추구되는 대상이다. 콜링우드는 과거의 복원은 상상의 작업이다." 라고 하여 역사가도 역사와 이야기 관계를 통해 플롯을 만든다는 점을 중시했다.
9) 앞글, 228면, 234-245면.
10) 이우경, 『한국 산문의 형식과 실제』, 집문당, 2004.

시점이 왕과 교차, 혼융, 병행된 특징이 있다. 즉 이들의 군신 관계가 중심 내용(전개, 발전부분) 대부분에 교차, 복합되었으며 결말 부분(을파소 제외)까지 연계(밀우/뉴유, 명림답부) 혹은 대립(창조리)된 형태로 구성되었다.

이들에 비해 을지문덕(90%)은 수(隋)를 물리친 명장의 기지와 책략 등 본기의 사전(史傳) 형식이 거의 재현되었음에도 수(隋) 명장의 과욕을 충고한 시(10%)가 삽입되어 본기 비율이 낮아진 대신 연대기 형식으로 확장되었다. 곧 문무 겸비된 고구려 명장의 역사적 위상과 개인적(재능), 존재적(가치관), 문화적(한시) 의의가 산문(사실)과 운문(시)으로 혼융, 개방되었다. 말하자면 본기의 역사적 존재에 한정되지 않고 인물(열전)의 존재적 의의가 회복되면서 보다 자유로운 형식으로 변화되었다.

종합하면 내용상 본기의 사전(史傳) 형식(실록)과 큰 차이가 없는 듯 하나 우선 본기에서 엄격하게 구분된 왕조의 경계(고국천왕, 산상왕)가 파기(을파소)되었다. 곧 지배자 중심의 관점에서 중심 인물의 체계로 전도, 회복된 때문이다. 아울러 운문 등 다양한 표현 양식이 수렴되어 보다 자유로운 체계로 확장, 개방되었다.

나. 85%-80% 활용된 신라 인물

본기 활용 비율(85%-80%)이 보다 낮아진 인물들은 진흥왕 대 대표적 명장(이사부)과 통일 과업의 원동력이 된 화랑(관창)으로 역사적 업적과 더불어 존재적 상황이 보완되었다.

이들은 높아진 구성 비율(15%-20%)로 인해 구성 방법도 도입, 전개, 발전(절정), 결말 4 부분으로 확장되었다.

그 중 이사부는 인물 소개에 성씨와 가계가 구성되었으며 아울러 본기에서 구분된 지증왕, 진흥왕 대 경계가 파격적으로 해체되고 중심 인물의 업적이 종합되었다. 특히 본기의 사전(史傳) 형식이 그대로 재현된 대부분의 인물들과 달리 여러 단편 사실들(본기)을 연대별로 조합한 단편 삽화 형식이다. 곧 본기의 단편 사전(史傳) 형식(목우사자), 단편 사실(실록)들을 선택, 조합하고 본기에 서술되지 않은 역사 사실(2, 4)도 구성해 보다 독자적인 형태로 확장되었다.

결국 핵심적인 본기 사실(3발전부분)을 중심으로 도입(1), 전개(2), 결말 부분(4)이 확장되면서 김씨 토착 세력(마숙놀이)의 존재 의의가 부각되었다.

이에 비해 관창은 이미 서술된 본기의 사전(史傳) 형식이 열전의 단편 삽화 형식으로 약술(80%)되었다.

특히 관창 부자는 통일 과업 중 충, 효가 바탕이 된 호국 희생정신을 솔선수범 실천한 대표적 지배층(품일장군)과 화랑(관창)으로 이들의 합일된 정신과 실천적 행동이 본기와 열전에 반복되었다.

이때 약술된 열전은 본기의 사전(史傳)에 비해 역사적 의의가 약화된 듯하다. 그러나 인물 소개(개인적 재능)와 결말(논공과 상)이 덧붙여진 변화(20%)는 본기의 역사적 위업(군신 관계)을 배경으로 장수(품일)와 부장(관창)의 부자 관계(충/효), 군졸들과의 장졸(將卒) 관계(상/하), 그리고 적대자인 계백과의 관계(신라/백제의 인간적, 정서적 교감) 등 인간 보편적 관계가 보완되었다.

이상으로 "실록 형태와 사전(史傳)적 존재"는 기본적으로 본기의 "역사 사실과 사전(史傳) 형식"이 모본이나 기존의 형식적 규범(본기)을 파기하고 "새로운 역사적, 존재적 인물(열전)"로 전환된 형식적 변화가 크다.

그 중 고구려 관료들은 도입 부분에서 대체로 나라 이름을 밝혀 역사적 인물임이 부각되었다. 그러나 본기 비율이 낮아진 을지문덕은 비록 "알 수 없는 가계"이나 개인적 성분과 굳세고 슬기로운 자질과 문무가 겸비된 재능 등 존재적 위상이 보완되었다. 반면 본기 비율이 보다 낮아진 신라인(이사부, 관창)들은 대체로 가계가 명시되어 골품 제도가 내재되었으나 존재 의의도 확장되었다.

결국 고구려의 역사 현실이 중국(한, 위, 수)과의 대립 관계로 주체적 위상 확립에 치중된 반면 신라의 통일 과업은 진흥왕 전, 후(이사부) 비롯되어 화랑(관창)들의 호국 희생 정신이 바탕이 되었으나 백제(계백)와의 소통(관창) 가능성도 예시되었다.

2. 혼융적 형태와 양면적 성향

혼융적 형태는 모두 역사적 인물들임에도 본기 활용 비율이 50%(73%, 57%)11) 전, 후에서 33%까지 낮아져 역사적 행적과 존재적 상황이 비등하거나 존재적 의의가 확장되었다. 아울러 양면의 관계 상황이 교차, 혼융되면서 긴장 관계가 형성되었다.

이들의 구성 방법을 본기 활용 비율 순으로 정리하면 다음과 같다.12)

활용비율 \ 구성방법	1도입	2전개	3발전(절정)	4결말
73% (+고려사절요)	(+)견훤 고향, 성씨, 가계, 어린시절 소개, 체격과 용모 웅장, 비장됨	*51대진성왕대, 도적됨 (+), *효공왕, 후백제 왕 지칭, 궁예와 대결	*54대경명왕대, 궁예대신 태조 등극, 신라고울부 침입, 경순왕세움, *태조와 편지 교환, 태조와 대결, *왕건 부하 금필에게 패함	* 아들과 불화, (+)아들 교서 *태조에게 귀의, *태조와 함께 아들물리침, 후백제멸망, *죽음
57% (+고려사절요)	(+)궁예, 47대헌안왕 아들, 탄생 비화, 중되어 선종이라 함, 까마귀 던진 "왕" 자 받고 자부심 가짐	*진성왕대, 도적됨(+), 양길에게 의탁, 세력확장, *진성왕8년, 장군지칭, 관직설치 *태조 의탁, 철원군태수 임명,(+)양길흡수 *효공왕2년, 송악군도읍,*태조대감, 아찬 벼슬,*선종 왕지칭	*국호마진, 연호무태, 관직설치 (+),*철원성 수도, 연호성책, 수덕만세, 국호태봉, 태조 금성침,(+)대아찬장군,(+)미륵불칭함, *신덕왕, 태조파진찬, 시중, 연호정개, 태조백강장군(+) 부인 간언에 궁예 모함, 부인과 사람들 죽임(*)	*54대경명왕, 노인에게 얻은 거울, 고시(古詩)로 태조등극 예시, *태조 추대, *궁예 도망, 죽음

---

11) 원래 견훤과 궁예는 본기 활용 비율이 각각 12%, 11%이나 활용된 『고려사절요』의 "역사 사실"을 배제할 수 없어 73%, 57%가 되었다.

12) 본기 활용(*)과 구성된 형태(+)를 필자가 임의로 표시해 혼융된 관계를 대략 살필 수 있게 했다.
　이들 중 본기 사실 "* "과 삽입 내용 "(+)"이 복합, 확장된 경우 복잡함을 피하기 위해 내용의 앞, 뒤에 나뉘어 표시한 경우도 있다.

50%	석우로, *가계(내해왕태자)	*조분왕대 공적, 감문국 병합, *왜격퇴(+), *서불한, *고구려의침입, 퇴각	(+)12대첨해왕 사량벌국 함락, 왜왕 희롱, 왜인이 우로 불태워 죽임, *아들 흘해왕 됨	(+)미추왕대, 우로부인, 왜사신 불태워 보복, 왜 침입 후 퇴각
50%	사다함, (+)진골, 화랑, 가계(내물왕7대손)	*진흥왕, 이사부 가라 침, (+)*사다함 비장됨	*사다함 가야 함락, 논공 사양, 척박한 땅 차지	(+)벗 무관랑 죽음 슬퍼함, 사다함 죽음
50%	연개소문, (+)성씨, 탄생비화, 뜻, 기개 장하나 악함, *(+)영류왕 시해, 보장왕 세움, 막리지 됨	(+)연개소문 위엄, *당(唐)태종의 침입 계획 신하 말림, *연개소문 도덕경 구함, *신라가 당에 백제와 고구려침입 호소, (+)당(唐), 고구려 타이름, *연개소문거절(+), *당태종 고구려침입, 본기 기록, *연개소문 죽음	(+)아들. 남생 소개, *남생, 남건, 남산 불화, *남생이 당(唐)에 의존, *남생의 고구려 멸망, 논공 (+)남생 죽음, 인간성 말함	(+)손자 헌성, 당(唐) 칙천무후와의 일화, 내준신 모함, 죽음, 신원, 벼슬 추증
45%	김인문, *가계(태종무열왕아들)(+)유가, 장자, 노자,불교살핌, 활쏘기, 말타기, 서예, 향악능함, *진덕왕, 당(唐)숙위, 당고종 장군삼음. 태종무열왕, 압독주총관, 장산성쌓음	*태종무열왕 당(唐)군사 청, 부대총간으로 백제멸망, *당숙위, *문무왕대 당고종 인문에게 고구려침입알림, 왕 대비, *평양 포위한 소정방 군량 청, 인문등 운반, *소정방 귀환, 인문, 당고종과 태산제사, 당 벼슬, 식읍 줌	*문무왕, 당(唐)고종 영국공 이적 보내 고구려치게함. 인문알림, 고구려멸망, (+)문무왕, 당, 벼슬, 식읍내림. *당(唐)숙위, *문무14년, 당고종, 고구려반란인 들이고 백제땅 차지에 노해 침입, *왕 관작 빼앗고 인문을 왕 세워 귀국, 문무왕, 사신보내 사죄, 관작 회복, 인문 귀환	(+)문무왕, 신문왕, 당(唐)에서 벼슬,(+) *효소왕, 66세, 당(唐)에서 병사. 당(唐)중종, 관보냄, 당(唐)숙위 22년, *(+)해찬유도, 당(唐) 6번감, 서경에서죽음, 행적 전하지 않음
40%	귀산 (+)*고향, 가계(사량부, 부, 아간 무은)		(+)추항과 벗, 군자(君子) 벗하며 유람기약, (+)원광법사 세속오계	*진평왕, 백제군 아막성포위, 무은 등 막음, 귀산과 추항 나아감, 백제패함, 후군 무은 침 *귀산, 아버지 구하고 대승, 전사	(+)왕, 아나들에서 맞음,(+)귀산, 추항 벼슬 추증
40%	계백, 백제인, (+)달솔	*의자왕, 나당연합, 백제침입*계백, 5천, 대항	(+)먼저 가족희생,*황산들(+)군사들 나라 보답 당부, 진퇴4번	*힘 다했으나 역부족으로 전사
33%	향덕, *고향(웅천주) (+)가계, 성품, 효성	*경덕왕, 흉년, 백성굶주림, 전염병, (+)부모 굶주림, 어머니 등창	*다리 살 베어봉양, (+) 등창 빨아모심, (+)고을관리, 주(州)에 알림, *왕께 아룀	*왕이 벼, 집, 구분전 내림(+), *비석 세움, (+)효자마을 칭함
33%	김양, (+)자(字) 소개, 가계(태종대왕9대손, 아버지)재능 걸출, 흥덕왕대, 태수, 대윤, 무주 도독	*흥덕왕사후, 균정, 제륭 왕권쟁탈(+), 균정패해 김양 은둔(+), *우징, 희강왕 즉위로 청해진 감(+), (+)김양도 청해진 감, 무주침, 군사 양성	(+)혜성, 좋은징조 *민애왕즉위, 김양, 우징 등 왕 군사 이기고 왕 해침, (+)김양, 군사들 안정시킴. *우징, 신무왕 즉위, 곧 세상 떠나 태자, 문성왕 즉위, (+)김양 병부령됨	(+)김양, 왕19년, 50세죽음. 서발한추증, 김유신 관례, 태종무열왕 능 곁 장사 *(+)김흔(김양사촌), 민애왕 대장군, 패함
33%	장보고/정년, *신라인,(+)고향, 조상모름, 용맹, *당(唐) 무령군소장됨, (+)말타고 창쓰기 제일임	*흥덕왕대, 장보고귀국, 우리나라 사람 중국 종되는 것 막음(+), *청해진 지켜 안정됨	(+)정년, 귀향결심, 장보고에게 옴, 장보고 반김, *희강왕 시해, 민애왕 즉위, 보고가 정년에게 군사 주어 반란 진정, 45대신무왕 세움	*신무왕, 보고를 재상 삼음, (+)정연 청해 지킴

이상의 혼용적 형태(총11명)는 본기 사실과 구성 내용이 비등(50%)한 이들(총3명)을 중심으로 역사적 의의가 큰 인물(총2명)부터 존재 상황이 우세한 인물(총6명)까지 다양하게 구성되었다.

곧 역사적/존재적 관계 외에 긍정적/부정적 측면이 복합(견훤, 궁예, 석우로, 연개소문, 김양)되었거나 국내/외 행적(김인문, 장보고/정년)이 혼용되었으며, 군신/붕우(사다함), 충/효(김인문, 귀산), 화랑정신/불교정신(귀산), 자연재해/인간 극복 의지(향덕) 등이 다양하게 교차, 혼용되어 "혼용적 형태와 양면적 성향"으로 명명(命名)되었다.

이들은 본기에서 중시된 대표적 명장들로 사전(史傳) 형식이 구성된 역사적 인물들(사다함, 귀산, 향덕)임에도 대체로 활용된 편차(73%-33%)가 큰 이유는 후삼국(2명), 신라(통일전 4명/통일후 3명), 고구려(1명), 백제(1명)인 외에 단편 삽화 형식부터 일대기 형식까지 광범위하게 분포된 때문이다.

따라서 네 부분[73%-57%(총2명)/50%(총3명)/45%-40%(총3명)/33%(총3명)]으로 나누어 살피면 다음과 같다.

가. 73%-57% 활용된 후삼국 인물들

본기(+고려사절요) 활용 비율(73%-57%)이 가장 높은 후삼국 인물(견훤, 궁예)들은 일대기 형식에 통일신라 패망사/고려 건국사가 복합된 가운데 정신적 상황까지 교차, 혼용되어 보다 복잡하다.

그 중 견훤(73%)은 "통일신라 패망사/후백제 흥망사/고려 건국사"와 연계되었으며, 그 역사적/존재적/정신적 변화 과정이 "역사적 단편 사실, 사전(史傳), 외교적 편지, 교서, 단편 인물전" 등 다양한 문장양식으로 구현되었다.

복잡한 구성 형태를 도식화 하면 다음과 같다.

① 탄생, 용맹한 비장　　　　　　　② 견훤/신라/궁예 대결

```
┌─────────────────────────────────────────┐
│   견훤의 후백제흥망사(고려건국사/신라패망사)   │
└─────────────────────────────────────────┘
```

⑤ 견훤/아들과 불화/왕건에게 귀의　　③ 견훤/태조왕건/신라 대결(신라초토화)
⑥ 견훤+왕건(+신라)/후백제(신검)멸망　　④ 견훤과 왕건의 대결

　이상에서 탄생 후 범이 간혹 젖을 먹인 견훤(①, 도입부분)은 장성하면서 뜻과 기질이 보다 뛰어났고 용맹스러웠다. 그 후 통일 신라(진성여왕 6년, 서기 892년) 혼란기(②, 전개부분)에 "도적"이 된 그는 시초에 신라 영토 빼앗기에 주력하느라 궁예와의 대결(효공왕 14년, 서기 910년)은 보다 후에 이루어졌다.
　한편 후반(③-⑥)은 태조(궁예부하) 왕건(③, 발전부분)이 궁예 대신 추대되고 신라가 상대적으로 약화되면서 견훤과 왕건의 대결(④)이 본격화되었다. 그러나 쇠락한 신라가 태조 왕건과 연합(③)하자 위기를 느낀 견훤은 먼저 신라(경애왕 4년, 서기 927년)를 초토화하고 경순왕을 세웠다. 그리고 신라 침입에 대한 해명의 글(편지)이 왕건에게 전해졌으며, 그 부당함을 응징하고 승리하겠다는 태조 왕건의 답이 이어졌다. 이후 견훤과 왕건의 치열한 대결(④)은 시초에 견훤이 우세했으나 금필(태조왕건 부하)의 승리로 견훤의 세력이 분산되었다.
　그 중 전개 부분(②)은 통일 신라 말기(궁예, 견훤) 상황과 연계된 때문에 『삼국사기』 본기의 단편 사실이 중심이나 발전 부분(③,④)과 결말 부분(⑤,⑥)은 태조 왕건과의 관계로 『고려사절요』 사실과 사전(史傳) 형식이 활용되었다. 곧 양국이 복합, 혼융된 관계(신라왕조/고려태조)로 『삼국사기』 본기와 『고려사절요』 등이 활용되면서 시점이 다양하게 혼융, 분산된 특징이 있다.
　한편 막강했던 후백제(견훤)는 맏아들 신검(⑤, 결말부분) 등과 후계자 문제로 내분되었으며, 불당(절)에 갇혔던 견훤(⑤)이 태조 왕건에게 귀부한 후 세력이 보다 약화되었다. 반면　태조 왕건(⑥)은 통일 신라에 이어 견훤의

귀의로 세력이 크게 확장되었으나 견훤이 태조 왕건의 10만 대군과 함께 후백제(신검)을 친 역설적 상황은 견훤의 정체성 혼란을 짐작할 수 있다.

결국 견훤은 궁예를 견제하며 신라를 쳤고, 태조 왕건을 견제하며 통일 신라를 초토화했으며, 아들을 견제하여 후백제를 멸망시킨 반면 태조 왕건은 궁예를 도와 신라를 쳤으며, 통일 신라를 도우며 견훤을 쳤고, 다시 견훤과 함께 후백제를 친 후 고려를 건국했다.

종합하면 견훤은 태조 왕건의 개국을 직, 간접적(왕건과 연합, 신라초토화)으로 도운 중심 인물로 후백제 흥망사는 통일 신라 말기 혼란상과 더불어 반세기(45년) 동안 지속되었다. 그럼에도 호국 충절과 같은 대의명분(大義名分)과 솔선수범적인 희생정신보다 정체(政體)성과 정체(正體)성 혼란으로 방향을 잃고 자기 분열적인 비극으로 끝났다.

다음 궁예는 본기 활용 비율(57%)이 보다 낮아졌으나 여전히 구성된 비율보다 조금 높다.

곧 "통일 신라 패망사/궁예 흥망사/고려 건국사"와 연계된 궁예의 역사적/존재적/정신적 변화 과정이 "역사적 단편 사실, 사전(史傳), 시, 주관적 문구, 단편 인물전" 등 다양한 문장 양식으로 구성되었다.

복잡한 구성 형태를 도식화 하면 다음과 같다.

① 신라 왕족/버림받음/선종됨　　② 궁예(+양길), 태조의탁/신라/견훤 대결
　　　　　　　　　　　　　　　③ 선종(+태조공적)/팔관회/왕 칭함/신라왕실 적대

┌─────────────────────────────────────┐
│　궁예의 후고구려 흥망사(고려 건국사/신라패망사)　│
└─────────────────────────────────────┘

⑦ 왕창근의 백발노인의 거울(글)　　④ 국호마진, 관직설치, 신라인죽임,
⑧ 신하들, 태조 추대(덕망, 거울의 글)　　　선종(+태조), 국호 태봉
⑨ 부인, 하늘의 운수, 갑옷 바침　　⑤ 미륵불(+태조, 대아찬장군)칭함, 석총 죽임
⑩ 태조, 문나서다, 백성따름/궁예 멸망　⑥ 부인과 아이들 해침, 백성들과 대립

이상에서 궁예(①, 도입부분)는 시초에 신라 왕자로 태어났으나 축출되었으며, 성장 후 세달사 중(선종)이 되었다. 그 후 까마귀가 떨어뜨린 왕자(王字)를 계기로 "왕"의 뜻을 세우고 통일 신라 말 혼란기(진성여왕 5년)에 도적이 되었다. 그러나 까마귀(烏)[13]를 통해 태양의 정기를 받은 신화적 의미는 결과적으로 왕건의 고려 개국과 연계되었음을 알 수 있다. 말하자면 자신의 존재 회복(왕)을 꿈꾼 궁예는 "탄생(왕자/왕권쟁탈)-축출(세속화)-중(탈속)-도적(세속)-태봉 왕(미륵불, 탈속, 초월적존재)-축출(세속, 죽음)-태조 건국"과 같은 반복(신성성/세속성)된 변화 과정을 통해 고려 건국(왕건)의 바탕이 되었다.

곧 양길의 부하였던 궁예가 장군(②, 전개부분)이 된 후 태조 왕건을 부하로 삼았는데 세력 확장 후 설치된 관직(④, 발전부분)은 신라 제도[14]를 따랐다. 말하자면 신라 왕족으로 나라(마진, 태봉)를 세워 고구려 멸망 한을 풀겠다고 했으나 신라 백성에 대한 적대 관계(④) 뿐 아니라 불교 사상(⑤)과 유교 도덕(⑥)의 한계는 모순적이어서 결국 정체성 혼란으로 이어졌다. 무엇보다 불교(팔관회)에 힘입어 이상적 세계(⑤, 미륵불, 불국토)[15]를 지향했으나 기존 사상과 대립된 혼란(석총의 비판)은 통일 신라 말 정체성 혼란과 연계되었다고 볼 수 있다.

한편 구성 형태는 신라 말 왕권 쟁탈로 축출된 개인적 시련(①, 도입부분) 등이 자유로운 대화체로 확장된 반면 진성여왕 혼란기(②,③, 전개부분)는 『삼국사기』 본기 사실들을 근거로 확장되었다. 그러나 태조 왕건(후반,④-⑩)

---

13) 이범교(역해), 『삼국유사의 종합적 해석』 상, 민족사, 2005, 204-213면. 태양 속에 까마귀가 산다는 양오전설 등 까마귀는 태양 혹은 태양의 정기를 뜻한다.
14) 본기에서 52대 효공왕 8년(서기 904년) 신라 제도를 따라 백관을 만들었다.
15) 이범교(역해), 『삼국유사의 종합적 해석』 하, 민족사, 2005, 154-165면.
　곧 10 선(善)의 공덕이 성취된 먼 미래 세상에 미륵불이 석가의 뒤를 이어 세상에 나타나 중생을 구원한다는 미래불 사상이다. 그럼에도 나라의 혼란이나 전환기에 새로운 세상을 기대하는 민중들에게 정치적 명분을 얻기 위한 방편으로 활용되기도 했다.

과의 관계는 『고려사절요』의 단편 사실과 대화체 등이 혼융, 구성되었다. 특히 발전(절정) 부분(④,⑤,⑥)은 신라 말 본기를 근거로 관제(열전) 등이 구체화 되었으며 아울러 『고려사절요』의 단편 사실이 덧붙여졌다.

결국 "①(궁예의 역사적, 개인적배경)/②,③(삼국사기본기+왕건의 고려사절요 단편사실)/④(본기+열전+왕건의 고려사절요 단편사실), ⑤, ⑥(궁예의 개인적, 정신적, 역사적 한계와 분열상)/⑦-⑩(태조왕건의 즉위과정, 고려사절요의 사전형식)" 등에서 궁예의 역사 배경과 개인적 행적(도입)이 태조 왕건의 역사적 행적과 복잡하게 혼융, 병행(전개-발전)되었으나 결말은 태조 왕건의 고려 건국으로 전환되었다.

곧 까마귀가 예시한 왕자(王字)가 왕자(王子)였던 궁예의 존재 회복 계기(상부, ①-③)가 되었으나 신라 왕실에 대한 한 때문에 호국 충절과 같은 대의명분(大義名分)이 없어서 솔선수범적인 희생정신보다 정체(政體)성과 정체(正體)성 혼란으로 자기 분열적인 행위(하부, ④-⑥)가 초래되었다.

종합하면 인간 존재의 모순적 한계(이상과 현실의 부조화)를 "미륵 사상(⑤)"으로 회복하고자 했으나 "진여(眞如)"[16]에 대한 사유(깨달음)보다 망념(妄念)에 의한 탐욕이 앞섰기 때문에 자신은 물론 중생(백성)들을 포용할 수 없었다. 결과적으로 태조 왕건의 개국을 직, 간접적(궁예부하, 신라쇠락)으로 도운 궁예는 까마귀에 내재된 신이성(하늘의 뜻)이 "의롭고 덕망 있는 이"의 도덕적 행위(仁)로 실현(告示, 古詩)될 수 있음(⑦-⑩)을 깨닫지 못했다.

나. 50% 활용된 전환기 인물들

본기 사실 활용 비율이 구성된 비율과 균등(50%)한 석우로, 사다함, 연개소문(총3명) 등은 고귀한 가문 출신이고 역사적 위상이 높은 명장들이나 긍정적/부정적 측면 등이 극대화된 인물들이다.

---

16) 앞글, 210-235면.

그 중 석우로는 군신/부자/부부 관계 외에 박씨/석씨/김씨 관계와 고구려/신라/백제/왜와의 관계가 복합되어 보다 복잡하다.[17]

이를 구성 방법에 따라 정리하면 다음과 같다.

도입: ① 석우로 소개, 10대내해이사금(9대 벌휴이사금 손자) 태자
전개: ② 조분왕2년 대장군, 감문국 공적, 왕4년 왜 물리침, 왕15년 서불한됨, ③ 왕16년(서기 245년) 고구려의 침입, 마두책에 물러나 군사 위로
발전(절정): ④ 점해왕 대 사량벌국 함락, 왕7년 왜 사신에게 왜왕 희롱, 왜인이 불태워 죽임 ⑤ 석우로 아들, 후에 16대흘해왕 즉위
결말: ⑥ 미추왕대, 석우로 부인이 왜 사신 불태워 죽임, 그 후 왜인 침입

이상은 아달라이사금(박씨왕조)에 이어 즉위한 9대 벌휴이사금(석씨왕조)의 손자인 10대 내해이사금(석우로아버지)부터 16대 흘해이사금(석우로아들, 석씨마지막왕조)까지 단편 사실이 연대기 형식으로 구성되었다.

우선 도입 부분(①)의 석우로는 내해왕(10대, 서기 196년-230년)의 아들이며 흘해왕의 아버지(⑤, 발전부분)이어서 석씨 왕조의 중심 인물이다.[18] 곧 조분왕 2년(서기 231년)과 4년에 명장으로서 업적이 전개(②)되었으나 석우로(내해왕태자) 대신 사위(조분왕)가 즉위한 본기 상황이 함축되었다. 아울러 고구려의 침입(조분왕 16년)에 패했으나 부하를 사랑한 인간적 면모(②)가 부각되었다.

한편 사량벌국을 함락(12대점해왕, 서기 247년-262년)한 공적(③, 전개부분)에도 불구하고 왜왕을 희롱(④, 발전부분)한 외교적 실책과 그로 인한 죽음과 아들의 즉위(16대흘해왕, ⑤, 발전부분)로 공/과와 비/희의 양극적 상황이 거듭 비교되었다. 그 후 우로 부인(⑥, 결말부분)이 왜(倭)의 사신(미추왕, 서기

---

17) 이우경, 『한국 산문의 형식과 실제』, 집문당, 2004, 146-148면.
18) 본기에서 내해왕 14년(서기 209년) 팔포상국이 가라를 침입했을 때 가라의 구원 요청에 왕이 태자인 우로와 이벌찬인 이음에게 명해 6부의 군사를 거느리고 가 구원하도록했다. 이때 "물계자(열전)"도 큰 공을 세웠으나 왕손인 이음(날음)에게 미움 받아 공적이 기록되지 않았다.

262년-284년)을 불태워 죽인 보복은 왜인과의 갈등이 공(公)/사(私)적으로 보다 극대화된 양상이다.19)

결국 흘해왕(석우로아들) 즉위 사실(⑤, 발전부분)이 미추왕(13대) 대 사실(⑥, 결말부분)보다 앞당겨 서술된 파격적 형태는 그의 상반된 공(功)/과(過)와 함께 말과 행위가 전도된 상황이 파기된 형식에 구현되었다고 볼 수 있다.

곧 구성 형태에서 도입(①)과 전개 부분(②,③)은 비교적 본기의 단편 사실들(50%)이 선택, 조합되었으나 발전(④,⑤)과 결말 부분(⑥)은 16대 흘해이사금(⑤) 즉위 사실 외 대부분(50%)이 독자적으로 구성되었다. 말하자면 석우로의 말(④)과 부인의 행위(⑥)가 공(公)/사(私)적으로 어긋난 상황이 단편 사실(①,②,③), 대화체 문답(④,⑤), 설명문(⑥) 등으로 복잡하게 구성되었는데 부부의 부조화된 양상(개인적/외교적행위) 등에서 석씨 왕조(⑤)가 김씨 왕조(⑥)로 전환된 당위성도 함축, 개방되었다.

다음 사다함은 진골 출신의 대표적 화랑(5세풍월주)으로 가야를 친 공적(50%)과 벗(무관랑)과의 신의(50%)를 중시한 양면이 단편 삽화 형식으로 구성되었다.

구성 방식에 따라 정리하면 다음과 같다.

도입:	① 사다함, 진골, 내물이사금 7대손, 아버지는 급찬 구리지임 ② 가문 높고 모습 빼어남, 뜻과 기질 곧아 화랑 됨, 무리 1천 명이 따름
전개:	③ 진흥왕 대 이사부 가라침, 사다함 어리나 뜻 확고해 귀당비장됨
발전(절정):	④ 전단량들어가 가야 함락, 논공 사양, 백성 놓아주고 척박한 땅 차지
결말:	⑤ 무관랑(벗)과 죽음 약속, 무관랑 병사 ⑥사다함(17세) 울다 죽음

이상에서 사다함은 15, 6세에 이미 1천 명을 거느린 무사파 화랑의 우두머리(풍월주)가 된 인물로 진흥왕 대 화랑의 면모가 집약되었다.

---

19) 본기에서는 왕 3년(서기 249년) 왜인이 서불한 우로를 죽였다. 따라서 열전과 차이가 있다.

시초에 화랑은 신궁의 제사 의식을 집행하는 선도(仙徒)로 여성[20]이 관장했다.

그러나 시대 변천에 따라 도의를 연마하고 협동(공동체의식)하며 나라에 봉사하는 사회 교육 기관이 되었으며, 양성된 인재들이 조정에 등용되어 나라 발전의 원동력이 되었다.

구성 형태는 본기의 사전(史傳) 형식(③,④)을 근거로 도입(①,②)과 결말 부분(⑤,⑥)이 구성되고, 전개 부분이 확장(③)되었다. 곧 충(본기사실), 선의(④), 신의(⑤,⑥) 등 화랑 정신이 그의 역사적, 존재적 행적과 더불어 보완되었다.

그 중 도입 부분(①,②)은 사다함의 가계(진골, 내물왕 7대손)와 풍월주로서 면모가 구성되었다. 곧 화랑 집단은 당시 진골 출신의 화랑 1명, 지도 교사인 승려 낭도 1명, 그리고 진골 이하 평민에 이르기까지 천 명 가까운 낭도들로 이루어졌다.[21]

김대문의 『화랑세기』에 의하면 당시 낭도를 거느렸던 무관랑은 사다함이 비록 나이는 어려도 의리 있다는 소문에 그를 섬기려 했으나 사다함은 그를 이화랑에게 보냈다. 그 후 이화랑이 사다함을 지소태후에게 천거했으며, 모후는 그의 사람 포용하는 방법을 듣고 진흥왕에게 추천해 궁문(귀당)을 관장하게 되었다.

이미 12세에 검술에 능했던 사다함은 "이화랑(4세풍월주)"에 이어 무사파 풍월주(5세)로서 무욕(無慾), 무사(無邪), 무사(無私) 등 화랑 정신[22]에 따라 업적의 논공(④)보다 무관랑과의 신의(⑤,⑥)를 중시했다.[23]

한편 본기의 사전(史傳)이 열전으로 전환된 양식은 구성 형태에 따라 다

---

20) 시초에 원화를 받들다 후에 남성으로 바뀌어 화랑이라고 불렀다는 본기 기록(진흥왕 37년, 서기 576년)에 비해 14년(진흥왕 23년) 앞서 사다함(5세 풍월주)과 같은 무사파가 그 주축이 된 상황을 통해 화랑의 발전상을 짐작할 수 있다.
21) 이도학 외, 『신라 화랑 연구』, 한국정신문화연구원, 1992, 161-185면. 진흥왕의 모후인 지소태후가 화랑 제도를 설치하고, 위화랑을 우두머리(풍월주)로 삼아 시작되었다.
22) 앞글, 57면.
23) 앞글, 156면. 『화랑세기』에서 그의 부하인 무관랑이 공로는 많으나 신분이 미천해 나라의 보답을 받지 못하고 죽자 이를 애통해 하다 몸이 상해 죽었다고 했다.

양하나 비교적 단순한 사다함의 단편 삽화 형식을 통해 그 서술 변화를 비교하면 대략 다음과 같다.

본기:	열전:
화랑의 무리가 "**구름처럼**" 몰린다.	→ 무리가 대체로 "**1천 명**"이었다. 　(+)사다함 나이 15, 6세
가야가 **반란**을 일으키니	→ 진흥왕의 가야 **침입**
"**부장(副將)**"으로 삼았다.	→ "**귀당비장**"을 삼았다.
기병 5천 명을 거느리고 앞장 서	→ **모든 부하들**을 거느리고 먼저
가야인 "**200명**"을 상으로 받았다.	→ 가라 사람 "**300명**"을 하사하도록 　(+)무관랑과의 언약 관계

이상에서 배경 상황과 구체적 수치(구름처럼/1천 명, 기병5천 명/모든 부하들, 200명/300명) 등이 본기와 열전에 따라 다양하다. 같은 계급이나 "부장(副將)"과 "귀당비장"으로 표현되고 같은 역사 사실(가야반란/가야침입)임에도 그 강조점이 달랐다. 곧 본기는 중시된 구체적 사실과 그 성패 등에 치중되었으나 열전은 개인적 관계(15, 6세, 무관랑) 상황이 시대 상황과 화랑 제도 등을 배경으로 다양하게 혼용, 확장(+)되었다.

결국 본기의 규범과 지시적 한계를 보완하기 위해 열전의 형식이 재현되었으며, 인간과 세계의 다양한 관계에 내재된 본질적 의의와 가치 계발을 위해 새로운 체계가 생성되었다고 볼 수 있다.

다음 연개소문은 외세(당)를 물리치고 고구려를 지킨 명장의 과업과 존재 상황이 일대기 형식으로 구성되었다.

특히 거대한 당(唐)을 물리친 영웅적 위상과 자주적 주체 정신에도 불구하고 당(唐)과 유화적이던 영류왕 시해와 아들들의 불화로 고구려 멸망이 촉진된 긍정적/부정적 측면이 역사적/존재적 형태와 교차, 혼용되었다.

이들 복잡한 관계를 도식화 하면 다음과 같다.

① 물속 탄생
② 뜻, 기개장함/성품 악해 미워함
③ 영류왕시해/보장왕세움, 막리지됨
④ 연개소문 전권행사/당과 갈등
⑤ 백제와연합/신라40여성함락/신라가 당구원 요청
⑥ 당(唐)태종 고구려침입(고구려본기)/연개소문 죽음

연개소문(+아들+손자)의 일대기
연개소문 고구려수호/아들들 불화/고구려 패망/손자참언, 죽음

⑨ 남생아들 헌성(손자) 소개
⑩ 헌성의 고구려(긍정적)기질
⑪ 참언/헌성죽음/신원(벼슬추증)
⑦ 맏아들남생(막리지)과 동생불화
/남생 당으로 도망, 벼슬
⑧ 나당(남생)연합, 고구려 멸망/남생의 긍정적 자질

이상에서 연개소문은 자신의 탄생(①)부터 막리지로 탄생(③)하기까지 개인적/역사적 현황(①-③, 도입부분)이 남달라서 그 긍정적/부정적 측면이 교차, 혼융되었다. 곧 "뜻과 기개가 장하나/성품이 악하며", "상층(대대로아들)의 막리지가 되었으나/영류왕을 시해한" 개인적, 존재적/시대적, 역사적 현황이 복합되었다.

이어 전개 부분(④,⑤,⑥)은 영류왕과 달리 강경한 외교 정책(④)으로 주체적 위상을 확립한 반면 당(唐)과의 갈등(④)이 보다 표면화되었다. 또한 신라에 빼앗긴 영토 회복(⑤)을 위해 백제와 연합(40여성함락)한 때문에 당(唐)의 침입(⑥)을 받았다.

비록 나라를 지키기 위한 "신라"와 고구려를 치기 위한 "당(唐)"의 상반된 목적이 있었으나 신라 구원을 빌미로 당(唐) 태종의 고구려 침입(⑥)이 단행되었다. 곧 보장왕 4년(서기 645년)부터 왕 21년(서기 662년)까지 17년 간 지속된 당(唐)의 침입이 연개소문 죽기(보장왕 25년, 서기 666년) 4년 전까지 지속되었다. 결국 당(唐) 태종의 죽음(보장왕 8년, 서기 649년)으로 일단락되고 고종 즉위 후 재개(보장왕 14년)될 때까지 6년의 휴전 기간이 있었으나 당(唐)을 물리친 위업(보장왕 3년-왕 21년)이 "본기에 갖추어져 있다."라는 문구로 대체되고 연개소문의 생애(⑥, 전개부분)도 마무리되었다.

그러나 구성 형태에서 연개소문(상부,①-⑥)과 후손(하부,⑦-⑪)으로 구분

된 체계는 강력한 외세로부터 고구려를 지킨 위업(전개부분, 연개소문부자)보다 고구려 패망 과정(⑦,⑧발전부분, 아들들 불화)이 보다 핵심이다. 특히 연개소문(①,②,③)의 용맹성과 기개를 이어 활 잘 쏘고, 용맹스러운 후손들(⑨,⑩,⑪)의 자질(좌측, 개인적관계)에도 불구하고 화합(상부, 연개소문부자)과 불화(하부, 자손들)는 역사적 승(④,⑤,⑥), 패(⑦,⑧)로 이어졌다.

결과적으로 당(唐)의 관점에서 보면 연개소문(①,②,③)은 포악하고 당(唐)을 도운 맏아들과 손자(⑨,⑩,⑪)는 긍정적이나 고구려 관점을 회복하면 연개소문의 "용맹스러운 기개와 강력한 주체적 저항"에 비해 남생 부자는 "불의"로 도치된다. 때문에 "연개소문"의 위업(총18년)이 생략, 함축된 단 문장("본기에 갖추어져 있다.")은 당(唐)과의 대결 관계를 함축, 분산시키기 위한 우회적 방법이었다. 따라서 열전과 근원적 관계인 본기 사실(역사적 업적)이 그 어느 인물보다 중시되었다.24)

그 함축된 전, 후(④,⑤,⑥) 역사 상황(본기)을 요약하면 보장왕 2년(서기 643년) 3월 연개소문이 도교를 권장해 왕이 도덕경을 얻었으며, 윤6월에는 당(唐)태종의 침입 계획을 장손무기가 말렸다. 이때 신라는 백제와 고구려에게 40여성을 빼앗긴 상황을 호소하고 구원을 청했다. 이로 인해 이듬해(보장왕 3년) 당(唐)태종이 고구려를 타일렀으나 연개소문은 과거 신라에 빼앗긴 성읍(500리)을 회복하기 전에는 그칠 수 없다고 했다.

결국 보장왕 3년(서기 644년) 7월 당(唐) 태종이 배 400척에 군량을 싣고 장검 등에게 글안, 해, 말갈 군사들과 요동을 치면서 형세를 보게 했다. 이때 여러 신하들이 당(唐) 태종의 참전을 만류했으나 듣지 않았다. 이듬해(보장왕 4년) 3월 당(唐) 태종이 정주에 도착한 후 이세적과 요수를 건너 현도에 도착했다.

한편 고구려 성읍은 크게 놀라 문을 닫고 스스로 지켰다. 특히 연개소문이 가시성 사람 700명을 보내 개모성을 지키게 했으나 함락되었으며, 이어 비사성을 함락하고 요동성으로 나아갔다. 이때 보장왕이 신성과 국내성 보병과 기병 4만 명을 보내 물리쳤으나 다시 크게 패했다. 특히 남풍을 따라 불 지르고 성에 오르니 전사자가 1만여 명이

---

24) 이는 본기에서 편찬자 논평을 통해 직설적으로 밝힌 바이다.

되었다. 또한 우수한 병사 만여 명이 잡히고 남녀 주민 4만 명과 양식 50만석을 빼앗겼다. 그 후 이세적은 백암성을 함락하고 안시성에 이르렀다.

이때 북부 욕살 고연수와 남부욕살 고혜진이 고구려군과 말갈군 15만 명을 거느리고 안시성을 구했다. 당시 고정의는 일세에 뛰어난 당(唐) 태종과 싸우기보다 여러 날 버티고 양식 수송을 끊는 것이 낫다고 했다. 그러나 이를 듣지 않고 당(唐) 태종이 거짓 달아나는 것에 속아 크게 패했다. 이어 당(唐)이 흙산을 쌓아 안시성 가까이로 침입하니 성 안은 그보다 더 높이 쌓아 막았다. 이에 당(唐) 태종은 60일 동안 50만 명의 공력을 들여 흙산을 쌓은 후 성을 내려볼 수 있었다. 그럼에도 이들이 방심한 사이 성안 사람들이 흙산을 빼앗아 지켰다. 그 후 요동이 일찍 추워져 군사를 되돌려 이듬해(보장왕 5년) 2월 서울로 돌아왔으나 "천하의 무리를 거느리고도 작은 오랑캐에게 곤욕을 치른 것"을 한탄하고 후회했다.

한편 고구려는 보장왕 5년 5월 사신을 보내 당(唐)에 사죄했으나 당(唐)은 다시 토벌할 것을 의논했다. 그리고 왕 6년(서기 647년)과 7년 9월부터 다시 당(唐)의 침입이 있었으나 이듬해(왕 8년) 당(唐) 태종의 죽음으로 요동 싸움이 그쳤다.

또한 그 6년 후에는 당(唐) 고종(보장왕 14년)이 소정방을 보내 고구려를 침입했으며, 왕 17년에는 정명진과 설인귀의 침입, 왕 18년(서기 659년) 설인귀의 침입, 왕 19년(서기 660년) 7월 설필하력과 소정방의 침입이 있었다. 그리고 왕 20년(서기 661년) 정월에는 67주의 군사 4만여 명을 모아 평양으로 나아가게 했는데 그해 4월 신라와 연합한 35군의 수육군에 백제가 멸망(7월)되었다. 이어 그해 8월 소정방의 평양성 포위, 그리고 왕 20년 9월에 연개소문의 아들 남생이 압록강을 지켰으나 설필하력의 침입으로 남생이 패해 단신으로 도망했다. 다시 왕 21년(서기 662년)에는 당(唐)의 방효태가 침입했으나 연개소문이 승리했다. 그리고 소정방의 침입과 회군 등이 있었다.

그 후 보장왕 25년(서기 666년) 연개소문의 죽음으로 그 맏아들(남생)이 막리지가 되었다. 그러나 형제들의 불화로 당(唐)에 귀의한 남생 부자는 마침내 나당(羅唐) 연합군의 고구려 멸망(왕 27년, 서기 668년)에 동참했다.

이상과 같은 연개소문 위업이 "한 문장(⑥)" 속에 생략, 함축되고 포악한 성격(④,⑤)이 표면화됨으로써 연개소문의 자주 국방 의지와 호국 저항 정신이 생략, 희석된 대신 아들들의 불화(⑦)로 남생 부자가 고구려 패망(⑧)

에 일조한 비극적이고 모순적인 혼란상(⑦,⑧, 발전부분)이 부각되었다.[25]

종합하면 전반은 연개소문이 중심이나 통념상 지배층인 당(唐) 태종과 보장왕의 시점이 혼융, 대립되었다. 반면 후반은 후손들 중심으로 당(唐) 고종, 칙천무후 등의 시점이 혼융, 연계된 결과 중심 시점이 분산된 가운데 이들의 전도된 성/쇠 과정이 대비되었다.

결국 표면적으로는 연개소문의 개인 성품에 집중된 듯하나 "이정표(본기에 갖추어져 있다.)" 같은 "기호" 속에 연개소문(고구려, 한민족)의 용맹성과 위업이 지시, 함축되었다. 따라서 동아시아에 떨친 고구려의 위력과 주체적 역사의식을 되찾기 위해 오히려 "본기"로 일탈한 파격적 방법이 역설되었다고 볼 수 있다. 그럼에도 동명성왕의 후예답게 활을 잘 쏘아 당(唐)에서 공적을 이룬 헌성(연개소문손자)이 참언으로 죽음을 맞은 결말(⑨-⑪)은 고구려와 당(唐)의 관계를 비롯해 국가와 민족, 한(韓) 민족의 나아갈 방향, 역사 현황과 인간 정신 등이 다각도로 환기되었다.[26]

무엇보다 편찬자(논평)가 송(宋) 신종과 왕개보의 말을 빌려 "개소문은 보통 인물이 아닌" "재능 있는 사람"임을 밝히고 바른 도로 나라를 받들지 않

---

[25] "연개소문"의 업적이 생략됨으로써 그 아들들의 불화와 남생 부자의 당(唐) 귀의가 고구려 패망의 원인으로 한정될 수 있다. 그러나 실제로는 이들 내분 뿐 아니라 신라와 당(唐)의 관계, 건국 초부터 지속된 중국과 고구려의 관계 등 국내외적 상황이 총체적으로 수렴된 결과였다.

[26] 고구려와 중국과의 대결은 2대 유리왕 11년(기원전 9년) 선비족과의 다툼, 3대 대무신왕 11년(서기 28년) 한(漢)과의 다툼이 시작된 후 "한 모퉁이"에 위치한 고구려와 중국과의 관계는 보다 심화되었다. 신라 말 최치원이 중국 인사에게 보낸 편지에 의하면 "고구려와 백제가 가장 왕성한 때에는 강한 군사들이 100만 명이었으며 남으로는 오(吳), 월(越)을 쳤고, 북으로는 유연(幽燕)과 제(齊)와 노(魯)를 흔들었기 때문에 중국이 큰 좀처럼 생각했다."고 할 정도로 강성했다. 특히 광개토왕은 글안과 연(燕)을 쳐 이기고 영토를 크게 확장한 결과 고구려 기상이 만방에 떨쳤으며, 장수왕 대는 고구려(왕 72년, 서기 484년) 사신이 위(魏)에서 제(齊) 나라 다음으로 우대받을 정도였다. 그 후 영양왕(26대)은 총 113만여 명의 수(隋) 군사를 물리쳤는데 당시 을지문덕은 혼자 30만 대군을 물리칠 정도로 지략이 높았다. 이어 수(隋)의 자존심을 회복하기 위해 당(唐) 태종이 여러 차례 침입했으나 연개소문이 이들을 물리친 후 양국 대립이 절정에 이르렀다.

고 "사납고 무례"하여 대역(大逆)에 이르게 된 반면 당(唐)에 알려진 남생과 헌성이 본국의 입장에서는 신의(信義)를 저버린 사람이라고 비판해 그 전도된 위상을 투시했다.27)

다. 45%-40% 활용된 복합적 인물들

본기 사실 활용 비율이 50% 이하로 약화된 최초의 인물은 김인문(45%)이다. 즉 통일 과업에 기여한 대표적 외교가로 나/당 관계와 삼국 통일 과업이 혼용된 일대기 형식은 비교적 양국을 오간 교량 역할에 한정되었다. 특히 지배층을 대표한 외교적 위업에도 불구하고 당(唐)에서의 행적이 신라 본기에 약술, 생략된 결과 본기 활용 비율이 낮아졌다고 볼 수 있다.

그럼에도 양립된 두 체계(신라/당)가 공존(연합), 조화(병행)된 긍정적 면모와 대립(나/당, 문무왕/김인문)된 부정적 면모로 인해 보다 복잡한 양상이다.

김인문을 중심으로 그 전, 후 관계 상황을 도식화 하면 다음과 같다.

① 태종무열왕 둘째아들, 진덕왕5년, 당(唐)숙위

② 태종무열왕7년 백제멸망 (당(唐)소정방+김유신)	김인문(신라+, 당+/-) 진덕왕5년-문무왕 원년	③ 문무왕 원년당(唐)소정방, 평양침입, 양식운반(+김유신)
⑤ 문무왕14년고구려반란인수용, 백제옛땅차지, 당(唐)노함, 신라/당 고종+유인궤(문무왕대신 김인문세움)	김인문(신라+/당-) 문무왕8년-14년	④ 문무왕8년, 고구려멸망 (+당(唐) 영국공 이적)

⑥ 김인문 죽음
효소왕3년/+양도

이상에서 양국(나/당)의 교량 역할을 한 김인문(중심부분)의 긍정적(+)/부정적(-) 측면은 상부(②-③)의 성/패와 하부(④-⑤)의 연합/대립과 연계되었다. 우선 김인문(①, 도입부분, 좌측상부)은 김춘추(진골)의 둘째 아들로 성골 말

---

27) 본기에서 함축적으로 서술된 당(唐)의 야심이 "김유신(열전)"에 구체적으로 서술되었으며 "죽죽"에서는 본기에 밝히기 어려운 상층인의 부도덕성이 서술되었다. 곧 본기와 다른 역사 의식을 볼 수 있는데 이는 열전의 또 다른 기능이라고 할 수 있다.

혼란기에 당(唐)과의 외교를 위해 숙위했다.

　당시 신라는 김춘추의 외교 활동으로 백제 침입을 막을 당(唐) 구원병을 당(唐) 태종(진덕왕 2년)으로부터 허락받았으나 이듬해 당(唐) 고종이 즉위한 사태로 지연되었다. 이에 신라(왕 4년, 서기 650년)는 다시 법민(김춘추맏아들)을 사신으로 보내 태평송을 바치고 그 이듬해부터 김인문이 숙위했다.

　그 후 태종무열왕(김춘추)이 즉위(②)하고 이어 김인문의 외교적 업적으로 백제 멸망(②, 전개부분)이 이루어졌다. 그러나 곧 문무왕이 즉위(서기 661년)했다. 그리고 나당(羅唐) 연합군의 고구려 침입(③) 도중 백제회복군의 저항(③)으로 신라(김유신)는 먼저 이들과 대결하게 되었다. 그 사이 평양을 포위(③, 전개부분)한 당(唐) 소정방이 양식이 운반되지 않은 위기에 처하자 김인문(+김유신) 등이 양식을 수송하게 되었다.

　결국 나당(羅唐) 연합군의 고구려 멸망(④, 발전부분)은 간략한 사실들이 조합, 나열되었으나 당(唐) 고종과의 관계(⑤)는 대화체로 상술, 확장되어 다양한 문형이 구성되었다.

　한편 신라가 반란한 고구려인들을 수용하고 백제 땅을 차지했다는 이유로 당(唐)과 대결(⑤, 발전부분)했을 때 당(唐)이 일시적이나 김인문을 왕으로 세웠기 때문에 큰 허물이 되었다. 비록 사신과 공물을 보내 사죄하고 문무왕의 관작이 회복되었으나 김인문은 당(唐)에서 일생(⑥, 결말부분)을 보냈다.

　종합하면 김인문은 나/당(羅/唐) 외교(②-④)로 삼국 통일 과업의 수훈자이나 당(唐)과 연합(②,③,④)/대립(⑤) 중 긍정적/부정적 측면이 혼용되어 도치(②/③, ④/⑤), 전환(③/④, ②/⑤)된 형태가 상/하 반복된 복잡한 양상이다.[28] 곧 주체성 회복으로 완수된 삼국 통일 과업은 김인문의 역사적, 존재적 의의가 양면적 형태로 전도, 복합된 사이 보다 많은 시일이 소요되고 인명 피해도 컸다.

---

[28] 실제 ③은 당과 연합한 때문에 구원도 받았으나 소정방에게 양식 전달로 인한 신라의 고통도 적지 않아서 그 양면적 의미(+,-)가 없지 않다.

다음 귀산(40%)은 본기 활용 비율의 감소로 구성 비율(60%)이 증가되어 인물의 존재 의의가 보다 확장되었다. 곧 군/신, 부/자 관계 외에 벗과의 신의와 싸움에서 물러나지 않은 총체적 업적이 원광법사의 세속오계[29]와 복합 형식으로 구성되었다.

이들 관계를 도식화 하면 다음과 같다.

① 귀산, 아버지 무은,
② 벗 추항과 기약   ③ 마음 수양, 원광법사 찾음
　　　　④ 원광법사(불교정신)/세속오계(유교정신)
⑥ 귀산 전사(충)   ⑤ 진평왕24년, 아막성싸움,
　　　　　　　　　　　　　　　　　　아버지구함(효), 승리(임전무퇴)

이상은 귀산(①, 도입부분)이 벗(추항)과 함께 화랑(무사) 정신 본받기(학문과 덕행 높은 이와 교유하기)를 기약(②)하고 먼저 마음(③)을 바로하기 위해 원광법사(④, 중심부분)를 찾았다.

본기에 의하면 진평왕 11년(서기 589년) 3월 진(陳)에 들어가 불법을 구하던 원광법사(진평왕 22년, 서기 600년)가 돌아왔다. 노장학과 유학을 두루 섭렵하고 역사에 능했던 법사는 진(陳)에서 불교에 귀의하고 삼장(三藏)과 석론(釋論)을 탐구해 이미 명망이 높았다. 때문에 진평왕이 수(隋) 통일 후 그의 귀환을 청했으며, 신라에 돌아온 그는 왕에게 나라 다스리는 방책과 교화 등을 자문하고 외교 문서 등을 작성했다.

법사는 당시 침입한 고구려(왕 30년, 서기 608년)를 물리치기 위해 수(隋)에 군사 청하는 글을 지으면서 "자신이 존속되기 위해 남을 없애려는 것은 불도를 닦는 이의 행실이 아니나 대왕의 땅에 살면서 그 물과 곡식을 먹고 있으니 따르지 않을 수 없다."는 지론으로 그의 호국 정신[30]을 표명했다.

---

[29] 이는 사군이충(事君以忠), 사친이효(事親以孝), 교우이신(交友以信), 임전무퇴(臨戰無退), 살생유택(殺生有擇) 등이다.
[30] 이도학 외, 『신라 화랑 연구』, 한국정신문화연구원, 1992, 50면, 호국 불교 사상에 공헌이 컸던 고승은 원광, 자장, 원효, 의상, 도선이라고 했다.

Ⅲ. 문장의 구성 형태와 인물의 존재 방식 341

　따라서 원광법사는 실제 개인적으로 쉽게 대면할 수 있는 인물은 아니나 법사의 세속오계가 당시 무사들의 정신적 바탕(④)이 되었음을 표명하기 위해 "귀산"31)의 행적(⑤, 발전부분)과 복합되었다고 볼 수 있다. 곧 아막성 싸움(무왕 3년, 진평왕 24년, 서기 602년)에서 위험에 처한 아버지를 구하고 추항과 함께 "임전무퇴" 정신으로 맞서 승리한 귀산의 업적(⑤, 발전부분)이 신라 본기에는 간략한 반면 백제 본기에는 좌평(해수)을 중심으로 상술되었다. 따라서 분산(백제본기), 약화(신라본기)된 귀산의 역사적 업적과 존재 의의가 회복(열전)되고 나아가 무사(화랑)들의 호국 희생정신이 호국 불교 사상(원광법사)에서 비롯되었음을 함축했다.

　당시 원광법사와 화랑과의 관계를 보면 원래 설원랑(제7세풍월주)의 낭도들은 대개 골품 있는 귀족들로 향가를 잘 부르고 고상한 놀이를 좋아해 운상선(雲上仙)이라고 했다. 반면 문노(제8세풍월주)32)의 낭도들은 무사(武事)를 좋아하고 의협심이 강해 호국선(護國仙)이라고 했다. 특히 문노파는 미천한 신분으로 고관이 된 사람이 많아서 초야의 평민들이 출세할 수 있는 문호이기도 했다.

　그 후 치열해진 삼국 관계로 인해 전공을 세운 무사파가 점점 우세해지면서 귀천 없이 인재를 발탁해 국력을 키우자는 통합원류(統合原流) 등도 생겼으며, 문노파와 통합파 중에서 다시 혼성된 이화류(二花流)도 있어서 그 풍월주(숙태자)가 당시 원광법사를 보좌로 삼았다. 특히 원광법사의 아버지는 제 4세 풍월주인 이화랑이며 동생은 제 12세

---

31) 진평왕 24년(서기 602년, 백제무왕 3년) 귀산과 추항은 4만 명의 군사를 거느리고 나아간 백제 해수가 한 마리 말과 함께 돌아갈 정도로 크게 승리했다. 그러나 이후 신라는 백제의 집중 공격으로 위기에 처했다.
32) 이도학 외, 『신라 화랑 연구』, 한국정신문화연구원, 1992, 147면, 문노는 어머니가 가야국의 문화공주였기 때문에 사다함이 가야국을 칠 때 외조부 나라의 백성들을 괴롭힐 수 없다 하여 가지 않았다. 후에 세종공(제6세 풍월주)에 종속되어 고구려와 백제 정벌에 공을 세웠으나 어머니가 가야 출신이어서 출세하지 못했다. 그러나 진지왕 폐위 공로로 아찬에 올랐으며, 세종공 부인의 총애로 선화(仙花) 자리에 올라 8세 풍월주가 되었다. 그는 용감하고 글을 잘했으며, 아랫사람을 자기 몸처럼 사랑했다고 했다. 이에 낭도들이 서로 격려하며 죽음으로 나라에 보답한 결과 통일 과업의 원동력이 되었다.

풍월주(보리공)이어서 유학에 조예가 깊었던 원광법사(불교)의 세속오계(유학+불교)가 화랑의 바탕 정신으로 융합될 수 있었다.33) 그 후 호림공(14세풍월주)은 "화랑도와 불교는 같은 도이며 미륵선화(7세풍월주 설원랑)나 보리사문(12세풍월주)은 모두 우리 스승이다."라고 했다.

그러나 실제 국선도(國仙道)인 화랑도(花郎道)34)의 뿌리는 그보다 앞서 국자랑(國子郞)에서 볼 수 있다. 이들은 밖에 나갈 때에 머리에 한얼꽃(天指花)을 꽂았기 때문에 천지 화랑(天指 花郎)이라고 했으며, 배달길(風月道, 風流道, 花郎道)을 실행하여 배달 나라를 만들고 나라의 주인이 된다는 뜻에서 풍월주(風月主)라고 했다. 다시 말해 배달(倍達)은 "밝은 땅"(檀)을 뜻하나 이두(신라)로는 풍월도로 적었다.35)

한편 이들 배달 겨레의 윤리, 도덕은 소도단에서 올리는 한얼 제사에서 비롯되었는데 충성, 효성, 신의. 용기. 어질기 등 다섯 계율을 가르치고 소도 옆에서는 글읽기, 활쏘기. 말달리기, 예절 배우기, 노래, 음악 배우기, 주먹치기와 칼 쓰기를 배우게 했다.36) 이는 "김인문"의 자질로 소개된 바이어서 오래도록 전승된 기본 덕목이었음을 알 수 있다.

종합하면 화랑도는 고대 신선 사상에서 비롯되어 다양한 계율이 이미 있었으나 외래 사상인 불교와 유교의 영향으로 새롭게 변모되었다고 볼 수 있다. 곧 당시 정신적, 사상적 중심이 된 원광법사의 호국 불교와 유교적 규범이 신라 사회의 중추적 인물인 화랑(무사)들의 바탕 정신이 되면서 통일 역량도 만개되었다.

다음 백제 명장인 계백(40%)은 백제 패망 과정과 더불어 존재적 의의가

---

33) 앞글, 152-153면, 이 때 원광법사가 유교의 충, 효, 신의 덕목과 불교의 살생유택의 자비정신을 포함시키고, 나아가 당대의 시대적 요구에 부응한 임전무퇴를 첨가해 화랑과 무사들의 실천 좌표로 삼았다고 했다.
34) 앞글, 83-103면.
35) 앞글, 90면, 그 외에도 화랑을 이두문으로 표현한 명칭은 풍월, 풍월주, 풍월도(風月徒), 풍류, 풍류도, 화랑(花娘), 원화(源花), 원화(原花), 화주, 화랑(花郎), 화랑도(花郎徒), 화랑낭도, 향도(香徒), 화랑국선, 국선, 국선도(國仙徒), 선화, 선랑, 선인(仙人), 선인(先人) 등 20가지이다.
36) 앞글, 99면.

단편 삽화 형식에 집약되었다.
이를 도식화 하면 다음과 같다.

② 의자왕20년 나당연합군의 백제침입
③ 계백 결사대 5천 군사로 막으려함
① 백제명장, 달솔　　　　④ 살아서 욕되기보다 죽는 것 나음/가족희생

계백(백제)의 멸망(+⑥, 본기에서 화랑 관창과 교감)

⑦ 힘이 다해 전사함　　⑤ 황산들 진영, 나라 은혜 보답 당부(구천군사)
　　　　　　　　　　　⑥ 호국 희생정신으로 저항, 진퇴 네 번

이상에서 백제 명장인 계백(①, 도입부분)은 나당(羅唐) 연합군의 침입(②, 전개부분)에 결사 대항할 5천 명의 군사(③)로 이들을 막게 되었다. 그러나 대결(⑥)에 앞서 죽기를 각오(④)하고 역설적이나 종(패망의미)이 될 가족을 먼저 희생(④)시켜 호국 희생정신을 솔선수범 실천했다.

본기에 의하면 황산들 싸움 중 신라(김유신)의 5만 군사가 세 갈래로 나뉘어 네 번이나 싸웠으나 오히려 위기에 처했다. 이 때 흠순(김유신동생)이 아들인 반굴(김영윤 아버지)에게 목숨을 바쳐 충, 효를 다하도록 했으며, 좌장군 품일도 아들인 관창에게 삼군의 표적이 될 것을 권했다. 결국 이들의 전사에 분격한 군사들이 백제를 크게 물리쳤다.

결국 계백은 힘이 다해 전사(⑦, 결말부분)했으나 백제인의 호국 희생정신(⑤,⑥)을 대표한 역사적 충의뿐 아니라 패망을 의식한 명장의 인간적, 존재적 고통(④)이 총체적으로 함축, 개방되었다.

라. 33% 활용된 함축적 인물들

다음 본기의 활용 비율이 1/3(33%)로 감소된 인물들은 2/3가 구성되어 혼융적 형태보다 개방적 형태(30%-20%)에 가까운 듯하나 혼융적 형태의 양면적 성향이 보다 강하다.

그 중 향덕은 본기의 사전(史傳) 형식이 단편 삽화 형식으로 재현되면서

구성 비율이 거의 두배(2/3)로 확장되었다. 곧 귀감이 된 그의 실천적 효행을 근거로 당시 자연 재해와 사회 경제적 한계가 확장, 내포되었다.

구성 방식에 따라 정리하면 다음과 같다.

도입: ① 향덕, 웅천주 판적향 사람, 아버지이름 선, 자 반길, 천성 온순, 향리에서 품행 높이 받듬, 어머니 이름 전하지 않음 ②향덕의 효성과 순종, 사람들 칭찬
전개: ③ 경덕왕14년흉년, 굶주림, 전염병 돎 ④부모 굶주리고 병, 어머니 등창, 생명 위험
발전(절정): ⑤ 향덕, 밤낮 정성, 넓적다리 살 베어 드림, 어머니 등창 입으로 빨아 편안해짐 ⑥ 고을 관리, 주(州)에 알리고 주(州)는 왕에게 아룀
결말: ⑦ 왕, 벼300곡, 집 한채, 구분전 줌, 관리에게 비 세워 사실 기록, 표함 ⑧효자네 마을이라 함

이상은 본기의 사전(史傳)을 근거로 보다 상술, 확장되었는데 우선 본기의 사전(史傳)과 대략 비교하면 다음과 같다.

본기에 의하면 "경덕왕 14년(서기 755년) 봄에 곡식이 귀해 백성들이 굶주렸다. 이때 웅천주에 사는 가난한 향덕이 아버지를 봉양할 수 없어서 다리 살을 베어 들게 했다. 왕이 이를 듣고 물품을 자못 후하게 내려주고 마을 입구에 정문(旌門)을 세워 표창하도록 했다."

이상과 같은 사실을 근거로 도입(①,②)과 결말 부분(⑦,⑧)을 비롯해 전개(③,④, 어머니 등창)와 발전 부분(⑤,⑥)의 일부가 확장(총 2/3)되었다. 말하자면 당시 최고 규범인 효행이 부각되었으나 시대적 한계(경덕왕, 자연재해, 경제적 고통)로 향덕(백성)의 시련(굶주림, 병)이 보다 극대화되었다.

우선 향덕 부자(①/②)의 "천성이 착하고/효성스러워" 향덕의 극단적인 효행(⑤)이 당연시 될 수 있으나 시대적 차이(부/자, 과거/현재, 통일과업 전/후)는 이들의 천성과 효성(①/②)도 대비된다.

곧 극단적 효행과 정성으로 부모가 일시 안정된 듯하나 시대적으로 "백성의 고통과 지배층의 한계"는 마침내 "자신의 다리 살을 벤" 아들의 희생적 행위와 "어머니의 등창을 빤" 지배층의 병폐(백성들의 등창을 빤)가 절정(⑤)에 달했음이 함축되었다. 따라서 당시(경덕왕 14년)의 흉년, 굶주림, 전염병

등 심화된 사회 현황(③,④, 전개부분)은 향덕의 개인적 효행(고통)에 그치기보다 고을 관리에서부터 왕까지 알아야 할 위기 상황(⑥)이었다.

당시 효자네 마을(⑧)은 과거 "충, 효"가 바탕이 된 호국 희생정신(구분전, ⑦)으로 이룬 "통일 신라(어머니, 영토)"를 뜻하는 상징적 기호와 같으나 통일 후 지배층의 충의(도덕성) 상실로 백성들의 효행만 두드러진 모순된 현실이 되었다.

결국 향덕(일반백성)의 시련은 도덕적 규범인 효행과 연계된 때문에 왕(지배층)의 보상(벼, 집, 구분전)으로 해소된 듯하다. 그러나 역으로는 노쇠(근본정신 상실)한 부모(지배층)의 위기 상황(굶주림/권력욕, 병폐/사치)이 보다 심각함을 짐작할 수 있다. 곧 향덕(열전)의 효행(피지배층의 고난)과 정성(외교 관계)으로 귀감이 된 "효자네 마을(통일신라)"이 보다 실질적으로 회복(통일정신)되기 위해서는 과거 상하(충/효) 공동체적 희생정신(살 베기)이 새롭게 각성[37]될 필요가 있었다.

다음 김양과 장보고/정년은 동시대 같은 역사적 업적을 수행한 중앙 권력층(김양)과 지방 세력(장보고/정연)을 대표한 인물로 통일 신라 중반기 한계가 투영되었다.[38]

그 중 김양은 통일 신라 중반기 심화된 왕권 쟁탈을 마무리한 업적이 일대기 형식으로 구성되었다. 특히 김유신(통일과업)에 버금가는 예우를 받았으나 사촌(김흔)과의 대립은 중앙 권력층 내분의 중심 인물임이 함축되었다.

이들 관계를 도식화 하면 다음과 같다.

---

[37] 이는 실제 은유적 인물(구상적 형태)인 "성각(聖覺)"을 통해 거듭 환기되었다.
[38] 본기에서 헌덕왕 11년(서기 819년) 전, 후로 백성들의 굶주림(왕 7, 8, 9, 12, 13년)과 반란(왕 14년)이 심했으나 당(唐) 내분 평정을 위해 군사 3만 명을 보냈으며, 흥덕왕 3년(서기 828년) 당(唐) 군중소장이었던 장보고가 귀환해 청해진에서 1만 명의 군사로 당(唐)에 잡혀가는 백성들을 지켰다. 그 후 문성왕 2년(서기 840년) 당(唐) 문종이 볼모로 간 왕자와 학생 등 105명을 귀환시켰다.

① 김양가계(증조부 주원), 명문세가
② 김양, 뛰어난 인물, 흥덕왕대 무주도독
③ 흥덕왕사후, 균정과 제륭의 왕권쟁탈
④ 희강왕(제륭) 즉위/균정 패함, 아들우징 청해감
⑤ 김양, 우징 따라 청해감, 무주함락

42대흥덕왕/43대희강왕/44대민애왕/45대신무왕/46대문성왕

⑩ 김흔(김양사촌), 헌덕왕대 당(唐)사신
⑪ 대구에서 김양에 패함, 문성왕대 죽음
⑥ 김명, 희강왕시해, 민애왕즉위
⑦ 김양,우징,정연이 대구(김흔)에서 승리
⑧ 신무왕(우징)즉위, 태자문성왕즉위, 김양 병부령됨
⑨ 김양 죽음, 김유신 관례

  이상은 흥덕왕(42대) 이후 왕권 쟁탈(희강왕-문성왕)이 극에 달했던 시기 (③-⑨)가 집약되었다.
  특히 중심 인물인 김양(①,②, 도입부분)은 대대로 장수와 재상을 한 태종무열왕계 후손으로 왕권 쟁탈 시초에 균정(③, 신무왕아버지)을 도왔으나 제륭(희강왕)에게 패해(④) 청해에 숨은 우징(균정아들)을 따라 청해(⑤)로 갔다. 반면 제륭을 도와 희강왕(43대)을 세우고 상대등이 된 김명(③,④, 전개부분)은 다시 희강왕(왕 3년, 서기 838년)을 없애고 민애왕(44대)으로 즉위(⑥, 발전부분)했다. 결국 민애왕의 부도덕성(불충)을 이유로 김양(⑦)과 우징이 장보고(청해진대사)의 도움을 얻어 민애왕을 응징한 후 우징(⑧)을 신무왕으로 세웠다. 그리고 김양은 병부령이 되었으며 그 딸은 문성왕(왕 3년) 비가 되었다.
  곧 구성 형태에서 단편 역사 사실(③,④일부,⑥,⑦,⑧일부)을 근거로 확장된 김양의 전, 후 위업이 대화체로 보완, 상술, 분산되어 표면적으로는 희강왕(③,④, 전개부분)과 민애왕(⑥, 발전부분)의 불충과 부도덕성을 응징하고 도덕성(⑦)이 회복되었다. 이는 시초의 왕권 쟁탈(전개부분)보다 심화된 민애왕의 즉위 과정이 생략되고 그 불충을 응징한 행위(발전부분) 때문에 도덕적 명분이 부각되었으나 실제로는 시초의 왕권 쟁탈(③)에서 비롯된 시대적 한계(결말부분)가 지속적으로 강조되었다.
  결국 희강왕에서 문성왕까지 중앙 권력층[균정(신무왕아버지)/제륭(희강왕)/김명(민애왕)/우징(신무왕)]의 내분(전개/발전부분)을 마무리한 김양(③,

④,⑤/⑦,⑧,⑨)은 김유신의 예우(⑨)를 받았으나 아는 바와 같이 왕권 쟁탈 시초의 핵심 인물(③-⑤)이었다. 곧 희강왕(우측상부)과 민애왕, 신무왕(우측하부)대 내분의 실상이 김양(①,②, 좌측상부 도입부분)과 사촌인 김흔(⑩,⑪, 좌측하부 결말부분)의 대립 관계에 구체적이고 우회적으로 함축되었다.

끝으로 장보고/정년은 당(唐)에서 소장으로 활약하다 귀국해 청해(장보고)를 지킨 지방 세력이나 김양을 도와 왕권 쟁탈 혼란상을 마무리한 업적 등이 연대기 형식으로 구성되었다.

이들을 도식화 하면 다음과 같다.

① 장보고/정년, 신라인, 조상모름
② 정년은 재능, 보고는 연장자로 경쟁관계임   ④ 신라인, 중국인 종되는 현실에 장보고귀국
③ 모두 당(唐)소장, 말타고 활쏘기제일임   ⑤ 흥덕왕대, 만 명 군사로 청해지켜 안정됨

| 42대흥덕왕/43대희강왕/44대민애왕/45대신무왕/46대문성왕 |

⑨ 신무왕, 장보고 재상삼음   ⑥ 정년, 중국에서 고생, 귀국결심
⑩ 정년, 청해지킴   ⑦ 장보고, 정년반김, 희강왕 시해됨
                                            ⑧ 정년, 장보고 군사로 환란평정, 신무왕 즉위

이상에서 장보고/정년은 민애왕 대 중앙권력층의 반란을 막은 본기 사실(⑦,⑧) 등을 근거로 이들의 개인적, 인간적 관계가 보다 확장되었다.
그 중 과거 당(唐) 생활(①,②,③, 도입부분)/흥덕왕(④,⑤, 전개부분)/희강왕(⑥,⑦, 발전부분), 민애왕(⑦,⑧, 발전부분)/신무왕(⑨,⑩, 결말부분) 대 나당(羅唐) 현황과 이들의 신라 이입 과정 등과 지배층의 왕권 쟁탈(불충, 부도덕) 마무리 위업(⑧)이 복합되었으나 그 역사적 업적(⑧)은 보다 축약되었다. 곧 전개(④,⑤), 발전(⑦,⑧), 결말 부분(⑨)의 단편 사실을 근거로 이들의 신의가 대화체로 상술, 확장(67%)된 결과 지방 세력으로 중앙 권력층을 도운 역사적 의의(33%)보다 이들의 개인적, 존재적 의의가 보다 부각되었다.
결국 이들의 역사적 위업에도 불구하고 반란(본기)으로 참형된 긍정적/부

정적 형태는 실제 신분(중앙권력층/지방세력) 차별 때문이었으나 그 사실(문성왕 8년) 등이 생략(열전)되어 그 본질적 의의가 분산, 희석되었다. 때문에 편찬자(논평)는 나라 위기에 개인적 경쟁 관계보다 신의로 화합한 이들의 역사적 위업을 극찬하여 존재적 위상을 복구했다.

이상으로 "혼융적 형태와 양면적 성향"의 인물들은 본기 사실 활용 비율이 높거나 비등한 (73%-50%) 명장들(견훤, 궁예. 석우로, 사다함, 연개소문) 경우 그 영웅적 비범성에도 불구하고 인간적 욕망과 시대적 한계가 "정/반"의 관계로 개방되어 역사적/존재적 긴장 관계가 보다 극대화되었다. 이에 비해 본기 활용 비율(45%-40%)보다 구성 비율(55%-60%)이 높아진 인물들(김인문, 귀산, 계백)은 인간과 세계가 처한 양면(양립)적 성향(나/당, 충/효, 화랑정신/불교정신, 백제/신라)과 그 한계에도 불구하고 교차, 연계(소통)된 관계 상황 등에서 그 극복 가능성도 혼융되었다.

끝으로 본기 활용 비율(33%, 1/3)보다 구성 비율이 두 배(67%, 2/3)로 확장된 인물들(향덕, 김양, 장보고/정연)은 표면적 역사 사실과 더불어 인간과 세계의 본질적 의미들이 보다 복잡하고 모순된 형태로 함축, 개방되었다. 때문에 내재된 관계 상황과 그 본질적 의의를 보다 총체적으로 이해하기 위해서는 함축, 연계된 배경 사실(본기)을 수렴하지 않을 수 없다.

3. 개방적 형태와 다원적 중심

다섯 가지 구성 형태의 중심에서 그 양면과 소통, 연계된 개방적 형태는 본기 사실 활용 비율이 대폭 감소되어 역사적 의의(30%-20%)보다 존재적 의의(70%-80%)가 크게 강화되었다.

특히 통일 과업의 대표적 인물이어서 서술 분량이 가장 많았던 김유신이 본기 활용 비율(평균 20%)이 크게 낮은 이유는 우선 많은 서술 분량 때문에 상대적으로 약화되었으나 보다 많은 인물들과의 관계로 그의 고유한 세계(대화, 행적)가 다방면으로 개방되었기 때문이다.

이들의 구성 방법을 본기 활용 비율 순으로 정리하면 다음과 같다.[39]

구성방법 활용비율	1도입	2전개	3발전(절정)	4결말
30%	김영윤(X), (+)출신지역, *가계(반굴, 흠순)	*태종무열왕대, 나당연합군 백제멸망, 반굴 전사 (+)영윤 절조 다짐	*신문왕대, 고구려 회복군 반란, (+)영윤 보기감, 홀로 나아가 전사	(+)왕, 부자 의로움 기리고 벼슬 추증, 상 줌
27%	최치원, (+)출신지역, 가계, 자질(학문 좋아함)	(+)12세당(唐)유학, *경문왕대 과거 합격, 벼슬과 자금어대받음(+), *황소반란 고병종사관 서기(書記) (+)당유학, 강동시인 나은과 교류, 고운 절친, "시"전함(+)[40]	*28세, 헌강왕11년 귀국, 시독, 한림학사됨(+). 말세 쓰이지못함, 태수됨(+). *(+)진성왕대, 하정사(賀正使), 흉년과 도적으로 못감. 당(唐)사신 간 해, 달 모름(+), *(+)문집, 편지 수록	(+)귀국후 나라 어지러워 유람, 해인사 등 여생보냄 (+)신당서 내용소개, 고려 태조에게 보낸 문구, *고려 문창후시호 내림
25%	열기, (+) 족성 모름	*문무왕 원년 당(唐)고종 고구려침입, 소정방 평양성포위, 군량요청, 김유신 등에 양식 보내게함	*장새도착, 강추위, 열기, 구근 등 전달, (+)유신이 상줌, 귀환, 왕에게 벼슬 올릴 것 청, 사찬 벼슬 하사	(+)유신아들에게 군수청, 불허, 불만, 삼년산군태수 줌, 구근, 원정공과 원술 성쌓음, 국사대우 불만, 원정공 후회
20%	물계자(X), *내해이사금 대, (+)집안 평범, 큰뜻, 기개 있음	*팔포상국 아라침입, 왕손 내음이 구원, (+)물계자 공적, 왕손의 미움으로 기록되지 않음	(+)지사(志士)정신, 인내, (+)3년후 골포등 갈화성 침입, 왕 물리침, 물계자 공적, 얻은 것 없음	(+)아내에게 위급할 때 목숨 바치지못해 면목없음 말함, (+)거문고 들고 사체산 들어감
20%	비령자, (+)고향, 가계, 성씨 모름	*진덕왕원년 백제가 무산성등 침입, 김유신이 군사 1만 명으로 막음, 기운 꺾이고 피로해짐	*유신, 비령자에게(+)위급할 때 할 일 말함, 앞장 서 전사,(+) 비령자의 아들,(+) 종 전사, *승리	(+)유신 옷 덮어줌, 슬퍼함, 대왕 슬퍼함, 예장, (+) 처, 아들, 구족 상 줌
20%	김유신, 상권의 가계소개 (상권 도입부분)	상권 중 도입 부분 제외한 나머지 부분	중권 전부 포함, 하권 중 결말부분 제외한 나머지 부분 포함	하권 마무리 부분
20%	흑치상지, (+)백제 서부인,	*소정방, 백제 평정, 흑치상지 항복(+), *(+)왕 가둠	*당(唐)고종, 타일러 유인궤에 항복. (+)당 원외장군	(+)상지, 부하들 은덕과 의리로 대함, 사사로이 벌

---

[39] 이들 중 "김유신"(평균 20%)은 총체적으로 개방적 형태이다. 그러나 중권(30%), 상권(18%), 하권(11%)으로 나누면 "구상적 형태"의 특징도 없지 않다. 그러나 상, 중, 하의 개별적인 비율 확인은 각 권의 구성 형태를 비교하기 위한 한 방법에 불과하며, 실제로는 한 권의 통합된 인물이다. 한편 서술 분량이 많아서 논의 분량도 많은 김유신은 설명 방법상 전체적인 흐름을 위해 단편적인 흑치상지 다음으로 미루었다.

| | | 키크고 지략있음, 벼슬(달솔) | 고 약탈에 도망 *임존산 의지, 3만 명 귀환, 200성회복 | 공적, 보벽 패해 상지 연루됨, 참언으로 목매 죽임 | 하지않음. 사람들 그의 잘못된 죽음 슬퍼함 |

    이상은 인간과 세계의 한계에도 불구하고 세계의 중심에서 자신의 신념을 보다 주체적 의지로 실천하고 회복하고자 한 이들로 인물들의 역사적, 존재적 신념과 행위가 다각도로 연계, 개방, 활성화된 점에서 "개방적 형태와 다원적 중심"으로 명명(命名)되었다.

    이들(총7명, 14%) 중 본기 활용 비율이 가장 높은 김영윤(30%)은 앞에서 살핀 혼융적 형태의 최하 비율(33%)과 3% 차이이며, 활용 비율이 가장 낮은 물계자(총4명, 20%) 등은 다음의 구상적 형태(15%-10%)의 최고 비율과 5% 차이에 불과해 그 전, 후 형태와 밀접하게 연계된 위상을 알 수 있다.

    시대적으로는 김유신을 중심으로 신라 초기(물계자)부터 말기(최치원)까지 삼국 최 전환기가 총체적으로 집약된 형태〈물계자(X)-비령자-김유신-열기-흑치상지-김영윤(X)-최치원〉[41]이다. 때문에 이들의 자유롭고 파격적인 구성 형태(70-80%)에도 불구하고 열전(총50여 명, 천여년의 역사상황)의 "노른자"와 같은 의미가 응축되었다. 곧 역사적 실존 인물(총5명) 외에 본기에 명시되지 않은 은유적 인물(총2명)도 구성되었으며 고구려, 백제, 당과 관계된 상황이 다각도로 개방되어 열전의 총체적 양상이 집약되었다.

    이들을 본기 사실 활용 비율에 따라 크게 두 부분(30%-25%/ 20%)으로 나누어 살피면 다음과 같다.

---

40) 이 부분은 당(唐)에서 귀국 전의 생활이나 열전에서는 끝부분에 서술되어 시간이 파기되었다. 이에 필자는 글의 흐름 상 귀국 전 공간으로 옮겼음을 밝힌다.

41) 물계자와 김영윤은 본기에 명시되지 않은 은유적 인물(X)임을 표시했으나 실제로 물계자는 본기의 석우로, 이음과 연계되며, 김영윤은 본기의 흠순과 반굴과 연계된 점에서 사실과 은유가 혼용되었다. 그 중 김영윤은 고구려 회복군과 연계되어 흑치상지(백제회복군)과 비교된다.

가. 30%-25% 활용된 통일 전, 후 인물들

본기 사실이 30%-25% 활용된 인물들(김영윤, 최치원, 열기, 총3명)은 우선 무사(김영윤, 열기)와 문장가(최치원)로 구분되나 본기에 명시된 인물(열기, 최치원)과 명시되지 않은 인물(김영윤)로도 비교된다.

비교적 시, 공간적 변화가 큰 이들은 시대적으로 통일 과업(열기), 통일 신라(김영윤), 통일 신라 말기(최치원) 상황이 광범위하게 함축(70-75%)되었다.

그 중 본기 활용 비율이 가장 높은 김영윤(30%)은 통일 과업의 중심 인물인 흠순(김유신동생)의 손자이며 반굴의 아들로 선조의 위업이 더해졌기 때문에 높아졌다.

이들 관계에 구현된 역사 사실(좌)과 구성된 내용(우)을 나누어 정리하면 다음과 같다.[42]

역사 사실	구성된 내용
도입: ①'아버지 반굴, 조부 흠순은 문무왕 대 재상 우두머리	도입: ①김영윤, 사량 사람, 반굴 아들, 조부 흠순(진평왕대 화랑)은 어진 재상이라 일컬음
전개: ②태종대왕7년, 나당연합군 백제멸망, 흠순과김유신이 백제와 황산들 대결, 반굴에게 목숨바쳐 충, 효 다할 것 말함, 반굴 전사	전개: ③김영윤, 대대로 녹봉받는 집안, 명예롭고 절조 있게 살 것 스스로 생각
발전(절정): ④신문왕4년 고구려회복군 반란	발전(절정): ④'신문왕4년 고구려회복군 보덕성반란 ⑤김영윤(보기감)출전 ⑥어떤이 피로할 때 칠 책략(옛말)에 장수들 호응 ⑦김영윤 대결의지 ⑧시종인 만류 ⑨김영윤 용맹(예기), 임전무퇴 본분, 장부 스스로 결정할 일, 나아가 전사
결말:	결말: ⑩신문왕, 눈물, 부자 의로움 기림, 벼슬 추증, 상줌

이상은 김영윤의 선조인 흠순과 반굴의 통일 과업(②, 전개부분)과 김영윤의 행적(④, 발전부분)을 근거(30%)로 백제 침입(진평왕)부터 통일 신라 시초(신문왕)까지 상황이 광범위하게 구성되었다.

---

42) 문장 순위 번호에서 ①은 좌, 우에 관계없이 최초 문장을 뜻하며, ①'는 ①과 연계된 내용이 확장된 상황임을 밝힌다. 이는 ④와 ④'의 경우도 마찬가지이며 이후에도 같은 방법으로 표시되었다.

곧 과거(태종무열왕) 상층(흠순)의 솔선수범적인 호국 충절(충, 효)과 일체된 화랑들(반굴, 관창)의 호국 희생 정신으로 통일 왕조(신문왕, 김영윤)를 맞았다. 그러나 통일 후 고구려 회복군(실복)과 대치한 현장(④, 발전부분)에서 "어떤이(⑥)", "장수들(⑥)" "시종인(⑧)"들의 소극적 태도(상대 피로해지기 기다림)에 비해 김영윤의 적극적이고 자발적인 희생정신(⑦, ⑨)이 비교되었다.

말하자면 백제 멸망(태종무열왕 7년, 서기 660년)부터 현재(신문왕 4년, 서기 684년)까지 총 24년 동안 지속된 삼국 통일 위업이 앞으로도 유지, 발전되기 위해서는 과거 일체된 통일 정신을 바탕으로 자발적이고 주체적이며 솔선수범인 신념과 실천 행동이 수반되어야 함이 역설되었다. 결국 당시 변화된 보편적 의식(어떤이, 장수들, 시종인의 만류)을 뿌리치고 "스스로(홀로)" 나아간 김영윤(후손)의 실천 의지(예기)만이 과거 김유신(이룬 공적을 지키는 것 또한 어렵다는 생각)의 당부(신념)를 실현할 수 있는 구체적 방안이었다.

이는 전반(①-③)과 후반(④-⑩)으로 나뉜 구성 방식에서 과거(전반, 흠순, 반굴, 구세대) 통일 과업을 이은 후예(후반, 김영윤, 신세대)의 다양한 의식 변화(어떤이, 장수, 시종인)에도 불구하고 예나 지금이나 전환기 어려움을 극복하기 위해서는 선조들(②)의 통일 역량을 이은 후예들(김영윤)들이 "스스로" 앞장서지 않을 수 없음(⑦,⑨)이 강조되었다.

종합하면 통일 왕조(신문왕)는 초기 김흠돌(통일과업수훈자)의 반란(내분)과 고구려 회복군의 반란으로 인해 과거부터 지속된 호국 희생정신(통일정신)을 다시 한 번 각성한 계기가 되었다. 곧 명문 세가(김영윤/지배층/신라인)가 솔선수범 실천한 자기 희생만이 앞으로 균형적인 공존 관계(신/구세대, 신라/백제와 고구려, 국내/외)가 지속될 수 있음이 사실과 은유적 의미로 역설되었다.

다음 최치원은 통일 신라 말 최고 문장가로 본기 활용 비율(27%)보다 구성된 비율(73%, 약3/4)이 보다 높아서 개인적, 존재적 면모가 역사적 의의보

Ⅲ. 문장의 구성 형태와 인물의 존재 방식 353

다 크게 확장, 개방되었다.

특히 일대기 형식임에도 부자 관계가 압축되고 당(唐)과 신라를 오간 시, 공간적 변화와 인간 관계가 다양한 문장 양식으로 구성되었다.

인물이 경험한 신라(좌)와 당(우)의 행적을 나누어 정리하면 다음과 같다.

신라 행적	당(唐) 행적
도입: ①최치원, 사량부 사람, 집안 내력 전하지 않음, 어려서부터 민첩하고 배우기 좋아했음	도입:
전개: (경문왕, 헌강왕)	전개: ②12세 당(唐)유학.경문왕14년 과거합격, 벼슬.자금어대받음. 황소반란, 고병 종사관됨. 표(表), 장(狀) 전함 ⑦당(唐) 강동 시인 나은, 치원에게 시5편 보임. 동년배 고운 이별, "시"전함
발전(절정): ③'28세귀국. 시독, 한림학사됨. 말세, 배운 지식, 쓰이지 못함. 대산군 태수됨 ④진성왕7년 사신 김처회 바다빠짐. 추성군태수 고주사(告奏使) 삼음, 최치원 하정사(賀正使), 흉년으로 못감. 당(唐) 사신 간 해, 달 모름 ⑤문집, 장문의 편지 수록	발전(절정):③(28세귀국). 당(唐) 희종, 헌강왕11년 사신 예로 보냄
결말: ⑥최치원, 어지러운 세상, 벼슬 뜻 없어 경주남산 등 유람, 가야산해인사에서 여생 마침, ⑨덧붙인 내용: (신당서, 치원소개), 태조 알아본 최치원 글, 고려 현종, 문창후 시호 내림	결말: (⑦당(唐)유학. 고운의 시 전함)[43] ⑧덧붙인내용: 신당서(新唐書) 치원 소개

이상에서 최치원(①, 도입부분)은 신라인으로 가계가 불분명하나/ 당(唐) 유학(과거합격, 종사관)을 통해 문장력이 과시되고 위상(②, 전개부분)도 높아졌다. 또한 귀국 후(③',④, 발전부분)엔 말기 상황으로 크게 쓰이지 못했으나 /문집의 편지를 통해 그와 삼국의 절정기 위상이 환기되었다. 그 후 유구한 역사적, 정신적 자취(⑥, 결말부분)를 유람하며 말년을 보냈으나/ 후에 문창후로서 위상(⑨)이 회복된 양상 등이 모두 양극적이다.

그 중 중국 벗과의 관계(⑦)가 결말 부분에 "시"와 함께 덧붙었으나 이는

---

43) 문장 끝에 덧붙었기 때문에 원래의 순서(⑦, 결말부분)를 표시했으나 실제 당(唐) 유학 때 상황이므로 필자가 임의(전개부분)로 옮겼음을 밝힌다.

본래 당(唐) 유학(⑦, 전개부분) 시절이다. 곧 개인적 관계(⑦)와 공식적 상황(②, 고변의 종사관)을 구분하고 시와 산문이 구분된 양상이나 파기된 시, 공간으로 인해 내용과 구성 양식이 복잡하고 혼란스럽다. 따라서 최치원의 문장가로서 재능과 위상을 부각하기 위해 덧붙인 당(唐) 고운의 시(詩)를 당(唐) 유학 중 형성된 교분과 연계되도록 본래의 시, 공간 속에 재구하면 보다 자연스럽고 의미 있게 이해될 수 있다.[44]

구성 방식을 요약하면 〈인물 소개①-**과거** 당 유학②-**현재** 통일 신라 말기 혼란③',④-**과거** 삼국의 번성과 통일 신라의 역량(표문,⑤)-**현재** 산천 유람⑥-**과거** 당 유학 중 개인 친분⑦-**현재** 당(唐)에서의 최치원 위상⑧-**미래** 고려 건국 암시⑨〉 등에서 과거(②,⑤,⑦)와 현재(③',④,⑥,⑧)가 지속적으로 교차, 혼융된 양상을 볼 수 있다. 곧 ①에서 ②로, ②에서 ③',④로, 나아가 ⑨까지 과거/현재가 교체되고, 개인적/공식적(역사적)상황이 교차, 전도된 구성 방식 속에 자신과 통일 신라 말 변화와 혼란상이 복잡하게 내재되었다.

곧 그가 신라①/당②으로, 당②/신라③'④로 오간 과정과 더불어 과거 삼국역사⑤를 환기하고 현재 (통일신라) 역사적/정신적 터전⑥을 유람하며 다시 과거 당(⑦, 개인관계) 유학 시절과 현재 당(唐)에서의 역사적, 존재적 위상⑧이 비교된 혼란상은 마침내 통일 신라에서 고려(미래)로 전환된 대 혼란상까지 총체적으로 함축된 양상이다.

종합하면 최치원(통일신라)이 최고의 문장가(문화적위상과 역량)로 거듭나기까지 당(②,⑦)과 연계된 그(통일신라)의 역사적, 존재적, 정신적 변화가 통일

---

44) 이우경(편역), 『새로운 삼국사기』①신라·통일신라 편, 593면. 시는 다음과 같다.
"내 들었다네 바다 위 세 마리 금자라 있음을/ 금자라 머리 위엔 높고높은 산 있었다네/ 산 위로 구슬 궁, 자게 대궐, 황금 전각 있고/ 산 아래로 천리 만리 큰 파도 치네./ 그 곁 모퉁이에 한 점 자리한 계림이 푸르니/ 자라(鼇)산 수려한 기운 품고 빼어난 이 태어났네/ 열 두 살에 배 타고 바다를 건너와/ 문장(文章)으로 중화국을 움직였다네./ 열 여덟에 글 동산 휘저어 돌며 겨루더니/ 한 화살 쏘아 금문의 시험(策問)을 맞췄다네."

신라 역사적, 정신문화적 변화와 병행되었으며, 나아가 고려(⑨, 결말부분)로 전환된 혼란스러운 시대상이 역사 기록, 시, 편지(표문), 간단한 문구, 역사서 등을 통해 복잡하게 구성되었다. 결과적으로 그가 말년에 더듬은 광활한 대자연("산, 강, 바다, 누각, 정자, 소나무, 책, 풍월, 경주 남산, 강주 빙산, 합주 청량사, 지리산 쌍계사, 합포현 별서, 가야산 해인사")의 정기와 발자취(⑥, 결말부분) 속에 유구한 역사와 민족의 근원이 구체적이고 실제적으로 확인되었다고 볼 수 있다.

결국 다양한 문형["신라본기, 당(唐) 친구 시, 최치원의 표문과 시, 고려사절요, 신당서(新唐書)"]과 복잡한 인간 관계["아버지, 당(唐) 스승, 당(唐) 친구 나은, 당(唐) 병마도통 고병, 중국의 태사시중, 본국의 의심하고 꺼리는 이, 진성여왕 대 도적(궁예, 견훤), 태조 왕건"]에 개방된 "통일 신라" "최고 문장가(지식인)"의 치열한 삶과 빛나는 행적은 시대, 역사적 한계(삼국-신라(당)-통일신라(당)-고려)로 "은둔(산속)"45)했으나 그의 도전(개혁) 정신은 시대(문창후, 고려현종14년, 서기 1023년)를 초월(⑨)해 빛나고 있다.46)

다음 본기 사실이 25%(1/4) 활용된 열기는 역으로 3/4이 개방되었는데 공존한 화랑과 무사들(제7권) 중 유일한 생존자이어서 자체로 파격적 인물이다.

특히 김유신과 함께 당(唐) 소정방에게 군량을 전한 행적이 복합된 형식은 그 후손들과의 관계로 통일 과업 전, 후 관계가 포괄되었다.

열기(좌)와 관계된 인물들(우)을 나누어 정리하면 다음과 같다.

---

45) 물계자(박씨, 건국정신)가 거문고를 들고 산속으로 은둔(석씨, 김씨 왕조 도래)한 것과 유사하다.
46) 고려에 전해진 김생의 글씨와 함께 신라 문화 계승의 의미도 함축되었다.

열기	관계된 인물들
도입: ①열기, 족성이 사기에 전하지 않음	도입:
전개: (고구려 정벌 도중 백제회복군과 대결)	전개: ②문무왕원년 당(唐)고종, 소정방보내 고구려 평양성 포위, 함자도총관이 왕에게 양식수송 명함 ③김유신 등에게 쌀(4천석), 벼(2만2천2백50석)보내게 함
발전(절정):④장새도착, 바람, 눈 심해 사람, 말 동사 ⑤고구려인들, 길목에서 치려함 ⑥당(唐)진영까지 3만여보, 편지 보낼 이 찾기 어려웠음 ⑦열기, 나아가기 청해 구근등 15명, 말 달려 명 전하고 이틀후 당(唐)군사들의 답장 가져옴 ⑧′,⑪′벼슬 얻음	발전(절정): ⑧유신, 그 용맹스러움 칭찬, 급찬벼슬 줌 ⑨귀환 후 유신이 왕에게 그의 논공 맞는 사찬벼슬 청함 ⑩왕, 과하다고 생각 ⑪유신, "벼슬, 녹봉은 공기(公器), 공적 보답 마땅함" 아뢰어 허락
결말: ⑬열기, 삼광(유신맏아들)에게 군수 자리 청했으나 불허 ⑭열기, 큰 공적 잊은 불만, 중인 순경에게 토로 ⑮순경이 삼광에게 말해 삼년산군 태수 됨	결말: ⑫유신맏아들(삼광) 정치맡음⑬′,⑮′ ⑯구근, 원정공(유신3남)과 서원술 성쌓았음 ⑰원정공, 언떤이 말듣고 게으르다 매질 ⑱자신, 대각간명령 욕되게 하지 않아 나라가 국사(國士) 대우, 뜬소문에 벌하니 욕됨 ⑲원정공, 평생 부끄러워함

이상에서 열기(①, 도입부분)는 족성을 알 수 없는 인물이나 김유신(전개부분)과 역사적 과업(④-⑦, 발전부분)에 동참한 업적으로 사찬 벼슬을 받아 그 존재 의의(⑧′,⑪′, 발전부분)가 부각되었다. 아울러 통일 과업의 의미가 점점 퇴색된 시대적 변화(⑬-⑮, 결말부분)까지 포괄되었다.

구성 방식에서 열기의 호국 주체적 의지와 실천적 희생 정신(④-⑦, 발전부분)은 상, 하 일체(⑧-⑪)된 민족 공통의 바람(왕, 김유신, 백성)이었다. 따라서 상/하층(④-⑦/⑧-⑪) 구분에도 불구하고 발전 부분(④-⑦+⑧-⑪)은 소통과 화합의 통일 정신이 결성되었다. 이에 비해 후대(⑫-⑲, 김유신맏아들과 3남)는 신세대(유신아들들)의 의식 변화로 인해 통일 공신들(열기, 구근)의 희생적 과업(④-⑦)이 무시(⑬,⑰, 결말부분)되었다. 곧 구세대(⑬-⑮)와 신세대(⑫-⑲)가 소통되기보다 분열된 시대 변화(결말부분)를 볼 수 있다.

결국 급찬(⑧)에서 사찬(8급,⑪‘) 벼슬을 얻을 정도로 지대한 과업[47]을 잊은 신세대의 의식 변화(⑫-⑱)를 통해 역사 의식 회복(⑭,⑱)도 환기되었다.

---

[47] 문노파(화랑) 무사들이 미천한 신분으로 고관이 될 수 있었기 때문에 초야의 사람과 항복한 이들 중에서도 출세할 수 있는 문호가 되었다. 이재호, 「'화랑세기'의 사료적 가치」, 『신라 화랑연구』, 한국정신문화연구원, 1992, 143면.

종합하면 본기(문무왕 2년)에서는 상층(김유신, 김인문)이 후한 상을 받은 대신 열전에서는 열기의 존재 의의(⑧′,⑪′)가 회복되었다. 그러나 후대인들(⑫-⑲)의 통일 정신 상실로 신/구 갈등이 표면화된 현실이었다. 때문에 중반기 사회 모순과 불균형적 관계(나/당, 신/구, 상/하)가 이미 예시되었다.

나. 20% 활용된 삼성, 삼국 전환기 인물들

본기 사실이 20%(1/5) 활용된 인물들은 크게 확장된 구성 비율(4/5)로 인해 열전의 구성 형식이 보다 개방되고 고유한 존재 상황이 보다 활성화되었다. 곧 물계자, 비령자, 김유신, 흑치상지(총4명) 등 신라 삼성 갈등과 삼국 최 전환기 갈등 양상이 포괄된 인물들이다.

이들은 단편 삽화 형식(물계자, 흑치상지), 복합 형식(비령자), 일대기 형식(김유신) 등 다양한 양상 속에 당면한 인간 세계의 모순과 한계에 도전한 다양한 방식이 전개되었다.

그 중 은유적 인물인 물계자는 석씨 왕조(10대내해이사금)가 김씨와 연합하고 박씨를 배척한 불합리한 상황이 환기되었으며, 비령자는 김유신(신라)이 처한 대 위기(백제침입)를 승리로 바꾸고 새 전환기를 열었다. 또한 김유신은 삼국 통일 최고 수훈자로 열전의 중심 인물인 반면 흑치상지(백제명장)는 김유신이 유일하게 물리치지 못한 백제 회복군으로 김유신이 현장에서 치른 마지막 대결자였다.

우선 은유적 인물인 물계자(좌)를 관계된 인물들(우)과 나누어 정리하면 다음과 같다.

	물계자	관계된 인물들
도입	①물계자, 내해이사금 대 사람 ②집안, 평범하나 큰 뜻과 굽히지 않는 기개 있음	도입: ①′ 내해이사금
전개	(③′,④′), ⑤물계자도 큰 공 세웠음 (⑥′왕손이 미워함) ⑦물계자 공적 기록되지 않음	전개: ③팔포상국이 아라국 쳐 구원 청함 ④왕, 왕손 날(내)음에게 구하게 해 팔포상국 패함 ⑥왕손이 물계자 미워함
발전(절정)	⑨공적 자랑해 이름 구하는 것 "지사(志士)" 할 바 아님, 뜻 가다듬고 뒷날 기다림 ⑪물계자 공 세웠으 나 논공없음 ⑫아내에게 신하도리 말하며, 몸잊고 목숨 바쳤다 할 수 없어 면목없음" 말함	발전(절정): ⑧어떤 이, 원망스럽지 않은가 물음 ⑩3년 후 갈화성 치니 왕이 물리쳤음 ⑪′(물계자 공 세웠으나)논공없음
결말	⑬머리 풀고 거문고 들고 사체산 들어감	결말:

이상에서 본기에 명시되지 않은 물계자(①,②, 도입부분)는 석씨 왕조인 내해이사금 대 인물로 평범하나 큰 뜻과 기개가 있었다.

당시 주변국(팔포상국, 아라국) 싸움(③.전개부분)이 신라 왕손(④)과 물계자(⑤)의 공적으로 일단락되었으나 지배층(왕손, 왕)의 사심(私心)으로 물계자의 공적(⑦)이 제외된 불합리한 현실(전개부분)이었다. 특히 물계자의 "지사(志士)" 정신(⑨, 발전부분)과 지배층의 부정적 상황(⑪, 발전부분)은 "어떤 이(⑧, 발전부분)"가 인식할 정도로 보편화된 상황이었다. 곧 갈화성 침입을 물리친 왕(⑩, 발전부분)도 물계자 공적(⑪)을 외면(⑪′)했기 때문에 당시 지배층의 횡포는 반복 심화(⑦,⑪)된 양상이다. 결국 절정(⑧-⑫, 발전부분)에 이른 이들 관계는 신하된 도리(위급할 때 목숨을 바쳐야 하고 어려운 일에 몸을 잊어야 함)가 표명되었으나 오히려 공기(公器)가 문란한 시대 현실과 더불어 "왕된 이의 도리"가 역설되었다.

종합하면 삼성(三姓) 교체기에 석씨 왕조가 거듭 견제한 물계자는 당시 박씨 계통이었다고 유추될 수 있다.

곧 시조 박혁거세의 건국 정신이 내재된 물계자의 지사(志士) 정신(⑨)이 "부덕한" 석씨 왕조의 "횡포(무력, 권력)"로 소외되고 무력(無力)화된 불합리한 상황이나 신라 건국 정신과 인간 근원 정신은 결코 훼손될 수 없었다. 결과적으로 몸(현실)은 은둔했으나 그 참되고(거문고) 신성(산)하게 교감(거문고울림)

된 신라(新羅)48)의 바탕 정신49)은 오히려 되살아났다.

다음 비령자는 치열해진 백제의 침입으로 신라(김유신)가 위기에 처했을 때 승리의 동인이 된 인물로 김유신의 행적과 그의 역사적, 존재적 의의가 교차, 혼융, 복합되었다.

비령자(좌)와 관계된 인물들(우)을 나누어 정리하면 다음과 같다.

비령자	관계된 인물들
도입: ①비령자, 고향, 가계, 성씨 알 수 없음	도입:
전개: ②'비령자(김유신) 등 1만 군사로 막았으나 기운 꺾여 물러남	전개: ②진덕왕 원년, 백제가 3성 침입, 김유신 등 1만 군사로 막았으나 기운 꺾여 물러남
발전(절정): ④비령자, 자신 알아준 이에게 죽음으로 보답 약속 ⑤종 합절에게 호국충정과 알아준 이 위해 죽을것 말함, 아들거진과 어머니 부탁 ⑥나아가 전사 ⑦뒤쫓으려는 거진, 아버지말 전함 ⑧거진전사 ⑨합절전사	발전(절정): ③유신, 비령자에게 추운겨울 소나무, 잣나무 절조 비추어 위급한 때 그대 아니면 누가 하겠나 말함 ⑩군사들 분격, 승리
결말:	결말: ⑪유신, 옷 덮어주고, 슬퍼함 ⑫왕, 예장, 처자, 구족에게 상줌

이상에서 시대 역사 상황(②, 전개부분), 비령자의 실천적 호국 희생정신(⑥, 발전부분), 승리(⑥,⑧,⑩, 발전부분) 등을 근거(20%)로 확장(80%)된 형태는 본기에서 부각된 김유신의 업적과 달리 비령자의 공적과 존재 의의(열전)가 회복되었다.

우선 고향과 가계와 성씨를 알 수 없는 비령자(①, 도입부분)가 진덕왕 원년(서기 647년) 백제의 침입(②) 때 위기를 승리로 전환시킨 공적(⑥-⑩, 발전부분 일부)은 그 역사적 의의가 적지 않다.

---

48) 지증마립간 4년(서기 303년) 신하들이 "시조께서 나라의 기틀을 세운 이래 나라 이름을 정하지 않아서 혹은 사라(斯羅), 사로(斯盧)라고 일컫기도 했으며, 신라(新羅)라고도 말해 왔습니다. 저희 등이 생각하기에 신(新)은 덕스러운 과업이 날로 새로워진다는 뜻이고, 라(羅)는 사방을 빠짐없이 모은다는 뜻입니다. 곧 이를 나라 이름으로 삼는 것이 옳을 것이옵니다."라고 했다.
49) 의미적으로는 백결선생(김씨 왕조)의 새해 희망(거문고)과 최치원(통일 신라 말기)의 "은둔"이 복합된 양상이다.

당시 소나무와 잣나무의 절조50)에 비유된 지기(知己)51)의 마음에 보답한 비령자는 골품 제도에 억압된 "존재 의의"를 개아(個我)적 의지로 회복(표현)한 결정적 인물이다. 특히 그의 호국 희생 정신(⑤,⑥)은 효(⑦,⑧, 발전부분)가 바탕이 된 거진(비령자아들)과 신의로 일체된 합절(비령자종,⑨)에게 전파되었으며 나아가 군사들(⑩)의 의분(호국충정, 신의)으로 확대되어 승리(⑩, 발전부분)의 결정적 동인이 되었다.

결국 외세와 골품 제도로 "시대적, 존재적 위기"가 가중되었던 신라 백성들은 그 극복 의지에 내재된 존재 회복 염원이 통일 과업(자율적, 주체적 저항 의식)과 병행되었다고 볼 수 있다.

다음 흑치상지52)는 백제 멸망 후 백제 회복을 위해 저항한 대표적 인물로 김유신과 당(唐) 연합군이 끝내 물리치지 못한 유일한 백제 명장이다. 그러나 당(唐)에 회유되어 공적을 쌓은 후 참언으로 죽임을 당한 상황 등이 단편 삽화 형식으로 구성되었다.

백제(좌)와 당(우)에서의 행적을 나누어 정리하면 다음과 같다.

---

50) 김유신을 비롯해 눌최(진평왕 46년)와 죽죽(선덕왕 11년) 등 당시 무사들의 신념이 함축된 대표적 표현이다.
51) 지기(知己)는 상대방이 자신의 진정한 마음과 가치를 알아주는 것을 뜻한 점에서 존재 의의 회복과 같은 맥락이라고 볼 수 있다.
52) 흑치상지는 백제 멸망(의자왕 20년, 서기 660년)부터 신라에 저항(서기 663년)한 후 당(唐)에 회유된 시기가 활동 중심기인 반면 김유신은 보다 일찍부터 활약하여 문무왕 13년(서기 673년)까지 삼국 통일 과업의 중심 역할을 했다. 따라서 실제로는 김유신이 총 50여 명의 중심점(25위, 본기 활용 비율 순위)에 있음을 알 수 있다. 그럼에도 삼국 통일의 결정적 계기가 된 백제 멸망(서기 660년)의 역사적, 전환적 의의가 중시된 핵심 인물인 점을 부각하기 위해 김유신(24위)이 흑치상지보다 앞세워졌다.
  따라서 순위에 따르면 김유신이 먼저 설명되어야 하나 서술 분량에 따라 논의 분량도 가장 많기 때문에 흑치상지를 먼저 설명하여 앞의 인물들과 연계지어 이해하도록 했다.

Ⅲ. 문장의 구성 형태와 인물의 존재 방식

흑치상지(백제)	당(唐)에서의 행적
도입: ①흑치상지, 백제 달솔, 서부 풍달군 장수, 키 7척, 굳세고 지략 있음	도입: ② 당(唐) 자사 벼슬과 같음
전개: ③당(唐) 소정방 백제 평정, 흑치상지 항복 ④당소정방, 왕 가두고 군사들 약탈 ⑤상지, 우두머리 10여 명과 도망, 임존성 의지, 3만 명 귀환, 200성 회복	전개: (나당 관계)
발전(절정): ⑥당(唐)고종 사신에게 상지 회유됨, 유인궤에게 항복	발전(절정): ⑦당(唐)원외장군됨, 공적 세우고 상받음 ⑧대총관, 돌궐물리침 ⑨보벽, 공세우려 뒤쫓다 패함, 상지연루, 공없음 ⑩참언, 문죄, 죽임
결말: (통일 과업)	결말: ⑪부하를 은덕과 의리로 다스림 ⑫군사들 그의 말 채찍질, 어떤이 죄 주라고함, 그는 사사로이 타는 말로 나라군사 벌하겠나함 ⑬부하들과 상 나눠 재물없음 ⑭사람들, 잘못된 죽음 슬퍼했음

이상은 백제 멸망(③,④, 전개부분), 백제회복군의 단편 사실(⑤, 전개부분), 존재적 변화(⑥, 발전부분)을 근거(20%)로 확장(80%)되었는데 전반(①-⑤)은 백제 멸망과 회복군 상황이, 후반(⑥-⑭)은 당(唐)에서의 업적(발전부분)과 이방인의 존재 상황(결말부분)이 시, 공간적으로 구분되었다.

이를 다시 도식화 하면 다음과 같다.

① 흑치상지, 백제명장, 달솔
② 당(唐) 자사벼슬 해당

③ 당(唐)소정방, 백제평정
④ 소정방, 왕가두고 약탈
⑤ 흑치상지 도망, 200성 회복
⑥ 당(唐)고종 흑치상지회유, 항복

흑치상지-/+,-(당)

⑪ 부하들 은덕, 의리로 다스림
⑫ 군사들, 말채찍질, 어떤이, 죄주기청, 공사 구분
⑬ 부하들과 상나눠 재물없음
⑭ 사람들, 그의 잘못된 죽음 슬퍼함

⑦ 당(唐) 원외장군됨, 공적 세움
⑧ 대총관되어, 돌궐 물리침
⑨ 보벽, 공세우려 패함, 상지연루, 공없음
⑩ 참언, 문죄, 흑치상지죽임

이상에서 흑치상지(①,②, 도입부분)는 실제 신라와 당(唐) 연합군과 대립(③,④,⑤,⑥, 전개부분)했으나 일관되게 당(唐)과의 관계(②-⑭)로 한정하여 당(唐) 소정방의 부정적 측면(④, 전개부분)과 이방인의 한계(⑨,⑩, 발전부분/⑪-⑭,

결말부분) 등에 집중되었다.

그 중 전반부(도입, 전개부분)는 〈인물 소개(①,②)-백제 멸망(③, 의자왕 20년, 서기 660년)-당(唐) 소정방군의 횡포(④)-백제회복군의 저항(⑤, 서기 660년-662년)-당(唐) 유인궤에 항복(⑥)〉 등에서 도치된 변화(항복, 횡포/저항/회유, 항복)가 당(唐)과의 부정적 관계로 전개되었다. 반면 후반부(발전, 결말부분)는 〈당(唐) 벼슬, 공적(⑦,⑧) 세움-보벽의 시기(⑨), 패해 공 없어짐-참언, 죽음(⑨)〉 등에서 당과의 호의적 관계가 점점 비극적 형태로 도치되었다.

특히 부하들을 은덕과 의리(⑪)로 다스리고/군사들의 횡포에도 공, 사 구분(⑫)했으며/부하들과 상을 나눠(⑬) 재물 없다는 결말 부분(⑪,⑫,⑬)에 앞서 서술된 그의 비극적 최후(⑩, 발전부분)는 전도된 시간 파기를 통해 보다 불합리하고 모순된 상황임이 사람들의 말(⑪-⑬)과 마음(⑭)을 통해 되짚어졌다. 곧 사람들(⑭)의 결정적 판단(잘못된 죽음)에 앞서 죽음(⑩, 발전부분)에 내포된 망국인과 이방인의 참상 등 그의 역사적, 존재적 전/후 상황이 "시기, 참언/무시, 재물없음"으로 점철되었다.

돌이켜 보면 백제는 항복 후 백제 회복을 도모한 이들의 세력이 강성(⑤)해서 나당(羅唐) 연합군(③,④)의 힘을 능가할 정도였다. 그러나 주도권 쟁탈(부여풍, 복신, 지수신, 흑치상지)로 내분(문무왕 2년, 용삭2년)이 일면서 마침내 패망되고 흑치상지는 당(唐)에 회유(⑥, 전개부분)되어 당(唐) 원외장군(⑦, 발전부분)이 되었다. 그 후 공적을 크게 쌓아 대총관(⑧)이 되었으나 보벽의 시기와 야심(⑨)으로 공적이 무실되고, 이어 주흥 등의 참언으로 죽음을 당한 결말(⑩, 발전부분)은 나라 잃은 연개소문 손자와 크게 다르지 않다.

결국 굳세고 지략 있는 흑치상지가 당(唐)에 헌신한 재능과 역량 이상으로 그들은 견제하고 의심했다. 특히 부하들을 은덕과 의리(⑪)로 다스리고 상을 나눈 그의 무사심(無私心)과 무욕(無慾)적 태도(⑬)에 비해 그의 말(馬)을 채찍질한 당(唐) 군사의 모욕적 횡포(⑫)는 보편적 상황(⑪-⑭, 어떤이, 사람들)이어서 망국인(③-⑥, 전개부분)과 이방인(⑦-⑭, 발전-결말부분)으로서 고통이

Ⅲ. 문장의 구성 형태와 인물의 존재 방식   363

배가된 현실이었다.

　종합하면 이주한 당(唐)에서 옳고/그름, 상/벌, 시간적 질서(발전부분/결말부분)까지 도치된 현황은 "나라와 민족", "삼국과 통일 신라", "한(韓) 민족과 중국(당)", "세계 상황과 인간 존재" 등에 대한 원천적 명제가 환기되었다고 볼 수 있다.

　끝으로 김유신은 열전(총50여 명) 총 분량의 20%(상, 중, 하권)가 서술될 정도로 핵심 인물임에도 활용된 본기 비율(20%, 1/5)이 낮아서 존재 의의(80%)가 보다 극대화되었다.

　다시 말해 구성된 비율(80%, 4/5)이 크게 확장된 이유는 관계된 인물들이 다양하고 그의 말과 행적이 보다 구체화된 결과이나 본기에 명시되기 어려운 선조와 후손의 행적이 보완된 결과였다. 특히 상권(18%), 중권(30%), 하권(11%)의 본기 활용 비율이 다른 이유도 "김유신"의 역사적, 존재적 절정기(중권)를 중심으로 그 전(선조), 후(후손들) 상황 때문이나 신라 800여 년의 역사 상황(총1000여 년 중 4/5)과 병행된 일대기 형식으로 구성되었다.

　편의상 상, 중, 하권으로 나누고, 각권은 다시 역사 사실(좌)과 구성된 내용(우)으로 나누어 정리하면 다음과 같다.53)

김유신 상권(총18%)

역사 사실	구성된 내용
도입: ②금관국 김구해(9대손), 김유신증조(법흥왕19년귀의)54) ③조부무력(진흥왕) 백제성왕 물리침⑤진평왕33년(611년) 이웃 적 침입55	도입: ①금관가야(수로왕) 가계 소개 ④무력아들 서현, 숙흘종딸 만명과 결혼, 김유신탄생, 화랑(15세)되어 용화향도라고 함 ⑤건복28년, 17세, 난승노인 비법받음, 이듬해 보검 들고 인박산에서 기도, 별빛 하강
전개: ⑥진평왕51년(629년)김유신, 아버지(서	전개: ⑦백제가 대량주침입, 김춘추딸(고타소)내외 죽

---

53) 대략 본기 사실(좌측)과 구성된 내용(우측)으로 나누고 문장 진행 순서에 따라 일련 번호를 표시했으나 단편 사실을 근거로 전, 후 구성된 내용의 장, 단이 일정하지 않아서 구분된 분량은 일정하지 않다. 즉 역사 사실 혹은 인물의 행위 등이 일종의 단편 삽화 형식 단위로 나누어졌으나 그 서술 분량은 다양하다.

역사 사실	구성된 내용
현)와 고구려낭비성 침입, 승리 ⑦선덕왕11년(642년)백제가 대야성침입, 김춘추 딸, 남편(품석도독)죽음 ⑧김춘추, 고구려청병, 고구려 죽령반환요구, 춘추 거절, 가둠 ⑨김유신 출병, 춘추 귀환, 김유신 압량주 군주됨	음 ⑧김춘추, 고구려청병, 출발 전 김유신과 삽혈맹세, 고구려연개소문이 맞음, 고구려충신 "우화" 듣고 거짓글로 약속 ⑨춘추 60일지나 김유신 출병, "열사론", 고구려 간첩이 출병 알려 춘추 석방, 귀환
발전(절정): ⑩선덕왕13년(644년)김유신, 소판, 상장군됨, 백제7성 함락, 이듬해까지 3번 물리침 ⑪선덕왕16년비담반란, 막음(진덕왕원년) ⑫진덕왕원년(647년)백제가 3성침입, 비령자 전사, 아들전사, 군사들 분격, 승리 ⑬진덕왕2년춘추, 당(唐)청병,20만군허락받음)56)	발전(절정):⑩급박한 상황, 가족 못 본 유신, 군사들도 인내 ⑪유신이 "축문"과 책략으로 막음 ⑬'당(唐) 태종 유신에 대해 물음
결말: ⑭유신이 백제 의직 크게 물리침)57) ⑮백제이긴 논공, 상줌 ⑯진덕왕2년 춘추귀환(춘추 당(唐)에서 군사얻고 귀환도중 고구려군사들이 김춘추 없애려함, 신하 온군해 대신 죽음)58)	결말: ⑭유신, 군사점검, 백제군, 옥문곡에서 막고 품석 내외 유골송환 ⑮이찬벼슬, 상주행군대총관됨, 백제 경계 9성함락 ⑯춘추, 유신에게 하늘운수로 귀환, 유신은 백제에 두번 승리, 20여성함락, 3만 명 사로잡음, 품석내외 유골송환, 이는 하늘의 행운이라 답함

김유신 중권(총30%)

역사 사실	구성된 내용
도입: ①진덕왕3년(649년) 백제의 침입, 김유신 "책략" 승리	도입: ①'본기 사전(史傳) 재현
전개: ②태종무열왕원년(654년)진골김춘추 즉위(진덕왕8년) ③태종대왕2년(655년, 보장14년, 의자15년)(백제,고구려,말갈이 신라33성함락)59) 이때 백제 사치,방탕, 재변 일었음 ⑤태종7년(660년)왕, 태자, 김인문, 김유신과 당(唐) 소정방이 백제멸망, 유신공적 큼 ⑦소정방귀환, 포로(백제왕, 관리 93명, 군사2만)바침, 유인원머뭄 ⑧태종8년4월, 백제회복군 항거, 품일, 양도 등 패함, 구원군 보냄 ⑨고구려,말갈이 북한산성 포위, 큰별 추락, 벼락, 천둥 쳐 물러남	전개: ②'김유신과 알천 의논 결과 ③'유신 백제도비천성 함락, 백제상황 파악 ④'백제종 된 조미압(신라인)내통, 합병계획 ⑤'유신 당(唐)고종이 칭찬 ⑥'소정방이 유신, 인문, 양도 등에게 식읍건의, 거부, 당(唐)야심에 왕과 방책 논의 ⑦'당(唐)에서 신라치지 않은 이유 아룀 ⑨'유신의 지극한 기도에 하늘 변화 ⑩'김유신, 한가윗날 고구려 첩자 발견, 신라 상황 알림, 첩자 신라 재확인
발전(절정):⑪문무왕원년(661년)6월 당(唐)소정방 고구려침입 계획, 김인문 귀국해 알림, 문무왕, 유신등 출정 시이곡성 머뭄, 백제 회복군에 웅산성 저항, 9월 함락. 논공 ⑫당(唐)소정방 양식위급 전함, 유신등 파견 ⑬문무왕2년(662년)정월 유신, 인문, 양도 등 군량싣고 평양출정 ⑭장새(2월)도착, 추위에 인마 동사, 열기, 구근 등 15명 평양성, 군량도착 전함, 소정방 글로 사례 ⑮중국말 해독자 인문, 양도 등 군량전달, 소정방 곧 귀환 ⑯김유신 등 고구려 군사들 1만 명 베고 귀환, 논공	발전(절정):⑪'남천주 머뭄, 김유신, 저항세력 대결 상술(대화, 비유등) ⑫'앞과유사60), 소정방위기, 왕 논의, 김유신 부응, 바위속 심신수양, 왕이 상벌 위임 ⑬'앞과 유사, 12월고구려 경계, 왕2년정월칠중하 도착, 유신 앞장서 승선, 호국정신 새기고 하늘에조 기원, 단결력, 하나가 백 당함, 군사들 호응 ⑭'앞과 유사, 유신 앞장서 달림 ⑮유신, 양오 진영, 노인에게 소식들음 ⑯잠복고구려군, 유신 등 책략 물리침, 귀환. 왕, 사람 보내 맞음
결말: ⑰문무3년(663년)백제무리 두솔성항거, 왜(倭)구원, 유신, 인문 등 대결, 임존성 항복시키지 못함, 11월귀환, 논공	결말: ⑰'본기 사실 근거로 상술되었음, 왜(倭)인 놓아줌, 왕이 유신에게 상 줌

Ⅲ. 문장의 구성 형태와 인물의 존재 방식   365

김유신 하권(총11%)

역사 사실	구성된 내용
도입:(문무왕4년(664년) 김유신, 벼슬물러나기 청함, 왕불허, 안석, 지팡이하사)61) (①'문무왕4년백제회복군(3월)사비성 항거, 웅진도독이 물리침)62) ③'문무왕6년당(唐)고종, 유신장남 삼광 숙위 ④문무왕8년(668년)당(唐)고종, 영국공 이적에게 고구려침입, 신라호응 명함, 문무왕, 흠순, 인문에게 호응 명함,(유신 풍병 머뭄)63)	도입: ①문무왕4년3월 백제회복군 사비성항거, 안개로 김유신 "계책" 얻어 물리침 ②문무왕5년 당(唐)이 유신 개국공책봉, 식읍줌 ③당(唐)고종, 삼광에게 벼슬 줌 ④'왕이 유신 보호, 유신이 흠순, 인문에게 "장수론" 조언
전개: ⑤문무8년(668년)(고구려멸망)64)왕, 평양 향하다 고구려멸망 듣고 귀환. 중도에서 김유신, 김인문 등 논공	전개: ⑤'김유신 가계 공적회상, 태대서발한, 식읍줌, 당(唐)고종, 영국공 공적, 상줌, 유신표창. 입조 실행못함, 조서 5대손 분실
발전(절정): ⑥문무왕13년(673년) 김유신 세상 떠남 ⑧문무왕11-14년(671-674년)고구려 반란군 수용, 백제땅 차지(왕14년)로 당(唐) 노해 침입65), 석문의 들(왕12년)에서 패함 ⑩문무왕15년(675년)당(唐)침입, 매소천성 공격, 승리,	발전(절정): ⑥'요성(妖星), 왕 유신위문, "군주론" 충언, 김유신(79세)죽음. 예장 ⑦왕 지소부인 내조 칭찬, 비구니됨, 5남4녀, 가계소개, 매해 1천섬내림. 흥덕왕(42대) 유신, 흥무대왕 책봉 ⑧'문무왕12년당(唐)침입, 유신2남원술 패함 ⑨유신 책략조언(왕12년), 패한아들 목베기 청, 원술 은둔, 김유신사후(왕13년)귀환, 어머니도 외면, 태백산 은둔 ⑩'원술 공적 세움, 벼슬하지 않음
결말: ⑪성덕왕24년(725년)유신 맏손자 윤충(중) 중시삼음 ⑫성덕왕31-32년(732-733년) 당(唐)이 말갈과 발해 침, 신라가 구원 ⑬'혜공왕5년(769년)누리, 가뭄 재해(혜공	결말: ⑪'유신 맏손자윤중 대아찬벼슬, 왕총애, 친족시기, 왕 김유신업적 회상 ⑫'당(唐)이 윤중 형제 참전 청해, 출정 ⑬혜공왕2년-15년(766년-779년)윤중서손 암, 당(唐) 음양술

---

54) 귀의한 사실은 본기에 서술되었으나 열전에서는 생략된 부분이다. 따라서 이해를 돕기 위해 ( )에 넣어 보완했다. 곧 무력(조부)의 업적은 귀의 후 신라인으로서 활동이다.
55) 건복 28년은 진평왕 33년(서기 611년)으로 백제의 침입에 가잠성 현령 찬덕이 전사했다. 이듬해(왕 34년, 서기 612년, 영양왕 23년)는 수(隋) 대군의 고구려 침입이 있었다.
56) 본기에서 진덕왕 2년 내용이나 백제 의직을 물리친 김유신의 내용이 앞서 서술되었다.
57) 본기에서 진덕왕 2년 백제 의직이 10여성을 함락했을 때 김유신이 물리치고 상 받았으나 열전은 시간 생략으로 불분명해졌다. 곧 본기는 김춘추 업적보다 먼저 서술되었으나 열전은 김춘추 업적이 앞세워졌다. 대신 춘추 사위 내외의 유골 찾은 상황이 부각되었다.
58) 열전 「김유신」에 서술되지 않은 본기 내용이나 이해를 돕기 위해 보완했다.
59) 본기에서 신라의 33성이 함락된 대 위기가 열전에서는 생략되고 대신 김유신의 도비천성 함락이 서술되었다. 그러나 중요 사실이어서 ( )에 넣어 보완했다.
60) 본기 사실을 근거로 열전에 확장된 대화, 비유 등을 일일이 요약할 수 없어서 ⑪'와 같이 대화, 비유 등으로 상술되었음을 의미했다. ⑬', ⑭' 등도 이와 같다.

왕16년(780년)지정 반란, 김양상과 경신이 물리침, 반란병이 왕과 왕비 해침)66)	법 배움. 사천대박사됨, 육진병법 가르침, 누리없앰, 왕15년 왜(倭)사신감 ⑭유신무덤(왕15년4월)회오리바람 미추왕능으로 감. 제사 지냄67) ⑮유신현손 장청(집사랑) 유신행록 10권, 열전 만듦68)

이상을 종합해 한 편의 "김유신"을 요약하면 다음과 같다.

도입 부분: 상권의 도입부
김유신, 서울사람, 가야 수로(3대유리왕19년, 서기 42년)후손, 금관국됨, 9대손구해 김유신증조, 법흥왕19년 신라귀부, 진흥왕24년 백제성왕 벰, 진평왕51년 아버지서현 소판벼슬, 숙흘종딸과 혼인, 유신탄생(진평왕17년, 서기 595년), 15세화랑됨, 17세 석굴노인만남, 진평왕33년이웃적 침입, 보검영험
전개 부분: 상권의 도입부를 제외한 나머지 포함
진평51년고구려 낭비성 침입, 승리, 선덕11년백제의 침입, 품석내외 죽음, 춘추가 고구려구원병 청, 선덕13년유신 소판됨, 백제침입 물리침, 선덕14년정월, 3월백제침입 막음, 선덕16년정월비담반란 막음, 진덕원년10월백제침입, 비령자, 아들, 종 전사, 승리,(진덕2년춘추, 당(唐)구원병 허락), 백제침입 옥문곡에서 물리침, 춘추 당(唐)에서 귀환, 유신과 회포
발전(절정) 부분의 전반부: 중권 전부
진덕3년백제침입, 김유신책략 승리, 진덕8년춘추즉위, 김유신이 알천과 의논, 태종2년유신, 백제 도비천성함락, 조미압과 소통, 합병계획, 태종7년나당(羅唐)연합, 백제멸망, 유신 공로큼, 소정방이 유신

---

61) 원래 이 부분은 열전에서 생략되었으나 이해를 돕기 위해 본기 사실(김유신이 70세가 되어 벼슬에서 물러나기를 청했음)을 ( )에 넣어 보완했다.

62) 열전에서는 김유신의 자문을 얻어 물리쳤으나 본기에는 웅진도독이 물리쳤다고 했으므로 ( )에 넣어 보완했다.

63) 본기에서 풍병으로 머물렀으나 열전에서는 문무왕이 유신을 보호한 것으로 서술되었다. 때문에 그 사실을 ( )에 넣어 보완했음을 밝힌다.

64) 고구려 멸망 과정이 열전에 생략되었으나 ( )에 넣어 밝혔다. 김유신이 참전하지 않았으며, 문무왕 도착 전 당(唐)의 귀환 등과도 관계되나 역사적으로 중요한 고구려 멸망이 생략된 점은 그 후 당(唐)과 대립된 관계 등 미완된 상황이 내재되었다고 볼 수 있다.

65) 본기에서 문무왕 10년(서기 670년) 고구려의 모잠이 백성들을 거느리고 오다 당(唐) 관리와 중 법안 등을 죽이고 신라로 왔다. 이때 고구려 대신 아들인 안승을 왕으로 받들었으므로 신라가 이들을 맞아 안승을 고구려왕으로 봉했다. 또한 왕 11년(서기 671년)에는 당(唐)에 예속된 말갈 군사가 침입했으며, 당(唐)군이 백제를 구원한다는 말을 듣고 옹포를 지키게 했다. 그리고 그 해 6월 당(唐)군과 석성에서 대결하는 등 갈등이 표면화되면서 설인귀와 문무왕의 글이 오갔다.

66) 이는 열전에 함축된 본기의 내용이다.

67) 이는 삼국유사 "미추왕죽엽군"의 일부이다.

68) 이 부분은 실제 열전의 내용이 아니고 편찬자가 덧붙인 "의논"에 해당한다.

Ⅲ. 문장의 구성 형태와 인물의 존재 방식   367

등에게 식읍권유, 사양, 당(唐)의 신라침입 계획 방책논의, 소정방 당(唐)군 귀환, 유인원진수, 태종8년4월백제무리 항거, 흠순 등 구원병파견, 패함, 5월고구려침입, 유신 기원, 벼락, 천둥에 물러남, 고구려첩자, 문무원년6월당(唐)소정방이 고구려침, 신라호응, 백제무리, 웅산성저항, 평양 소정방 군량위기, 12월유신, 인문, 양도 군량수송, 문무2년정월칠중하도착, 2월장새 추위로 동사많음, 열기와구근 평양성에 도착알림, 군량전달, 소정방귀환, 유신등 귀환, 도중 고구려군 물리침, 문무3년백제무리 항거, 유신, 인문, 천존 등 백제와 왜(倭)연합군 물리침, 임존성만 행복하지 않음, 11월귀환
발전(절정) 부분의 후반부: 하권의 결말 부분 제외한 나머지 포함
문무4년백제무리 사비성항거, 김유신 자문해 물리침, 문무5년당(唐)고종이 유신에게 개국공책봉, 식읍, 문무6년당(唐)고종 유신장남 삼광에게 당(唐)숙위명, 문무8년당(唐)영국공 이적 고구려침입, 신라호응명함, "장수론", (고구려멸망) 왕 귀환, 김유신가계 공적회상, 김유신 태대서발한, 식읍, 최고예우, 문무13년별징조, "군주론"충언, 김유신죽음, 지소부인, 5남4녀, 서자소개, 흥덕왕 유신을 흥무대왕책봉, 문무11년-14년고구려 반란무리 수용, 백제땅 차지 노해 당(唐)침입, 석문 들에서 패함, 유신2남 원술 패해 은둔, 유신 조언, 원술이 부모 외면으로 은둔, 문무15년당(唐)의 침입, 매소천성에서 물리침, 원술 공적세움, 성덕24년유신맏손자 윤중 벼슬, 왕 총애로 친족의 시기, 유신 은혜 회상, 성덕31년, 32년당(唐)이 말갈과 발해침, 윤중 출정
결말 부분: 하권의 결말 부분
혜공2년-15년 윤중서손 암, 당(唐)에서 음양술법배움, 귀국, 사천대박사됨, 누리막음, 혜공15년암이 왜(倭)사신으로 예방, 4월유신무덤 회오리바람, 혜공왕 제사지냄, 유신현손 장청 유신행록 씀

이상과 같이 종합된 "김유신"을 도식화 하면 대략 다음과 같다.

① 김유신 조상
② 김유신 탄생(진평왕17년)-17세
③ 진평왕33년이웃침입, 보검영험
④ 고구려낭비성침입, 승리(진평왕51년)
⑤ 선덕왕11년(김춘추고구려청병)-16년비담반란막음
⑥ 진덕왕원년백제물리침, 2년백제옥문곡침입물리침

```
* 금관가야왕손 후예
* 김유신(진평왕대탄생)
선덕여왕, 진덕여왕, 태종무열왕 통일과업
문무왕(김유신죽음), 삼국통일
* 김유신후손(신문왕-혜공왕)
```

⑬ 혜공왕, 유신무덤회오리바람, 윤중서손행적
⑭ 유신현손 장청, 유신행록씀

⑦ 진덕왕3년백제침입승리, 태종무열왕즉위
⑧ 태종7년백제멸망, 백제회복군, 고구려와 대결
⑨ 문무원년-3년백제회복군대결, 고구려양식수송
⑩ 문무4년백제침입자문, 8년고구려멸망자문, 논공
⑪ 문무13년죽음, 왕11-16년당과대결 자문, 아들 패/승
⑫ 성덕왕24년유신공적회상, 32년당발해침입구원

이상은 신라 통일 과업 전반(⑦-⑨, 발전부분 전반 김유신 중권)을 중심으로 신라 초기 역사(금관가야 흥망사포함)부터 태종무열왕계 마지막 왕조인 혜공

왕 대까지 약 800여년의 역사가 포괄되었다.

특히 김유신이 시대적 영웅으로 화석화되기보다 인간 보편적 의식이 살아 숨 쉬는 인간 영웅으로 되살아난 이유는 "남 다른" 시대 역사적 행적(총 20%)에도 불구하고 다양한 언행(80%)에 내재된 인간 보편적 양상 때문이다.

그럼에도 복잡한 시대 상황과 인물들의 관계 상황을 보다 구체적으로 살피기 위해 상, 중, 하권으로 나누어 살피면 다음과 같다.

먼저 김유신 상권(18%)은 그의 본기 활용 평균 비율(20%)보다 2% 낮아서 다음에 논할 구상적 형태(15%-10%)에 가까우나 총체적으로는 개방적 형태이다. 곧 다섯 가지 형태의 중심에서 역사적 위상은 혼융적 형태와 연계되고 확장된 존재 상황은 구상적 형태처럼 개방된 체계이다.

구성 형태는 유리왕 19년(서기 42년) 김유신 선조들의 행적부터 진덕왕 2년(서기 648년)까지 총 600여년의 역사와 연계된 인물의 관계 상황이 광범위하게 구성되었다.[69]

즉 [⟨①가야 조상, 수로(12대조상)-②금관가야 구해(9대손, 김유신증조부)-③김유신 탄생-④성장 과정(15세화랑, 17세 이웃침입에 호국정신 생성, 석굴에서 난승노인 만나 비법 전수)-⑤천관에게 기도 후 보검 영험⟩--⟨⑥진평왕 51년(서기 629년) 서현(아버지)과 고구려침입, 승리-⑦선덕왕 11년(서기 642년) 백제의 침입에 대야성 함락-⑧김춘추 고구려 청병감, 갇힘-⑨김유신 출병, 김춘추 석방, 김유신 군주됨⟩--⟨⑩선덕왕 13년(서기 644년) 지속된 백제의 침입, 김유신이 물리침-⑪선덕왕 16년 비담 반란, 김유신이 막음-⑫진덕왕 원년(서기 647년) 백제가 3성 침입, 비령자 전사, 승리-⑬진덕왕 2년 김춘추, 당(唐) 청병 구함⟩--⟨⑭김유신(진덕왕 2년) 백제 의직 물리침-⑮품석 내외 유골 찾음, 논공, 백제 경계 함락-⑯김춘추 귀환, 김유신과 하늘의 운수 새김⟩]은 크게 도입(①,②,③,④,⑤)/ 전개(⑥,⑦,⑧,⑨)/ 발전(⑩,⑪,⑫,⑬)/

---

69) 도입 부분부터 결말 부분까지 과정은 "--"로 표시해 나누고 각 부분 속 서술 단락은 "-" 표시로 구분했다.

결말(⑭,⑮,⑯) 부분으로 나눌 수 있다.

이를 도식화 하면 다음과 같다.

① 가야, ② 금관가야 김구해후손　　　⑥ 아버지와 고구려출병 승리
③ 김유신 탄생　　　　　　　　　　　⑦ 백제의 대야성함락 ⑧ 김춘추, 고구려청병 시도
④, ⑤ 화랑됨, 난승노인 만남, 보검영험　⑨ 김유신, 김춘추구함, 군주됨

```
          김유신
(금관가야왕손, 아버지서현+어머니만명부인)
          김춘추
```

⑭ 백제의직 물리침　　　　　　　　　⑩ 백제물리침 ⑪ 비담반란 진압
⑮ 품석내외유골찾음, 백제함락　　　　⑫ 백제물리침, 비령자전사
⑯ 김유신+김춘추 만남　　　　　　　　⑬ 김춘추, 당 청병

　이상에서 신라인으로 태어난 김유신(③, 도입부분)은 본래 금관가야 왕손 후예(①,②)로 증조부(9대손)가 신라에 귀의(법흥왕 19년, 서기 532년)한 사실(②)을 근거로 그 전(금관가야시조), 후(김유신탄생)가 구성되었다. 그러나 실제로는 김유신 탄생(③, 진평왕 17년, 서기 595년)을 중심으로 그 전(조상), 후(성장 과정) 상황이 구성되었다.

　곧 금관가야 왕손(서현)과 신라 왕손(진흥왕동생 숙흘종딸) 사이에 태어난 김유신은 부모의 결혼 과정에서 당시 차별받은 가야인의 위상과 실상[70]을 경험했다고 볼 수 있다.

　따라서 20세 전, 후 청, 장년기(④,⑤)까지 역사 사실과 신이성이 혼융된 유신은 이미 그 영웅적 면모와 신화적 정기가 탄생 꿈(별, 금갑 입은 동자)을 통해 예시되나 난승(難勝) 노인(④)을 통해 "의로움"이 아니면 "싸움에 이기기 어려움(難勝)"이 인식되었다. 곧 신라 성골 왕조 한계가 절정에 이른 진평왕 후기 백제의 신라 침입과 수(隋)의 고구려 침입으로 국내외 현황이 어

---

70) 이재호, 「'화랑세기'의 사료적 가치」, 『신라 화랑연구』, 한국정신문화연구원, 1992, 147면. 삼국 통일 때 문노파의 우두머리가 된 문노는 일찍이 고구려와 백제와 싸울 때 여러 차례 전공을 세웠으나 어머니가 가야 출신이어서 출세하지 못했다.

지러웠을 때 이미 화랑(15세)이었던 김유신[71]이 난승 노인의 비법(17세, 진평왕 33년, 서기 611년)과 별빛 내린 보검으로 "신이성과 영웅성"이 현시되었다. 그러나 18년 후(35세)인 진평왕 말기에 비로소 아버지(서현)와 함께 역사적 활동(⑥, 전개부분)이 시작(고구려침입, 진평왕 51년, 서기 629년)되었다. 말하자면 금관가야 왕손 후예로서 신이성과 가야인으로서 한계가 신라 김유신의 본질적 현황이었다.

한편 신라(선덕왕 11년, 서기 642년)는 그로부터 13년 후 강력한 의자왕(서기 641년-660년)이 40여성을 함락(7월)하고 다시 대야성을 함락(8월)한 대 위기(⑦, 전개부분)에 처했다. 이때 김춘추의 딸 내외(품석도독 부부)가 희생되면서 김춘추의 외교 활동(⑧)이 본격화되었으며, 이를 계기로 김유신(⑨, 전개부분)과 김춘추의 삽혈(歃血) 동맹 관계가 형성되었다.[72] 당시 김춘추는 고구려에 구원을 청했으나 고구려(보장왕, 연개소문)는 마침 연개소문이 영류왕을 시해하고 보장왕을 세운 전환기였는데 오히려 신라에 빼앗긴 죽령 땅을 요구하며 김춘추(⑨)를 가두었다. 이때 김춘추를 구한 김유신의 신의로 이들 관계가 보다 결속되었다.

이어 백제의 침입(⑩, 발전부분)으로 성골 왕조(선덕여왕)의 한계를 의식한 중앙 권력층(상대등 비담)의 반란(⑪, 발전부분) 진압 후 김유신의 위상이 보다 확고해졌다. 결과적으로 가속화된 백제의 침입(⑫, 진덕왕 원년)을 크게 물리친 김유신의 국내 업적과 김춘추(⑬)의 외교적 성과(당 태종의 구원병 허락)는 골품 제도에 묶였던 이들 방외인(가야인, 진골)의 사회적 한계에도 불구하고 마치 난세의 영웅들처럼 두드러졌다.[73]

종합하면 금관가야 멸망 전, 후부터 신라 성골 왕조 위기까지 600여년의

---

71) 진골 출신의 사다함(내물왕 7대손)이 15세에 화랑의 우두머리가 되어 가야를 친 사실과 비교될 수 있다.
72) 당시 대장군으로 백제를 물리친 이는 주로 알천이었다. 그러나 고구려 출정으로 김유신의 활약이 표면화된 후 백제도 물리치게 되었다.
73) 진덕왕 4년(서기 650년)부터로 관직에 있는 진골은 상아 홀을 가지게 했다.

신라 역사 상황이 김유신의 존재 회복 과정과 병행되었다. 우선 "가야+신라"의 관계(도입부분)가 "김유신 가계 내력+조상 김구해 귀의 사실+김유신 탄생+김유신의 신이한 경험" 등 사실과 은유적 방법으로 구성되었다. 이어 "김유신+김춘추" 관계(전개부분)가 "신라 성골 왕조 한계+가야 명장의 재능+진골 외교가의 업적" 등 "역사 사실(김유신행적)과 우화(김춘추 행적)"로 의미있게 구성되었다.

그 중 도입 부분의 신화적, 도가적 신선 사상 등은 정신적 의미로 환원되어 "폐쇄된 굴 속의 맹세"는 김유신(가야인)의 어둡고 답답했던 청년기 성장 과정이 은유화되었다고 볼 수 있다. 특히 그의 신념과 의지가 교감된 난승 노인(정신적 자아)은 그 은밀한 기술(재능)을 의롭게 쓸 것(예닐곱 차례)을 다짐한 자의식과 같아서 "의로운(빛) 장수(보검)" 되기를 기원하고 맹세한 심리적, 정신적 행로에 비유될 수 있다. 곧 그의 실천적 행위로 발현된 열사론, 호국론, 전쟁론, 용병술, 정치론과 같은 신념의 바탕 정신이 구축된 시기였다고 볼 수 있다.

결국 백제와 성골 중앙 권력층(비담)과의 외, 내적 긴장 관계(발전부분)로 인해 밖으로는 당의 힘을 빌리고 안으로는 "김춘추(진골)+김유신(가야)+비령자(고향, 가계, 성씨 모름)"와 같은 뜻있고 용맹스러운 방외인(백성들)들의 힘이 결성되었다. 곧 실증적인 역사 기록과 더불어 구현된 객관적인 사실, 경험(주관)적 삽화, 재현된 묘사, 우화, 축문(祝文) 등 다양한 문장 양식은 그 복잡한 세계 상황과 존재 상황을 개방하기 위한 실재적, 구체적, 상징적 표현 방법들이었다.

결론적으로 김유신과 김춘추(결말부분)가 자신들의 업적을 "하늘"의 운수라고 한 것은 뿌리 깊은 고유 사상 외에 유교적 도(道)와 연계된 이들의 시대적, 존재적 소명(仁) 의식이 표명되었다고 볼 수 있다.[74] 때문에 두 사람

---

74) 박성의, 『한국문학배경 연구』 상, 이우출판사, 1980, 112-113면, "공자의 유학의 특질과 목적은 인(仁)의 실현인데 인(仁)은 천(天)의 덕(德)이니 인격적인 천(天)이 가지는 지고(至

의 결말(만남)은 앞으로 전개될 새로운 변화와 가능성을 예시했다.

이어 김유신 중권(30%)은 진덕왕 3년(서기 649년)부터 문무왕 3년(서기 663년)까지 격동기(총15년)로 삼국 최대 변혁기인 동시에 신라 최 전환기였으며 김유신 최 절정기였다.

당시 신라는 성골 말기 한계와 주변국의 집중 공세로 국내외적 위기감이 절정에 달한 시기였다. 때문에 이를 극복하기 위해 먼저 지배층(성골+진골, 태종무열왕)이 쇄신되고 이어 골품 제도에 정체되었던 사회 제도를 쇄신, 개방하여 백성들의 힘(지배층+백성)을 모았다. 곧 통일 과업 전 극한적 위기에서 모색된 최선의 대안이 안으로는 일체된 상, 하층이 호국 희생정신으로 결집되고 밖으로는 나당 연합이 결성된 결과 백제 멸망의 위업이 이룩되었다.

그러나 그 후 시작된 예기치 못한 국내/외 시련은 복잡한 세계 정세 변화뿐 아니라 결사적인 영토 회복 의지로 인해 보다 다사다난(多事多難)했다. 결국 삼국 존망과 연계된 치열한 통일 과업은 대결마다 인간 한계에 도전한 극한적 상황이었으나 "역전"으로 점철된 김유신의 극복 과정을 중심으로 전개되었다. 곧 통일 과업이 극적으로 개시(開始)된 최 절정기는 상권(총600여년)과 하권(총117년)과는 비교될 수 없을 정도로 짧은 기간이었으나 나라 존/망과 백성들의 생/사를 예측할 수 없는 극한적 위기감 때문에 긴장, 도치, 역전의 상황이 반복, 지속된 기간은 그 어느 때보다 길고 험난했다. 따라서 그러한 대결 현장을 종횡무진(縱橫無盡) 누빈 김유신과 그 외 수많은 무사들의 긴박한 상황이 숨 가쁘게 교차, 대립된 극적인 시대였다.

구성 방식을 요약하면 [①진덕왕 3년(서기 649년) 백제 은상 침입/김유신 대승리--〈②태종무열왕(진골왕조) 즉위/김유신과 알천의 의논 결과임-③

高)한 최상(最上)의 덕이다."
그럼에도 김춘추는 세상을 구체하는 왕으로서 하늘 사상(天命)이, 김유신은 신하로서 인간 도덕적 어짐이 함축된 양면으로 볼 수 있다.

Ⅲ. 문장의 구성 형태와 인물의 존재 방식 373

태종2년(서기 655년, 보장왕 14년, 의자왕 15년) (백제, 고구려, 말갈의 신라 33성 함락)75)/유신의 백제도비천성 함락. 백제(의자왕 16년)의 사치와 방탕, 백제 무도 죄인 토벌 시기 말함-④백제인 종이 된 조미압(신라인)과 내통, 합병 계획-⑤태종7년(서기 660년)왕, 태자, 김인문, 김유신과 당(唐)소정방 등이 백제 멸망함, 당(唐) 고종이 유신의 공적 칭찬-⑥당(唐)소정방이 유신, 인문, 양도 등에게 식읍 제안, 유신 거부/당(唐)야심에 왕과 방책 논의-⑦당(唐)소정방 귀환, 포로(백제왕, 관리93명, 군사2만)바침, 유인원 머뭄/ 당(唐)소정방이 신라 치지 않은 이유 아룀-⑧태종8년4월백제회복군 항거/품일과 양도 등 패해 구원군 보냄-⑨고구려와 말갈이 북한산성 포위/ 큰별 추락, 벼락, 천둥 쳐 물러남, 유신의 기도에 하늘 변화-⑩김유신, 한가윗날 고구려 첩자 발견/신라 견고함 인식시킴〉--〈⑪문무왕 원년(서기 661년6월)당(唐)소정방과 고구려 침입 계획, 김인문 귀국해 알림, 문무왕과 유신 등 출정 시이곡성 머뭄(남천주 머뭄)/백제 회복군 웅산성에서 막음/9월함락. 논공-⑫당(唐)소정방군 양식 위급 전함/ 유신 등 파견 결정. 김유신 바위 속 심신 수양, 왕의 상벌 위임-⑬12월인문 양도 등 9장군과 군량 수송, 고구려 경계, 문무왕 2년정월 칠중하 도착, 유신 앞장서 승선, "호국정신"새기고 하늘 음조 기원, 단결력 강조, 군사들 호응, 중도에 고구려군과 대결, 물리치고 병장기 얻음(문무왕 2년정월유신, 인문, 양도 등 군량 싣고 평양 출정)76)-⑭장새(2월) 도착, 추위로 인마 동사, 유신이 앞장서 달림, 열기와 구근 등 15명 평양성에 군량 도착 전함/ 소정방이 글로 사례-⑮유신, 양오 진영, 노인에게 소식 들음/중국말 해독자(인문), 양도 등 군량 전달/양식 받은 소정방 곧 귀환-⑯김유신과 인문 등 잠복한 고구려군을 책략으로 물리치며 귀환/

---

75) 본기에서 신라 33성 함락의 최대 위기가 열전에서 생략된 대신 김유신의 업적이 서술되었다. 또한 백제 본기에서 이듬해 의자왕(왕 16년)이 궁인과 주색에 빠져 충언을 듣지 않았는데 이를 근거로 유신의 침입 계획이 열전에 구성되었다. 말하자면 ③(전개부분)은 실제 본기 사실을 배경으로 김유신의 행적이 구성되었다.

76) 본기는 문무왕 2년 정월로 시간적 차이가 약간 있다.

왕이 사람 보내 맞음(고구려군사 1만 명 베고 귀환, 논공)〉--⑰문무3년(663년) 백제회복군 두솔성 항거, 유신과 인문, 천존 등 대결, 백제와 왜(倭)인 항복, 한달 공격에도 임존성 항복시키지 못함, 피로해진 군사들과 11월귀환, 논공] 등은 도입(①)/전개(②,③,④,⑤,⑥,⑦,⑧,⑨,⑩)/발전(⑪,⑫,⑬,⑭,⑮,⑯)/결말(⑰) 부분으로 나눌 수 있다.

그 중 전개 부분의 일부(③일부,④,⑥,⑩)를 제외한 대부분이 역사 사실(30%)을 근거로 상술, 확장(70%)되었다.

이를 도식화 하면 다음과 같다.

```
                                    ② 김유신의 지지로 태종무열왕즉위
                                ③ 백제고구려말갈, 신라33성함락/김유신 침입건의
                                    ④ 김유신, 백제의 신라인조미압과 내통
                                    ⑤ 백제멸망/ ⑥,⑦당(唐)야욕과 방책
                                ⑧ 백제회복군 ⑨ 김유신기도, 침입한 고구려퇴각
 ①백제은상 물리침                    ⑩ 고구려 간첩자
                    ┌─────────────────────────────┐
                    │           김유신              │
                    │ 성골진덕여왕/진골태종무열왕/문무왕 │
                    └─────────────────────────────┘
 ⑰백제회복군(+왜) 함락, 임존성 남음    ⑪ 당(唐), 고구려침입/호응도중, 백제인 웅산성저항
                                    ⑫ 당소정방 평양에서 군량위기, 김유신 바위굴 기원
                                    ⑬-⑯고구려소정방에게 군량운반(+열기),
                                        소정방, 귀환, 김유신귀환
```

이상 김유신의 대 승리(①, 도입부분)에 이어 위기(③, 전개부분)가 없지 않았으나 국내(②) 지배층의 쇄신과 외세(③, ④)에 대한 정보력과 힘을 길러 백제 멸망(⑤, 전개부분)의 극적 전환기를 맞았다. 그러나 당(唐)의 야욕(⑥), 백제회복군의 저항(⑧), 고구려 침입(⑨), 태종무열왕의 승하(본기)로 진퇴양난의 상황이 전개되었다. 특히 당(唐)의 고구려 정벌(⑪, 발전부분)에 호응하기 위해 출동 중 백제회복군(⑪, 발전부분)과 크게 대결하게 되었으며, 그 사이 고구려를 침입한 당(唐) 소정방은 양식 수송이 차단(⑫)되었다. 이는 고구려 정벌 도중 겪게 된 양면 위기로 김유신(+김인문, 신라) 통일 과업 중 또

다른 대 위기였다. 따라서 김유신의 양식 수송(⑬-⑯) 과정은 이 외에도 "본기", "열기", "김인문", "문무왕의 답서" 등에 반복될 정도로 지대한 업적이었다.

구성 형태는 김유신의 마지막 결전(⑰, 결말부분)까지 대부분 백제와의 대결(⑨,⑩ 제외) 상황이 왕조(시대)에 따라 도입(①, 진덕왕 3년)/전개(②-⑩, 태종무열왕즉위-2년-7년)/발전(⑪-⑯, 문무왕 원년-3년)/결말 부분(⑰, 문무왕 3년7월-11월)으로 나뉘어졌다.

그 중 도입 부분(①)은 상권에 이어 김유신의 대 승리(진덕왕 3년, 서기 649년, 의자왕 9년)로 시작되었다.

이는 김유신과 진골(김춘추)의 위상이 높아지고, 신라와 당(唐)의 관계가 개선된 전환점이어서 그 의의가 크다.[77] 특히 본기의 "사전(史傳)"을 근거로 확장된 서두(①)는 주도면밀한 "책략(헛소문 퍼트리기)"으로 장수와 군사들의 고정 관념(상서롭지 못하다.)을 전도(상서롭게 만듦)시켰다. 말하자면 그의 "역전의 실상(②-⑩/⑪-⑯)"들은 그와 같은 기지와 실천 행동에서 이루어졌다.

흔히 본기에서처럼 약술된 역사적 단편 사실과 결과적 승패에 치중될 경우 인간의 자율적 신념과 실천적 행위에 내재된 근원 정신과 본질적 의의 등이 간과되기 쉽다. 그러나 역사적 핵심 인물인 김유신 경우 그 전도된 간극(위기/승리)만큼 극복한 시련과 과업의 의미가 큰 이유는 그 과업 현장에서 흘린 피와 땀이 보다 적나라했기 때문이다. 따라서 김유신(무사들)의 "영웅적" 행위는 "하늘이 내린 역사적 운명과 신이한 영웅담"에 그치기보다 인간 한계에 도전한 "신화(神話)적 위업"이었다.

이어 전개 부분(②-⑩)도 국내/외적 일대 변혁(②-⑤)과 그에 따른 의식 변화로 과도적 혼란상이 결코 단순하지 않았다. 즉 진골인 태종무열왕(②) 즉위[78]로 기존 체재와 가치관이 전도된 일대 변혁은 전/후 의식이 혼융, 변

---

77) 본기에서 진덕왕 4년 김춘추의 아들 김법민이 당(唐)에 승전보(勝戰譜)를 전하고, 이듬해는 둘째 아들 김인문이 당(唐)에 조공하고 숙위하게 되었다.

모, 상충된 일대 혼란기였다. 때문에 이를 틈탄 백제가 다시 33성을 함락 (③, 태종무열왕 2년)했으나 절정의 위기감은 오히려 쇄신된 저항 정신으로 변환되었다.

특히 김유신(신라)은 백제 지배층(③)이 해이해진 상황을 인식하고 백제 종이 된 신라인들(④)과 소통, 교류하며 당(唐)과 연합(⑤)한 결과 백제 멸망 (⑤)이 이룩되었다.[79] 그럼에도 당(唐)과의 연합은 근본적으로 서로의 목적이 달라서 당(唐)의 야심(⑥,⑦)이 여러 형태로 표출되었으나 김유신(신라)은 호국 충절의 기개와 주체 정신(⑥)으로 당(唐)의 불의(⑦)에 맞섰다.[80]

곧 대 반전을 이룬 백제 멸망(⑤)을 중심으로 그 전(②-④), 후(⑥-⑩) 과정이 상술, 확장되었는데 백제 멸망은 개국 시초부터 시작된 백제 침입의 대단원적 전환점이었으나 이는 통일 과업의 시작에 불과했다. 때문에 본기에서 상술된 백제 멸망이 열전에서는 압축되고 이어 대두된 당(唐)의 야심 (⑦) 뿐 아니라 백제회복군(⑧)과 고구려의 침입(⑨)에 직면한 시련과 위기에 집중되었다. 말하자면 김유신(신라)의 통일 과업은 백제 멸망을 정점으로 새로운 시련이 전개되었다.

당시 백제회복군은 멸망 후 보다 강력한 저항 세력으로 결집되어 다시 사비성을 쳤으며, 품일 이하 10여 명의 장수들이 막았으나 패했다. 이어 대군이 한달 엿새나 대치했으

---

78) 『삼국사기』 신라 본기는 태종무열왕 즉위에 앞서 "알천이 사양했다."고 했다. 그러나 『삼국유사』 "진덕왕" 편에는 알천공 등 여섯 공(公)이 남산 오지암에 모여 나라 일을 의논할 때 큰 호랑이가 들어왔으며, 이때 알천공 만은 놀라지 않고 꼬리를 붙잡아 매어 쳐 죽였다. 즉 알천공의 담력과 위력을 알 수 있으나 그럼에도 모두 유신의 위엄에 복종했다고 했다. 결국 이들(삼국사기 본기, 삼국유사, 열전)을 종합하면 신하들이 알천을 추천했으나 유신의 논의로 김춘추가 즉위했음을 짐작하게 된다. 당시 춘추는 왕이 되기 이전(선덕왕) 김유신의 누이와 혼인하여 문무왕을 낳았으며, 즉위 다음 해는 태종무열왕이 그의 셋째 딸(지조)을 김유신에게 시집보냈다.
79) 본기에서 태종무열왕 7년(서기 660년) 3월 김유신, 진주, 천존 등이 수륙군 13만 명의 도움을 얻어 그해 7월 13일 백제 의자왕의 항복을 받고 백제를 멸망시켰다.
80) 당(唐)소정방이 그해 9월 백제왕, 관리(93명), 군사들(2만 명)을 데리고 돌아가 왕에게 신라를 치지 못한 이유(열전)를 말했는데 이에 앞서 당(唐) 소정방의 불의(不義)에 맞선 김유신의 주체 정신(본기)이 공식적으로 표출되었다.

나 크게 패할 정도로 위협적이었다. 뿐만 아니라 신라가 백제회복군과 대치한 틈에 고구려(⑨)가 말갈과 함께 북한산성을 침입했기 때문에 신라는 다시 사면초가(四面楚歌)와 같은 위기에 처했다. 마침내 "사람의 힘이 다해" 하늘의 도움(천둥, 비)으로 물리쳤다 할 정도로 극한적 상황이 지속되었다.

돌이켜 볼 때 통일 과업(신라, 진골, 김유신, 비령자 등)은 시초에 불합리한 세계(백제, 고구려 침입/성골 왕조 한계)에 대한 호국 충정에서 비롯되었으나 근원적으로는 과거(백제 침입에 춘추 딸내외 죽음, 백제 좌평 종이 된 신라인 조미압, 비령자 일가, 김유신의 청장년기, 선조)부터 현재(가야와 신라, 백제와 고구려침입, 당소정방 야심)까지 국내외 역사 현실과 연계된 세계 상황 뿐 아니라 인간 존재 회복(망국인, 골품제도, 방외인, 가야인) 의식도 내재되었다. 때문에 지속된 대결(백제멸망, 백제회복군저항, 고구려침입, 당야심)마다 인식된 "사람의 한계"는 절박한 현실 극복을 위한 인간 보편적 의식에서 다양한 형태의 의식과 기원(절의 기도)이 병행되었다.[81]

그 중 "동타천"(태종무열왕 8년)의 기원(본기)이 차용(⑨)되었는데 이는 일종의 인간 보편적 의식으로 당시 만연된 민족 공동의 심리(민족공동체 의식)였다고 할 수 있다. 즉 북한산성 성주인 동타천과 노약자까지 동원된 남녀 백성 2천8백 명이 "20여일(본기)"을 싸우며 갖가지 책략(마름쇠, 망루, 노포)으로 혈투를 벌였으나 양식이 떨어지고 힘이 다했다. 이에 하늘에 정성껏 고하자 천둥과 비가 내려 고구려군이 물러났다는 사실(본기)은 당시 신라인이면 누구나 바라던 민족적 염원이어서 김유신의 바람도 이들 개개인과 크게 다르지 않았다고 볼 수 있다.[82]

비약하면 멀리서 온 고구려 군사들이 열흘(열전) 동안 싸우면서 양식이 다해 피로해진 상황은 이미 백제와의 대결로 극도로 피로해진 신라인[83]도 마

---

81) 본기에서 태종무열왕 8년 5월9일 내용이나 열전은 문무왕 원년(태종무열왕 8년6월 승하)으로 시작되었다.
82) 고구려 회복 정신(죽령땅회복)이 온달, 연개소문, 보장왕까지 널리 소통된 양상과 같다.

찬가지이다. 다만 음력 5월말(양력6월말)은 이미 우기(雨期)가 시작되므로 고구려군은 천둥과 벼락이 치고 비가 오기 전 회군하든가 아니면 반드시 승리해야 될 절박한 입장이다.84) 반면 북쪽 요새지인 북한산성을 지키기 위한 절박한 염원85)은 동타천 뿐 아니라 신라인 모두의 한결 같은 바람이어서 김유신도 예외가 될 수 없다. 때문에 동타천 뿐 아니라 태종무열왕, 김유신을 포함한 신라인 누구나 "하늘"에 기원했다 해도 크게 이의가 없는 보편적 의식이며 행위이다.86) 그러나 자연 현상(천둥, 비)으로 극한적 위기를 물리친 상황이 반복, 강조(본기, 열전)된 또 다른 이유는 이들이 극복한 역전(성골/진골, 백제침입/백제멸망, 백제회복군저항/신라승리, 고구려의침입/신라승리)의 시련과 고통이 "하늘"의 뜻과도 일체된 자연(현상)적, 존재(인간정신)적, 도덕(이상)적 결과임이 강조되었다고 볼 수 있다.

한편 태종무열왕(본기)의 갑작스러운 승하(6월)로 과업은 또 다른 난관에 봉착했다. 그럼에도 그 혼란상보다 과거 김유신과 고구려 간자(⑩)와의 대화를 회상하며 신라의 저력을 새삼 강조했다. 곧 고구려 침입(⑪, 문무왕 원년6월)에 앞서 한가윗날(과거회상, 보름달, 완전체, 기원) 민족의 바람을 "평범한 대화"를 통해 재확인함으로써 기존 질서(태종무열왕승하)가 와해된 위기와 충격이 완화, 분산된 양상이다.

결국 고구려(강대국, 당, 세계상황)가 "작은 신라(신라, 가야, 보편적 인간)"를 "가볍게 볼 수 없는" 이유로 "왕이 하늘의 뜻을 어기지 않고 백성들의 마음을 잃지 않은"87) 때문임이 역설되었는데 인간과 세계의 불합리한 상황(대

---

83) 이와 같은 예는 백제 멸망 후 침입한 고구려와의 대결로 전사한 "필부"에도 나타나 있다. 곧 김유신 군사들이 마지막까지 저항한 임존성을 끝까지 물리치지 못한 이유이기도 하다.
84) 과거 고구려를 친 수(隋)가 피로해진 후 퇴각하다 인명 피해가 컸으며, 당(唐)은 날이 추워져 일찍 회군하기로 했으나 이미 추워진 상황이어서 퇴각 중 인명 피해가 더욱 컸다.
85) 온달의 "죽령 부근" 회복은 실제 보장왕, 연개소문을 비롯해 고구려인 모두의 염원이었으며, 백제인의 염원이기도 해서 신라가 북한산성을 지키는 염원 또한 절대적이었다.
86) 고구려는 당(唐) 침입에 갖가지 책략 외에 무인(巫人)이 만든 부녀신을 놓고 기원했다.
87) 시기적으로 고구려 간자(한가윗날, 음력8월15일)와의 관계는 고구려 침입(6월) 전이다.

립, 갈등)을 회복하기 위한 변혁(통일과업)은 "사람의 힘이 다할" 정도의 고통과 시련이 따랐으나 "지배층(왕)과 백성들의 의로운 신념"으로 극복할 수 있다는 믿음이 전제되었다. 바로 김유신이 청, 장년기에 다짐한 인의(仁義) 정신이며 과업의 바탕 정신이었다.

다음 발전(절정) 부분(⑪-⑯)은 과업 중 뜻하지 않은 또 하나의 중대 위기이어서 모두 본기 사실을 근거로 상술, 확장되었다.

우선 통일 과업 중 갑자기 태종무열왕을 이은 문무왕은 국내 혼란에도 불구하고 당(唐)의 요청으로 고구려 침입(⑪)에 호응했다. 그러나 예상하지 못한 백제회복군의 저항(⑪)으로 출정이 저지되었다. 곧 안팎으로 겹친 난관 때문에 통일 과업이 보다 불투명해진 위기감이 더해서 그 어느 때보다 강경한 김유신의 의지(⑪)가 직설되고 왕의 격려가 대결 현장에서 실행되었다.[88]

그동안 양국은 실제 끊임없는 대결에도 불구하고 직접적인 대결 상황보다 책략 혹은 승패 결과 등이 중점 서술되었다. 이는 삼국 통일 이후 민족 통합이 거듭 실현된 고려(김부식) 관점에서 삼국 대결 상황을 최소화하고 민족 화합을 의식한 때문이었다고 볼 수 있다.

그러나 신라 혼란기(태종무열왕승하, 고구려출정)를 틈 타 고구려 출정을 막은 백제회복군과의 대치는 그 어느 때보다 적대적이고 강경한 대결 상황이

곧 "왕"의 자세를 대변했으나 근본적으로는 일찍이 형성된 그의 세계관(군주론)이라고 할 수 있다. 특히 백제 멸망 후 귀환한 당(唐) 소정방이 신라를 치지 못한 이유("임금이 어질어 백성을 사랑하고, 신하들은 충성으로 나라를 섬기며, 아랫사람들은 윗사람을 아버지와 형같이 여긴다.")와 통한다.

[88] 본기에 의하면 문무왕 원년(서기 661년) 7월17일 김유신 등 24명의 군사들이 출발하여 8월에 왕이 시이곡정에 머물렀다. 이때 백제회복군이 길을 막고 복종하지 않자 9월19일 총관과 대감들을 모아 서약하고 25일 옹산성을 포위한 후 27일 함락했다.
당시 김유신이 "명령에 순응하는 이는 상이 내려지고 이를 거스르는 이는 죽을 것이다. 홀로 고립된 성에서 반드시 땅에 쓰러질 것이니 나와서 항복하는 것만 같지 못하다." 라고 하자 백제회복군은 "좁고 보잘 것 없는 작은 성이지만 무기와 식량이 넉넉하고 군사들은 의롭고 용기가 있다. 차라리 싸우다 죽을지언정 살아서 항복하지 않을 것을 맹서한다." 라고 했다.

직접적으로 표현된 유일한 현장이다.

곧 깃발을 휘두르고 북을 울리며 김유신이 적과 직접 대면하고, 문무왕이 "보다 높은 곳에 올라 눈물어린 말로 마음과 기운을 북돋우고 격려"한 상황 (열전)은 신라 대 혼란기에 시도된 중대 계획(고구려멸망)이 중단된 충격과 위기감이 그 어느 때보다 컸기 때문이었다.

결국 이들의 저항은 당(唐)과의 호응 계획이 무산되고 평양을 포위한 당(唐) 소정방 군에게 양식이 수송되지 않은 위기 상황(⑫)으로 이어졌다. 비록 김유신, 김인문, 열기 등의 호국 충절과 치밀한 방책(⑬-⑯)으로 극복되었으나 통일 과업의 핵심 인물인 김유신과 김인문 등이 위험한 적진으로 양식을 수송한 과정은 강추위와 고구려 군과의 대결로 예측하기 어려운 과업이었다. 더욱이 김유신은 과거 고구려에 갇힌 김춘추(선덕왕 11년, 서기 642년)를 구원한 지 20여년 만에 실현된 그의 마지막 고구려 출동[89]이 위기에 처한 당(唐) 소정방(문무왕 2년, 서기 662년) 구원이어서 역설적이다.

한편 고구려 출발에 앞서 바위 굴 속에서 몸과 마음을 닦은 김유신의 경건한 의식(⑫)은 일종의 고유 신앙 의식이나 수신(修身)과 금기(禁忌)가 혼융된 도가 사상이기도 하며 청년기(상권)에 석굴에서 만난 난승 노인과의 관계처럼 그의 정신적 내면 의식이기도 하다. 흔히 중대한 임무에 앞서 책략을 구상하며 나라와 군사들과 자신의 무사 안전을 기원한 그의 태도는 일종의 신이성처럼 간주될 수 있으나 오히려 인간 한계 상황을 의식하고 보다 겸손한 진의(眞意)로 극복, 대처하기 위한 인간 보편적 의식이기도 하다.

곧 문무왕 원년(서기 661년10월29일) 당(唐) 소정방의 위기(⑫)를 돕기 위해 김유신, 김인문 등 핵심 장군 9명을 포함한 15명이 2천여수레에 쌀 4천섬과 벼 2만2천섬을 싣고 서울(경주)에서 평양까지 갔으며, 미끄러운 얼음 때문에 도중에서 마소에 옮겨 싣고 12월 10일 고구려 경계(⑬)에 들어갔다. 그리고

---

[89] 김유신은 이후에도 고구려 출정(서기 666년, 668년)을 시도했으나 결국 어긋난 기일, 풍병 등으로 이루지 못했다.

이듬해(문무왕 2년정월23일) 칠중하에서 강을 건넜으며, 고구려 군사들을 피해 험하고 좁은 길을 택해 전진하며 임무의 중요성과 나아갈 바를 역설했다.

"고구려와 백제는 우리 강토를 침입했고, 우리 백성들을 해쳤으며 젊은이들을 사로잡고 베었다. 그리고 어린 아이들을 잡아서 종으로 부린지 오래 되었으니 원통하지 않는가, 내가 지금 죽기를 두려워하지 않고 어렵게 달려온 것은 큰 나라의 힘을 빌려 두 나라를 없애고 원한을 씻으려 한 때문이다. 이를 마음에 새기고 하늘에 아뢰어 보이지 않는 도움을 기대하는데 여러분 마음은 어떠한 지 알 수 없어 말하는 바이다.

만약 적을 가벼이 짓밟을 수 있다면 반드시 공을 이루고 돌아갈 것이며, 만약 적을 두려워한다면 어찌 사로잡히기를 피할 수 있겠는가, 반드시 같은 마음으로 힘을 합해 돕는다면 한 사람 한 사람이 백 명을 당해내지 못할 이 없으니 이를 그대들에게 바라는 바이다."라고 했다.

김유신은 당시 고구려 침입 명분을 일깨우고, 이를 실현하기 위해 당(唐)의 도움 뿐 아니라 하늘의 도움도 기대했으나 무엇보다 군사들의 일체 단결된 힘을 중시했다.

그 후(2월1일) 장새에서 눈보라와 강추위(본기)로 인마(열전)가 많이 쓰러지고 얼어 죽었으나 유신(68세, ⑭)이 먼저 채찍을 잡고 어깨가 드러나도록 말을 채찍질해 내달리자 부하들도 그를 따라 땀 흘리며 감히 춥다고 하지 않았다.

결국 열기(보기감)와 구근이 먼저 도착을 알리고 중국말을 해독하는 김인문과 양도와 군승(김유신서자)이 양식(2월6일)을 전했으나 소정방이 곧 귀환(⑮)해 신라군(⑯)도 갖가지 책략으로 고구려 군을 물리치며 귀환했다.

이와 같은 반전으로 점철된 김유신의 대 역사적 위업은 먼저 갖가지 인간 한계 극복을 위한 자기 수련(기원, 신의)이 있었으며, 나아가 치열한 현장에서는 솔선수범 실천하며 흘린 땀이 있어서 보다 위대한 "인간 영웅"으로 거듭날 수 있었다.

끝으로 결말 부분(⑰)은 백제 회복군(문무왕 3년, 서기 663년7월17일)이 다시 두솔성에서 왜(倭)의 구원을 얻어 나라 회복을 도모했으나 왕과 유신과 유인원(당) 등이 물리치고(8월13일) 왜(倭)인들은 놓아주었다. 그럼에도 임존성(지수신, 흑치상지)만은 한달(30일)이 넘어도 끝내 물리치지 못하고 귀환(11월)했다.90) 따라서 대 역전의 과정(①-⑯)이 마침내 미완(⑰)으로 끝난 결말91)은 김유신(69세)의 현실적, 존재적 한계로 대 영웅의 역사적 시대가 막바지에 이른 의미가 없지 않다.

종합하면 시초(도입부분)의 승리를 발판삼아 마침내 통일 과업(⑤, 전개부분)이 개시되었으나 예기치 못한 사태가 점층적으로 확장(발전부분)되면서 긴장 관계가 극대화되었다. 그러나 대화체 방법은 상세한 표현과 다양한 행적 등에 구현된 입체적 효과로 인간 한계의 극적 관계가 완만해진 특징이 있다. 또한 대립/전도된 역동적 변화가 상, 하, 좌, 우 숨 가쁘게 교체되며 소용돌이친 구성 형태는 끊임없이 변화된 인간 세계의 예측하기 어려운 성/쇠 과정과 같았다. 그럼에도 김유신의 일관된 의로움과 신의에 따라 실천된 호국 희생 정신과 합리적이고 단계적이며 창조적인 극복 과정은 마치 신화적 영웅처럼 위대했다.

결국 최 절정기 영웅적 위업이 인간 한계(노쇠)와 시간 변화(역사적추이, 흥망성쇠)로 미완된 채 후손들(김유신하권) 몫으로 남겨진 의의는 자체로 인간 세계(역사)의 보편적 현상이 아닐 수 없다.92)

---

90) 본기에서 김유신 등 28명의 장군과 당(唐) 손인사의 40만 군사가 동원된 사실은 과거 당(唐)에서 13만 수륙군이 백제 멸망에 동원된 사실과 크게 비교된다. 곧 백제 회복군과 왜(倭)인들의 백제 회복 역량이 신라(김유신)의 역량을 능가했음에도 결국 주도권 쟁탈로 분산되었다.
91) 김유신 하권에서는 벼슬(70세)에서 물러난 후 그의 "자문"과 "말씀"에 한정되었다.
92) 문무왕 16년(서기 676년) 당(唐)을 완전히 축출하고 마무리된 통일 과업은 백제 멸망(서기 660년) 이후 16년이 소요되었다. 곧 김유신 중권(문무왕 3년) 이후에도 13년 동안 지속되었는데 김유신이 세상 떠난(문무왕 13년, 서기 673년) 3년 후 비로소 명실상부한 삼국 통일이 이룩되었다.

III. 문장의 구성 형태와 인물의 존재 방식

끝으로 김유신 하권은 "김유신" 일대기의 마무리 부분이다. 이는 본기 활용 비율(11%)이 평균 활용 비율(20%)보다 대폭 낮아서 구상적 형태(15%-10%)에 가까워 보이나 본기에 명시되지 않은 후대(후손) 역사 상황과 김유신의 지론 등이 상술된 때문이다. 곧 중권에 이어 다시 백제회복군(사비성) 물리친 사실(문무왕 4년, 서기 664년)부터 당(唐)에서 술법을 배운 암(후손)의 행적(혜공왕, 765년-780년)까지 총 116년의 역사 상황이 김유신 말년과 병행되었다.

구성 방식을 요약하면 [〈①문무왕 4년(664년) 백제회복군 항거/김유신의 자문으로 물리침-②당(唐)에서 벼슬, 식읍줌-③맏아들 삼광 당(唐)숙위/벼슬줌-④문무8년(668년) 고구려 침입 계획, 신라 호응 명함/유신 보호 위해 제외, 흠순과 인문에게 장수론 조언〉--〈⑤문무왕 8년(668년) (고구려 멸망 후) 왕 귀환, 김유신 가계 업적 회상, 논공[93]/ 당(唐)고종이 영국공 공적 상줌, 유신 표창-⑥문무왕 13년(673년) 김유신 세상 떠남/요성 징후, 군주론 충언-⑦지소부인 등 가계 소개, 흥덕왕이 흥무대왕 봉함〉--〈⑧문무왕 11-14년(671-674년) 당(唐)의 침입, 석문 들(왕 12년)에서 패함-⑨김유신 조언 구함/ 김유신2남 원술 패해 목베기 청함/김유신 사후 어머니도 아들보기 거부, 은둔-⑩문무왕 15년(675년) 당(唐)의 침입, 매소천성 공격, 승리/ 김유신아들 원술 승리, 벼슬 안함-⑪성덕왕 24년(725년) 유신맏손자 윤충 중시 삼음/왕이 벼슬주고 총애함, 친족들 시기에 왕이 김유신 공적회상-⑫성덕왕 31-32년(732-733년) 당(唐)이 말갈과 발해 침. 유신손자 윤중(충) 참전〉--〈⑬혜공왕 2년-15년(766년-779년) 윤중서손 암 당(唐)에서 음양술법 배움, 귀국후 사천대박사됨, 왕 15년 왜(倭)에 사신감-⑭왕 15년 유신 무덤 (4월)에서 회오리바람, 제사[94]-⑮왕 15년 유신현손 장청(집사랑 벼슬) 유신 행록(10권) 지음, 간추려 열전만듦〉]에서 도입(①,②,③,④), 전개(⑤,⑥,⑦),

---
93) 본기는 김유신 외 김인문에 대한 논공도 있으나 김유신 열전에서는 생략되었다.
94) 이는 『삼국유사』 "미추왕 죽엽군"의 내용이다.

발전(⑧,⑨,⑩/⑪,⑫), 결말(⑬,⑭,⑮) 부분으로 나눌 수 있다.
　이를 도식화 하면 다음과 같다.

①백제회복군항거, 김유신 자문 물리침
②김유신, 당벼슬, 식읍줌
③맏아들삼광 당숙위, 벼슬
④고구려침입계획, 김유신불참, 장수론
⑤고구려멸망, 김유신가계업적회상, 유신표창
⑥김유신 세상 떠남, 군주론(⑨)
⑦김유신가계(부인, 아들), 흥덕왕이 흥무대왕봉함

김유신(후손들)
문무왕4년-문무16년/성덕왕-혜공왕-흥덕왕

⑬혜공왕, 윤중서손, 사천대박사
⑭유신무덤, 회오리바람, 제사
⑮유신현손, 유신행록 지음
⑧당(唐)과 신라 대결, 석문의들패함
⑨김유신(⑥)조언, 패한 원술 목베기청함, 부모외면
⑩당(唐)과 매소천성대결, 신라 승리, 원술공적
⑪성덕왕, 유신맏손자 총애, 친족시기, 김유신공적회상
⑫당(唐), 발해와말갈침입, 유신손자 윤중형제 참전

　이상 김유신 말년(상부①-⑥과 하부⑧,⑨)과 후손들(상부⑦과 하부⑩-⑮) 행적이 문무왕 4년(서기 664년)부터 혜공왕 16년(서기 780년)까지 역사 상황과 병행되었다. 시대적으로는 〈통일 과업 후반기(문무왕)/ 통일 신라 전성기(성덕왕)/ 태종무열왕계 쇠퇴기(혜공왕)〉까지 망라되었다.
　이들은 각 부분마다 고루 분포된 본기 사실(①,③,④/⑤,⑥/⑧,⑩,⑪,⑫/⑭)에도 불구하고 구성된 부분이 거의 8배(89%)가 된다. 이유는 별도로 구성된 부분(②/⑦/⑨/⑬,⑮) 외에 근거가 된 본기 사실 대부분이 상술, 확장되었기 때문이다.
　그 중 도입 부분(①)은 중권에 이어 다시 백제회복군과 사비성 대결(문무왕 4년, 서기 664년3월)로 시작되었다. 당시 "안개" 때문에 승부가 나지 않았으나 김유신의 "계책(자문)"으로 승리하여 김유신의 존재 의의가 부각되었다. 그러나 실제로는 벼슬에서 물러나기를 청한 때(70세)이어서 웅진도독부가 물리쳤다는 사실(본기)과 비교된다.
　따라서 하권은 김유신 후손들(③/⑦/⑧-⑫/⑬)의 활약으로 교체되고 김유신은 현장의 활동 대신 그의 "말씀(자문, 지론)"이 부각되었다.

곧 도입 부분 전반 백제회복군(사비성)과의 대결이 김유신의 자문(①)으로 마무리 되고 후반 김유신의 고구려 출정 계획(④, 문무왕 8년, 서기 668년)이 풍병(본기) 때문에 흠순과 인문에게 전한 "장수론"으로 대체되었다.

말하자면 그동안 대결 현장〈**상권**: 아버지(서현)와 고구려 침입, 춘추 구하기 위해 고구려 출동, 백제 물리침, 비담 반란 평정, 비령자와 백제 물리침, 백제 침입(본기는 백제 의직) 물리침/**중권**: 백제 은상 물리침, 백제 침입, 백제 멸망, 고구려 북한산성 침입에 기원, 고구려 정벌 도중 백제회복군 물리침, 고구려 포위한 당 소정방에게 군량 전달과 잠복한 고구려군 물리침, 백제회복군 외 연합한 왜 물리침〉에서 경험한 책략과 지론 등을 자문(諮問)하고 "대화(말씀)"한 정신적 존재[95]로 전환되었다.

한편 그동안 여러 차례 시도되었던 고구려 정벌은 여러 가지 이유로 여의치 않았으나 연개소문(보장왕 25년, 서기 666년) 사후 본격화 되었다.

마침 문무왕 8년(보장왕 27년, 서기 668년6월) 고구려 침입에 당부한 그의 "장수론"[96]은 장수로서 그의 신념(하늘의 도리를 깨닫고 땅의 이치를 알아야 하며 사람의 마음을 얻어야 승리할 수 있다.)이 당시 시대를 풍미한 영웅들(의자왕, 계백, 흑치상지, 연개소문, 김춘추)의 바탕 정신이었다고 볼 수 있다.

결국 고구려 침입이 김유신을 제외한 나당(羅唐) 연합으로 전개(⑤, 전개부분)되었음에도 "고구려 멸망"[97]의 대 역사적 사실이 단문("문무왕이 영공과

---

95) 무사(화랑)를 대표한 귀산에게 "정신적 바탕"이 된 원광법사 말씀과 같다.
96) 이우경(편역), 「새로운 삼국사기」신라, 통일신라편, 524-525면, 요약하면 "장수는 나라를 지키는 방패와 성곽이며, 임금을 호위하는 발톱과 어금니 같은 무사들이 되어야 승패가 결정된다. 위로는 반드시 하늘의 도리를 깨닫고 아래로는 땅의 이치를 알아야 하며, 중도는 사람의 마음을 얻어야 공적을 이룰 수 있다……. 부지런히 힘써 일을 그르치지 않도록 하라."고 했다.
97) 신라 본기에 의하면 22일 유인원이 고구려의 2군12성이 이미 귀순했다고 알리므로 왕이 사신을 보내 하례하고 김인문, 천존 등이 7군을 거느리고 당(唐) 군영에 나아갔으며, 27일 왕도 출정했다. 그러나 29일 여러 도의 총관들이 출정했으나 김유신은 풍병으로 머물렀다.

함께 평양을 함락하고")98) 속에 생략, 함축되고 문무왕의 중도 귀환 과정(⑤)이 상술된 점은 파격적이다. 특히 김유신(태대서발한)의 논공(당고종의 표창) 등으로 분산되었으나 문무왕(신라본기)이 고구려(보장왕) 항복 현장에 이르기 전 영공의 일방적인 귀환(고구려본기) 등에서 이미 부조화된 나당(羅唐) 관계가 내포되었다.99)

고구려 본기에 의하면 보장왕 27년(서기 668년정월) 당(唐)은 유인궤를 요동도 부대총관으로 삼고 김인문을 부관으로 삼아 고구려를 쳤으며, 이어 설인귀가 부여성과 40여 성을 함락했다. 이때 고구려 천남건(연개소문2남)이 구원했으나 크게 패했다. 그 후 이적이 9월부터 한 달 동안 평양성을 포위하자 왕이 천남산(연개소문3남)을 보내 항복하게 되었다. 이때 천남건이 항거했으나 내통한 이 때문에 모두 패했다.100)

그 후 안승(보장왕서자)이 4천여호를 거느리고 신라(문무왕 9년, 서기 669년)에 의탁한 이듬해(서기 670년) 검모잠이 나라 회복을 위해 당(唐)을 배반하고 안순101)을 왕으로 세우자 당(唐)이 이들을 없애려 했다. 때문에 안순(승)도 신라로 달아났다.102) 이로 인해 당(唐) 고간이 남은 무리들(문무왕 11년, 서기 671년)을 안시성에서 없앴으며, 이듬해(문무왕 12년)는 고구려 회복군을 치려하므로 신라가 이들(고구려회복군)을 구원했다. 또한 문무왕 13년(서기 673년)에는 이근행이 고구려 회복군을 치고 사로잡으니 남

한편 김인문은 영공을 만나 진군했으며, 왕은 7월16일 한성주에 이르러 총관들에게 당(唐) 군사를 만나도록 했다. 그리고 문영 등이 고구려 군사들을 사천벌에서 물리쳤다. 이어 9월21일 나당(羅唐) 연합군이 평양성을 포위하고 고구려왕이 천남산을 보내 항복했다. 이에 영공은 보장왕, 왕자, 대신 등 20여만 명을 데리고 귀환했다.

98) 마치 연개소문의 업적이 한 문장에 생략, 함축된 상황과 유사하다.
99) 과거 백제 멸망 때 김유신이 소정방에게 주체적 호국 정신으로 맞선 경우를 상기할 때 당(唐)의 횡포였음을 짐작할 수 있다.
100) 당(唐)은 고구려 5부, 176성, 69만여호를 9도독부, 42주, 100현으로 하여 평양에 안동도호부를 설치하고 통치하게 했다. 또한 이듬해(서기 669년) 4월 3만8천3백호를 강회 남쪽 빈땅으로 옮겼다.
101) 신라 본기는 안승이라고 했다. 고구려 본기와 차이는 있으나 신라 본기는 문무왕 10년(서기 670년) 정월 흠순이 당(唐)에 사죄사로 갔다 왔으며, 6월에 당(唐) 관리를 죽인 모잠이 고구려 유민들을 모아 신라로 오다 안승을 만나 왕으로 모시고 왔다. 이에 신라는 이들을 금마저에 살게 했다.
102) 이에 대한 내용은 고구려 본기(안순, 왕의 외손)와 약간의 차이가 있다.

은 무리들이 신라로 달아났다.

 이와 같은 상황에서 흠순(문무왕 10년, 서기 670년)이 당(唐)에 사죄사로 다녀왔다. 그리고 이듬해(왕 11년) 나라 회복을 시도한 백제를 쳐 당(말갈)이 백제를 도우려는 계획을 막고자 했다. 때문에 당(唐) 설인귀와 문무왕의 편지가 오갔으나 결국 신라와 당(唐)의 대결이 본격화되었다.

 따라서 고구려 멸망은 통일 과업 마무리 과정이었다기보다 "고구려"가 "당(唐)" 지배 체제로 전환된 결과와 같아서 미결 상황이었다. 곧 열전에서 "침묵(생략)"으로 "보류"된 이유였다. 이는 석문의 들(문무왕 12년)에서 당(唐)과의 대결(⑧,⑨, 발전부분)로 확인된 바이나 양국 관계가 직접적으로 표출되기보다 김유신 말년(문무왕 13년, ⑥) 상황과 복합되어 우회적으로 환기되었다. 말하자면 강력한 당(唐)과의 대결(⑩, 발전부분, 문무왕 15년, 16년)에 앞서 "당(唐) 축출"의 당위성이 김유신의 "군주론(충언)"[103]과 "군신론"에 복합, 투영되었다. 곧 "삼한 통일" 과업이 당(唐)의 불합리한 횡포로 잠시 지연(⑧,⑩)되었으나 시간을 앞당길 정도로 촉박한 국운이어서 죽음을 앞둔 김유신의 마지막 당부에 그(신라인)의 호국 충정과 주체적 저항 정신이 집중, 분산(⑥, ⑦)된 형태로 재삼 강조되었다.

 결국 김유신의 사/생(⑥/⑨)이 전도된 시간 파기(⑥/⑨, 전개/발전부분)는 당시 전도된 사회 혼란상과 충격이 내포된 가운데 당(唐) 축출을 위한 강력한 주체적 신념(유언/충언)이 나라 존/망(생/사)을 좌우할 중대한 민족 정신임이 역설되었다.[104]

---

103) 이우경(편역), 『새로운 삼국사기』①신라, 통일신라편, 528-529면, 요약하면 ······밝으신 임금께서 주저하지 않고 등용해주시고 의심하지 않고 맡기신 때문이며······옛날부터 대대로 이어오신 임금께서 처음에는 힘써 하지 않은 이가 없으나 끝까지 해내시는 이는 드물었습니다······공을 이루는 것이 쉽지 않다는 것을 아시고 또한 이룬 공적을 지키는 것 또한 어렵다는 것을 생각하시어 소인을 멀리하시고 학식과 덕망이 있는 이들을 가까이 하시어 위로는 조정의 정치를 화합되게 하시고 아래로는 백성들의 형편을 안정되게 하시어 환란이 일어나지 않게 하시면 나라의 기틀과 업적이 무궁할 것이옵니다······.
104) 이는 김후직이 성골 혼란기에 살아서는 물론 죽어서도 충간을 멈추지 않은 의미와 같다.

이어 발전 부분(⑧,⑨,⑩/⑪,⑫)은 통일 전/후 양극적 관계가 전도, 대비, 긴장된 체계로 구성되었다. 그 중 전반(⑧,⑨,⑩)은 당(唐) 침입과 축출(문무왕 10년-16년)의 대혼란상이 김유신 부자와 연계되었으며, 후반(⑪,⑫)은 통일 신라 태평성대(성덕왕) 국내/외 현황이 김유신 손자와 연계되었다.

우선 전반은 고구려 멸망 후 고구려 반란 무리(문무왕 10년)를 받아들이고 백제 옛 땅을 차지했다는 이유에서 비롯된 당(唐)과의 대결로 석문의 들(⑧, 문무왕 12년)에서 패하고 효천, 의문 등 많은 이들이 전사했다. 비록 구세대(70세, 아진함)의 희생정신에 비해 공적 이룬 장창의 당(幢)을 보고 공적 이루기에 급급하다 흩어진 후대인들의 실리적인 면모와 신세대(원술, 담릉)의 합리적 면모105) 등이 비교되나 김유신의 통일(화합) 정신을 이은 후손들(후대인)의 호국 희생정신이 이룬 삼국 통일(⑤-⑩)임이 총체적으로 집약되었다.

김유신 사후(본기) 당(唐)이 말갈과 거란군과 연합해 북쪽 변경과 고구려를 쳤으나 신라는 보다 많은 성을 쌓고 병선으로 방비했다. 또한 이듬해 당(唐)이 문무왕(문무왕 14년) 대신 김인문106)을 왕으로 세운 후 유인궤와 이근행이 침입하고, 이어 설인귀 등이 천성(왕 15년)을 쳤다. 그리고 이근행(문무왕 15년)이 군사 20만 명을 거느리고 매소천성(⑩)을 쳤으나 물리쳤다. 그러나 이듬해(왕 16년, 서기 676년) 기벌포에서 이들을 완전히 물리침으로써 통일 과업이 일단락되었다.

반면 후반(⑪,⑫)은 선조들의 피와 땀으로 거듭난 통일 신라(신문왕)는 초기 혼란(김흠돌반란)이 없지 않았으나 체제가 정비되고 왕권이 강화되면서 성덕왕(서기 702년-737년) 대 태평성대(⑪,⑫, 발전부분)로 이어졌다. 특히 당(唐)과의 관계 개선으로 유학 등 선진 문화가 유입되고 다방면으로 크게 발전했으나 그 폐해도 없지 않았다. 곧 시대 변화에 따라 안으로는 통일 위업

---

105) 원술을 보좌하던 담릉이 "대장부는 죽는 것이 어려운 것이 아니고 죽을 곳에서 죽는 것이 어렵다. 만약 죽어서도 이룰 것이 없다면 살아서 앞으로 공적을 도모하는 것만 못하다."고 했다.

106) 문무왕의 관작을 빼앗고 김인문을 왕으로 대신 세워 보냈으나 이듬해 왕이 사죄한 후 김인문이 귀환하고 왕의 관작을 회복했다.

에 대한 신세대의 의식 변화(⑪, 김유신후손, 왕족)가 일었으며 밖으로는 남북 체제(⑫, 통일신라/발해건국, 서기 698년)가 확립되었다. 이때 신라는 당(唐)을 도와 발해를 치기(유신손자)도 했다. 그러나 점점 명분과 의리에 매인 당(唐)과의 외교관계는 사회 경제적 모순(경덕왕)과도 연계되었다.

끝으로 결말 부분(⑬⑭⑮)은 김유신 후손들 행적과 병행된 태종무열왕계 왕조(혜공왕)의 말기적 고통이 역사적, 존재적, 초월적 형태로 환기되었다.

즉 혜공왕(본기)은 경덕왕의 적자(嫡子)로 어려서 즉위(8살)한 때문에 이후가 정무를 대리했다. 그러나 장년이 되어도 기강이 서지 않아 인심이 배반되고 정치 상황이 불안정하여 반란(왕 4년, 6년, 11년6월과8월, 왕 16년)이 거듭되었다. 결국 그와 같은 시대적 한계가 유신 무덤의 회오리바람(⑭)으로 "영험"되었다.

그러나 앞서 당(唐)에서 귀국한 윤중(김유신맏손자)의 서손 암(⑬)은 총명하고 민첩하여 당(唐)에서 숙위하는 동안 음양가 술법, 둔갑 입성법 등에 능해 스승(당)을 능가했다. 그리고 귀국 후 사천대박사가 되었으며, 사방의 누리[107]를 기도로 물리친 신이성이 있다. 따라서 표면적으로는 통일 과업 최고 수훈자인 김유신의 후손(일본사신)이 스승(당)을 능가한 도가적 재능으로 자연(과학) 현상을 제어했으나 서손(庶孫) 암에 구현된 약화된 위상(맏손자/서손, 신라/당/왜, 음/양)과 회오리바람(⑭, 김유신무덤/미추왕능)은 과거 태종무열왕계 신화(神話)적 통일 정신이 마감(혜공왕/선덕왕, 원성왕)될 위기감과 혼란상(태종무열왕계/내물왕계)이 예지되었다. 아울러 거듭된 민족의 위기(왕권쟁탈, 미래현시) 때문에 그 신이성(누리제거)의 원천인 김유신의 신성한 영험과 초월적 영웅성을 바라는 염원(제사)이 지속되면서 마침내 민족 수호신으로 추앙될 수 있었다.

이상 김유신을 중심으로 다각도로 개방, 확장된 개방적 형태의 시대 역사

---

107) 본기에서 혜공왕 5년(서기 769년) 5월 누리와 가뭄 피해로 사람을 천거하도록 한 사실이 있다.

적, 존재적 관계 상황은 다음과 같다.

	물계자(10대내해왕) (삼성교체기 석씨왕조한계/건국 정신)	
	비령자(진덕왕원년) (김유신부하/성골 한계)	
흑치상지(백제) (백제유민 항거/당) (당에 회유, 공적, 참언)	↑ ← 김유신 → (태종무열왕/백제멸망) ↓	열기(문무왕) (고구려/당(唐)소정방에게 군량 수송)
	김영윤(신문왕) (고구려유민 반란/통일신라 지향점)	
	최치원(진성왕) (당(唐)급제, 벼슬/신라말기 한계)	

이상의 개방적 형태는 "김유신"의 통일 과업을 중심으로 고대 삼국의 역사 상황과 연계된 대표적 인물들이 방사(放射)적 형태로 구성되었다.

곧 신라 건국 정신과 삼성(三姓) 관계(물계자), 백제(비령자/흑치상지), 고구려(열기), 당(열기/흑치상지)과의 관계, 그리고 신라 통일 정신, 백제 저항 정신(흑치상지), 고구려 저항 정신(김영윤), 통일 신라 말기 현황(최치원/당)과 고려 건국 상황 등이 총체적으로 개방되었다.

4. 구상적 형태와 불확정적 실재

구상적 형태는 낮아진 본기 활용 비율(15%-10%)에 따라 구성된 부분이 보다 확장(85-90%)되면서 역사적 인물들(총6명) 외에 은유적 인물들(총4명, 40%)의 존재 의의가 보다 활성화되었다.

이들의 구성 방법을 본기 활용 비율 순으로 정리하면 다음과 같다.

III. 문장의 구성 형태와 인물의 존재 방식 391

구성방법 활용비율	1도입	2전개	3발전(절정)	4결말
15%	해론: 모량사람, 아버지공적으로 대내마됨, 찬덕 건복 27년가잠성 현령됨[108]	*진평왕33년(611년) 백제가 가잠성 침입[109], (+)왕이 보낸 구원군 귀환, 귀신되어 회복 결심, 죽음, 패함	*진평왕40년(618년)해론, 한산주도독과 가잠성 함락, (+)백제 다시 침입, 아버지 전사지에서 해론 전사	(+)왕 슬퍼함, 집안 후하게 해줌, 사람들 장가(長歌) 지어 슬픔 표함
15%	눌최: 가계(대내마도비아들)	*진평왕46년(624년) 백제가 침입, 6성포위, (+)왕이 서당 5군에게 구하게함, 백제군 강해 성쌓고 귀환	*백제가 세성 함락, (+)눌최, 5군귀환에 의분, 결사 항전, 힘세고 활 잘쏘는 종 눌최 지킴, 눌최와 종 전사	(+) 왕 슬퍼함, 눌최 급찬 추증
15%	죽죽: 대야주 사람, 아버지 찬간, 선덕왕대 사지됨, 대야성도독 보좌	*선덕왕11년(642년)백제가 침입, (+)품석(도독)에게 아내 빼앗긴 비장, 적과대통, 창고태움, 백제장군의 생명보장 약속에 항복	(+)죽죽, 용맹스럽게 죽기권함, 품석 듣지않음, 백제가 모두 죽이니 품석이 처자죽이고 죽음, *죽죽이 남은 군사와 대항, 용석과 전사	(+)왕 슬퍼함, 벼슬 추증, 처자 서울 옮김
15%	취도:(X,O) 사량사람, 내마 취복 아들, 성씨 기록없음, 삼형제 중 가운데임.	(+)취도, 출가, 실제사거주, *태종무열왕대 백제가 (+)조천성침입, 군사(삼천당)되기 결심, 대결, 전사	*문무왕11년(671년)백제변경 웅진싸움, 형 부과전사, 논공 제일, *신문왕4년(684년)고구려회복군반란, 아우 핍실전사	(+)대왕 눈물로 탄식, 모두 사찬 벼슬 추증
12%	성각:(X) 청주 사람, 성씨와 가계 모름	(+)명예, 벼슬 좋아하지 않음, 법정사 머뭄, 집에 와 어머니봉양, 다리 살 베어드림	(+)어머니 사후 부처 공양, 각간 경신과 이찬 주원 등이 왕에게 향덕 고사 알림	(+)왕이 벼 300석 상 줌
11%	필부: 사량 사람, 아버지 아찬 존대	*태종무열왕 대 백제, 고구려, 말갈이 침입,(+)재능있는 이 구함, 칠중성 아래 고을 현령됨,*백제 없앰	*태종무열왕7년11월고구려가 칠중성 포위, 필부지킴, (+)대내마 비삽바통, 필부 그를 베고 결사대항, 패함, 전사	(+)대왕 슬피 울고, 급찬 벼슬 추증
10%	거칠부: 김씨, 내물왕 5대손, 조부는 각간 잉숙, 아버지 이찬 물력, 일찍이 원대한 뜻 있었음	(+)처음 중 되어, 사방 유람, 고구려 경계 엿봄, 혜량법사 강론 들음, 법사가 귀국 권함, 장수될 것 예언, 돌아와 관직, 대아찬 됨	*진흥왕6년(545년)국사편찬, 왕12년 백제와 연합 고구려침, 이긴 틈에 죽령등10군(郡)함락,(+)고구려혜량법사신라 승통됨, 백좌강회, 팔관법 설치	*진지왕원년(576년) 거칠부 상대등, 군정 맡음 (+)나이 78세, 집에서 생을 마침
10%	솔거:(X) 신라사람, 출신 미천, 집안 내력 모름	(+)나면서부터 그림 잘 그렸음 *황룡사벽화, (+)늙은 소나무 그림	(+)그림에 가끔 까마귀 등 날아들었음, 세월 지나 채색 흐려 단청함, 새들 외면	*경주분황사 관음보살, 진주단속사 유마상 (+) 그림, 사람들 신화(神畵)라 했음
10%	온달:(X) 고구려, 평강왕 대 얼굴 모습 우스우나 마음 순수, 집안 가난, 밥 얻어 어머니봉양, 해진 옷, 낡은 신발로 저자 오가 사람들 어리석은 온달이라 했음	*평강왕(+)딸 울기 잘해 온달에게 시집보낸다 희롱, 16살에 진귀한 팔찌차고 온달 찾음, 눈먼 온달 모, 귀한이 인식, 온달 굶주려 산속 나무껍질거둠, 공주 산밑에서 품은 생각 말함, 온달이 여우, 귀신이라고 피함	(+)공주, 사립문밑 잠, 아침, 한 마음됨, 공주와 온달 야원 국마 기름, *고구려3월3일제사(+)왕사냥, 앞장선 온달봄, 후주(後周), 요동침, 온달공적, 왕사위됨, 벼슬, *양강왕즉위, 온달 신라에 빼앗긴 땅(+)회복청, 죽령회복 다짐, 전사	(+)장사지내려 하나 움직이지 않음, 공주 위무에 움직여 장사지냄, (+)대왕 슬퍼함

10%	녹진: 성씨, 자(字)모름, 아버지 일길찬 수봉, 녹진 23세벼슬, 내외관 후 헌덕왕대 집사시랑 됨	*헌덕왕14년(822년) 왕 동생 태자로 월지궁 입궁, *각간충공(+)상대등, 심장병, (+)녹진이 위문, 고상한 논의로 치유된다함, 충공 허락	(+)녹진, 재목쓰는 법 비유, 정치논리 말함, 공기(公器)를 저울과 먹줄 같이하면 태평, 치유됨 각간이 왕에게, 왕이 태자에게 알림	*그후 웅천주도독 헌창의 난 일어남, *녹진 공 세움, 왕이 대아찬 벼슬 하사, 사양했음

이상의 인물들(총10명, 총20%)은 증가된 구성 비율과 파격적인 형식 변화로 열전의 기능이 보다 확장되었다.

특히 본기에 약술된 역사적 인물들(해론, 눌최, 죽죽, 필부, 거칠부, 녹진)의 호국 의지와 신념, 본기에 명시되지 않은 은유적 인물들(취도, 성각, 솔거, 온달)[110]의 정신적 의의와 역사 현실 등이 그 실존적 "사유"와 "언어(참말)"로 구상(構想)되어 "구상적 형태와 불확정적 실재"로 명명(命名)되었다.[111]

곧 진흥왕 대 영토 확장과 불교 유입에 공헌한 명장(거칠부), 불교 사상과 문화 의식을 고취한 예인(솔거), 고구려 평강왕 대 영토 회복 의지로 고구려 회복 정신을 구축한 명장(온달), 성골 말 혼란기 희생(해론, 눌최, 죽죽)에 이어 호국 희생적 충의로 통일 과업(취도, 필부)을 이룬 무사, 혜공왕 대 거듭 살을 벤 효자(성각), 헌덕왕 대 지배층의 병폐를 우려한 무사(녹진) 등 지배 체제에 억압된 인간 본래의 존재 생기 혹은 백성들의 존재 상황에 은닉된 역사적 진실 등 그 근원적 생기[112]가 다양한 표현 방식(단편 사실, 사전(史

---

108) 열전에서 "건복 27년 을축"으로 표기되었으나 건복 27년(진평왕 32년, 서기 610년)은 "경오"이며, 진평왕 27년(건복 22년, 서기 605년)이 을축이다. 따라서 "을축"으로 보면 진평왕 27년 가잠성 현령이 되었다고 볼 수 있으나 "다음해" 백제가 가잠성을 친 해는 진평왕 32년(서기 610년, 건복27년)이다. 따라서 "건복 27년 경오"로 고쳐야 한다.

109) 본기에서 진평왕 33년(서기 611년, 건복 28년) 내용이다. 그러나 열전에서 "을축"의 잘못된 표기로 혼동이 될 수 있다.

110) 취도는 본기에 명시되지 않았으나 그 형(부과)과 아우(핍실)가 본기에 서술되어 "X,O"로 표시되었다.

111) 한스 페터 헴펠, 「하이데거와 선(禪)」, 이기상, 추기연(옮김), 이데아총서4, 민음사, 1995년, 227-258면.
  폴 리쾨르, 「텍스트에서 행동으로」, 박병수, 남기영(편역), 아카넷, 2002년, 37-79면.
112) 앞글, 143-167면.

傳), 비유, 상징 등)으로 활성화되었다.

이들의 본기 활용 비율에 따라 크게 두 부분(15%/12~10%)으로 나누면 다음과 같다.

가. 15% 활용된 복합 관계 인물들

본기 활용 비율이 15%인 인물들은 부자(해론), 주종(눌최), 삼형제(취도), 상사와 동료(죽죽) 등 복합 형식으로 구성되었다. 곧 각각의 단편 삽화(揷話)가 복합 혹은 연계된 방식은 지속된 역사 상황과 일체된 관계 상황 등이 총체적으로 구성되었다.

그 중 해론(진평왕 40년)은 아버지 찬덕(진평왕 33년)이 백제에 빼앗긴 가잠성을 되찾았으나 대대로 희생된 부자의 비극적 시대 상황을 대변했다.

아버지 찬덕(우)과 아들 해론(좌)의 행적을 나누어 정리하면 다음과 같다.

해론(아들, 1/3)	찬덕(아버지, 2/3)
도입:①해론, 모량인, 아버지가 찬덕임	→ 도입: ②찬덕, 용감하고 절개 있어 명성 높았음, 진평왕 32년(서기 610년) 가잠성 현령 됨
→ 전개:⑧ 20세, 아버지공적으로 대내마됨	전개: ③다음해 백제침입. 100일 동안 막았으나 패함 ④성 위급해 구원군 왔으나 이기지못하고 귀환
발전(절정):⑨진평왕40년 금산당주 됨. 한산주도독(변품)과 가잠성 함락 ⑩백제 다시침입, 아버지 전사한 곳에서 전사	발전(절정): ⑤의리없이 사는 것보다 죽는 것이 낫다." 하며 용기 내 저항 ⑥지치고 양식 다해 죽어서라도 성 다시 찾기 다짐하며 홰나무 부딪쳐 죽음
결말:⑪왕 슬퍼하고 집안 후하게 해줌 ⑫사람들 장가(長歌) 지어 슬픔 표함	결말: ⑦성 함락되고 군사들 모두 항복함 →

이상의 구성 형태[해론 소개①-(아버지 일생②,③,④,⑤,⑥,⑦)-(해론 행적⑧, ⑨,⑩,⑪,⑫]는 찬덕(③,⑦)과 해론(⑨,⑩)의 시대 상황을 근거로 지속된 양극 관계가 대비되었다.

먼저 찬덕이 백제와 100일 동안 대치한 현장(③, 전개부분)에서 왕이 파견한 중앙군들의 의리 없는 귀환(④, 전개부분)과 지방 현령(찬덕)의 투철한 신념(⑤, 발전부분, "의리 없이 사는 것보다 차라리 의리 있게 죽는 것이 낫다.")이 대비되었다. 곧 지역민들의 일체된 호국 희생정신과 실천 의지(⑥, 사나운 귀신이 되어서라도 성을 다시 찾겠다.)에 비해 왕명(구원)을 거역한 중앙군의 전도된 행적(④, 백제가 강해 진격하지 않음)은 지배층의 무질서한 사회 기강이 표출되었다.

한편 7년 후 그 아들(해론,⑧)이 아버지의 신념(호국 희생정신)을 이어 빼앗긴 가잠성을 회복(⑨,발전부분)했으나 다시 희생(⑩)된 비극은 백제와의 대립이 갈수록 반복, 심화된 역사 현실을 알 수 있다.

곧 이들의 승/패 결과(전사)만 간략히 기록된 본기(왕조 실록)는 그 본질적 사회 현황과 백성들의 숭고한 존재 의의와 투철한 신념이 간과되었으나 불합리한 국내외 상황(백제침입/신라지배층)을 타개하기 위한 이들의 치열한 실천 정신과 현장 경험(⑥, 물과 양식이 떨어져 송장을 먹고 오줌을 마시면서 싸우기를 게을리 하지 않았다.)이 새롭게 구상되면서 그 실존적 의의(열전)가 회복되었다.

결국 인간 본래의 "사유" 과정과 "언어"가 생략되어 그 구체적 존재 과정이 은닉 되었으나 이들의 사유 방식과 실존적 언행이 회복(⑥사나운 귀신이 되어서라도 성을 다시 찾겠다./⑩옛날 아버지가 전사한 곳에서 내가 죽을 날이다.) 됨으로써 소위 지배 역사에 함몰된 그 본래의 생명력과 인간 정신(열전)이 비로소 회복되었다고 할 수 있다.

다음 눌최는 백제 침입을 막기 위해 의리와 절조를 다한 호국 희생적 신념이 주종 관계로 구상되었다.

즉 진흥왕 대 영토 확장으로 신라 위상이 크게 강화되었으나 진평왕 후반부터 주변국의 영토 회복을 위한 공격이 집중되었다. 그러나 사회 지배 계층의 전도된 의식과 일반 백성들(소인)의 의로운 신념이 불신된 시대 상황이 보다 큰 위기였다.

Ⅲ. 문장의 구성 형태와 인물의 존재 방식   395

눌최와 관계된 행적(좌)과 표현된 말(우)을 나누어 살피면 다음과 같다.

관계된 행적	표현된 말
도입: ①눌최, 대내마 도비의 아들임.	
전개: ②진평왕46년(624년)10월 백제가 침입, 속함, 앵잠등 6성포위 ③왕이 서당5군 보내 구하게 함, 그러나 백제군의 당당함에 물러나 성 쌓고 귀환	전개: ③'군사들 병가(兵家)말 인용, "할 만하면 나아가고 어렵다 생각되면 물러난다."고 하며 성 쌓고 귀환
발전(절정): ④백제 공격에 속함 등 세성 항복 ⑤5군 귀환, 눌최 의분, 결사대항 호소, 군사들 호응 ⑥눌최 곁에 힘세고 활 잘 쏘는 종이 활시위 당기고 지킴 ⑦어떤 이, 눌최 종의 재능 우려 ⑧적군이 뒤에서 눌최 쓰러뜨림 ⑨호위한 종도 전사	발전(절정): ⑤'눌최, 따뜻하고 맑은봄날 풀, 나무 피어나지만 추운겨울, 소나무, 잣나무만 뒤늦게 시듬, 뜻 지니고 의리 펼 사람, 절조 다하고 이름 드날릴 때임 ⑦'어떤 이, 소인 재주 있으면 해 끼치지 않은 이 드묾, 종 멀리하기 권함
결말: ⑩왕 애통해 함, 눌최에게 급찬 벼슬 줌	

이상은 전개(②), 발전(④,⑧) 부분의 배경 역사를 근거로 확장되었다.

대체로 눌최(⑤)와 부하들과 눌최 종(⑥) 등 지역민과 소인(小人)의 일체된 호국 희생정신과 신념에 비해 중앙군(③, 전개부분)과 "어떤 이(⑦, 발전부분)"들의 불충과 불의와 불신 등이 만연된 시대였다.

특히 위기에 처한 눌최가 군사들에게 한 호소는 "죽죽(추운 겨울에도 시들지 않고)"과 김유신이 "비령자(겨울을 이긴 소나무와 잣나무의 절조)"에게 한 말보다 앞서 표명된 말로 당시 중앙군(서당5군, 할 만하면 나아가고 어렵다 생각되면 물러난다.)의 태도와 비교되었다.

결국 보편적(어떤이, ⑦', 발전부분)으로 "재능 있고 의리 있는 눌최의 종" "소인(小人)"으로 표현하여 무시하고 불신했으나 실제로는 나라와 주인을 지킨 눌최의 절조와 종(소인)의 의리보다 못한 중앙군(서당)113)과 "어떤 이"가 오히려 절조 없고 진실을 왜곡한 도치된 현실이다.

종합하면 당시 위기는 외세(백제) 뿐 아니라 사회 지배층(중앙군)과 보편적

---

113) 삼국사기 제40권 잡지 제9에 "구서당(九誓幢)이 진평왕 5년(서기 583년)에 처음 설치"되었다.

인물들(어떤 이)의 그릇된 인식(병가의 말, 소인)과 분열상이 문제였다. 곧 뜻과 의리를 지닌 이들이 절조를 다할 때(눌최 호소)이나 무기력하고 기강이 해이해진 지배층(성골, 중앙군) 때문에 백성들의 고통과 희생이 배가된 시대는 쇄신되지 않을 수 없었다.

다음 죽죽은 성골 말기(선덕왕) 백제(윤충)의 침입에 희생된 인물로 대야성 도독(품석)의 부덕과 불신으로 빚어진 대 혼란상이 투영되었다.
이를 죽죽(좌), 대야성 도독 품석(중앙), 백제 윤충(우)으로 나누어 정리하면 다음과 같다.

죽죽	품석	백제 윤충
도입: ① 죽죽, 대야주사람, 아버지 찬간임, 선덕왕대 품석 당(幢) 사지됨	도입:②품석, 선덕왕대 대야성 도독임	(의자왕2년, 642년)
전개: ③선덕왕11년(642년) 백제 윤충의 대야성 침입, 금일(비장)이 이들과 내통, 창고 태움 ④'성 지키기 어려움	전개:④ 품석,(전에 비장금일아내 빼앗음)(금일내통, 창고태움)성 지키기 어려움 ⑤품석보좌관이 윤충에게 죽이지 않으면 항복예시 ⑦품석보좌관 성나갈 것 권함	전개:③'선덕11년백제 윤충침입 ⑤'윤충에게 항복" 말함 ⑥윤충, 밝은해 두고 죽이지 않음 약속
발전(절정): ⑧죽죽이 품석과 장수에게 윤충 감언에 살기보다 용맹스럽게 죽기권함 ⑫죽죽, 남은 군사로 대항. 사지 용석 항복 권하자, 추운겨울에도 시들지 않고 굽힐 수 없다는 뜻의 이름 말함 ⑬힘 다했으나 성 함락, 용석과 전사	발전(절정): ⑨ 품석 듣지 않고 문 열음 ⑩모두 죽음 ⑪품석이 처자 죽이고 자신도 벰.	발전(절정):⑩ 잠복했던 백제군사들, 먼저 나아 간 군사들 모두 죽임
결말: ⑭왕 슬퍼함, 급찬벼슬 추증, 처자에게 상 줌, 서울 옮겨 살게 함		

이상은 의자왕 2년(선덕왕 11년, 서기 642년7월) 왕이 친히 신라의 40여 성을 함락시킨 다음 달 윤충이 다시 대야성을 쳐 품석(김춘추사위) 내외를 죽이고 남녀 1만 여 명을 사로잡아 간 사실(③,⑪,⑬)을 근거로 확장되었다.
곧 대야성 도독(품석)의 부도덕성(④, 전개부분)과 보좌관의 판단 착오(⑤,

⑦, 전개부분)와 백제 윤충의 거짓 약속(⑥, 전개부분)으로 인해 신라의 위기가 정점(⑨-⑬, 발전부분)에 달했음을 함축했다. 특히 상/하, 내/외 등 총체적 위기(전개부분, ③,④,⑤,⑦)에도 불구하고 전도, 회복될 기회(⑧, 발전부분)가 없지 않았으나 백제(⑩)의 계책에 안이하게 대처한 지배층(⑨)의 무지와 독선으로 보다 큰 희생이 야기되었다.

결국 본기에 생략된 상층의 부덕한 행위가 내분의 원인이 되어 대야성 참패로 확산된 사실이 이들의 전도된 말(진/위)과 행위(의/불의)를 통해 구체화되었다. 곧 청병 외교(김춘추)의 결정적 요인이 된 성골 말 한계 상황이 "시들지 않고 굽히지 않은" "죽죽"의 주체적 신념과 극대비되었다.

종합하면 신라 지배층의 표(전제, 권력)/리(부도덕, 무능) 부조화된 모순과 백제(윤충)의 감언/이언(二言)의 속임수로 신라의 상하 관계가 분열(품석/금일/보좌관)되고 많은 백성(대야성)이 크게 희생되었으나 "죽죽"의 호국 저항 정신과 의로운 희생 정신은 일말의 대안이었다. 곧 전도/쇄신되어야 할 국내 상황(성골/진골)과 양국 관계(백제/신라)가 비록 불확정적이나 실재적 의미 이상의 복잡한 형태로 구상되었다.

끝으로 취도는 본기에 명시되지 않았으나 그 형제(부과, 핍실)가 본기에 명시된 인물들이다. 곧 삼대(태종무열왕-신문왕)에 걸쳐 지속된 통일 과업의 단면(국지전)이 취도 삼형제의 일체된 호국 희생 정신과 병행되었다.

취도(좌), 부과(중앙), 핍실(우)의 행적을 나누어 정리하면 다음과 같다.

취도(태종무열왕)	부과(문무왕)	핍실(신문왕)
도입: ①취도, 사량사람, 내마 취복아들, 삼형제의 가운데(취도) 원래 중(도옥)임, 실제사 거주	도입: ②맏이는 부과임	도입: ③막내는 핍실임
전개: ④태종2년(655년) 백제의 조천성침입, 취도가 본성찾기보다 군사로 보답결심. 빠르게 달려가 무리된다는 뜻, 삼천당에서 대결, 전사	(1 백제 멸망) (2 고구려 멸망) (3 당 갈등/축출)	(4 삼국 통일)
(3′ 백제 회복군)	발전(절정):⑤문무왕11년(671년) 백제 변경 벼 짓밟고, 웅진에서 싸움. 부과 당주로 전사함. 공적 제일	발전(절정):⑥신문왕4년(684년) 고구려무리 보덕성 반란. 핍실 귀당제감. 아내에게 두형 전사로 이름 남김, 죽을 각오로 하직. 전사
결말: ⑦사찬 벼슬 추증	결말: ⑧부과, 의로움에 용감, 희생 장함, 사찬 벼슬 추증.	결말: ⑦신문왕 눈물로 탄식, 취도 죽을 곳 알아 형제들 마음 북돋움 ⑨핍실 의로움에 용감, 희생 장함, 사찬 벼슬 추증

이상 삼 왕조에 걸쳐 지속된 취도(태종무열왕), 부과(문무왕), 핍실(신문왕)의 통일 과업이 총체적으로 구성되었다.

그 중 취도는 태종무열왕(서기 654년-661년) 즉위 다음해 8월 백제(의자왕 15년, 서기 655년)114)가 고구려와 말갈과 연합해 신라의 33성을 함락했을 때 조천성(④, 전개부분)에 나아가 전사했다. 곧 불법을 닦던 승려(실제사)가 인간의 본성과 도의 쓰임새를 찾기보다 통일 과업에 나아간 호국불교 의식을 대변했다.

결국 백제는 나당(羅唐) 연합군(태종무열왕 7년)에 의해 멸망(1)되었고 이어 고구려도 멸망(2)되었다. 그러나 이 후 신라와 당(唐)의 갈등(3)이 표면화(⑤)되어 통일 과업은 보다 지연되었다. 말하자면 취도부터 당(唐) 축출까지 약 21년(서기 655년-676년)이 지속된 사이 신라와 고구려가 연합해 당(+말갈+백제회복군)을 물리친 과정이 부과(⑤, 발전부분)의 전사에 함축되었다.

---

114) 신라 본기에는 태종 무열왕 2년(서기 655년) 고구려와 백제와 말갈이 연합해 신라의 33성을 빼앗자 왕이 당(唐)에 구원을 청했다. 곧 본기에 명시된 형 부과와 아우 핍실과 달리 취도는 본기에 명시되지 않았으나 "김흠운"으로 인해 태종무열왕 2년 상황임을 유추할 수 있다.

그리고 개시된 통일 왕조(⑥신문왕)는 초기 김흠돌의 반란에 이어 고구려 회복군(⑥, 발전부분)의 반란(신문왕 4년)이 있었으나 두 형의 호국 희생정신을 본받은 핍실이 물리침으로써 이들의 의로움(취도이후 총29년)이 총체적으로 구상되었다.

결과적으로 구성 형태에 생략, 함축된 시, 공간 "1(전개부분)"은 역사적으로 태종무열왕의 백제 멸망이며, 이는 그 후 부과(⑤)가 막은 백제 회복군(3′, 발전부분)과 연계되었다. 또한 함축된 고구려 멸망(2, 전개부분)은 그 후 핍실(⑥)이 막은 고구려 회복군과 연계되었으나 이에 앞서 통일 과업 마지막 과정인 당 축출(3) 과정까지 총체적으로 함축, 개방되었다.

곧 인간의 본성을 찾던 승려에서 실천적 "호국 무사"가 된 취도(통일과업 시초, 백제 조천성싸움)를 비롯해 이들 형제(당+백제회복군/고구려회복군)가 극복한 현실적(존재적-역사적), 정신적(통일정신-주체정신), 사상적(호국불교-유교도덕) 의의가 이들 "장함(⑦,⑧,⑨)"에 총체적으로 내포되었다.

나. 12-10% 활용된 표리 관계 인물들

본기 활용 비율이 보다 감소(12%-10%)된 인물들(총6명)은 우선 역사적 인물(총3명)과 은유적 인물(총3명)로 나뉘나 이들의 구성된 비율(88%-90%)이 적지 않아서 대체로 은유적 형태로 구상되었다. 이들의 구성 비율 차이는 비록 미세하나 12%-11%(성각, 필부), 10%(거칠부, 솔거, 온달, 녹진) 활용된 인물들로 나눌 수 있다.

그 중 성각은 본기에 명시되지 않은 은유적 인물로 실존 인물인 향덕과 같은 효행을 실천하면서 탈속과 환속을 거듭한 거사이다.

성각의 탈속(좌), 환속(우), 관계된 인물(중앙)을 나누어 정리하면 다음과 같다.

성각의 탈속	관계된 인물	성각의 환속
도입:		① 성각, 청주, 성씨, 가계 모름
전개: ②명예, 벼슬 좋아하지 않은 거사로 법정사 머뭄	(경덕왕 대 다리살 베어 부모 봉양한 향덕의 효행)	③ 집에서 어머니봉양, 변변치 않은 음식에 다리살 베어드림
발전(절정):⑤시주, 부처공양	⑥ 경신, 주원, 왕께 향덕고사 알림	④ 어머니 돌아가심
결말:	⑦ 왕이 벼300석 상줌	결말:⑦'(왕 벼300석 상줌)

　이상은 어머니(몸, 현실)를 봉양하고 부처(정신, 이상)를 섬기기 위해 탈속(②/⑤)과 환속(③/④)을 번갈아 체험한 양면 상황이 복합 형식으로 구성되었다.
　우선 성씨와 가계를 알 수 없는 평범한 성각(①, 도입부분)과 불법(②, 전개부분)을 닦기 위해 법정사 거사가 된 상황이 대비된다. 그러나 불가피한 현실(③, 어머니노쇠, 병)로 인해 다시 세속적 효행(다리살 벰)이 실천되고 어머니 사후(④, 발전부분) 다시 부처 공양(⑤, 발전부분)이 시행된 상황 또한 양극적(②/③,④/⑤)이다.
　결국 본성(초탈)을 회복(⑤)했으나 당시 지배 권력층인 경신(원성왕)과 주원(⑥, 발전부분)에 의해 다시 역사적, 세속적 현실(본기, 향덕)과 연계되었다. 곧 왕이 벼 300석(⑦)을 내림으로써 이들 관계가 보다 구체화되었는데 경신과 주원(⑥)과 연계된 역사 현실은 아는 바와 같이 혜공왕(⑦) 대로 신화(神話)적인 통일 정신이 마감된 때이다.
　구성 형태〈성각(①)/거사(②)-어머니(노쇠, 병)봉양(③)/어머니죽음(④)-부처공양(⑤)/경신과 주원(⑥, 과거향덕고사)-혜공왕(⑦)〉는 "어머니 생(③)/사(④)"를 중심으로 인간 존재 상황에서 역사 상황까지 포괄되었다. 곧 성씨와 가계를 모르는 성각(①)이 명예와 벼슬을 초탈한 거사(②)가 되었으나 다시 어머니 봉양(③) 후 본연의 부처 공양(⑤)으로 되돌아갔다. 그럼에도 다시 지배 권력(왕권쟁탈자)과 연계되어 춘추 무열왕계 마지막 왕조 상황과 연계되었다.
　따라서 성각의 행적 변화(탈속/환속)에 따른 상, 하, 좌, 우의 긴장 체계는 당시 불가피한 사회 현실(병든 노모, 태종무열왕계 말기)로 한계(변변치 못한 음식, 혜공왕, 반란)에 이른 격변기 상황에서 비롯되었다. 말하자면 시대(현실)적 혼란(한계)(노쇠, 병)을 일시 극복(다리 살 벰, 김양상의 반란 진압)한 후 다시 본연의 자리(부처공양, 신하)로 되돌아가지 못한 이들(김양상, 김경신)의 세속적 욕망(벼300석)이 극대화(37대 선덕왕/38대 원성왕)된 양상이 함축되었다.

비약하면 성각의 어머니는 근본적으로 성각의 모태로 몸(현실)이며 땅(영토, 신라)이며 근원 정신이다. 따라서 성각(②)의 효행도 굶주린 부모를 위해 다리 살을 벤 향덕(경덕왕)의 효행과 근본적으로는 같으나 존재 방식이 달라서 기능적 차이가 있다.

우선 불가피한 현실(노쇠/병고/변변치 않은)이나 승려(②)의 세속적 효행은 실제 모순된 행동(③)이다. 더욱이 어머니 사후 본연의 모습(⑤)으로 되돌아간 그에게 향덕(경덕왕대 사회적 모순)을 예로 삼아 왕이 내린 벼 300석(⑦)은 보다 세속화된 결말이다. 결국 벼슬과 명예를 좋아하지 않은 성각(②)의 모순(⑦)은 당시 신하로서 반란 진압 후 왕좌를 차지한 김양상(신무왕)과 자연재해를 빌미로 추대된 주원을 물리치고 즉위한 경신(원성왕)의 세속적 욕망(⑥)이 대변되었다. 때문에 "돌아가신 어머니(④)"는 의미적으로 춘추무열왕계 마지막 왕(혜공왕)과 함께 사라진 신라 통일 정신으로 비유될 수 있다.

이는 향덕의 구성 형태115)와 비교하면 보다 구체적이다.

곧 역사적 실존 인물인 "향덕"은 근원적으로 "충"과 복합된 효행이 핵심 주제인 반면 은유적 인물인 "성각"의 효행은 보다 확장된 내용(④,⑤,⑥, 발전부분)을 구체화하기 위한 배경 상황(③, 전개부분)임을 알 수 있다. 따라서 성각과 향덕이 실천한 효행은 같으나 도(道)를 닦는 부처 공양자로서 인간 최고 가치(효) 이상의 의미가 왕좌와 복합된 양상이다.

---

115) 본기의 사전(史傳)이 활용(33%)된 향덕은 〈1.향덕 소개--2.경덕왕 14년(서기 755년) 흉년/백성들 고통--3.향덕 효도--4.왕, 물품 하사/효자네 마을〉로 요약되어 성각과 구성 방식이 다른 형태임을 알 수 있다. 즉 다리살을 벤 "효행"의 구성 방식(전개/발전부분)의 차이로 효행의 기능(소재/주제)과 의미가 확장된 형태이다.

결국 경신(원성왕)의 권위와 비등한 위상으로 형상화된 성각(법정사 거사)은 자체로 귀한 이(성인, 왕)들의 궁극적 지향점(근본정신)을 대변한 표본이어서 백성(인간정신)과 어머니(영토, 나라)를 위해 "자기 희생(살을 벤)"을 실천한 상징적, 이상(정신)적 존재라고 볼 수 있다.

함축된 시대 배경을 요약하면 태종무열왕계 마지막 왕조인 혜공왕 대는 정치, 사회, 경제적 한계로 지정의 반란을 진압한 김양상(상대등)이 선덕왕(내물왕계)으로 즉위했다. 이어 신하들이 추대한 주원(춘추무열왕계) 대신 김양상과 함께 반란을 물리친 경신(원성왕)도 본연(상대등, 세속)의 자리를 지키기보다 왕좌(탈속)에 올랐다. 그 후 신하들의 자리 바꿈(왕권쟁탈)은 보다 심화되어 말기 상황으로 이어졌다.[116]

곧 탈속(불도/왕)과 환속(모자/신하)이 거듭된 두 체계 속에서 이상적 가치(불도/왕도)와 인간적 도리(효행/충절)를 병행했던 성각은 세속의 어머니가 돌아가신(태종무열왕계 한계) 후 본래의 자리로 돌아갔으나 신하(세속)의 도리를 다해야 할 양상(신무왕)과 경신(원성왕)은 반대로 왕좌(탈속)에 올랐다. 때문에 어머니(영토, 신라, 근본)를 위해 자신의 살을 거듭 벤 효행(향덕, 성각)에 비추어 지배층의 왕좌를 향한 살 베기(선덕왕, 원성왕)를 투영해 나라(병든 어머니) 위한 호국 희생정신(근원정신회복)을 촉구했다.

종합하면 "성각(聖覺)"[117]은 이름에 표상된 "불도의 깨달음"과 더불어 신성시 된 왕도(王道)의 깨달음이 함축되었다. 따라서 거사(성각)의 효선쌍미(孝善雙美)는 도덕적 인의(仁義) 회복을 위해 "왕된 이(성각)"의 자기 희생(충의)이 환기되었으나 이를 자각하지 못한 이들의 세속적 욕망(왕권쟁탈)은 이

---

116) 혜공왕 대 반란을 진압한 김양상이 내물왕의 후손으로 선덕왕(37대)이 되었으며, 선덕왕 사후 신하들이 의논한 김주원(태종무열왕 6대손) 대신 상대등이었던 경신이 원성왕(38대)이 되었다. 이 후 소성왕(39대) 등 그의 후손이 이었으나 어린 애장왕(40대, 13세 즉위)을 보필한 숙부 언승(병부령)이 왕을 내치고 헌덕왕(41대)이 되었다. 결국 흥덕왕(42대) 이후 왕권쟁탈(43대, 44대, 45대)이 본격화되면서 말기적 혼란이 가속되었다.

117) 앞에서 "추운 겨울에도 시들지 않고, 꺾일 수는 있으나 굽힐 수 없다."는 뜻의 죽죽(竹竹)과 "아주 빠르게 달려 그 무리가 되겠다."는 뜻이 내포된 취도(驟徒) 등이 있다. 이는 "재생(보름달)"의 의미가 함축된 "온달"에서도 볼 수 있다.

후 보다 심화되었다.

다음 필부(11%)는 통일 과업 중 강력한 외세도 위협적이나 보다 위험한 내분의 단면이 단편 삽화 형식으로 강조되었다.

이를 신라의 필부(좌), 백제(중앙), 고구려(우)로 구분해 정리하면 다음과 같다.

필부(신라)	백제	고구려
도입: ①필부, 사량 사람, 아버지 아찬 존대임		
전개:②태종무열왕2년(655년)백제, 고구려, 말갈연합군, 신라침입 ③태종6년(659년)충성, 용맹, 재주있는이 구해 칠중성 현령 됨 ④태종7년(660년)7월 당과 합해 백제 없앰	전개:②'의자왕15년(655년)백제, 고구려, 말갈 연합 신라 침입 ④'의자20년7월 백제 멸망	전개:②'보장왕14년(655년) 백제, 고구려, 말갈 연합군 신라 침입.
발전(절정):⑤태종7년(660년)10월(11월)고구려가 칠중성포위, 필부20여일지킴 ⑥처자 돌보지 않고 싸움 ⑦대내마비삽 양식 모자라고 힘 다한 내부알림 ⑨비삽 벰, 군사들에게 충성, 절의 지키는이 죽어도 굽히지 않음 말함, 병든이도 다툼, 지치고 피로해 반이상 죽고 다침 ⑩바람타고 불지르며 성 침입 ⑪필부, 상간 본숙 등과 저항하다 피 흘러 전사	(백제회복군 저항)	발전(절정):⑤'태종7년(660년)10월 고구려가 칠중성 포위 ⑥'(처자 돌보지 않고 싸움) 고구려장수 돌아가려함 ⑧다시 싸움 ⑩바람타고 불지르며 성에 침입
결말: ⑫대왕 슬퍼함, 급찬 벼슬 추증		

이상에서 필부(①, 도입부분)는 태종무열왕 즉위 초 33성이 함락(태종무열왕 2년, 서기 655년)된 위기(②, 전개부분)에 등용된 인재(③, 전개부분)로 그 이듬해 백제가 멸망(④, 전개부분)되었다.

그러나 백제 회복군의 저항이 보다 거세어진 가운데 고구려의 침입(⑤, 발전부분)까지 겹친 신라는 필부와 사졸들의 투철한 저항 정신(⑥)에도 불구하고 대내마 비삽의 내통(⑦, 발전부분)이 있었다. 때문에 고구려 공세(⑧)가 재개되어 지치고 피로한 신라 군사들[118]과 필부(⑨)가 전사(⑪)했다. 곧 신

---

118) 김유신(문무왕 3년, 서기 663년)이 백제 임존성을 물리치지 못한 상황("군사들이 피로해서 괴로워했음")도 유사하다.

라 존망의 위기(②)가 충성스럽고 용맹스러운 인재들과 나당(羅唐) 연합의 공세로 반전(④, 백제멸망)되었으나 내분(⑦)은 강력한 호국 의지에도 불구하고 패인의 결정적 요인이었다. 이는 과거 금일의 내통으로 백제 윤충에게 크게 패한 "죽죽(대야성)"에서 이미 경험한 바이나 통일 과업 초 고구려와의 관계를 통해 다시 한 번 환기되었다.

결국 통일 과업은 지치고 쇠진한 성안(신라) 사람들과 바람(내분)을 타고 불 지르듯 맹렬하게 침입한 외세(백제, 고구려, 당)와의 대결이었으나 필부와 같은 이들의 "불꽃 같은(피)" 호국 충절과 불굴의 의지로 극복될 수 있었다.

다음 본기 활용 비율이 10%에 불과한 인물들은 신라 통일 전/후 성/쇠와 연계된 역사적 의의(거칠부, 녹진)와 신라와 고구려 전환기 정신적 의의(솔거, 온달)가 사실과 은유적 형태로 구성되었다.

먼저 거칠부는 문/무 겸비된 명장으로 진흥왕 대 죽령 부근의 영토 등을 함락한 역사적 업적과 역사 편찬과 불교 진흥의 문화적, 사상적 업적이 복합 형식으로 구성되었다.

거칠부의 행적(좌)과 혜량법사(우)와의 관계를 나누어 정리하면 다음과 같다.

거칠부(신라)	혜량법사(고구려)
도입: ①거칠부, 김씨 내물왕5대손, 조부 각간잉숙, 아버지 이찬물력임 ②관습 구애받지 않고 원대한 뜻 있었음	
전개: ③승려로 사방 유람, 고구려 엿보러 경계 들어갔음 ④'보통 사람아님, 제비턱, 매눈매 장수 예지	전개: ④혜량법사 불경 강론들음, 법사가 신라인, 보통사람 아님 알고 돌아갈 것 권고, 제비턱, 매눈매 장수 예지, 자신해치지 않도록 말함
발전(절정): ⑤귀환, 본래모습, 관직, 대아찬됨 ⑥진흥왕6년(545년)국사편찬, 파진찬됨 ⑦왕12년(551년)왕이 거칠부등 8장군에게 백제와 함께 고구려 치게 함(백제인들 평양침입) 거칠부 죽령 밖, 고현안10군(郡)빼앗음 ⑧'(혜량법사 무리…)	발전(절정):⑧혜량법사 무리 거느리고 길위 나옴 ⑨거칠부, 군의 예로 공손히 절함. 고구려 유학 때 법사 은혜로 생명 보전 말함 ⑩법사, 정치 어지러워 신라로 갈 것 청함 ⑪법사, 함께 말타고와 왕 뵘, 승통됨, 백좌강회, 팔관법 설치
결말: ⑫진지왕원년(576년)상대등, 군정 맡음 ⑬늙어서 집에서 생 마침, 78세	

Ⅲ. 문장의 구성 형태와 인물의 존재 방식   405

　　이상을 도식화 하면 다음과 같다.

　　　　① 거칠부내물왕5대손　　　③ 승려로 사방유람, 고구려 엿봄
　　　　② 원대한 뜻있었음　　　　④ 혜량법사, 강론 중 거칠부인식, 귀환종용

　　　　　　　　　　거칠부(진흥왕)+혜량법사(양원왕)

　　　　⑫ 진지왕대, 상대등됨　　⑤ 거칠부귀환, 관직 ⑥ 국사편찬 ⑦ 고구려10성함락
　　　　⑬ 78세 세상떠남　　　　 ⑧ 혜량법사 나옴 ⑨ 거칠부 인사 ⑩,⑪ 신라승통됨

　　이상에서 원대한 뜻(①, 도입부분)을 품은 거칠부가 사미(沙彌)[119]의 신분으로 사방을 돌다 고구려 혜량법사의 강론을 들었는데 당시 그를 인지한 혜량 법사(③/④, 전개부분)는 그에게 귀환을 종용했다. 그 후 관직(⑤, 발전부분)에 나아가 실현한 그의 정치적(⑤), 역사적(⑥,⑦), 사상적(⑧-⑪) 업적은 당대 최고여서 진지왕 대 상대등(⑫, 결말부분)이 되었다. 그러나 진지왕(왕 4년, 서기 579년)의 축출[120]로 그의 역사적, 존재적 위상(결말,⑬)도 약화되었다고 볼 수 있다.
　　곧 일생(좌측,①-⑬) 동안 실현한 그의 원대한 포부(우측,③,⑤-⑦)가 하부의 발전(⑥,⑦) 부분과 결말(⑫) 부분의 단편 사실을 근거로 확장되었으나 시대적 한계(⑫,진지왕)로 혜량법사(④,⑧,⑨,⑪)와의 관계가 중점 구상되었다.
　　결국 역사적 위업(⑤-⑦) 외에 혜량법사와의 만남과 소통은 신라 불교 발

---

119) 사미(沙彌)는 원래 불문에 들어가 10계를 받고 정식 중이 되기 위한 구족계(具足戒)를 받기 위해 수행하고 있는 어린 중을 말하나 일반적으로 도(道)를 닦는 중을 의미한다.
120) 이범교(역해), 「삼국유사의 종합적 해석」 "도화녀 비형랑", 252면.
　　25대 진지왕(진흥왕 둘째아들)은 진흥왕 태자인 동륜이 죽고 그 아들(진평왕)이 어려 즉위(서기 576년)했다. 그러나 통치 기간(4년) 동안 정치가 어지러워지고 음란하여 "그를 후원했다고 믿어지는 상대등 거칠부"가 죽자 나라 사람들이 그를 폐위시켰다. 그런데 김춘추의 아버지 용춘이 진지왕 아들이다. 한편 진흥왕은 동륜태자와 사륜(진지왕) 두 아들이 있었는데 동륜태자의 아들인 백정이 26대 진평왕이다. 또한 진흥왕의 증손자이자 진지왕의 손자인 김춘추가 29대 태종무열왕이 되었다.

전(⑧-⑪, 발전부분)에 고구려 영향이 컸던 양국 관계가 함축되었다고 볼 수 있다.

당시 신라는 이미 중 묵호자가 고구려(19대눌지왕)에서 와 모례의 굴방에 있었지만 법흥왕 15년(서기 528년) 처음 불교를 폈다. 그리고 진흥왕 5년(서기 544년)부터 사람들이 승려나 여승이 되어 부처를 받들었다. 이어 진흥왕 10년(서기 549년)에는 양(梁)나라 사신과 유학하던 중 각덕을 통해 부처의 사리를 얻었다. 또한 고구려 혜량법사는 신라(진흥왕 12년, 서기 551년) 승통(열전)이 된 후 전사한 병졸들을 위해 팔관연회(진흥왕 33년, 서기 572년)를 베풀었으며 수(隋)에서 불법을 구한 안홍법사(왕 37년, 서기 576년)는 호승인 비마라 등과 돌아와 능가승만경과 부처 사리를 바쳤다는 기록(본기) 등에서 불국토를 지향한 신라(진흥왕)의 의지를 볼 수 있다.

종합하면 한강 유역(죽령밖과 고현안10군)을 함락한 거칠부의 공적은 신라의 대외적 위상을 높이고 정치, 문화 발전의 토대가 되어 통일의 기반이 되었다. 따라서 진지왕대 최고 벼슬인 상대등이 되어 군사와 국정을 맡았으나 왕의 폐위로 불교 진흥에 힘쓴 사상적, 문화적 업적이 부각되었다.

다음 솔거는 본기에 명시되지 않은 은유적 인물로 그의 신화(神畫)적 그림에 함축된 존재 상황과 시대 정신이 단편 삽화 형식으로 구상되었다.

솔거(좌)와 황룡사 벽화(우)를 나누어 정리하면 다음과 같다.

솔거	황룡사 벽화
도입:①솔거, 신라인, 출신미천, 집안모름	
전개: ②나면서부터 그림 잘 그렸음 ③황룡사 ④벽에 늙은 소나무 그렸음	전개: ③'황룡사 ④'벽화(노송) 그림
발전(절정):	발전(절정): ⑤벽화, 몸체와줄기 비늘같이 터지고 주름잡힘, 가지, 잎 구비지고 구부러짐, 까마귀 등 새 날아와 미끄러짐 ⑥세월에 퇴색(단청) ⑦새 오지 않음
결말:⑨'세상 사람들, 신화(神畫)라고 함	결말: ⑧경주분황사 관음보살, 진주단속사 유마상이 그의 그림임 ⑨세상사람들 신화(神畫)라고 함

이상에서 솔거의 가계(①, 도입부분)에 비해 벽화의 생생한 채색(⑤)에 내재된 의미가 극대화되었으나 세월의 변화(⑥)로 퇴색된 현실은 다시 전도되

었다. 그러나 사람들에게 오래도록 신화(神畵)로 전해진(⑨, 결말부분) 상당 기간이 포괄되었다.

곧 구성 형태에서 도입(①)과 전개(②-④) 부분을 미천한 출신의 솔거(①)와 천부적 재능(황룡사벽화,②,③,④)이 대비되고, 이어 발전(⑤/⑥,⑦) 부분은 시초의 문화적, 사상적 생기(⑤)와 그 후 퇴색된 시대 역사적 변화(⑥,⑦)가 대비되었다. 결국 그의 신화(神畵)적 예술(정신) 세계(⑧,⑨, 결말부분, 경주분황사의 관음보살상, 진주단속사의 유마상)와 시초의 현실(①)이 극 대비된 존재적/예술(문화)적 양극성이 이룬 긴장 관계는 양극적 시대 상황(생생한/퇴색된)과 교차, 병행되어 신라/통일신라, 불교사상의 성/쇠, 성골/태종무열왕계/내물왕계 등 다양한 의미가 복합, 개방되었다.

말하자면 궁궐을 짓던 터에 황룡(고유신앙)이 나타나 불사(불교사상)로 고쳐 지은 황룡사 내력(진흥왕 14년, 서기 553년)을 근거로 신라 왕궁(왕조)에 대한 신성성을 강화하고 인연 있는 불국토임이 현시[121]된 황룡사(벽화)는 왕실의 신성성과 문화적 우월성 그리고 통일 과업의 정신적 맥[122]이 내포되었다고 할 수 있다. 그러나 세월이 지나 퇴색된 자연적 변화는 일종의 순리이며 순환적 현상임에도 통일 후 맞게 된 시대 역사적 변화(영고성쇠)까지 포괄되었다.

비약하면 불교 사상이 함축된 "황룡사 벽화"는 사상적 중심이 된 황룡사를 주축으로 구체화된 정신적 의미가 신화(神畵, 神話)적 경지(삼국통일 과업)에 이를 정도로 채색과 생기(통일역량)가 뛰어나 온갖 새(상하일체, 삼국통일)들이 모였었다. 그러나 그 후 세월(시대)의 변화로 그 본래적 기능(통일정신)을 잃게 되었다. 곧 "번성했던 성골 왕조/한계"와 "왕성했던 통일 역량(통일정신)/퇴색"이 복합된 의의는 그 후 본래의 생기를 되찾기 위해 다시 "단청"을 칠했으나

---

121) 「삼국유사의 종합적 해석」 하, 이범교(역), 92-101면, 불교와 토착 신앙의 결합으로 보았다.
122) "맥"은 혈맥의 줄인 말로 풍수지리설에서는 지세에 용의 정기가 흐르는 줄기를 말한다고 했다. 김민수 외(편집), 『금성판 국어대사전』, 금성출판사, 1991년.

과거 "신화(神話, 神畵)적 가치 회복(왕권회복)"을 꿈꾼(모방) 중반기 이후 변화(왕권쟁탈, 도덕성 상실)와 같아서 말기 상황(새들 모이지 않음, 백성 외면)까지 확장, 내포되었다.

결국 "단청(외형적 변화)"으로 복원될 수 없는 본질적 가치(불교사상, 왕도, 통일정신, 호국 자주정신, 인간 근원정신)가 형상화된 "솔거"의 그림(황룡사벽화, 신화)은 역설적으로 현실(몸, 미천한 신분)과 이상(근원정신, 신화, 존재생기)이 일체 조화된 공동체적 인간관과 순환적 세계관이 총체적으로 함축되었다.

다음 온달(고구려)은 공적이 두드러진 역사적 충신들(제5권)과 배치된 유일한 은유적 인물이어서 그들과 버금가는 존재임이 시사되었다.

특히 어리석은 온달(일반백성)이 지배층인 평강 공주와 결합된 후 존재적, 역사적 변화를 맞았으나 영토 회복 의지는 당면한 시대적, 존재적 한계로 저지되었다. 그러나 움직일 수 없는 그의 신념은 초월적 의지로 교감되어 보다 광활하게 개방되었다.

복잡한 전, 후 관계를 온달 모자와 평강 공주(좌), 평강 공주 부녀와 온달(우)로 나누어 정리하면 다음과 같다.

온달 모자와 평강공주	평강공주 부녀와 온달
도입:①온달, 평강왕대사람, 얼굴 우스우나 마음 순수 ②집안 가난, 밥 얻어 어머니 봉양, 헤진 옷 낡은 신발로 저자 오가 "어리석은 온달"이라 함	도입: ③평강공주, 어려서 울기 잘해 평강왕이 어리석은 온달에게 시집 보낸다 희롱 ④16세에 상부 고씨와 결혼시키려함, 공주가 왕은 실없는 말 하지 않은 이라고 하며 거역함
전개:⑥눈먼 온달 어머니, 공주가 아들 있는 곳 묻자 신분 낮아 귀한이 가까이할 수 없음 말하고 굶주림 참지 못해 산속 느릅나무껍질 거둠 알림 ⑦공주, 온달 찾아 산밑 감 ⑧온달 보고 품은생각 말함, 온달이 여우, 귀신이라고 피함 ⑨공주 돌아와 사립문 밑에서 잠	전개: ⑤공주, 귀한 팔찌 수십개 차고 궁 밖의 온달집 찾음
발전(절정):⑩다음날 아침, 공주가 다시 모자에게 갖추어말함 ⑪머뭇거리는 온달 대신 어머니가 귀한 이 짝될 수 없다 함 ⑫공주가 옛사람이 한말 곡식도 찧을 만하고 한자 베도 꿰맬 만하다 했음,	발전(절정):⑮고구려, 3월3일 낙랑언덕에서 사냥, 잡은돼지,사슴으로 하늘,산, 내 제사 ⑯왕의 사냥에 신하들,5부군사따름 ⑰온달 말타고 앞장서달리며 잡은 것 많아 왕이 성명묻고 기이하

Ⅲ. 문장의 구성 형태와 인물의 존재 방식 409

한마음이면 함께 할 수 있음 말함 ⑬공주, 팔찌 팔아 노비, 우마, 기물 갖춤 ⑭온달에게 야윈 국마 사게 함, 공주가 말 살찌고 힘세게 길렀음	게여김 ⑱후주(後周)무제, 요동침, 왕, 배산들에서 싸움, 온달 공적제일, 왕 사위맞아 대형삼음, 위엄, 권세 높아짐 ⑲24대양강왕즉위, 온달이 신라가 한강북쪽 군현 삼은땅 회복하기 청함, 그곳백성들, 부모나라 잊지않음, 계립현,죽령 서쪽땅 회복않으면 돌아오지 않겠다함. 전사
결말 :	결말: ⑳장사지내려하나 널 부동 ㉑공주 위무, 움직여 장사지냄 ㉒대왕 슬퍼함

 이상에서 도입(①, 평강왕)과 발전(⑭,⑮,⑱,⑲)부분의 단편 사실(10%)을 근거로 확장, 구성된 "온달"은 오랫동안(도입/전개/발전부분 전반까지) 지배층과 화합(짝)할 수 없었던 가난하고 어리석은 백성(②/⑥/⑪)이었다. 그러나 평강 공주와 결합(한마음,⑫-⑭, 발전부분 후반) 후 비로소 고구려 건국정신(⑭, ⑮, 발전부분 후반)을 회복, 공유하고 지배층(평강왕)과 일체(⑰,⑱,⑲, 군신관계)된 형태이다.123)

 곧 은유적 인물인 온달은 명시된 왕조(①, 평강왕)를 통해 시대 배경이 유추되나 고구려 건국 신화 요소(⑭)부터 제천 의식(⑮, 고구려3월3일 낙랑언덕 행사) 그리고 유화의 후예인 평강 공주의 초월적 기능(㉑)까지 광범위한 시, 공간적 의식이 연대기 형식에 구상되었다.

 그 중 도입 부분(①②)은 "어리석은 온달(백성)"의 궁핍한(가난한 온달, 눈먼 어머니) 현황 외에 평강공주(지배층)의 울음과 왕의 희롱과 불신(③,④) 등 고구려(상/하층)가 당면한 시대적 위기와 존재적 고통이 총체적으로 대변되었다. 특히 불안정한 사회 상황(온달의 결핍, 공주울음)이 아버지(개인적)의 희언(온달에게 시집보냄)으로 도치되었으나 이는 "어리석은" 백성(온달)의 힘과 재능(효행) 그리고 잠재(눈먼 어머니)된 지혜를 절실히 구한 지배층의 내면(본질적 현실)이기도 하다. 때문에 공주가 2, 8(16세) 나이(시대)에 우선 "왕 된 이(평강왕)"의 "진실(희언)" 회복을 위해 기존의 권위(금팔찌)를 버리고(출궁, 팔

---

123) 이우경 「한국 산문의 형식과 실제」, 159-163면.

아 바꾸고) 온달(백성들의 잠재된 힘, 도덕성 회복)을 찾아 나섰다.

당시 상황을 보면 25대평강상호왕(평원왕, 서기 559년-590년) 대는 가장 위축되었던 양원왕(24대) 이후인 동시에 새로운 위상 회복에 힘쓴 영양왕(26대) 앞에 위치한 왕조이다. 비록 치열했던 삼국 관계는 잠시 소강된 상태였으나 왕 5년(서기 563년) 가물었으며 왕 13년(서기 571년)에는 황충이 있었고 가물었다. 그러나 왕은 이해 사냥을 나가 50일 만에 돌아왔다. 그리고 왕 23년(서기 581년) 백성들이 굶주렸다. 외교적으로는 초기에 북제(北齊), 진(陳)과 교류했으며, 이어 주(周, 왕 19년), 수(隋, 왕 23년)와 교류했다. 그러나 통치 말에 도읍을 장안성(평양, 왕 28년, 서기 586년)으로 옮긴 것으로 보아 새로운 변화가 시도된 전환기였음을 짐작할 수 있다.

특히 진(陳, 왕 32년, 서기 590년)이 망하고 수(隋)가 통일되자 평원왕(평강상호왕)이 크게 두려워 군사를 다스리고 곡식을 저장하며 이들을 막아 지킬 계책을 세웠다. 이때 번국의 절조를 다하지 않는다는 수(隋) 고조의 책망이 새서(璽書)로 전해져 사죄 표문을 올리려 했으나 실행되지 못하고 영양왕이 즉위했다. 그리고 영양왕은 왕 23년(서기 612년) 수(隋) 대군의 침입을 받았으나 크게 물리쳤다.

다시 말해 평원왕은 고구려 역사 중 가장 위축된 양원왕(양강상호왕)[124]과 일찍이 볼 수 없었던 수(隋) 대군의 침입이 단행된 영양왕 사이에 위치했으나 은유적 인물인 "온달"과 평강공주 행적에 함축, 개방된 은유적, 초월적 의의는 그 전, 후 시대가 통괄되었다. 곧 "담력 있고 말 타기와 활쏘기를 잘한" 평원왕(본기)은 그 형질이 고주몽(시조 건국정신)부터 보장왕(멸망)까지 총체적으로 개방되었으며 나아가 고구려 회복 정신까지 포괄되었다. 말하자면 궁핍하고 눈 먼 백성들(온달모자)의 고난은 지배층(평강왕의 희롱/공주의 불신/ 부녀 결별)의 한계에서 비롯되었으나 통일 신라 말 초래된 불안정한 정세(고려건국)까지 감안하면 인간 보편적 세계의 형상이기도 하다.

---

124) 고구려 양원왕 4년(서기 548년) 예(濊)의 군사 6천 명으로 백제를 쳤을 때 신라가 구원했다. 그 후 백제가 침입해 도살성이 함락(양원왕 6년정월, 서기 550년)되자 다시(3월) 백제의 금현성을 쳤다. 그러나 이 틈에 신라(이사부, 진흥왕 11년)가 두 성을 빼앗았다. 또한 이듬해(왕 7년, 서기 551년9월) 돌궐이 신성을 포위하니 고구려는 백암성으로 옮겨 1만 명의 군사로 대항했다. 그러나 신라(거칠부)의 침입으로 열 개의 성을 빼앗겼다.

비약하면 사람들은 흔히 온달의 순수한 마음(본질, 효행, 근원정신)보다 까칠한 얼굴(표면적 현실)을 "우습게(희롱)" 보고, 지배층(왕)은 딸(어린백성)의 진정한 심기(내면의 본질)에 귀 기울이기보다 "귀 따가운" 소리(표면적 현실)를 "희롱"할 뿐이었다. 곧 현실의 본질을 제대로 인식하지 못한 지배층(아버지, 시대적 한계)은 그 도치된 현황을 바로 할 변화를 실행하기 어렵다. 그럼에도 유화의 초월적 기능이 함유된 평강공주는 기존의 권위와 과감하게 결별(⑤, 전개부분)하고 백성들의 공간(⑥)으로 이전했다. 그리고 숨은 인재(⑥, 온달)를 찾았으나 눈 먼 어머니(⑥)는 이미 "천하의 귀한 이(본질, 고구려바탕)"를 인지하고 가까이 할 수 없는 현실적 "차이"를 표명했다. 특히 더 이상 "굶주림(현실적 고난)을 참지 못해 느릅나무 껍질을 거두러 산에 간" 백성(⑥)의 고단한 현실(밑)은 이미 오래 전부터 고답적(산)인 지배층(도입부분)과 유리된 현실이었다. 때문에 평강공주(지배층)와 온달(백성들)의 "만남(⑧, 산/밑)"은 결코 합일하기 어려운 관계(사람/귀신, 여우/사람)임이 현시되었다.

따라서 출궁한 공주(지배층)의 쇄신된 의지(산밑 이동, 사립문밑 잠)로 백성의 곁(사립문)을 밤 세워 지킨 초시간적 정화 과정(밤/아침)(⑩, ⑪, 발전부분)에도 불구하고 온달의 불투명한 마음과 어머니의 경계 구분(나/너, 낮은 신분/고귀한 이)이 여전했다. 그러나 다음날 아침(변모 생성) 눈먼 어머니(어두운 시대/본질적 의식)를 매개로 진정 "귀한 이"로 거듭난 평강의 극한적 위기 의식(한말의 곡식, 한자의 베)에 공감(옛말, 근원정신회복)하고 비로소 "한 마음"(⑫)이 되었다. 이때 도입과 전개 부분에서 계층(상/하)적으로, 심리(몸/마음)적으로 분리된 이들이 새로운 관계(⑩, ⑪, ⑫, 발전부분)로 화해될 때까지 감내한 "시련(과도적 혼란/여명기)"은 초시간적으로 개방된 고구려 전 역사 과정이라 해도 틀리지 않다. 이는 현실적인 생활 기물(⑬, 공존현실) 외에 "야윈 국마를 키운" 고구려 건국 신화 요소(⑭, 본기)에 이어 제천 행사(⑮, 3월3일)에서 "짐승을 많이 잡은"[125] 고주몽(시조동명성왕)의 신화적 재능이 재현된 후 명실상부한 고구려 후예(⑯, ⑰)로 거듭났기 때문이다. 보다 근원적으로는 평강공주가 동명성왕을 낳은 "유화"의 초월적 형질이 내포된 후예인 동시에 눈 먼 온달의 어머니는 그 형질이 존속된 백성들의 어머니로 대표된다.

결국 그들로부터 거듭난 온달의 정신적, 현실(육체)적 변화는 고구려 시초(명림답부)의 정신을 이어 외세(⑱,후주)를 자주적 저항 정신으로 물리치고 왕의 사위가 된 후 영웅적 힘을 발휘했으나 신라에 빼앗긴 죽령(⑲) 등은 회복하지 못하고 전사(고구려멸망/나당승리)했다. 따라서 구체적 사실인 후주(後周)는 당대 상황일 뿐 아니라 수(隋), 당(唐) 등 "중국"을 의미한 상징적 "기호"이기도 하다. 때문에 양원왕(24대양강왕)126) 대 신라 거칠부에게 빼앗긴 영토("죽령밖과 고현안 10군") 뿐 아니라 을지문덕(영양왕 23년, 서기 612년), 연개소문(보장왕) 등의 승리(수/당) 이후 나당(羅唐) 연합군에 패한 결과(28대 보장왕 27년)까지 포괄될 수 있다. 따라서 명시된 "평강왕"은 그 전(시조동명성왕의 건국정신), 후(보장왕의 고구려 회복정신) 역사 상황 뿐 아니라 궁극적으로는 통일신라(삼국통일)를 거쳐 고려(왕건) 건국(후삼국통일)까지 확장, 개방된 왕조임을 알 수 있다.

결과적으로 신라(당)에 빼앗긴 고구려(+발해) 영토 회복 의지(결말부분, ⑳)는 온달(⑲/⑳, 생/사, 고구려백성) 뿐 아니라 평강공주(㉑), 왕(㉒)까지 움직일(변할) 수 없는 마음 속 "다짐"이어서 보다 근원적이다. 이는 역사적 관계로 볼 때 중국(외세)과의 오랜 갈등을 통해 숙지(宿志, 熟知)된 뿌리 깊은 자주적

---

125) 당시 주몽의 능력을 시기한 금와왕의 아들들과 신하들이 제거하려 하자 주몽의 어머니 (유화)가 이를 주몽에게 알리고 멀리 가서 큰일을 하도록 했다.

126) 평강왕(25대) 대 온달은 위엄과 권세가 날로 높아졌으나 "24대 양강왕(서기 545년-559년)"이 즉위하고 온달이 신라에 빼앗긴 영토 회복을 위해 나아가 전사했다는 내용에 대한 오류(26대 영양왕)가 지적되어 왔다. 곧 평강왕 전대 왕조가 서술된 점을 보면 무리가 없지 않다. 그럼에도 열전의 개방된 형식과 상징적 의의를 감안할 때 과거 양강왕 즉위 후 신라에 빼앗긴 땅을 온달이 회복하겠다는 의미로 보면 일종의 도치법으로 볼 수도 있다. 특히 "온달"이 왕 앞에서 감히 "왕조"를 직설적으로 운운할 수 없는 입장임을 감안하면 일종의 "기휘" 대상인 전환적 왕조대의 중요 사실을 먼저 서술하고 이어 관계된 온달의 행적이 뒤이어 서술되었다 해도 큰 무리가 없다.

Ⅲ. 문장의 구성 형태와 인물의 존재 방식   413

저항 정신에서 비롯되었다.

　종합하면 평강공주(유화)가 처음에 은밀히 "품은 생각"은 "고구려 건국 정신 회복"이었으나 온달의 죽음으로 인해 "고구려 회복 정신"까지 확장된 형태(순환)로 교감되었다. 곧 유화(평강공주)와 고주몽의 건국 이념을 이어받은 고구려인(온달, 명장)들의 합일된 마음(고구려 회복정신)은 그 후 통일 신라(잠, 정화)를 거쳐 고려 건국으로 변모, 계승되었다. 때문에 지속된 역사 현실에서 보다 근본적으로는 이들(고려, 고구려)이 결코 잊지 않고 있는 "부모의 나라(부여회복, 근원 정신회복)"로부터 시작되었다.

　이들 관계를 총체적으로 종합하면 다음과 같다.

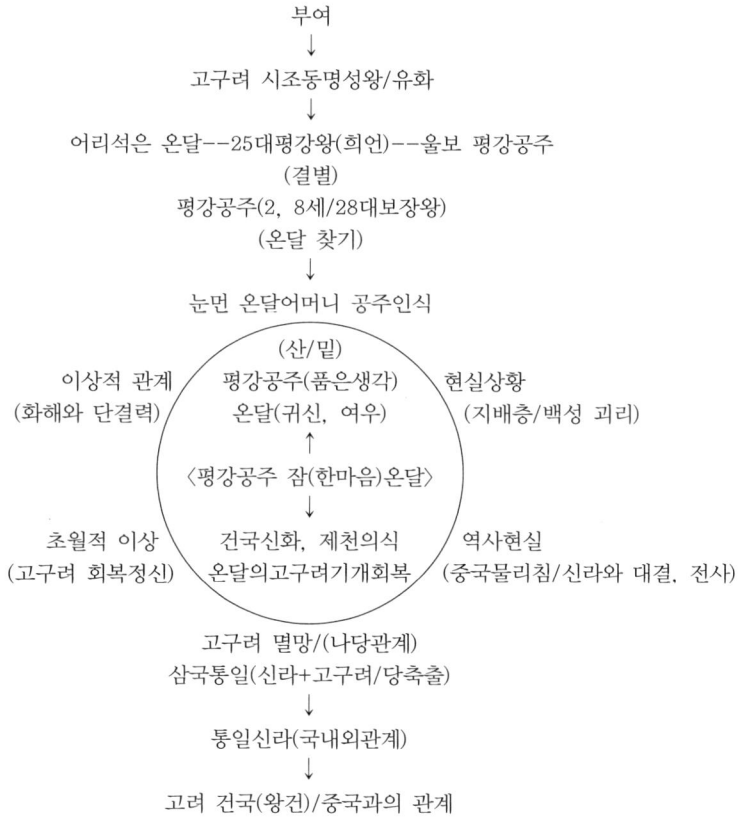

이상에서 시초에 고구려 상/하층으로 구분된 평강공주/온달의 세계는 평강공주의 사립문 밑 "잠(원 중심)"을 경계로 단절된 불신 관계가 한마음으로 소통, 합일되었다. 그리고 "고구려 건국 신화 요소와 제천 의식"을 통해 온달의 고구려 기개도 회복되었다.

곧 중심점을 경계로 상부(◐)는 건국 이래 대 위기에 처한 고구려를 위해 평강공주(지배층)가 왕(기존의 권위)과 결별하고 온달(피지배층)과 정신적, 의미적으로 합일(⑫, 한마음)되어가는 과정이며, 하부(◑)는 다시 고구려 건국 신화(건국이념)와 제천 의식을 통해 고구려 정신을 회복한 온달의 역사적 위상과 존재 의의가 초월적 형태로 극대화되었다. 비록 민족의 염원인 고구려 영토 회복은 온달의 죽음(평강공주와 현실적 결별, 고구려 멸망)으로 실현되지 못했으나 결코 돌이킬 수 없는 신념임이 생/사를 초월해 교감됨으로써 범민족적 원형(原型) 정신으로 되살아(○, 재생, 완전체, 온달)났다.

결국 고구려 건국 정신 회복부터 고구려 회복 정신까지 포괄된 "온달"(보름달/밝은땅)은 표면적으로는 고구려 패망 과정과 영토 회복 염원(죽령부근, 발해, 부여)에서 비롯되었으나 원천적으로는 고려 건국 후에도 여전히 지속된 중국(여진, 금, 송)과의 관계에 배태된 범 민족적, 범 세계적 의식이 근원 정신 회복과 더불어 환기되었다. 때문에 삼국 영고성쇠(榮枯盛衰)에 배태된 역사적 의의부터 인간(온달) 삶과 죽음(영고성쇠)에 배태된 존재적, 정신적 의의까지 "돌아가는(순환) 방법"으로 영속(초월)된 본질적 현상이 광범위하게 함축, 개방되었다. 곧 자주적 주체 정신으로 발현된 인간 본래의 자율성에도 불구하고 인간 세계의 근본적 차이(부/부, 영/육, 내/외, 자/타, 생/사)와 그 모순적 관계가 조화롭게 "공존(온달, 평강공주)"하기 위해서는 궁극적으로 도덕적 가치(신의)를 지향하고 실천하기 위한 사유 과정(인간정신)과 대화적 관계(언어)가 존재의 본질적 의의임이 시·공간을 넘어 광범위하게 현시되었다.

Ⅲ. 문장의 구성 형태와 인물의 존재 방식   415

끝으로 녹진은 헌덕왕 대 헌창의 반란을 진압한 역사적 인물로 상대등(충공) 병에 투영된 시대적 병폐를 고치기 위해 군신의 본분 등 근원 정신 회복을 촉구했다.

녹진과 관계된 충공, 헌덕왕 등을 나누어 정리하면 다음과 같다.

녹진	각간 충공	헌덕왕
도입: ①녹진은 성, 자(字) 불확실함, 아버지, 일길찬 수봉임 ②23세 벼슬, 내외관 거쳐 헌덕왕10년(818년) 집사시랑 됨	도입: ④각간 충공, 상대등됨, 정사당 논의후 심장병, 용치탕권함, 3, 7일 휴식	도입: ③41대헌덕왕14년(822년) 동생 수종 태자삼아 입궁
전개: ⑤녹진, 충공 만나 우울, 근심되는 마음 풀어 드리겠다 함 ⑨녹진, 상공의 병은 약석 치료법인 쇠침, 돌침 아니고 고상한 논의로 물리칠 수 있음 판단	전개: ⑥문지기가 물리침, 불러봄 ⑦녹진, 일찍 조회하고 늦게 마쳐 마음 상하고 몸 안정 잃었나 함 ⑧충공, 정신 흐리고 텅 빈 것 같아 불쾌 ⑩충공, 귀중한 말로 치유 바람	
발전(절정):⑪녹진. 목수 집지을 때 큰 재목(대들보, 기둥), 작은 것(서까래) 등 눕히고 세울 것 제자리 쓴 후 큰집 됨 ⑫옛 어진재상, 정치 같음, 공기(公器) 사라져 나라 어지럽고 수행자 병듦, 맡은 관리 저울과 먹줄 같이 형벌과 정치 바르면 나라 태평해짐, 어찌 약 먹고 보람 없이 보내나	발전(절정):⑬녹진의 말로 각간이 의원 보내고, 왕 뵈며 일찍 나온 연유 말함.	발전(절정):⑭왕, 바른말 하는 이 있어 기쁨, 태자에게 알림 ⑮태자, 임금 밝으면 신하 바르다 했음
결말:⑰녹진, 공 세워 왕이 대아찬 벼슬 줌, 사양하고 받지 않았음		결말:⑯헌창 반란(헌덕14년) 물리침

이상은 도입(③,④)과 결말(⑯,⑰) 부분의 단편 사실(10%)을 근거로 개인적, 사회적 병폐와 치유 방법이 순환적 형태〈①-(③-⑯)-⑰-①〉로 구상되었다.

당시 〈녹진(집사시랑)-충공(상대등)-41대헌덕왕(언승)-태자(42대흥덕왕)〉에게 전달된 언로는 실제 상황이라기보다 이들 관계에 내포된 시대 상황이 연대기 형식으로 구상되었다고 볼 수 있다.127)

우선 구성 형태에서 도입 부분(①,②,③,④)은 성, 자(字)가 불확실한 녹진

---

127) 귀산이 원광법사의 "세속오계"를 듣기 위해 직접 대면했다고 보기 어려운 상황과 같다.

(①), 아들 없는 헌덕왕(③), 심장에 병이 든 충공(④) 등 모두 불완전한 상황이나 일찍부터 벼슬(②, 녹진)하고, 동생(수종)을 태자(왕 14년, 서기 822년) 삼아 월지궁(③)에 들이고, 용치탕과 휴식(④, 충공)으로 완화되었다. 곧 병부령이었던 언승이 왕을 해치고 헌덕왕이 된 불안정한 시대 상황이 다각도로 예시되었다.

그 전, 후 시대 상황을 보면 앞서 태종 무열왕계를 이은 내물왕계(37대 선덕왕)는 원성왕(38대)과 소성왕(원성왕손자)에 이어 어린(13살) 애장왕(39대소성왕태자)이 즉위하자 소성왕의 동복아우이며 애장왕의 숙부인 언승(병부령)이 정사를 대신했다. 그러나 아우인 제옹과 반란(왕 10년, 서기 809년)을 일으켜 왕을 해치고 헌덕왕(41대)이 되었다. 그 후 왕(왕 4년 서기 812년)은 북국(발해)에 이어 당(唐)에 사신(왕 7년, 12년)을 보내고 당 반란(왕 11년) 진압에 구원군 3만 명을 보냈는데 그 전, 후로 재해(왕 6년, 7년, 8년, 9년, 12년, 13년)가 끊이지 않아 불안정했다. 이에 동생인 수종을 태자로 삼았으니 흥덕왕(42대)이다.

이러한 상황에서 일어난 헌창(웅천주도독)의 반란(왕 14년 3월)은 주원(헌창 아버지)128)이 왕이 되지 못한 때문이었다. 곧 선덕왕(내물왕계), 원성왕(경신)을 이은 헌덕왕은 흥덕왕 이후 심화된 왕권 쟁탈(43대, 44대, 45대)의 본보기가 되었다. 따라서 충공의 병(심장)을 치유하는 방법으로 도치, 전환, 분산되었으나 처방된 용치탕(龍齒湯/龍治湯)과 3.7일 휴식은 "37대선덕왕" 이후 시작된 지배층의 병폐임이 시사되었다.

때문에 녹진(⑤-⑩, 전개부분)이 우회적으로 표명한 "고상한 논의(충간)"는 실제로 보다 직설적인 정치 원리(⑪,⑫)였다. 말하자면 목수의 집짓기(⑪, 국가체제)와 옛 어진 재상들의 정치 도리(⑫) 등을 통해 왕 된 이의 도리부터 관료(벼슬자리)들의 본분까지 실재적이고 구체적인 치유 방법이 충공(⑬)를 매개로 아래(신하,⑪,⑫)에서 위(왕,⑭,⑮)로 전달되었으나 충간의 의미는 원인(왕)과

---

128) 37대 선덕왕(내물왕계) 사후 신하들이 주원(태종무열왕계)을 세우기로 의논했으나 당시 알천의 물이 넘쳐 원성왕(38대)에게 왕좌를 빼앗긴 태종무열왕계 후손이다.

결과(신하)가 순환 형태(⑯-③)로 역설되었다.

즉 집 짓는 재목은 대들보, 기둥, 서까래 등 눕힐 것과 세울 것 등 각 용도가 있듯이 사람도 백집사, 방백, 연솔, 군수 등 재능의 과, 소에 따라 임무가 주어져야 하나 사사로움 때문에 공기(公器)가 사라졌다. 특히 좋아하고 미워함에 따라 자리가 정해지고, 뽑고 버리는 것이 투명하지 않아 옳고 그른 것이 일관되지 않으니 나라 일이 어지럽고 흐릴 뿐 아니라 수행하는 이도 수고로워 병이 들었다. 그러나 관리가 맑고 깨끗해서 뇌물을 막고 부탁하는 청을 멀리하면 저울과 먹줄처럼 곧고 바르게 되며, 형벌과 정치가 옳게 받들어져 나라가 화합하고 태평해진다.

결국 충공의 심장병(어지럽고 답답한 증상)이 공기(公器)가 사라진 사회 병폐(벼슬자리청탁, 뇌물 등)와 복합되어 그 치유법이 녹진(⑰)의 옥음(玉音)[129]으로 도치, 분산되었으나 실제로는 왕(옥음, 용치탕)에서 비롯된 나라 중심(⑧, 심장/왕)의 병폐(왕권쟁탈)임이 총체적으로 투영되었다. 무엇보다 충공(⑬)이 전한 "고상한 논의"와 "귀중한 말"이 태자(⑮)의 하례(임금이 밝으면 신하가 바르다.)로 임금(헌덕왕)이 밝지 못해 신하(관료들)가 바르지 않다는 결론이 역설되었다. 때문에 충공에게 처방된 용치탕(龍齒湯)은 헌덕왕이 마셔야 할 용치탕(龍治湯)이었다.

이상 "구상적 형태"는 그동안 지배 체재(본기) 속에 생략, 함몰된 역사적 인물들(거칠부/해론/눌최/죽죽/필부/취도/녹진)의 호국 충절과 희생정신 등이 이들의 사유와 언어를 통해 회복되면서 그 본래의 근원적 생기까지 활성화되었다. 아울러 은유적 인물들(솔거/온달/성각)의 재능, 도덕적 가치 등에 내재된 본질적 역사 의식과 근원 정신 등이 다양한 구성 형태와 표현 방법으로 보다 구체화되었다.

결국 이들의 불확정적인 존재 상황(85%-90%)에도 불구하고 표명된 이름

---

[129] 이우경, 「한국 산문의 형식과 실제」, 142-146면.
　　옥음(玉音)은 실제 왕의 말씀, 맑고 깨끗한 소리, 상대 존칭 등을 뜻해서 상대등 충공보다 왕된 이의 본분(도덕성 회복)이 함축되었다고 볼 수 있다.

(죽죽/취도/온달/성각)의 의미를 되찾고 그 존재(해론/눌최/성각/녹진)의 본질적 의의와 실재적 의미가 선험된 "사유 과정과 실천 행위" 등을 통해 보다 가치 있게 구현되었다. 곧 인간(시간) 세계(공간)의 다양한 변화(영고성쇠, 솔거/거칠부/온달/성각)가 포괄된 이들의 역사적, 존재적, 사상적 추이는 끊임없이 당면한 인간 보편적 세계로 극복할 대상이며 우주적 현상이기도 해서 보다 복잡한 구성 형태와 표현 방법으로 현시되었다.

5. 상징적 형태와 사전(私傳)적 기능

구성 형태 중 본기 활용 비율(7%-2%)이 가장 낮은 상징적 형태는 최소한의 사실을 근거로 대부분(93%-98%)이 구성되어 일종의 단편 사전(私傳)과 같다.

열전 총 50여 명 중 배분된 총 15명(30%)은 결코 적지 않은 구성원이다. 특히 앞의 구상적 형태(총10명)와 합하면 총 25명(총50%)이 15% 미만의 본기 사실(15%-2%)을 근거로 확장, 개방된 결과 표명된 역사 사실 이상의 의미가 함축된 존재 상황들임을 짐작할 수 있다. 곧 본기의 지배 역사 관점을 탈피하기 위한 새로운 문장 형식과 존재 방식이 열전의 본질적 기능이며, 새로운 세계 인식 방법임을 다시 한 번 확인할 수 있다.

이들의 구성 방법을 본기 활용 비율 순으로 정리하면 다음과 같다.[130]

구성방법 활용비율	1도입	2전개	3발전(절정)	4결말
7%	설계두:(X) 신라 명문 자손임	골품제도로 중국에서 공 세우고 영화롭기 바람	*진평왕43년(621년)당(唐)에 감, 당태종(보장왕4년, 645년)의 고구려 침입, (+)과로 주필산에서 전사	공적 제일, 당(唐)태종이 옷 덮어 주고 벼슬 추증, 예 갖추어 장사 지냄
7%	소나:	*선덕왕, (+)백성군에서	문무왕15년(675년) 아달성	대왕 눈물 흘림, 아버

---

130) 지극히 단편적인 역사 사실이나 "*"를 표시해 확장된 구성 형태(+)와 구분했으며, 은유적 인물(X)도 구분해 표시했다.

Ⅲ. 문장의 구성 형태와 인물의 존재 방식   419

	백성군 사산사람, 아버지 심나 힘세고 날램, 사산 경계 지킴	백제 변경 함락, 백제가 침입, 심나를 신라 명장이라함, 용감한 소나 아버지 닮음, 백제 멸망 후 아달성 북변지킴	에 말갈 침입, 소나 대항 중 전사, 소나 아내가 남편이 장부는 군사와 대결하다 죽어야 한다는 말 기림	지와 아들 나라 일에 용감해 세상 구제할 충의, 잡찬 추증
5%	거도: (X) 가계, 성씨, 지역 모름	*탈해이사금, (+)벼슬 간(干) 우시산국, 거칠산국 이웃 경계로 근심, 병합 뜻 품음	매년 한차례 장토들에서 "마숙"놀이, 양국이 일상으로 여김, 군사와 말 일으킴	두 나라 없앰
5%	박제상: 시조박혁거세 후손, 파사이사금 5대손, 조부 아도갈문왕, 아버지 파진찬 물품, 제상 삽량주 간(干)	*18대실성왕원년(402년), 왜와 우호관계, 17대 내물왕아들 미사흔 볼모 보냄, 내물왕이 자신 고구려 인질삼은 한 때문 *왕 11년(412년) 미사흔형 복호 고구려 볼모 보냄	*19대눌지왕즉위, 제상 사신 예로 고구려의 복호구함,(+)왜인, 거짓책략 합당, 죽기 맹세, 배탐, 아내 달려와 전송,*왜국의 미사흔 본국 보냄,(+)제상 작별, 왜왕이 제상 귀양 보내고 불태우고 목벰	왕 슬퍼함, 대아찬 벼슬추증, 가족들 후한 상 줌, 미사흔이 제상 둘째딸 아내 맞아 보답, 왕 6부 명해 미사흔 맞음, 우식곡 표현
5%	도미:(X) 백제백성, 의리있음, 아내 아름답고 절개있어 칭찬	*개루왕, (+)도미부인 덕행 있으나 교묘한 말에 움직일 것 말함, 도미는 아내 믿음, 왕이 시험	왕, 근신 거짓꾸며보냄, 아내가 대신 종보냄, 왕 노해 도미 눈 빼고 강위 띄움, 아내 간음하려 함, 도망해 남편 만남	부부 고구려 산산 밑 도착, 도움 있으나 절개와 기상 굽히고 구차한 나그네 일생
5%	백결선생:(X,O)131) 어떤 사람인지 모름, 낭산 아래 집 가난, 옷 꿰매 백결선생임	영계기 본받아 희, 노, 비, 환, 불평지사 거문고 표현, 섣달그믐 이웃마을 곡식 방아 찧음, 아내 곡식 없음 말함	선생, 하늘보고 탄식, 생사는 운수에, 부귀는 하늘에 달림, 아내 위해 거문고로 절구공이 소리 내 위로	그 소리 세상 전해져 *방아타령이라 함
5%	김후직: 지증왕증손, *진평왕2년 병부령됨	진평왕 사냥 좋아함, 후직이 말림, "군주론" 말함	노자, 상서 예로 충간, 왕 듣지 않음, 죽어서도 충간 위해 사냥길 옆 묻힘	그 후 왕에게 사냥 말리는 소리 들림, 후직 묘임 알고 사냥 그침
5%	검군:(X) 대사 구문 아들, 사량궁 사인임	*진평왕49년8월서리, 이듬해 흉년, 백성들 자식 팔아먹음, (+)궁중사인 창예창곡식 훔쳐나눔, 근랑인 검군 받지 않음	사인들 발각 두려워 검군 죽이기로 함, 근랑과 작별, 죽음 두려워 여러 사람 죄 받게 할 수 없고, 장부로 도망갈 수 없어 죽음	군자, 죽을 자리 아닌 곳 죽음에 태산같이 중한 것 새털보다 가볍게 여겼다 함
5%	실혜:(X) 대사 순덕 아들, 성품 굳세고 곧음, *진평왕 대(+)상사인(上舍人)	동료 하사인(下舍人), 아첨 잘해 왕 총애, 일로 시비 있자 바른길 지킨 실혜 미워함	진제, 왕께 참언, 실혜가 대왕말씀 거역할 것, 내쫓아 복종 후 등용바람, 왕이 벼슬 깎아 보냄, 어떤 이 바른말 하라고 함, 실혜, 옛 고사 말함	실혜, 말없이 떠남, 장가(長歌)지어 뜻 표함
5%	설총:(X) 자(字), 총지, 조부 내마 담날, 아버지 원효, 중, 불경 통	*31대신문왕, (+)한여름 설총에게 울적한 마음 풀 이야기 청함, 설총 이야기 함	옛날 화왕, 여인 장미가 임금 모시고자 함, 장부 백발에 늙어 지친 모습으로 아룀, 원기 돋우고 독한 돌침으로	왕, 깊은 뜻 임금 경계 삼음, 설총 높은 벼슬, 일본 진인(眞人), 사신 간 설판관 아들에게 조

	달후 본래 모습, 소성거사, 설총 밝고 예리, 도리 앎, 우리말로 구경읽고 가르침, 글 잘지었으나 전한 것 없고 비명 있음		독 없애야함, 명주, 삼실 있어도 왕골, 싸리 버리지 말 것 아룀, 화왕이 둘 중 선택 고민, 장부가 임금 된 이 자세 충고, 화왕 사과	부 원효의「금강삼매론」말함, 고려 현종 설총에게 벼슬 추증, (+)최승우, 최언위, 김대문, 박인범, 원걸, 거인 등 문장가 소개
3%	강수: 중원경 사량 사람, 아버지 내마 석체임, 어머니 꿈에 뿔 있는 사람보고 임신, 강수 머리뿔 있음, 아버지가 어진 이에게 묻자 뛰어난 선비 예시	장성 후 글 읽고 뜻 이치 깨달음, 불교와 유학 중 유학 배움, 효경, 곡례, 이아, 문선 읽고 벼슬, 관직과 명성 높아짐, 부곡 대장간 집 딸과 부부됨	20세, 부모가 얼굴,행실 좋은 아내맞게 함, 거절, 조강지처,빈천지교 말함,*태종무열왕대(+)당(唐)조서이해, 임나가량사람, 이름자두, 왕이 머리뼈로 강수(强首)선생 칭, 당(唐)사례표문 잘지어 임생칭, 매해 100석줌,*문무왕, 강수문장 공적칭찬, 사찬 벼슬, 벼200석줌,*신문왕대(+)강수죽음, 나라가 장사맡음, 모두 부처공양	아내, 귀향하려 함, 대신이 왕에게 벼100석 내리게 함, 아내 남편 따라 나라 은혜 받았음, 거절 (+)신라고기(古記), 문장은 강수, 제문, 수진, 양도, 풍훈, 골번이다. 함
3%	김생:(X) 부모 신분낮아 집안모름,*성덕왕10년(+)탄생, 어려서부터 글씨 잘 씀	평생 다른 재능 익히지 않고 여든 지나도록 글씨 연마함	예서, 행서, 초서 모두 영묘한 경지, 지금도 그 필적 있어 배우는 이 전하며 보배로 여김	*숭녕중 (+) 학사홍관, 사신과 송(宋)에 감, 김생 글을 왕우군 글씨라 함, 요극일 글도 좋음
2%	설씨녀:(X) 율리 백성딸, 가난, 문벌없는 집안, 얼굴모습 바르고 의지,품행 바름, 고운모습 부러워하나 범접 못함	*진평왕대 (+)아버지 연세있음, 당번됨, 여자로 갈 수 없어 근심, 사량부 가실, 설씨좋아해 대신 가기청함, 보답으로 아내삼기 바람, 거울쪼개 가짐, 가실 말 맡기고 떠남	나라 연고로 6년 돌아오지 못함, 아버지, 3년 기약 넘어 다른집 시집가기 바람, 설씨녀 거절, 아버지 늙고 백발로 시집보내려 함, 설씨가 가실 말 보고 눈물, 가실 귀환, 거울확인, 혼인약속	부부 되어 늙도록 일생 함께(해로) 했음
2%	김흠운: 내물이사금 8대손, 아버지 잡찬달복, 화랑 문노무리, 전사자 흠모, 중 전밀, 그가 싸움터 가면 돌아오지 않을 것 말함	*태종무열왕2년(655년) 백제와 고구려, 변경막음, (+)왕이 흠운을 낭당대감 삼아 치게 함, 군사들과 고락 같이 하며 백제 지역 양산 조천성 치려 했음	백제인, 밤에 습격, 신라군 어지럽게 됨, 적화살 빗발침, 흠운이 말에서 창 비껴잡고 적 기다림, 대사 전지가 왕의 사위 전사하면 백제 자랑임, 만류, 흠운 맞서 전사, 대감, 소감, 보기당주 따라 전사	왕 슬퍼함, 흠운과 예파에게 일길찬, 보용나와 적득에게 대내마 벼슬추증, 사람들 양산가 지어 슬픔 표함
2%	효녀지은:(X) 한기부 백성 연권의 딸, 성품 효성스러움, 어려서 아버	나이 32살, 조석 어머니 섬기나 드릴 것 없음, 품팔거나 구걸해 드림, 갈수록 가난해 견디기 어려움	부잣집에 몸 팔아 종 되고, 쌀 10여석 얻음, 부잣집 일 하고 해지면 어머니 봉양, 어머니가 과거음식보다 좋	효종랑, 유람중 보고 부모께 청해 곡식보냄, 양민보상, 화랑들 곡식줌, 대왕,벼500석, 집줌, 조

			으나 칼날 찌르는 것 같다함, 사실 알고 통곡, 딸과 길 가 던 이도 슬퍼함	세,부역면제, 곡식많아 군사들 지킴, 효양방칭 함, 당(唐)에 표문, 미담 돌림, 효종랑,제3재상 서발한 인경아들, 아명 화달, 왕(+)나이어리나 행실 어른스러워 형 *헌 강왕딸 아내 삼계함
	지 잃고 홀로 어머 니 봉양			

이상에서 지극히 단순한 역사 사실(7-2%)을 근거로 다양하게 확장, 개방된 인물들(총15명)은 단편 삽화 형식(총6명), 복합 형식(4명), 연대기 형식(5명) 등이 고르게 분포되었다. 또한 본기에 명시된 역사적 인물(총5명)보다 본기에 명시되지 않은 은유적 인물들(총10명)이 두 배로 증가되었다.

곧 명시된 단편 역사 사실을 근거로 확장, 생성(93%-98%)된 "역사 이야기"는 "이야기의 픽션에 지시가 없지 않은 것과 같이 역사 특유의 지시에도 이야기의 생산적인 지시와 같은 것들"이 있어서 이들 관계가 다양한 형태로 구성되었다.132) 말하자면 "과거에 대한 간접적인 지시와 픽션의 생산적인 지시" 사이의 복잡한 관계가 시간적 차원에서 끊임없이 재형성된 상황으로 인해 본기의 시대 역사 배경을 결코 일탈할 수 없다. 그럼에도 역사 경험(시간변화)을 근거로 생성, 복원된 상상적인 형식들의 고유한 세계와 실재를 형상화한 상징 체계가 보다 독자적으로 구성되어 "상징적 형태와 사전(私傳)적 기능"으로 명명(命名)되었다.

결국 본기 활용 비율의 미세한 차이에도 불구하고 고유한 존재 상황과 기능이 각기 달라서 크게 네 부분(7%/5%/3%/2%)으로 구분될 수 있다.

---

131) 백결선생은 이미 밝힌 바와 같이 본기에는 명시되지 않았으나 삼국사기 잡지에 그의 "방아타령"이 소개되었다.

132) 폴 리쾨르, 「텍스트에서 행동으로」, 9-10면, 215-223면. 모든 상징 체계들은 어떤 방법으로든 실재를 〈형상화〉하는 데에 기여한다. 그리고 시간적 경험을 형상화하는 픽션의 능력 속에 플롯의 지시 기능이 있다. 한편 역사와 픽션의 공통적 지시는 인간 경험의 시간성에 근거를 두고 있다. 곧 역사는 역사가의 현재 생각 안에서 과거의 생각이 다시 생각되고 활성화되었다.

그 중 본기 활용 비율(7%)이 가장 높은 인물(총2명)은 우선 본기에 명시되지 않은 은유적 인물(설계두)과 역사적 인물(소나)로 구분되나 통일 전/후 연합/대립한 나당(羅唐) 관계와 주체적 저항정신이 함축되었다.

다음 5% 활용된 인물들(총8명)은 파격적인 네 쌍의 다양한 관계 상황이 비교, 대비되었다. 먼저 거도와 박제상은 본기에 명시되지 않은 은유적 인물(거도)과 명시된 역사적 인물(박제상)로 신라 초, 중 전환기 지배 역사와 연계된 김씨(거도)와 박씨(박제상)를 대표했다. 이어 도미와 백결선생은 모두 본기에 명시되지 않은 은유적 인물들로 강력한 고구려 장수왕의 남하 정책과 연계된 백제(도미)와 신라(백결선생) 국내/외 현황과 고유한 존재 방식이 다양하게 교차, 병행, 확장되었다. 한편 검군과 실혜는 모두 본기에 명시되지 않은 신라 관료들로 진평왕 대 부조리한 사회상(검군, 관료체제와 백성들 현실)과 불합리한 지배 체제(실혜, 군신관계)로 인한 개혁(진골왕조, 화랑제도)의 당위성이 다각도로 투영되었다. 끝으로 김후직(직설적충간, 역사적인물)과 설총(우화적충간, 은유적인물)은 통일 전/후 "왕된 이"의 도리를 충간한 신하들로 그 시대 상황(성골 말기/진골 통일왕조)과 연계된 국내/외 관계가 직설적 방법과 상징적 형태로 역설되었다.

이어 3% 활용된 인물(총2명)은 본기에 명시된 문장가(강수)와 본기에 명시되지 않은 명필가(김생)이다. 이들 문화적 인물들은 통일 과업에 기여한 유학자(강수)의 전/후 과도기 시대상과 통일 신라 태평성대에 태어나 평생 글씨 연마에 힘쓴 명필가(김생)의 일생(탄생-절정-쇠퇴)과 병행된 통일 신라 성쇠와 나당(羅唐) 관계 등이 함축되었다.

끝으로 본기 활용 비율(2%)이 가장 낮은 인물(총3명)은 본기에 명시된 김흠운(태종무열왕)의 화랑 정신을 중심으로 본기에 명시되지 않은 부부(설씨녀, 진평왕-혜공왕)와 모녀(효녀지은, 경문왕-경순왕)의 전환기 시련에 내포된 신라 흥망성쇠와 나당(羅唐) 관계가 총체적으로 개방되었다.

가. 통일 전/후 나당 관계와 자주적 저항정신

상징적 형태의 인물들 중 본기 활용 비율(7%)이 가장 높은 설계두는 본기에 명시되지 않은 은유적 인물이나 신라인의 진취적 기상(해외인식), 사회 개혁 의식과 존재 회복 의지(골품제도), 적극적 외교 관계(나당연합) 등 국내외 양상이 단편 삽화 형식에 총체적으로 함축, 개방되었다.

인물의 공간 이동에 따라 신라(좌), 당(중앙), 고구려(우)로 나누어 정리하면 다음과 같다.

신라	당(唐)	고구려
도입 : ①설계두, 신라 명문자손		
전개: ②벗과 소망말함 ③설계두가 골품 제도로 재능 뛰어나도 한계 인식, 중국에서 공세우고 영화롭기 바람	4 (당의 고구려침입)	3 (호국 주체적 저항정신)
1 (백제의 신라침입)	발전(절정):④진평왕43년(621년), 당(唐)에감⑤당태종(보장왕4년,645년)고구려침.과의됨	발전(절정):⑥요동 침입한 당(唐)과 고구려 주필산 싸움 참전, 전사, 공적 제일임
2 (신라의 당 구원병 파견)	결말:⑦'당(唐)태종,(그에 대해 묻고 눈물 흘림)⑧(…외국인 우리 위해 죽음) ⑨'(보답…대장군 추증…)	결말:⑦당(唐)태종, 그에 대해 묻고 눈물 ⑧죽기 두려워 자국 사람 나아가지 않음, 외국인이 우리 위해 죽음 ⑨보답, 옷 벗어 덮어줌, 대장군 추증. 예장

이상에서 신라 명문 자손인 설계두(①, 도입부분)는 성골 말기 "골품 제도"의 한계(③, 전개부분)를 인식하고 존재 회복을 위해 해외(④, 발전부분)로 나아갔다. 그러나 복잡해진 세계 상황(고구려/당/신라)으로 인해 당(唐)의 고구려 침입(⑤)에 당(唐) 과의로 공을 세우고 전사(⑥)했다.

이는 근본적으로 신라 골품 제도에서 비롯되었으나 당(唐)의 고구려 침입(⑤,⑥, 발전부분)에 신라(선덕왕 14년, 서기 645년) 용병 3만 명이 파견된 역사 상황(본기)은 신라가 백제의 침입을 물리치기 위해 고구려 구원병 요청(선덕왕 11년)에 실패하고 당(唐) 구원병을 청한 직후(선덕왕 12년)였다. 결국 치열해진 삼국 관계는 수(隋) 이후 고구려와 당(唐)과의 관계로 보다 복잡했는데 당(唐)은 막강한 고구려를 치기 위해 신라의 힘이 필요했고 신라는 강력한 백제를 막기 위해 당(唐)의 도움이 절실했다.

따라서 "설계두"의 세계관과 존재 방식은 표면적인 행적(①-⑨) 외에 비어진 공간(1-4) 속에 내포된 국내외 상황이 총체적으로 수렴된 후 해석될 수 있다.133) 곧 본기에 명시되지 않은 설계두는 그의 자유롭고 개방적인 국내외 행적 속에 표명된 골품 제도(진평왕)와 본기에 사전(史傳) 형식으로 구성된 "구칠(진평왕 9년, 서기 587년7월)"134)의 상황을 비롯해 지속된 고구려와 중국과의 대립 관계(4), 고구려의 호국 주체적 저항정신(3)과 연계된 "당(唐)의 고구려 침입(보장왕 4년, 서기 645년)", "백제의 신라 침입(1)", "신라(선덕왕 14년)에서 당(唐)에 보낸 3만 명의 군사(2)" 등 복잡한 세계 상황(신라/고구려/백제/당)과 그 이해 관계 등이 총체적으로 함축, 개방되었다.

때문에 주필산 싸움에서 전사한 설계두의 한계는 그의 개인적 행적에 한정될 수 없으며, 당(唐) 태종의 보답(옷덮고 벼슬추증)으로 그칠 수 없는 의미가 내포되었다.

당시 국내외 상황을 요약하면 진흥왕(서기 540년-576년)의 영토 확장 이후 대내외적 위상이 크게 높아진 신라는 진평왕(서기 79년-632년) 전반 강화된 왕권을 기반으로 제도를 정비하고 체재를 구축해 강대국으로 부상했다. 그러나 후반부터 상대적으로 강력해진 백제 무왕(서기 600년-641년)이 영토 회복을 위해 집중 공격 했으며, 고구려 영양왕(서기 590년-618년)도 빼앗긴 영토 회복을 위해 신라의 북한산성(진평왕 25년, 서기 603년)을 침입했다. 결국 북변과 우명산성(진평왕 30년, 서기 608년) 등이 함락되자 신라는 수(隋)에 군사를 청했는데 이를 계기로 수(隋)의 유례없는 대군이 고구려를 침입(영양왕 23년, 서기 612년)했다. 그러나 을지문덕에게 패했다.

반면 백제는 무왕 17년(진평왕 38년, 서기 616년)부터 33년(진평왕 54년, 서기 632년)까지 지속적인 공격 이후 마침내 의자왕(서기 641년-660년)이 신라의 40여성을 함락(선

---

133) 이와 같은 예는 이미 "구상적 형태"에서 살펴졌다.
134) 진평왕 9년 이찬의 아들인 대세(내물왕 7대손)와 구칠의 해외 진출 욕구는 당시 해외에서 불법을 구했던 중(僧) 뿐 아니라 일반인(상층인)도 강했음을 뜻한다.

덕여왕 11년, 서기 642년)하고 이어 고구려와 연합해 당항성을 빼앗아 당(唐)으로 가는 길을 끊으려 했다. 이에 신라는 당(唐)에 급히 호소했으나 뒤이어 대야성도 함락되었다.

이에 당(唐)이 고구려를 타일렀으나 연개소문은 신라에 빼앗긴 영토 회복 의지를 강력히 표명했다. 이로 인해 당(唐)의 고구려 침입(보장왕 4년, 서기 645년)이 단행되었는데 실은 당(唐) 태종의 야심 때문이었다.135)

결국 당(唐)의 고구려 침입(보장왕 4년)이 정월부터 10월까지 지속된 동안 개모성, 비사성, 백암성, 주필산 등 큰 싸움에 수십만 명이 동원되어 양쪽의 인명과 군마의 피해가 컸다. 특히 10여성을 함락하고 3주의 호구를 옮길 때 7만 명이 중국에 들어갔으나 당(唐) 태종의 고구려 침입은 그 후에도 지속되었다.

이러한 역사 상황이 "설계두"의 존재 방식에 다각도로 내포되었으나 단편 삽화 형식에 약술된 표면적 진술에 한정되면 그 다양한 관계 상황보다 한 개인의 원대한 이상이 시대적 한계에 매몰된 한 에피소드(단편이야기)처럼 보이기 쉽다. 더욱이 설계두가 전사한 주필산 싸움(본기)은 고구려와 말갈 연합군 진영이 40리에 달할 정도여서 당(唐) 태종도 두려워했던 치열한 현장이었으며, 고구려 고연수가 당(唐) 태종의 말에 속아 크게 패하고 항복한 역사 상황이어서 결코 단순하게 지나칠 수 없다.

특히 당(唐) 태종은 주필산 함락 후 욕살 이하 관직의 우두머리 3500명을 골라 중국으로 옮기고, 말갈인 3300명은 모두 구덩이에 묻었다. 그리고 말 5만필, 소 5만마리, 갑옷 1만벌을 얻었으며 그 외 다른 기구 등도 그 정도였다. 그러나 요동(10월)이 일찍 추워져 (풀이 마르고 물이 얼어 군사들과 말이 오래 머물기 어렵고 양식이 다해) 안시성을 물리치지 못한 채 군사들을 돌린 후 크게 후회했다. 반면 백제(의자왕 5년, 서기 645년)는 이 틈에 신라의 7성(1)을 빼앗았다.

종합하면 당면한 국내/외 복잡한 현황이 총체적으로 함축된 "설계두"는

---

135) 요동은 본래 중국 땅이다. 그런데 수(隋)가 군사를 네번 내었으나 얻을 수 없었다. 내가 지금 동쪽을 치는 것은 중국을 위해서는 자제들의 원수를 갚으려는 것이며, 고구려를 위해서는 임금(영류왕)의 치욕을 씻으려는 것 뿐이다. 그리고 사방이 대략 평정되었는데 오직 이(고구려)는 평정되지 않았기에 아직 늙지 않았을 때 관직에 있는 사람의 남은 힘을 써서 빼앗으려 한다. 고 말했다.

무엇보다 당(唐) 태종의 치하에 표명된 "외국인(⑧, 설계두, 신라인)"과 "자국(중국)"의 구분으로 "나/당 관계"의 허실과 그 본질적 의의가 표명되었음을 알 수 있다. 결국 중국에 대한 신라와 고구려(연개소문)의 "자주적 주체 정신"은 시종일관 "은밀한 방법"으로 분산, 함축된 핵심 주제였음을 다시 한 번 확인할 수 있다. 곧 당(唐)에서 이상적 세계(신라골품제도 한계, 존재의의 회복)를 희구(대안)한 설계두(신라인의 개혁정신, 진취정신)가 당(唐)의 위엄(옷)에 덮힌(희생된) "외국인(세계상황)"의 한계는 신라(나당 관계)의 이상과 한계(연합/대립) 뿐 아니라 중국(당)에 대한 고구려(연개소문)의 자주적 주체 정신 현황과 그 본질적 의의까지 복합, 내재된 도치 방법이었다.

다음 소나는 백제와 고구려 멸망 후 당(唐)과 대립된 상황에서 당(唐)과 연합한 말갈을 물리치다 희생된 인물로 아버지와의 관계가 복합 형식으로 구성되었다.

소나(좌), 아버지(중앙), 아내(우)를 나누어 정리하면 다음과 같다.

소나	아버지 심나	소나 아내
도입: ①소나 백성군 사산사람임	도입:②아버지심나, 힘세고 날쨌음 ③사산은 백제와 경계, 심나가 막음	(진평왕)
전개: ⑤(+)소나의 용맹은 아버지 모습, *백제 멸망(+) 후 한주 군 도독이 왕에게 아달성 보내 지키게 함	전개:④*선덕왕3년-14년, (+)백성군, 백제변경 치자 백제의 침입. 심나 수십여 명 목 벰. 신라 명장이라 함.	(선덕왕-진덕왕) (태종무열왕)
발전(절정):⑥*문무왕15년(675년)(+)아달성 태수, 백성과 삼심기, 말갈의 약탈에 성안 노인과 어린이 지킴, 심나 아들 *소나 (+) 결사 대항, 화살이 고슴도치 같이 박혀 *전사	← (문무왕, 당축출) →	발전(절정):⑦소나 아내, 가림군 양민딸. 아달성, 적 가까워 집에 있었음, 군(郡) 사람들, 소나 전사 위로, 아내 울며 장부는 군사와 대결하다 죽어야 한다는 뜻 알림
결말: ⑧대왕, 눈물, 부자의 호국 희생, 세상 구제할 충의, 잡찬추증	(40여년 이상의 통일 과업)	통일 신라(미래상, 신문왕)

이상은 "소나"의 통일 과업 전/후 단편 사실(④/⑥)을 근거로 부자에서 부부까지 일체된 통일 과업 대단원(⑥)의 전/후 양상〈아버지 심나(성골말기)-아들 소나(통일과업 마무리)-소나 아내(삼국통일)〉이 총체적으로 구성되었다.

곧 당(唐) 유인궤의 칠중성 침입(문무왕 15년, 서기 675년)과 거란, 말갈 군사를 거느린 당(唐) 설인귀(천성)와 이근행(매초성)을 물리치기까지 통일 과업은 일찍이 진평왕(도입부분), 선덕여왕(④, 전개부분), 진덕여왕 대 혼란상에서 비롯되어 태종무열왕(⑤, 전개부분)의 개혁과 변화로 개시(백제멸망)되었다. 그러나 예기치 못한 국내/외 변고(⑥, 발전부분, 문무왕)는 마침내 대립한 당(唐)까지 축출(⑥, ⑦, 발전부분)하고 마무리(⑧, 결말부분)되었다.

구성 형태에서 특히 "소나 부+자"가 합일, 병행된 체계〈①소나+②③심나/ ④심나+⑤아버지닮은 소나/ ⑥심나+⑥심나아들 소나와 ⑦소나 아내+⑦소나 장부뜻/ ⑧아버지(심나)+⑧아들(소나)〉는 대대로 이어진 과업의 역사성 외에 백성들의 용맹스러운 호국 의지와 남녀 백성들(부자, 부부)의 실천(현실)적, 정신적 일체감까지 포괄되었다. 곧 군민에서 왕(①-⑧)까지 범민족적인 자주적 주체 정신으로 극복한 "통일"의 의미가 보다 극대화되었다.

다시 말해 신라[136]는 법흥왕(왕 23년, 서기 536년) 대 비로소 연호(건원)를 정한 후 진흥왕 대 영토 확장으로 통일의 바탕이 마련되었다. 그리고 "인평(선덕왕 3년-16년, 서기 634년-647년)"[137] 대 다시 백제의 침입(인평)으로 위기(④, 전개부분)를 맞았으나 그로부터 26년(⑤, 소나, 태종무열왕) 만에 이룬 획기적인 통일 과업(백제멸망, 서기

---

[136] 선덕왕 2년(서기 633년)에 백제가 서쪽 변경을 침입했다. 그리고 왕 11년(서기 642년) 7월 40여성을 빼앗고 8월에는 고구려와 함께 당항성을 빼앗으려 했다. 그리고 대야성을 함락해 품석과 죽죽과 용석 등이 전사했다. 이로 인해 김춘추의 외교 활동이 시작되었다. 이어 왕 13년(서기 644년) 9월 김유신이 대장군으로 임명되어 크게 이기고 7성을 빼앗았다. 이로 인해 왕 14년 정월부터 3월까지 양국은 보다 치열했다. 그리고 왕 14년(서기 645년) 5월 당(唐) 태종이 고구려를 침입한 틈에 백제가 7성을 함락했다.

[137] 신라는 이때 인평의 연호를 썼으나 그 후 태화(진덕왕 2년)로 고쳤다. 그러나 당(唐) 태종이 사신에게 신라 연호(진덕왕 4년, 서기 650년)에 대해 물은 이후 당(唐) 연호를 쓰게 되었다.

660년)은 아버지(선조)의 용맹성을 이은 소나(심나+소나)와 나당 관계에 힘입었으나 이미 과거부터 대대로 "의롭게 전사한 부자(찬덕)"의 호국 희생 정신 외에 귀산(세속오계)과 김흠운 등 화랑 정신의 결과였다. 특히 고구려 멸망 후 표면화된 당(唐)과의 갈등(문무왕 10, 11년)으로 나당(羅唐) 대립이 절정(⑥, 발전부분)에 달했으나 백제 멸망 이후 16년 동안 지속된 범민족적 통일 과업(서기 675년, 676년)은 "심나 아들 소나(부+자)"의 용맹성을 비롯해 "아내, 군민, 사람들, 왕"까지 일체된 호국 주체 정신이 이룬 위업이었다.

결국 "당(唐)과의 대결"이 연합한 "말갈"로 도치된 표현처럼 모든 백성들이 일제히 삼(힘)을 심느라 노약자만 남은 아달성(신라현실)에서 장부의 뜻(주체적 저항정신)을 끝까지 실천한 소나(⑥, 심나아들)의 "날카로우나" "보이지 않는" "따가운 고통(고슴도치)"이 우회적이고 상징적으로 역설되었다. 곧 아버지 심나부터 아들 소나까지 40여년 이상 지속된 통일 과업(백제, 백제회복군, 고구려, 당)이 나당(羅唐) 연합으로 시작되어 당(唐) 축출로 마무리 된 대 반전은 자주 국방력의 중요성이 뼈아프게 각인된 역사 체험이었다.

종합하면 지속된 통일 과업으로 쇠진된 신라 현실(노약자만 남은 아달성)에서 당(唐)의 침입을 계기로 군(郡) 백성 모두가 함께 심기(키우기)로 한 "삼(⑥)"은 생명력 있는 덩굴 풀(강장제)로 "자주적 힘"을 기르지(심지) 않을 수 없다는 민족(마을, 신라) 공통의 다짐이었다. 따라서 통일 과업 마지막 희생자를 대표한 소나(당축출)는 그 누구보다 따갑고 고통스러운 형상(고슴도치)으로 "노약자만 남은 아달성(신라 현실)을 삼(자생력) 심는 마을(주체정신)"로 거듭나게 한 숨은 주체"였다.[138]

나. 파격적 관계에 내포된 삼국 국내/외 상황

본기 활용 비율이 5%(총8명)인 인물들은 열전 제 8권(4명), 5권(2명), 4권(1

---

138) 삼 심기(자주 국방력)는 백두옹(설총)이 화왕에게 원기를 돋우고 돌침으로 독을 없애라는 말과 일맥상통한다. 따라서 충, 효로 이룬 효자 마을과 대비된 삼 심는 마을은 통일 신라 국내/외 현황을 상징하는 대표적 기호이다.

명), 6권(1명) 등에 구성된 다양한 존재들이다.

이들 판이한 네 쌍(거도/박제상, 도미/백결선생, 김후직/설총, 검군/실혜)의 관계가 본기에 명시된 역사적 인물과 명시되지 않은 은유적 인물을 비롯해 나라, 계층, 존재 방식, 구성 형태 등의 차이로 쉽게 가늠하기 어려운 이유는 그 복잡한 삼국 국내/외 현황이 다각도로 투영된 때문이다.

곧 역사적 인물(총2명)과 그 3배가 되는 은유적 인물들(총6명)은 명시된 역사 단편(5%)을 근거로 함축된 노래(우식곡/방아타령/장가)를 비롯해 고유한 사유 방식과 대화와 행적 등이 다양하게 확장, 개방(95%)되어 그 상상적인 범주가 보다 광범위하다. 그럼에도 이들 상상적 형태의 근거가 그 광범위한 역사 상황과 연계된 관계 상황을 통해 이해되고 개방될 수 있다는 점 또한 역설적이다.

이들 중 열전 최초 인물인 거도와 시조박혁거세 후손인 박제상은 초, 중 전환기 새로운 왕조와 연계된 "시초" 인물들이다. 곧 삼성(三姓) 교체 시초(거도)와 김씨 내물왕계 시초(박제상)의 정신이 함축된 인물들이다.

그 중 열전 최초 인물인 거도는 역사적 명장들(제4권) 중 유일한 은유적 인물로 김씨 내물왕계 자손인 거칠부와 이사부 사이에 배치되어 그들과 버금가는 존재임이 시사되었다.

그의 행적을 구성 방식에 따라 정리하면 다음과 같다.

도입:	①거도는 가계, 성씨, 어느 곳 사람인지 알 수 없음 ②4대 탈해이사금(서기 57년-80년) 대 벼슬이 간(干)이었음
전개:	③우시산국, 거칠산국이 이웃 경계에 끼어 나라 근심임 ④거도가 변경 관리되어 이들을 병합할 뜻 품음
발전(절정):	⑤매년 한차례 장토 들에서 말떼를 모으고 마숙 놀이함 ⑥양국 사람들 신라 일상사로 봄, 갑자기 군마 일으켜 두 곳 침
결말:	⑦ 두 나라 없앰

이상에서 명시된 "탈해이사금(서기 57년-80년)"을 근거(②, 5%)로 확장된

단편 삽화 형식은 지극히 평범해 보이는 단순한 내용이다.

그러나 도입 부분에서 가계, 성씨, 지역 등이 불분명한 거도(①)가 탈해왕(②) 대 간(干) 벼슬을 한 관료이어서 우선 존재적/역사적으로 상반(①/②)된 형태이다. 이어 이웃과 경계 지역은 대체로 양국 간의 분쟁 지역(③, 전개부분)이어서 변경 관리인 거도의 병합 의지(④, 전개부분)가 표명되었다. 따라서 그 부정적/긍정적 형태도 상반된다. 결국 거도는 연례 행사(⑤, 발전부분)였던 "마숙 놀이"가 갑자기 책략(⑥)이 된 전도(⑤/⑥)된 방법으로 두 나라를 합병(⑦, 결말부분)했다. 곧 긴장된 두 체계가 점층적으로 전개, 발전되어 전도된 대단원적 결말은 마치 양국(백제, 고구려)의 침입으로 위기에 처한 신라가 양국을 병합한 통일 과업과도 흡사하다.

한편 본기에 명시되지 않은 "마숙 놀이(⑤)"는 그 후 "이사부(김씨내물왕 4대손)"가 지증마립간(22대, 서기 500년-514년) 대 변경 관리가 되어 "마숙 놀이"로 가야를 속여 빼앗은 행적(열전)으로 보아 그로부터 5세기 동안 지속된 변경 토착인(김씨)들의 고유한 "책략"임을 알 수 있다. 때문에 거도는 탈해왕 대 석씨 지배층이 연합한 김씨 계통의 토착 세력임이 확인된다.

따라서 명시된 "탈해왕"을 기점으로 시작된 신라 삼성(三姓) 교체 상황을 도식화하면 다음과 같다.

① 고허촌장, 양산기슭, 말/알　　　　　　③ 탈해(시조박혁거세39년, 아진포도착)
② 시조박혁거세 즉위(기원전 57년)　　　 ④ 양산밑 호공집 빼앗음

　　　　　　　⑨ 4대탈해왕(석씨)즉위/2대, 3대왕의 유훈
　　　　　　　⑩ 탈해왕9년 김알지(금궤)키움, 계림(국호)
　　　　　　　⑪ 5대파사이사금즉위(3대유리왕둘째아들, 박씨)

⑦유리/탈해 왕좌양보　　　　　　　　　⑤ 2대남해차차웅5년/왕의 사위됨
⑧3대유리이사금 즉위/탈해의 잇금제안　⑥ 왕7년(서기 10년)/대보됨

이상에서 신라 시조박혁거세(①)가 나라(②)를 세운 지 39년 되던 해 신라

에 이입한 탈해(③, 왕 39년)는 먼저 양산 밑 호공의 집(④)을 빼앗았다. 이어 남해차차웅(2대)은 탈해가 어질다는 말에 사위(⑤, 왕 5년, 서기 8년)를 삼았다. 그리고 탈해는 대보(⑥, 왕 7년)가 되어 정사를 맡게 되었다.

그 후 남해차차웅 태자(유리)와 사위(탈해)가 서로 왕좌를 양보(⑦)하다 먼저 유리이사금(⑧)이 이었으며, 이어 탈해이사금(4대,⑨)이 최초의 석씨 왕조로 즉위했다. 그리고 왕(왕 9년, 서기 65년)은 김알지(⑩, 김씨왕조시조인 13대 미추이사금의 선조)를 시림 숲에서 데려와 아들로 삼고 국호를 계림으로 고쳤다. 그러나 그 후 다시 파사이사금(5대, ⑪, 박씨)으로 교체되었다.

앞서 금관국을 거쳐 진한의 아진포(거서간39년, 기원전 19년)에 닿은 석탈해는 철기 문화139)를 가진 또 다른 우수한 집단이었다. 때문에 이들은 신라 초기 내부가 허약했을 때 남해차차웅과 연합(사위)했다고 짐작할 수 있다.140) 그 후 "잇금"에 따라 유리이사금141)이 즉위했으나 그 판단의 기준과 결정이 이미 탈해의 주도 하에 진행되었다.142) 실제 탈해왕은 대보(남해차차웅7년, 서기 10년)로 정사를 맡은 지 47년 만에 즉위했으나 통치 기간 24년을 포함해 초기 70년 동안 신라를 지배한 인물이었다.

유추하면 열전 최초 인물인 거도는 시조 계보인 박씨를 견제하고 토착 세

---

139) 이범교(역해), 『삼국유사의 종합적 해석』 상, 민족사, 2005, 162-209면.
140) 유리왕(왕 34년, 서기 57년)의 유훈으로 탈해이사금(62세)이 즉위했는데 일찍이 대보(남해왕 7년-21년)로 군사와 정치를 맡았던 남해차차웅 11년(서기 14년) 왜인이 병선 100척을 보내 민가를 약탈했으며, 낙랑은 "신라의 내부가 비었다."고 하며 금성을 급히 쳤다.
141) 본기에서 남해 차차웅 21년(서기 24년) 왕이 돌아가시고 태자인 유리는 탈해가 덕망이 있다 하여 왕위를 그에게 사양했다. 이에 탈해가 성스럽고 지혜로운 이는 이가 많다고 하며 시험해보기로 했다. 결국 잇금이 많은 유리가 즉위하고 이사금이라고 했다.
142) 유리이사금 34년(서기 57년) 왕이 병환이 나 신하들에게 "탈해는 나라의 인척이 되고 지위가 대보이며 여러 번 공을 세워 이름을 떨쳤다. 그리고 나의 두 아들은 재능이 그에 미치지 못하므로 탈해를 왕위에 오르게 하라."고 했다. 또한 "선대왕께서 돌아가실 때 아들과 사위를 논하지 말고 나이 많고 어진 이가 왕위를 잇도록 했다. 그리하여 내가 먼저 왕위에 올랐으나 이제 그에게 왕위를 전하는 것이 마땅하다."고 했다. 따라서 서로 양보하며 왕을 세웠으나 탈해왕이 박씨를 견제한 것으로 보아 일종의 초기 왕권 쟁탈 양상이 함축되었다.

력인 김씨(김알지)와 연합한 탈해왕 대와 김씨 계보를 대표한 복합적 인물이나 김씨 내물왕계(시조박혁거세-4대탈해이사금/김알지-13대시조미추이사금-17대내물이사금-성골말기/29대진골태종무열왕-37대내물왕계선덕왕-53대박씨신덕왕-56대경순왕) 계보(17대)의 역사성이 함축, 개방, 전제된 근원적 인물로 볼 수 있다.

곧 은유적 인물인 거도(좌)와 역사적 인물인 탈해왕(우)에 내포된 신라 왕조사는 다음과 같다.143)

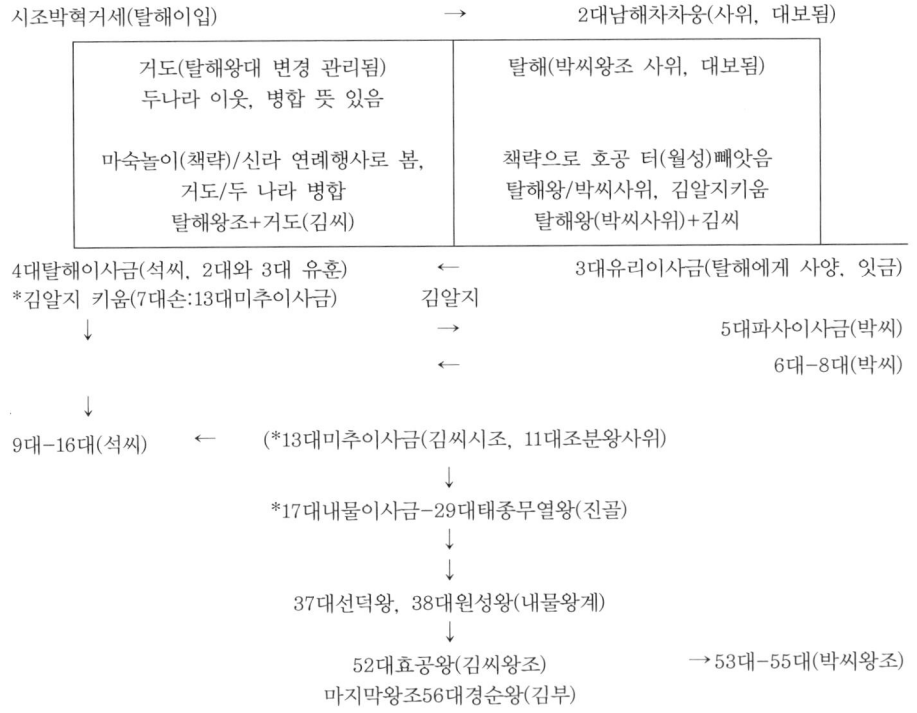

143) 5대부터 다시 박씨 왕조(우측)가 회복되었으나 9대벌휴이사금(탈해왕자인 구추각간의 아들)부터 다시 석씨(좌측)로 바뀌어 16대까지 지속된 사이 김알지의 7대손인 미추이사금(13대)이 최초의 김씨 왕조(중앙)로 즉위했다. 그리고 17대내물이사금부터 말기(그중 53대 신덕왕, 54대경명왕, 55대경애왕은 박씨이다.)까지 김씨 왕조로 이어졌다. 곧 신라를 지배한 박씨(총10명), 석씨(총8명), 김씨(총38명) 왕조사가 초기 삼성(三姓) 체제에 집약되었다.

이상에서 "거도"는 탈해왕 대 인물이나 "마숙놀이"로 인해 이사부(김씨내물왕계)와 같은 김씨 계통의 토착인임을 알 수 있다.

결국 열전 최초 인물로 주변 양국을 병합한 최초의 행적은 탈해왕 전, 후 상황과 연계된 신라 초기 삼성(박씨/석씨/김씨) 체제 개시, 김씨(김알지) 시조 탄생을 비롯해 김씨 왕조 계보(중앙) 등에 포괄된 삼성, 삼국 통일(양국병합)의 근원적 의미가 표상된 대전제와 같다.

따라서 거도(居道)는 "마숙놀이(이사부)"로 이웃 나라를 병합한 김씨 계통의 토착 세력에서 통일 왕조로 확장된 내물왕계 형질(성골/진골 태종무열왕계/내물왕계)을 대표한 상징적 인물로 "항상 그 중심적 위상을 지킨(居道) 신라 왕도(王道)"의 "시원(始原)적 존재"이기도 하다.

이에 비해 박혁거세 후예인 박제상은 김씨 왕조 시초에 왕권 확립(17대내물이사금-19대눌지마립간)에 크게 기여한 외교가인 동시에 시조박혁거세 건국 정신이 함축된 인물이다.

특히 김씨 왕조 초기 국내/외 상황 때문에 양국(고구려, 왜)에 볼모가 된 눌지왕의 동생(복호, 미사흔)을 귀환시킨 후 왜(倭)에서 희생된 그의 역사적(신라/고구려/백제/왜), 존재적 상황 등이 사실과 은유적 방법으로 교차, 함축되었다.

이들 관계를 신라, 왜, 고구려, 아내 등으로 나누어 정리하면 다음과 같다.

신라	왜(倭)	고구려	아내(제상)
도입:①박제상, 시조박혁거세 손. 파사이사금 5대손. 조부 아도 갈문왕, 아버지 파진찬 물품임 ②제상, 삽량주 간(干)임			
전개:실성왕원년-11년 ③,④,⑤,⑥	전개:③'18대실성왕원년 왜와 우호 관계, 내물왕아들 미사흔 볼모삼기청함 ④'실성왕, 내물왕이 자신 고구려 인질 삼은 때문에 그 아들 보냄	전개:⑤'실성왕11년, 고구려가 미사흔 형 복호 볼모 삼으려 함 ⑥'왕이 보냄	

발전(절정):⑦19대눌지왕 즉위, 말 잘하는 이 구해 동생들 맞아 오려함, 사람들이 제상 천거, 왕이 청함 ⑨대왕, 기뻐 위로하고 남은 아우 얻고자함 ⑩제상, 명령 받듬, 고구려는 큰나라로 왕 어질어 말로 설득, 왜인은 말보다 책략 필요, 배반했다 소문냄 ⑪제상이 죽기 맹세, 처자 보지 않고 왜국 향함	발전(절정):⑭왜국에 배반하고 온 것 처럼 함, 왜왕 의심 ⑮백제인, 신라와 고구려 왜침입 꾀한다 거짓말함 ⑯왜인들, 군사 신라경계 밖 보내 지키게 함 ⑰그때 고구려가 침입, 왜인들 죽임, 왜왕, 백제믿음 ⑱신라왕이 미사흔과 제상가족 가둔 말듣고 제상 배반했다 생각 ⑲신라 습격위해 제상과 미사흔 장수삼아 길안내하게함, 왜장수들 신라없애고 제상, 미사흔처자 잡아 귀환계획 ⑳제상과 미사흔 배타고 놀며 믿게함 ㉑제상이 미사흔 귀환 권함, 미사흔이 아버지같이 혼자 가겠는가함, 제상이 둘다 떠날 수 없음 말함 ㉒눌지왕2년, 미사흔 울며 작별, 귀환	발전(절정):⑧눌지왕2년(보장왕6년) 사신 예로 고구려 가 이웃 나라 교류하는 도리로 말해 복호와 귀환	발전(절정):⑫아내가 달려와 배 보고 울며 잘 다녀올 것 말함 ⑬제상이 임금 명으로 적국 가니 만날 기약 말라고 함
결말:㉕왕 슬퍼함, 대아찬 벼슬 추증, 후한 상줌, 미사흔이 제상둘째딸 아내삼아 보답 ㉖왕, 6부명해 미사흔 맞음, 손잡고 울며 술,노래, 춤즐김 ㉗우식곡 표현	결말:㉓제상, 늦게 일어나 미사흔 멀리 가게 함, 미사흔 도망 알고 제상 묶고 뒤쫓음, 안개로 찾지 못함 ㉔왜왕이 제상 목도로 귀양, 불에 태운 후 목 벰		

　이상은 도입(①), 전개(③,④,⑤,⑥), 발전(⑦,⑧,㉒), 결말(㉖,㉗)[144]부분의 단편 사실(총5%)을 근거로 신라 건국(박혁거세) 정신을 이은 김씨 왕조 확립 과정이 연대기 형식으로 구성되었다.

　먼저 "박혁거세 후손인 박제상(①, 도입부분)은 9대벌휴이사금(석씨) 이후 더욱 소외되고 견제되었던 물계자(박씨)와는 반대로 김씨 왕조 등극과 더불어 회복된 박씨 계보 위상이 함축되었다.[145]

　이어 전개(③,④,⑤,⑥)부분은 김씨 왕조 초기 세력 다툼이 집약되었다. 곧 내물이사금이 김씨 왕조를 구축했으나 실성(조카)의 세력을 견제(고구려 인질)했다. 그 후 고구려에서 귀환한 실성왕(18대)은 다시 그 아들들을 왜(미사흔)와 고구려(복호)에 보내 세력을 분산시키고 눌지까지 없애려 했다. 그러나 고구

---

144) 〈우식곡〉은 『삼국사기』 잡지편 「음악조」에 나타나 있다.
145) 박제상의 딸이 미사흔의 아내가 되었는데 지증왕, 법흥왕, 진흥왕 등은 박씨 계보의 부인을 맞았다.

려의 도움으로 등극한 눌지마립간(⑦, 발전부분)이 고구려(⑧)와 왜(㉒)에 분산된 동생(세력)들을 구하(모으)기 위해 박씨(박제상)의 도움(연합)을 청했다. 말하자면 그동안 석씨 왕조에서 소외된 박씨(박혁거세후손) 계통과 연대해 안으로는 건국 시조의 정통성(⑦)을 잇고 왕권 강화(⑧⑨, 형제귀환)에 힘썼으며, 밖으로는 외교 관계(⑧,⑩,⑭)를 통해 김씨 왕조의 위상을 견지하고자 했다.

이때 과거 역사(③,④,⑤,⑥, 전개부분)를 되돌아본 형태는 일종의 시간 파기로 박씨(+석씨)에서 석씨(+김씨)로 다시 김씨(+박씨) 왕조로 전환된 역사 과정(본기)을 인식(반성)하고 그 한계(왕권약화)를 강화(통합)해야 할 시대 상황임이 부각되었다.

그 중 사신 예로 소통한 고구려(⑧)에 비해 말로 소통될 수 없는 왜(倭)와의 불신(⑩)은 마치 기약할 수 없는 부부(⑪,⑫,⑬)의 고통(눈물)처럼 원천적(⑪), 심리적(⑫), 역사적(⑬)으로 심화된 양상이다. 곧 사적(부부), 공적(군신)으로 극대화된 관계는 "거짓 소문, 의심, 배반, 습격 계획, 도망, 이별(⑭-㉒,⑫,⑬)" 등 부정적 상황으로 점철되었다. 특히 왜(倭)의 "생각 있는 듯한 논의(⑱,⑲)"와 미사흔과 박제상의 "생각 없는 듯한 놀이(⑳,㉑)"가 대립, 도치(㉓)되면서 마침내 두 성(박씨+김씨)의 연합 관계가 결별(㉑,㉔,호국희생정신), 약화(㉕)된 대신 김씨 왕조(㉖,삼형제)는 보다 강화되었으나 왜(倭)와의 갈등(㉔)은 보다 격화되었다.

그러나 이와 같은 배경에는 이미 과거부터 지속된 삼국 국내외 상황(③,④,⑤,⑥)이 내포되었다.

우선 신라와 왜의 관계(본기)는 건국 시초부터 왜(倭)의 침입(시조박혁거세, 탈해이사금, 지마이사금)과 약탈(남해차차웅)이 있었는데 내물왕 9년(서기 364년) "왜"가 크게 침입했을 때 허수아비를 세워 치게 한 후 잠복된 군사로 막았다. 왕 38년(서기 393년)에는 "왜인"이 금성을 포위했으나 성문을 닫은 후 물러나는 군사를 양쪽에서 물리쳤다. 또한 본기에는 생략되었으나 왕 44년(서기 399년) "왜" 침입을 고구려 광개토왕(서기 392년-413년)의 도움으로 물리쳤다.

이어 눌지왕 15년(서기 431년)에는 왜(倭)가 명활성을 포위했으며, 왕 24년(서기 440년)에는 남쪽 변경을 침입하고 6월에는 동쪽 변경도 침입했다. 또한 왕 28년(서기 444년)은 왜(倭)가 금성을 10일 동안 포위했는데 이들을 뒤쫓던 왕이 위험한 지경에 처했으나 날이 어두워지고 안개가 끼어 모면했다.

결국 "박제상"의 외교적 성과에 힘입은 눌지왕(㉖)이 미사흔을 맞기 위해 "6부"146)에 명한 상황은 시조박혁거세가 6촌의 족장 위에 군림한 건국 상황과 같은 맥락임을 알 수 있다. 곧 시조의 건국 정신이 함유된 그의 실천적(외교), 정신적(근원), 존재적(회복) 의의는 김씨 왕조 확립의 바탕이 되었다.

종합하면 신라 건국 정신이 새로운 김씨 왕조 확립(㉖, 결말부분, 눌지+복호+미사흔)의 초석이 된 기쁨(우식곡)과 왜(倭)에서 태운(㉔) 박제상의 불꽃(장작불)같은 호국희생 정신이 극대비된 긴장 체계(운문/산문, 현실/신념, 국내/외, 생/사)로 시/공간적, 역사적/존재적 한계를 너머 정신적, 초월적 의미로 극대화되었다.

다음 도미와 백결선생은 삼국 중반 고구려 절정기(광개토왕, 장수왕)에 공존한 백제와 신라의 은유적 인물들이다.

곧 백제 개루왕의 부덕으로 나라를 등진 도미 부부의 근원 정신 회복 과정과 신라 김씨 왕조 초기 가난한 현실에서 인간의 희. 노, 비, 환, 불평(불평등) 등을 노래로 승화한 백결선생 부부의 새해맞이 기원이 비교, 대비되었다.

그 중 도미 부부는 명시된 개루왕(4대개루왕-21대개로왕)을 근거로 인간 세계의 모순, 불합리, 부조화 등 부정적 형태와 그 본질적 의의가 총체적으로 함축, 개방되었다.

도미와 연계된 개루왕, 도미부인, 고구려 상황을 나누어 정리하면 다음과 같다.

---

146) 이범교(역해), 『삼국유사의 종합적 이해』 상, 민족사, 2005, 162-188면. 이에 대한 논의는 분분하나 6부 체재는 눌지왕 대에 김씨 왕권을 강화하기 위해 성립되었다는 설도 있다.

III. 문장의 구성 형태와 인물의 존재 방식

도미	개루왕	도미부인	고구려
도입:①도미, 백제백성, 의리있음	4대개루왕-21대개로왕(근개루왕)	도입: ②아내 아름답고 고움, 절개 있어 칭찬받음	장수왕 (서기 413년-492년)
전개:④사람마음 헤아릴 수 없으나 아내 믿음 ⑥(왕이) 도미 머물게 함	전개:③개루왕, 도미부인 덕행,정조,순결, 교묘한 말에 움직일 것 말함 ⑤왕이 시험 ⑥'도미 머물게함 ⑦가까운 신하, 왕 옷 입혀 부인에게 보냄	⑤'(왕의) 도미부인 시험 ⑦'가까운 신하, 왕 옷 입히고 말태워 부인에게 보냄	1 (장수왕이 바둑 잘 두는 간자 보내 백제 개로왕 속임)
발전(절정): ⑩'도미에게 거짓죄 꾸며 두 눈동자 빼고 작은 배 실어 강위 띄움 ⑯천성도, 풀뿌리 캐먹고 살다 배타고 온 부인 만남	발전(절정): ⑩왕, 속임 알고 노함, 도미에게 거짓죄 꾸며 두 눈동자 빼고 강위 띄우게 함 ⑪그 후 그 아내 끌어들여 억지로 간음하려함 ⑬왕이 믿고 허락	발전(절정):⑧사람시켜 왕 왔음 알림, 도미와 내기로 아내얻었다 함, 궁인 삼겠다하고 간음하려함 ⑨아내, 왕 사리 맞지 않은말 하지않을것, 옷갈아입겠다하고 계집종 보냄 ⑪'(아내 간음하려함) ⑫아내, 홀몸, 왕 모실 것이나 지금 월경 중 다른날 씻고오겠다 말함 ⑬왕 허락 ⑭부인, 피해 강어구감, 물건널 수 없어 하늘보고 움 ⑮배 물결따라 옴 ⑯'천성도, 풀뿌리 캐먹고 산 남편 만남	2 (장수왕63년, 서기 475년, 개로왕21년, 백제 침입)
	3 (문주왕 즉위) (무왕, 의자왕의 신라 침입)	4 (백제영토) (고구려침입, 초토화, 웅진 도읍옮김) (나당연합군에 백제 멸망)	결말:⑰부부 배타고 고구려 산산밑 이름, 고구려인들이 옷, 음식줌 ⑱절개, 기상 굽히고 구차한 나그네 일생

이상은 "개루왕(③, 전개부분)"을 근거(5%)로 본기에 명시되지 않은 도미 부부의 시련과 재회가 복합 형식으로 구성되었다.

곧 왕(③,⑤, 전개부분)이 의로운 도미(①, 도입부분)의 절개 있는 부인(②, 도입부분)을 시험하기 위해 먼저 위장한 신하(⑦,⑧전개, 발전부분)를 보내 속였으나 오히려 부인의 속임수(⑨, 발전부분)에 노한 개루왕(⑩, 발전부분)이 도미의 눈을 빼고 축출(⑩')했다. 그 후 절개 있는 부인도 부도덕한 세계(⑪)를 탈출(⑭)했으며, 마침내 천성도(⑯, 발전부분)에서 풀뿌리로 연명한 남편과 재회했다. 그리고 도달한 고구려(⑰, 결말부분)는 이들의 근원지(백제, 고구려)로의, 식(몸)은 충족되었으나 "근원 정신(절개, 기상)"을 굽히고(뿌리뽑힘) 구차한 나그네 일생(⑱, 망국인/인간본질)을 보냈다.

이 때 시대 배경으로 명시된 "개루왕"은 우선 백제 왕조(총31명) 중 4대개루왕(蓋婁王, 서기 128년-166년)과 명칭이 같다. 그러나 "개루왕은 성품이 공손하고 온순했으며 몸가짐을 삼갔다."는 내력(본기)으로 보아 차이가 있다.147) 반면 일명 "근개루왕(近蓋婁王)"이라고 불리는 21대개로왕(蓋鹵王, 서기 455년-475년)은 명칭(일명 근개루왕)이 "개루왕"과 유사할 뿐 아니라 장수왕이 보낸 고구려 간자(間者)에게 속아(바둑두기) 백성을 곤궁에 빠뜨린 사실(본기) 등이 "도미"의 시련과 상통된 면이 적지 않다. 특히 개로왕(20대비유왕맏아들) 전, 후는 고구려 광개토왕과 장수왕의 침입으로 그 어느 때보다 피해가 컸던 대 전환기였다. 이는 과거 백제(근초고왕)의 침입에 고구려 고국원왕이 전사하면서 격화된 갈등에서 비롯되었다.

그럼에도 은유적 인물(도미)에 함축, 개방된 광범위한 시, 공간적 변화는 초기 "개루왕(4대)" 전, 후부터 "개로왕(21대근개루왕)" 전, 후까지 백제 역사가 망라된 양상이다. 이는 앞서 고구려 온달이 "평원왕(평강상호왕)" 전, 후 상황에서 비롯되었으나 시조의 건국 정신부터 말기까지 그리고 그 이상의 의미가 함축, 개방된 형태와 유사하다.

따라서 명시된 개루왕 전, 후 상황을 보면 우선 개로왕(근개루왕) 15년(서기 469년, 장수왕 57년) 백제가 고구려를 쳤다. 그리고 왕 18년(서기 472년) 위(魏)에 사신을 보내 표문을 올렸다.

즉 고구려 고국원왕(16대)이 백제 변경을 침입해 백제 근초고왕(13대)이 고국원왕의 머리를 베어 달았다. 그러나 이후 고구려가 강성해지면서 백제가 쇠하게 되었으므로 장수를 보내 구원해 주기를 청했다.148) 또한 고구려 침입을 종용하면서 백제가 위(魏)

---

147) 본기에서 4대 개루왕은 통치 기간(총39년) 중 "북한산성(왕 5년)을 쌓았으며, 신라(8대 아달라이사금2년) 아찬이 반란(왕 28년, 서기 155년)을 도모하다 발각되어 도망왔다. 때문에 신라가 침입했으나 양식이 떨어져 돌아갔다. 또한 왕 10년 화성이 남두를 침범했으며, 왕 28년 일식이 있었다." 등 초기 왕조 행적이 비교적 단순하게 서술되었다.
148) 백제는 근구수왕 이후 약화된(15대 2년, 16대 진사왕 8년 통치) 반면 고구려는 고국원왕 이후 진(秦)에서 불법을 들이고 태학을 세워 교육했으며, 율령을 반포해 체재를 정비(17대 소수림왕)했다. 또한 고국양왕(18대)은 요동과 현도를 함락하고 백제를 침입했으나 신라

에 호응할 뜻을 밝혔다.

　당시 백제는 "표문(表文)"149)에 고구려를 "시랑(豺狼)", "소수(小豎)" 등으로 표현해 과거부터 지속된 갈등 관계가 심화되었음을 표명했다.

　다시 말해 영토를 크게 확장한 광개토왕에 이어 동북아의 강대국이 된 고구려 장수왕이 도읍을 평양으로 옮기자 백제와 신라는 사신을 교환하며 견제했다. 더욱이 막강한 힘으로 신라150)와 백제151)를 친 고구려의 위력을 의식한 개로왕이 위(魏)에 구원을 청하고 고구려 침입을 종용하는 표문을 올렸으나 당시 고구려와 위(魏)는 그 어느 때보다 돈독한 외교 관계를 유지하고 있었다. 특히 백제를 치기 3년 전부터 고구려(장수왕 60년, 서기 472년)는 위(魏)에 보낸 공물을 전의 배로 올렸으며, 위(魏)는 제(齊) 나라 사신 다음으로 고구려 사신을 우대할 정도로 국제적 위상(왕 72년, 서기 484년)도 높았다.152)

　결과적으로 국제 정황에 어두웠던 개로왕이 위(魏)에 고구려 역사(고국원왕전사)를 왜곡하고 비방하자 고구려는 백제(개로왕)를 치기 위해 먼저 간자를 보내 정탐했으나 그마저 인지하지 못했다. 때문에 왕이 속이려한 도미 부인에게 도리어 속고 도미의 두 눈동자를 뺀 행위는 국내/외 정황에 어두

　화친 관계를 청해 내물왕의 조카인 실성을 볼모로 삼았다. 그 후 광개토왕(19대, 22년 통치)과 장수왕(20대, 79년 통치)이 백제를 쳐 백제가 크게 쇠했다.

149) 또한 장수왕이 대신과 권세가들을 죽이니 백성들 마음이 떠나 멸망할 때이며, 연(燕)왕을 죽이고 낙랑군(郡)을 쳤으며, 또한 남송(南宋) 등과 통해 위(魏)를 도모할 것이므로 빼앗지 않으면 후회할 것이라고 했다.

150) 고구려 본기에 20대장수왕 28년(서기 440년, 눌지왕 24년) 신라 침입 내용이 신라 본기에는 눌지왕 34년(서기 450년, 장수왕 38년)에 나타나 있다. 또한 장수왕 42년에 신라 북변을 침입하고 왕 56년에는 말갈 군사 1만 명을 거느리고 실직주성을, 77년에는 호산성을 빼앗았다.

151) 고구려 본기에 장수왕 57년(서기 469년) 백제 군사가 남변을 침입했다. 그 후 왕 63년 (서기 475년) 왕이 군사 3만 명을 거느리고 백제를 침입했을 때 신라가 도우려 했으나 이미 한성(도읍)이 함락되고 개로왕이 죽임을 당했으며, 남녀 8천 명이 사로잡혔다.

152) 이우경(편역), 『새로운 삼국사기』②고구려·백제편, 148-153면.
　고구려는 장수왕대 외교 관계가 가장 활발했다. 곧 진(晉)을 비롯해 위(魏), 송(宋), 남제(南齊) 등과도 교류했다. 특히 위(魏)와는 왕 13년을 비롯해 23년, 24년, 25년, 27년 그리고 왕 50년-58년에도 지속되었는데 왕 60년부터는 공물을 전의 배로 바치기 시작했다. 이러한 외교 관계가 장수왕 79년까지 해마다 이어졌다.

웠던 개루왕 자신의 인식 불능이 객체화된 양상이기도 하다.
　곧 왕(본기)은 고구려 간자에게 속아 재정을 소모하고 창고가 빈 때 고구려 침입을 당하자 비로소 어리석고 밝지 못한 자신을 깨달았으나 이미 초토화되었다. 그리고 당시 신라의 구원을 청했던 문주왕(태자)은 즉위 후 도읍을 한성에서 웅진으로 옮겼다.
　이를 배경으로 구성 방식을 보면 먼저 백성을 대표한 도미(백제)의 의로움(①, 도입부분)과 부인(백제영토)의 아름다움과 절개(②)는 본질적으로 최상의 가치와 형체를 지닌 양상이다, 반면 지배층(③, 전개부분)은 불신(③,⑤)과 계략과(⑥) 속임수(⑦) 등을 자행한 부덕(不德)한 양상이다. 따라서 도미(백제, 신하, 백성)의 신의(④)와 부인(⑤′, 영토)의 부덕(婦德)이 훼손당할 징후는 이미 군/신(③′,④,⑦,⑩)의 불신으로 부/부(백성 ⑤′,⑦′,⑪′)의 조화까지 우려될 지경이었다. 결국 "왕된 이"의 사심(私心)으로 도미(백성)의 의로움을 억압하고(①/⑥) 도미부인(나라)의 절개를 시험하기(②/⑤′) 위해 스스로의 본분을 상실(③/⑦, 왕도/신하에게 거짓입히기)한 결과 초래된 혼란상은 상층(왕, 지배층)에서 비롯되었다. 바꾸어 말하면 장수왕(고구려)이 보낸 거짓된 신하(도림)의 충언과 바둑(내기)으로 개로왕(백제)의 권위가 훼손되고 영토(도미부인)가 침탈(간음) 당한 현실이 도치된 형태로 은유화되었다. 곧 내기(바둑/도박)를 빌미로 도미 부인(신하부인, 남의영토)을 빼앗으려 한 그릇된 계책(⑧, 발전부분)이 오히려 "왕된 이(백제)"의 근본 도리(사리맞음)를 통해 환기된 이유는 각국의 입장이 상대적이기 때문이다.
　결국 계집종을 꾸며 보낸(⑨) 불경(不敬)은 역사적으로 먼저 백제(근초고왕)의 고구려 침입(남의영토 빼앗기, 속이기)을 도모하다 마침내 백제가 초토화(속기)된 현실이 투영되었다. 따라서 도미 부인의 속임수(고구려간자/계집종)에 분노(⑩)한 개로왕의 "도미 눈 빼기"는 고구려 현황(고구려간자, 국제적위상)을 인식하지 못한(사리 맞지않은 말, 위 표문) 왕의 자화상(도미, ⑩)인 동시에 세계정세(고구려, 위)에 어두운 백제 현황이 내재되었다.
　때문에 도미(개루왕)의 축출(강/변혁)은 그로 인해 도읍(문주왕의 웅진도읍,

천성도)을 옮긴 역사적 미래상(문주왕-의자왕)까지 함축, 개방되었다. 곧 본래의 근원 정신(4대개루왕, 도덕적 가치, ①,②)과 변화된 세계 인지 능력이 상실된 지배층(21대개로왕)으로 인해 백성이 축출(⑩′)되고 유리(⑫)되었으며 마침내 나라(도미부인, 영토)가 침탈(⑪, 남의아내 간음하기)될 위기에 봉착한 백성들은 영토가 피(⑫, 월경)로 물들기 전에 도망(⑭,이주)하지 않을 수 없다. 마침내 강 어구(⑭)로 도망한 부인의 통곡에는 근원 정신(군신, 부부)과 삶의 터(영토)를 잃은 불가항력적 고통이 내포되었다. 아울러 그러한 시대적 흐름(⑮, 물결 따라온 배)에도 불구하고 뿌리 뽑힐 수 없는 백성(뿌리)들의 존재 의의(⑯)는 결코 사라지지 않는 바탕 정신(존재, 풀뿌리)임이 함축되었다.

돌이켜 보면 본래 고구려에서 이주한 백제(도미부부)는 일찍이 비옥한 한강 유역(온조왕)을 중심으로 개루왕(4대) 이래 크게 발전했다. 특히 중국과 문화적 교류도 용이해 체제가 정비된 고이왕(왕 27년, 29년) 이후 크게 강성(근초고왕)했으나 고구려 침입 중 고국원왕의 전사로 고구려와의 갈등이 표면화되었다. 때문에 광개토왕 즉위 후 국력(아신왕)이 크게 위축되었으나 동성왕 이후 회복되어 성왕(26대) 대는 신라와 연합해 한강 유역을 되찾기도 했다. 그러나 다시 신라(진흥왕)에 한강 유역을 빼앗기고 성왕이 신라군에 전사하자 신라와의 갈등이 표면화되었다. 결국 강력한 무왕과 의자왕이 빼앗긴 영토 회복을 위해 신라를 집중 공격했으나 마침내 신라와 당(唐) 연합군에 멸망되었다.

이러한 성쇠 과정이 총체적으로 함축된 "도미"는 고구려와 백제 관계 외에 신라 "죽죽(열전)"의 패망 요인(27대선덕왕 11년, 서기 642년)이 차용(신하 아내 빼앗기)되어 나라 멸망의 보편적 상황과 더불어 인간 보편적 한계 상황까지 포괄되었다.

즉 신라 대야성 도독인 품석(김춘추사위)은 그 부하(금일)의 아내가 얼굴이 고와 빼앗았다. 이로 인해 그 남편(비장)이 침입한 백제(윤충)와 내통하여 크게 패하고 보다 많은 인명이 희생되었다. 특히 윤충(백제)의 언약 파기(속이기)로 양국의 신의가 크게 훼손되었으나 이를 계기로 신라(김춘추)의 외교 활동이 본격화 되었다.

결국 보다 치열해진 삼국 관계로 인해 속고/속이고, 빼앗고/빼앗기는 상황이 "고구려와 백제(도미)"뿐 아니라 "백제와 신라(죽죽)" 관계까지 교차,

혼용, 확장된 이유는 대체로 나라 멸망의 보편적 요인들(불신, 내분, 근원 정신 상실)이 유사하게 전개된 때문이다. 곧 신라 대야성의 품석(부하 아내 빼앗기)과 개루왕(도미부인 겁탈하기)과 백제 윤충(신라속이기/속기, 개루왕의 속이기/속기)의 불신, 부덕, 불의가 죽죽의 나라(호국희생정신) 지키기와 도미 부부의 절의(근원정신) 지키기와 교체, 혼용되어 양국 지배층(품석/개루왕/윤충)의 부정적 측면이 총체적으로 환기되었다.

결론적으로 이들에 내포된 사실(*)과 은유적 관계를 종합, 비교하면 다음과 같다.

[표1] 고구려와 백제 관계

도미아내의 부덕(婦德)	← 표현 방법과 의미 →	백제(도미/개루왕)의 수난
㉮개루왕의 도미부인속이기 (왕의 본분, 근원정신상실) ↓ 도미부인에게 속기	왕의 거짓과 변장 (*위(魏)에 거짓 표문) ↓ 내기(博)/바둑 (고구려 도림에게 속기)	㉮'거짓죄로 도미눈 빼기 (*어리석고 밝지못한 개루왕) ↓ 도미의 축출 (백성과 유리됨)
㉯왕의 부덕(婦德) 해치기 (*과거 고구려 영토 침임) ↓ 부인의 부덕(婦德) 지키기 (*현재 백제영토 지키기, 저항)	홀몸/월경 (영토침입, 전란) ↓ 도미부인 강어구 도망 배(물결따름, 시대변화)	㉯'백제의 고구려 침입 (*고구려 고국원왕 전사) ↓ 고구려의 한성 침입 (*백제 개루왕 죽음)
㉰도미 부부 만남 천성도(풀뿌리 정신)	다시 배타고 이주(변화) ↓ 부부의 나그네생활, 절개, 기상 굽히고 구차한 일생 (건국 정신 상실, 인간 본래 삶)	㉰'웅진도읍 옮김 (한강 유역 본거지 잃음) ↓ 고구려 산산밑 도착 고구려인 도움(생존,통합)

[표2] 백제와 신라 관계

백제 도미부부와 신라 죽죽	← 표현 방법과 의미 →	나라(백제, 고구려, 신라) 패망요인
㉮*백제의 신라 대야성침입 (품석의 부덕(不德)과 그릇된 판단) 백제 장수 윤충의 침입 (윤충의 속이기/ 품석의 속기)	"죽죽(열전)" 차용 (부하아내 빼앗기)	㉮' *대야성함락 (어리석고 밝지못한 품석) (신라 성골말 지배층의 무력 /백성 희생)
㉯백제의 부덕(婦德)해치기	홀몸/월경(전란)	㉯'*신라의 백제침입(저항)

Ⅲ. 문장의 구성 형태와 인물의 존재 방식 443

(무왕,의자왕 영토회복의지) ↓ 부인의 부덕(婦德) 지키기 (신라의 영토 지키기, 저항의식)	도미부인 도망 강어구, 부르짖음, 배(물결) 따름 ↓ (전환기 시대 변화)	(태종무열왕/백제멸망)153) ↓ (백제회복군의 저항/내분)
㉰도미 부부 만남 천성도 해후 ↓ (통일신라, 백제인의 풀뿌리정신)	다시 배타고 이주(변화) ↓ 고구려 산산 밑 도착 (통일신라/후백제) ↓ (고려 건국)	㉰도미부부의 나그네생활 (절개, 기상 굽힌 구차한 일생) (백제, 고구려, 통일신라패망) (인간세계의 공존성, 순환성)

 이상에서 도미의 축출(표1,㉮′)과 부부의 만남(표1,㉰) 사이에는 도미의 "강(⑩′,발전부분)"과 간음을 피해 도망(저항)한 도미부인의 "강(⑭,발전부분)"이 흐르고 있다. 곧 백제 중반 근초고왕의 고구려 침입(강,⑩)과 개로왕(근개루왕) 대 고구려 장수왕의 침입(강,⑭)에 이어 백제의 신라(대야성) 침입과 신라의 백제 멸망이 복합된 대 전환기 삼국(표1,표2) 관계(부덕해치기(상대국침입)/절개지키기(외세저항))가 상징적으로 함축되었다.

 결국 천성도(웅진)에서 또 다시 도미 부부가 함께 "배"를 타고 이주(고구려, 결말부분)한 시, 공간적 변화는 근원으로의 회귀와 같다. 즉 풀뿌리로 연명한 이들을 애처롭게 여긴 고구려인들의 호의(의, 식)로 육체(물리)적 삶⑰은 충족되었으나 절개와 기상을 굽힌 "나그네 생활⑱"은 정신적, 존재적 의의가 상실된 망국(亡國)적 고통인 동시에 존재의 본질적 양상이기도 하다.

 종합하면 은유적 인물인 "도미"는 역사적으로 주몽(고구려, 북부여)에서 파생된 온조왕(4대개루왕 전, 후)부터 의자왕(21대근개루왕 전, 후, 백제패망)까지 포괄되었으며, 나아가 신라 통일 과업 전, 후(삼국-통일신라)부터 통일 신라 말기(후백제회복) 전, 후(고려건국)까지 총체적으로 함축, 개방되었다. 따라서 나라 패망(도미부인)으로 흩어진 백제인들의 시련과 고통은 고구려, 통일

---

153) 신라 본기에서 소정방이 백제 왕과 신하들 93명과 백성 1만 2천 명을 거느리고 사비에서 "배"를 타고 당(唐)으로 돌아갔다. 또한 백제 본기에서는 왕, 태자, 왕자, 대신 등 88명과 백성 1만 2천 8백 7명을 당(唐)의 서울로 보냈다고 했다.

신라와 마찬가지로 세계의 한계에 직면한 인간 보편적 상황이며 존재의 본질적 형상이기도 하다. 특히 "죽죽(열전)"의 내용(남의아내 빼앗기)까지 차용, 확장된 도미부부의 은유적 상황은 치열했던 삼국 역사 상황과 연계된 백제 흥망 과정 외에 나라 패망의 일반적 현황과 인간 존재 상황(흥/망, 성/쇠, 생/사, 만남/이별, 근원회복/순환성 등)을 다각도로 함축, 개방하기 위한 방법이었다. 곧 각국이 영토 확장(남의 영토 빼앗기, 不德)으로 왕권과 국력이 강화된 사이 그 상대국 또한 본래의 영역을 지키고 되찾으려는 저항 의지(절개, 婦德)도 상승되어 속고(빼앗기고)/속이는(빼앗는) 관계가 끝없이 반복, 순환되었다. 그로 인해 백성(인간)들의 자존적 가치(節義, 婦德)가 훼손, 왜곡되고 도덕적 규범이 훼손, 전도된 비극이 그치지 않았는데 결국 시대적 부침(浮沈)과 역사적 승패는 "자연스러운 물결(강)"처럼 흘렀다.

이에 비해 백결선생은 본기에 명시되지 않았으나 『삼국사기』잡지 "음악편"에 "방아타령(자비왕)"의 지은이로 밝혀진 예인(藝人)이다.

영계기를 본받아 인간 만사를 거문고로 표현하는 그가 새해를 앞두고 이웃의 방아 찧는 소리에 근심하는 아내를 위해 노래를 지었다.

이를 백결선생(좌)과 아내(우)로 나누어 정리하면 다음과 같다.

백결선생	아내
도입:①백결선생, 어떤 사람인지 모름, 낭산 아래 살며, 집안 가난함 ②옷, 꿰매 붙여 메추리 매달린듯함, 동쪽마을 백결선생이라 함	
전개:③영계기 본받아 거문고로 기쁘고, 노엽고, 슬프고, 즐겁고, 불만스러운일 표현 ④어느 섣달그믐 즈음 이웃마을은 방아로 곡식 찧음	⑤아내, 모두 곡식 찧는데 자신만 없다함
발전(절정):⑥선생, 하늘 쳐다보고 탄식, 대개 생사는 운수에 있고 부귀는 하늘에 달림, 오는것 막을 수 없고 가는것 뒤쫓을 수 없는데 무엇을 근심하나 ⑦거문고로 절구공이 소리지어 아내 마음 위로함	⑦거문고로 절구공이 소리지어 아내 마음 위로함
결말: ⑧그 소리 세상 전해져 *방아타령" 이라고 함	

이상은 왕조(배경시대)조차 명시되지 않은 유일한 인물이나 『삼국사기』잡지에 "대악(碓樂)은 자비왕 대 백결선생이 만든" 노래(⑧, 방아타령)라는 기록

에서 20대자비마립간(서기 458년-479년) 대 인물임을 유추할 수 있다.

따라서 결말(⑧) 부분을 근거(5%)로 확장된 단편 삽화 형식은 백결선생의 인생관, 백성들의 가난한 현실, 부부의 사랑과 더불어 김씨 왕조 최초로 부자 세습된 자비왕 대 상황이 함축되었다.

우선 꿰매 입은 옷 모양새로 명명(②, 도입부분)된 "백결선생"은 거문고(③, 전개부분)의 참됨과 천지 오행 그리고 군신 관계가 내포된 정신적 의미와 대비된다. 또한 이웃의 방아 소리(④, 전개부분)와 곡식 없는 아내의 근심(⑤, 전개부분)이 비교되나 궁극적으로 생사 부귀에 대한 자연적 순리 의식(⑥, 발전부분)과 절구공이 소리(노래)에 승화된 마음(⑦, 발전부분)이다.

곧 구성 형태에서 도입 부분(①,②)은 "어떤 사람인지 알 수 없으나/낭산 아래①"에 살며, "꿰맨 옷 모습이 메추리가 매달린 듯하나/ 동쪽 마을 백결선생②"으로 전(불확실하고 초라한 모습)/후(낭산 아래 동쪽 마을) 상반된 체계가 병행되었다.

당시 본기에 기록된 "낭산(狼山)"을 보면 18대실성이사금 12년(서기 413년8월) 낭산에 구름이 일었는데 마치 누각 같았다. 그리고 향기가 자욱하게 퍼져 오랫동안 없어지지 않았다. 왕이 "꼭 선령(仙靈)이 내려와 노는 것 같으니 이곳은 반드시 복이 서린 땅일 것이다." 라고 하며 이후 사람들에게 나무 베는 것을 금지했다. 또한 21대소지마립간(왕 8년, 서기 487년8월)이 낭산 남쪽에서 군사를 크게 사열했다.

이상과 같이 "낭산 아래 동쪽 마을"은 김씨 왕조 초기(실성왕, 소지왕) 상황과 연계된 곳으로 "신라 복지"이며 군사적으로 중요한 곳이다. 특히 "자욱한 향기"는 "김씨 왕조"의 신성성을 뜻했다고 볼 수 있다. 말하자면 새로운 "신라/김씨 왕조"가 내포된 "낭산 아래 동쪽 마을"은 비록 왕조 초기 현실은 가난하고 누추하나 그 본질적 의의(낭산, 동쪽마을, 백결선생)는 신성하고, 밝고 맑은(白潔) 새 왕조임이 함축되었다.

한편 거주하는 곳이 일정하지 않은 속성을 지닌 메추리(②)는 작은 새로 여러 형태의 "작은 조각"을 여기저기 꿰매 붙인 백결(百結) 선생의 옷에 비유되었다. 이는 역사적으로 볼 때 당시 빈번하게 침입한 왜인(倭人, 작은사람) 과 이들을 막기 위해 곳곳에 쌓은 성곽(백결, 자주국방)의 형상과 같다. 아울러 강력한 이웃 나라(고구려장수왕)에 비해 김씨 왕조 "초기(미약함)/변방의 왜소한 신라" 자화상이기도 하다.

　이어 전개 부분은 세 밑(섣달그믐 즈음)에 희(喜), 노(怒), 비(悲), 환(歡), 불평(不平, 不平等) 등을 거문고로 표현하는 백결선생(③)과 방아(강력한 장수왕)로 곡식(영토) 찧는(확장) 이웃(④, 침입, 전란)에 비해 가난하고 맑은 현실(백결선생, 김씨왕조 초기)을 근심한 아내(신라영토, ⑤)가 대비(③/④/⑤)되었다. 그러나 백결선생의 정신적 초탈(⑥,⑦, 발전부분)은 아내의 세속적 근심(전개부분)에 비해 보다 우주적이다. 더욱이 승화된 소리(비움/없음)로 교감된 부부 화합은 보다 이상적이며 초월적이다. 때문에 이웃(고구려, 백제, 왜 등)의 현실(풍요, 어지러움, 세속성)과는 다르나 새해(새왕조)에 대한 희망가(⑧, 방아타령, 결말부분)는 보다 미래적이고 근원적 가치(부부사랑, 군신화합)가 내포되었다.

　특히 영계기를 본받고자 한 백결선생의 거문고는 옛날 복희가 금(琴)을 만들어 몸을 닦고 성품을 바로잡아 자연 그대로의 참됨을 돌이켰는데 금의 길이가 3자6치6푼임은 366일을 본뜬 것이다. 곧 위는 천지를, 다섯개 줄은 오행을 본뜬 것으로 "큰 줄은 임금이 되고 작은 줄은 신하가 된다"고 했다.[154]

　결국 자연적 순리와 우주적 참뜻을 지닌 인간 정신에서 비롯된 국가관, 군신관이 내재된 거문고로 김씨 왕조(낭산, 동쪽마을) 초기 고단한 현실(③-⑤)을 긍정적이고 낙천적으로 승화(⑥,⑦)한 의미가 무욕적인 백결(百結/白潔) 선생과 복합되었다.

　이는 자비마립간(서기 458년-479년) 대 배경 역사와 비교하면 보다 구체적이다.

　우선 20대자비마립간(눌지마립간아들)은 김씨 왕조 초기 갈등을 극복하고 비로소 부

---

154) 김부식, 『삼국사기』 3, 이재호(옮김), 솔, 2001, 22-23면.

III. 문장의 구성 형태와 인물의 존재 방식   447

자 세습이 이루어진 최초의 왕이다. 그러나 주변 정세는 고구려 장수왕, 백제 개로왕, 문주왕 초기로 장수왕은 백제 뿐 아니라 신라에도 위협적이었다. 곧 왕 11년 고구려가 침입했으며 왕 17년에는 고구려(장수왕)가 백제(개로왕)를 초토화했다. 더욱이 신라는 자비왕 통치 기간(총22년) 중 왜(倭)의 침입(왕 2년, 5년, 6년, 19년, 20년)이 잦았다.

때문에 왕(왕 6년, 서기 463년)은 왜(倭)를 막기 위해 두 성을 쌓고 군사들을 사열했으며, 유사에게 명해 전함을 수리(왕 10년)했다. 이어 고구려 침입이 시작된 왕 11년(서기 468년) 9월에는 15세 이상 된 하슬라 사람을 모아 이하에 성을 쌓았으며, 왕 13년은 역사(役事)를 시작한 지 삼년 만에 삼년산성을 쌓았다. 그리고 모로성(왕 14년)을 쌓고 명활성(왕 16년)을 수리했으며 왕 17년(서기 474년)에는 일모성, 사시성, 광석성, 답달성, 구례성, 좌라성 등 6성을 쌓았다.

외세 침입 상황과 방비 사실을 정리하면 다음과 같다.

년도 침입, 국방	자비왕 2년	5년	6년	10년	11년	13년	14년	16년	17년	19년	20년
왜(倭)	O	O	O							O	O
고구려					장수왕 침입				장수왕의 백제 (개로왕) 침입		
국방 (성 쌓기)		왜방비, 2 성		전함 수리	이하성	삼년산성	모로성	명활성	일모, 사시, 광석 답달, 구례, 좌라성		

종합하면 가난한 백결선생(도입부분)의 꿰맨 옷은 마치 김씨 왕조 초(자비왕) 잦은 왜인(倭人)의 침입을 막기 위해 쌓은 성곽(城郭)과 같아서 이에 매달린 왜인의 형상이 메추리로 비유되었다.

뿐만 아니라 곡식 많은 이웃 마을(④, 전개부분)은 당시 강력한 고구려를 뜻해서 아내(신라영토)는 절구공이(강력한 장수왕)로 많은 곡식(영토) 방아(영토침입)를 찧느라 분주(전란)한 상황이 근심(두려움)스러웠다. 비록 낭산 아래 백결선생(신라, 자비왕)은 순리를 따르는 참뜻(하늘, 신성성)을 지녔으나 가난한 현실(방아 찧을 곡식없음, 김씨왕조 초기)과 성(꿰맨 옷, 자주국방) 쌓는 역사(役事)로 인해 백성(아내, 나라)의 시름과 고통이 가중된 시대였다.

따라서 낙천적이고 긍정적인 백결선생은 하늘의 운수(인간의 생, 사, 부, 귀)와 역사적 흐름(왕조의 흥, 망, 성, 쇠)을 막고 쫓을 수는 없으나 "방아 찧는 소리(생산과 풍요, 강력한 왕조 기원)"로 부부(군신, 임금과 백성) 화합(조화)을 조성(위로)하며 미래(새해, 새왕조)에 대한 희망(방아타령)을 고취했다.

결국 가난했던 섣달 그믐 즈음 세밑에 퍼진 "새해맞이" 기원(⑧, 방아타령, 결말부분)"은 다음과 같이 구현되었다.[155]

시조박혁거세		4대석씨 탈해왕 (김알지 키움)		13대미추왕 (김씨시조)
	17대내물이사금 (김씨 왕조)	18대실성이사금	19대눌지마립간 (고구려광개토왕)	
(섣달그믐/새해)		**백결선생** 20대자비마립간 (고구려장수왕) ↓		(방아타령)
	21대소지마립간 (고구려장수왕, 문자명왕)	**22대지증마립간** (신라국호, 국왕 존호, 시호 제정)	23대법흥왕 (율령, 제도정비, 불교 공인, 금관가야정복)	
24대진흥왕 (영토확장, 통일 기반)		26대진평왕 (성골말기)		29대태종무열왕 (진골, 백제멸망) **통일 신라**

이상에서 시조 박혁거세 이후 곧 삼성(박씨, 석씨, 김씨) 교체기를 겪은 신라는 백제, 고구려에 비해 나라 발전이 늦었다. 그러나 김알지(탈해이사금)를 이은 미추이사금(13대)을 시조로 김씨 왕조(17대내물이사금)가 정립되고 자비마립간부터 부자 세습도 실현되었다. 따라서 김씨 왕조 초기 현실(순수하고 맑은)은 강성한 이웃(고구려 장수왕)에 비해 미비했으나 희(喜), 노(怒), 비(悲), 환(歡), 불평(不平, 不平等) 등이 무르녹은 방아(절구공이)타령(왕권세

---

155) 신라는 그 후(새해) 국호를 신라(22대지증왕)로 고치고 왕의 존호를 사용했으며 제도를 정비해 국가 발전의 바탕을 구축했다. 이어 법흥왕(23대)은 율령을 제정하고 불교를 시행했으며 금관가야를 통합해 진흥왕 대 발전으로 이어졌다.

우기/현실극복의지/일체통합과 조화)에 구가된 범민족적 염원은 통일 역량으로 구현되었다.

다음 검군과 실혜는 진평왕 대 난맥상이 함축된 은유적 인물들로 사회 변혁의 당위성이 투영되었다.

그 중 검군은 의롭지 못한 관료들의 횡포에 저항하기보다 장부의 지조를 지키기 위해 죽음을 택한 근랑이어서 군자의 비판도 역설된 복합적 인물이다.

검군(사인들)과 연계된 근랑(화랑), 시대 상황[156]을 나누어 정리하면 다음과 같다.

검군(사인들)	근랑(화랑)	시대 상황
도입:①검군, 대사 구문 아들. 사량궁 사인		
전개:③궁중사인들이 창예창 곡식 훔쳐 나눔 ④검군은 근랑 무리, 풍류도에 따라 의로움 지킴	전개:⑤당시 이찬 대일 아들 화랑되어 근랑이라 했음	전개:②진평왕49년8월 서리러 곡식 상함, 이듬해 흉년으로 백성들 자식 팔 지경임
발전(절정):⑦사인들, 검군죽이지 않으면 말샐 것 두려워부름 ⑧검군, 근랑에게 볼 수 없음 말함 ⑩검군, 죽음 두려워 여러사람 죄주기 인정상 못함, 도망은 장부아님 ⑪검군이 약넣은 음식 알면서 먹고 죽음	발전(절정):⑥검군, 근랑 문하에 감 ⑧검군, 근랑에게 (볼 수 없음 말함)작별 ⑨근랑, 작별 이유 (관원에게 사실 말하지 않고, 도망하지 않는) 물음	(관료, 화랑들 한계)
결말:		⑫군자, 태산같이 중한 것 새털보다 가볍게 여겼다 함

이상은 진평왕(왕 49년, 서기 627년) 대 자연 재해(②, 전개부분)를 근거(5%)로 문란한 사회 기강이 복합 형식으로 구성되었다.

먼저 사량궁 사인[157]인 검군(①, 도입부분)은 진평왕(총 54년 통치) 말 자연 재해(왕 49년, 50년)로 백성들의 굶주림이 극심한 때(②, 전개부분) 근랑

---

156) 보다 세분될 수 있으나 편의상 검군과 사인들, 시대 상황과 군자의 의식을 한 곳에 배치했다.
157) 17등급 중 12등급이 대사(大舍)이며, 13등급이 소사(小舍)이다.

이었다.158)

　따라서 창예창의 곡식을 훔친 궁중 사인들의 부패상(③, 전개부분)과 근랑(⑤, 화랑)의 무리인 검군(④)의 의로움이 대비되었다. 곧 사인들의 부도덕성(⑦, 발전부분)이 절정(⑪)에 달했듯이 정치적 기강이 무너지고 도덕적 해이가 절정에 이른 현실은 자연 재해(②) 외에도 백제의 침입과 당(唐) 조공 등으로 백성들의 고통이 가중된 시대였다.

　결국 총체적 난국상은 부패한 관료들의 부정과 불의로 의로운 장부(丈夫)가 사라진(⑧,⑪) 시대적 위기뿐 아니라 태산 같이 중한 "목숨"을 새털 같이 가볍게 여긴 검군(⑩)의 "장부" 의식도 비판(⑫결말부분)되었다.

　종합하면 진평왕(성골말기) 대 부조리한 사회 모순으로 "의로운" 검군(근랑)이 사라졌으나 그 혼란상을 타개할 화랑상(像)은 기존의 문식파보다 "검(劍)"에 재능 있는 무사파(劍君)임이 시사되었다. 곧 풍류도(문식파)를 수행하던 검군이 도망(불의/임전무퇴)보다 죽음(인정/호국희생정신)을 몸소 택함으로써 무사파의 실천 정신이 예시된 그 참 뜻도 알 수 있다.

　이에 비해 실혜는 진평왕 대 바르고 의로운 관료가 동료의 참언에 의해 축출된 시대상이 대변되었다.

　이를 실혜, 진제(동료), 진평왕, 어떤 이로 나누어 정리하면 다음과 같다.

---

158) 본기에서 왕 49년 3월 사흘 동안 큰바람이 불고 흙비가 내렸으며, 6월에는 사신을 당(唐)에 보내 토산물을 바쳤다. 그리고 7월에 백제가 두 성을 함락하고 남녀 300명을 잡아갔으며, 8월에 서리가 내려 곡식이 상했다. 그리고 그해 11월 사신을 당(唐)에 보냈다. 또한 다음해(왕 50년, 서기 628년) 2월 백제 침입이 있었으며, 여름에는 가뭄이 심했다. 그리고 가을과 겨울에 백성들이 굶주려 자식을 팔았다. 곧 사신(공물) 교환 전, 후로 자연재해나 백성들의 굶주림이 심했다.

III. 문징의 구성 형태와 인물의 존재 방식 451

실혜	진제	진평왕	어떤 이
도입:①실혜, 대사 순덕 아들, 성품 굳세고 곧으며 의로움 ②*진평왕 대(+)상사인 벼슬		②′진평왕	
전개:⑤실혜, 바른길 지키고 구차하지 않아(동료가 미워하고 원망함)	전개:③실혜 동료 하사인 진제, 말과 아첨 잘해 왕 총애 ④일로 시비 있었음 실혜 미워하고 원망함		
발전(절정):⑥′참언당함 ⑦실혜(영림보냄) ⑨실혜가 옛날 굴원 곧아서 초(楚)에서 내침, 이사는 충성다했으나 진(秦)에서 형벌받음, 아첨하는 신하 임금 흐리게 해 충신 배척은 옛날도 있었음 말함	발전(절정):⑥왕에게 거짓꾸며 헐뜯음(실혜는 지혜없이 담력많아 급하며 왕의 말씀 뜻에 맞지 않으면 분개, 장차 어지럽힐 것, 내쫓아 복종후 등용해도 늦지 않음)	발전(절정):⑦왕, 그렇겠다고 생각, 벼슬 깎아 영림 보냄	발전(절정):⑧어떤이, 실혜 조부 때부터 충성, 아첨하는 신하의 그릇된 말로 궁벽한곳 벼슬, 한탄스럽지 않은가, 바르게 밝히지 않는가 함
결말:⑩말 없이 떠남, 장가 지어 뜻 나타냄			

이상은 명시된 진평왕(②, 전개부분)을 근거(5%)로 실혜가 축출된 모순된 사회 현황이 단편 삽화 형식으로 확장(95%)되었다.

구성 방법에서 우선 실혜(①, 도입부분)는 진평왕 대 은유적 인물로 의로운 상사인(上舍人)이다. 따라서 말과 아첨을 잘해 왕의 사랑을 받는 하사인(下舍人) 진제(③, 전개부분)와 바른 길을 지키는 실혜(⑤, 전개부분)가 대비된다. 그러나 보다 심각한 상황(⑥-⑨, 발전부분)은 아첨하는 신하의 참언(⑥, 발전부분)을 믿는 진평왕의 그릇된 판단(⑦)과 그로 인해 의로운 이가 축출(⑦′)된 한탄스러운 현실(⑧)이다.

특히 인재(충신)가 바르게 쓰였던 과거(⑧, 조부)와 비교하면 바른 말(⑤)보다 거짓된 말(③)이 소통되는 부조리한 상황(⑥,⑦)은 이미 보편화(⑧, 어떤이)된 양상이다. 이는 "김후직"에서 옛 왕(과거)과 비교된 진평왕이 충간을 멀리하고 매와 개(쓸모있고 재능있는 자)를 방출한 구체적 예라고 볼 수 있다.

결국 과거(⑨, 중국고사)부터 현재(②, 진평왕)까지 국내외로 지속, 반복, 순환된 부정적 군신 관계(③)가 실혜의 중국 고사(⑨, 굴원, 이사)[159]와 운문

---
159) 초사(楚辭)를 지은 굴원은 왕의 총애를 받았으나 참소로 멱라수에 빠졌으며, 이사(李斯)

(⑩, 장가)으로 다양하게 환기되었으나 어리석은 진제와 진평왕(③,④,⑥/⑦)은 그 모순된 현황을 깨달을 수 없다. 때문에 "말없이 떠나며/장가(長歌, 葬歌)"로 표출된 의미적 모순(⑩, 결말부분) 속에 "성골 왕조(진평왕) 마감/진골 왕조(태종무열왕) 도래"와 같은 참뜻이 총체화 되었다.

다음 김후직(병부령)과 설총(문장가)은 통일 전, 후 대표적 무사와 문인인데 본기에 명시된 역사적 인물과 명시되지 않은 은유적 인물, 직설적 충간과 우화적 충간, 왕조의 흥망(성골과 진골)과 성쇠(태종무열왕계와 내물왕계) 등 다양하게 비교된다.

그 중 김후직은 충간을 듣지 않은 진평왕을 위해 죽을 때까지 충간을 멈추지 않은 성골 말 대표적 충신이다.

이를 김후직(좌), 진평왕(중앙), 성인의 말씀(우)으로 나누어 정리하면 다음과 같다.

김후직	진평왕	성인 말씀
도입: ①김후직, 지증왕 증손, 진평왕 2년(580년) *병부령 됨	26대진평왕 (서기 579년~632년)	
전개: ②'(대왕, 사냥좋아해) ③말림 ④' (옛왕, -바른이 충간, 너그러이 받고 힘써 일해 편안하지 못했음, 덕정(德政)으로 나라 보전) 말함 ⑤' (지금왕…산, 들달림)말함	전개: ②대왕, 사냥 좋아함 ③ 말림) ⑤지금 왕, 날마다 사나운 포수들과 매, 개 놓아 꿩, 토끼 쫓고 산, 들 달림 (말함)	④옛왕, 하루, 많은 중요한일 살피고 깊이 생각해 앞일 헤아렸음, 좌우 바른이 충간 너그러이 받고 힘써 일해 편하지 못했음, 덕정(德政), 나라 보전
발전(절정): ⑧'(안팎상황) 말함 ⑩후직, 병, 죽음, 세아들에게 유언, 신하로 임금 허물 바로잡아 돕지못함 ⑪왕, 즐겨 그치지 않아 나라 패망 근심, 죽어도 임금 깨닫게 사냥 길옆 뼈묻기 바람	발전(절정): ⑧안으로 마음 방탕해지고 밖으로 나라 망하게 되니 살피지 않을 수 없어(말함) ⑨왕, 따르지 않고 간절히 간해도 들으려 하지 않음	발전(절정): ⑥노자가 사냥은 마음 사납게 된다 했음 ⑦상서에 안으로 여색, 밖으로 사냥 중 하나만 해도 망한다 했음
결말: ⑫'사냥 "가지마오"(왕 물음) ⑬'유언(아들) 환기 ⑭'충간 상기(절의)	결말:⑫왕, 길 떠나는 도중(가지마오)들리는듯해 소리나는 곳 물음 ⑬시종인들, 후직묘와 유언 아룀 ⑭왕, 울며, 사냥 그침	

는 진(秦) 시황제의 통일 업적을 도왔으나 참소를 당했다.

이상은 진평왕 대 병부령(①, 도입부분)이 된 사실(5%)을 근거로 진평왕의 한계(사냥하기)와 김후직의 충간(군주론) 등이 단편 삽화 형식으로 구성되었다.

우선 도입 부분은 김후직의 가계(지증왕증손)와 벼슬(병부령)이 소개(①)되었는데 지증왕(22대, 서기 500년-513년)은 지금(⑤, 전개부분)과 비교된 옛 왕(④, 전개부분)의 구체적 표본이기도 하다.

곧 지증왕 대는 덕스러운 과업이 날로 새로워지고 사방을 빠짐없이 모은다는 뜻에서 국호를 신라(新羅)라 하고 "신라 국왕"이라는 칭호와 시호(諡號)가 제정되었다. 반면 진흥왕의 위업을 이은 진평왕은 현재 충간(군주론, ③-⑧)을 외면하고 사냥을 그치지 않은 왕(②,⑤,⑧,⑨)으로 비교되었다. 결과적으로 성골 왕조(진평왕, 선덕여왕, 진덕여왕)는 그와 같은 부덕(不德)으로 인해 나라가 보전될 수 없었음이 함축되었다.

특히 성인(노자)의 말씀(⑥, 사냥, 발전부분)과 역사(상서) 기록(⑦, 여색과 사냥)을 거울삼아 "마음을 닦고 나라 보전에 힘쓰기(⑧)"를 거듭(⑨, 발전부분) 간했으나 들으려 하지 않았다. 따라서 김후직의 죽음(⑩, 발전부분)은 개인적, 존재적 한계이나 충신이 사라진 의미에서 시대, 역사적 위기(죽음, 망국)임이 복합되었다. 더욱이 "왕의 허물"과 "나라 패망 징후"를 감히 "기휘"하지 않고 옛왕(④)을 비롯해 성인/군/신(⑥,⑦/⑧,⑨/⑩,⑪, 발전부분) 등 다각도로 비교, 설득, 간청했을 뿐 아니라 생/사(발전부분/결말부분)를 넘어 지속된 충언은 이미 그 한계가 절정에 이르렀음을 뜻했다. 결국 길 떠나는(⑫, 결말부분 사냥, 왕조패망) 도중 비로소 자각한 왕의 울음(⑭, 결말부분)은 성골 왕조 말기 고통(가지 마오)이 복합, 함축된 반면 김후직은 생/사를 초월한 충절(②-⑫)로 역사적, 존재적 귀감(⑭)이 되었다.

한편 진평왕의 거듭된 "사냥"에 함축된 의미를 보다 구체적으로 살피기 위해 당시 치열했던 삼국 대결 양상을 백제(신라), 고구려(백제/신라), 중국(신라)등으로 나누어 정리하면 다음과 같다.[160]

백제(신라)	고구려(백제/신라)	중국(신라)
백제무왕3년(602년)→아막성(진평24년)침입, 귀산, 추항 전사		
진평왕25년	고구려영양왕14년(603년)→북한산성 침입, 막음	
진평왕27년(605년)→동변(무왕6년) 침입		
진평왕29년(서기 607년) 백제무왕8년(607년)	영양왕18년→백제송산성 침입, 석두성 옮겨 3천 명 포획	
진평왕30년(서기 608년)	영양왕19년2월→북변(신라)침입, 8천 명 사로잡음 4월고구려→우명산성(신라)	진평왕30년 수(隋)군사 청한(고구려 침입) 글 원광에게 짓게 함
백제무왕12년(611년)→가잠성(진평왕33년) 100일포위 (찬덕 전사)		진평왕33년 수(隋)군사 청함, 수(隋)양제 허락(고구려 본기) 수(隋)→고구려침입(영양왕23년, 진평왕34년, 612년), 을지문덕 승리. 영양왕24, 25년(614년) 침입
무왕17년(616년)8천군사→모산성(아막성, 진평38년) 침입		
진평왕40년(618년)→가잠성(무왕19년) 회복, 해론 전사		
무왕24년(623년)→늑노현(진평45년) 침입		
무왕25년→속함 등 6성(진평46년)포위 함락, 눌최 전사		
무왕27년(626년)→왕재성(진평48년) 침입, 성주인 동소 죽임.161)		당(唐)에 신라(진평48년), 백제(무왕27년) 사신보냄, 고구려(영류왕9년)가 길막아 당(唐)예방 막고, 침입알림. 당(唐) 사신보내 타이름, 고구려사죄, 양국과 화평할 것 청.162)
무왕28년→7월서변(진평왕49년) 두성 쳐 300명 잡아감. 또한 빼앗긴땅 회복위해 군사 웅진주둔(진평왕, 사신 당(唐)보내 알림) 무왕 그만둠		당(唐)에 진평왕(왕49년, 627년)이 사신 보내 위급함 알림.163) 당(唐)태종이 신라와 화친하고 삼국 화목할 것 타이름, 백제왕 사죄하고 따르겠다고 함
무왕29년(628년)→2월가잠성(진평50년)포위, 귀환		
진평왕51년(629년)	신라 용춘, 서현, 유신→낭비성(영류왕12년) 침입, 이김	

160) 대결은 서로 연계되었으므로 "백제(신라)"는 상황에 따라 신라(백제)로도 볼 수 있다. 그러나 대체로 침입한 나라 왕을 앞에 내세워 신라와 백제, 신라와 고구려, 신라 또는 백제와 중국 등에서 침입한 나라가 상대국을 향해 "→"로 표시되었다. 곧 백제(무왕 3년)가 신라 아막성을 쳤으며, 고구려(영양왕 14년)가 신라(진평왕) 북한산성을 쳤다.

이상에서 신라는 진평왕 24년(서기 602년)부터 25년, 27년, 30년(2회), 33년, 38년, 40년, 45년, 46년, 48년, 49년, 50년, 51년까지 백제의 침입(총14차례)164)이 있었다. 따라서 사냥을 즐겼다는 진평왕165)의 행적은 전란에 휩싸인 시대 상황이 은유적으로 표현되었다고 볼 수 있다.

　종합하면 옛 왕(④)은 나라 보전을 위해 신하들의 충간을 경청하고 앞일을 헤아려 부지런히 힘썼으나 진평왕(⑤)은 충간을 멀리 하고 덕정을 펴지 못한 때문에 날마다 사나운 포수들(외세)과 더불어(대결) 있게 되었다. 그 결과 매와 개(쓸모 있고 재능 있는 자)166)들을 놓고(방출/잃음), 꿩과 토끼(신하/백성들)167)를 쫓느라(축출/도망) 산과 들(이곳 저곳/전란지)로 분주히 달리며 사냥(대결)을 멈추(막)지 못했다. 특히 노자는 사냥하러(전란) 이리저리 돌아다니면(퍼지면) 마음이 사나워진다고(민심이 원망한다고) 했으며, 상서에서는 왕이 안으로 여색(여왕)168)에 빠지거나(즉위하거나) 밖으로 사냥(외세)에 빠지면(함락되면) 나라가 망한다고 했다.

　결국 진평왕과 김후직은 생/사로 나뉘었으나 전도된 의미는 성골 왕조가

---

161) 신라 본기에는 진평왕 48년(서기 626년) 8월 백제가 "주재성(主在城)"을 쳐 성주인 동소가 전사했다고 하여 차이가 있다
162) 이는 고구려 본기에 서술되었다.
163) 이는 백제 본기에 서술되었다.
164) 표에는 모두 15차례이나 영양왕 18년(무왕 8년)은 고구려와 백제의 다툼이다. 또한 왕 53년(서기 631년)에는 이찬 칠숙과 아찬 석품이 반역을 모의했다.
165) 신라 본기는 의외로 고구려와 백제에 비해 왕의 "사냥"에 대한 언급이 거의 없다. 오직 헌강왕(왕 5년, 서기 789년)이 혈성원에서 사냥하다 여인을 만나 낳은 아들(요)이 52대 효공왕으로 즉위(진성여왕 9년, 서기 895년)한 사실 뿐이다. 따라서 "사냥"은 진평왕 대 잦은 "전란"이 은유적으로 표현되었다고 볼 수 있다.
166) 응견(鷹犬)은 사냥하는 매와 개를 뜻하나 쓸모 있고 재능 있는 사람을 말하기도 한다. "실혜"와 같은 경우라고 할 수 있다.
167) 치토(雉兎)는 꿩과 토끼 사냥꾼을 뜻한다.
168) 진평왕 이후 27대 선덕왕, 28대 진덕왕 두 여왕(비담반란, 당태종의 무시, 김부식논평)으로 인해 나라가 약화되고 외세 침입(밖)이 잦은 이유로 본 점에서 안(국내)으로 여색은 두 여왕의 즉위가 함축되었다고 볼 수 있다.

마감(눈물)되고 후직의 절의(충의)는 사후 충신의 귀감(소리)으로 되살아났다.

이에 비해 설총169)은 신문왕 대 문장가로 통일 신라(신문왕) 개국 시초에 국내외 정책을 우화로 경계(警戒)했다.
특히 사실과 우화(화왕)가 혼용된 연대기 형식이 액자 형식과 같은 파격적 방법으로 구성되었다.
이를 도식화 하면 다음과 같다.

㉮ 설총소개(부, 원효)　　　　　　㉯ 울적한 신문왕
　　　　　　　　　　　　　　　　　설총에게 이야기 청함

　　　　　　　㉰설총의 이야기
　　　　　　　화왕계:장미/백두옹

㉳ 원효손자 설판관 왜 사신감　　　㉱ 왕의 경계 삼도록 함
㉴ 신라 문장가 소개　　　　　　　㉲ 설총에게 벼슬 줌

이상은 명시된 "신문왕(㉯)"을 근거(5%)로 확장된 우화(㉰)를 중심으로 좌측은 설총의 가계(㉮,㉳)와 문장가(㉴)가, 우측은 신문왕(㉯,㉱)과 설총(㉰,㉲)의 관계가 구성되었다. 곧 문화적, 사상적 관계(좌측)와 역사적, 정치적 관계(우측) 속에 설총의 우화(㉰)가 은밀히 내포되었다.
그 중 설총의 이야기(㉰)를 화왕, 장미, 백두옹, 어떤 이로 나누어 정리하면 다음과 같다.

화왕	장미	백두옹	어떤 이
도입:①옛날화왕, 처음 정원에 심고 보호	1 (나/당, 연합/대립)	2 (신라 통일과업, 구세대)	
전개:②봄, 탐스럽게 피어 뛰어났음.가까운	3 (당, 칙천무후)	4 (통일신라, 신문왕, 신세대)	

169) 『국역 고려사절요』1(고전 국역 총서 13), 민족문화추진회, 1968, 192면. 설총은 고려 현종 때 홍유후를 추증 받은 역사적 실존 인물이나 구성된 "화왕계"로 인해 은유적 인물로 분류되었다.

III. 문징의 구싱 형태와 인물의 존재 방식   457

곳에서 먼 곳까지 영묘한 꽃들 달려옴			
발전(절정):⑥화왕, 장부 말 바른 길이나 아름다운 여인도 얻기 어려움, 어찌해야 하나	발전(절정):③아름다운 여인, 고상한모습으로 아룀. 물가 하얀모래 밟으며 거울같이 맑은바다 마주했음, 봄비 목욕, 맑은 바람 즐기는 장미임. 선량한 덕 모시려함	발전(절정):④장부, 베옷,가죽띠,백발머리에 지팡이, 늙고지친 모습, 허리굽혀 아룀, 서울밖 큰길가 아래 넓은들 위로 험준한 산 의지, 할미꽃임, 좌우 물품 풍족하나 좋은 약 원기돋우고 돌침으로 독없애야함, 명주, 삼실있어도 왕골,싸리 버리지않음, 관직 부족 대용함, 임금 의지 물음	발전(절정): ⑤어떤이, 둘 중 누구를 택하고 버리겠나 물음
결말:⑧화왕이 내가 잘못했다. 내가 잘못했도다, 라고 했음	5 (신/구세력, 나/당관계)	결말: ⑦장부, 임금이 슬기롭고 도리밝아 바른뜻 아신다 생각, 지금보니 그렇지않음, 임금된 이 사악하고, 아첨하는이 가까이하지 않은이 드물고, 바르고 곧은이 멀리하지 않은이 드물었음, 때문에 맹자, 때 만나지 못하고 일생 마침, 풍당은 낭중 벼슬로 백발됨, 옛부터 이와 같았는데 어찌하겠나	

이상의 내용(①-⑧)과 함축된 공간(1-5)을 유추하면 우선 정원에 심어진 화왕(①, 도입부분)이 장막(帳幕, 將幕)으로 보호된 결과 봄(시초)에 핀 꽃(②, 전개부분) 중 가장 탐스럽고 뛰어났다. 따라서 가까운 곳부터 먼 곳의 영묘한 꽃들까지 몰렸는데 그 중 장미와 백두옹이 임금의 뜻을 알고자 했다.

그 중 화왕을 모시려는 장미(③, 발전부분)는 외래적(바다 마주함, 아장걸음)이나 고운 여인이어서 아름답다. 반면 장부(④, 발전부분)는 토속적(베옷)인 할미꽃(백두옹)으로 늙고 지쳐 보이나 풍족(통일)한 중에도 원기(자주적 힘)를 돋워 독(침입, 간섭)을 없애고 부족함을 대비할 도리를 일깨워서 바르다.

따라서 보편적(⑤, 어떤이)으로는 늙은 할미꽃보다 침실에서 모실 고운 장미를 택하기 쉬우나 화왕(⑥)은 장부(백두옹)의 말(충간)도 바르고 아름다운 장미(여인)도 얻고 싶어서 "울적하다." 곧 몸(고운 장미)과 정신(바른 백두옹), 젊음(장미)과 노련함(백두옹)이 교차/혼융/대립되어 번민이 시작되었으나 궁극적으로는 둘의 조화가 이상적이다.

곧 통일 왕조 최초 군주인 신문왕(서기 681년-692년)은 초기 혼란을 극복하고 유학 도입을 위한 국학을 세웠으며, 방대해진 행정 체제를 개편하고 경제 개혁을 시도하여 귀족 세력을 약화시키고 왕권 강화에 힘썼다. 그러나 신/구세력 조화, 신라/백제, 고구려인의 화합, "연합(태종무열왕, 문무왕)/대결(문무왕)" 관계였던 당(唐)과의 관계 개선과 주체 정신 확립 등이 난제였다. 당시엔 사신 교환이 단 한 차례(왕 6년) 기록되었는데, 태종의 묘호로 중국의 간섭(왕 12년)이 있었다.

이와 같은 상황에서 우화로 표출된 "화왕계"의 "깊은 뜻"에 신문왕이 깊이 공감(5)한 이유는 통일 신라 국내외 현황이 집약된 때문이었다.

비약하면 장수(將帥)와 그 막하(幕下)들이 막아(보호) 이룬 통일 신라는 최초(봄) 군주(화왕)인 신문왕이 가장 탐스럽고 뛰어나서 가까운 곳(백제, 고구려)부터 먼 곳(당)까지 영묘한 꽃(삼국통일)들이 달려왔다. 곧 통일신라는 그동안 시린 겨울(2, 태종무열왕과 문무왕의 통일과업)을 이기고 비로소 탐스럽게 피기 시작한 봄꽃(통일신라 초기)과 같았다. 따라서 화왕(모란꽃)은 그 중 유달리 뛰어난 신문왕(4)에 비유되었다고 볼 수 있다.

또한 화왕을 침실(내정)에서 모시려는 장미(좌)와 충간을 서슴지 않은 백두옹(우)의 기능과 의미를 보다 구체적으로 비교하면 다음과 같다.170)

신세대/아첨한이	서두:화왕(신문왕)	구세대/바르고 곧은이
장미: 아름다운 여인 발간 얼굴, 옥 같은 이, 단장한 새옷 입고 살피며 와 침착하고 고상하게 아룀 하얀 모래, 바다 마주함, 봄비에 목욕하며, 때 씻고, 맑은 바람 즐기며 구애 받지 않은 삶 선량한 왕의 덕 듣고 침실 모시고자 함. (외래적 모습)		백두옹(할미꽃): 장부 베옷, 가죽 띠, 백발머리, 지팡이 의지, 늙고 지친 모습, 허리 굽히고 와 아룀 서울 밖 큰길 아래 넓은 들, 험준한 산 의지, 좌우 물품 가득하나 좋은 약으로 원기 돋우고, 돌침으로 독 없앨 것 말함. 명주, 삼실 있어도 왕골, 싸리도 간직할 것, 부족할 때 대비해야함 (본래적 모습)
당(唐)/개혁정신	결말·잘못함/잘못함	통일신라/주체정신

---

170) 이우경, 『한국 산문의 형식과 실제』, 집문당, 2004, 169-171면.

그 중 백두옹(장부)은 "할미꽃"의 한문 표현으로 동일한 두 체계(백두옹/할미꽃)는 남성과 여성의 의미가 교차, 복합된 외에 백두옹(한문, 중국)/할미꽃(토속어, 통일신라)에 내재된 군왕/영토, 현상/본질 등 "표리 불가분의 관계"가 완전체로 융화될 수 있는 양면이기도 하다.

그 중 장미가 지리적으로 바다를 대면하고 있는 외래 여인(3, 당 칙천무후, 아장걸음)이라면 백두옹은 험준한 신라 강산에 의지한 장부(4, 신문왕, 통일신라 초기 지친 현실)로 구분되어 당(唐)과 신라 속성이 비교, 함축되었다. 그럼에도 바르고 곧은 충간을 서슴없이 한 장부(백두옹)와 "선량한 왕의 덕을 들었다."고 아첨하며 침실(측근)에서 모시겠다는 여인(장미)은 구세대와 신세대, 바르고 곧은 이와 아첨하는 이로 비교, 대비될 수 있다.

이를 시대 상황과 연계해 보면 당시 방만해진 통일 신라는 과거 통일 과업 수훈자(구세대)들의 공로를 외면할 수는 없으나 통일 왕조의 개혁과 쇄신을 위해 신진들(맑고 구애 받지 않은)의 열정(발갛게 물든 아름다운)도 필요했다. 특히 신문왕 즉위 초 일어난 반란(김흠돌) 등은 통일 과업 공로자들을 배척할 구실이 되었으나 "봄비(통일신라) 속에서 맑은 바람(안락함)을 즐기는" 신진들(명주, 삼실)의 부족함(통일신라 초기 미숙함)을 보충하기 위해서는 통일 과업에 몸과 마음(호국 희생정신)을 바친(늙고 지친) 공로자(통일신라 자화상/역사 경험/왕골, 싸리)들도 중시하지 않을 수 없다. 곧 곱고 매끄러운 명주실과 삼실(신세대의 참신성/고운 자질)도 좋지만 통일 과업으로 지치고 허약한(백두옹, 신문왕) 상황에서 강하고 투박한 왕골과 싸리 같은 견고함(구세대의 노련함/강력한 주체성)도 유지, 보완되어야 독소(외세, 간섭)를 없애고 원기(자주적 힘)를 돋울 수 있다.

보다 확대하면 삼국 통일 이후 기존의 신라인(토박이, 구세대) 외에 백제와 고구려인(신진들)들이 포함된 이들 "신/구" 백성들의 차이와 모순들이 조화롭게 공존하는 균형 관계가 신문왕 대 고충이었다.

한편 머리가 백발이 되고 지친 걸음을 지팡이에 의지한 장부(백두옹)는 통일 과업에 쇠진된 후 최초로 맞은 통일 신라(봄에 핀 할미꽃) 즉 신문왕조의 자화상이기도 하다. 특히 바다를 대면하고 있던 당(장미)은 시초에 연합(침실모심)했으나 문무왕이 당한 수모(사죄문) 뿐 아니라 바다 건너 침입해온 야욕(독, 아첨, 표리부동)도 경험했다. 특히 고구려 반란 무리를 받아들이고 백제 영토를 차지했다는 이유로 문무왕의 작위를 빼앗았으며, "태종 묘호"에 관한 내정 간섭(신문왕 12년)도 있었다.

때문에 현재 "물품이 풍족(삼국통일)하여 고량으로 배를 채우고 차와 술도 있으나" 쇠진된 기력(국력) 보완을 위해 "좋은 약(현명한 방책)으로 원기(자주적 힘)를 돋우고 독침(강력한 자주 정신)으로 독(내정간섭/사대주의)을 없애야 한다." 말하자면 확고한 자주적 주체 정신을 바탕으로 균형적인 외교(공존) 관계가 또 다른 고충이었다.

결국 액자 형식에 은밀히 내포된 국내/외 문제가 화왕(⑧)의 반복된 사과(잘못)를 통해 이심전심 확인될 수 있어서 봄(새내기, 통일신라 최초왕조)에 피어난 가장 뛰어난 "화왕(②)"도 진정 슬기롭고 도리가 밝은 왕(⑧, 신문왕)으로 인식될 수 있었다.

그럼에도 결말 부분에 비유된 장부(백두옹)의 직설적인 충간(⑦) 사실(맹자, 풍당)로 인해 화왕과 백두옹에 함축된 다양한 기능과 의미(①-⑥)가 마치 국내 인재 등용 방법(⑦)에 한정된 것처럼 희석되었다. 말하자면 당(唐)에 대한 자주적 주체정신(외교관계)의 의미를 분산, 오도(誤導)하기 위한 일종의 기휘 방법이었다.

종합하면 액자 형식(㉰)을 감싼 배경(㉮-㉯) 사실은 통일 후 발전한 민중 불교의 대표자인 원효(㉲, 금강삼매론) 사상과 유학(㉳, 문장가계보) 등 정신적, 사상적 추이가 집약되었다. 곧 민족 의식이 강한 설총의 충간(화왕계, ㉰)이 대표적인 불교 거사(원효)와 유학자(문장가) 사이에 액자 형식으로 구성된 이유는 통일 신라 지배층(신문왕)과 관료(설총)는 물론 양대 사상가(불교, 유학)들 마음(정신) 속에까지 굳게 자리한 민족 자주 정신이며 호국 주체

의식임을 현시한 구성 방법이었다.

다. 문화적 인물과 나/당 관계의 양면성

본기 활용 비율이 3%로 낮아진 인물들은 통일 과업 중 외교 문장으로 기여한 유학자 강수와 통일 신라 태평성대에 태어나 중국 왕희지에 버금가는 명필가가 된 김생이다. 이들 문화적 인물들은 본기에 명시된 역사적 인물(강수)과 명시되지 않은 은유적 인물(김생)의 역사적, 외교적, 문화적, 사상적, 존재적 의의가 크게 대비된다.

그 중 강수는 유학자의 사상과 존재 방식이 가족 관계와 연계되고 나아가 통일 과업 과도기 국내/외 상황이 함축된 연대기 형식으로 구성되었다.

우선 복잡한 관계 양상을 도식화 하면 다음과 같다.

㉮강수탄생과 비범성　　　　　　　　　　　　　㉰태종무열왕과 표문
㉯유학선택 ㉱조강지처론　　　　　　　　　　　　　　　(세조100석)

　　　　㉮강수부모/㉯부자/㉱부부/㉰,㉲군신/㉳생사(불교)/㉴문장가(유학)

㉳신문왕대 강수 죽음　　　　　　　　　　　　㉲문무왕의 문장가 공적 칭찬
(아내 부처공양, 낙향)　　　　　　　　　　　　　　　(세조200석)
㉴신라 고기의 문장가

이상은 강수의 존재적 상황(좌측,㉮,㉯,㉱,㉳,㉴)과 역사적 상황(우측,㉰,㉲) 그리고 사상적 변화(㉮고유신앙/㉯㉱㉴유학/㉳불교)까지 다양하게 구성되었다. 곧 강수의 탄생(㉮)부터 유학 선택(㉯), 결혼(㉱), 외교 업적(㉰㉲), 죽음(㉳)까지 개인적, 역사적 과정이 고유신앙(㉮, 부모), 유학(㉯,㉱,㉰,㉲,㉴ 강수), 불교(㉳, 아내) 등 사상적 관계까지 포괄되었다. 특히 그의 일생과 연계된 역사적 상황은 통일 과업 시초(㉰, 태종무열왕)부터 나당(羅唐) 축출의 마무리(㉲, 문무왕)까지 그리고 삼국 통일 최초 왕조인 신문왕(㉳)대 죽음 이후 유학(㉴)까지 포괄되었다. 따라서 상부(㉮-㉰)의 표리 병행(일체)된 공존(부부, 나당,

불교와 유학) 관계(正)와 하부(㉮-㉳)의 주체적 대립(부/부, 나/당, 문/무, 불교/유학) 관계(反)가 비교되나 궁극적으로 삼국 통일(㉲)과 나당 외교, 불교 의식(㉲, 정신적합일)과 유학 체제(㉳, 문장가) 등 다양성(차이)이 공존한 형태로 귀결(合)되었다.

결국 유학의 삼강오륜 사상을 바탕으로 부모(㉮), 부자(㉯), 부부(㉰) 관계와 태종무열왕, 문무왕 대 군신 관계 등이 복합되었으며 나아가 나당 관계까지 총체적으로 구현되었다.

이를 강수, 부모, 아내, 태종무열왕계 왕조로 나누어 정리하면 다음과 같다.

강수	부모	아내	태종무열왕-신문왕
도입:①강수, 중원경 사량사람, 아버지, 내마 석체임, 강수 머리 뒤 뿔 솟아있음 ②′, ③′, ④′	도입:②어머니꿈, 뿔있는 사람보고 임신 ③석체, 어진이에게 물음, 복희씨 범형상, 여와 뱀몸, 신농씨 소머리, 고도 말입 등 성현생김새 비범 ④머리 검은사마귀, 기이한 인물예시		
전개:⑤장성, 스스로 글읽어 알고 뜻과 이치 깨달음 ⑦불법, 세속떠난 교, 어리석은 인간 사람답게 살기위해 유학 배우기원함 ⑧스승에게 효경,곡례.이아,문선읽음, 명성얻음 ⑨강수, 부곡 대장간집 딸과 부부	전개:⑥아버지, 불법과 유학중 어느것 배우겠나 물음	전개:⑨부곡 대장간집 딸과 부부됨, 정 두터움	
발전(절정):⑪나이20세,(부모, 아내맞게함), 두번 못함, 거절 ⑬가난과 신분낮음 부끄럽지않음, 도리 배우고 실행하지 않는 것 부끄러움, 옛사람의 조강지처, 빈천지교 말함 ⑮(조서)풀어 설명(왕기뻐함) ⑯′(왕 물음)임나가량 사람 자두임, (왕, 강수(强首)선생이라함) ⑱강수, 집안 가난하나 만족했음 ⑲′(왕, 신성벼 100석줌) ⑳′문무왕 공적칭찬 ㉑′벼슬, 벼200석 ㉒ 신문왕대 강수죽음(나라에서장사, 부의, 의류, 물품 줌, 사사로이 쓰지 않고 부처공양	발전(절정):⑩부모, 강수 나이 20세, 얼굴, 행실 좋은 읍내 여인 중매, 아내 맞게함 ⑫아버지가 이름났으나 신분낮은 배필이 부끄럽지 않은가 함	발전(절정):㉒′부처공양 돌림 ㉓아내, 귀향 ㉔대신이 왕에게 벼 100석 내리게 함 ㉕아내, 거절	발전(절정): ⑭태종대왕 당(唐)조서 어려워부름 ⑮′풀어설명, 왕 기뻐함 ⑯성씨, 이름물음(임나가량사람자두임), 왕, 머리뼈보고 강수(强首)선생이라함 ⑰당(唐)에 사례 표문 훌륭, 왕, 임생이라 함 ⑲신성 벼100석줌 ⑳문무왕, 강수 문장으로 중국, 고구려, 백제와 우호관계맺고 공이름, 무사들 공적외 문장가 강수공적 ㉑사찬벼슬, 벼200석줌 ㉒′신문왕대(강수죽음) 나라에서 장사

결말:㉖신라고기(古記), 문장은 강수, 제문, 수진, 양도, 풍훈, 골번이라 함, 제문이하 사례 없어 전(傳) 없음			

    이상은 태종대왕(⑭), 문무왕(⑳,㉑) 대 통일 과업을 근거(3%)로 개인적, 역사적, 존재적, 사상적 변화 등이 확장(97%)되었다.

    먼저 강수(①, 도입부분)는 탄생 내력(꿈), 어진이 말(예언), 생김새(머리뼈, 頭角) 등 다각도로 그 비범성(②,③,④)이 예시되었다. 특히 중국 고대 전설상 인물들인 복희씨(고기잡이, 문자), 여와(사방 세계), 신농씨(농사법), 고도(형법) 등 문명 시대를 연 성인들(③)을 통해 신라 유학(뛰어난 선비)을 개시(開始)한 거두(巨頭)임을 함축했다.

    곧 글의 뜻과 이치를 스스로 깨닫고 명성을 얻은(⑤-⑧, 전개부분) 후 대장간(철기문화) 집 딸과 혼인(⑨)했는데 병행된 국내/외적(통일과업과 나당관계) 변화는 역사적/존재적 변화와 더불어 의식적/사상적 변화로 이어졌다. 특히 통일 과업(⑭, 발전부분) 중 중시된 나당 관계로 인해 외교 문장(표문)의 중요성과 더불어 유학이 도입되었으며 그로 인한 강수의 신분 변화(⑫)는 부모의 가치관 변화(⑩)로 이어졌다. 당시 골품 제도에 구애된 기존 사회(부모)에서 "사람답게 살기(⑦, 전개부분)"위해 배운 유학(강수)은 그 실천(조강지처, 빈천지교) 정신이 보다 강조되었다.

    결국 성골에서 진골 태종무열왕(⑭)으로 바뀐 사회 변혁은 백제(외세) 침입 뿐 아니라 나당(羅唐) 연합 등과 연계된 사상적 변화(유학)로 인해 보다 혼란스러웠다고 볼 수 있다. 곧 나당 외교 관계(⑭-㉑, 발전부분)로 변화된 유학자(강수, 문장가) 위상을 포함해 신/구 의식 차이(⑪,⑬,⑩,⑫), 신분 질서 파기(⑨/⑩), 사상적 변화(⑦,㉒/⑧,㉖) 등에도 불구하고 과거(통일 전) 어려웠을 때 부부(조강지처)와 벗(빈천지교)[171]과의 관계처럼 원천적으로 기존

---

171) 조강지처(糟糠之妻)는 가난할 때 쌀겨와 같은 변변치 못한 음식을 먹으며 고생했던 아내를 소홀히 하지 않고, 빈천지교(貧賤之交)는 가난하고 미천할 때 사귄 벗을 잊을 수 없음을

의 정통적 가치(구세대, 통일 전, 고유신앙, 불교)와 개혁적 의식(신세대, 통일 후, 유학) 등이 조화롭게 공존하는 정신이 지향되었다.172)

　종합하여 총체적으로 함축된 삼강오륜(三綱五倫) 사상과 내포된 의미는 다음과 같다.

삼강오륜사상	관계된 내용	내포된 의미
도입: 부모	강수탄생, 꿈(태몽)과 머리뼈(두각), 중국성현(전설)과 비교	비범한 선비 탄생(강수) 문명의식, 통일왕조, 유학시대 도래
전개: 부자유친(孝, 親)	사람답게 살기 위해 유학(인간)선택/ 불교(탈속)	불교에 이어 유입된 유교 도덕관 불교와 공존/사상적 변화
발전(절정): 군신유의(忠, 義)	태종무열왕(당:唐 연합) 문무왕(당 연합/대립) 신문왕(통일신라, 유학이념)	국가존망 위기(사회개혁, 존재회복) 통일 과업 양면(공존/주체성 확립) 새로운 정치체제(삼국통일, 신세계)
부부유별(分別)	강수와 부인 사/생, 불법/유학, 공/사관계	과거 상황과 구분된 현실 상황 신라/통일신라의 역사성과 차이
결말: 장유유서(序) 붕우유신(信)	문장가 계보(긍정/부정), 강수, 제문, 수진, 양도, 풍훈, 골번	신라고기(古記), 문장(유학) 계보, 통일 신라 유학의 발전상과 한계

　이상과 같이 강수에서 비롯된 유학(삼강오륜 사상)은 근본적으로 수신(修身)을 통해 인의(仁義)에 도달할 수 있다는 도덕적 이념에서 "사람답게 살기 위한" 규범이 되었으나 그 실천 행위가 보다 중요했다. 때문에 삼국 통일 후 체제 확립과 사회, 문화 의식 등 다방면에 영향을 끼쳤으나 그 한계도 적지 않았다.173)

　다음 본기에 명시되지 않은 김생은 통일 신라 태평성대(성덕왕)에 태어나

뜻한다.
172) 말미에 덧붙여진 문장가들도 긍정적/부정적 인물이 혼용된 현실이 함축되었다. 곧 당(唐)과의 연합과 대립 등을 경험한 강수 외에 당(唐)의 신라 침입(문무왕 15년, 서기 675년) 때 당(唐) 설인귀의 길을 안내한 당(唐) 유학생 풍훈이 있으며, 김인문과 함께 통일 과업에 동반한 양도는 당시 흠순과 당(唐)에 사죄사로 가 그 곳에서 희생(문무왕 10년, 서기 670년)되었다.
173) 대체로 지배층은 입신양명(立身揚名) 의식이 커지고 피지배층은 현실적 삶의 도덕적 규범이 되었다고 할 수 있다. 그러나 후대로 갈수록 모화사상(慕華思想) 등도 커져 정신적, 사상적 한계도 적지 않았다.

평생 연마한 글씨가 고려 시대 중국(송)까지 떨친 명필가이다.

특히 김생은 전해진 글씨로 인해 『삼국사기』 열전의 시, 공간적 범주를 크게 일탈한 파격적 체계로 보다 확장된 역사적 의의와 기능이 단편 삽화 형식에 광범위하게 함축되었다.

이를 김생, 신라 왕조, 고려, 중국 등으로 나누어 정리하면 다음과 같다.

김생	통일신라 왕조	고려	중국
도입: ①김생, 부모 신분 낮음, 집안내력 모름 ②성덕왕10년 탄생, 어려서 글씨 잘 썼음	②'33대 성덕왕 10년(711년)		당(唐)과 외교관계
전개:③여든살 지남 ④평생 글씨 익힘	③'(여든살) 성덕왕10년-원성왕7년(791년) 이후		당(唐)과 외교관계
발전(절정):⑤예서, 행서, 초서 영묘한 경지임	발전(절정):⑤'성덕왕36년, 효소6년, 경덕24년/혜공16년, 선덕6년, 원성왕14년 ⑥'통일신라 말	발전(절정): ⑥지금 간혹 그의 필적 있음, 배우는 이 전함, 보배임	당(唐)/송(宋) 외교
결말:(고려, 김생 글씨) ⑨', ⑩', ⑪'	결말:⑫요극일, 시중겸 시서학사임, 필력 굳세고 힘참, 구양의 솔경법 체득, 김생보다 못하나 기품 있음174)	결말:⑥'(지금, 필적 있음) ⑦숭녕175)중 학사홍관, 사신따라 송(宋)에감 ⑪'신라 김생 글씨(믿지 않음)	결말:⑧송(宋)변경, 한림대조 양구, 이혁이 황제칙령, 객관에서 족자에 글씨 청 ⑨홍관이 김생 행서,초서 보임 ⑩왕우군글씨로 봄 ⑪김생 글씨로 믿지 않음

이상은 명시된 "경운 2년(성덕왕 10년, 서기 711년)"을 근거(3%)로 "여든 살 (총80년, 서기 781년)" 이상의 시대 배경이 포괄되었다.

"지금"까지 전해진 김생의 글씨로 인해 시간적으로는 통일 신라 태평 성대 (성덕왕, 서기 702년-737년)부터 고려 숭녕(숙종7년, 서기 1102년-예종5년, 서기 1110년)까지 약 4세기가 되며, 공간적으로는 통일 신라/당(唐)에서 고려/송

---

174) 이범교(역해), 『삼국유사의 종합적 해석』하, 민족사, 2004, 94면. 요극일이 경문왕 11년(서기 871년) 고쳐 만든 황룡사 탑 찰주기를 썼다.
175) 이는 고려 숙종 7년(서기 1102년)부터 예종 5년(서기 1110년)까지 사용한 연호이다.

(宋)까지 확장되었다. 따라서 열전의 기존(삼국 시대) 인물과 크게 다르다.

한편 통일 신라 절정기(성덕왕)와 병행된 고려 시대(숙종7년-예종5년)도 중국 연호(숭녕)로 표현되었다. 결국 지극히 짧은 내용임에도 다양한 관계(김생/글씨, 신라/고려, 당/송 등)이 복잡하게 구성된 이유는 국내 문제 외에 나/당(고려/송) 외교 관계가 교차, 함축된 때문임을 짐작할 수 있다.

우선 김생(①,②, 도입부분)은 미천한 가계(①) 출신이나 어려서부터 재능 있는 인물(②)이어서 양극적이다. 곧 역사적으로 통일 신라 최전성기(성덕왕) 기량(氣量)이 함축된 문화적 인물(②)이나 그 반대 측면(①)도 복합되었다.

특히 여든(③, 전개부분)이 지나도록 평생 "글씨"에 전념(④)한 결과 다양한 서체(예서, 행서, 초서)에 모두 능해서 마침내 "영묘한 경지(⑤, 발전부분)"에 도달했으나 시대적으로 태종무열왕계가 마감(노쇠)되고 내물왕계(왕권쟁탈)가 시작되었다. 말하자면 그의 일생(80여년)에 포함된 6왕조(33대-38대) 중 성덕왕(서기 702년-737년) 대 태평성대를 비롯해 효성왕, 경덕왕(서기 742년-765년) 대까지는 신라 위상이 중국(당)과 대등(김생글씨)했다. 그러나 태종무열왕계 마지막 왕조인 혜공왕에 이어 내물왕계로 전환된 선덕왕, 원성왕(서기 785년-791년-798년)부터 통일 정신이 퇴색되고 "근본"을 잃기 시작하면서 왕권도 약화되었다.

더욱이 고려(⑥, 발전부분)에 계승된 김생(통일신라)의 글씨(⑨,⑩,⑪, 결말부분)는 중국(⑩, 왕희지글씨)과 비견될 정도로 뛰어난 문화적 역량과 같으나 생략, 함축된 신라 말기(41대헌덕왕-56대경순왕) 상황은 그와 대비된다. 곧 중국(宋)에서 밝혀진 김생의 재능(글씨)은 고려가 이은 신라 통일 역량(성덕왕, 태종무열왕계)과 그 문화적 기량(통일정신, 영묘한글씨)을 뜻하나 이면의 한계(통일신라멸망)도 복합되었다.

비약하면 통일 과업 중 당(唐)과 연합/대립했던 신라는 통일 후 다시 왕성해진 외교 관계(성덕왕)로 선진 문화가 도입되고 물화가 풍부해져 중국(왕희지)과 비견(김생)될 정도로 국제적 위상(군자의 나라, 34대효성왕 2년)이 높아지고, 자부심도 컸다. 그러나 지배층의 사치와 과소비(성덕왕의 백관경계), "조공 물품" 조달로 인한 백성들의 부역(賦役, 負役)과 조세 부담 등 그 한계도 없지 않았다. 곧 "송(宋)과 고려 사신"에 의해 평가된 김생 글씨는 역으로 "통일 신라 나당 외교 관계(사신)"의 현실이 반추될 수 있다.

이미 말한 바와 같이 사신(조공)에 대한 기록(본기)은 대체로 백성들의 가난과 굶주림 혹은 자연 재해와 병행되었다. 따라서 사신 교류가 가장 빈번했던 성덕왕 대는 상대적으로 그 폐해도 가장 컸다고 볼 수 있다.

곧 성덕왕 4년(서기 705년) 3월 당(唐)에 **사신**보내 조공했으며, 5월에 **가물었다.** 또한 9월에 **사신**을 보내 토산물을 바쳤는데 10월에는 나라 동부 주군(州郡)에 **기근**이 들어 사람들이 고향을 떠나거나 도망했다. 이어 왕 5년 정월 **기근**이 들었으며, 그 해 4월 **사신**을 보내 토산물을 바쳤다. 또한 8월에 **사신**을 보내 토산물을 바쳤는데 **곡식이 잘 익지 않았다.** 그리고 10월에 **사신**을 보내 토산물을 바쳤는데 이듬해(왕 6년) 정월 사람들이 많이 **굶어 죽어** 곡식을 배급했다. 그리고 그 해 12월 **사신**을 당(唐)에 보내 토산물을 바쳤다.

그 후 왕 8년 6월과 왕 10년 12월에 **사신**을 보내고 토산물을 바쳤는데 왕 12년(서기 713년) 2월에는 당(唐) 현종이 사신을 누문(樓門)에 나와 맞았다. 또한 왕 13년 정월 왕자(김수충)를 보내 숙위하게 했으며, 당 현종은 집과 비단을 내리고 잔치를 베풀어 주었다. 그리고 그해 윤 2월 **사신**을 보내 새해를 축하했는데 그해 **가물고** 많은 사람들이 **전염병**에 걸렸다. 또한 그해 10월 당(唐) 현종이 우리 **사신**들에게 잔치를 베풀어 주고 재상 등 여러 관원에게 참석하도록 했다. 왕 14년 3월 김풍후를 **사신** 보내 토산물을 바쳤는데 6월에 크게 **가물었다.** 왕 15년 3월 **사신**을 보냈으며, 6월에 **가물었으나** 거사가 기원해 비가 내렸다. 왕 17년 **사신**을 보냈으며, 이어 왕 18년, 21년, 25년, 26년, 28년, 34년, 왕 36년 **사신**을 보내 새해를 축하하고 토산물을 바쳤다. 또한 왕 22년 4월, 왕 23년 12월, 25년 5월, 27년 7월, 28년 9월, 왕 29년 2월과 10월, 왕 35년 11월에도 **사신**을 보내고 토산물을 바쳤다.

그 중 왕 22년 기록된 물품 내력을 보면 과하마, 우황, 인삼, 땋은 머리, 조하주, 어하주 등 신라 비단, 매 새긴 방울, 바다표범 가죽, 금, 은 등이다. 이에 당(唐) 현종은 비단

도포와 금띠, 오색비단과 생초비단 2천필을 내렸다. 그리고 왕 29년에는 말, 개, 금 2000량, 머리카락 80량, 바다표범 가죽 10장을 보냈다.[176]

이상에서 성덕왕 대 받은 당(唐)의 특별 예우는 통일 이후 사신 교류가 가장 빈번했으며 아울러 그 정성이 보다 컸기 때문이다. 특히 "신년 하례"는 거의 "해마다" 치러진 연례 행사였다고 볼 때 성덕왕 통치 기간(총36년) 동안 오간 사신 교류와 물품 내력 뿐 아니라 그로 인한 지배층(귀족층)의 과소비와 사치 그리고 피지배층(백성들)의 노고를 미루어 짐작할 수 있다.

결국 빈번한 사신 교류는 경제적, 문화적 발전의 긍정적 측면도 적지 않았다. 그러나 번성한 물화와 문화를 향유하는 상층에 비해 공물 조달을 위한 노역과 부역으로 백성들이 생업(농사)에 전념하기 어려웠던 그 부정적 측면도 적지 않아서 우회적으로 환기되었다고 볼 수 있다.

곧 고려 시대(사신들 외교) 국내외 현황(김생/왕희지글씨)과 통일 신라(김생/당 현종글씨) 상황이 서로 교차, 혼융, 병행된 관계 양상은 다음과 같이 비교, 대비된다.

㉮신라 29대김춘추-30대문무왕 31대신문왕(삼국통일)	→	㉱고려왕건(서기 918년)의 후삼국 통일(서기 936년)
I 미천한 김생의 영묘한 글씨 (33대성덕왕-38대원성왕) (35대경덕왕 대 사신에게 남긴 당 현종 글씨) (통일 신라 위상과 불균형적 외교 관계)		II 고려 사신 (15대숙종-16대예종 대) (고려사신이 중국(송)에 전한 신라 김생 글씨) 송(宋) 한림대조는 왕희지 글씨로 믿음 (문화적 자부심, 외교 관계)
㉯신라 후기 반란 (41, 43, 44, 45대 왕권 쟁탈) 진성여왕대 후삼국(궁예, 견훤) (왕건 고려건국)	→	㉲고려17대인종 이후 무신정권, 몽고 침입 원의 간섭, 왜구 침입 (이성계 위화군, 조선건국)

---

176) 이우경(편역), 『새로운 삼국사기-신라 통일신라 편』, 한국문화사, 2007에 분류, 상술되었다.

종합하면 "김생(좌측)"은 경덕왕 대 사신(Ⅰ 당(唐) 현종의 글씨)을 통해 신라 통일 역량(성덕왕, 탄생)과 그 외교적 한계(명분과 의리, 경덕왕, 혜공왕 이후, 김생의 80년 노역)가 투영되었다. 그럼에도 당시 통일 신라 위상과 문화적 역량이 중국과 대등한 정도(성덕왕, 김생/왕희지 글씨)였기 때문에 오히려 현재 (⑥) 고려 사신(우측, Ⅱ.신라 김생의 글씨)을 통해 과거 신라와 당(唐)의 불균형적인 외교 관계(전)가 객관적으로 반추되도록 했다.

결국 구성 방식에서 통일 신라(①-⑥', ⑫ 도입-결말부분)에 이어 고려 시대(고려 15대숙종, 16대예종) 상황(⑥,⑦-⑪, 발전부분-결말부분)이 교차, 혼융되어 사실적 은유(김생, 글씨)와 은유적 사실(고려, 사신)에 함축, 개방된 양국 현황(내분과 외교 관계)이 총체적으로 환기되었다.

곧 편찬(김부식) 당시 고려 상황[177]을 보면 마치 통일 신라 절정기 이후 징후가 우려된 시대였다. 따라서 고려 역사를 일별하면 태조는 통일 후 정치 제도를 정비하고 지방 호족을 통제했으며, 신하들(정계, 계백요서)과 왕(훈요10조)이 지켜야 할 규범을 제정했다. 아울러 평양을 서경으로 삼아 고구려 옛 땅을 찾는 북진 정책을 펴고자 했다.

그러나 그 후 외척인 왕규의 난(태조맏아들 혜종, 서기 944년-945년)과 서경 천도(태조둘째아들 정종, 서기 946년-949년) 계획 등으로 불안정 했다. 이어 광종(태조아들, 서기 950년-975년)은 즉위 다음해 후주(後周)의 연호를 시행하고 백관의 의복을 중국 제도에 따랐다. 특히 후주(後周) 사신을 따라와 병으로 머물게 된 쌍기를 등용하고 노비안검법을 설치해 불만이 높았으나 과거(왕 9년, 서기 958년) 시행으로 문풍(文風)이 일었다. 그리고 왕 14년(서기 963년) 송(宋)의 연호를 썼다. 이어 성종(6대, 서기 982년-997년)은 최승로가 아뢴 5대 왕조의 잘, 잘못과 별도로 올린 시무(時務) 28조를 토대로 개혁을 시도했다. 특히 유학을 장려(왕 5년, 서기 986년)하고 풍속을 교화(왕 9년, 서기 990년)하면서 문재와 무략이 있는 인재(왕 11년)를 널리 구했다.

한편 송(宋)과 거란의 대립으로 거란이 고려 침입(성종12년, 서기 993년)[178]을 단행

---

177) 「국역 고려사절요」 Ⅰ, Ⅱ (고전국역총서 13), 민족문화추진회, 1968.
178) 서희는 고려와 송(宋)의 관계 때문임을 파악하고 거란과 대응하여 고려가 옛 고구려를 계승했음을 알리고 화친할 것을 약속했다. 그리고 다음해 압록강 동쪽 지역에 성을 쌓고

했다. 이때 서희가 땅을 점거한 여진 때문에 조빙할 수 없음을 말해 압록강 안쪽을 회복했으나 거란은 현종 원년(서기 1010년) 강조가 목종을 폐하고 현종을 즉위시킨 이유를 들어 다시 침입했다. 곧 현종 10년(서기 1019년) 다시 침입했으나 강감찬이 이들을 물리쳤다. 그리고 현종(8대)의 세 아들(덕종, 정종, 문종)이 차례로 왕위를 이은 80년 동안 강성했는데 그 중 문물과 예악이 성했던 문종 대를 태평 시대라고 했다.179) 그러나 이자연의 딸이 문종 비가 되면서 외척인 경원 이씨가 득세하게 되었다.

이어 숙종 대는 여진족이 강성해지면서 동여진, 서여진, 북여진 등에서 내조했으며 요(遼, 거란)와 송(宋)과도 교류했다. 특히 송(宋)에서 돌아온 오연총(숙종6년, 서기 1100년)이 대평어람180) 1천권을 가져오는 등 사신, 학자, 승려들과 교류하며 발달된 문물을 받아들이고 상인들과 무역을 개방하여 실리적인 대외 관계를 유지했다. 그러나 내부적으로는 문벌 귀족들의 정치적, 경제적 독점력이 커져가고 있었다.181)

당시 숙종은 동여진(숙종8년, 서기 1102년)을 다녀온 의인(醫人)이 여진이 날로 강해지고 있다는 말에 비로소 사신을 보내기 시작했으나 다음해(왕 9년) 침입한 여진에게 패했다. 그 후 윤관이 이들을 물리쳤으나 여진의 기병에 비해 고려는 보병이어서 별무반이 설립되었다. 이어 예종 2년(서기 1106년) 윤관과 오연총이 17만 군사로 이들을 물리쳤으며, 왕 3년(서기 1107년)에는 척준경이 이들을 물리쳤다. 그러나 여진이 웅주성을 포위해 성이 위태롭게 되자 다시 군사 1만을 거느리고 수륙으로 나아갔다. 결국 왕

여진족을 몰아냈으며 송(宋)과도 단절했다.
179) 그 후 그 아들(순종)이 상중에 애통해하다 넉 달 만에 죽자 동복아우인 선종(13대, 서기 1084년-1094년)이 즉위했다. 이어 아들인 헌종이 어리고(14세) 병약해 모후가 정사를 맡았으나 다음해 선종의 동복 아우이며 왕의 숙부인 숙종(15대, 서기 1095년-1105년)에게 전위되었다.
180) 『고려사절요』, 357면. 「대평어람(太平御覽)」은 송(宋)에서 편찬한 백과사전과 같은 책이다. 연총이 "송(宋)에 있을 때 '국왕께서 글을 좋아하시니 근래에 해동에도 문물이 크게 일어난다는 소문이며, 올린 표장(表章)이 매우 아름다워 조정에서 탄미한다.'고 하자 왕이 「대평어람」은 문종께서 일찍이 구했으나 얻지 못했던 것이고 「신의 보구방(神醫 普救方)」은 세상을 구제하는 요긴한 의서인데 모두 얻은 것은 사신의 능력이다."라고 했다.
181) 당시 김부철(숙종 2년, 서기 1096년)이 형인 부필, 부일, 부식에 이어 과거에 합격했으며, 예종(왕 3년, 서기 1107년)은 이자겸의 딸을 맞아 비로 삼았다. 이때 문벌 귀족의 대표적 가문인 경원 이씨(이자연, 이자겸), 경주 김씨(김부식 형제), 파평 윤씨(윤관) 등이 형성되었다.

4년(서기 1108년) 길주가 포위되고 강화를 청하기도 했으나 다시 선덕진에 침입해 재물을 약탈하는 등 백성들의 피해가 적지 않았다. 이에 고려는 여진에게 옛 영토를 돌려주고 대대로 조공을 받기로 했다.

이와 같이 고려 숭녕(숙종-예종) 시대는 여진의 피해가 적지 않았으나 예종 전, 후 정치적, 문화적 절정기는 통일 신라 태평성대(성덕왕)와 비교될 수 있다. 그러나 외척(이자겸)의 횡포 등 문벌 귀족들의 정치적 모순과 경제적 독점 등에 이어 서경 천도(김부식/묘청)로 사회적 갈등이 심화된 양상은 통일 신라 후반기(왕권쟁탈, 내분)와 같은 혼란이 우려되었다.[182]

결국 고려의 위기 상황이 통일 신라 절정기 김생(성덕왕-원성왕)과 병행된 국내외 명/암에 비추어 우회적으로 환기되었으나 역으로는 고려 사신을 통해 당시 왕성했던 나당 관계의 허/실이 조명되었다.

라. 신라 화랑정신과 나라 흥망성쇠

본기 활용 비율이 가장 낮은 인물들(2%)은 "김흠운(화랑)"을 중심으로 본기에 명시되지 않은 "설씨녀" 부부와 "효녀지은" 모녀의 시련이 광범위하게 구성되었다.

이들 중 본기에 명시된 김흠운은 태종무열왕 대 문노(무사파) 화랑의 호국 희생정신을 앞장 서 실천한 역사적 인물이다. 반면 설씨녀(진평왕)와 효녀지은(정강왕)은 명시된 왕조(2%)와 연계된 화랑(가실, 효종랑)의 전(성골말기), 후(통일신라말기) 행적과 신라 성/쇠가 은유적으로 함축, 개방되었다.

---

182) 통일 신라 직후 개혁적이고 진취적이던 상황과 고려 통일 후 개혁적이고 진취적이었던 전반의 시대가 병행하며, 중반 이후 중앙 귀족들의 왕권 쟁탈로 왕권이 약화되어 마침내 신라 멸망의 요인이 되었던 것처럼 고려는 문벌 귀족 중심 체재와 문무 갈등이 쇠퇴 요인이 되었다. 특히 인종 대 일어난 이자겸(서기 1126년)과 묘청(서기 1135년)의 난으로 내부 사회가 분열된 결과 무신 정권(서기 1170년)이 들어서고 몽고 침입(서기 1231년)을 겪게 된 고려는 마침내 원나라(서기 1271년)의 간섭을 받게 되었다. 따라서 김부식 이후 나타난 일련의 사태는 당시 김부식이 우려한 정도 이상이었다.

먼저 김흠운은 통일 전 외세 침입이 극심했을 때 무사파 화랑의 실천적 호국 희생 정신과 지배층(왕의 사위)의 변화된 의식이 연대기 형식으로 구성되었다.

이를 김흠운, 관계된 인물, 백제, 태종무열왕 등으로 나누어 정리하면 다음과 같다.

김흠운	관계된 인물	백제	태종무열왕
도입:①김흠운, 내물이사금8대손, 아버지 잡찬 달복임 ②문노문하, 이름남긴 전사자 흠모	도입:③같은 문하 중 전밀, 김흠운이 싸움터에서 돌아오지 않을 것 말함		진골태종무열왕 (서기 654년-661년)
전개:⑤흠운, 낭당대감으로 군사들과 고락 같이 함, 백제 양산 밑 조천성 치려함		의자왕14년(654년)신라 33성 함락	전개:④태종무열왕2년, 백제와 고구려가 변경 막아 대항
발전(절정):⑦신라 군사, 놀라 어지럽게 됨 ⑧적 화살 빗발같이 날아옴 ⑨흠운, 말에서 창 잡고 대기 ⑪대장부, 나라에 몸 바침, 사람들 알고 모르고 한가지, 명예 구하겠나, 저항 ⑬(시종인들 만류) 흠운, 칼 휘둘러 물리치고 전사	발전(절정):⑩대사 전지, 적 한밤중 일어나 죽어도 모름, 왕 사위 전사 백제 자랑 ⑫시종인, 말고삐 잡고 만류 ⑭대감 예파, 소감 적득 전사, 보기당주 보용나, 귀한 신분 절개에 자신도 전사	발전(절정):⑥백제인들, 밤에 달려와 침입	
결말:	결말:⑯당시 사람들, 양산가 지어 슬픔 표함		결말:⑮왕 슬퍼함, 흠운, 예파 일길찬, 보용나, 적득 대내마추증

이상의 관계를 도식화 하면 다음과 같다.

① 김흠운, 내물이사금8대손
② 문노문하, 희생자에 한탄, 흠모
③ 문하의 중 전밀, 김흠운 충절 예측
④ 태종무열왕2년, 백제,고구려가 변경 막아침
⑤ 흠운 낭당대감 군사들과 고락

김흠운(왕 사위)

⑮ 왕 슬퍼함, 벼슬추증
⑯ 사람들 양산가지어 슬퍼함
⑥ 백제인 조천성급습/⑦ 신라군흩어짐/⑧ 적화살 빗발침
⑨ 흠운 나아감/⑩ 대사 전지 말림/⑪ 대장부 호국희생정신
⑫ 시종인 말고삐잡고 만류/⑬ 흠운 전사
⑭ 대감 예파, 소감 적득, 보기당주 보용나 전사

이상은 신문왕(왕 3년, 서기 683년)이 김흠운의 작은 딸을 부인으로 맞은 사실을 근거(2%)로 통일 과업(④,⑤)의 원동력이 된 문노 화랑의 행적이 구체화(98%)되었다.

앞서 성골 말기부터 집중된 백제와 고구려의 공격을 극복할 대안이 안팎으로 모색되었는데 화랑들의 의식 변화(검군)도 그 중 하나였다. 무엇보다 무기력한 성골에서 진골로 전환된 지배층(태종무열왕)183)의 쇄신은 사회 곳곳에 파급되어 역동적이었으나 과도기 유동적 상황은 혼란과 불안이 가중된 시대이기도 했다. 곧 그 틈을 이용한 백제, 고구려, 말갈 연합군의 33성 함락은 진골 왕조 최대 위기였다. 따라서 왕은 "이들을 물리치기 위해 충성스럽고 용맹스러우며 재주 있는 인재들(필부)"을 구했다. 그리고 인재 등용 기관이었던 화랑들은 무사파가 주축이 된 가운데 지배층(②,무사파 김흠운, 왕의사위)이 군사들과 고락(⑤)을 같이하며 호국 희생정신을 앞장 서 실천한 결과(⑥-⑬, 발전부분) 부하들과 백성들의 귀감(⑭,⑯)이 되었다.

다시 말해 기존의 귀족 계급들은 대체로 문식파(제7세풍월주, 설원랑)였던 반면 평민들과 "항복해온 이"들이 문노(제8세풍월주, 무사파)의 낭도가 되어 전공을 세우고 출세하고자 했다. 그러나 통일 과업으로 인해 풍류에 치중하던 문식파(文識派)보다 전공에 힘쓴 무사파(無事派)들의 위상이 높아졌으며, 아울러 평민과 미천한 이들도 화랑의 구성원이 될 수 있었다. 또한 전공을 세운 이들에게 벼슬(취도, 필부, 열기, 소나 등)도 공평하게 주어졌다. 결국 사회 변화에 부응해 화랑의 편제도 개혁되었는데 문노184)가 그 문호를 개방

---

183) 이범교(역해), 「태종 김춘추」, 『삼국유사의 종합적 해석』 상, 민족사, 2005에 김춘추 가계가 밝혀져 있다.
184) 이재호, 「화랑세기'의 사료적 가치」, 『신라 화랑연구』, 한국정신문화연구원, 1992, 148면. 당시 대표적 무사파였던 문노랑이 처음에는 어머니가 가야 출신이어서 출세하지 못했으나 진지왕 폐위 공로로 진평왕 대 8세 풍월주가 되었다. 그 후 용춘(김춘추의 아버지)이 13세 풍월주가 되면서 낭도들의 폐습을 개혁하고 재능 본위로 발탁해 골품에 구애되지 않았다.

하고 재능 위주로 발탁한 결과 이들이 통일 과업의 원동력이 되었으며 더불어 일반 백성들의 호국 의식도 크게 촉진되었다고 볼 수 있다.

종합하면 "문노 화랑"을 대표한 동시에 "쇄신된 상층"을 대표한 김흠운(왕의 사위)은 과거 상층(대야성도독 품석, 김춘추사위)의 부도덕한 행위로 장수와 부하가 내분되고 성이 함락되어 백성들의 희생이 배가된 시대(죽죽)와 달랐다. 비록 태종무열왕(진골) 전환기 초 치밀한 백제(⑥,⑧, 발전부분)에 비해 신라군(⑦, 발전부분)의 체계는 어지러웠으나 쇄신된 화랑과 상층인의 호국 충절 의지(⑨,⑪,⑬, 발전부분)는 수행했던 대감, 소감, 보기당주(⑭) 뿐 아니라 일반 백성들(⑯)에게까지 공감(양산가)되기 시작했다.

곧 구성 형태에서 신라 최대 위기(④, 전개부분)에도 불구하고 화랑(지배층)과 군사들의 일체된 마음(①-⑤, 상부 좌+우)은 실제 김흠운(⑦)이 백제(외세)에 포위(⑥/⑦/⑧)되어도 결코 꺾이지 않았다. 곧 만류하는 시종인들의 말(⑩)과 행위(⑫)에도 결코 꺾이지 않은 그의 호국 희생정신(⑨,⑪,⑬)이 마침내 부하들(⑭)과 백성들⑯의 일체된 마음(⑨-⑯, 하부 우+좌)을 북돋을 수 있었다.

결국 신라 화랑(+유, 불, 도교)의 역사적 계보〈원화-사다함(4세풍월주, 충절+신의)-귀산(원광법사, 세속오계)-검군(문식파, 은유적인물)-[**김흠운, 무사파 문노화랑**]-관창(호국 희생정신)-김유신(삼국통일)-효종랑(효녀지은, 개인적 선행, 은유적인물)〉에서 사다함부터 변화된 무사적 태도는 통일의 기반이 되었으며, 김흠운(문노파)을 기점으로 보다 쇄신된 제도와 개방된 문호는 통일 과업을 이끈 중추적 추진력이 되었다.

다음 설씨녀는 본기에 명시되지 않은 은유적 인물로 진평왕 대 남녀 결합 과정과 통일 과업이 병행된 존재적, 역사적 의의가 연대기 형식에 광범위하게 구성 되었다.

우선 설씨녀, 설씨녀 아버지, 가실의 행적을 나누어 그 전체적인 윤곽을 보면 다음과 같다.

설씨녀	설씨녀 아버지	가실
도입: ①문벌 없는 집안, 바르고 고운 여인임 ③아버지 근심함	도입: ②진평왕 대 연로한 아버지 당번 가게 됨	도입: ④젊은 가실이 설씨녀 사모해 그 아버지 대신 당번 가기 청함
전개:⑦가실의 임무 수행 후 결혼 언약, 거울(신표) 나눔	전개: ⑤아버지, 기뻐하며 보답으로 딸과 혼인 허락	전개:⑥가실, 결혼 언약하기 청함 ⑧ 설씨녀에게 말 맡긴 후 떠남
발전(절정):⑩아버지 위해 결혼 약속한 신의 지킬 것 말함 ⑬도망 못하고 말보고 눈물 ⑮'거울 받고 움	발전(절정):⑨6년 지나 귀환 않자 혼인 권함 ⑫다른 사람 몰래 들임 ⑯아버지, 집안 사람들, 기뻐함	발전(절정):⑪가실, 아버지대신 고통, 적(호랑이) 경계 위험 ⑭가실 귀환, 마르고 쇠약, 옷 지저분, 다른 이로 착각 ⑮거울 던져 줌
결말:⑰다른 날 혼인 언약		결말:⑱부부로 일생 해로

이상은 노쇠한 백성(②, 설씨녀아버지)까지 당번을 갈 정도로 급박했던 진평왕(②, 도입부분) 대를 근거(2%)로 젊은 가실(⑪-⑮, 발전부분)이 설씨녀 아버지의 당번을 대신한 후 설씨녀와 부부(⑱)가 된 결혼담이다.

그러나 젊은 가실이 귀환하기까지 "6년"은 적의 경계에서 쓰라린 고통을 이긴 신라 통일 과업과 병행되었다. 그 사이 설씨녀 부녀의 갈등(⑨⑫/⑩⑬)도 없지 않았으나 마침내 나눈 거울(⑦-⑮)을 합한 이들의 결말(⑰,⑱)은 마치 국내외 시련을 견딘 삼국 통일 과업(혼인)과 유사하다. 다만 호국 희생정신으로 전사한 대부분의 무사들과 달리 충, 효, 신의를 실천하고 부부 해로(⑱)한 점이 크게 다르다.

이들 관계를 다시 구성 방식에 따라 설씨녀, 아버지, 가실, 진평왕으로 나누어 정리하면 다음과 같다.

설씨녀	아버지	가실	진평왕
도입:①설씨녀, 율리백성 딸, 가난,문벌없는 불우한집안, 얼굴모습 바름, 의지,품행 바르고와 범접못함 ④여자몸 아버지 모시고 갈수 없어 근심	도입: ②진평왕 대 아버지, 나이들었음, 정곡에서 적막는 당번하게 됨 ③아버지 병들고 쇠약함	도입:⑤사량부, 가실, 젊은이, 가난, 보잘것없으나 품은뜻 이루려함 ⑥설씨 좋아해 뜻,기상 있음 말하고 그 아버지 병역 대신하기 바람	도입: ②'26대진평왕 (579년-632년)
전개:⑦(가실 청)기뻐 아버지께 전함 ⑪설씨, 혼인은 사람의 가	전개: ⑧아버지, 가실 불러 기쁘고 조심스러운 마음으	전개:⑨가실 두번 절, 감히 바라는 바 표현 ⑩물러나 언약	전개: 선덕여왕, 진

장 큰도리, 급히 할 수 없음, 적막고 교대후 혼인약속 ⑫거울 나눔, 다음날 결합 신표	로 보답할 것 말함, 어리석고 누추하나 어린 딸 아내삼기 바람	청함 ⑬설씨에게 천하에 좋은 말 두고 훗날 쓰이기 바라며 떠남	덕여왕, 태종무열왕
발전(절정): ⑯설씨녀, 지난번 아버지 위해 가실과 혼인약속 ⑰(가실, 믿고 싸움터 가……호랑이 입가 있어 두려울 것)말함 ⑱믿음 저버리고 약속 지키지 않으면 사람 정 아님 ㉑설씨 완강히 거절, 도망 못하고 말보고 한숨, 눈물 흘림, ㉔설씨, 거울 받고 울음	발전(절정):⑮아버지, 딸에게 3년기약 지나 다른 집 시집가도 된다함 ⑲아버지, 늙고백발, 딸 한창 나이 억지로 시집보내려 함 ⑳몰래 마을사람과 혼인 약속, 날 정해 끌어들임㉕아버지와 집안사람 기뻐 정신차릴 수 없음	발전(절정):⑭가실, 6년 됨, 돌아오지 못함 ⑰가실, 믿고 싸움터 가 굶주림, 추위견디며 쓰라린고생, 적 경계 가까워 병기 놓지 못하며 호랑이 입가 있어 두려울 것 ㉒가실, 교대 귀환, 몸, 뼈 마르고 쇠약, 옷헤지고 지저분, 집안사람들 몰라봄 ㉓깨진거울 보임	발전(절정): (태종무열왕) (문무왕) ⑭나라 연고, 교대자 보내지 않음
결말:㉖다른 날 만나 혼인 약속		결말: ㉗부부되어 해로	결말:(신문왕-혜공왕)

이상에서 설씨녀(①, 도입부분)는 "가난하고 문벌 없는 불우한 집안"이나 "품행과 의지가 바르고 모습이 고와 감히 범접할 수 없는 인물"이어서 양극적이다.

한편 진평왕(②, 도입부분) 대는 "노쇠하고 무력(無力)한" 아버지(②,③)가 적을 막기 위해 당번(병역)을 갈 정도로 급박했다. 그러나 여자 몸으로 아버지의 병역 의무에 동반하기 어려운 설씨녀를 위해 가실(⑥, 도입부분)이 대신하게 되었다. 이때 가난하고 보잘 것 없는 젊은 가실(⑤) 또한 품은 뜻(⑤)이 있어서 양극적이다.

배경 시대인 진평왕(총54년 통치) 대는 실제 백제(무왕)의 집중 공격으로 전란(당번)에 시달린 때이며 무기력해진 진평왕(아버지)을 이은 선덕여왕(딸) 대는 의자왕(왕 2년)이 40여성을 함락하고 고구려와 연합해 당(唐)으로 가는 길(당항성)을 막으려 한 때였다. 특히 함락된 대야성에서 품석(김춘추사위) 내외가 희생된 후 김춘추의 외교 활동(고구려, 당)이 시작되었다.

비약하면 진평왕부터 6대(진평왕, 선덕여왕, 진덕여왕/태종무열왕, 문무왕, 신문왕)에 걸쳐 지속된 "춘추(春秋, 젊은가실)"[185]의 통일 과업(성골+진골+남녀+

---

185) 가실은 방언으로 "가을"을 뜻하며, 가을은 성숙, 혹은 노쇠를 뜻하기도 한다.

노소)이 설씨녀 부녀(노소)와 가실(남녀)의 관계로 형상화되었다.

곧 성골 마지막 3왕조(진평왕, 선덕여왕, 진덕여왕)186) 대 위기와 무력함 그리고 태종무열왕계 통일 과업이 총체화된 "설씨녀"는 선덕여왕(총16년), 진덕여왕(총8년) 대 역사 상황과 "보잘 것 없는(진골)" "젊은 가실(춘추)"의 외교활약(⑨-⑬)이 포괄되었다. 무엇보다 6년(6대)에 걸쳐 지속된 태종(춘추)무열왕계 통일 과업(⑭-㉔)은 시련(⑭,⑮)과 고난(⑰,㉒)의 연속이었으나 이들 부부(㉔, 통일정신)는 마침내 결혼하고(㉖) 백년해로(㉗,결말부분, 태종무열왕-혜공왕)했다. 결국 설씨녀(⑦,⑪,⑫, 전개부분)와 가실(⑨,⑩,⑬)이 나눈 언약과 거울(⑫, 신표)은 혼인의 일반적 양상이나 아버지(⑧, 성골), 설씨녀(⑪,⑫, 신라 영토), 가실(⑨,⑩, 진골)의 바람이 일체된 점에서 개인적, 역사적 신념이며 범국가적(군신, 남녀, 노소, 상하) 염원이었다. 곧 진평왕 딸(선덕, 진덕여왕)의 효와 김춘추의 군신(충절) 관계가 교차, 복합된 양상이다.

종합하면 설씨녀 부녀는 "성골 마지막 왕조"를 대변한 점에서 "불우한 집안"이며, 진골 왕조(29대태종무열왕)로 교체된 현실로 인해 "문벌 없는(없어진)" 존재와 같다. 반면 "젊은 가실(춘추)"은 당시 사량부187)를 대표한 신진 세력으로 가난하고 보잘 것 없는 "진골"을 대변했으나 새로운 왕조(㉖,異日)를 열었다. 곧 진평왕(성골왕조) 대신 역사적 사명(⑨, 두번 절하기, 국내적으로 백제와 고구려를 멸망하고 국외적으로 당 축출 후 삼국통일)을 실천하고 세상을 구제(발전부분, 거울합일, 통일)한 총체적 인물(지배층, 화랑, 백성)이다. 그 과

  또한 "춘추(春秋)"를 우리말로 풀이하면 봄과 가을을 뜻하나 그 중 봄은 의미적으로 "젊음(청춘, 봄)"을 뜻해서 춘/추는 "젊은/가실"과 같다. 이는 "개혁적인(젊은) 김춘추"를 지칭(함축)했다고도 볼 수 있다.
  또한 가실은 김유신 조상인 가야국 왕의 이름이기도 하다. 따라서 가실에는 이들(김춘추+김유신)의 총체적 역량이 함축되었다고도 볼 수 있다. 곧 가실(김춘추)과 그의 분신(김유신, 무력, 말)같은 이들의 호국 희생정신이 설씨녀(국내, 영토)를 지켰다.
186) 진덕여왕은 진평왕의 조카딸이나 딸(선덕여왕)과 같은 맥락이다.
187) 이범교(역해),『삼국유사의 종합적 이해』상, 민족사, 2005, 162-187면에서 신라의 6촌 중 "사량부"는 급량부(본래의 부락)에 비해 "새로운 부락"을 뜻한다고 했다.

정에서 왕조(태종무열왕-문무왕)가 바뀌고 당(唐, 아버지)의 언약 파기(⑲,⑳, 대립과 침입) 등 변고(⑭,⑭´, 발전부분)가 없지 않아 과업이 지연(6년, 6왕조) 되었으나 시초부터 혈맹(표리) 관계(일체된 신라)인 유신188)과 한 쌍의 쌍두마189)가 이룬 위업이 안팎(군/신, 상/하, 남/녀, 노/소, 나/당, 전/후)으로 실행된 시대였다.

 이는 진덕왕(왕 8년, 서기 554년)190)을 이은 "진골 왕조(춘추무열왕)" 즉위로 보다 본격화되었다. 곧 아버지(진평왕)의 임무를 대신할 가실(김춘추)과 딸(선덕왕/진덕왕)의 혼인(성골+진골)이 허락된 후 태종무열왕은 백제 멸망(태종무열왕 7년, 서기 660년)을 이루었다. 그러나 백제 회복군의 거센 저항으로 위기가 다시 고조된 때 왕이 세상을 떠난 큰 "변고(태종무열왕 8년, 서기 661년6월)"가 있었다. 또한 문무왕(태종무열왕태자) 즉위 후 고구려 침입 계획이 여러 이유(백제회복군의 저항, 도착 기일)로 지연되었으며, 고구려 멸망(문무왕 8년, 서기 668년, 보장왕 27년) 후에는 당(唐)과의 대립으로 다시 지연되었다. 결국 당(唐)은 설인귀 등을 보내 천성을 쳤으며, 이근행 등은 20만 명의 군사로 매초성을 쳤으나 이듬해(문무왕 16년, 서기 676년) 기벌포에서 이들을 모두 물리쳤다.

 이와 같은 "당(唐) 침입(⑲,⑳)"의 변고는 "아버지(진평왕/당)"가 설씨녀(신라영토)를 다른 집안에 시집보내기 위해 사람(당+백제)을 끌어들인 행위로 도치되었으나 설씨녀(신라)는 가실(김춘추+김유신)의 호국 주체정신(⑰)과 일체된 신의(⑯)와 신념(⑱)으로 도망하지(물러나지) 않고 완강히 거부(㉑, 저항)

---

188) 『삼국사기』 신라 본기 선덕왕 11년(서기 642년), 「김유신 중권」, 『삼국유사』의 「김유신」, 「태종 김춘추」 조 등에 이들의 관계가 상세히 서술되었다.
189) 「김유신」에 의하면 춘추는 선덕왕 대 고구려와 당(唐)에 구원을 청한 외교 활동에 앞서 유신과 혈맹 관계를 맺었다. 곧 김춘추가 고구려에 구원병을 청했으나 보장왕(선덕왕 11년, 서기 642년)이 마목현과 죽령을 되돌려 받기 위해 춘추를 옥에 가두었으며, 유신의 출정으로 풀려났다. 따라서 설씨녀(선덕여왕) 곁에 둔 가실의 분신(말)은 춘추(가실)와 혈맹 관계인 김유신의 무력(武力)과 같다고 볼 수 있다. 특히 김춘추의 외교 활동 중 선덕여왕 곁에서 백제 침입을 막고 비담의 반란을 평정한 김유신의 위업은 진덕여왕(서기 647년-654년) 대에도 이어져 춘추(진골)가 즉위할 수 있는 힘이 되었다.
190) 원래 진덕왕 2년(서기 648년) 김춘추가 당(唐) 태종의 구원병 허락을 받고 귀환했으나 이듬해(서기 649년) 당(唐) 고종이 즉위했다.

하며, 그가 남긴 말(과거 김춘추와 김유신이 이룬 통일 역량의 기개와 무력)을 의지하며 "한숨 짓고", "눈물 흘렸다." 곧 주체적 저항 정신으로 당(唐)을 물리친 백성들의 가중된 고통과 인내심이 상징적으로 투영되었다.

따라서 마침내 당(唐) 축출까지 이룬 이들(㉒, 가실, 춘추무열왕계 통일왕조)의 기쁨은 백성들 모두(㉔,㉕) 정신을 차릴 수 없을 정도였다. 아울러 "형체를 알아보지 못할 정도로 마르고 쇠약해진" 과업의 자화상(⑰-㉒, 굶주림/추위/호랑이 입)이 이들의 역사적 거울(㉓,㉔) 속에 반추되었다.

이들 관계를 종합하면 다음과 같다.

```
㉠진평왕, 선덕왕,                    ㉡태종무열왕(진골, 나당연합군, 백제멸망)
  진덕왕(성골말기3왕조)                 (젊은가실)
  (설씨녀부녀)
                      〈김유신 활약〉
            ┌─────────────────────────────────┐
            │   설씨녀/늙은아버지, 군당번/가실구원     │
            │   (진평왕, 선덕여왕, 진덕여왕:3년기약)  │
            │   (태종무열왕.문무왕.신문왕:3년연장)    │
            └─────────────────────────────────┘
                      〈김유신 생/사〉
㉢태종무열왕계마지막왕조(혜공왕)        ㉣문무왕(백제회복군 물리침)
  설씨녀부부(100년해로)                  (고구려멸망/당침입/당축출)
                                    ㉤신문왕(통일신라, 고구려회복군 물리침)
```

결론적으로 "젊은 가실(춘추)"과 설씨녀(진평왕딸+조카딸)에 교차, 내포된 상징적 기능과 복합된 의미를 정리하면 다음과 같다.

설씨녀 (선덕, 진덕여왕) 신라영토	노쇠한 아버지 (진평왕, 성골왕조) 당(唐)	젊은 가실(춘추) (진골 태종무열왕계) 분신(혈맹관계) 김유신	진평왕 혼란기 (성골3왕조+진골3왕조) 태종무열왕계
도입: ①,④	②,③	⑤,⑥	②'진평왕(선덕왕) 김춘추(+김유신)
전개: ⑦,⑪,⑫	⑧	⑨,⑩,⑬	성골+태종무열왕 (나당 연합)
발전(절정): ⑯,⑰',⑱,㉑,㉔	⑮,⑲,⑳,㉕	⑭,⑰,㉒,㉓	⑭'문무왕(나당연합/

			나당대립, 당침입)
결말:㉖'다른날(異日) (다른해, 다른왕조) 신라/통일신라	1 (나당관계의 이상과 한계)	㉗'부부해로 (삼국/통일신라 태종무열왕계 이상과 한계)	신문왕(삼국통일-혜공 왕, 춘추무열왕계 마지 막 왕조)

　이상 설씨녀(선덕, 진덕여왕)와 젊은 가실(김춘추)이 노쇠한 아버지(진평왕)를 대신해 충(군신, 호국희생정신), 효(부녀), 신의(부부)를 실천하고 이룬 결혼담이 젊은 가실의 뜻 있는 통일 과업과 복합된 형태로 이들의 역사적 거울 속에 투영(1)되었다. 특히 전(①-⑬, 전개부분), 후(⑭-㉕, 발전부분) 시련 극복 후 이룬 결혼(㉖, 삼국통일, 문무왕 16년)은 백년해로(㉗, 혜공왕) 한 때문에 이상적인 부부의 일생이나 태종무열왕계 성/쇠(총96년)가 포괄되었다.

　결국 신라(②,성골)와 통일 신라(㉒,진골)의 근본적 차이(㉖,異日)는 실제 나/당 관계의 이상과 한계 등과 더불어 태종무열왕계/내물왕계 차이까지 포괄되었다. 때문에 1세기 후 맞게 된 통일 역량의 한계 또한 보다 긴밀했던 나/당 관계와의 직, 간접적 요인을 결코 도외시할 수 없다.

　결과적으로 국내 지배층 뿐 아니라 생략, 함축된 나/당 관계(1, 비어진 공간)의 긍정적/부정적 측면이 다각도로 해석되지 않을 수 없는 이유를 다시 한 번 확인할 수 있다.

　끝으로 효녀지은은 본기에 명시되지 않은 은유적 인물로 시간이 지날수록 심화된 모녀의 시련을 중심으로 이들과 연계된 화랑(효종랑)의 언행이 복합 형식으로 구성되었다.

　구성 방식에 따라 효녀지은, 어머니, 관계된 인물(효종랑), 왕으로 나누어 정리하면 다음과 같다.

효녀지은	어머니	관계된 인물	정강왕
도입:①효녀지은, 한기부 백성(연권)딸, 효성스러움 ②아버지 잃고 어머니 봉양			
전개:③32살, 어머니봉양, 품팔고, 구걸, 고단 견디기힘듬			총32년 경문왕-진성여왕
발전(절정):④부잣집 종 되어 쌀10여석 얻음, 종일 부자집 일하고 해지면 어머니 봉양 ⑥딸, 사실 알림 ⑧딸도 소리내 움	발전(절정):⑤3, 4일후, 지난음식 거칠어도 달았음, 지금음식 좋으나 마음 칼날 찌르는듯함 ⑦죽는것만 못함, 통곡	발전(절정):⑨길가던 이들도 슬프게 느낌	
결말:		결말:⑩효종랑 유람중 보고 부모에게 청, 곡식100석, 의복, 물품 보냄, 주인에게 보상, 양민됨 ⑪화랑 몇천 명이 곡식 한석씩 줌 ⑮효종랑, 서발한 인경아들, 아명 화달임	결말:⑫대왕, 벼500석, 집 한채줌, 조세, 부역면제, 곡식지킬 군사보냄 ⑬착한 행실 칭찬, 효양방 알림 ⑭표문 미담 당에 돌림 ⑯왕, 효종랑 성숙해 형인 헌강왕 딸을 아내 삼게 함

이상에서 "효녀 지은"의 배경은 그를 도운 효종랑(⑩, 결말부분)이 "형인 헌강왕"의 사위(⑯, 결말부분)된 상황을 볼 때 우선 정강왕(50대) 대이다. 곧 헌강왕(2%)을 근거로 두 체계(효녀지은, 효종랑)가 복합 형식으로 구성(98%)되었다.

그 중 효녀 지은은 어려서 아버지를 여의고 32살(32년)이 되도록 어머니를 봉양했으나 "가난의 고통과 고단함"이 지속되었다. 따라서 지속된 시대 상황을 유추하면 당시 헌덕왕(49대)을 이은 "정강왕"은 즉위 2년 만에 진성여왕이 즉위했으므로 효녀 지은의 "나이(32살)"를 돌이켜 볼 때 그의 시련은 경문왕(48대)부터 시작되었다. 곧 경문왕(서기 861년-875년)부터 첫째 아들 헌강왕과 둘째 아들 정강왕을 지나 헌강왕의 누이동생이며 경문왕 딸인 진성여왕까지 지속되었다.

결국 경문왕 가계를 중심으로 그 전, 후 왕조를 정리하면 다음과 같다.

㉮43대희강왕(총3년), 44민애왕(총2년),
      45신무왕(총6개월)   ㉯46문성왕(총19년), 47헌안왕(총5년)

┌─────────────────────────────────┐
│   ㉰48대경문왕(총15년)   │
│   (헌안왕사위, 서기 861년-875년)   │
│   49헌강왕 총12년(875년-886년)   │
│   50정강왕 총2년(886년-887년)   │
│   51대 진성여왕 총11년(887년-897년)   │
└─────────────────────────────────┘

㉱53대신덕왕(박씨,헌강왕사위,추대)   ㉲52대효공왕(진성여왕 전위, 헌강왕서자)
    54대경명왕(태자, 박씨)
    55대경애왕(신덕왕아들, 견훤 침입, 자진)
㉳56대경순왕(김부, 문성왕후손, 견훤이세움)
    (고려 태조에 귀부)

 이상에서 중심 배경은 통일 신라 중반 가장 치열했던 왕권 쟁탈(㉮43대, 44대, 45대) 이후 전환기를 맞은 경문왕과 그 삼남매(㉰) 왕조이다.
 즉 태종무열왕계(태종무열왕-혜공왕)를 이은 내물왕계는 37대선덕왕(총6년)부터 39대(총2년), 43대(총3년), 44대(총2년), 45대(총6개월), 47대(총5년), 50대정강왕(총2년)까지 14 왕조 중 다섯 왕조가 2, 3년 또는 6개월 통치했다. 그리고 두 왕조가 각각 5년(47대헌안왕), 6년(37대선덕왕) 동안 통치했다. 그 나머지 일곱 왕조는 38대(총14년), 40대(총10년), 41대(총18년), 42대(총11년), 46대(총19년), 48대(총15년), 49대(총12년) 등이 10년 이상 통치했으나 그 다음 왕조(39대, 43대, 47대, 50대)의 통치 기간이 짧아 통치력이 지속적으로 계승되기 어려웠다. 곧 헌안왕 사위로 즉위한 경문왕(총15년)[191]과 그 태자인 헌강왕(총12년) 외에는 정치적 역량이 발휘되기 어려웠다.
 그러나 경문왕은 16세에 즉위해 31세까지, 헌강왕은 15세 전, 후[192]부터 27세(총12년) 전, 후까지 통치했다. 이어 정강왕 통치 2년 만에 즉위한 진성여왕(총11년)은 초기

---

191) 『삼국사기』 본기 헌안왕 4년(서기 860년)에는 응렴(경문왕)이 15세였으므로 왕이 된 해는 16세이나 『삼국유사』에서는 약관(弱冠) 20세로 서술되었다.
192) 이범교(역해), 『삼국유사의 종합적 해석』 상, 민족사, 2005, 416-423면.
 "경문대왕"조에서 헌안왕은 그(18세)가 국선(國仙)이 되어 유람하고 배운 세 가지 착한 행실을 듣고 그 현명함을 높이 보아 사위 삼았다. 그러나 수많은 뱀과 함께 자고 귀가 당나귀처럼 길어졌다는 일화에서는 당시 "왕권을 확보하지 못해 뱀(낭도)이 보호했으며 현명하기보다 무능(당나귀)함"을 뜻한 비유로 보았다.

부터 이미 기강이 무너지고 재정이 궁핍해져 도적(왕 5년)이 사방에서 일어났다. 그 중 궁예와 견훤의 세력이 확산되면서 효공왕(총16년통치)에게 전위되었다.

그 후 통일 신라는 다시 박씨(53대신덕왕, 헌강왕사위, 총6년)로 교체되었는데 궁예가 경명왕(54대, 총8년) 2년(서기 918년) 축출된 후 그를 대신한 왕건(고려태조)이 강성한 견훤과 겨루었다. 그러나 신라는 경명왕 7년, 8년(서기 924년) 사신을 후당(後唐)에 보내 토산물을 바쳤으며, 경애왕(왕 4년)은 고려 태조(왕건)를 돕고 후당(後唐)에 사신을 보내 조공했다. 이에 견훤이 신라(9월) 고울부를 쳤으며 왕건의 구원병이 미처 도착하기 전 서울(11월)을 쳐 왕, 비빈, 공경대부 등을 해치고 경순왕(56대)을 세워 임시로 정사를 맡겼다.

이와 같은 상황에서 효녀지은에 덧붙여진 효종랑(아명 화달)이 "헌강왕 사위"로 서술된 때문에 실제 53대신덕왕(헌강왕사위)이 짐작되나 사실과 은유적 방법이 혼용된 효종랑은 시대, 역사적으로 경문왕(아명 응렴, 헌안왕의 사위)과 병치된 부분이 적지 않다. 곧 "경문왕 전, 후부터 신덕왕 전, 후까지" 상황이 총체적으로 함축, 개방되었다고 볼 수 있다.

유추하면 다음과 같다.

47대헌안왕	← 사위(3선행) →	48대경문왕(응렴/ 왕권, 사치, 위엄)
㉠ 효녀지은(32살), 어머니봉양, 가난, 몸팔아 종됨, 어머니 과거음식 거칠어도 달았음, 지금 음식 좋으나 칼로 찌르듯 아픔, 사실 듣고 죽는 것만 못함, 모녀 울음 ㉡길 가던 이들 슬퍼함		㉢ 효종랑 유람 중 듣고 부모에게 도움 청함, 부모가 곡식100석, 의복, 물품 주고 양민 보상 해줌 ㉣ 화랑 무리 몇 천 명, 곡식 1석씩 줌
㉤ 대왕, 벼500석, 집한채 줌, 조세, 부역면제, 곡식 도적 막을 군사 보냄, 마을 "효양방(孝養坊)"이라하고 알림 ㉥당(唐)에 표문올려 미덕 당(唐)황실에 돌림		㉦ 효종랑, 제3재상 서발한 인경아들, 아명 화달임, 어리나 노성함 ㉧ 왕(정강왕)의 형, 헌강왕 딸 아내 맞게함
50대정강왕, 51대진성왕 (기강문란, 재정궁핍, 도적봉기) 52대효공왕, 56대경순왕 (태조왕건에 귀부)	← 경문왕3남매 왕조 →	49대헌강왕(월상루) (기와집, 노래소리) (헌강왕사위, 53대신덕왕, 박씨) 54대경명왕, 55대경애왕, 초토화(견훤)

이상은 효녀지은 모녀(㉠)를 포함한 일반 백성(㉡), 효종랑(㉢)과 화랑들

(ㄹ), 통일 신라(ㅁ)와 당(ㅂ), 그리고 효종랑 아버지(ㅅ, 지배관료층)와 헌강왕 사위(ㅇ, 전후 왕조) 등 각계각층의 인물들과 국내외 상황이 망라되었다. 따라서 은유적 인물인 효녀 지은은 통일 신라 말 국내/외 관계가 총체적으로 함축, 개방된 인물임을 짐작할 수 있다.

그 중 모녀를 도운 효종랑은 당대 화랑을 대표한 인물이다.

특히 경문왕(헌안왕사위)의 행적(본기)과 비교하면 먼저 응렴(경문왕 아명)은 유람에서 배운 바(겸손, 검소, 위세부리지 않음)를 답해 헌안왕 사위(경문왕, 희강왕제륭 후손)가 되었는데 화달(효종랑 아명, 열전)은 유람에서 본 모녀를 돕기 위해 아버지 도움을 청한 후 헌강왕 사위(신덕왕, 아달라왕후손, 본기)가 되었다. 곧 이들은 어릴 때 이름(화달, 응렴)이 있으며, 효종랑이 부자 문답을 통해 선행을 베풀고 헌강왕의 사위가 되었다면 경문왕은 군신의 문답(3가지선행)을 통해 헌안왕의 사위로 즉위했다. 이때 응렴(경문왕)이 "어리나 노련하고 숙성한(老成) 덕"이 있어 가능했듯이 화달(효종랑)은 "나이는 어리나 노련하고 어른스러워(老成)" 가능했다. 결국 경문왕(헌안왕사위, 아버지, 본기) 전, 후부터 신덕왕(헌강왕사위, 열전) 전, 후까지 말기 상황이 상징적이고 우회적인 방법으로 함축, 개방되었음을 알 수 있다.

따라서 경문왕 대 국내외 상황(본기)을 보면 대략 다음과 같다.

기후(경제)	국내행적	반란	외교 관계
경문왕2년 7월			당(唐)에 사신 보내 토산품 바침, (8월) 당에 사신 간 일행 물에 빠짐
3년 눈 오지 않음			
4년			일본에서 사신 옴
5년			당(唐) 사신이 와 선대왕 조문, 부의내림, 왕, 왕비, 재상들에게 선물 줌
6년		반역 모의자 목베고 일족없앰	
7년 곡식 여물지 않음, 큰물, 전염병	임해전 수리		
8년	조원전 수리	반역 모의, 목벰	
9년			당(唐)에 사신 보내 은덕 사례함, 많은 물품 보냄

Ⅲ. 문장의 구성 형태와 인물의 존재 방식 485

10년 눈 오지 않음, 큰물, 지진, 전염병			당(唐)에 사찬 김인 보내 숙위함
11년	정월 황룡사탑 개조 2월 월상루 수리		
12년 지진, 황충			
13년 전염병,굶주림	9월, 황룡사탑 완성, 9층, 높이 22장		
14년	월정당 수리	반역 모의, 수레 묶어 찢는 형벌	당(唐)희종이 사신보내 말씀 전함
경문왕 15년 지진			

이상에서 자연 재해(지진, 황충, 전염병, 기근)로 백성들이 어려운 때 왕권 회복과 위엄을 높이기 위해 궁궐을 수리하고 황룡사 탑을 수리하여 2년 반 만에 완성했다. 특히 중반기 왕권 쟁탈로 소원했던 당(唐)과 사신 교류가 재개되었으나 상술된 품목이 다양하고 사치스러워193) 국가 재정 소비와 백성들의 노역이 보다 구체적으로 예시되었다.

교류된 물품 내역을 보면 우선 당(唐) 의종이 경문왕 5년(서기 865년) 선대왕에 대한 부의로 비단 1천 필을 보냈다. 아울러 왕에게는 임명장 한통, 정절 한벌, 오색 비단 500필, 의복 2벌, 금과 은으로 만든 그릇 7벌을, 왕비에게는 오색 비단 50필, 의복 1벌, 은그릇 2벌을, 왕태자에게는 오색 비단 40필, 의복 1벌, 은그릇 1벌을 보냈다. 또한 대재상에게 오색 비단 30필, 의복 1벌, 은그릇 1벌 그리고 다음 재상에게는 오색 비단 20필, 의복 1벌, 은그릇 1벌을 내렸다.

이에 경문왕은 왕 9년(서기 869년) 7월에 왕자이며 소판인 김윤 등을 보내 그 은덕에 사례하고 물품을 보냈다.

기록된 품목은 말 2필, 부금 100냥, 은 200냥, 우황 15냥, 인삼 100근, 큰꽃무늬 어아금(비단) 10필, 작은꽃무늬 어아금 10필, 조하금 20필, 40승 희고 가는 모직 40필, 30승 모시 적삼 조각베 40필, 4자5치 머리털 150냥, 3자5치 머리털 300냥, 금비녀, 머리 매는 댕기, 가슴에 다는 장식품, 각 10개 외에

　　매모양 금사슬 주전자,　얽어 새긴 붉은 칼집 전대 20개,
　　새로운 양식의 매모양 금사슬 주전자,　얽어 새긴 오색 칼집 전대 30개,
　　매모양 은사슬 주전자,　얽어 새긴 붉은 칼집 전대 20개,

---

193) 이우경(편역), 『새로운 삼국사기』①신라·통일신라 편, 한국문화사, 2007, 391-393면. 경문왕 5년과 9년에 자세히 밝혀져 있다.

새로운 양식의 매모양 은사슬 주전자, 얽어 새긴 오색 칼집 전대 30개,
새매모양 금사슬 주전자, 얽어 새긴 붉은 칼집 전대 20개,
새로운 양식의 새매모양 금사슬 주전자, 얽어 새긴 오색 칼집 전대 30개,
새매모양 은사슬 주전자, 얽어 새긴 붉은 칼집 전대 20개,
새로운 양식의 새매모양 은사슬 주전자, 얽어 새긴 오색 칼집 전대 30개,
금꽃과 매 새긴 방울 200개, 금꽃과 새매새긴 방울 200개,
금으로 새긴 매꼬리 통 50쌍, 금으로 새긴 새매 꼬리 통 50쌍,
은으로 새긴 매꼬리 통 50쌍, 은으로 새긴 새매 꼬리 통 50쌍,
매 묶는 붉은 무늬 가죽 100쌍, 새매 묶는 붉은 무늬 가죽 100쌍,
구슬 박은 그릇 모양의 금바늘 통 30개, 금꽃 모양의 은바늘 통 30개,
바늘 1500개 등이다.

이를 통해 그동안 당(唐)과의 교류로 오간 물품들을 대략 짐작할 수 있다.

특히 왕권 쟁탈 이후 나라 재정과 백성들의 어려운 현실을 감안할 때 신하와 백성들의 소리를 외면한 경문왕의 귀(삼국유사)가 "당나귀 귀"에 비유된 상황도 짐작할 수 있다.

더욱이 통치 기간(총15년) 중 일어난 세 차례(왕 6년, 8년, 14년) 반란에 대한 가혹한 형벌(목 베고 일족 없앰, 수레에 묶어 찢음)도 그가 배운 세 가지 선행(겸손, 검소, 위세 부리지 않음)과는 크게 달랐다. 말하자면 실천보다 말이 앞선 시대였다. 결국 자연 재해와 반란 등 사회 혼란 속에서 왕권 회복을 위한 외관 치장(위세)에 힘쓰고, 불교(황룡사탑) 중흥과 당(唐)과의 외교 관계 회복에 재정 소모가 커 백성들(효녀지은)의 고통이 배가되었다.

그럼에도 헌강왕(경문왕태자) 대는 신라 왕조 중 유일하게 풍요롭고 기후가 좋았던 시대(본기)이어서 크게 비교된다. 결론부터 말하면 황소의 난으로 당(唐)과의 사신 교류가 중지된 때문이었다.

당시 상황을 요약하면 다음과 같다.

기후	왕의 행적	반란	외교 관계
헌강왕2년	황룡사에서 불경 강론 들음		7월당(唐)에 사신, 토산물 보냄
3년	(고려 태조 왕건 탄생)		
4년 (서기 878년)			당(唐)희종이 왕책봉, 황소난 발생, 당 사신중지, 일본사신(조원전) 봄
5년	2월국학, 박사이하 교습자에게 사물이치 강론 10월 활쏘기 구경, 11월 사냥함	반란모의, 목벰	X
6년(880년) 음양조화, 풍년	9월월상루오름, 백성 가옥 닿아있고, 노래와 피리소리, 기와집, 숯사용, 변경 고요함		X
7년 3월	임해전잔치, 왕(거문고), 신하(노래가사)즐김		X
8년			X
9년	삼랑사, 문신들, 시 짓게 함		X
10년			X
11년			당(唐)에 사신보내 황소적 무찌름 하례. 최치원 귀국
12년(886년)	6월 헌강왕 병환, 황룡사 백고좌, 불경		

 이상에서 헌강왕(총12년통치) 대는 비록 한차례 반란(왕 5년)이 있었으나 백성들의 집에서 노래와 피리 소리가 들리고, 기와집에서 숯으로 밥을 짓는 등 전례 없는 풍족한 생활이 기록(본기)되었다. 이는 "음양이 조화로워 해마다 풍년(왕 6년)"이 든 때문이라는 신하의 답에도 불구하고 "황소 반란(왕 4년, 서기 878년)"으로 당(唐)과의 사신 교류(총7년)가 중지(왕 4년-11년)된 결과 백성들의 생활이 눈에 띄게 윤택해졌다. 말하자면 나라 재정 소모가 줄고 백성들의 조공 부담이 덜어졌을 뿐만 아니라 백성들이 농사의 적기를 놓치지 않고 생업(농사)에 전념한 결과였다.

 앞에서 말한 바와 같이 경문왕 대 과도한 조공 품목이 제시된 이듬해(왕 10년) 자연 재해(지진, 큰물, 눈오지 않음, 역질)가 서술된 것처럼 흔히 당(唐) 사신 내력에 이어 백성들의 굶주림 등이 뒤따른 상황(본기)과 반대 현상임을 확인할 수 있다. 결국 당(唐) 사신 교류 중지로 인한 풍요로움이 왕의 겸손("내가 무슨 덕이 있었겠는가")으로 희석된 듯하나 명분과 예의에 치우쳐 나라 재정이 과소비된 원인(당사신)이 없어지면서 조공 부담이 덜어진 백성들의 안정된 현실이 도치된 방법으로 역설되었다. 그럼에도 그 사이(왕 4년-왕 11

년) 거듭된 헌강왕(지배층)의 잔치와 풍류(왕 5년-왕 9년)는 당시 지배층의 또 다른 한계였다. 결과적으로 진성여왕 통치 3년 만에 창고가 비고 나라 재정이 궁핍해진 이유는 경문왕 대 과소비와 헌강왕 대 사치(기와집, 숯 사용)와 향락(노래소리, 잔치) 때문이었다.

바로 이러한 국내/외 현황들이 한기부194) 백성의 딸 효녀지은의 고단한 효행(①-⑧, 도입, 전개, 발전부분)과 효종랑(⑩,⑪,⑮,⑯, 결말부분)의 한계로 은유화되었다.

구성 방식에서 우선 효녀 지은(①, 도입부분)은 지극히 가난한 일반 백성이나 효녀인 점에서 일반 백성과는 구분된다.

특히 "가계"가 불분명한 일반 백성과 달리 "한기부" 백성의 딸195)로 신라 화랑과 연계된 효종랑까지 포괄해 김씨(경문왕-진성여왕-효공왕) 왕조에서 다시 박씨(53대신덕왕, 헌강왕사위-경애왕)로 교체된 말기 상황(시조박혁거세-석씨-김씨-박씨-고려)까지 총체화되었다.

비약하면 어려서(오래 전) 아버지(경문왕)를 잃고(왕권약화) 32세까지 어머니를 모신 효녀지은(진성여왕)은 어머니(신라영토) 봉양(다스리기)이 갈수록 어려워진 말기 상황과 병치된다. 다시 말해 갈수록 심화(③, 전개부분)된 효녀 지은(진성여왕)의 고통은 이미 경문왕(32년전)부터 시작되어 32살(3+2/3

---

194) 이범교(역해), 『삼국유사의 종합적 해석』 상, 민족사, 2005, 180면. 한기부는 신라 6부 중 고대부터 있어온 부락으로 석씨(석탈해) 부족이 살았다. 본기에서 석탈해 왕 이후 박씨 파사왕(5대)이 음집벌굴과 실지국곡이 다툴 때 수로(가야왕)에게 판결을 맡긴 후 6부에 잔치를 베풀게 했다. 이때 한기부가 지위 낮은 사람을 보내자 수로왕이 노해 결국 수로왕 종이 한기부주를 죽였다. 이에 파사왕이 수로왕 종을 숨겨준 음집벌국을 물리친 사실 등에서 박씨와 석씨 그리고 신라와 가야 관계가 내포되었음을 알 수 있다.
　그러나 효녀지은이 은유적 인물인 점에서 한기부(석씨거주)는 김씨 왕조에 의해 사라진 석씨 왕조(한기부)와 같이 고려에 귀의한 신라 말기(멸망) 상황을 함축한 상징적 의미라고도 볼 수 있다.

195) "효녀 지은"은 『삼국유사』 말미에 "빈녀양모(貧女養母)"로 인용되었으나 구성 방식은 다르다. 한편 은유적 인물로 왕조(김씨)를 우회적으로 표현한 입장이어서 "석씨"에 한정되기 보다 "과거 왕조"라는 의미와 더불어 부정적 의미(김씨에게 밀린 석씨, 김씨 마지막 왕조, 진성여왕)등이 포괄된 상징적 표현 방법이라고 할 수 있다.

×2, 5/6대경순왕)까지 지속되었다.

　이는 역사적으로 이미 경문왕부터 아버지(부/자, 군/신, 나/당 관계, 근원정신) 없이(왕권약화/주체성약화/도덕성해이) 어머니(신라영토/당)를 봉양(다스리기/모시기)한 효녀지은(백성, 통일신라)이 결국 부잣집(당/고려왕건) 종(④, 발전부분, 불균형적 외교관계/고려귀의)이 된 이유는 조세와 부역(⑫, 결말부분)뿐 아니라 사유화된 군사 조직(⑪,⑮)을 가진 지방 호족들(궁예, 견훤/"도둑들")의 발호로 백성들의 고난이 심화된 때문이었다. 이는 실제 경문왕 이전 왕권 쟁탈과 명분과 예의에 치우친 나당 관계에서 비롯된 바이다.

　따라서 어머니(신라영토)는 3, 4일(43대 희강왕) 후 비로소 지난 번(과거 통일과업: 태종무열왕, 문무왕, 신문왕 3왕조) 음식(가난, 시련)은 거칠어도 맛(의미) 있었으나 지금(후삼국 각축전: 진성여왕, 신덕왕, 경명왕, 경애왕 4왕조) 음식(부잣집/통일신라사치와 향락/예의와 명분에 치우친 나당외교/고려 귀의/쌀 10여 섬)은 비록 좋으나 칼(전란. 후삼국 각축장)로 찌르는 듯한 고통(④-⑨, 발전부분)을 맛(인식)보았다.

　그럼에도 과거와 근본적으로 다른 점은 어머니(⑦, 신라영토)와 딸(⑧, 진성여왕)의 비극적 현실(울음)[196]에도 길가는 이(⑨, 보편적의식)와 효종랑(⑩,⑪, 화랑정신)의 일체된 호국 희생정신(통일정신)보다 정서적 공감(⑨,ⓒ)과 개인적 선행(⑩,⑪/ⓒ,ⓔ)에 그친 점이다. 특히 효녀지은의 효행(시련)과 반대로 효종랑(화랑)은 부모 도움(충효상실)을 청했으며, 왕은 곡식과 집을 주고 조세와 부역을 면제(⑫)해 이들의 고통을 일시적으로 무마했다. 그러나 역설적으로는 조세와 부역으로 백성들(나라)의 고통(재정적부담)이 심화된 상황에서 왕은 도적들(⑫, 궁예, 견훤)의 발호를 막기보다 사유화된 군사력으로 개인(효녀지은/진성여왕, 지배권력층)의 곡식(부와 권력) 지키기에 급급한 상황

---

196) 이는 "온달"의 평강공주 "울음"과 상통하나 평강공주와 "온달"의 자기 희생에 비해 효녀 지은 모녀의 무기력함과 효종랑의 곡식 보태기가 대비된다. 또한 과거 설씨녀(선덕여왕)의 근심을 덜어준 가실(춘추, 김유신)의 일체된 호국 희생 정신과도 비교된다.

이 시사되었다.

결국 충효에서 비롯된 화랑들(무사들)의 호국 희생정신 상실(⑩,⑪, 결말부분)로 인해 어머니(⑦, 신라영토) 가슴(중심부)이 칼(전란)로 찔린(죽는것만 같지 못한)듯한 현실적 고통이 대변되었다.197)

종합하면 통일 신라는 중반 이후 지배층이 호국 충절 상실로 살 베기(권력쟁탈)에 힘쓴 동안 백성들은 부모 봉양을 위해 자신의 살을 벤 효행(향덕, 성각)이 거듭되었다. 그 결과 효녀 지은의 극한적 "효행"이 표문("미담")으로 당(唐) 황실에 돌려진 상황은 대단원적 역설(⑭/ⓗ)이다.198)

곧 "효양방"에 집약된 총체적 말기 현황(⑩-⑯, 결말부분)이 안으로는 화랑과 지배 권력층의 근원 정신 상실에서 비롯되었으며 밖으로는 당(唐)과의 불균형적 관계로 심화되었다. 그럼에도 효녀지은(통일신라)의 존재적, 역사적 상황이 "양민(신라/고려)"과 "효양방(신라/당)"으로 도치, 전환된 복합적 형태는 노/성(老/成)한 말기 현황(⑯)에 함축된 고려 건국(고려통일)을 통해 통일 정신의 역사적 의의(老/成)가 순환, 재현되었기 때문이라고 볼 수 있다.

이상으로 "상징적 형태와 사전(私傳)적 기능"은 활용된 본기 사실이 최소화된 대신 인물의 고유한 존재 방식이 상상적 경계까지 광범위하게 확장, 개방되었다. 특히 단조로운 내용과 파격적인 형식이 표면적으로는 단순 명

---

197) 헌강왕을 이은 정강왕 원년(서기 886년)은 나라 서쪽이 가물고 흉년이 들었으며, 그 이듬해 진성왕 즉위 원년은 겨울에 눈이 내리지 않았고, 왕 2년 5월에는 가물었다. 특히 진성왕 즉위 원년에 여러 주(州)와 군(郡)의 조세를 1년간 면제해 주었으나 왕 3년(서기 889년) 주(州)와 군(郡)에서 공물과 세금을 보내지 않자 사자를 보내 독촉하니 곳곳에서 도적들이 일어났다.
198) 이는 녹진의 충언(나라 중심부 병폐)이 충공을 통해 간접적으로 헌덕왕에게 돌려졌던 것처럼 효녀지은(진성여왕, 통일신라)의 피폐한 말기 상황이 궁극적으로 당(唐)에 돌려진 이유를 짐작할 수 있다. 곧 불균형적인 외교 관계 폐해가 갈수록 심화되었으나 국내 정치, 경제, 사회의 비판적 관점에 비해 우회적이고 은유적으로 함축된 양상은 효녀 지은도 마찬가지이다.

확해 보이나 고유한 세계에 내포된 역사 의식과의 관계는 보다 복잡하고 다양하며 광범위해서 여러 가지 표현 방법이 활용되었다.

곧 지극히 제한된 역사 배경 속에 인물들 스스로 품은 자유로운 "뜻과 의지" 등이 다양한 방법(상징, 도치, 역설 등)으로 내포된 존재 방식과 세계 상황은 자신의 한계 뿐 아니라 당대의 지배층과 당(唐)과의 관계 등을 보다 의미 있게 표출하기 위한 파격적 형식들임을 알 수 있었다.

결국 열전은 본기 활용 비율이 높을수록 지시된 역사 상황이, 낮을수록 고유한 존재 방식이 확장되었으나 본기 사실과 은유적 방법 등이 다양하게 교차, 혼용, 순환된 유기적 관계는 자체로 보이는 세계(인간현실, 육체)와 보이지 않는 세계(본질적의의, 정신)가 복잡하게 연계된 인간 세계 현황과 같았다. 따라서 다양한 경험(역사사실)을 근거로 활성화된 말(소통/모순)과 행위(만남/대결) 등에 구축된 인간, 세계의 본질적 의의는 개방된 역사 의식(세계 인식, 타자)부터 인간 근원 정신(주체 정신, 자의식)까지 여러 이질적인 요소들과의 관계 속에 조화, 공존, 회복될 수 있음이 총체적으로 비교되었다.

Ⅳ. 열전의 개방된 시점과 장르적 성격

1. 객관적 관점에서 상상적 관점까지

『삼국사기』 열전은 기본적으로 본기 사실을 근거로 확장된 여러 요소들이 하나의 전체로 구성된 "담론(텍스트)"이다.[1]

이들 구조화된 세계-내-존재 방식들은 현실과의 거리로 인해 서술자 주관을 탈피하고 〈언어적 조건〉에 따라 텍스트의 〈사물〉[2]을 이해하는 해석이 요구된다. 특히 "코드화 된 형식"이 "하나의 연속체"로 구성된 담론은 인간 체험(역사사건)과 의미(유기적 관계, 순환 체계) 사이에 관계된 거리 인식과 표현 양식을 통해 "일시적인 사건과 구별되는 의미"가 명료화될 수 있다.[3] 곧 인식자(편찬자)와 인식 대상(중심인물)과의 관계(거리)가 서술자(편찬자)와 언

---

[1] 폴 리쾨르, 『텍스트에서 행동으로』, 박병수·남기영(편역), 아카넷, 2002, 160면.
　역자는 제1부에서 "discourse"를 "담론"으로 번역했으나 제2부에서는 "담화"로 번역했음을 밝혔다. 이는 철학과 문학에서는 담론으로, 언어학에서는 담화로 지칭되는 차이에서 비롯되었다.

[2] 앞글, 52-79면.

[3] 앞글, 121-134면. 담론은 끝없는 원형의 고리를 이루면서 다른 단어들과 연결되는 랑그와 대립되며, 담론만이 사물을 향하고 실재에 적용되며 사물을 향한다고 했다. 특히 담론이 텍스트가 될 때 그 작품의 구조가 지시를 변화시킨다고 했다.

어 행위와의 관계, 독자(후대인)와의 관계, 담화 내용과의 관계가 포함된 시점(point of view)을 통해 이해될 수 있다.[4]

한편 열전의 인식 대상들(객체)은 서술 주체인 인식자(편찬자)가 서술한 역사(삼국사기 본기)를 근거로 생성되었으나 구성된 요소들과의 역동적 관계로 인해 편찬자(서술주체, 인식자)의 일관된 역사 기술(본기) 방법과 근본적으로 다르다. 결국 서술 시점의 차이로 인해 사전(史傳)적 형태부터 사전(私傳)적 기능까지 광범위하게 확장, 개방된 열전은 객관적이고 규범적인 본기(실록)와 다를 뿐 아니라 서사 형식(인물전)과 주관적 산문과도 차이가 있으나 이들 경계까지 확장, 개방된 기록 문장 형식이다.

그 복잡한 관계 양상은 다음과 같다.

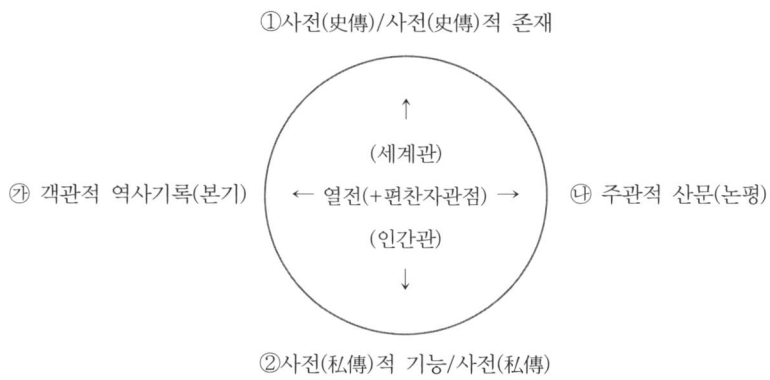

이상과 같이 열전(중심)의 세계관과 인간관은 활용된 본기 사실(실록)과 사전(史傳)을 근거로 사전(史傳)의 경계(①)에서 사전(私傳)의 경계(②)까지, 객관적 역사 기록(본기) 경계(㉮)에서 주관적 산문(논평) 경계(㉯)까지 광범위한 문장 형식이 활용되었다.

---

4) S. S. Lanser, 『The Narrative act』, Princeton University Press, 1981.
  이우경, 『한국의 일기 문학』, 집문당, 1995, 157-229면.

다시 말해 역사 사실(세계)과 인식 대상(중심인물)과의 관계가 총체화 된 "열전"은 생성 근거가 된 본기의 편찬자(김부식)와 동일한 인식자(서술주체자, 김부식)가 구성했으나 변모, 생성된 인식 대상들의 새로운 역사(세계)관과 인간(존재)관이 인식자(편찬자)의 객관적 역사관부터 주관적 존재관까지 다양하게 교차/혼융/대립/함축/개방되어 보다 복잡하다.

그럼에도 단순히 본기와 열전의 편찬자(김부식)가 동일하기 때문에 기존의 역사 관점(본기)과 인간관이 동일한 맥락으로 재현되었다고 생각하기 쉽다. 그러나 이미 다양한 방법으로 규명되었듯이 열전은 지배 역사관에서 보편적 인물(편찬자포함) 본래의 관점을 회복하기 위한 새로운 형식 체계였다. 곧 실존했던 인물들의 다채로운 역사 체험과 함축된 의미 그리고 은유적 인물들의 고유한 존재 상황과 내재된 역사 의식 등이 보다 근원적이고 총체적 형태로 개방된 또 다른 역사(세계)관과 존재(인간)관이었다.[5]

결국 열전의 파격적 형식과 총체적 구성 방식은 기존의 지시적인 역사 관점(본기)에 정체되었거나 내재된 본질적 의의를 보다 구체화하고 활성화하기 위한 형식적 변화인데 이들 각 인물 등에 내재된 인간 본래의 생기와 "참뜻"을 보다 자유롭고 의미 있게 회복하기 위한 편찬자(서술주체)의 의식 전환이기도 하다.

따라서 열전에 구현된 다양한 시점을 이미 규명된 일기문학의 다양한 시점을 원용해 살피면 다음과 같다.[6]

---

[5] 폴 리쾨르, 『텍스트에서 행동으로』, 박병수·남기영(편역), 아카넷, 2002, 129면.
담론은 보다 근원적인 차원에 있는 실재와 결합한다.

[6] 이우경, 『한국의 일기 문학』, 집문당, 1995, 157-229면.
이우경, 『한국 산문의 형식과 실제』, 집문당, 2004, 333-451면.

열전의 시점과 특징	서술자 /서술근거	서술 대상	시점의 태도	분류된 열전의 구성 형태
객관적관점과 역사성	편찬자/ 본기	제3자	외부관찰	실록 형태
선택적관점과 혼융성	편찬자/ 본기	제3자	외부관찰〉내부관찰	혼융적 형태
주관적관점과 논리성	편찬자/ 본기	제3자〉나	외부, 내부관찰의 총체	편찬자 논평(총8편)
종속적관점과 관계성	편찬자/ 본기	제3자	외부관찰, 은유적 내부관찰	개방적 형태, 구상적 형태(성각, 온달, 솔거제외)
상상적관점과 함축성	편찬자/ 본기	제3자, 사물	외부관찰, 상징적 내부관찰	구상적 형태(성각, 온달, 솔거), 상징적 형태

가. 객관적 관점과 역사성

객관적 관점은 중심 인물(인식대상, 제3자)들이 편찬자(인식자)의 외부 관찰에 의해 이미 객관적으로 서술된 사전(史傳)과 실록(본기)이 거의 그대로 재현된 실록 형태이어서 객관적 관점이라고 명명(命名)되었다.

이들은 이미 본기의 사전(史傳)이 거의 그대로 재현된 고구려 충신(을파소, 창조리, 밀우/뉴유, 명림답부)부터 개인적 재능과 가계가 보완, 확장되기 시작한 고구려(을지문덕), 신라(이사부, 관창) 명장까지 각국의 전환기를 대표한 역사적 인물들로 구성되었다. 특히 본기 사실 비율(99-80%)이 가장 높아서 내용적으로 지배 역사와 군신 관계에 집중되었으나 서술 관점의 변화로 규범적이고 시대 보편적인 군신관과 세계관 등이 열전의 중심 인물 체계로 전환되었다.

다시 말해 왕조 중심의 본기(실록)는 객관성과 사실성을 바탕으로 임금의 옳고 그름, 신하의 충절과 간사함, 나라의 안위, 백성들 다스림과 어지러움 등을 밝히기 위한 객관적 역사 편찬 의식[7]에 따라 기록된 지배 중심의 역사 기록이다. 그러나 열전은 보편적 인물 중심으로 전환된 형식 때문에 본기

---

7) 김부식이 『삼국사기』를 올리는 글(進三國史表)에 밝힌 내용이다.

사실은 배경 시대로 바뀌고 충신, 명장, 화랑 등 중심 인물의 역사 의식을 비롯해 존재 의의와 인간 본래의 보편적 의식 등이 회복된 새로운 체계이다.

그럼에도 본기 편찬자와 "동일한 서술자(김부식)"로 인해 그 표면적인 역사 관점이 본기(실록)와 거의 동일하다고 생각하기 쉽다. 그러나 "역사 이야기(열전)"에서 에피소드적 성격만을 보고 구성화의 특징을 지나치면 "사는 것과 이야기하는 것(삶은 체험되고 역사는 말하여진다.) 사이의 거리"[8]를 간과하는 것과 같아서 "담론"의 형식 체계를 간과하는 것과 다르지 않다.

결국 객관적 관점은 비록 본기에 기록된 지배 역사 사실 대부분이 재현되었다 해도 편찬자의 객관적이고 규범적인 역사 의식 그대로 "복사"된 것이 아니고 중심 인물(인식대상)들의 보편적 관점과 더불어 여러 이질적인 요소들이 새롭게 구축된 "열전의 형식 체계"이다.

나. 선택적 관점과 혼융성

선택적 관점은 규범적인 역사 사실(본기)이 보다 감소(혼융적 형태, 73-33%)되고 중심 인물(인식대상)의 독자적 존재 방식이 보다 확장되었다. 따라서 그 이질적인 체계와 연계된 인식자의 긍정적/부정적 혹은 호응적/비판적 상황이 다양하게 혼융되어 선택적 관점으로 명명되었다.[9]

특히 천여 년 동안 지속된 삼국 역사 상황은 그 역사적 추이에 따라 시, 공간적 변화도 다양해서 중심 인물(인식대상)들의 세계(국가)관과 인간(존재)관도 보다 다양하게 변모, 확장, 개방되었다. 곧 반란자, 권력자, 외교가, 화랑, 망국인, 효자 등이 망라된 인물들의 역사 행적(본기)을 근거로 그 존재적 의의와 가치관 등이 새롭게 수렴, 확장된 형태는 외부 관찰자적 역사 사실 외에 충/효/신의를 비롯해 백제/신라, 유교/불교, 석씨/박씨, 신라/

---

8) 폴 리쾨르, 『텍스트에서 행동으로』, 박병수·남기영(편역), 아카넷, 2002, 42-56면.
9) 이우경, 『한국의 일기 문학』, 집문당, 1995, 167-170면.

당, 고구려/당, 중앙권력층/지방호족층 등 다양한 관점 등이 교차, 혼융되면서 인식자(편찬자)의 편향도 보다 적극적으로 개입되었다.

그 중 사다함은 화랑들의 호국 희생정신(본기) 외에 인간적 신의(열전)가 부각되었으며, 향덕의 효행은 도덕적 근본 가치(본기) 외에 지배층의 정치적 한계(열전)도 함축되었다. 귀산은 실천적 호국 희생정신(본기)과 더불어 호국 불교 의식(원광법사 세속오계)이 구체화되었으며, 김양과 장보고의 위업과 대비된 지배 권력층의 한계(본기)는 중앙 권력층의 인의(仁義) 상실(열전) 때문임이 시사되었다. 특히 견훤과 궁예의 발호와 한계는 통일 신라의 시대적 한계와 고려 왕건의 의로운 통일 역량과 연계되나 이들의 존재적, 사상(정신)적 한계(열전)도 복합되었다. 반면 연개소문의 영웅적 기상과 한계는 비록 당(唐)과의 관계에서 비롯되었으나 외세를 물리친 고구려의 호국 역량과 자주적 저항 정신(본기/열전)이 역설되었다. 뿐만 아니라 신라의 외교적 역량과 한계(연합/대립)가 김인문의 양면적 행적[10]에 함축되었으며, 계백의 뛰어난 호국 역량과 한계는 백제의 역량과 시대적 한계 외에 "관창"에 투영된 민족의 의미도 환기되었다.

결국 편찬자(열전)는 지배 중심(본기)의 역사 관점에 한정되지 않고 일반 백성들의 다양한 행적과 신념에 내재된 본질적 역사의식과 존재 의의를 회복하여 인간 공존의 가치와 순환적 세계 상황을 환기하고자 했다.

다. 주관적 관점과 논리성

주관적 관점은 근본적으로 서술자(편찬자)가 인식(경험) 주체자와 동일한 상황에서 인식 대상(인간, 세계, 사물)에 대한 의식과 정서를 직설적으로 표현한 주관적 산문의 핵심 관점이다.[11]

---

10) 앞글, 162-166면. 「심양일기」에서 시강원(서술 주체)이 청(淸)의 인질이 된 소현세자의 외부 일상을 일체의 감정을 배제하고 서술한 경우와 흡사하다.
11) 앞글, 170-203면.

그러나 열전은 기본적으로 인식자(편찬자)의 객관적이고 사실적인 역사 기록(본기)을 근거로 제 3의 객관화된 인물(인식대상)의 역사 행적과 존재 방식이 서술되어서 인식자(편찬자, 서술주체)의 주관이 직접적으로 표현되기는 어려운 체계이다. 그럼에도 인식 대상(중심인물)에 대한 편찬자의 논리적 관점이 집약된 논평이 주관적 관점에 해당된다. 곧 인물의 역사적, 존재적 의의가 편찬자의 주관적 관점에 의해 직설된 편찬자 논평은 열전의 일반적인 구성 형식과는 다르나 본기에 덧붙여진 객관적이고 역사적인 논평과도 달라서 주관적 관점으로 명명되었다.

그 중 "작은 고구려"가 수(隋) 대군을 물리친 을지문덕(실록형태)은 대 고구려 기개와 역량이 직설적으로 과시되었다. 반면 연개소문(혼융적형태)의 비상한 재주는 당(唐) 왕개보의 말을 빌려 간접적으로 표명된 대신 그의 포악한 성품이 직설적으로 비판되었다. 그러나 당(唐)에 알려진 그 후손들이 "본국의 입장에서 반역자"라고 표명된 결과 연개소문은 "본국의 입장에서 영웅"으로 도치될 가능성이 시사(示唆)되었다. 한편 군신 관계의 신의와 겸손한 존재 방식이 부각된 김유신(개방적 형태)이 널리 알려진 이유는 그 사람됨됨이가 달랐기 때문이라고 보았다. 그런데 을지문덕과 장보고(혼융적 형태)의 재능이 중국 기록으로 밝혀진 아쉬움을 덧붙여 이들 또한 김유신 못지않은 인물임이 표명되었다. 아울러 김흠운(상상적형태)의 위업이 신라 화랑 정신에서 비롯되었음을 강조했다.

반면 궁예와 견훤(혼융적 형태)의 반란은 통일 신라의 운수가 다하고 도덕적 근원 정신이 상실된 때문이다. 곧 내분과 근원 정신 상실이 나라 멸망의 근본 요인임이 총체적으로 환기되었다. 특히 석우로(혼융적 형태)는 그의 업적과 더불어 외교적 언행이 비판되었다. 끝으로 통일 신라 중반기 한계(충효 상실)가 은유적 인물의 효행에 투영된 성각(구상적 형태)은 백성들의 존재적, 시대적 위기(굶주림, 병고) 극복을 위해 지배층의 각성(聖覺)이 상징적으로 촉구되었다.

결국 편찬자의 역사 의식이 다각도로 표출된 주관적 단평(총8편)이 실록 형태부터 상징적 형태까지 고르게 분포되었는데 유일한 은유적 인물(성각)에 덧붙인 논평은 최 지배층을 비판하기 위한 우회적 방법이었다. 곧 열전의 주관적 논평은 내재된 인간과 세계의 본질적 면모를 회복하고 환기하기 위한 편찬자의 또 다른 역사 인식 방법이었다.

라. 종속적 관점과 관계성

종속적 관점은 본기 활용 비율이 보다 감소된 개방적 형태(30%-20%)와 구상적 형태(15%-10%)의 실존 인물들(성각, 솔거, 온달 제외)로 구성되었다.[12]

곧 인식자(편찬자, 서술주체)의 구성 의식에 의해 보다 구체화된 중심 인물(인식대상, 제3자)들의 고유한 사유 행위와 언어 속에 내재된 역사 의식, 존재 의의, 근원 정신 등이 다각도로 병행, 대변된 결과 종속적 관점으로 명명되었다.[13]

기본적으로 주관적 산문(일기문학)의 "종속적 주관"은 서술자와 동일한 인식 주체자가 그 인식 대상(제3자)과의 거리(현실/문학공간)에도 불구하고 정서적, 의식적, 사상적으로 연계된 한 쌍의 불가분의 관계였다. 그러나 열전의 종속적 관점은 편찬자(인식자)의 구성 의식이 단편 삽화 형식부터 일대기 형식까지 보다 다양하고 광범위해서 인식 대상(중심인물, 제3자)과의 관계와 내적 요인이 보다 다양하고 복잡하다.

특히 개방적 형태는 구상적 형태에 비해 본기 사실이 두 배나 활용되고 관계된 인물이 보다 다원적인데 비해 구상적 형태(성각, 솔거, 온달 제외)는

---

[12] 개방적 형태의 인물 중 "김영윤"은 은유적 인물이나 함께 구성된 조, 부(흠순, 반굴)가 역사적 인물이며, 본기에 명시되지 않은 유일한 은유적 인물인 물계자는 고귀한 "시조 박혁거세" 계통을 대변하기 위한 상징적 인물임을 유추할 수 있다. 반면 구상적 형태의 인물 중 "취도"는 은유적 인물이나 함께 구성된 형, 제(부과, 핍실)가 역사적 인물이다.

[13] 이우경, 『한국의 일기 문학』, 집문당, 1995, 203-213면.

본기 활용 비율 약화로 편찬자의 구성 의식이 보다 증가되었으며, 중심 인물과 비교, 대비될 수 있는 또 다른 인물이 공존, 병행되어 입체적이다. 곧 중심 인물과 교차, 병행, 대립된 다양한 관계 상황이 인간 세계의 본질적 양상임이 분산/연계된 서술 관점에 총체화되었다.

먼저 개방적 형태의 단편 삽화 형식(물계자, 흑치상지)은 구체적인 역사 상황(지배층횡포, 당횡포)에 내재된 전환기 삼성(三姓)과 삼국 관계의 본질적 양상(박씨/석씨/김씨, 신라/백제/당)이 존재적 의의와 함께 복합, 병행되었다. 또한 복합 형식(비령자, 열기, 김영윤)은 전환적 위기와 불합리한 존재 상황이 회복, 개선되기 위한 전, 후 양상이 다양한 관계(김유신, 김유신아들, 신라/통일신라) 속에 함축, 개방되었다. 나아가 일대기 형식(김유신, 최치원)은 통일 정신에 배태된 다양한 신념(군신론, 장수론, 화랑정신)과 역량(일체된힘, 인간 한계 극복의지와 초월성) 외에 그 한계(지배층의 근원정신상실, 당과의 불균형적 외교관계)로 인한 말기적 혼란상(내분, 후삼국)까지 총체적으로 투영되었다.

다음 구상적 형태의 역사적 인물들은 대부분이 『삼국사기』 본기에 단편 행적만 서술되었으나 편찬자(열전)의 구성 의식(85%-90%)에 의해 그 존재 의의가 새롭게 활성화되었다. 그 중 단편 삽화 형식(필부)은 인물의 독자적 행적(내분)에 집중되었으나 그 이면의 한계도 환기되었다. 또한 복합 형식은 역사적 위업(거칠부)이 사상적 변화(고구려 불교이입)와 병행되거나 부자, 주종, 동료, 형제 등과 일체된 호국 희생정신(해론, 눌최, 죽죽, 취도)과 지배층의 시대적 한계가 복합되었다. 끝으로 연대기 형식(녹진)은 본기에서 생략된 지배 권력층의 병폐가 사실과 은유적 방법으로 환기되었다.

결국 열전의 인물(인식대상, 삼국시대)과 편찬자(인식자, 고려)는 인식 대상(중심인물)들과 동시대 같은 상황을 체험하며 공존한 관계는 아니나 본기와 달리 보편적 인물들의 역사관, 외교관, 인간관, 사상관 등과 총체적으로 교차, 소통, 연계된 관계이다.

그 관계 상황은 다음과 같다.

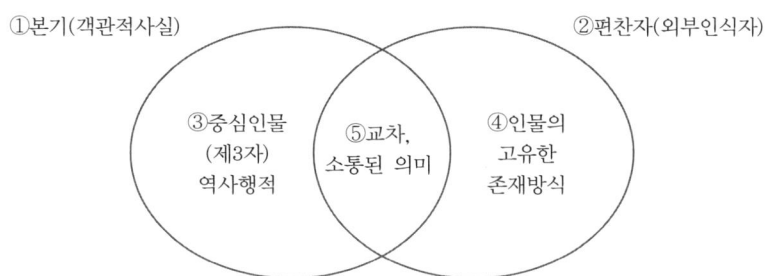

　종합하면 삼국 시대 왕조 실록(①, 본기)을 근거로 개방적 형태(총7편)와 구상적 형태(총10편중7편)에 구성된 고유한 언행(③, ④)은 근본적으로 편찬자(②, 외부인식자)에 의해 구성된 역사 의식과 존재 방식(⑤)이다. 이때 본기(지배관점)를 편찬한 김부식(①, 인식자)은 다시 열전(②, 중심인물의 관점)을 편찬한 김부식과 동일인이나 편찬자(김부식) 본래의 역사 의식과 가치관(②)도 총체적으로 구성되었다.

　결국 이들 중심 인물과 편찬자의 의식이 서로 소통, 연계, 병행된 종속적 관계(⑤≒②)는 궁극적으로 삼국사기 역사 의식부터 인간 보편적 의식까지 광범위하게 확장, 개방되었다.[14]

마. 상상적 관점과 함축성

　상상적 관점은 구상적 형태의 은유적 인물들(성각, 솔거, 온달)과 상징적 형태의 인물들(총15편) 존재 방식이 배경 "왕조" 혹은 "단편 사실"을 매개로 상징적 체계로 구성되어 상상적 관점으로 명명되었다.[15]

　이들은 최소화된 본기 비율로 인해 사전(私傳)적 기능이 극대화되었으나 결코 배제될 수 없는 배경 역사(본기)와의 근본적인 관계 때문에 "열전"의

---

14) 폴 리쾨르, 『텍스트에서 행동으로』, 박병수·남기영(편역), 아카넷, 2002, 19-32면, 168-172면, 245-246면.
15) 이우경, 『한국의 일기 문학』, 집문당, 1995, 213-229면.

또 다른 극점(경계)에 이른 형태이다. 따라서 서사 형식과 혼동된 경우도 없지 않으나 일찍이 주관적 산문(일기문학)에서도 활용된 형식과 표현 방법이다.

그 중 구상적 형태의 성각은 백성들의 효행(살베기)이 거듭된 실상 속에 최상층의 불의(살베기, 왕권쟁탈)가 상징적으로 복합되었다. 곧 지배층의 각성이 사실과 은유적 형태로 촉구되었다. 또한 솔거(신라)는 그림(황룡사벽화, 사물)에 내재된 불교 사상을 바탕으로 통일 과업의 생기 뿐 아니라 퇴색된 시대 상황까지 총체화되었다. 이에 비해 온달(고구려)은 평강 공주와의 정신적 결합(한마음)과 육체적 결별(생/사)을 통해 고구려 건국 정신부터 고구려 회복 정신까지 광범위한 세계가 함축, 개방되었다. 결과적으로 파격적 형식에 내포된 복잡한 존재 방식과 상징적 의의가 그 시대 배경을 통해 보다 구체적으로 이해될 수 있음을 알 수 있다.

또한 상징적 형태의 단편 삽화 형식은 거의 대부분이 은유적 인물(김후직 제외)인데 그 고유한 존재 상황이 왕조 사실과 직접적으로 연계된 경우(김후직, 실혜, 설계두), 명시된 왕조와 연계된 의미가 인물의 존재 상황과 복합, 개방된 경우(거도, 백결선생, 김생)로 나뉘어 지배층(세계)의 불합리한 상황들이 다각도로 함축, 개방되었다. 반면 복합 형식은 대부분(소나 제외)이 은유적 인물(일반백성, 화랑, 무사, 효자, 효녀)인데 그 독자적 존재 방식과 더불어 나당(羅唐) 관계(소나, 효녀지은)와 왕조의 성쇠(도미, 검군, 소나, 성각, 효녀지은)가 상징, 은유, 도치, 역설 등 다양한 방법으로 표출되었다. 끝으로 연대기 형식은 외교가(박제상), 문장가(강수, 설총), 화랑(김흠운) 등 역사적 인물과 은유적 인물(설씨녀, 설총의 화왕계)을 통해 김씨 왕조 발아부터 통일 과업까지 국내/외 핵심 상황이 사실과 은유적 방법으로 교차, 함축되었다.

결국 상상적 관점은 열전의 형식적 변화와 표현 방법이 최대한 확장된 가운데 보편적 인물들의 존재 의의가 극대화되었으며 아울러 전도된 역사 의식 등이 보다 파격적 형태로 구체화되었다. 곧 인간 보편적 "희(喜), 노(怒), 비(悲), 환(歡), 불평(不平, 不平等), 생사 고락(生死苦樂), 부귀(富貴)" 등에 내재된 역사 공동체 의식과 근원 정신 회복이 사실과 은유적 방법으로 총체화 되었다.

2. 역사 기록문장에서 문학적 표현까지

열전의 형식적 특징을 종합하면 삼국 시대 지배 관점(본기)을 근거로 사전(史傳)적 존재에서 사전(私傳)적 기능까지, 기록 문장 형식에서 상징적 표현까지, 객관적 관점에서 주관적 논평까지 광범위하게 포괄되었다.

따라서 지시적이고 객관적인 역사 사실과 근본적으로 다르고 창조적인 서사 구조와도 다르나 이들 경계까지 확장된 체계는 대표적인 산문 문장 형식인 일기 문학 체계와 유사하다.

결국 본기 사실(실록, 공일기)을 근거로 광범위하게 확장된 열전의 장르적 범주는 다음과 같다.16)

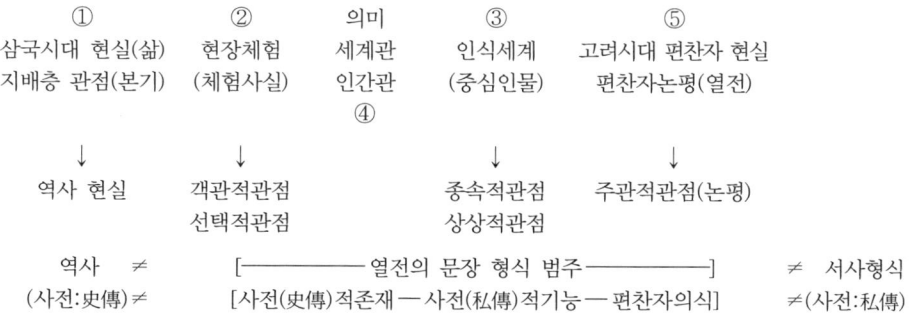

이상에서 삼국 시대 역사 현실(①)과 고려 시대 편찬자(김부식)의 현실(⑤)은 실제 "열전(담론)" 외적 공간이다. 그러나 재현된 "열전의 세계(②,③,④)"

---

16) 앞글, 287-305면.

는 중심 인물의 현장(역사) 체험(②)과 인식된 세계관(③)과 이에 내포된 의미(④)가 총체적으로 구현되었으며 나아가 편찬자의 주관적 논평(⑤)이 덧붙여졌다.

곧 "다시 생각한(생성된)" 열전은 그 시대적(①,②,③,④, 삼국시대/ ⑤, 고려시대), 형태적(①, 본기/ ②,③,④,⑤, 열전) 차이에도 불구하고 서술 주체자(⑤, 인식자)가 『삼국사기』 본기를 편찬한 고려 시대 김부식(①)이기 때문에 지배층 중심의 "객관적" 역사 사실(①, 본기)이 그대로 재현되었다고 인식되기 쉬워 그 사실 진, 위 확인 등에 집중될 수 있었다. 이는 담론(텍스트)의 심층적이고 역동적인 내부 구조 외에 외적 요인(①,⑤)과도 밀접하게 연계된 때문에 "저자(편찬자)와 우리(후대인) 사이에 개재된 작품 속 생명력과 창조적 에너지를 객관화하고 그 살아온 경험과 본질적 의의를 재생산(복원)하는 목표"17)도 포함되기 때문이다. 따라서 본기와 열전 그리고 삼국 시대부터 고려 시대(편찬자관점)까지 다각도로 개방된 "형식적 의미"와 재생 능력들까지 총체적으로 수렴되지 않을 수 없다.

그럼에도 천여 년 이상 지속, 변모, 생성된 인간과 세계의 갖가지 면모가 인간 보편적 관점에서 다시 구성된 열전(②,③)은 본기의 지배 관점과 근본적으로 달라서 인간 본래의 존재 방식과 가치관 외에 갖가지 모순과 불확정적인 사실까지 함축, 개방될 수 있어서 본기 편찬자(인식자)의 일관된 역사 관점(본기, 열전) 뿐 아니라 지배 역사 관점(①)과 다른 그 본질적 역사 의식(④,⑤)까지 투영되었다.

결국 열전은 근본적으로 정통적 역사 경험(본기)에서 전수(傳授)된 "구조적 실재"이나 다른 한편으로는 규범적이고 획일적인 지배 역사 관점에서 탈피한 근원적 면모가 총체적으로 개방된 "기술(記述) 대상"18)이기도 하다. 따라서 코드화 된 담론의 특징처럼 소위 "이야기, 시, 수필" 등과 같은 장르로

---

17) 폴 리쾨르, 『텍스트에서 행동으로』, 박병수·남기영(편역), 아카넷, 2002, 28면, 168-172면.
18) 앞글, 113-125면.

분류되고 "어떤 개인과 결합된 유일한 형태"로서 문체(스타일)가 포함되어 이에 대한 이해(해석)의 문제가 중시되지 않을 수 없다.

결과적으로 인간과 세계의 다변화적 현황과 불확정적 상황들이 사전(史傳)의 경계에서 사전(私傳)의 경계까지 광범위하게 구성된 "역사(경험)/ 이야기(의미구조)"는 소위 "무형식의/ 형식"과 같은 모순적 관계로 개방되어서 역설적이다. 말하자면 기록(산문) 문장 형식[19]은 이미 규정된 역사 사실(경험)을 근거로 산만하고 불규칙하게 생성, 확장된 사유(정신, 의미) 작용이 복잡하게 구성된 체계임에도 이들 총체적 관계(역사/이야기. 무형식의/형식)에 구현된 역설적 의의를 간과하고 단순히 "형식(의미구조) 없는" 기록(역사) 문장으로 인식한 때문에 담론의 "이해(해석)" 방법과는 거리가 있었다. 반면 형식의 유, 무가 단순히 서사 형식과 기록 문장 형식의 차이라는 고정된 인식에서 야기된 장르적 혼란은 시초부터 열전의 공동체적 관계보다 몇몇의 형식 부각에 치우친 결과 그 본질적 의의와도 거리가 있었다.

곧 지시된 사실 이상의 역사(경험) 의식과 존재 방식이 고려 시대 편찬자의 재생 능력을 통해 광범위하게 구축되었음에도 소위 규범적인 역사 관점에 한정되어 객관성과 사실성(본기내용)에 치우치기 쉬웠으며, 일부는 규정된 문학 관점에 한정되어 그 자유로운 체계 속에 총체화된 그 본래의 역사 의식과 존재 상황이 간과되기 쉬웠다.

결국 보편적 인물들의 다양한 체험(역사)과 의식 등이 광범위한 기록(산문) 문장 체계로 개방된 이유는 그 형식 체계 자체가 불규칙하고 불합리하며 모순적인 인간 상황과 같아서 열전에 공존, 순환하고 있는 인간 보편적 세계 상황과 부합되기 때문이었다.

이상과 같은 열전의 형식적 특징을 통해 그 장르적 범주를 종합하면 다음

---

19) 이우경, 『한국의 일기 문학』, 집문당, 1995, 157-293면.
_____, 『한국 산문의 형식과 실제』, 집문당, 2004, 87-114면.
폴 리쾨르, 『텍스트에서 행동으로』, 박병수·남기영(편역), 아카넷, 2002, 225-267면.

과 같다.[20]

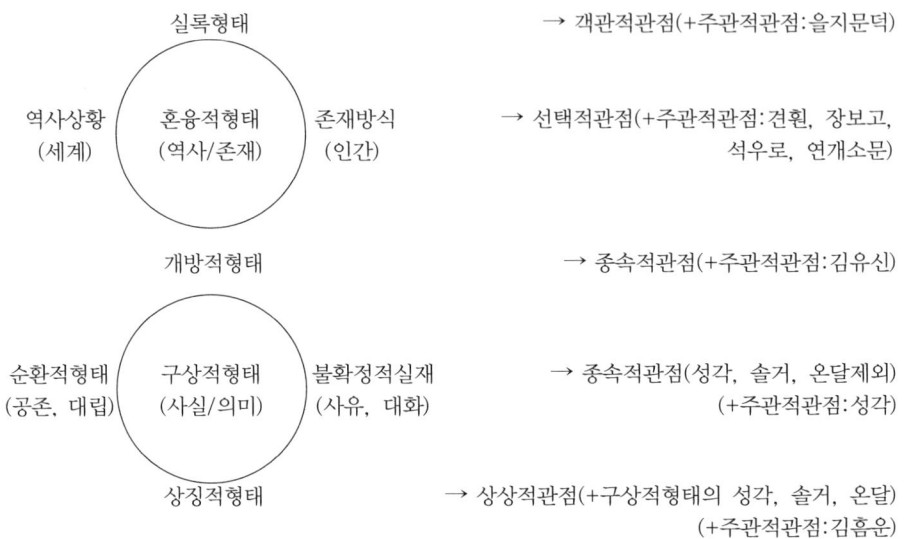

이상은 개방적 형태를 중심으로 역사성이 두드러진 역사 기록 문장(실록형태)부터 상징성이 두드러진 문학 표현(상징적형태)까지, 중심 인물의 객관적 관점에서 상상적 관점까지 확장되어 그 보이는 세계(현실)에서 보이지 않는 세계(사유, 의미)까지 광범위하게 구축되었다.

이는 다음과 같이 연계, 순환, 개방된 총체적 체계로 인간 세계의 보편적 현실(근원정신)부터 궁극적 이상(초월적 우주)까지 포괄된 우주적 형상과도 같다.

---

20) 다섯 가지 구성 형태와 다섯 가지 시점을 종합한 총체적 형식 체계이다. 이들 중 주관적 관점은 각 형태마다 구성된 대표적 인물(8명)에 덧붙인 편찬자의 주관적 논평이다.

Ⅳ. 열전의 개방된 시점과 장르적 성격 507

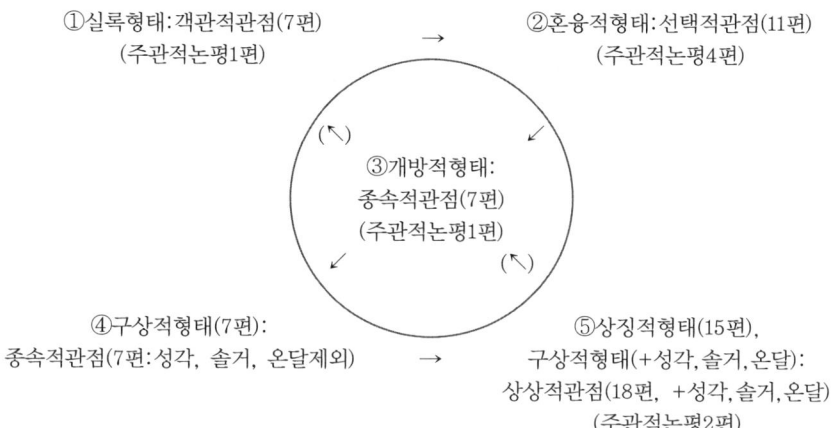

 종합하면 고대 "실록(公日記)"을 근거로 사전(史傳)적 존재(①실록형태)에서 사전(私傳)적 기능(⑤상징적형태)까지 확장된 열전의 체계는 내용과 형식에 따라 개방적 형태(③종속적관점)를 중심으로 좌, 우, 상, 하로 연계, 교차, 순환되었다.
 특히 본기에서 생성된 열전(①객관적관점)은 그 형식적 변화로 중심 인물의 고유 상황(②선택적관점)이 보다 확장(①→②→③→④→⑤)됨에 따라 활용된 본기 비율은 반비례적으로 감소되었다.
 곧 역사적/존재적 상황이 비등한 혼융적 형태(②)에 이어 존재 상황이 크게 확장된 개방적 형태(③)는 중심에서 구상적 형태(④)까지 확장된 종속적 관점(③,④)과 연계되고, 상상적 관점(④,⑤, 구상적형태와 상징적형태)으로 확장, 연계되면서 보다 은유적, 상징적 형태로 개방되었다. 그러나 최소화된 역사 배경으로 인해 존재 방식이 최대화된 상상적 관점 또한 내포된 역사 배경과의 관계를 통해 그 총체적 의미가 궁구된 점은 보다 역설적이다. 결국 인물의 존재적 의의가 개방적 형태(③)를 중심으로 다시금 역사 배경(⑤→③→①) 등과 근원적으로 소통, 연계, 순환, 개방된 형식적 체계(→, ↙, →, ↖, 8)로 열전의 본질적 관계 상황과 그 광범위한 장르적 범주를 재확인할 수 있다.

V. 열전의 사회 문화적 기능과 문학사적 의의

『삼국사기』 열전(列傳)은 우리의 고대 정치, 경제, 사회, 역사, 문화, 사상, 그리고 존재적 원천이 단편 전기(傳記) 혹은 전(傳) 형식으로 구현된 문장(문학) 형식이다.

그러나 고대 국가 존립의 정통성과 역사적 위상을 기반으로 민족 고유의 기개와 재능 그리고 다양한 문화 풍습 등이 사실적으로 기록된『삼국사기』 본기의 가치에 비해 보편적 인물들의 사유 과정과 행적 등이 중심이어서 그 중요성이 간과될 수 있었다. 그럼에도 지배 관점의 단편 사실(실록)에 비해 보편적 인물들의 역사적, 존재적, 문화적, 사상적 경험과 의식은 보다 총체적 체계(담론)로 구성되었다.

말하자면 삼국 통일 역량은 한(韓) 민족 특유의 기개와 공동체 의식에서 발현된 저항 정신과 자주 의식의 결정체이며, 자율(사유)적 인간의 존재 회복을 위한 도덕적 신념과 실천적 의지이기도 했다. 다시 말해 통일 후 급격한 발전 과정에서 파생된 국내/외 긍정적/부정적 현황 등이 표면적으로는 지배층의 근원 정신 상실에 집중되었으나 내부적으로는 국가 흥/망 요인의 본질적 단면(斷面) 등이 보다 다양한 관계 상황을 통해 역설되었다. 결국 지배 관점에서 중시된 "지배 사실"과 "성쇠 결과" 등 단편 역사 기록 방법과 다른

"형식 체계"는 세계-내-존재의 본질적 의의가 총체적으로 구성된 문장 형식(담론) 이해 방법을 통해 해석될 수 있었다.[1]

종합하여 『삼국사기』 열전에 구현된 사회 문화적 기능과 문학사적 의의를 총론으로 정리하면 다음과 같다.

1. 통일 역량에 내포된 공동체 의식과 도덕성 회복

『삼국사기』 열전의 구성원들은 삼국 건국부터 멸망까지 다양한 역사적 변화와 존재적 의의를 경험한 핵심 주체들로 횡적으로는 700여 년의 삼국 흥망성쇠가, 종적으로는 천여 년의 신라 흥망성쇠가 신라(김씨내물왕, 태종무열왕) 통일 과정(삼성/삼국)을 중심으로 구성되었다.

그럼에도 각 인물들은 실제 자신(자국)과 타자(상대국) 혹은 세계 상황이 다각도로 소통, 연계, 개방되어 그 역사적/존재적(국내/외) 관계가 다양하고 복잡하게 교차, 병행, 포괄되었음을 알 수 있었다.

따라서 이들 관계를 삼국 시대 인물들(표1), 신라 통일 과업 전, 후 삼국 인물들(표2)로 나누고 그 총체적 관계(표3) 등을 비교, 종합하면 다음과 같다.[2]

---

[1] 유기룡, 「기록문학의 영역과 형성」, 『수필문학연구』(국어국문학총서6), 1980.
장덕순, 『한국수필문학사』, 새문사, 1985.
최승범, 『한국수필문학연구』, 정음사, 1983.
이우경, 『한국의 일기 문학』, 집문당, 1995, 267-293면.
_____, 『한국 산문의 형식과 실제』, 집문당, 2004, 35-86면.
폴 리쾨르, 『텍스트에서 행동으로』, 박병수·남기영(편역), 아카넷, 2002, 160-172면, 196-223면.

[2] 실존 인물과 비교된 은유적 인물은 이름 앞에 "*"를 표시했다. 또한 신라는 국내외적으로 작고 큰 두번의 통일(삼성통일, 삼국통일)이 "●"로 표시되었으며, 아울러 고려 통일(●)도 표시되었다. 이때 주변국의 강력한 왕조(※)는 상대적으로 약화된 이웃 나라와 비교된다.

[표 1] 삼국 시대 인물들

신라 국내외 상황	신라 인물	백제 인물	고구려 인물	중국 관계
삼성(三姓) 체제 (가야, 백제, 왜)	*거도(김씨), 석우로(석씨), *물계자(박씨)		명림답부, 을파소, 밀우/뉴유, 창조리	한(漢), 위(魏), 연(燕)
●김씨내물왕계체제 (우산국, 백제, 가야, 고구려, 왜)	박제상 *백결선생(음악), 이사부, 사다함 *솔거(미술), 거칠부	*도미	*온달	후주(後周)
성골 말기 (백제, 고구려)	김후직, 귀산, 해론, 눌최 *검군, *실혜, *설씨녀, *설계두, 죽죽, 비령자	(무왕, 의자왕)	을지문덕 (연개소문)	수(隋), 당(唐)
●진골 통일 과업 (백제, 고구려, 당)	(*설씨녀), 김흠운, 김유신, 김인문, 관창, 강수, 필부, 열기, 소나	계백, 흑치상지 (백제 회복)	연개소문 (아들들)	당(唐)

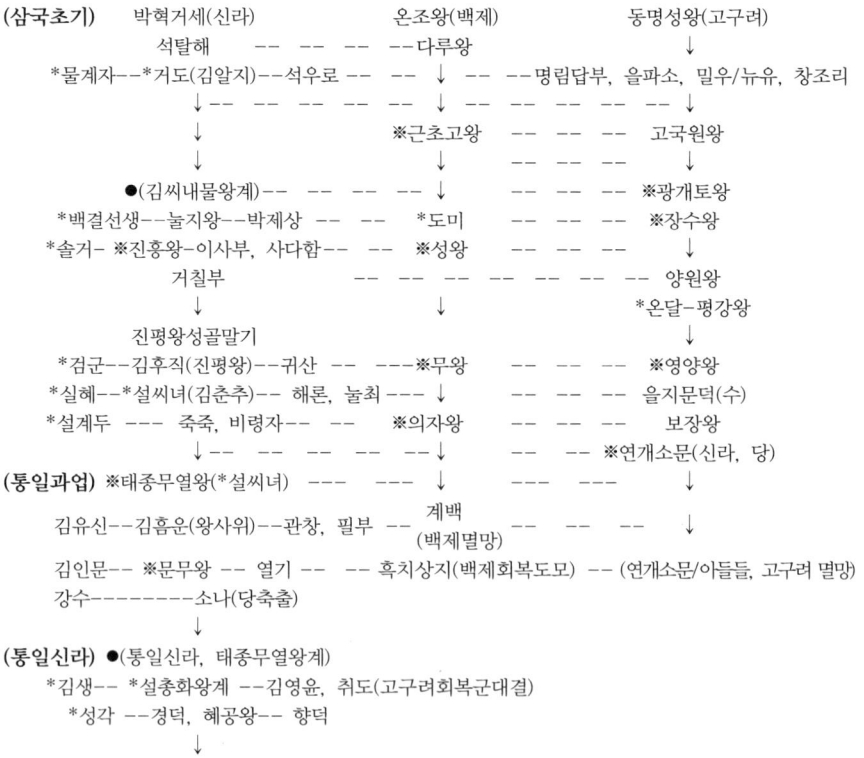

[표 2] 신라 통일 과업 전, 후 시대와 연계된 삼국 인물들

V. 열전의 사회 문화적 기능과 문학사적 의의   511

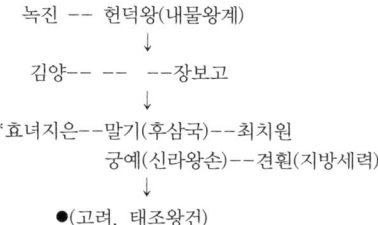

[표 3] 고대 삼국과 통일 신라 인물들의 총체적 관계

신라 국내외상황	신라 인물	백제 인물	고구려 인물	중국
삼성(三姓) 체제 (가야, 백제, 왜)	*거도(김씨), 석우로(석씨), *물계자(박씨)		명림답부, 을파소, 밀우/뉴유, 창조리	한(漢), 위(魏), 연(燕)
●김씨내물왕계체제 (우산국, 백제, 가야, 고구려, 왜)	박제상, *백결선생(음악), 이사부, 사다함 *솔거(미술), 거칠부	*도미	*온달	후주(後周)
성골 말기 (백제, 고구려)	김후직, 귀산, 해론, 눌최 *검군, *실혜, *설씨녀, *설계두, 죽죽, 비령자	(무왕, 의자왕)	을지문덕 (연개소문)	수(隋), 당(唐)
태종무열왕계 삼국 통일 과업 (백제, 고구려, 당)	(*설씨녀), 김흠운, 김유신, 김인문, 관창, 강수, 필부, 열기, 소나	계백(백제멸망), 흑치상지 (백제회복시도)	연개소문 (아들들)	당(唐)
●통일신라 태종무열왕계	*설총(화왕), *김생(글씨), *성각, (*설씨녀), 김영윤, 취도, 향덕		(고구려 회복)	당(唐)
내물왕계 (왕권 쟁탈)	녹진, 김양, 장보고/정연		(온달)	당(唐)
말기 상황 (후삼국 통일 과정)	*효녀지은, 최치원, 궁예, 견훤	(백제회복시도)	(고구려회복시도)	당(唐), 후당

●고려(태조왕건)--16대예종(김생글씨)[17대인종:김부식]--18대 의종, 무신란-몽고침입-원, 간섭--공민왕

　　이상에서 삼국 시대 인물(표1)들은 열전 총 50여 명 중 총 37명(74%)으로 그 후 통일 신라 인물들(총13명, 26%)과 비교할 때 약 3/4 정도가 된다. 또한 이들 중 신라인(총27명, 73%)은 백제(총3명, 8%)와 고구려(총7명, 19%)에 비해 약 3/4에 해당된다. 따라서 시대적으로는 통일 전 삼국 시대가, 나라별로는 신라 중심이라고 할 수 있다.

　　그 중 신라는 초기 삼성(三姓) 체재로 분산된 국내 문제 외에 일찍부터 왜

(시조박혁거세, 4대탈해왕), 백제(탈해왕), 가야(5대파사왕)의 침입이 거듭된 반면 고구려는 강력한 전제 왕권으로 파생된 국내 문제 외에 일찍부터 중국(한)과의 대결(한, 위, 연)로 갈등이 심화(수, 당)되었다. 이에 비해 고구려에서 갈라진 백제(부여씨)는 한강 유역을 중심으로 농사를 장려(6대구수왕)하고 제도를 정비(8대고이왕)해 일찍부터 강성했다. 비록 건국(온조왕) 초 말갈의 침입이 있었으나 인접한 신라(2대다루왕)와 함께 대응하기도 했다. 그러나 고구려(고국원왕 41년, 서기 371년)를 크게 이긴 근초고왕(4세기말) 이후 삼국 대립이 보다 표면화되었다.

다시 말해 시초에 신라는 6부의 추대로 박혁거세 시조가 성덕(왕 8년)과 도의(왕 30년, 38년, 39년, 53년)로 나라를 다스려 국내외적으로 추앙 받았다. 그러나 2대 남해차차웅부터 "허약한 틈"을 본 이웃 나라(낙랑, 왜)가 침입했으며, 왕 5년(서기 8년)에는 사위가 된 석탈해가 대보(왕 6년)가 되어 국정과 병무를 맡았다.

따라서 석씨(탈해)가 일찍이 국정을 장악하고 탈해이사금 즉위(서기 57년) 후에는 토착 세력인 김씨(*거도)와 연합(왕 9년)하여 박씨를 견제했다. 결국 토착 세력인 김씨(13대시조미추이사금, 17대내물이사금)가 일어나기까지 박씨와 석씨가 번갈아 즉위했으나 외세(가야, 백제, 왜 등) 침입 등 국내외 관계가 복잡해지면서 삼성(三姓) 갈등(*물계자)도 표면화되었다. 그러나 석씨 왕조를 물리친 김씨 왕조는 박씨(박제상)와 연합한 후 박제상의 외교적 성과에 힘입어 강력한 김씨 왕권이 확립되었다.

반면 고구려는 시초에 부여에서 이주한 동명성왕이 나라(졸본성)를 세우고 일찍부터 주변 영토(왕 2년, 6년, 10년)를 확장하며 성장했다. 그러나 중국(한)과의 갈등(유리왕 31년, 서기 12년)이 지속되면서 보다 강력하고 주체적인 왕조가 요구되었다. 때문에 전제적 횡포도 없지 않았으나 인재(을파소)를 구해 외척을 물리치고 교화를 밝힌 고국천왕(9대)의 개혁으로 쇄신되었다.

이어 도읍(환도성)을 옮긴 10대산상왕(왕 2년, 서기 198년) 이후 위(魏) 침입(11대동천왕 20년)에 초토화된 고구려는 다시 단군 왕검이 살던 평양성(왕 21년, 서기 247년)으로 도읍을 옮겼는데 그 직전 신라(조분왕 15년, 동천왕 19년)의 북변(석우로)을 처음 치기 시작했다. 결과적으로 한(漢), 위(魏), 연(燕) 등과 대결하면서 호국 주체 의식(명림답부, 밀우/뉴유, 창조리)이 중시되었다.

한편 고구려에서 갈라진 백제(부여씨)는 한강 유역(위례성)의 비옥한 토지를 기반으로 일찍부터 발달했다. 비록 2대 다루왕(왕 36년, 서기 63년)부터 인접한 신라(4대탈해왕)를 침입(왕 37년, 39년, 43년, 47년, 48년)해 양국의 승패가 반복되었으나 고구려가 위(魏)와 연(燕)의 침입으로 위기에 처하고 신라가 왜(倭)의 침입에 대항한 사이 크게 성장했다. 그러나 4세기 후반(13대근초고왕) 고구려(16대고국원왕 전사)를 크게 이긴 후 고구려(광개토왕, 장수왕)의 집중 공격을 받으면서 크게 위축(*도미)되었다.

결국 1세기 후반부터 시작된 백제와 신라의 접전에 이어 3세기 후반에는 고구려의 신라 침입이 시작되었는데 백제와 고구려의 갈등이 보다 표면화된 4세기 후반부터 삼국 대결이 치열해졌다.

그 중 신라는 김씨 왕조(내물왕 44년, 서기 399년) 초기 고구려(광개토왕. 4세기말)의 도움으로 왜(倭)를 물리친 후 고구려가 실성왕과 눌지왕 즉위에 개입되었으나 눌지왕은 박제상(박혁거세후손)의 외교적 역량으로 왕권을 강화하고 체제 확립에 힘썼다. 이어 위협적인 고구려(장수왕) 남하 정책에 백제(*도미)와 연합해 대응했으나 잦은 왜(倭)의 침입(*백결선생)으로 국방에 힘쓰며 관제 등을 정비했다.

그 후 진흥왕은 당시 동북아를 제패한 고구려(광개토왕, 장수왕) 위력에 크게 위축된 백제와 연합해 고구려에 대응하면서 백제(이사부)와 고구려(거칠부)를 쳐 한강 유역을 확보하고 가야(사다함)를 병합해 새로운 중심 세력이 되었다. 특히 고구려에서 이입된 불교 사상(*솔거) 등 개방된 문화 의식(가야 문화 수용, 백제 기술 도입)을 바탕으로 통일의 기반이 구축되었다.

그러나 상대적으로 많은 영토를 잃고 위축된 고구려(양원왕)는 지배층과 피지배층의 화합(*온달) 등 쇄신된 의식(평강왕)으로 영토 회복을 시도했으며, 고구려(광개토왕, 장수왕)에 이어 신라(진흥왕)에 한강 유역을 빼앗기고 다시 위축된 백제(개로왕/문주왕, 성왕/위덕왕)는 영토 회복(무왕, 의자왕)을 위해 삼국(백제, 고구려, 말갈)과 연합해 신라(성골말기)를 집중 공격했다.

결국 신라는 김씨 내물왕계(●삼성통합) 전환 후 제도를 정비(지증왕)하고 금관가야(김유신 선조)를 병합(법흥왕)했으며, 인재 양성(화랑제도)과 불교 진흥(황룡사)에 힘쓴 결과 한강 유역을 확보(6세기, 진흥왕)하고 삼국의 중심이 되었다. 그러나 영토 회복을 시도한 주변국(백제, 고구려, 말갈연합)의 집중 공세로 다시 위기(성골말기)에 처한 신라는 무기력한 성골 왕조 대신 진골 왕조로 전환되고 진골 왕조의 혁신적인 국내외 정책으로 통일 과업이 본격화되었다.

그러나 통일 과업은 삼국 뿐 아니라 당(나당연합/대립), 왜(백제구원)까지 연계되어 보다 오래 지속된 만큼 희생도 컸다. 곧 7세기 초(진평왕 24년, 서기 602년) 시작된 백제의 침입부터 7세기 후반(문무왕 16년, 서기 676년) 당(唐) 축출까지 약 74년 동안 지속된 통일 과업(●삼국통일)은 혁신적인 진골 왕조(태종무열왕, 문무왕)의 개방적인 국내외 정책, 무사파 화랑들의 호국 희생정신, 백성들의 호국 주체 정신과 자주적 실천 의지가 혼연 일체된 결과였다.

이들 관계를 종합하면 삼국 초기 〈신라 삼성(三姓) **혼란**--삼성(三姓) 통합 후 **성**(盛)**함**—성골 말기의 **쇠**(衰)**락**〉에 이어 중기 〈삼국 통일 과업 **혼란**--삼국 통일 후 **성**(盛)**함**--태종무열왕계 말기와 내물왕계의 **쇠**(衰)**락**〉이 지속, 병행된 사이 종적으로는 삼국 국내외 상황과 연계된 신라 김씨 토착 세력(*거도)부터 통일 신라 국내외 상황과 연계된 통일 신라 멸망(*효녀지은)까지 신라(성골/진골, 태종무열왕계/내물왕계) 흥망성쇠(興亡盛衰)가, 횡적으로는 백제와 고구려 흥망성쇠와 더불어 삼국 흥망사가 총체적으로 구성되었다.

이를 〈신라 건국--삼성(三姓) 체재--(●김씨내물왕계 삼성통합)--성골 말기—진골계 통일 과업--(진골태종무열왕계 ●삼국통일)--내물왕계 왕권쟁탈—통일신라 멸망(●고려 왕건 후 삼국통일)〉으로 정리하면 소위 신라 흥망성쇠 과정(↗↘↗↘) 중 거의 3/4(↗↘↗, 총37명, 74%)이 백제, 고구려 흥망사와 교차, 병행된 삼국 시대 국내/외 상황이다. 그리고 나머지 1/4(↘, 총13명, 26%)은 통일 신라 절정기(●삼국통일)에서 쇠락한 과정(●후삼국통일, 고려건국)이 국내/외적으로 집약되었다.

결국 구성된 인물들의 과다로 보면 통일 과업이 중시된 신라 위주라고 할 수 있다. 그럼에도 위 표에서와 같이 삼국 성/쇠 과정이 신라가 당면한 국내/외 혼란상과 밀접하게 연계되어서 삼국(백제, 고구려, 신라성골) 흥망 요인을 근거로 민족 최초의 통일 역량3)과 당(唐)을 물리친 주체적 저항 정신이 총체적으로 구현된 한(韓) 민족 통합 과정이 중시되었다. 때문에 통일 후 국내외 불균형적 관계에서 파급된 지배층과 피지배층의 한계와 지배층의 근원 정신 상실로 야기된 새로운 민족 통일 역량까지 중시되지 않을 수 없다.

결과적으로 전, 후 두 번에 이른 민족 통일 과업은 다음과 같이 비교된다.

통일 과업	지배층 변화	피지배층 상황	화랑	당과 외교관계	역사 경험	국내외상황	중심사상
삼국-통일 신라 (삼국통일)	무기력한 성골왕조-진골왕조의 개혁, 인재양성, 솔선수범한 호국희생정신	신라, 가야인, 남녀노소 일체된 호국희생정신(재능 인정, 벼슬 공평, 존재의의 회복 욕구)	문노파, 지도자 양성, 호국희생 정신	연합/대립, 주체성 회복	삼성(三姓) 통합 (김씨내물왕계)	삼국 대결-외세(당) 침입 진평-문무왕, 총70여년 통일과업	토속신앙(+도교)-호국불교-유학 으로 변화
통일 신라-고려 건국 (후삼국통일)	통일 초 불균형적 외교/ 중반 근원정신 상실-경문왕 이후 국내외로 재정 과소비 등	피지배층 불만 (공역, 조세 부담, 지방 세력 발호)	호국 희생정신(충, 효) 상실(선행, 사조직화)	형식과 명분에 치우친 외교, 국내/외(상/하)불균형(국가재정소모/ 백성들 부역증가)	삼국 통일 (진골태종무열왕계)	삼국 통일-이후 내분 혼란-진성여왕-경애, 경순왕, 총 45여년 후삼국 혼란	유학, 민중불교 - 불교 회복 시도, 말기에 불교, 도교, 고유사상 혼융

이상에서 먼저 삼국 통일(문무왕 16년, 서기 676년, 1차통일)은 외세 침입(백제, 고구려, 말갈)을 막기 위해 밖으로는 당(唐)의 힘을 빌리고 안으로는 쇄신된 지배층(진골왕조)의 솔선수범적인 호국 희생 정신으로 백성들의 힘을 모았다.

특히 다방면으로 문호를 개방(문노파화랑)하고 인재를 양성(필부)했는데 일반 백성들(비령자, 필부, 열기)과 소외 계층(문노파화랑, 가야인)의 재능과 호국

---

3) 시초에 당(唐)과 연합한 한계는 있으나 이에 앞서 막강한 삼국(백제, 고구려, 말갈) 침입으로 멸망 위기에 처한 신라가 자구책으로 모색한 외교적 대안(먼저 고구려에 구원을 청했으나 거절된 후 당 선택)이었다. 특히 고구려 멸망 후 연합 관계가 결렬되고 이어 침입한 당(唐)을 고구려와 함께 물리친 후 이룬 삼국 통일은 고취된 민족의식, 자주 국방 의식, 일체된 민족적 힘 등이 이룬 성과임은 누구도 부정할 수 없다.

희생정신도 공평(벼슬)하게 대우함으로써 장기간 지속된 통일 과업을 완수할 수 있었다. 무엇보다 통일 과업의 중추적 힘이 된 화랑들의 호국 희생정신이 호국 불교 정신을 바탕으로 유교적 덕목(세속오계)을 수용해 보다 주체적으로 실천되었다. 이는 사상적으로 고유 신앙(하늘, 신선, 용사상 등) 외에 불법(佛法)을 수용해 신성시된 왕권이 보다 강화되고 사상적 중심이 되면서 백성들의 문화 민족 의식과 존재 의의가 계발된 결과였다.

특히 신라는 일찍부터 다양한 공존(삼성)/대립(백제, 가야, 왜, 고구려, 당) 관계를 경험하고 그 가능성과 한계[4]에 단련되면서 지배층의 정치, 외교적 역량 외에 자주 공동체적 협동과 나눔 의식(제의적 선도-사회적 인재양성-호국적 화랑정신)[5] 등이 계발될 수 있었다. 곧 시초에 당(唐)의 힘을 빌린 한계에도 불구하고 일체된 호국 희생 정신과 주체 정신 회복(당축출)으로 극복한 통일 역량은 그러한 역사 경험과 세계 상황에서 배양된 민족적 역량이었다. 이는 당(唐)과 대립했던 고구려, 백제 유민들과 공동 대응한 유연성과 개방적 태도로 민족 화합의 공감대도 도출할 수 있었다.

그 후 통일 신라는 국내/외 정책으로 신/구세력과 외교관계/주체정신의 균형과 조화에 힘쓴 태종무열왕계를 중심으로 25년(33대성덕왕) 만에 최 전성기를 이루었다. 그러나 당(唐)과의 외교 관계는 발전적 성과에도 불구하고 폐해도 적지 않아 경제적, 문화적 혜택을 누리는 지배 권력층에 비해 기

---

4) 물계자, 석우로, 박제상 등 지배층의 삼성(三姓) 관계 외에 『화랑세기』에서 밝혀진 시초의 원화인 준정(신라귀족 딸)과 남모(백제공주와 법흥왕 사이의 딸)의 갈등은 실제 신라와 백제 관계도 함축되었다고 볼 수 있다. 또한 무사파 화랑인 사다함은 당시 가야인(무관랑)에 대한 차별을 애통해 했으며, 스승인 문노의 어머니가 가야 공주인 점을 감안해 가야 침입 때 그들을 함부로 죽이는 것을 경계했다고 했다. 그러나 진흥왕은 가야의 음악을 도입하고 선덕여왕(황룡사구층탑)은 백제의 기술을 도입했다.
5) 시초에는 주로 귀족 자제들이 주체가 된 문식파였으나 진흥왕 이후 무사파가 국세 확장에 주력하면서 평민(피지배층)도 구성원이 되어 전공에 주력하게 되었다. 곧 화랑들은 신궁의 제사 의식을 집행하는 선도(仙徒)에서 나라를 지키는 호국 주체가 되었으나 도의 연마와 인재 양성의 교육 과정을 통해 계급 대립에 따른 갈등을 조절, 융화할 수 있는 사회 협동의 기능이 개발되었다고 볼 수 있다.

술적 재능을 제공한 피지배층의 공역과 조세 부담이 적지 않았다. 더욱이 중반(35대경덕왕) 이후 중앙 권력층의 불만이 누적된 정치 현실은 사회 불안 요인이 되어 결국 태종무열왕계(태종무열왕-혜공왕)에서 내물왕계로 전환되었다.

그 후 통일 정신 와해와 지배층의 근원 정신(충절, 신의) 상실로 초래된 내분(왕권쟁탈)은 왕권 약화로 귀결되었으며, 지배층의 정치력, 도덕성 부재로 인한 총체적 난맥상은 뛰어난 인재(최치원)들조차 소외된 말기 상황이 촉진되었다. 특히 사상적으로 유학의 도리와 위배된 현실은 "자제들과 화목하고 예의와 풍속을 교화"[6]시킬 신선(미륵선화)이 현신성도(現身成道)하기 바라는 민중들의 현세 정토 사상이 풍미한 가운데 백제와 고구려 회복을 도모한 사회 혼란(후삼국)과 더불어 구산선문(불교), 도교, 고유 신앙 등이 혼재되었다.

결론적으로 신라의 통일 역량은 강력한 외세 침입에도 불구하고 정신 문화 의식을 바탕으로 인재 양성과 의식 개혁에 힘쓴 새 지배층의 도덕성 회복으로 완성되었다. 아울러 화랑들의 호국 희생 정신에 부응한 백성들의 주체적 저항 정신과 존재 회복 의식도 민족 공동체 의식과 근원 정신 회복 의지로 가능할 수 있었다. 이는 통일 후 유입된 사상적 변화와 불균형적인 외교 관계로 지배층과 피지배층의 불균형적 관계가 심화되고 나아가 지배층의 통일 정신과 근원 정신 상실로 말기 상황이 초래된 결과로도 알 수 있다.

---

6) 이범교(역해), 「미륵선화 미시랑 전자사」, 『삼국유사의 종합적 해석』 하, 민족사, 2005, 158-165면.
    과거 진흥왕이 미륵 사상을 바탕으로 국선과 화랑 제도를 마련함으로써 미륵 신앙을 현실적으로 받아들이고 국가 사회의 실리적인 면에 적용시켰다고 했다. 그러나 한편으로는 사회 전환기나 혼란기에 새로운 세상을 기대한 민중들의 열망에 부응해 정치적 수단으로 활용된 경우도 적지 않았다.

2. 주체 의식과 정신 문화 의식의 사상적 배경

고대 한(韓) 민족은 단군 고조선 이래 여러 소국이 형성되었으나 기원전 1세기 후반부터 신라, 고구려, 백제, 가야 등 고대 국가 체제가 확립되었다.[7]

이들은 건국 신화에 함축된 국가 이념을 바탕으로 강력한 자주 국가로 성장하면서 주변국과의 갈등도 적지 않았다. 대체로 고구려는 일찍부터 중국과 대립하며 세력을 크게 확장했으나 동북아 제패 이후 남하 정책에 힘쓴 동안 삼국 갈등이 보다 심화되었다. 반면 한강 유역을 기반으로 일찍부터 발달했던 백제는 고구려와 신라를 쳤으나 지리적 관계로 양국을 견제했다. 한편 신라는 변방에 치우친 지리적 한계로 발달이 가장 늦었으나 백제, 왜, 가야, 고구려 침입에 저항하며 외교 관계에 주력했다. 결국 주변국의 성/쇠와 밀접하게 연계된 삼국의 부/침(浮/沈)은 복잡한 국제 정세로 인해 그 관계 양상이 보다 격화되었다.

그 중 강력한 외세 침입과 약화된 내정 위기를 해소하기 위해 체제 쇄신과 외교에 힘쓴 신라는 기존의 민족 고유 신앙과 자연 무위 사상 외에 호국 불교 의식과 유학적 도덕관이 혼융된 화랑 정신이 민족 공동체적 통일 정신과 자주적 주체 의식의 바탕이 되었다.

그러나 삼국 통일 후 방만해진 사회 체제는 국내/외(나/당), 지배층/피지배층, 신(통일 후 신세대, 항복한 백제와 고구려인)/구(통일과업 수훈자, 신라인) 세력, 중앙 권력층/지방 세력, 불교/유교 등 다양한 관계가 교차, 혼용된 현실이어서 이들의 균형 관계(화왕계)와 조화가 핵심 과제였다. 특히 중국과의 외교 관계와 유학 도입은 정치, 사회, 경제, 문화 등 여러 방면으로 급격한 발전을 이룬 반면 그 폐해도 적지 않았다. 또한 사신 관계가 점점 형식과

---

7) 이범교(역해), 『삼국유사의 종합적 이해』 상, 민족사, 2004.
　고조선, 위만 조선에 이어 삼한(마한, 진한, 변한)이 72국(원래 78개국임)으로 나뉘어졌으며, 그 외 낙랑, 말갈, 이서국, 5가야 외에 북부여, 동부여 등이 있었다.

명분에 치우치고 지배층의 사치와 과소비, 피지배층의 노역과 조세 부담 등이 가중되면서 통일 정신과 주체 정신의 약화 등이 우려되기도 했다. 실제로 지배층(원성왕)의 근원 정신 상실이 우려된 상황에서 유학(춘추좌씨전, 예기, 문선, 논어, 효경 등)이 인재 등용(독서삼품)의 기준이 되었는데 오히려 본말(근원과 지엽)이 바뀐 현실이 비판(본기)되기도 했다.

결국 유구한 역사 과정과 함께 다양하게 변모, 생성, 지속된 고대인들의 정신 문화 의식은 인간 근원 정신을 바탕으로 외적으로는 주체 의식이 내적로는 각국의 시대 정신과 민족 고유 문화 의식이 원시 고유 신앙을 비롯해 도교, 불교, 유학 등을 배경으로 다양하게 형성되어 왔다.

말하자면 천여 년의 역사 상황이 집약된 열전의 인물들은 이미 과거 속에 고립된 유한한 존재들이나 그 정신적 의의와 "생기"는 과거 시간(역사상황)에 한정될 수 없으며 은폐된 공간 속에 소통 불가능한 "형태"로 사물화 될 수 없다.[8] 마치 무한한 관계-대지와 하늘, 인간과 신 사이의 근본적 운율-속에 인식된 서구의 존재적 진리[9]가 일찍이 고대인들의 근원적 사유 방식과 소통, 교감된다는 점이 결코 놀라운 일이 아니듯이 삼국 시대 인물들(열전)의 존재적 진리와 우주적 세계관이 고대인들의 유구한 정신적, 사상(종교)적 사유 방식과 소통, 연계된 "근원적 생기"에서 비롯되었다 해도 결코 새삼스러운 일이 아니다.

그럼에도 현상적인 "지배 역사 사실들"에 매인 후대인들은 일찍이 배양된 정신 문화 바탕을 망각한 때문에 그로부터 개방된 "변화 과정"보다 "길들여

---

8) 한스 페터 헴펠, 『하이데거와 선(禪)』, 이기상, 추기연(옮김), 민음사, 1995, 17-56면. 110면.
9) 앞글, 43-52면.
　하이덱거는 인도에서 전개된 "대승불교"가 유럽의 이질적 영향들을 통해 확장되고 시간의 흐름을 따라 네팔, 티베트, 몽골, 중국, 한국, 일본 등에 퍼진 상황을 주시했다. 그리고 "불타의 신격화"가 거룩함을 지닌 인간 즉 불후의 힘으로 성스러움을 지닌 인간 태초의 표상으로 이전의 다른 종교들에서부터 신들, 정령들, 영령들을 수용하여 세계 종교가 된 불교의 선(禪)을 통해 인간 본래의 "존재적 진리"를 규명하고자 했다.

진 정의 및 시각적 습관들이 갖는 판단 관행"10)에 익숙해서 오히려 편찬자(김부식)의 지배 역사관11)의 한계라고 비판한 점이 없지 않았다.

돌이켜 보면 고대인들은 하늘과 땅 사이에 존재한 인간을 우주의 신비스러운 성령(性靈)이 그대로 간직된 이들로 보아서 하늘(天), 땅(地)과 더불어 삼재(三才)라 하고, 만물을 형성하는 오행(五行)의 정수(精粹)이며 하늘과 땅의 마음이라고 생각했다. 따라서 그 마음이 생기면 언어가 서게 되고 언어가 서게 되면 명백한 문장으로 드러나는 것이 "자연의 도리"라고 보아 인문(人文)의 시원(始原)이 우주 생성에서 비롯되었다고 보았다.

결국 문장12)은 하늘과 땅(天地)의 생성 원리와 같아서 하늘, 땅, 자연의 문채(文彩)라고 했는데 이는 고대 성인(聖人)들이 천문 현상의 변화를 깨닫고 인간 세계 현상을 통찰하고 교화하는 등 우주의 근본 원리들이 문장을 통해 명시되었기 때문이다. 말하자면 천(天), 지(地), 인(人)의 "불변의 도리"가 경(經)으로 서술되고, 그 가르침은 규범이 되어 정치, 사회, 정신문화, 저술 등 다방면으로 적용되어 왔다.

때문에 고대 역사 체험에 근거13)한 인물들(열전)의 행적과 언어도 하늘과 땅의 이치와 연계된 하나의 소우주와 같으나 대체로 일반화된 지배 역사 경험에 비추어 "귀 기울이느라"14) 자체 내에 열려 있는 "현존재"의 고유한 가

---

10) 앞글, 143-167면.
11) 그동안 김부식의 『삼국사기』는 유교적 사관에서 기록된 반면 일연의 『삼국유사』는 불교적 입장이라고 구분되었으나 근본적으로는 "실록(삼국사기본기)"과 "기록 문장(삼국유사)"이라는 형식적 차이로 구분된다. 한편 『삼국사기』는 정통 역사서로 유교적 현황 외에 불교 유입 상황, 고승들의 행적, 절과 탑의 건립 등 불교 사상 요소가 단편적이나 상세히 기록(본기)되고, 재현(열전)된 결과 『삼국유사』의 대표적 본보기가 되었다. 아울러 김대문의 고승전(열전, 설총)과 원효의 금강삼매론 소개 등 유학자 김부식의 불교에 관한 조예는 본기와 열전 뿐 아니라 고구려 보덕 화상의 전기(삼국유사의 종합적이해, 하, 54면) 집필에서도 확인되며 그 밖의 사상도 본기와 열전에 다양하게 구성되었다.
12) 유협, 「사서의 체재와 문장」, 『문심조룡』, 최신호(역), 현암사, 1975.
13) 한스 페터 헴펠, 『하이데거와 선(禪)』, 이기상, 추기연(옮김), 민음사, 1995, 108-109면.
14) 앞글, 54-56면, 219-223면.

능성과 시간적 의미 즉 본연의 생기와 본래적인 자유가 은폐되고 망각되기 쉬웠다. 특히 세계가 지배적 사유로만 형성되고 유지될 수 없는 것처럼 모든 인간은 육체적 존재에 한정되지 않고 "사유하는 존재"로 성장하면서 "자신의 현-존재의 의미와 목적에 대해 물을 수 있는 유일한 존재"[15]이기도 하다. 따라서 유한적인 경험 속에 은폐된 "본래적 자유" 즉 "하늘과 대지, 인간과 신 등 무한한 관계 속에 보호된" 세계-내-존재 의의는 그 "역사성(체험성, 되돌아감)"[16]을 통해 다시 시작된(되불러진) 순환적 관계(삶)에 개방된 "존재론적 차이(생기)" 등에서 그 "본래의 가능성"들이 추정될 수 있다.[17]

곧 인물들의 현상(육체)적 한계를 초월한 정신(사상, 종교)적 사유(발언과 받아들임)-말(낱말)로 표상한 사유에서부터 표상 불가능한 사유(근원적 형식)까지[18]-과정에 함축된 근원적 요소들로 인해 그 역사와 존재의 본질적 의의가 오늘날까지 가치 있게 활성화 될 수 있었다.

따라서 세계-내-존재의 근원적 현상을 열어 밝힐 정신 문화적 배경 사상을 삼국 초기부터 7세기 중반까지 삼국 인물(총4부분)과 통일 신라 전, 후 태종무열왕계와 내물왕계 시대 인물(총2부분)로 나누어 정리하면 다음과 같다.[19]

[15) 앞글, 119면.
16) 앞글, 67-74면. 90-93면, "우리는 역사적으로 가장 철저하게 알아야만 우리 과제가 안고 있는 비상함에 대처하고 한갓된 재생과 창조적이지 못한 모방의 새로운 침입을 막을 수 있다.(67면)"
17) 앞글, 30-43면, 57-65면, 93-106면, 150-156면, 167면. 299-327면.
18) 앞글, 191-223면.
19) 기본적으로 『삼국사기』 열전에 나타난 사상들이나 시대적 특징과 내용을 비교, 보완하기 위해 활용된 『삼국사기』 본기(ㅁ)와 『삼국유사』 부분(■)을 구분해 표시했다.
  곧 『삼국사기』에서 비롯된 인물(열전)의 역사 의식과 정신 문화 의식에 내재된 배경 사상을 총론적으로 주시하면서 불교 사상에 관한 부분은 『삼국사기』에 대한 기존 관점(유교적 사관)을 수정, 보완하는 입장에서 "주(註)"를 통해 보충했다.

가. 삼국 시대:

① 고구려(초기-말기) 인물들

사상\인물	토착신앙	도교	불교	유교	역사 배경 기타 특징	연계된 왕조	은유적 인물
명림답부	□ 무(巫)20) 하늘사상			군신, 충	차대왕 없앰, 국상됨, 한(漢)에 대항	6대태조대왕 (53-146년) 차대왕, 신대왕 (165-179년)	
을파소	□ 천명 (天命)21)			군신, 충	국상됨 (내정쇄신)	9대고국천왕 (179-227년)	
밀우/뉴유				군신, 충	위(魏)에 대항	11대동천왕 (227-248년)	
창조리	하늘사상			군신, 충, 인의	봉상왕 없앰, 국상됨, 모용씨에 대항	14대봉상왕 15대미천왕 (300-331년)	
온달	제천, 하늘, 산 내에 기도, 영혼불멸	귀, 추초월	귀, 추초월, 마음, 생사일체, 윤회	군신, 충, 부부유별	후주(後週)에 대항, 신라에 패함	17대소수림왕2년 25대평원왕 (559년-590년)	O
을지문덕		노자 인용 (만족)		군신, 충	수(隋)에 대항	26대영양왕 (590-618년)	
연개소문	물속 탄생	노자 도덕경,(신이성)	절, □ ■ 보덕 화상22)	군신, 충, 부덕, 후손 불화	영류왕 없앰, 당(唐)에 대항, 신라에 패함	27대영류왕 28대보장왕 (642년-668년)	

② 백제(초기-말기) 인물들

사상\인물	토착신앙	도교	불교	유교	역사 배경 기타 특징	연계된 왕조	은유적 인물
도미	하늘사상	천성도, 배 나그네(노자)	□ 고구려도림23) 진/허 일체	군신, 충, 절의, 부부유별	고구려 일탈 고구려로 이입	4대개루왕- 15대침류왕- 21대개로왕	O
계백			관창 풀어줌	군신, 충	달솔, 장수	31대의자왕	

---

20) 고구려 본기에서 명림답부가 포악함을 이유로 없앤(차대왕 20년, 서기 165년) 차대왕(왕 3년, 서기 148년)이 당시 "무(巫)"의 임무를 맡은 이에게 자문했다.

21) 고구려 본기에서 아들 낳기 위해 자문한 산상왕(왕 7년, 서기 203년)에게 을파소가 천명(天命)을 기다리라고 했다. 또한 산상왕 후비 된 주통촌 여인에게 무(巫)인이 예지했다.

22) 고구려 본기에서 보장왕 9년(서기 650년) 보덕화상이 나라에서 도교를 받들고 불교를 믿지 않자 남(완산 고대산)으로 옮겼다는 기록이 있으며, 『삼국유사』 "보장 봉노 이암"에서 김부식이 보덕화상 전기를 썼다고 했다.

			(연민, 자비)		처자 근심	(641-660년)	
흑치상지			재물 나눔	군신, 충	달솔, 장수 당(唐) 이주	의자왕 이후	

③ 신라 탈해왕(초기)부터 진흥왕(중기)까지 인물들

사상 인물	토착신앙	도교	불교	유교	역사 배경 기타 특징	연계된 왕조	은유적 인물
거도	신라 토착인			군신, 충	마숙놀이 김알지후손	탈해왕 (57-80년)	O
물계자	산신 (예악)	신선사상 은둔24)		군신, 충 부부유별	관료, 무사	내해왕 (196-212년)	O
석우로25)				군신, 충 부부유별	왜에 문화적 우월감	내해왕-흘해왕	
박제상			□중 묵호자, 고구 려에서 옴	군신, 충 부부유별	외교가 (고구려, 왜)	눌지왕 (417-458년)	
백결선생	하늘사상	부귀관 (자연순리)	생사(天命) 부귀관 (제행무상)	부부유별 천명사상	음악가 (예악)	자비왕26) (458-479년)	O
이사부	전통적 토착문화		이차돈순교, 불교승인	군신, 충	마숙놀이	지증왕-진흥왕 법흥왕	
거칠부	인상 예지		고구려혜량법사 신라 승통됨	군신, 충	관료, 명장	진흥왕-진지왕 (540-579년)	
사다함		화랑정신 (유, 불, 선)	포로놓아주기 ■ 이름27)	군신, 충 신의	화랑	진흥왕 (540-576년)	
솔거	용 사상		■ 황룡사벽화28) ■ 분황사29) ■ 관음보살,30) ■ 단속사31)유마상	퇴색(불교, 충절)	화가 벽화(그림)	진흥왕-선덕왕 (540-634년)	O

---

23) 백제 본기에서 개로왕 21년(서기 475년) 장수왕이 간자로 보낸 중 도림은 개로왕이 장기와 바둑을 좋아한 때문에 가까이에서 바둑을 두며 왕을 미혹시켰다.

24) 박성의, 『한국문학배경 연구』, 이우출판사, 1968, 224-270면.
　　유교가 통치자 계층의 문화 사상인데 비해 도교는 중국의 민중 사상을 대표한다. 또한 무위 자연 사상, 은둔 도피 사상 등 현세를 초탈하여 불노(不老), 불사(不死) 경지를 희구하며 신선 사상에 이르게 되었다. 한편 신선 사상은 도가(道家) 직계 사상은 아니었으나 현세에 초연한 이상적 인간으로서 진인(眞人), 신인(神人)이 실제 신선설(神仙設)로 발전되어 진시황과 같은 믿음이 있게 되었다. 그 후 음양 오행, 불교의 인과 응보, 살생을 금한 사상과 유교의 인의 도덕에 의한 권선징악이 혼용되고 불교 교단 조직을 모방해 도교가

④ 신라 성골 말기(진평왕-진덕여왕) 인물들

사상 인물	토착신앙	도교	불교	유교	역사 배경 기타 특징	연계된 왕조	은유적 인물
김후직	귀신 사상	노자32)	생사일체	군신, 충, 부자	병부령	26대 진평왕	
귀산			원광법사 가실사	충, 효, 신의 세속오계	무사, 승리	진평왕 (579-632년)	
해론	하늘, 귀신사상			충, 효	부자 희생	진평왕	
눌최				절조, 충, 주종	사회모순	진평왕	
검군				장부, 충, 신의	화랑(풍류)	진평왕	O

완성되었다고 보았다.
  이범교(역해), 『삼국유사의 종합적 해석』하, 민족사, 2005, 506면, 『삼국유사』「피은편」
에 있어서 불교적 인물로 보기 쉬우나 신라 불교가 눌지왕(417-458년) 대 묵호자를 통해
소개된 점에서 토착 신앙(산신)과 연계된 도교 사상(은둔, 산신)으로 보는 것이 합당하다.
25) 신라 초기 거도, 물계자, 석우로는 모두 석씨 왕조 대 인물로 시조탈해왕(4대)은 지리를
알았으며, 벌휴왕(9대)은 바람과 구름을 점치고 수재와 가뭄, 풍년과 흉년을 알았다.
26) 소지왕(479-500년) 대 고구려 아도화상이 신라에 왔는데 묵호자와 닮았다고 했다.
27) 이범교(역해), 『삼국유사의 종합적 해석』하, 민족사, 2005, 234면. 한글 대사전(금성출
판사)
  화랑인 "사다함(斯多含)"은 반야의 현현(顯現)인 "사다함과(斯陀含果)"와 글자 차이는 있
으나 그 명칭에서 불교적 색채가 없지 않다. 곧 사다함과는 욕계(欲界)의 수혹(修惑) 9품
중 상 6품을 끊는 이가 얻는 증과(證果)로 일래과(一來果)와 같다.
28) 앞글, 86-101면, 진흥왕 14년(서기 553년) 용궁 남쪽에 궁궐을 지으려다 황룡이 나타나
절(황룡사)을 짓고 17년(서기 569년) 만에 완공(본기, 왕 27년, 서기 566년)했다. 그 후
선덕왕 5년(서기 636년) 자장이 중국 오대산에서 감응하여 문수보살로부터 불법을 전수
받고 이웃의 침입을 막기 위해 9층탑을 세웠다.
29) 앞글, 102-103면, 경덕왕 14년(서기 755년) 분황사 약사여래동상을 주조했다. 또한 아버지
성덕왕을 위해 황동 종을 주조했으나 그 아들인 혜공왕이 완성해 봉덕사에 안치했다. 그런데
봉덕사는 효성왕(경덕왕 동복형) 2년(서기 738년) 성덕왕의 명복을 빌기 위해 세웠다.
  앞글, 118-125면, 중국 화공이 신라 중생사에 와 관음보살상을 만들었다. 또한 신라에서
관음 신앙의 최초 사례는 자장의 출생과 얽혀 있다.
30) 앞글, 124-125면. 관음(관세음)을 외우면 중생의 어려움이 구원된다는 관음 신앙은 낙산
사 창건 연기와 관련해 화엄경적 요소가 반영되었다.
31) 이범교(역해), 『삼국유사의 종합적 해석』하, 민족사, 2005, 490-495면. 황룡사 건립
(진흥왕 27년, 서기 566년) 후 벽화 채색을 다시 칠한 것으로 보아 이미 상당한 시간이
지났다고 짐작할 수 있다. 그런데 단속사는 경덕왕 22년(서기 763년) 건립(삼국사기 본기)
되어 그 시간적 차이도 크다. 곧 과거에 그린 유마상이 경덕왕 이후 단속사에 옮겨졌다고
볼 수 있다. 따라서 진흥왕(통일 전)부터 춘추무열왕계 상황(통일 후)까지 포괄되었다.

실혜				군신, 충	선조, 충신	진평왕	O
설씨녀				충, 효, 신의 부부유별	남녀결혼 통일과업	진평왕-태종무열왕	O
죽죽				절조, 충, 신의	김춘추 외교개시	선덕왕 (632-647년)	
설계두				입신양명, 충	나당관계	진평왕-선덕왕	O
비령자		■ (영질33)	지기(知己)34) 진의	충, 효, 절조	김유신 전환기	진덕왕 (647-654년)	

이상에서 삼국 시대35)는 아득한 선사 시대부터 이어져 온 민족 고유 신앙이 지배적이던 상고(上古) 시대(4세기이전)와 노장의 무위 자연주의, 불교 사상, 유교 도덕관 등이 도입된 중고(中古) 시대(5, 6세기) 등으로 나눌 수 있으며, 나아가 원시 신앙 시대(4세기이전 삼국시대), 유불도 사상 침윤 시대(5, 6세기 삼국), 불교 사상 중심 시대(통일신라-말기)로 나뉠 수 있다. 곧 국가 통치 체제와 사회적 기능이 강화되고 타자(타국)와의 관계가 의식되면서 체재 확립과 민족 공동체적 "합리성"에 따른 의식 전환이 촉진되었다.36)

---

32) 진평왕 9년(서기 587년) 대세가 중 담수에게 해외에 나가 함께 "신선(神仙)" 배우기를 권했으나 따르지 않자 구칠과 떠났다.
33) 이범교, 336면. 주(註)에서 중국 명승 지엄이 의상을 만났을 때 마음을 알아주는 동반자를 "영질(郢質)"로 표현했는데 남의 마음을 자신의 마음처럼 알아주는 사람을 가리키는 지기(知己)와 같은 말로 "장자"에서 인용했다.
34) 앞글, 335-337면에서 "지기(知己)"는 지음(知音)과 같은 뜻으로 원효의 마음을 알아낸 대안법사의 신이성을 표했다.
35) 박성의, 『한국문학배경 연구』 상, 이우출판사, 1980, 69면.
　　대체로 한국 사상의 흐름을 "상고(上古), 중고(中古), 근세(近世), 최근(最近) 등 네 시기(현상윤)"로 나누어 "고유 사상시대, 불교 사상시대, 유교 사상시대, 세계 사상시대(김득황)"로 나누었으며, 이를 토대로 고전 문학의 사상적 배경을 "무격(巫覡)적인 원시신앙 시대(상고, 4세기이전), 유불도 사상 침윤시대(중고, 5, 6세기), 불교 사상 중심시대(근고, 삼국말기부터 14세기고려 말기까지), 유교 사상 중심시대(근세, 조선건국부터 19세기중엽까지), 세계 사조 시대(최근세, 19세기중엽 조선 말기부터 현대까지)"로 나누었다.
　　조동일, 『한국문학사상사시론』, 지식산업사, 1978.
　　조동일, 『한국문학 통사』 1, 지식산업사, 1982.
　　조동일, 『한국문학 통사』 2, 지식산업사, 1983.
36) 동경대학출판회(편), 『철학사 강의』, 미래사, 1985, 34-53면.

그 중 삼국 초기(4세기이전)는 근본적으로 유구한 세월 동안 뿌리 내린 민족 고유의 원시 신앙 시대(고구려 창조리 이전, 신라 석우로 이전)였다.

당시 역사적 인물들(명림답부, 을파소, 밀우/뉴유, 창조리, 석우로) 대부분이 지배 관료층이어서 단순히 유교적 군신 관계로 인식되기 쉬우나 실제 무속 신앙(무격사상)과 하늘 숭배 사상 등이 문화적 바탕을 이룬 시대였다. 이는 은유적 인물들(거도, 물계자)도 마찬가지여서 정치적 군신 관계가 표면화되었으나 오랫동안 전래된 토착인의 풍습(거도의 마숙놀이)과 신선 사상(물계자)과 하늘 사상(김알지) 등 고대부터 이어져 온 고유한 의식이 지배적인 시대였다. 더욱이 민족 고유 의식(하늘과 태양숭배, 신선사상, 귀신사상)과 행위(제천의식)는 불교와 유교 등이 도입된 4세기(고구려, 백제), 5세기(신라) 이후에도 여전히 혼용, 지속되고 있어서 비록 중국과의 교류가 일찍부터 있었다 해도 정치적 체제 변화와 달리 이미 수천 년 동안 형성된 정신문화의 뿌리는 쉽게 변할 수 없음을 짐작할 수 있다.

이미 아는 바와 같이 고대 사회[37]는 시초에 제정(祭政) 일치 사상에서 하늘신(天神)에 제사지내는 제사장(단군, 차차웅, 자충, 무당)[38]이 임금(天君)이었다. 따라서 지상의 군장(君長)은 천제(天帝) 대신 군림한 지존(至尊)이었다. 곧 삼국 이전부터 민족 고유의 하늘 숭배 사상[39]을 바탕으로 천지(天地), 일월(日月), 성신(星辰), 풍우(風雨), 암석(巖石), 동식물(動植物) 등 천연 자연물

---

[37] 박성의, 『한국문학배경 연구』 상, 이우출판사, 1980, 272-312면. 동북아시아부터 중앙아시아를 거쳐 동 유럽에 이르는 우랄 알타이 여러 민족들 대부분이 정령 숭배 사상을 중심으로 한 원시 종교가 있었다.

[38] 앞글, 273-284면, "무당(巫堂)"이란 말은 삼국사기("巫"로 기록되었음)를 비롯해 삼국유사, 고려사, 조선실록 등 대표적인 문헌에는 나타나지 않는다. 그러나 승려들이 거주하고 기도하는 절처럼 장소를 뜻하는 의미가 고려 시대 문헌에 나타난 것으로 보아 문헌에 쓰인 무격(巫覡)의 속칭으로 추측되나 그 역할에 따라 지칭이 아주 다양했다. 또한 무격(巫覡)과 연계된 행위는 질병 기도에서부터 오락까지 그 사회적 기능도 다양했다.

[39] 앞글, 275면. 부여의 영고(迎鼓), 고구려의 동맹(東盟), 예의 무천(舞天) 등 제천(祭天) 의식이 대표적이다. 또한 가야의 구지가(龜旨歌)도 이에 해당된다.

을 경배하고 신격화한 일종의 자연발생적인 원시 종교가 있었다.40)

특히 영혼 불멸 사상(방울, 북, 거울)41)에서 정령과 자연을 숭배하며 귀신의 존재를 믿고 이에 제사지내던 샤머니즘(Shamanism) 시대는 대자연을 통할하는 주재자(主宰者)인 태양을 인간 화복(禍福)을 주관하는 신(神)으로 숭배했다. 하늘의 자손인 단군을 비롯해 고구려 주몽, 신라 박혁거세와 김알지와 석탈해, 가야의 수로 등에서 조상들의 고유한 "하느님"관42)과 태양 숭배 사상을 볼 수 있다.43)

한편 언어 측면에서 본 한(韓) 민족의 "하느님"관44)은 "감"신(神), "닭"신(神), "밝"신(神) 세 시대로 나뉘었는데 이들은 이질적인 대상이라기보다 시대에 따라 변모된 명칭으로 보았다.45)

먼저 지혜롭고 힘이 센 이(수장)를 뜻한 "감"은 원시 종교 대상인 신(神)을 지칭한 말로 "왕검(王儉, 군, 왕)"이 그 예다. 이때는 수렵(狩獵) 시대로 맹수

---

40) 『삼국사기』 잡지 1에서 신라 2대 남해차차웅이 처음 사당을 세우고 사시 제사를 지냈는데 친 누이동생인 아로가 제사를 주관했다. 또한 화랑의 전신인 원화(源花)는 여성이었으며, 신궁의 제사 의식에서 비롯되었다. 그 외에도 대부분의 산신 등이 여성신인 점에서 모권 사회의 흔적과 무녀(巫女)의 역할도 미루어 짐작할 수 있다.
41) 박성의, 『한국문학배경 연구』 상, 이우출판사, 1980, 282면. 악귀가 싫어하는 방울로 악귀를 쫓았으며, 선신(善神)이 좋아하고 악신(惡神)이 싫어하는 북으로 악신을 물리쳤다. 또한 거울은 광명을 상징한다.
42) 앞글, 69-73면.
43) 인간을 널리 이롭게 한다(홍익인간)는 통치 이념으로 농경 사회를 주관할 천부인(天符印) 3개(바람, 비, 구름)를 지니고 하강한 하늘의 아들(환웅)이 지상의 웅녀와 혼인해 낳은 단군을 시조로 삼재(三才) 사상과 인간 중심 사상이 보다 구체화되었다. 이범교, 「삼국유사의 종합적 해석」 하, 98-101면, "단군 신화"는 동북아 유목 문화(천신 하강)와 남방의 농경 문화(지모신)의 혼용으로 보았는데 제석, 홍익인간 등 불교 용어와 천부인 풍백, 운사, 우사 등 도교에서 나온 말은 오랫동안 구전된 단군 신화가 후에 들어온 불교와 도교 용어로 표기되었다고 보았다.
44) 박성의, 354-362면. 김경탁의 「한민족의 하느님 관의 발달사」를 중심으로 요약된 내용을 재인용했음을 밝힌다.
45) 안호상, 「배달겨레의 배달길인 화랑길의 연구」, 『신라 화랑연구』, 이도학(외), 한국정신문화연구원, 1992. "환단고기"와 최치원의 "제왕연대력" 등을 중심으로 한배임시대(환인시대), 한배웅시대(환웅시대), 한배검시대(단군시대)로 나눈 것과 유사한 맥락이다.

를 피하기 위해 동굴 생활을 했으며, 맹수 중 유순하고 지혜롭고 힘이 센 곰을 숭배했다고 볼 수 있다.46) 다음 "닭"신 시대는 어렵(漁獵) 시대로 목기에서 석기(석도, 석검, 석침, 석창 등)를 사용했으며, 선돌집(立石)에서 생활하고 고인돌이 생성되었다.47) 이들이 닭을 숭배한 흔적은 후에 김알지(신라 김씨시조, 계림)에서도 볼 수 있다. 끝으로 "밝"신 시대는 굴살이에서 들살이(평원)를 거쳐 벌살이(평야) 즉 농경시대로 전환되었다.48)

말하자면 삼위(밝, 닭, 감) 일체 신(神)인 단군은 동굴 시대에서 농경 시대로, 모계 사회에서 부계 사회로 전환된 시기였다고 볼 수 있는데 새밝(새벽, 東明, 曉), 새벌(新野)의 의미는 신라 국호 서라벌(徐羅伐), 서벌(徐伐)과 "서울("ㅂ" 탈락)"에서도 볼 수 있다. 결국 "밝"신은 만물의 주재자(主宰者)인 태양신으로 이를 숭배하는 사상에서 하늘(한울)은 태양(광명)신이 있는 신성한 곳이다. 곧 "한"과 "울"이 복합(큰 울, 밝은 울)된 대상에 "님"을 부쳐 인격화된 "하느님" 경배는 광명(태양)을 숭배하며 하늘(자연)의 뜻(순리)을 받들되 하늘과 공존, 조화하는 인간 세상(민심)을 다스리려는 우주관에서 보다 근원적이며 생명 신과 같은 의미가 내포되었다.

한편 배달 겨레와 배달 길(풍월도)과의 관계49)에서 우리 고유의 "근본(한얼, 온누리, 天)" 길(道)이 이 땅에 뿌리 내린 현황은 보다 구체적이다.

우선 한얼(天神)의 자손인 한배웅(환웅)이 한밝산(태백산, 백두산) 신단수

---

46) 박성의, 357-358. 곰의 "ㅎ" 소리는 모음 "·"와 함께 외마디 단어 해(태양), 한(크다), 환(광명)이 생성되었으며, 후에 한문(解, 韓, 桓)으로 바뀌어 해모수(解慕漱), 마한(馬韓), 환인(桓因)에 그 뜻이 내재되었다고 보았다.
47) 앞글, 358면, 돌멩이(Dolmen) 문화에서 돌을 떠내고(採石) 다듬을 때 나던 소리로 ㅅ다(地), 드르(野), 달(月), ㅅ달(女), 닭(鷄), 톹(豚)이 생성되었으며, 지혜롭고 힘 센 이는 "감"과 합한 "닭감"에서 "대감"이 되어 종교적 대상인 터대감(土地神)이라 지칭되었다고 보았다.
48) 앞글, 359-360면, "밝" 시대 농경 문화는 벌(野), 밭(田), 범(虎), 바랄(海), 바람(風), 붉음(赤), 밝음(明), 배(舟), 블(火) 등과 연관되며, 범(虎)을 숭배한 흔적으로 산군(山君), 산신령(山神靈)이라 지칭된 점을 들었다.
49) 안호상, 「배달겨레의 배달길인 화랑길의 연구」, 『신라 화랑연구』, 이도학 (외), 한국정신문화연구원, 1992, 81-103면.

아래 내려와 도읍을 정하고 나라 이름을 배달(倍達:밝달=檀:밝은땅)이라고 했으며, 한얼에 제사(祭天) 지내는 터전인 소도(蘇塗)50)를 지성껏 주관했다. 당시 소도에서는 충성, 효성, 신의, 용기, 어짐 등 다섯 가지 떳떳한 길(常道)을 가르쳤는데 혼인하지 않은 자제들은 글읽기, 활쏘기, 말타기, 예절, 음악, 주먹치기(칼쓰기) 등 여섯 가지 재주(六藝)를 배우게 했다.51)

비록 화랑의 역사서인 선사(先史) 등이 없어졌으나 배달 겨레의 배달 길(風月道)을 토대로 유추하면 화랑도(花郞道)의 뿌리가 단군(한배임시대-한배웅시대-단군조선시대) 이전부터 배양되었다고 볼 수 있다. 이유는 한배임(桓因) 후대인 한배웅(桓雄)의 배달 겨레를 구환겨레(九桓族) 또는 구여겨레(九黎族, 혹은 九夷族)로 불렀는데 이는 모두 밝음(桓, 黎明, 東夷)을 뜻하며 그 "밝은 땅(밝달, 천지)"에 존재한 겨레를 교화한 "얼(근본)"과 "길(道)"이 풍월도(風月道)52)로 불린 때문이다. 곧 신라 화랑과 고구려 비의(卑衣) 등에서 그 정신을 볼 수 있다.

결국 건국 초 공동체적 집단(혈연, 부족, 나라)을 지킨 말타기(거도-이사부, 신라토착민), 활쏘기(고구려시조 동명성왕) 등은 고대 사상(하늘, 태양 숭배, 풍월도)과 더불어 계발된 배달 민족 고유의 천부적 재능(주몽:활 잘 쏜다는 의미)이며, 고대 민족 공동체적 도의(인간 정신) 실현에서 비롯된 민족적 자질이어서 말기(통일신라 장보고)까지 면면이 이어졌다고 할 수 있다. 비록 기원전 2세기부터 한문이 유입53)되었다고 했으나 중국 『후한서』 동이전(東夷傳)과

---

50) 박성의, 『한국문학배경 연구』 상, 이우출판사, 1980, 283면.
51) 이는 고대 중국의 교육 과목인 육예(예:禮, 악:樂, 사:射, 어:御, 서:書, 수:數)와 비슷하나 나라마다 고유한 보편적 의, 식, 주와 이에 따른 제사, 음악, 춤, 교육 등이 있었다고 볼 수 있다.
52) 박성의, 89면, "밝"이 밝(明), 백(白), 붉(赤)으로 넘나들었으며, "바람(風)"이 배람, "백천(白川)"이 배천, "새밝(東明, 曉)"이 새벽, 새배, 새비로 넘나든 예를 통해 "배달길"이 우리 말 음을 따라 이두로 "풍월도(風月道)"로 쓰였음을 증명했다. 곧 신라 화랑은 처음 원화(源花, 여랑, 뿌리꽃)에서 화랑(꽃사내, 天花郞)으로 지칭되었는데 이들의 우두머리를 풍월주(風月主)라고 했다.

「산해경(山海經)」에서 "동방 군자의 나라" 혹은 "인(仁)의 풍속이 있다."고 한 바는 중국 유학 사상 이전에 이미 효제 공경(孝悌 恭敬)과 인의 예의(仁義 禮儀) 등 인륜 도덕을 강조한 민족 고유의 도덕 정신이 있었음을 뜻한다.54) 곧 후대에 유입된 외래 사상과 혼융되었다 해도 우리 고유의 인륜 도덕 사상이 근본적으로 중국의 유교적 인(仁), 덕(德) 이전에 수립된 의의는 결코 간과할 수 없다.55)

특히 삼국 초기 고구려 인물(열전)들은 국정 쇄신 업적(본기)보다 자주적 주체정신이 부각되었는데 궁극적으로는 외세로부터 나라를 지키기 위한 "근원(한울)" 정신 회복이 촉구되었다. 곧 민심(民心)을 저버린 포악(不仁)한 군주(차대왕)를 폐한 명림답부, 하늘의 도리(어진 임금은 하늘을 두려워하고 백성들을 근심해야 한다.)를 잊은 군주(봉상왕)를 폐한 창조리, 후계를 근심한 군주에게 천명(天命)을 상기시킨 을파소 등 외세(외척)를 물리치고 왕권을 강화한 이면에 하늘 사상이 환기되고 인간(겨레, 백성)을 이롭게 하기 위한 홍

---

53) 고구려 경우 소수림왕 2년(서기 372년) 태학을 세워 교육했으며, 백제는 왕성했던 근초고왕(서기 346년-375년), 근구수왕(서기 375년-384년) 대 이미 유학이 도입되었다고 볼 수 있다. 이에 비해 신라는 통일 후 신문왕 2년(서기 682년) 국학을 세웠는데 앞서 유학자 강수가 태종무열왕부터 신문왕까지 문장가, 외교가로 활약했다. 또한 설총(신문왕)이 이두(吏讀) 표기법을 정리하고 왕부터 화랑, 승려 등 지식인들이 활용(경덕왕), 정리(진성여왕, 삼대목)한 예(향가)와 불교 경전을 통해 일부 서적이 유입된 상황을 볼 때 삼국 이전은 지극히 일부 층에 한정되었다고 볼 수 있다.
54) 박성의, 72-73면, 한국 고유 사상은 이론적이기보다 행위적이었으며, 인식적이기보다 실천적이었다고 했다. 또한 중국이 가족 관계에 비해 민족 의식이 약해 공동 정신이 부족한 반면 우리는 고대 무사도를 비롯해 가족, 주종 간 봉사, 타애, 겸양, 상호 부조, 정절 결백 등이 실천되었다. 또한 김득황은 우리 민족이 고대 무사도가 발달했으나 힘에 치우치지 않고, 인의 겸양에도 덕에 치우치지 않아 세계적이며 전 인류적인 것이 있다고 했다. 곧 어짐(仁)을 근본으로 삼고 상호 부조의 미덕이 있었으며, 효성(孝)을 덕의 근본으로 삼아 부모에게 지성을 다하고 임금에게 충절을 다했으며, 부부 사이에 절의가 있었다. 이는 그 후 유입된 유교와 불교의 체계적인 도덕관과 합류되었다고 볼 수 있다.
55) 박성의, 『한국문학배경 연구』 상, 이우출판사, 1980, 362-376면. 중국 고대의 천명사상(인간 도덕을 하늘이 주재)도 후대의 유교적 경천사상(인의 도덕으로 세상을 구제하는 인간중심)과 근본적으로 차이가 있다.

익인간 정신이 촉구되었다.56) 반면 신라 인물들은 거도(김씨)의 우수한 전통 문화(마숙놀이)와 물계자(박씨)의 강인한 지사 정신 등 고유한 (주체적) 문화 의식이 부각되었다. 특히 신하의 전투 공적을 사심(私心)으로 무시한 왕손(이음)과 군왕(내해이사금)으로 인해 거문고를 들고 은둔한 물계자는 한배임(桓因) 신선도(神仙道)를 이은 시조 박혁거세의 성(聖)스러움, 어짐(仁), 신덕(神德)을 지닌 참된 후예(眞人, 仙人)로서 현묘한 배달길(風月道)을 몸소 실천했다고 볼 수 있다.57)

이 밖에도 고대 삼국은 중요한 정책마다 여러 부족의 장노(長老) 회의(부여의 제가평의, 신라의 화백, 고구려의 군공회의)를 거친 민본(民本) 사상58)이 있었으며, 백성을 다스린 남성 주재자(태양)의 기능 외에 단군을 낳은 웅녀의

---

56) 『삼국사기』 고구려 본기에서 2대 유리왕 19년(기원전 1년) 하늘과 땅에 제사 지낼 돼지가 달아나자 왕이 이를 뒤쫓게 했다. 신하들이 이를 찾아 다리 힘줄을 잘랐는데 왕이 하늘에 제사지낼 희생물을 상하게 했다 하여 두 신하를 구덩이에 던져 죽였다. 그러나 왕이 병이 나자 "무당"이 두 신하의 귀신 때문이라고 하여 잘못을 빌고 병을 고쳤다. 유리왕 21년(서기 2년)에도 교시가 달아나 신하가 국내성의 위나암에서 잡았는데 다음해 도읍을 국내성으로 옮겼다. 또한 10대 산산왕 7년(서기 203년) 왕이 아들이 없어 산천에 기도했으며, 을파소는 하늘의 명을 기다리라고 했다. 그리고 5년 후(왕 12년, 서기 208년) 교외에서 하늘과 땅에 제사지낼 돼지가 달아났을 때 뒤쫓던 관리가 주통촌에 이르렀으나 잡을 수 없었다. 이때 이를 잡아준 여인을 왕이 남몰래 궁궐로 데려와 아들을 낳고 소후로 삼았는데 그 아들이 동천왕(11대)이다.
　한편 "무당"이 주통촌 후녀가 왕후가 될 것이라고 예언한 경우는 일반 백성이나 고구려 본기에서 "무당"은 보다 빈번하여 7대 차대왕 3년(서기 148년) 왕이 "무당" 벼슬에게 자문했으며, 일관(日官)에게 별의 움직임에 대해 물었다. 그러나 명림답부(왕 20년, 서기 165년)가 차대왕의 포악함을 이유로 없애고 8대 신대왕을 세웠다. 곧 명림답부와 을파소는 군신 관계 외에 하늘 숭배 사상 즉 원시 무격(巫覡) 신앙이 중심 사상인 시대였다.
57) 신라 진덕왕 5년(서기 651년) 당(唐)에 숙위한 김인문(열전)이 노, 장자를 읽었으며, 통일 후에는 효성왕 2년(서기 738년) 당(唐)의 사신이 왕에게 "도덕경"을 바쳤다는 기록에서 중국 도가(道家) 사상 이전의 고유한 얼(근본)과 길(도리)을 실천했다고 볼 수 있다.
58) 박성의, 『한국문학배경 연구』 상, 이우출판사, 1980, 71-73면, 부여의 제가평의(諸加評議), 신라의 화백(和白), 고구려의 군공회의(群公會議)가 있었으며, 특히 삼한, 삼국 시대 유능한 인재를 선발하기 위한 빈흥 제도(賓興制度)와 인군이 산림학자에게 조용히 정치를 문의하는 벽소(辟召) 혹은 징소(徵召), 호소(號召) 등은 민본 사상(근본적으로 백성을 중시하는 인의 도덕적인 면에서 하늘 사상과 통한다.)에서 비롯되었다.

근원적 모태 기능을 비롯해 고구려 주몽을 낳은 유화의 초월(巫)적인 예지 기능, 박혁거세 부인 알영(용녀)의 신성성과 생산 기능, 석탈해를 거두어 학문(지리)을 배우게 한 할미의 교도 기능 등이 은유적 여성 인물들(고구려온달, 백제도미, 신라설씨녀)의 뛰어난 기능으로 수렴되었다. 곧 원천적으로 구분된 지배층(주재자)과 피지배층(민본)임에도 남녀(천지, 육체와 정신) 조화와 하늘(태양, 주재자)과 땅(모태, 대지)의 조화에 내포된 "생산(결합, 변화, 창조)과 상생 의식"이 "국가관(군신)", "존재관(남녀)", "우주관(음양, 태극)" 등에 배태된 근원 정신이며 궁극적 의의임을 알 수 있다.

종합하면 군신(충의, 고구려와 신라인물)과 부부(음양) 조화(신라인물)로 형성된 삼국 초기(표 ①,②,③ 전반) 인물들은 충/효(군신/부자)가 복합된 후대(④성골말기)에 비해 비교적 단순해 보이나 보다 근원적 형태(하늘숭배사상, 민본사상)임을 알 수 있다. 그럼에도 보다 아득한 원시 공동체적 시대에 비하면 이미 사회적 변화와 인간 의식의 차이(거도, 물계자, 박제상, 명림답부, 을파소, 창조리)로 국내/외적 갈등(석우로, 박제상, 명림답부, 밀우/뉴유, 창조리)과 사회(현실)적, 의식(정신)적으로 부조화된 양상이 다양하게 표출되기 시작했다.59)

이어 4세기 즈음부터 유입된 도교, 불교, 유교 등은 지배층의 통치 기반을 강화하고 문화 의식을 고취하기 위한 사상적 변화이어서 정치(역사), 문화 외에 의식 변화도 촉진되었다.

특히 유입 시기가 비교적 뚜렷했던 불교는 백성들의 생활 규범과 의식에 깊이 침투된 고유 사상과 충돌, 혼융된 가운데 각국마다 그 발전 양상이 달랐다.

---

59) 앞글, 117-118면. 공자가 사생일여(死生一如)와 영혼 불멸관에서 제사를 중시했는데 이로 인해 부자 관계가 인륜의 중추요 도덕의 근본이어서 충도 그 연장선으로 보았다. 그러나 그 후 국가와 대의(大義)를 중시하면서 충이 효보다 우위에 서게 되었다.

그 중 불교가 가장 먼저 유입된 고구려(표① 후반)는 시초에 중관사상(中觀思想) 중심의 삼론종(三論宗)60)이 유입되었으나 이어 천태종이 성했으며, 말기에는 열반종이 성했다.61)

시대적으로 고구려 고국원왕(서기 331년-371년)이 백제(13대근초고왕 26년, 서기 371년)에 크게 패한 이듬해 진(秦)에서 중 순도(소수림왕 2년, 서기 372년)가 불상과 경문을 가져왔으며, 이어 중 아도(왕 4년)가 위(魏)에서 왔다.62) 아울러 교육을 위한 태학(소수림왕 2년)을 세우고 율령(왕 3년)을 발표하는 등 체제 변화가 다양하게 시도되었다. 이와 같이 삼국 중 불교와 유학이 가장 먼저 도입된 고구려는 그 후 동북아를 제패했으나 "정치적 혼란"을 이유로 혜량법사(거칠부)가 신라(진흥왕 12년, 서기 551년, 양원왕 7년이후)로 이주해 국통이 되었다. 그리고 말기에는 보덕화상63)도 신라(완산 고대산)로 옮겼다.

---

60) 이범교(역해), 『삼국유사의 종합적 해석』하, 민족사, 2005, 고구려와 백제에서 성행한 삼론종의 중관사상(488-489면)은 유(有)는 유로서, 무(無 혹은 空)는 무로서 일면을 관찰하는 것이 아니고 유라 해도 무를 포섭하고 무라 해도 유를 버리지 않는 입장이다. 신라에서는 원효가 삼론종요를 지었다는 기록이 있다.

61) 앞글, 152면, 153면, 488면. 고구려에서 성했던 천태 사상은 신라에서는 인정되지 않고 후에 고려에서 성했다. 즉 천태 사상의 일념삼천설(一念三千說)은 일찰나의 한 마음 가운데 우주 만유가 있어서 모든 세계는 그 내면에 또 다른 세계가 갖추어 있다고 보아 인간의 무한하고 다양한 가능성을 의미했다. 또한 색심실상론(色心實相論)을 통해 육체와 정신이 서로 관계하는 곳에 영원한 깨달음이 있으며, 진실한 영원상이 수립됨을 의미했다. 결국 이와 같은 존재관과 세계관이 고려 시대 김부식이 편찬한 열전에 내재되었다고 볼 수 있다.
  앞글, 80-85면. 고구려 보덕화상이 고구려에서 대승적인 열반경 40권을 강의했다. 열반경은 고요한 "깨달음"을 의미하며, 생사(生死)를 초월하는 곳에 깨달음의 세계 즉 열반의 세계가 있다고 보아 우리 안에 있는 아(我, 아집, 아욕, 아상), 무아(無我, 아집, 아욕, 아상을 초월)를 초월하는 것이 불성(佛性)이라고 했다.

62) 『삼국사기』 고구려 본기에 소수림왕 5년(서기 375년) 처음 지은 초문사(순도 거주)와 이불란사(아도 거주)에서 불법이 시작되었는데 아도는 후에 신라에 갔다. 백제 불법은 침류왕 2년(서기 385년) 한산에 절을 짓고 승려 10명으로 시작되었다. 『삼국유사』에 의하면 그 후 아신왕 원년(서기 392년)에 왕이 불교 숭상을 명했다.

63) 『삼국유사』 「보장 봉노 보덕 이암」에 의하면 김부식이 보덕화상의 전기를 지어 전한 "본전(本傳)"에는 보장왕 26년(서기 667년)에 이전했다고 주(註)에 기록되었다. 그러나 『삼국사기』는 『삼국유사』와 동일한 보장왕 9년(서기 650년)으로 서술되었다.

결국 불교 도입 3세기(약250여년) 만에 도교 사상(영양왕, 서기 590년-618년, 을지문덕시)도 성했는데 중국(당태종 사후 방현령의 노자인용)과의 교류로 영류왕(서기 618-642년, 불교, 도교 교법 배우기청함), 보장왕(왕 2년, 연개소문의 도덕경청함) 대까지 만연되었다. 그러나 민족 고유 신앙인 무(巫) 사상도 말기까지 공존(보장왕 4년, 서기 645년)했다. 곧 그와 같은 시대 정신이 은유적 인물인 "온달"에 총체적으로 구성되었다.

이에 비해 백제(표②)는 진(晉)에서 온 인도 중 마라난타에 의해 불교(15대 침류왕 원년, 서기 384년)가 도입되었다. 시초에 삼론종이 유입되었는데 무왕 이후 민중 중심(미륵상생 신앙+미륵하생 신앙)으로 전환되었으나 통치 체재 강화를 위해 계율(유교도의+불교계율) 중심의 귀족 불교가 성했다. 곧 불교 유입부터 말기(계백, 흑치상지)까지 약 250여년 지속된 사이 법왕(29대, 서기 599년-600년)이 살생을 금하고 무왕(왕 35년, 서기 634년)은 법왕 대 시작한 왕흥사를 완성하며 민중 불교에 힘썼으나 대체로 귀족적 성향이 강했다.

따라서 근구수왕이 태자(근초고왕 26년, 서기 371년) 때 이미 도교(노자인용)가 유입되었는데 일찍이 도입된 유교와 더불어 고유의 귀신 사상(의자왕 19년, 20년)과 무(巫) 사상(의자왕 20년)도 말기까지 공존했다. 결국 그와 같은 시대 정신이 은유적 인물인 "도미(개루왕)"에 총체적으로 구성되었다.

끝으로 신라(표③ 후반)는 고구려(아도)를 통해 삼론종이 들어왔는데 그 후 고구려 혜량법사(진흥왕)가 신라에 와 국통이 되었다. 또한 도교가 성한 고구려에서 신라(표④ 말기)로 옮긴 보덕화상(보장왕 9년, 서기 650년, 진덕왕 4년)을 통해 열반종이 성했으나 법상종, 법화종[64], 화엄종(의상)[65] 등도 크

---

64) 이범교(역해), 『삼국유사의 종합적 이해』 하, 민족사, 2005, 110면. 법화경은 "묘법(우주의 통일적 진리) 연화경"이 널리 유통되었는데 과거불이 현재불인 석가에 의해 부활됨과 동시에 석가불이 과거불에 의해 영원성을 인정받아 법화경의 가르침이 영원함을 제시했다. 곧 현재와 영원한 과거의 만남은 미래를 향한 영원성으로 이어짐을 뜻했다.
65) 앞글, 346-351면, 화엄(華嚴)은 붓다의 꽃과 같은 덕행(華)으로 세상을 장엄(嚴)하게 하는 것을 뜻한다. 곧 일심법계관(一心法界觀)의 우주관으로 우주만상이 인연에 따라 변하는

게 떨쳤다.

특히 신라는 23대법흥왕 15년(서기 528년) 불법을 시행하고 살생을 금했는데 이에 앞서 고구려에서 온 중 묵호자(19대눌지왕, 서기 417년-458년)와 아도(21대소지왕, 서기 479-500년)의 행적이 있었다. 그 후 진흥왕 5년(서기 544년) 흥륜사[66]를 최초로 세우고 다시 황룡사(왕 26년), 기원사, 실제사 등을 세워 불법을 전파했다. 곧 "백결선생(자비왕)"전(눌지왕, 중 묵호자), 후(소지왕, 중 아도) 고구려에서 전해진 불교는 진흥왕 이후 크게 성했으며, 삼국 대결이 보다 치열해진 성골 말기(진평왕, 선덕왕, 진덕왕)까지 호국 불교(자장의 황룡사구층탑)[67]로 변모되어 화랑 정신의 사상적 바탕(원광의 세속오계)[68]이

아름다움, 추함이 아니고 산도 그냥 산이요, 물도 그냥 물로 어떤 가식도 없는 본체(性起論)를 깨닫는 것을 뜻한다.

특히 우주를 관찰하는 네가지 방법(四法界觀)은 먼저 사법계관(事法界觀)에서 경험계와 현상계 등 우주 만상을 차별된 대로 보는 것이며, 이법계관(理法界觀)은 차별로 보이는 현상계의 본질인 본체를 동일하다고 보는 법이다. 또한 이사무애법계관(理事無碍法界觀)은 현상과 본체가 원융(圓融)하는 것으로 현상이 본체요 본체가 현상으로 보는 법이며, 사사무애법계관(事事無碍法界觀)은 현상과 본체가 원융무애할 뿐 아니라 차별 있는 현상계도 서로 원융무애한 것으로 본다.

그 중 사사무애법계관(事事無碍法界觀)은 우주 만상의 상관적 묘리를 설명하는 화엄사상의 핵심으로 다시 십현연기(十玄緣起)와 육상원융(六相圓融)으로 나뉜다. 그 중 십현연기는 일체의 사물과 현상이 시, 공간의 연기관에 의해 생멸 변화하는 것을 말하며 이는 다시 원융무애(圓融無碍)와 상즉상입(相卽相入)으로 나뉜다. 그 중 원융무애는 일체의 자연 현상은 그 작용에 있어서 하나의 전체이며 또한 전체가 하나이다. 곧 한방울의 물은 모든 강물의 맛이며 바닷물 전체의 맛이며 다시 일체인 바닷물 맛은 한방울의 물맛이기도 하다. 이에 비해 상즉상입은 중중무진(重重無盡)의 관계를 맺고 있어서 모든 현상이 물질적, 생물적, 심리적, 문화적으로 상호 연결, 상호 의존 관계임을 설명한다. 또한 육상원융은 모든 존재가 시공간적으로 연기(緣起)되어 우주 전체가 하나의 통일적 화합체임을 뜻한다. 결국 십현(十玄)은 만상이 상호 연결 또한 상호 의지하는 것을 말하고, 육상(六相)은 전체와 부분의 원융 무애함을 관찰하는 것이다.

66) 『삼국유사』「원종 흥법 염촉 멸신」에 의하면 법흥왕 14년(서기 527년) 터를 닦고 "왕 21년 을묘(서기 535년)"에 공사를 시작했는데 "을묘"는 실제 왕 22년(서기 535년)이다. 그 후 진흥왕 5년(서기 544년) 완성(삼국사기)되었다.

67) 『삼국사기』본기에서 선덕왕 12년(서기 643년) 당(唐)에서 귀국했으며, 『삼국유사』"황룡사 9층탑"조에 상술되었다.

68) 윤천근, 「화랑이 갖는 사상사적 의미」, 『신라 화랑연구』, 이도학(외), 한국정신문화연구

되었다. 결국 법흥왕부터 성골 말(진덕여왕)까지 약 1세기 반(약130여년) 동안 문화와 사상의 중심이 된 불교는 고유 신앙, 도교와도 연계된 신라 화랑정신을 통해 통일 과업의 중심 사상이 되었다. 그럼에도 삼국 대결이 보다 치열해진 6세기 말, 7세기 초(표④, 성골말기)는 불교 사상 외에 노, 장자(김후직, 비령자) 사상과 뿌리 깊은 고유 사상(해론)과 유교적 군신 관계(김후직, 귀산, 눌최, 죽죽 등) 등이 공존했으나 화랑정신(유+불+선)을 바탕으로 역사적, 사상적, 존재적 일체감(통일정신, 공동체의식) 등이 보다 강화될 수 있었다. 다시 말해 고유 신앙과 도가적 바탕에 불교 정신과 유학적 도리가 교차, 혼융된 화랑(사다함+귀산+검군)69) 정신은 원래 선도(仙徒)였던 원화(源花)에서 비롯되었다. 따라서 민족 고유의 신성 숭배 사상(신궁제사)과 산천 숭배 사상(명산유람) 등과 연계된 고유의 풍월도(검군) 의식이 지배적이었으나 치열한 삼국 관계로 인해 무사적 화랑(사다함, 귀산)으로 변모되었으며, 원광법사의 "세속오계"로 그 정신적, 사상적 바탕이 보다 구체화되었다. 말하자면 교육과 수양을 위해 자율적으로 형성된 젊은 민간 집단(화랑무리)이 산천 유람(세계경험, 우주현상인식)을 통해 자연을 숭배(도의연마)하고 교감하며(민중의식에서 비롯된 노자의 무위자연사상과 상통), 사회 공동체적 협동(제사)과 나눔(봉사) 정신으로 선행을 실천하고(석가의 불성과 선행), 가정과 사회 안팎에서 효성과 충의을 다하는(공자의 충, 효, 인, 의) 풍월도 의식(귀족중심의 문식파)이 역사적 변혁기(진흥왕/태종무열왕)에 자기 희생(호국 희생정신)적 애국, 애민 사상(개방된 무사파)과 더불어 인간 자존 의식(비령자, 주체적이고 자율적 사유 행위) 등이 결부되어 보다 의미 있게 실천되었다.70)

원, 1992.
69) 『삼국사기』 진흥왕 17년(서기 576년)에 후대인 최치원(9세기말)의 난랑비 서문이 소개되어 시간적으로 파격적이다. 그럼에도 이전에 형성된 고유의 보편적 사상(화랑의 본질적 특성)이 그 후 체계화(유, 불, 선 통합)되었음을 알 수 있다.
70) 당시 대표적 화랑이며 장수인 김유신이 인간 한계로 위기를 느낄 때마다 산사(불교)에 기원하고 마음을 닦았다. 그러나 "임금의 덕행은 위로는 하늘의 뜻을 어기지 않고 아래로

종합하면 외래 사상(도교, 불교, 유교)은 실제 백성들의 뿌리 깊은 고유 사상(신앙)과 근본적으로 달랐으나 시대 역사 상황과 백성들의 존재 상황의 변화로 고대부터 형성된 근원 정신(천지 우주관, 신선, 귀신, 권선징악, 충효 등)과 다방면으로 혼용되었다.

그 중 불교는 본래의 초국가적, 초민족적 평등 사상 등이 시대적 한계로 수용되기 어려웠기 때문에 고구려 지배층에서 배척된 반면 백제는 귀족 불교에 한정되었다. 이에 비해 신라는 화랑 정신을 기반으로 지배 체제 강화와 국태 민안(國泰 民安)을 위한 호국 불법으로 발전되었다. 그럼에도 혼란기 과업의 불확정성으로 인해 생, 노, 병, 사(生,老,病,死)를 극복하고 현실적 기복(祈福)을 위한 민족 고유 신앙[71]과 교차, 혼용된 종교 대상으로도 확장되었다. 그 과정에서 불교의 사은론(四恩論), 효자경(孝子經) 등은 유교의 효 사상, 권선징악 등과도 통했다.

또한 유교[72]는 일찍이 태학(고구려 소수림왕)과 국학(신라 선덕여왕) 등을 통해 지배층과 그 자제들을 위해 학문과 도덕적 규범 등이 학습되었으나 인(仁)을 중심으로 충, 효, 예와 조상 숭배 사상(제사) 등은 민족 고유 사상(제천의식)과 혼용되어 일반 생활에 실질적인 규범으로 적용될 수 있었다. 이에

    는 백성들의 마음을 잃지 않아야 하며", "장수는 위로는 하늘의 도리를 깨닫고 아래로는 땅의 이치를 알아야 하며 그 중심에서 사람의 마음을 얻은 후에야 공적을 이룰 수 있다."는 고유의식에서 비롯되었다.

71) 이범교(역해), 『삼국유사의 종합적 해석』 하, 민족사, 2005, 500-501면, 도교적 칠성(七星)과 무교적 산신과 불교적 독성(獨聖)을 한 곳에 모신 삼성각(三聖閣)은 무, 불, 선(巫,佛,仙)이 융합된 한국적 신앙 표현의 특징인데 무불(巫佛) 융합의 삼신신앙(三神信仰)도 볼 수 있다.

72) 박성의, 『한국문학배경 연구』 상, 이우출판사, 1980, 33면, 당시 태학(고구려소수림왕 2년, 서기 372년)이 상류층 자제들의 교육 기관이었으나 일반 평민들도 길가에 경당(扃堂)을 차리고 경전과 궁술을 가르친 결과 고구려가 강국(强國)이 될 수 있었다고 보았다. 한편 백제는 고이왕 27년(서기 260년) 예의(禮儀)에 관한 일을 맡은 내법좌평을 두고, 왕 29년에는 관리가 재물을 받거나 도적질을 하면 그 세배를 거두고 평생 벼슬을 하지 못하게 한 도덕적 면모를 볼 수 있다.

비해 중국 민중에서 비롯된 도교는 초세간적이며 무위 자연적이어서 현실적이고 공리적이며 통치 규범이 된 유교와는 근본적으로 달랐다. 그러나 불교(제행무상, 영험, 삼세 인연의 내세 사상 등)와는 통한 점이 있었다. 결과적으로 고구려(영류왕, 보장왕) 말기에 성했던 도교(연개소문)는 민중들 사이에서 원시 자연 숭배 사상, 신선 사상, 무속 그리고 초세간적 은둔 사상 등과 혼융될 수 있었다.

나. 통일 신라 전, 후 시대:

① 통일 과업 전, 후 태종무열왕계(태종무열왕-혜공왕) 시대 인물들

사상 인물	토착신앙	도교	불교	유교	역사 배경 기타 특징	연계된 왕조	은유적 인물
김흠운			중 전밀	충, 절의, 대장부	화랑(문노)	태종무열왕 (654-661년)	
김유신	하늘, 천둥, 별, 용왕, 귀신, 축문, 꿈, 물새 (금기)방울, 북채,	갑옷 신병, 술법, 신선73) 천관신(오색빛)	권선징악, 인과응보, 무사심, 불사기도, 포로 해방, 부인 여승됨, 추선사	군신, 충, 절, 효, 삼종지의 삼강오륜 음, 양사상	삼재사상 백제침임 통일과업 나당관계	유리왕19년 -진평왕-태종 무 열 왕 - 문무 왕-혜공왕	
관창			계백의 자비심	군신, 충, 효	화랑	태종무열왕	
필부				충, 절의	인재양성	태종무열왕	
열기				충, 절의	나당관계	문무왕	
김인문		노, 장자	불교 통달	군신, 충, 효, 예악	화랑교육	진덕-효소왕	
강수	꿈, 사마귀, 부모(무속)	도인 예지	세속 떠난 교, 부인 부처공양	유학 선택 삼강오륜	문장가 나당관계	태종무열왕- 문무-신문왕	
소나				충의, 대장부 효, 부부유별	나당관계	선덕왕- 문무왕	
						통일 신라	
취도			취도(실제사중)74)	충, 의(형제)	삼형제	태종무열왕- 문무-신문왕	O
김영윤				예기, 충, 효, 대장부	조부, 부자 통일과업	진평-신문왕	O
설총 (화왕)		일본국 진인(眞人)	김대문의 고승전 원효의 금강삼매론, 왜에 전함	군신, 충, 맹자	+문장가, 최치우, 최언휘, 김대문	신문왕	O
김생			요극일75) 황룡사탑 탈주기	글씨(글)	통일신라- +고려사신	성덕-원성왕 고려숙종-예종	O
향덕			다리살 베기76)	효행	부모, 자	경덕왕	

V. 열전의 사회 문화적 기능과 문학사적 의의 539

| 성각 | | | 법정사 거주 다리살 베기 | 효행 | 거사, 모자 | 혜공왕 | O |

② 통일 신라 내물왕계(중기-말기)시대 인물들

사상 인물	토착신앙	도교	불교	유교	역사 배경 기타 특징	연계된 왕조	은유적 인물
녹진			재목 쓰기77) 마음 혼돈	군신, 충 무사심	사회병폐 (충간)	헌덕왕 (809-826년)	
김양	하늘, 해, 혜성	사촌 김흔 소백산은거	김흔 은거 중 중과 교유, 부인 비구니됨	군신, 충절	중앙권력층 (왕권쟁탈)	희강왕 -문성왕	
장보고			중국으로부터 신라 백성 보호, ■명신78)	군신, 충, 신의	왕권쟁탈 도운 지방세력	흥덕왕- 문성왕	
효녀지은			□불교중흥79), 화랑의 선행, 양민 회복	효, 충 (효종랑)	신라말기 /당	경문왕-진성 여왕-경순왕	O
최치원		은둔	금오산, 남산, 청량사, 쌍계사, 해인사80) 등	충, 효 (계원필경)	신라말기 /당	경문왕-진성 여왕-경순왕	
궁예	까마귀81) 글 귀(신이성)	백발노인82) (주발, 거울)	세달사, 석남사83), 미륵 신앙, 중 석총 부석사84) 벽화 발삽사 소상	군신, 충, 부부유별, 인의	후삼국 +왕건85)	진성여왕 -경명왕	
견훤	범젖 (신이성)		금산사86)	군신, 충, 부자, 효	후삼국 +왕건	진성여왕 -경순왕	

73) 이범교(역해), 『삼국유사의 종합적 이해』 하, 민족사, 2005, 322면, 자장이 깨닫지 못한 사이 노인이 빛을 발하며 사라졌으며, 혜통(앞글, 402면, 406면)의 신통력으로 갑옷 입은 병사를 내어 병마 침입을 막았다. 이는 불교(호국 불교에서 나온 밀교)와 관계가 없지 않다. 또한 천관신(김유신 열전 상)은 도가의 삼관신의 하나(『삼국사기』 3, 이재호 옮김)라고 했다.

74) 앞글, 510면, "실제사"는 진흥왕 27년(서기 566년) 세운 절(황룡사도 그해 완성됨)로 경덕왕 대 국사로 추봉된 영여가 있었다. 견훤이 습격한 포석정에서 경애왕이 불렀던 포석정가(鮑石亭歌)로 보아 포석정 근처에 세워졌음을 알 수 있다.

75) 앞글, 94면, 김생(열전)과 함께 대표적인 신라 서예가로 경문왕 11년(서기 871년) 새로 고쳐 만든 황룡사 탑 찰주기를 썼다. 신라에서 고려(글씨)까지 확장된 "김생"은 그 성쇠의 반복과 순환성이 성덕왕부터 원성왕까지 그리고 경문왕부터 진성여왕을 지나 말기까지 포괄된 인물임을 알 수 있다.

76) 앞글, 240면, 신효거사가 처음 고기를 얻으려 학 다섯 마리를 쏘았을 때 떨어진 깃으로 눈을 가리고 보니 사람이 모두 짐승으로 보여 자신의 다리살을 베어 공양했다. 또한 승려 혜숙이 구참공의 사냥을 막기 위해 자신의 다리살을 베어 준 내용(앞글, 302면.)도 있다. 곧 중생을 깨우치고 교화하는 영험으로 현시되었다.

77) 앞글, 350면, 화엄사상에서 "6상(六相)"으로 전체와 부분의 무애(無碍)한 관계를 밝혔는데 총상(總相)부터 괴상(壞相)까지 6상이 원만하게 융화된 형태를 건물에 비추었다. 곧 만

이상에서 통일 신라는 통일 과업을 주도한 태종무열왕계(표①)와 내물왕계(표②) 시대로 나뉘며, 불교 사상[87]과 더불어 유학이 발전했으나 고유 신앙과 노, 장자 사상도 공존했다.

그 중 통일 과업 전, 후 태종 무열왕계 시대(표①)는 사상적 차이가 보다 뚜렷하다.

우선 귀족 불교가 성했던 백제(계백, 흑치상지)와 도교가 성했던 고구려(연개소문)를 물리치고 당(唐)까지 축출(소나)한 신라의 통일 위업은 호국 불교(사상)를 중심으로 구현된 화랑 정신(+민중의식, 유+불+선)이 그 중추적 바탕이 되었다.[88] 곧 과거(원광, 자장)부터 지속된 호국 기원(의상)[89]과 일체(우

유의 법을 체로 잡아 평등적으로 관찰하는 것(총상)은 대들보, 서까래, 기둥 기와 등이 서로 총합된 하나의 건물이나 그 모든 것이 동일하면서도 각자의 본분을 잃지 않는(괴상)다. 녹진(열전)은 이를 원용해 당시 정치적 혼란상을 비판했다.

78) 앞글, 388면에서 공이 많은 스님 혹은 불교에 공이 많은 사람이 세상을 떠나면 명신(明神)이라 했는데 일본의 엔닌이 장보고를 적산 명신(赤山 明神)이라 했다.
79) 본기에서 경문왕이 황룡사연등(왕 6년)에 참여하고, 황룡사탑(왕 11년-13년)을 고쳤다.
80) 이범교, 하, 342-344면, 애장왕 3년(서기 802년)에 지은 해인사에서 의상이 화엄사상을 전했으며, 최치원이 「의상본전」을 지었다.
81) 앞글, 476면, 까마귀가 지통에게 영취산으로 가서 낭지 스님 제자 될 것을 권했는데 궁예에게는 왕자(王字)를 전했다.
82) 앞글, 482면. 노인이 문수보살 등으로 현신하여 각성시키고 사라진 경우가 적지 않다.
83) 앞글, 322면, 자장이 선덕왕 대 당(唐)에서 귀국해 정률을 정하고 화엄경을 설파했다. 진덕왕 이후 만년의 꿈에 신이한 스님을 보고 찾은 갈반지에서 석남사를 창건했다.
84) 문무왕 16년(서기 676년)11월 당(唐)이 축출된 해 2월 왕명으로 의상(화엄사상)이 창건했다.
85) 이범교, 하, 286-288면, 고려 시대 각 도의 선종과 교종의 사원이 창건된 공문 등이 있음을 알 수 있다. 당시 보양스님이 중국에서 돌아오던 중 용궁에서 불교를 보호하고 후삼국을 통일할 임금이 나옴을 들었다. 또한 신라 큰 스님 석충이 고려 태조에게 진표 율사(앞글, 388면)의 가사 한벌과 계간자 189개를 바쳤다고 했다.
86) 앞글, 358면, 백제 법왕 원년(592년) 창건했으나 진표율사(혜공왕 2년, 766년)가 재건했다.
87) 박성의, 『한국문학배경 연구』상, 이우출판사, 1980, 69면에서 제3기 불교 사상 중심 시대(삼국 말기-고려 말기)로 구분되었으나 또한 유, 불교가 함께 한 시대(앞글, 183면)라고 했다.
88) 불교(제행무상:諸行無常, 전, 현, 내삼세:前, 現, 來三世, 윤회:輪廻, 정토:淨土, 인과응보:因果應報, 영험:靈驗, 인연:因緣, 권선징악:勸善懲惡)/ 유교(인의도덕:仁義道德, 권선징

주의 통일적 진리와 원융무애)된 화랑(무사)들의 호국 희생 정신(김흠운, 취도, 김유신, 김인문 외)은 고유의 천명 의식(김유신, 강수부모), 유교(예기) 도덕적 규범(김유신, 김인문, 김영윤, 화랑과 무사들, 문장가 강수), 도교적 자연주의 사상(김유신, 화랑들) 등이 총체적으로 수렴된 김유신(가야인+신라인)과 더불어 극대화되었다. 말하자면 민족 화합(만유일체)을 이끈 그의 영웅적 업적(초월자, 진인)은 지배층의 솔선수범적인 개혁 의지(군신관계), 화랑들의 호국 희생 정신, 민중들의 호국 저항 정신과 실천 의지(장졸관계), 백성들의 존재 회복(知己) 의식(비령자, 열기)이 집대성된 결과였다.[90]

결국 불교 사상을 중심으로 "삼한이 한 나라가 되고 온 세상이 한 집안이 되었다."[91]고 믿게 된 신라는 그 광활한 정신 문화를 통해 보다 높은 단계로 나아갈 수 있었는데 나라 멸망을 경험(생멸의 무상함)[92]한 백성들과 통일 과업의 시련이 적지 않았던 백성들은 또 다른 의미에서 정신적 대상(민중불교)이 되었다.

그러나 삼국 통일 이후 당(唐)과의 사신 교류가 빈번해지면서 서적과 당

악:勸善懲惡, 삼강오륜:三綱五倫, 입신양명:立身揚名)/ 도교(미추선악 상대적:美醜善惡 相對的, 신선:神仙, 무위자연:無爲自然, 은둔:隱遁, 환원사상:還元思想) 사상은 때로 교차, 혼융되면서 공존했는데 화랑 정신을 비롯해 지배층과 백성들의 정신적 바탕이 되었다.

89) 원광의 세속오계를 비롯해 자장(삼국유사)은 중국에서 신인의 청을 듣고 외세 침입을 막기 위해 선덕여왕에게 황룡사 9층탑을 세울 것을 청했다. 그 후 의상(삼국유사)은 당(唐)에 갇힌 흠순을 통해 당(唐) 침입을 문무왕에게 전하고, 문무왕은 명랑(밀교)의 의식 외에 부석사(의상)를 건립해 당(唐)을 막고자 했다.

90) 이범교(역해), 『삼국유사의 종합적 해석』하, 민족사, 2005, 346-351면. 만상이 상호 연결되어 상호 의지하는 현상을 본질과 현상의 관계로 설명했는데 "총상(總相)/별상(別相), 동상(同相)/이상(異相), 성상(成相)/괴상(壞相)" 등에서 전체와 부분, 평등과 차별이 원융무애한 바 시, 공간적으로 연계되었으며 나아가 우주 전체가 하나의 통일적 화합체임을 밝혔다.

91) 앞글, 36-44면.

92) 박성의, 『한국문학배경 연구』상, 이우출판사, 1980, 183면에서 국문학에 나타난 사상적 분류는 그 한계가 모호한 부분이 없지 않으나 대국적 측면에서 속성이 가까운 범주에 넣었음을 밝혔다. 즉 인생 무상 혹은 허무감 등은 인간 보편적 의식일 수 있으며, 유교와 도교적 무상감 등과도 관련이 없지 않으나 불교 의식과 보다 가깝다고 할 수 있다.

(唐) 유학생을 통해 유학(儒學)이 크게 번성했다.

특히 유학(신문왕 2년, 국학설치)은 시초에 전제적 사회 체제를 질서화하기 위한 "생존적" 지표가 되었으나 인륜의 근본인 충, 효와 인, 의, 예, 지, 신(仁,義,禮,知,信)과 같은 실천적 덕목(삼강오륜사상)은 당시 지배 체제를 강화하고 국가 발전을 위한 현실적인 방안으로 인식되었다. 곧 지배층은 물론 개개인의 수양을 위한 도덕적 규범은 보다 이상적이었다.[93] 때문에 통일 과업 혼란기에 비해 고유 신앙, 도교 등이 눈에 띄게 줄었다.

그럼에도 유학 발달은 주체 정신과 유구한 문화 민족의 근원을 자각한 새

---

[93] 본기에서 고구려 소수림왕 2년(서기 372년) 태학 설립에 비해 신라(신문왕 2년, 서기 682년 국학 설립)는 상당히 후대이나 통일 후 당(唐)과의 빈번한 교류(외교 문서 발달)로 보다 발전했다. 그러나 이에 앞서 중국에서 귀국(진평왕 22년, 서기 600년)한 원광법사도 유학에 조예가 깊었으며, 선덕왕 9년(서기 640년) 이미 당(唐) 국학에 자제들의 입학을 청한 사실이 있다. 그외 강수(태종무열왕)와 같은 문장가가 이미 유학(효경, 곡례, 이아, 문선)을 알았으며, 김인문도 노, 장자, 불교 외에 유가를 널리 읽었으나 일부 계층에 한정되었다고 볼 수 있다.

그 후 신문왕 6년(서기 686년) 예기(禮記)와 문장에 관한 서적(칙천무후가 저장된 글을 뽑아 50권을 만들어 주었음) 등이 당(唐)에서 유입되고, 성덕왕 대 빈번한 사신 교류(왕 16년 당에서 가져온 공자와 제자 도상을 태학에 모심), 유학(留學, 성덕왕 27년 국학 입학 청함) 등으로 선진 문화 도입이 촉진되었다. 따라서 효성왕(서기 737년-742년) 2년 당(唐) 현종은 "신라가 서기(書記)를 알아 중국과 유사하며, 군자의 나라"라고 했다. 이어 경덕왕(왕 6년, 서기 747년)은 국학에 여러 박사와 조교를 두고 태학감(왕 18년)으로 고쳤다. 또한 혜공왕 원년(서기 765년) 왕이 태학에 행차해 박사에게 "서경"을 강론하게 했다. 그 후 원성왕(왕 4년, 서기 788년)이 독서삼품을 정해 "춘추좌씨전, 예기, 문선, 논어, 효경"을 읽은 이를 제 1위로, "곡례, 논어, 효경"을 읽은 이를 그 다음으로, "곡례, 효경"을 읽은 이는 제 3위로, "오경(五經), 삼사(三史), 제자백가(諸子百家)"를 널리 읽은 이는 관등을 뛰어넘어 뽑았다. 아울러 문장가들의 계보("강수", "설총", "최치원")에 그 발전상이 집약되었다.

박성의, 「한국문학배경 연구」상, 73-80면. 유학은 긍정적 측면 외에 민족 고유의 자립적, 진취적 민족성을 약화시키고 모화사대사상(慕華事大思想)이 양성되었다고 보았다. 곧 민족 고유 사상과 정치 이념이 실제적, 이론적으로 계발, 구성되었으나 진(秦), 한(漢), 당(唐)의 옛 주석(註釋:낱말과 문장 뜻 풀이)과 연의(衍義:의미 해석)에 구애받고 유교적 예법(禮法)을 전승한 평범하고 캐캐묵은 문장(死句腐章)에 구애되어 봉건 사회가 조장되었는데 이는 유교 정신의 장점을 취하고 단점을 보강하여 한국 고유의 것으로 수용하지 못했기 때문이라고 보았다.

로운 계기가 되었다. 곧 통일 과업 중 문장(나당관계, 표문)으로 기여한 "강수"가 "사람답게 살기"위해 유학을 선택했으나 부자(고유신앙/유교)와 부부(유교/불교) 관계를 통해 기존 사상과 공존하지 않을 수 없는 양상이 표명되었다. 또한 통일 시초에 "설총"은 우화를 통해 신/구 세력과 나/당 관계의 균형과 주체성 회복을 환기했다. 특히 당(唐)과의 관계가 가장 왕성했던 성덕왕 태평성대에 한산주 도독이었던 김대문[94]의 "고승전", "화랑세기", "악본" 등이 "설총(신문왕)"에 덧붙여진 이유는 유학(문장)의 번성으로 민족의 문화적 바탕이 퇴색(솔거의 황룡사벽화)될 우려가 없지 않았기 때문에 당시 주체적 인물(우리말로 구경을 풀어 읽은 설총)에 비추어 환기했다고 볼 수 있다. 결국 삼국에서 통일 신라로, 다시 고려(김부식)로 이어진 현실에서 중국과의 관계로 민족 고유의 정신문화 의식과 이에 대한 확고한 근원 정신이 나라 존속(통일신라-고려)의 근본 요인임이 각인되었다고 볼 수 있다. 곧 정신문화 의식과 주체 의식과의 상관 관계를 알 수 있다.

한편 통일 신라는 중반 통일 정신 상실에 이어 입신양명[95] 의식에서 비롯된 중앙 권력층의 사욕 때문에 피지배층(향덕, 경덕왕)의 살을 에는 고통(성각, 혜공왕)이 거듭되었다. 그 중 은유적 인물인 "성각(聖覺)"은 법정사 거사[96]로 세상의 명예와 벼슬(유교적 덕목)을 피해(소승불교) 살았으나 노쇠하고 병든 어머니(신라영토)를 자신의 넓적다리를 베어 봉양(대승적 차원/유교적 충효)한 후 다시 어머니 명복을 빌며 불사(佛事)에 전념(만유일체, 원융무애)한 양면적 인물이다. 이와 같이 불교 사상과 유학이 공존, 혼융된 과도기 사회

---

94) 김대문의 화랑세기는 시대를 거슬러 진흥왕 본기(왕 37년, 서기 576년)부터 열전 "김흠운", "설총" 등에 지속적으로 소개되었으며, 고승전은 열전 "설총"에 덧붙여 소개했다.
95) 실제 입신양명(立身揚名)은 유교적 관료주의에서 부모에게 효도하는 길이며 아울러 수신제가(修身齊家)하여 치국평천하(治國平天下)가 최고 가치였기 때문에 권력 쟁탈과 같은 부정적 측면도 없지 않았다.
96) 『삼국유사』「대산 월정사 오류성중」의 신효거사(실존 인물)와 유사한 측면이 있다. 즉 강원도 오대산에 있는 절로 자장법사가 처음 움집을 지었는데 그 후 신효거사가 머물렀고, 그 다음에는 범일(선승)의 제자(신의두타)가 와서 암자를 세우고 머물렀다.

상은 이미 통일 과업 중 피지배층(취도삼형제, 실제사)에도 나타난 바이나 통일 후 지배층(김영윤삼대, 충효)을 대표한 김영윤은 유학(예기) 실천에 보다 앞장섰다. 그러나 유학이 지배적인 사회 체재에서 최 상층의 권력 쟁탈(살베기, 도덕성 상실)이 거듭된 모순이 불교 거사를 통해 각성됨으로써 유학의 한계와 불교의 새로운 역할이 역설되었다고 볼 수 있다.

곧 중생이 "내" 안에 있는 부처(성각)를 찾기 위해 사상(四相:아집, 차별심, 자만심, 수복적 존재)에 집착하거나 안주하지 말아야 하며(금강경, 無爲眞如), 실체 없는 만상에 대해 중생들의 분별적 인식(色卽是空)보다 성각자의 무분별적 인식(空卽是色)으로 명명백백하게 인식(반야심경, 반야바라밀다)됨으로써 일체의 고통에서 벗어날 수 있다[97]는 깨달음(성각)이 세속과 법정사를 오가며 현시되었다. 곧 입신양명을 위해 근원 정신(대승적차원/충, 효 중심의 통일정신)을 상실한 지배층(성각자)의 각성을 촉구하기 위한 우회적 방법이었다.

그럼에도 통일 후 유학 체제로 변모된 지배층에 비해 불교는 의상(화엄사상)[98]과 원효("설총"아버지, 무애사상)에 의해 시초의 귀족 불교(미륵사상)[99]

---

[97] 이범교(역해), 『삼국유사의 종합적 이해』 하, 민족사, 2005, 282면.
　　반야계 경전의 사상적 위상을 정리하면 다음과 같다.

구분	원시불교(근본반야경전)	소승불교(잡부반야경전)	대승불교(대승반야경전)
경전	대반야경, 대품반야경 소품반야경	반야심경, 금강경	유마경, 화엄경, 법화경

앞글, 45면에서 대승불교와 소승불교를 비교, 정리하면 다음과 같다.

구분	대승불법	소승불법
자세	이타적(利他的), 적극적, 진보적, 현실참여적임	자리적(自利的), 소극적, 보수적, 현실도피적임
계율관	선(善)을 행하자는 적극적 태도	악(惡)을 행하지 말자는 소극적 태도
수행법	실천을 중시하는 중행주의(重行主義) 깨달음으로 불타되는 것이 목표이나 열반에 머무르지 않음(不住涅槃)	아는 것을 위주로 하는 주지주의(主知主義) 열반을 얻어 아라한이 되는 것이 최종 목표이나 생사에 머무르지 않음(不住生死)

[98] 이범교(역해), 『삼국유사의 종합적 해석』 하, 민족사, 2005, 188-199면. 지엄(당 화엄종의 개조)의 화엄사상을 이은 의상법사는 관음보살 진신이 해변 굴 속에 있다는 말을 듣고 낙산이라 이름 지었으며, 현신한 관음보살의 말을 듣고 낙산사를 지었다.

에서 대승적 대중 불교(미타사상)100)로 변화되었다.101) 특히 누구든지 아미타불(南無阿彌陀佛)을 염불하고 극락 왕생을 희구하면 왕생한다는 원효102)

앞글, 336-345면. 진덕왕 4년(서기 650년) 당(唐)에 들어간 지 20년(문무왕 10년, 서기 670년) 만에 돌아온 의상은 그 후 태백산의 부석사, 원주 비마라사, 가야산의 해인사(애장왕 3년 이후준공), 비슬산의 옥천사, 금정산의 범어사, 남악의 화엄사에서 불법을 폈으며, 제자로는 오진, 지통, 표훈(경덕왕대 대표적 화엄승, 이후 성인이 나지 않았다함), 진정, 진장, 도융, 양원, 상원, 능인, 의적 등이 대표적이다.

99) 앞글, 162-165면. 180-185면. 신라 불교 초기에 지배층은 미륵신앙이, 기층 민중들은 미타신앙이 중요 역할을 담당했다. 그 중 미륵사상은 인간이 10선(善) 공덕을 수행하면 미래 미륵불이 석가모니 뒤를 이어 하생하여 중생을 구원한다는 미래사상이다. 그러나 고통 받는 중생들은 하루빨리 구원받기를 원하므로 대체로 사회 혼란기와 전환기에 성행하는 경향이 있었다. 특히 미륵이 하생할 국토에 전륜성왕(轉輪聖王)이 바른 법으로 이상적 국토를 이룬 후 미륵보살이 도솔천에서 하생한다는 사상을 현실적으로 수용한 진흥왕은 왕자 이름을 "동륜(동륜 아들이 진평왕임)"과 "금륜(진지왕)"으로 짓고 미륵사상을 바탕으로 국선인 화랑 제도를 마련하는 등 국가 사회를 위해 실리적으로 적용했다.

100) 앞글, 180-185면. 신라 불교 초기에 기층 민중들의 미타신앙(혜숙)은 지배층의 미륵신앙에 비해 약했으나 통일 후 원효에 의해 민중 불교가 대중화되면서 미타신앙이 널리 퍼졌다. 즉 김춘추와 대립되었던 자장(황룡사9층탑, 선덕여왕) 대신 출현한 원효(김춘추 딸 요석공주와 사이에 설총탄생)의 사상(황룡사에서 금강삼매경 설함)은 의상이 왕명(문무왕 16년, 서기 676년2월)으로 창건한 부석사가 화엄 사찰이기보다 미타 사찰인 점에서 민중의 미타신앙이 화엄 사상 체계 속에 흡수되었다고 보기도 하나 당시 미타사상의 성행을 짐작할 수 있다.

101) 박성의, 『한국문학배경 연구』 상, 이우출판사, 1980, 182-190면. 미타신앙의 최초는 진평왕, 선덕여왕 대 혜숙(불교 대중화의 선각자)과 혜공(서민 대중 교화 위한 대승보살)에서 시작되었으며, 의상과 원효는 민족 불교의 완성자라고 했다.(이범교(역해), 『삼국유사의 종합적 해석』 하, 민족사, 2005, 63면.)

102) 이범교(역해), 『삼국유사의 종합적 해석』 하, 민족사, 2005, 326-335면. 승려와 속인이 다르지 않은 통일체임을 행동(파계승적 행동, 무애가 전파)으로 보인 원효는 화엄경의 "일체 무애인(無碍人)은 한 길로 생사를 벗어난다."는 구절에서 무애(외부의 모든 것으로부터 구애 받지 않고 거리낌 없이 자유로움을 뜻함. 또한 부처는 생사 초월 곧 열반의 무한한 도를 증명했으므로 무애인이라고 부름)로 이름 짓고, 이에 따라 박 모양의 도구를 만들어 무애라 하고 이를 두드리며 노래하고 춤추며 노래를 세상에 퍼트렸다.

앞글, 333면. 인식 주체인 아(我)와 주체가 인식하는 삼라만상(法)은 실체가 없는 인연(空)에 의한 것이라는 「금강삼매경」을 해석한 원효 사상(「금강삼매경소(金剛三昧經疏)」)은 "첫째 중관(中觀)과 유식사상(법상종, 우주 만물의 상 즉 모든 현상과 모양을 규명함)의 화쟁(和諍)적 종합이며, 둘째 대승선사상(大乘禪思想)의 천명이며, 셋째 진속불이(眞俗不二)의 대중불교 지향"으로 보았다.

의 정토 사상(원효의 "유심안락도:遊心安樂道")이 민중들에게 널리 전파되었는데 문무왕 대 인용사 미타도량(김인문의 극락왕생 기원)과 향가(광덕의 원왕생가), 경덕왕 대 미타사(남자신도 수십 명이 세움)와 향가(월명사의 제망매가), 원성왕 대 무장사 미타전(원성왕 아버지가 숙부 추모) 등에서 확인할 수 있다.103) 결국 불교 본래의 공무관(空無觀)에도 불구하고 호국 불교의 영험(통일)처럼 현세 이익을 구하는 민중들의 기원도 크게 성행했다.

따라서 태종무열왕계가 마감되고 새로 등극한 내물왕계(표②)는 지배층의 도덕성 상실을 극복하기 위해 다시 유학의 중흥을 시도했다.

특히 신하들이 추대한 주원(태종무열왕계)을 물리치고 즉위한 원성왕(왕 4년, 서기 788년)은 관리 등용을 위해 독서 삼품 제도를 마련했으나 이듬해 근본을 따르지 않았다는 비판이 있었다. 더욱이 왕권 쟁탈(헌덕왕)이 거듭된 지배 체제는 근원 정신 상실로 본래의 유교 도덕적 규범(충절)과 크게 모순되었다. 곧 옛 법(유학의 근본이념)과 위배된 지배층의 병폐("녹진", 재목쓰기)104)가 심화된 때 진표의 계율105)이 이어졌으며, 왕권 쟁탈 최 절정기("김양", "장보고")에는 선종(禪宗)이 대두되었다.106) 또한 뿌리 깊은 고유 신앙

또한 원효는 우주 만물은 모두 법성(法性)을 가지고 있어서 부처가 될 수 있다는 법성종을 분황사에서 시작했는데 이를 연구하는 학파를 삼종론파라고 한다.(앞글, 365면.)
반면 박성의(『한국문학배경 연구』 상, 이우출판사, 1980, 186면.)는 철저한 대승교인 화엄사상에 나오는 상징적인 무애사상보다 무애인으로서 부처를 선양했다고 보았다.
103) 이상은 『삼국유사』 기록 중 대표적 예이다.
104) 이범교(역해), 『삼국유사의 종합적 이해』 하, 민족사, 2005, 346-351면. "녹진"은 기강이 무너진 정치 현실을 비판하면서 화엄사상(의상)의 우주관(四法界觀)에서 "육상(六相)의 각 위상(건물의 각 부분 즉 대들보, 서까래, 기둥, 기와 등)이 각각의 본분을 지키며 서로 원만하게 융화되어 있음"을 원용했다.
105) 『삼국유사』「심지계조」에서 헌덕왕(41대) 아들 심지는 15세에 불도를 닦아 중악에 머물면서 영심(진표의 제자)의 법회에서 진표의 간자를 받았다. 이에 앞서 진표(『삼국유사』 "진표전간")는 금산사(혜공왕 2년 창건)에서 미륵보살의 감응으로 점찰경 2권을 받아 불법을 널리 전했다. 그의 제자로는 영심, 보종, 신방, 체진, 진해, 진선, 석충 등이 있으며, 그 중 석충은 진표율사의 가사와 계간자를 고려 태조에게 바쳤다.
106) 박성의, 『한국문학배경 연구』 상, 이우출판사, 1980, 80-83면, 선종(禪宗)은 인도에서

(김양)도 나타났다.

결국 왕권 약화(부권 상실)로 인한 총체적 난맥상과 그 국내/외 관계(효녀 모녀/화랑부자, 신라/당)가 집약된 "효녀지은"107)은 불교 중흥(황룡사재건)과 외교 재개(경문왕)로 인한 과소비에 이어 지배층의 사치(헌강왕)로 재정 파탄(진성여왕)에 이른 말기적 혼란상(궁예, 견훤)이 총체적으로 구성되었다.

곧 이러한 시대 상황에서 고유 신앙, 미륵신앙, 도가108)와 신선의 예지, 유학 등이 교차, 혼융, 대립되면서 정체성 혼란이 야기될 수 있었다. 그 중 궁예(석남사)109)가 말기적 혼란을 극복할 미륵110)임을 자처했으나 기존 불

중국으로 온 달마(達磨)에서 시작된 종파로 당(唐)에서 송(宋)까지 널리 퍼졌다. 그러나 신라는 헌덕왕 대 당(唐)에서 귀국한 도의국사가 처음 열었으며, 문성왕 이후 말기 100여 년 동안 널리 퍼졌다. 곧 언어나 문자에 의거하지 않고 명상(名相)과 의해(義解)도 구하지 않고 오직 마음에 불심이 생겼을 때 우주의 진리를 파악할 수 있다는 점에서 유심적, 직관적 깨달음으로 성불하는 종파로 선(禪)은 "정려(靜慮)"로 번역하고 "삼매(三昧)"로 쓰기도 했다.
  그러나 앞의 남종(南宗)과 달리 통일 신라 법랑의 문하 신행이 당(唐)에서 지공으로부터 북종(北宗)의 선(禪)을 지리산 단속사(경덕왕 22년, 서기 763년 창건)에서 전했으며, 고려의 이엄은 중국 선종의 진풍(眞風)을 전했다.
  이범교(역해), 『삼국유사의 종합적 해석』 하, 민족사, 2005, 188-192면. 또한 굴산조사 범일(梵日서기 810년-889년, 헌덕왕 2년-진성여왕 3년)은 구산선문(九山禪門) 중 사굴산파의 개조로 선(禪)을 널리 일으켰다. 고려에서는 나라 발전과 더불어 천태종(문종아들 대각국사의천)이 크게 융성했으나 무신란 이후 신라의 구산선문(九山禪門)을 이은 선종(禪宗)이 다시 번성했다.

107) 『삼국유사』 「빈녀양모」는 진성여왕이 내린 효녀의 집을 "양존사"로 삼았다.
108) 불교와 유교와 고유 신앙도 시대에 따라 서로 교차, 혼융, 변모되었듯이 노장의 도가 사상은 불교, 유교, 고유 신앙과 교차 혼융되면서 불노장생 등 도교적 형태로 변모되어 도가와 도교 사상이 혼재되었다.
109) 이범교(역해), 『삼국유사의 종합적 이해』 하, 민족사, 2005, 312-325면. 일찍이 당(唐)에서 귀국(선덕왕 12년, 서기 643년)한 자장법사(대국통)가 분황사에 머물다가 그 후 대승론과 보살계본(황룡사)을 강론하며 불교를 널리 전파했다. 또한 통도사를 세워 당(唐)에서 가져온 사리, 가사, 대장경 등을 봉안했는데 만년에 강릉 수다사에 거처하던 중 꿈에 문수보살의 감응으로 석남원(절)을 창건했다.
110) 영웅 출현이 기대된 혼란기에 지켜야 할 계율에 구속되지 않은 담기가 있었던 궁예가 중생을 구원할 미륵의 화신으로 나섰으나 중 석총에게 비판 받았다는 점은 기존의 민중 의식과 달라서 정치적, 사상적으로 배척되었다고 볼 수 있다.

교(중 석충)와 대립된 반면 호국적 밀교(명랑의 신인종)와 진표 율사(금산사)의 간자(점찰법) 등이 고려 태조에게 전해졌다.[111]

 종합하면 고대 삼국 흥망사는 시대 정신과 주체적 문화 의식과 밀접하게 연계되었음을 알 수 있다. 그 중 신라 발전기(진흥왕)에 건립된 실제사[112]의 성/쇠(진흥왕-태종무열왕 통일과업-태종무열왕계 쇠퇴-통일신라 말기)에 집약된 신라(삼국) 흥망사는 통일 이후 유학적 지배 이념(충, 효)에 따른 통일 신라 성/쇠(신문왕-성덕왕 최절정기-태종무열왕계 쇠퇴-내물왕계, 원성왕-왕권쟁탈 최절정기-통일신라 말기)와 혼융, 병행, 대립되었다. 곧 유교, 불교, 도교, 고유 사상 등의 사상적 추이와 더불어 다양한 정신 문화의식(사상)이 전개되었는데 결국 말기의 정체성 혼란(궁예, 견훤)이 시대 사상적 혼란과도 연계되었음을 짐작할 수 있다.

 결론적으로 전환기 사상적 변화(불교, 유교 등)가 문명 의식과 더불어 새로운 사회 체재의 현실적, 정신적 의미로 구축된 사이 뿌리 깊은 근원 정신에 배태된 궁극적 이상은 새로운 도전(갈등/저항)과 기존 질서와의 관계(조화/공존)에 따라 다양하게 변모/생성되었다. 바꾸어 말하면 사유하는 존재(도덕적

---

111) 이범교(역해), 『삼국유사의 종합적 이해』 하, 민족사, 2005, 410-419면. 신라 명랑(어머니가 자장법사의 누이)은 당(唐)에서 불법을 배운 후 귀국(선덕왕 4년, 서기 635년) 길에 바다 용의 요청으로 용궁에 가 비법을 전하고 집 우물로 솟아나왔다. 그 후 당 침입(문무왕 10년-16년, 서기 670년-676년) 소식에 문무왕이 법사의 비법으로 물리친 후 신인종(神印宗)의 시조가 되었다.
 반면 고려 태조는 개국 즈음 광학, 대연스님(명랑법사계통)의 비법으로 해적을 물리쳤다. 특히 고려 개국이 불교 힘이라고 믿은 때문에 국가적 종교(호국불법)로 삼았다. 곧 명랑 혹은 고려의 광학, 대연이 설립했다는 설의 신인종은 용, 바다, 사천왕과 관계 깊은 밀교로 호국을 설하는 다라니경 등이 있었으나 8세기 후 다른 밀교를 흡수해 발전했다. 결국 드러나 있는 부처의 가르침(현교)에 비해 현묘하고 비밀스러운 부처의 가르침(밀교)은 치병, 장수기원, 국난(호국불교) 등 현세 이익 추구로 나아갔으나 이전의 불교가 무속(고유신앙)과 융합된 상황과 달리 그 기반은 화엄종(화엄종+밀교)에서 형성되었다.
112) 실제사(진흥왕 27년, 서기 566년) 건립(진흥왕대 발전)-중 취도(실제사)의 호국 희생정신(태종무열왕, 통일과업)-경덕왕(태종무열왕계 쇠퇴기) 대 사라진 영여(실제사) 거주-견훤(통일신라말)의 포석정(실제사 부근) 침입(경애왕) 등에 집약되었다.

신념, 실천정신)의 본질적 생기(자율성)에서 비롯된 근원 정신 회복은 인간 존재 가치(사회공동체적 공존의식)와 국가 존립 의의(주체적 저항정신)도 활성화된 반면 불균형적 관계로 초래된 근원 정신 상실은 인간의 가치와 존재 의의 상실에 이어 국가 패망 요인으로도 작용했다.

3. 『삼국사기』 열전의 문학(문장)사적 의의

『삼국사기』는 고려(서기 918년-1392년) 중기 김부식에 의해 편찬(17대인종 23년, 서기 1145년)된 정사(正史)로 가장 오래된 역사 문헌이다.[113]

이는 왕조 단위의 단편 사실(실록)이 공일기(公日記) 형식으로 구성된 본기[114] 외에 일련의 자유롭고 개방적인 전기 혹은 인물전 형식의 열전과 문화와 제도 등이 서술된 잡지 등이 집대성된 "기록 문장"이기도 하다.

한편 소위 "문학(문장)"은 시초에 문자로 기록된 모든 것을 지칭한 점에서 언어로 표현된 모든 "문장"을 뜻했으나 후대로 오면서 전문화된 예술 양식(시, 소설, 희곡, 수필, 비평)으로 범위가 좁아졌다. 특히 수필(隨筆, Essais)은 시초에 문자로 기록된 모든 문장이 포함될 정도로 개방되었으나 점점 개인

---

113) 김부식, 『삼국사기』(상, 하), 김종권(역), 대양서적, 1972.
　　　, 『삼국사기』(1, 2, 3), 이재호(옮김), 솔, 1997.
　　　, 『새로운 삼국사기』①②, 이우경(편역), 한국문화사, 2007.
　　김부식 외 10명이 편찬한 『삼국사기』는 기존의 『삼국사』 외에 삼한고기(三韓古記), 해동고기, 신라고기, 신라고사(新羅古事), 김대문의 화랑세기, 계림잡전, 고승전, 악본, 한산기(漢山記), 최치원의 제왕연대기와 그 문집, 가락국기(서술자 미상, 고려 문종 대 서술됨) 등을 참고했으며, 중국 문헌으로는 삼국지, 후한서, 진서(晉書), 위서, 송서, 양서, 남, 북사(南北史), 북사, 수서, 신, 구당서, 통전, 책부원귀, 자치통감, 신라국기(영호징) 등을 참조하여 편찬된 삼국 실록이다.
114) 이우경, 『한국의 일기 문학』, 집문당, 1995. 왕충(漢)은 "사실 기록"과 "시간적 계기에 따라 날마다 쓰는 글"을 일기(日記)로 보고 일기에 뛰어난 이를 공자(춘추)라고 했다. 따라서 실록인 공일기(公日記)에서 개인의 기록 문장(심양일기, 북정일기, 궁중일기)으로 확장되었으며, 나아가 주관적 사일기(私日記)도 생성되었다.

의 경험에서 재현된 정신적 사유와 정서적 작용이 총체적으로 구성된 주관적 산문으로 좁아졌다. 따라서 "기록 문장 형식"[115]부터 개성적인 산문문학 형식까지 개방된 장르 체재는 오늘날 "누구에게나" 개방된 저술자 층에도 불구하고 기존의 다양한 문장 양식[116]에 비해 오히려 단조롭고 협소해진 경향이다. 그럼에도 "규정된 형식" 속에 상상력을 구현한 타 장르와는 달라서 경험한 사실(역사) 기록부터 상상적 문학 표현까지 다양한 형식이 생성될 수 있는 담론 체계이다.[117]

이러한 점에서 기전체(紀傳體) 역사 기록(실록)인 『삼국사기』는 기본적으로 왕조 중심의 역사 사실이 순차적으로 서술된 "공일기(公日記)" 형식이나 "왕조 내력"을 비롯해 백성에게 반포한 교지, 신에게 고한 제문, 국가 간의 외교 문서, 신하들과의 문답, 사전(史傳),[118] 편찬자의 주관적 논평 등 다양

---

115) 이우경, 『한국의 일기 문학』, 집문당, 1995.
_____, 『한국 산문의 형식과 실제』, 집문당, 2004.
장덕순, 『한국수필문학사』, 새문사, 1985.
최승범, 『한국수필문학연구』, 정음사, 1980.
폴 리쾨르, 『텍스트에서 행동으로』, 박병수 남기영(편역), 아카넷, 2002.
116) 이우경, 『한국 산문의 형식과 실제』, 집문당, 2004, 13-127면.
고대인들은 기본적으로 다양한 문장 양식을 익히고 그에 대한 깊은 통찰력을 지닌 문필가들이 여러 형식의 문장(잡문)을 "자유자재"로 구성할 수 있었다. 반면 오늘날에는 문장 형식에 대한 의식보다 "누구든지" "보고 들은 바"를 "자유롭게" 쓸 수 있다는 인식에서 쓰여진 생활 일화(에피소드)가 대부분이다. 그러나 터득한 경험 내용과 알맞은 문장(문학) 형식이 총체적으로 구축된 개성(창조)적 문장(문학)이 수필의 본질이라고 할 수 있다.
117) 앞글, 65-114면. 소위 수필(주관적 산문)은 "형식 없는 문장(문학)"이 아니고 서술자의 주관적 경험, 인식 방법, 정서적 느낌 등이 총체적으로 구축될 수 있는 "비어 있는 형식(無形式)" 체계이다. 때문에 "자유롭다." 그럼에도 "개성(창조)적이다."라는 측면은 내용(소재)에 국한되기보다 알맞은 구성 방법과 문장 형식에 대한 관점이다. 즉 인간 보편적 경험과 진솔한 느낌이 주관(개성)적 구성 방식과 총체적 문장 양식으로 생성(창조), 구축된 형식은 결코 천편일률적일 수 없다.
118) 박완식(편역), 『한문 문체의 이해』, 전주대학교출판부, 2001, 256-259면.
공자가 노(魯)의 역사 「춘추」를 짓고 동시대인인 좌구명이 그 일들의 처음과 끝을 파헤쳐 전(傳)의 형식을 창조했다. 이때 기전(紀傳)으로 법을 삼아 편년(編年)으로 사건을 엮되 "사실"대로 기록해야 하며 근거 없는 의논이 되어서는 안된다고 했다.

한 역사 기술(記述) 문장 형식이 광범위하게 구성되었다. 그 중 열전은 본기의 지배 관점과 달리 다양한 인물의 관점에서 자유롭고 파격적인 형식이 다양하게 구성되었다.

결과적으로 "삼국-고려전기-고려후기" 중 고려 전기에 편찬된 『삼국사기』는 삼국의 문장 형식들이 전대(삼국시대) 문장(문학) 양식과 연계(내용)/구분(형식)되고, 후대(고려후기) 문장(문학) 양식과 구분(내용)/연계(형식)된 특징으로 문학(문장)사적 분수령이 된다고 할 수 있다.

가. 『삼국사기』 열전의 생성 배경과 교두보적 위상

김부식의 『삼국사기』가 고려 인종(서기 1122-1146년)의 명으로 편찬(인종23년, 서기 1145년)된 시기는 내부적으로 외척(이자겸)의 횡포에서 왕권을 회복했으나 김부식(개경파)과 묘청(서경파)의 대립으로 내분이 심화된 전환기였다. 또한 외부적으로는 이미 세 번의 거란 침입(서기 1010년-1019년)[119]이 있었고 강성해진 여진 침입 이후 금(서기 1115년-1234년)과 형제 관계(예종12년, 서기 1116년)를 맺은 후라서 주체 의식이 환기된 시대였다.

따라서 당시 국내외적 현황은 마치 통일 신라 절정기 이후의 변화와 유사해서 실제 중기의 내분(태종무열왕계/내물왕계 왕권쟁탈)이 말기 혼란상으로 이어진 상황이 우려되지 않을 수 없었다. 곧 통일 신라 절정기(성덕왕) 인물인 "김생(열전)"에 고려(숭녕, 숙종-예종) 상황이 병행된 파격적 형태로 양국에 교차, 함축된 역사적 현황과 의의가 이미 우회적으로 강조된 바였다.

양국 상황은 다음과 같이 비교될 수 있다.

---

[119] 1차 침입(성종)은 서희의 외교적 담판(송과 관계 단절 대신 압록강 지역 반환)으로 영토를 압록강 지역으로 확장했으나 목종12년(서기 1009년) 강조가 목종을 해치고 현종(1010년-1031년)을 세운 정변을 이유로 2차 침입이 두 차례 있었다. 그리고 3차 침입 때는 강감찬이 귀주에서 승리(현종9년, 서기 1018년, 귀주대첩)했다. 이후 개경 주위에 나성을 쌓고 천리장성(압록강-동해안 도련포)을 쌓아 국방을 강화했다.

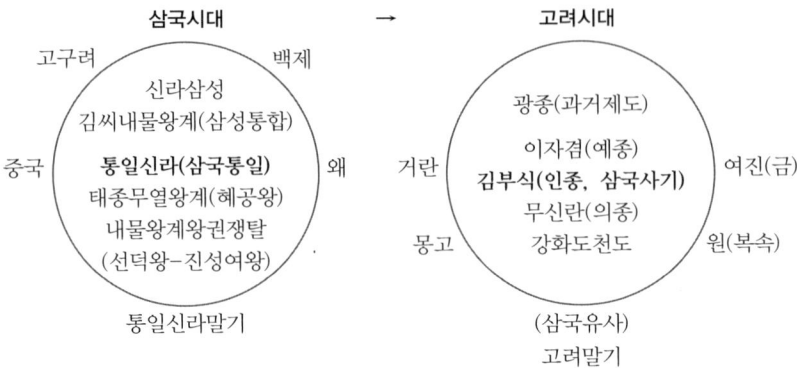

 이상을 비교하면 통일 신라 성덕왕(절정기)을 중심으로 그 전(외세침입), 후(불균형적 외교/내분) 관계와 고려 절정기인 예종, 인종(김부식, 『삼국사기』)을 중심으로 고려 전(외교, 내분), 후(외세침입) 성/쇠 과정이 유사해서 이를 우려한 편찬자의 탁월한 역사의식을 짐작할 수 있다.
 우선 통일 신라 말 혼란(후삼국)을 통일한 고려(왕건)는 시초에 신라 문화와 중국 제도를 바탕으로 개방적이고 주체적인 국내외 정책을 다양하게 폈다.
 특히 건국 과업 중 불교 힘이 컸다고 생각한 왕건(고려)은 불교를 숭상했으며, 건국 후 포용된 신라 문장가(유학자)와 승려들은 건국 이념과 문화 창출에 다각도로 연계되었다.[120]
 한편 건국 과정에 관여된 호족과의 관계로 외척(딸이 태조, 혜종 비가 된 왕규의 난)이 일찍부터 득세(2대혜종)했으나 광종(4대, 서기 949년-975년)의 과거 제도(왕 9년) 실시로 왕권이 강화되었다. 당시 왕은 대표적 문신인 최언위와 함께 유학(과거제도)을 통한 개혁 정책을 폈으며,[121] 성종(6대)은 최승로(시무28조)와 함께 체제 정비와 유학

---

120) 조동일, 『한국문학 통사』 1, 지식산업사, 1982, 279-289면.
　　고려 지배층은 통일 신라 출신의 문신 귀족과 왕건을 도운 지방 호족이 대표적이었다. 특히 신라 골품제에 막혔던 육두품 출신들이 고려 건국 후 최고 지위에 오르고 문화 창조를 주도했다. 따라서 초기에는 이들 양 계층이 신라 전례를 따르며 새로운 방향을 강구했으나 후에 개경파(김부식)와 서경파(묘청)로 나뉘었다고 볼 수 있다.
121) 왕건은 신라 출신 최언위, 최응(궁예부하)과 함께 건국 이념을 수립하며 개경에 7층탑(신라 9층탑 모방)을 세우고 쓴 통일 기원문(최응의 통삼한위일가발원소:統三韓爲一家發願疏)이 있으며, 발해민과 후백제를 아우르고 화엄도량인 개태사(논산)를 지은 후 발원문을

교육에 힘썼다. 그 후 목종(7대)의 어머니 천추태후로 인해 나라가 어지러웠으나 현종(8대)의 즉위로 왕권이 회복되고 이어 세 아들(덕종, 정종, 문종)에 의해 지배 체재가 확립되었다.

그러나 현종(서기 1010-1031년)이 부모를 위해 창건(왕 12년, 서기 1021년)한 현화사(법상종)는 왕실 불교의 중심이 되어 새로운 문벌 귀족 세력의 중심이 되었다.

당시 불교는 선종의 여러 유파, 화엄종[122], 법상종, 천태종 등이 발달해서 균여(광종)와 의천(문종아들)[123] 등이 불교 통합을 시도했으나 여의치 않았다. 또한 정치적으로는 11대문종(이자연)부터 17대인종(이자겸)까지 80여년 동안 세도를 부린 경원 이씨(외척) 중 이자겸(예종 대 금과 형제관계 수락)의 딸이 16대예종의 비(문정태후)가 되고 나머지 두 딸도 인종(17대)의 비가 되어 득세했다. 그러나 인종(왕 4년, 서기 1126년)을 중심으로 형성된 반대파에 의해 마침내 몰락했다.

결국 왕권을 회복한 인종은 김부식을 주축으로 개혁을 추진했으나 이자겸의 반란으로 황폐해진 개경에서 서경 천도를 적극 주장한 묘청과 대립하게 되었다. 그러나 묘청의 반란을 진압(인종13년, 서기 1135년)한 김부식(경주김씨)은 새로운 문벌 귀족 세력으로 부상해 무신란(1170년)까지 약45년(김부식 사후 20년포함) 동안 지속되었다.

이러한 배경에서 편찬된 『삼국사기』는 과거(삼국시대) 외척의 횡포(을파소)와 내분(내물왕계 왕권쟁탈, 김양, 장보고) 그리고 외세(당의 고구려와 신라침입)로 인한 역사 경험(설총의 화왕계, 삼국흥망사) 등을 거울 삼아 고려(외척, 내분, 외세)가 당면한 전환적 위기를 반추하고 경계(警戒)하기 위한 구체적이고 실증적인 역사 현실이었다.

그러나 통일 신라가 절정기(성덕왕) 이후 보다 심화된 국내외 한계로 내분이 일고 말기 상황이 촉진되었듯이 고려는 그(삼국사기 편찬)로부터 25년 후 문무 대립으로 무신

지었다. 그러나 최언위는 그 후 광종을 도와 유학(과거제도)을 폈다. 따라서 고려는 불교와 유학의 공존에 힘썼다.
122) 조동일, 『한국문학 통사』 1, 지식산업사, 1982, 304면. 신라 말 해인사에서 화엄종 고승 둘이 남악(견훤측)과 북악(왕건측)으로 나뉘었으나 균여(북악)가 광종의 통합 시책에 따라 이들을 아울렀다.
123) 원래 화엄종에서 천태종을 통해 불교 통합을 시도하며 선종을 아우르고자 했으나 선종은 귀족 불교와 달리 스스로의 명맥을 유지하다 무신란 이후 불교 개혁에 앞장섰다.

정권(1170년-1259년)이 서고, 몽고 침입(1231년)을 겪게 되었으며, 이듬해 강화로 천도(최씨정권, 신종-고종)하여 40년 동안 저항했다. 그리고 개경 환도(서기 1270년) 후 몽고가 세운 원(서기 1271년-1368년)의 간섭을 받게 되었다.

결과적으로 그와 같은 후기 상황을 우려한 김부식이 과거 중국(한, 위, 후주, 수, 당)을 물리친 고구려 자주 의식과 기개(을지문덕, 연개소문 등), 당(唐)까지 물리친 신라 통일 역량과 주체 정신(김유신, 소나 등) 외에 균형적인 외교 정책(고구려의 강경성과 신라의 유연성/나당 관계의 이상과 한계)과 문화 민족(솔거, 백결선생, 김생 등)으로서 자긍심 등이 내포된 삼국 흥망사(삼국사기)를 통해 새로운 주체 의식과 민족 화합의 의의를 환기했다고 볼 수 있다. 곧 통일 신라가 당(唐)과의 빈번한 교류(성덕왕)로 유학이 성행한 때 고승전과 화랑세기(김대문)가 편찬되었듯이 고려의 과거 제도(광종)와 유학 정책(성종) 등을 우려한 이들이 연등회와 팔관회 그리고 선랑(仙郞)의 풍속을 이어야 한다고 역설(서희열전)한 역사, 문화 의식과도 같은 맥락이었다.

그러나 추구한 이상적 변화(개경파/서경파 화합, 문/무 조화, 전통적 가치/외래사조의 균형, 주체 의식과 균형적 외교관계 등)보다 우려한 상황(내분과 무신정권, 외세침입과 말기혼란)이 현실화되었다.

결국 열전이 포함된 『삼국사기』는 삼국/고려, 고려전기/후기, 역사적 전환기/문학사적 분기점에서 전대의 역사와 문화를 보존하고 당대의 위기를 극복하기 위한 역사 의식에서 비롯되었으나 문학(문장)사적으로는 전대(삼국, 고려전기) 문장(문학)을 보존, 확장하고 후대(고려후기) 문학(문장)의 시원(始原)이 된 점에서 그 문학(문장)사적 가치와 교두보(橋頭堡)적 위상은 실로 중요하다.

열전이 포함된 『삼국사기』를 중심으로 그 전, 후 문장(문학) 형식들을 정리하면 대략 다음과 같다.[124]

---

124) 「국역 고려사절요」 I, II(고전국역총서 13, 14), 민족문화추진회, 1968.
「국역 동문선」 V, 고전국역총서, 29, 민족문화추진회, 1968.

V. 열전의 사회 문화적 기능과 문학사적 의의 555

[표 1] 삼국시대(삼국초기-통일신라 말기)

시대	기록 문장(문학)	운문
삼국시대[125]	*고구려유기, *백제서기, *신라국사[126], 삼국 건국신화[127], 광개토왕 비문, 적성비(진흥왕대), 외교 표문(백제개로왕), 상진평왕서(김후직)[128], 토끼와 거북이(우화, 김유신전) 김유신의 축문[129], 가락국기(삼국유사)[130], 사전(史傳)[131] (삼국사기 열전의 역사적인물), 인물전(도미, 온달, 솔거, 백결선생 등 열전의 은유적인물)	공무도화가,[132], 정읍사[133], 태평송[134], 풍요(삼국유사), 구지가, 황조가(고구려 유리왕), 을지문덕의 한시(고구려), 혜성가(진평왕대), 서동요, *도솔가,[135] *회소곡, *우식곡, *장가, *양산가, *도령가(徒領歌)
통일신라	문무왕 답서, 사죄문, 유조(문무왕)[136] 교서(신문왕)[137], 제문[138], 화왕계(설총) 왕오천축국전(혜초, 성덕왕 대), *설총의 비문, *고승전과 화랑세기(김대문), 최치원의 계원필경집(기, 서, 제문 등), 비문, 사산비명, *의상전(최치원), 박인범의 도선비문, 견훤의 격문(최승우), 왕건의 답서(최언위) (삼국사기 열전의 역사적 인물과 설씨녀, 성각, 효녀지은 등 은유적 인물 등)	혜초의 시, *흥덕왕의 앵무가, *헌강왕 시짓기 즐김, *삼대목(위홍과대구화상의 향가수집, 진성여왕대), 거인(진성여왕대)의 시, 최치원 시, 경애왕의 번화곡

조동일, 『한국문학사상사시론』, 지식산업사, 1978.
─────, 『한국문학 통사』 1, 지식산업사, 1982.
─────, 『한국문학 통사』 2, 지식산업사, 1983.
이범교(역해), 『삼국유사의 종합적 이해』(상, 하), 민족사, 2004.
이우경, 『한국의 일기 문학』, 집문당, 1995.
─────, 『한국 산문의 형식과 실제』, 집문당, 2004.
─────(편역), 『새로운 삼국사기』①②, 한국문화사, 2007.
장덕순, 『한국수필문학사』, 새문사, 1985.
최승범, 『한국수필문학연구』, 정음사, 1980.
장백일·최승범, 『수필문학론』, 한국방송통신대학, 1988.
황패강 외(편), 『한국문학연구입문』, 지식산업사, 1987.

125) 이들 중 삼국시대와 통일신라시대 기록 문장(문학)과 운문(노래, 향가) 등은 대체로 『삼국사기』, 『삼국유사』에 기록된 작품명이나 그 밖의 문헌도 참고했다.
그 중 『삼국유사』는 실제 고려 말 이제현(충선왕)보다 앞선 시대이나 『삼국사기』와 비교하기 위해 따로 구분했다.

126) "*"표시된 고대 삼국사는 현존하지 않으나 『삼국사기』 본기의 모본이었다고 볼 수 있다. 따라서 이후에도 현존하지 않은 중요한 작품이 "*" 표시로 구분되었음을 밝힌다.

127) 이에 앞서 고조선의 단군 신화가 있다.

128) 서거정(조선시대 성종9년, 서기 1478년)이 삼국시대부터 조선 당대까지 시, 문(詩, 文)을 엮은 「동문선」에 "상진평왕서", "화왕계(풍왕계)"가 수록(국역 동문선V)되었으며, 그 외 최치원의 문장, 시 그리고 고려 시대 중요 시, 문이 수록되었다.

129) 이우경(편역), 『새로운 삼국사기』①, 한국문화사, 2007, 열전 김유신 상에 선덕여왕 16

[표 2] 고려 전기(왕건-삼국사기-의종)

시대	기록 문장(문학)	운문
고려 전기[139] (왕건-의종)	*통삼한위일가발원소(최응), 왕건의 발원문(보한집수록), 외교문서(최유선의 걸환압강동안위계장)[140], 박인량의 외교문서[141], 수이전(일부)[142], *고금록(고려사[143] 박인량 열전), 가락국기(문종대), 균여전[144](혁련정, 문종29년, 서기 1075년), 의천의 원효제문, 김부식의 의천 비문, *김부식의 보덕화상전, 최약의 예종에게 올린 글, 정극영의 예종에게 올린 표문, 고려도경[145]	보현시원가11수(균여, 광종대 향가)[146], 최승로[147](광종, 성종) 시, 현종[148]시, 최충(문종대)[149]시, 박인량(문종대)[150]시, 김황원[151]시, 도이장가(예종의 향가, 서기 1120년), 의천 시, 김부식 시, 탄연 시[152], 예종 시, 곽여 시, 이자현 시
삼국사기본기 (인종23년, 서기 1145년)	진삼국사기표, 삼국 건국신화, 왕조 내력, 교지, 제문, 외교문서(표문, 편지), 사전(史傳), 유조, 논평(편찬자) 등	황조가, *도솔가 등, 태평송, 거인의 시, *삼대목(위홍의 향가 수집)
삼국사기 열전	을지문덕, 연개소문, 온달(고구려) 등, 계백, 흑치상지, 도미(백제), 김후직, 김유신(축문, 토끼와거북 등), 김인문, 강수, 화왕계(설총, 우화), 설씨녀, 견훤(격서, 신검의 교서), 왕건(답서) 등등	을지문덕 시, *우식가, *방아타령, *장가, *양산가 등, 최치원 단시, 노인의 고시(궁예)

년(서기 647년) 비담의 난에 김유신의 축문(祝文)이 있다.
130) 삼국 시대에 해당되나 『삼국유사』는 『삼국사기』보다 대략 132년 이후 서술되었다.
131) 고구려 경우 『삼국사기』 본기에 사전(史傳: 탁리와사비, 해명왕자, 낙랑공주와호동왕자, 이상한 솥, 후녀 등) 체계가 적지 않다.
132) 조동일, 「한국문학통사」1, 84면. 삼국 시대에 앞선 작품으로 백수광부 아내에서 뱃사공 아내 여옥을 통해 전해진 공무도하가(해동역사)가 있었다.
133) 유일하게 남은 백제 노래인 동시에 한글로 씌어진 가장 오래된 노래로 악학궤범에 실렸으며, 조선시대 궁중음악으로 불리었다.
134) 이우경(편역), 『새로운 삼국사기』①, 한국문화사, 2007, 137-139면. 진덕여왕이 당(唐) 고종에게 비단에 짜 넣어 보낸 5언 시이다.
135) 『삼국사기』 본기에서 유리왕 5년(서기 28년) 지어진 도솔가(兜率歌)는 가악(歌樂)의 시초이다.
136) 앞글, 227-230면, 문무왕 21년(서기 681년) 왕의 유조이다.
137) 앞글, 231-234면, 신문왕 원년(서기 681년) 김흠돌 반란 후 왕이 이를 널리 알렸다.
138) 앞글, 235-237면, 신문왕 7년(서기 687년) 왕이 대신을 사당에 보내 제사지냈다.
139) 고려 전기 작품은 소위 고려 초, 중기 대표적 문장들이며, 운문(시)은 광종, 성종, 문종, 예종 대 발달을 의미한 대표적 작품이 간략히 소개되었다.
140) 최유선(?-1075년)은 최충(문종9년, 서기 1055년 72세로 벼슬에서 물러나 가까운 귀족 자제들을 위한 사학을 열었다.)의 아들로 지공거(知貢擧)를 역임했다. 걸환압강동안위계장(乞還鴨江東岸爲界狀)은 거란에 빼앗긴 땅을 돌려달라는 외교문서(문종대)이다.

141) 『동문선』 39권에 수록된 "상대요황제고주표(上大遼皇帝告奏表)"이다.
142) 조동일, 『한국문학 통사』 1, 지식산업사, 1982, 358-363면. 수이전(殊異傳)은 최치원이 지었음을 추측하고, 고려 박인량이 "신라수이전" 혹은 "고본수이전"을 보완했다고 보았다. 곧 수이전은 신라 이래 설화를 여러 사람들이 지속적으로 다듬으며 전해진 흔적이 보이며, 전해진 13편 모두 기이한 행적에 관한 내용이다.
143) 「고려사」는 조선 세종대왕의 명으로 정인지, 김종서 등이 문종 원년(서기 1451년)에 완성한 고려 왕조 기전체(紀傳體) 역사서(총139권)이다.
144) 조동일, 『한국문학 통사』 1, 지식산업사, 1982, 350-354면. 신라 고승의 신이한 행적에 비해 고려 고승전은 파격 요소가 배제되었다. 이유는 불교가 체계적 교리를 통해 설득력이 강화되었으며, 민중 불교가 재현되지 않았기 때문이라고 보았다. 그러나 균여전은 신이한 측면이 개입되었다.
145) 고려도경(高麗圖經)은 중국(송) 사신 서긍(徐兢)이 인종 원년(서기 1123년) 고려에서 보고 들은 것을 기록한 책(40권)으로 원명은 선화봉사고려도경(宣和奉使高麗圖經)이다.
146) 조동일, 『한국문학 통사』 1, 지식산업사, 1982, 279면. 신라인 균여(서기 923-973년)는 당시 화엄종의 종단을 통일하고, 고려(광종)의 통치 질서 수립을 위해 향가를 계승했다. 즉 고려 전기 사회와 문화는 근본적으로 신라와 동질성을 지니고 있었기 때문에 한시와 향가가 공존했으나 그 후 과거 제도 발달로 한시가 발달하면서 향가는 쇠퇴했다.
147) 앞글, 332-345면, 최승로는 내세를 위해 몸을 닦는 불교보다 현실적으로 나라를 다스리는 근원인 유교 숭상을 건의했다. 동시에 예악, 시서(詩書), 도리 등은 중국의 전례를 따라야 하나 거마, 의복 등은 고려 풍속을 유지해 신라(불교, 신라 문화 전승)와 중국(유교, 중국 문물 사대)과 차별화된 고려 정신 확립을 주장했다. 한편 과거 시험을 치르고 임금을 칭송한 시에서 개인적 정감을 내포한 시를 표현하기 시작했다.
148) 고려사 간행 이듬해 간행된 편년체 『고려사절요』에서 학문을 장려한 예종은 특히 시 짓는 행적이 그 어느 왕조보다 빈번했음을 확인할 수 있다.
149) 지공거를 역임한 최충을 비롯해 당시 시들이 고려 후기 파한집(예종의 시), 보한집(조익, 최수로, 현종, 최충 등) 그리고 동문선(조선시대) 등에 실렸다.
150) 조동일, 『한국문학 통사』 1, 지식산업사, 1982, 341면, 문종34년(서기 1080년) 김근과 송(宋) 사신으로 가 그곳 문인들과 주고 받은 시가 송(宋)에서 크게 평가 받았으며, 송에서 이들의 시를 모아 소화집(小華集)을 펴냈다고 했다.
151) 앞글, 342-345면. 김황원(서기 1045년-1117년, 정종-예종)은 요나라 사신을 노래(口號)로 감화시킨 인물로 임금의 글 자문을 맡았다. 당시 성행하던 변려문에 비해 고문(古文)으로 해동 제일의 평을 들었으며, 그로 인해 물러났으나 문학 풍조가 기존의 변려문에서 고문으로 바뀔 움직임이 시사된 인물이기도 하다.
152) 앞글, 318면. 탄연의 활동 시기는 예종(서기 1106년-1122년) 대이다. 예종은 당시 선종(불교)과 노장 사상에 심취했으며, 과거에 급제했으나 처사로 지내는 곽여의 은신처를 찾기도 했다. 한편 최약(최충의 증손)이 예종에게 올린 글(최자의 보한집)과 예종 대 정극영(좌간의대부)이 예종에게 올린 청연방조신표(請延訪朝臣表) 등은 고려사와 동문선에 실린

[표 3] 고려 후기(무신정권-삼국유사-말기)

시대	기록 문장(문학)	운문
무신정권153) (의종24년, 서기 1170년)이후(명종-고종)	편년통록(의종대 김관의, 고려건국신화) 임춘의 가전체(공방전, 국순전), 이인로의 파한집(시화), 유승단의 비답, 국서, 소, 이규보의 맹고문(대몽항쟁), 동국이상국집(시론, 풍자), 탁전, 가전, 혜심의 가전, 최자의 보한집, 각훈의 해동고승전, 일연의 삼국유사, 최해의 동인문(*시,*산문, 변려문), 이제현의 *국사편찬, 역옹패설(역사, 문학), 이곡, 이색의 인물전 등등	정과정곡(정서, 의종10년, 추측) 김극기의 시(농촌), 오세재, 임춘, 이인로, 유승단의 시(귀족불교규탄), 이규보의 시(농민항변), 이규보의 동명왕편(명종이후), 혜심의 선시154) 이승휴의 제왕운기, 이제현의 시 등
삼국유사 (충렬왕3년 – 7년, 서기 1277년 –1281년)–14세기	단군신화 외 고대 건국신화, 영웅신화, 신라 왕조 사실과 은유적 서술, 향가 내력, 흥법 기록(탑, 종, 절 내력과 신이성, 고승과 승려 내력과 신이성, 백성들의 불법 현시, 불교설화, 효선 외 기(記), 소(疏), 논(論)155) 등 문헌	풍요, 융천사의 혜성가,156) 원왕생가(광덕, 문무왕대), 헌화가(성덕왕대), 월명사의 도솔가157) 제망매가 등 총14수의 향가158), 게(불교노래), 사(詞), 찬 등

글로 나라 위기를 의식하고 글재주를 자랑삼는 부류와 세월을 보내기보다 경술(經術)을 숭상하고 백성을 교화하며 풍속을 바로할 것을 충간했다. 아울러 나라를 구할 어진 신하를 맞아 정치를 바로 하고 군신 관계 회복을 청했다.

153) 고려 전, 후기 작품은 무신란 전(의종), 후(명종)로 구분된다. 그러나 『삼국사기』 편찬(인종)을 기준으로 할 때 다음 왕조(의종)의 문장(편년통록)과 운문(정과정곡)이 『삼국사기』와 동시대이어서 무신란(서기 1170년) 이전에 배치되었다. 결국 전, 후 경계에 위치한 『삼국사기』에 서술된 문장(문학) 양식들이 무신란 이후 생성된 가전체, 시화, 인물전 등과 내용은 차이가 크나 형식은 여러 면에서 답습되었다.

154) 박재금, 『한국선시연구』, 국학자료원, 1998.

155) 박완식(편역), 『한문 문체의 이해』, 전주대학교출판부, 2001, 기(記)는 일을 서술한 문장으로 그 과정과 실마리를 상술한 비망록과 같으며, 논의가 활용될 수 있다. 소(疏)는 자신의 생각을 임금에게 올리는 글로 자신의 생각을 글로 쓴 문장이다. 그리고 논(論)은 하나의 이치로 연구한 글로 「금강삼매경론」 등 다양한 문헌 등이 소개되었다.

156) 조동일, 『한국문학 통사』1, 지식산업사, 1982, 125면. 진평왕 16년(서기 594년) 상황에서 유추한 정황은 백제 위덕왕 41년(서기 594년) "혜성 출현"과 일치한다.

157) 이범교(역해), 『삼국유사의 종합적 해석』, 민족사, 2005, 448-450면. 경덕왕 19년(서기 760년) 두 개의 해가 나타나 월명사가 향가를 지으니 변괴가 사라졌다. 아울러 제망매가가 있다.

158) 조동일, 『한국문학 통사』1, 지식산업사, 1982, 130-131면. 향가 중 사뇌가는 화랑 사상을 내용으로 하며, 화랑 무리에 속한 승려 지도자가 창작했다고 보았다. 또한 남아 있는 자료에서 진평왕 대에 (6세기말) 시작(혜성가)되어 12세기 말(도이장가)까지 지속된 점에서 고려 전기문학이 신라문학과 한 시대에 속한다고 보았다. 앞글, 280면. 균여의 향가(10구체)에 비해 예종의 도이장가(8구체)는 사뇌가 범위에 들 수 없을 뿐 아니라 전, 후반으로 나뉘어서 민요에 가까우며, 정과정곡은 사뇌가와 거의 같은 형식이나 후대의 국문 표기가 남아 이들을 향가의 잔존 형태로 보았다.

이상에서 열전이 포함된 『삼국사기』는 시대적으로 고려 전, 후 분기점이 된 무신란(의종) 바로 전대인 인종(서기 1122년-1146년) 말기(표2)에 편찬되었다.

문장(문학)사적으로는 과거 제도(광종) 이후 성종, 문종 대에 크게 성장한 시(詩), 부(賦)가 절정(예종, 서기 1105년-1122년)에 이른 직후이다. 당시 문장(산문)은 박인량의 외교문서, 수이전, 균여전, 김부식의 비문, 보덕 화상전 등이 있었으나 통일 신라 말 최치원의 비문, 의상전을 이은 정도여서 상대적으로 답보 상태였다. 따라서 다양한 문장(문학) 양식이 집대성된 김부식의 『삼국사기』는 고려 전기 문장(문학)사에 획기적인 선을 그은 결정판이 되었다.

먼저 고대 삼국(표1) 문장(문학)과 비교하면 대체로 『삼국사기』 본기에 서술된 건국 신화(神話)를 비롯해 비문(碑文), 외교적 표문(表文), 신하들의 충간, 제문, 유조 그리고 실록과 유사한 사전(史傳) 형식 외에 열전의 다양한 인물전 형식(솔거, 백결선생, 온달, 도미)과 우화(寓話), 축문(祝文) 등 비교적 지배층과 직, 간접적으로 연계된 내용과 문장(문학) 형식 등이 광범위하게 기록되었으며 아울러 노래와 시 등 운문도 포함되었다.[159]

이어 통일 과업 때문에 중시된 외교 관계와 통일 이후 왕성해진 중국과의 관계로 문장(문학)에 대한 의식이 높아졌는데 통일 과업 중 생성된 문무왕(본기)의 외교 답서, 사죄문 외 유조가 있고 신문왕(본기)의 "교서"가 반포되었으며, 과업 결과를 사당에 고하고 태평성대를 기원한 "제문"이 있다. 또한 통일 왕조 정책(설총의 화왕계)이 총체화된 "우화(열전)"는 건국 시조의 신화(신이성

앞글, 257면, 당(唐) 빈공과에 급제한 최언위(18세, 헌강왕 11년, 서기 885년)는 신라 귀국(42세, 효공왕 13년, 서기 909년) 후 벼슬을 했으며, 통일 후 왕건의 신하가 되어 최고 관직에 올랐다.

159) 운문은 지배층의 정서와 인간적 면모 그리고 백성들의 자연 발생적 감성이 다양하게 표출되었다. 특히 중국과의 관계가 일찍부터 시작된 고구려는 제천 행사에서 불린 노래 외에 유리왕(본기)과 을지문덕(열전)의 한시 등이 구성된 반면 신라는 도솔가(유리왕 5년, 본기) 이래 여러 종류의 노래와 향가(사뇌가)가 있고, 백제는 정읍사(민요, 악학궤범) 등이 있다.

과 이념)와는 다르나 복잡한 국내외적 관계에 내재된 국가 이념이 우회적이고 상징적으로 구성되었다. 특히 정치적 태평성대에 당(唐)에 머물었던 혜초의 "왕오천축국전"은 개인의 여행 체험 기록이나 신라인의 도전 정신과 드높은 불교 수행 과정이 몸소 실현된 의의가 크며 김대문(성덕왕)의 "고승전", "화랑세기", "악본" 등은 신라의 문화적 바탕이 새롭게 환기되었다. 곧 유학이 크게 번성한 시대에 불교 사상과 화랑 정신에 대한 기록은 민족 고유 문화 의식과 그 균형 관계의 중요성이 환기되었다고 볼 수 있다.

그 후 태종무열왕계에서 내물왕계로 전환된 통일 신라는 독서삼품(讀書三品)으로 인재를 등용(38대원성왕)한 유학 체제에도 불구하고 왕권 쟁탈로 근본 정신(충/효)이 흔들리고 지배력도 약화되었다.

그럼에도 왕권 강화를 위해 불교 중흥과 당(唐)과의 관계 회복에 힘쓴 경문왕은 「문심조룡」을 탐독할 정도로 문장(문학)에 대한 지식(최치원의 낭혜비문)[160]이 있었다. 또한 책 보기를 좋아하고 신하들과 시 짓기를 즐긴 헌강왕(49대) 대 시, 문의 발달은 당(唐) 유학으로 배출된 문장(문학)가들의 영향이 컸으나 재정 소모와 정치력 약화로 이어진 시대였다.

특히 통일 신라 최고 문장(문학)가였던 최치원은 이미 신당서(新唐書) 예문지(藝文志)에 「사륙집」과 「계원필경」 22권이 소개될 정도로 국제적 명성이 높았다. 곧 그의 표(表), 기(記), 서(書), 제문(祭文), 비명(碑銘), 전기(傳記), 전(傳), 시(詩) 등 대부분 당(唐)에서 고변의 종사관으로 있을 때 저술된 변려문 등이 통일 신라 문장을 대표하고, 나아가 고려 전기 문장(문학)의 규범이 되었다.

종합하면 삼국 시대 대표적 문장 양식(교서, 제문, 외교문서, 비문 등)들은 대부분 통일 전(삼국시대), 후(통일신라) 지배층과 연계된 내용과 형식이나 유학(儒學)이 도입된 통일 신라는 고승의 여행 기록(혜초, 서기 704년-787년)[161], 고승의 전기(김대문, 최치원), 인물전(최치원), 개인적 경험(시, 문) 등

---

160) 조동일, 『한국문학 통사』 1, 지식산업사, 1982, 243면.

형식과 내용이 보다 자유롭고 다양하게 표출되었다. 특히 걸출한 문장가(김대문, 최치원, 최승우, 최언위)들 중 김대문, 최치원 등이 시도한 다양한 문장(문학)은 그 후 본기와 열전 등이 집대성된 『삼국사기』 문장 형식의 모본이 되었다.162)

다음 고려 전기(표2) 문장(문학)은 과거 제도에 따른 시(詩), 부(賦)의 발달에 비해 몇몇 전대 양식이 답습될 정도였으나 김부식의 『삼국사기』로 인해 절정에 이르렀다 해도 틀리지 않다.

당시 고려는 새로운 민족 통합을 계기로 보다 개방적이면서도 주체적인 국내외 정책이 다각도로 시도되었다. 그 과정에서 통일 신라 문신 귀족과 왕건을 도운 지방 호족 출신이 양대 지배층이 되었으나 고구려 기상을 내세운 지방 호족들보다 신라 육두품 출신의 문장가(최언위, 최응)들이 건국 이념 확립에 관여되면서 통일 신라 문화와 문장(문학) 양식도 계승되었다.

그 중 균여(서기 923년-973년)는 향가(보현시원가)로 지배층 중심의 불교 사상(화엄종)을 민중에게 전파했다.

원래 통일 신라 말 지방 호족 중심으로 확장된 선종이 지방 세력이던 왕건의 건국 과정에 실질적으로 기여했으나 새로운 통치 체제를 위한 이념 확립에는 화엄종(교종)이 보다 효과적이었다. 때문에 선종을 따른 민중들에게 노래(보현시원가)로 풀이한 화엄경을 전파해 불교 통일과 더불어 민족 화합을 시도했다.163) 그러나 10세기 후반 도입된 과거 제도(광종)로 인해 시(詩),

---

161) 혜초, 『왕오천축국전』, 김규성(역), 한국사상대전집1, 동화출판사, 1972.
　　당시 중국에서 인도 동, 서, 남, 북, 중앙 5천축국을 여행(서기 723년-727년)한 기록으로 1908년 프랑스 동양학자 P. Pelliot이 발견했다.
162) 사마천의 사기(史記)에서 비롯된 열전(列傳)이 이후 역사 기록 방식의 모본이 되었다고 하나 우리의 축적된 문장(문학)사적 토양에서 배양된 가능성이 보다 우선시 되어야 보다 구체적인 의의가 구현될 수 있다.
163) 신라는 불교 정착 과정에서 여러 종파가 공존했으나 그 중 의상(화엄종)은 독보적이었다. 특히 통일 신라는 민중 불교(원효 등)가 확산되었으며, 말기에는 중앙 귀족층에 대한

부(賦)가 발달되면서 향가는 점점 쇠퇴하게 되었다.164)

따라서 고려 전기 문장(문학) 양식은 과거 제도에 힘입은 시, 부에 비해 상대적으로 빈약했으나 고려 전기 대표적 문장(문학)가인 박인량과 김부식 등이 배출되었다. 곧 왕건의 "발원문"을 비롯해 "외교문서(최유선), 가락국기(문종), 박인량(문종)의 수이전(일부), 혁련정(문종29년, 1075년)의 균여전, 의천의 제문, 김부식의 의천 비문과 보덕화상전, 예종에게 올린 표문(최약, 정극영)" 등 『삼국사기』 이전까지는 대체로 통일 신라 문장(문학) 양식과 큰 차이가 없었다.

그럼에도 김대문의 고승전, 최치원의 의상전을 이은 김부식의 대각국사 의천(문종아들, 천태종시조)의 비문과 보덕화상전은 당시 대표적 문장가들이 고승의 비문과 전(傳)을 저술한 사실도 알 수 있다.165) 말하자면 유학자임에도 왕실이 숭배한 불교에 조예가 깊었으며, 정신 문화적 지주였던 고승들의 행적이 오래도록 깊이 추앙되면서 당대 최고 문장가들의 저술 역량이 역사와 불교문화 인식으로 표출되었음을 알 수 있다. 때문에 『삼국사기』 본기와

불신과 사회적 혼란으로 지방 호족을 중심으로 선종(범일, 선문구산)이 일어나 민중들의 호응을 받았다. 이때 고유 신앙과 혼융된 신인종(神印宗) 등도 있었다.
　한편 고려는 선종이 건국 과정에 기여했으나 중앙 권력층의 지배 이념 확립에 교종(화엄종)이 중심이 되자 반기를 들었으며, 그 과정에서 지방 호족과 관련된 선승들이 여러 형태로 갈라졌다. 즉 광종(승과제도, 균여)과 의천(천태종)의 실질적인 노력에도 교종(화엄종, 법상종, 천태종)과 선종(선문구산)으로 구분되었을 뿐 아니라 이들 각각도 여러 형태로 구분되어 귀족 불교와 민중 불교의 거리는 보다 멀어졌다. 그러나 그 사이 균여의 향가와 대각국사 의천(서기 1055년-1101년)의 시를 비롯해 다양한 작품이 생성되었다.

164) 조동일, 『한국문학 통사』 1, 지식산업사, 1982, 279-299면. 승려에서 임금(현종)과 신하 등 다양한 이들의 저술 행위로 인해 불교 본래의 영험적 기능이 상실되었다고 볼 수 있다. 그 후 한시에 능한 예종이 건국 공신(신숭겸, 김낙)을 추모하며 지은 도이장가는 산만한 형식 때문에 향가 본래의 격도 와해되었다. 결국 일반인의 솔직한 자기 감정이 향가 형식으로 표출된 정과정곡(정서)이 고려 전기 마지막(의종) 작품이 되었다.
165) 조동일, 『한국문학 통사』 1, 지식산업사, 1982, 88-92면. 고려 후기 「해동고승전」을 저술한 각훈은 승려였으나 이인로, 임춘, 이규보 등 대표적 문인들과 친분이 있었으며 특히 최자가 그의 문장을 인정할 정도로 대표적인 문장가였다.

열전에도 단편적이나 다각도로 서술된 불교 사적(삼국의 절, 탑 등), 승려들의 행적(순도, 아도, 마라난타, 혜량법사, 원광, 자장, 보덕화상 등), 고승의 사상(원광, 자장, 의상, 원효 등), 불교 서적(인왕경, 금강삼매론 등), 신이성(영흥사 불상과 진흥왕 비, 묵호자와 왕녀 등) 등을 통해 당시 중시된 불교 사상과 민족 문화 의식 등이 결코 배제되지 않았음을 확인할 수 있다.166)

결국 고려 전기 문장(문학) 형식이 집대성된『삼국사기』는 고려 전기 말 정치적 내분과 외세에 대한 경각심에서 비롯되었으나 과거 제도167)로 유학과 한문학(시, 부)이 크게 발전한 절정기(예종) 문화적 기운을 배경으로 고양된 역사 의식(인종)과 주체 의식이 역사 문장(문학)의 결정판을 편찬한 원천적 동인이 되었다고 볼 수 있다.168)

다시 말해 편찬자(進三國史記表)는 "당시 학자와 벼슬한 이들이 오경(五經)169), 제자백가(諸子百家)의 글과 진(秦), 한(漢) 역사에 대해서는 널리 통하여 상세히 설명하는 이도 있지만 우리의 역사 사실은 도리어 막연해 하며 그 내력을 알지 못했다. 더욱이

---

166) 흔히 김부식이 유학자적 사대주의 입장에서 서술되었다고 비판한 기존 연구 관점과 차이가 있다. 당시 국내외적 정치적 변화(고려전기 문벌귀족/무신란, 몽고침입)로 인한 비판적 관점에서 벗어나 객관적이고 총체적 역사 관점에서 정사(正史)의 위상과 그 본질적 의의를 투시하고, 문장(문학)에 내포된 의미를 다각도로 주시할 필요가 있다.
167) 박완식(편역),『한문 문체의 이해』, 전주대학교출판부, 2001.
   후윤이(胡雲翼),『중국문학사』, 강기근(역), 대한교과서주식회사. 1983.
   고려 과거 제도는 진사(進士), 명경(明經), 복업(卜業), 의업(醫業)을 뽑았다. 그 중 진사 과목은 시(詩), 부(賦), 송(頌), 시무책(時務策)이었으며, 시(詩), 부(賦)에 한정할 때도 있었다. 그 중 한(漢) 대 크게 발달한 부(賦)는 시(詩)와 문(文)의 중간(半詩半文) 위치의 문체로 초사(楚辭)에서 비롯되었으나 내용보다 문장 수식에 치중되었다. 대표적 문인으로 사마상여가 있다. 또한 송(頌)은 성대한 덕의 모습을 찬미하여 신명에게 고한 글로 산문 혹은 운문을 사용하기도 했다. 곧 선조의 공덕을 넓히고 신령을 제사하는 글에서 비롯되었다.
168) 과거 제도 시험관인 지공거(知貢擧)는 시초에 후주에서 사신으로 온 쌍기였다. 이어 조익, 왕륭 등이 있었는데 이들을 중심으로 문학관과 정계 상황이 결정될 수 있었다. 따라서 명분상으로는 재능 있는 이들에게 문호가 개방되었으나 사실상 또 다른 문벌 귀족이 형성될 수 있었다. 곧 과거 제도는 보다 발전하여 국자감(성종11년, 서기 992년)을 위시해 다양한 교육 제도를 확립했으나 기득권 유지를 위한 수준 높은 교육(유학, 문학)을 받기 위해 사학(문종)이 일면서 사학도(徒)를 중심으로 문벌 귀족이 형성되었다.
169) 오경(五經)은 시경(詩經), 서경(書經), 춘추(春秋), 예기(禮記), 주역(周易) 등이다.

한서(漢書)와 당서(唐書)에 삼국의 열전이 있으나 나라(중국) 안 사실에 비해 나라 밖 사실은 간략하여 모두 갖추어 싣지 않았다.

또한 우리의 옛 기록들은 문자가 거칠고 뜻이 통하지 않으며, 사적(事跡)들이 빠지기도 했다. 때문에 임금의 잘, 잘못과 신하들의 충성과 간사함, 나라의 안전과 위험, 인민들의 다스려짐과 어지러워짐 등을 모두 드러내 뒷사람에게 권장하고 경계"하기 위해 편찬했다.

그러나 무엇보다 다양한 문장(문학) 양식(신화, 교서, 제문, 사전, 인물전, 논평)들이 수식이 화려한 전대(통일신라)의 변려문 대신 평이하고 실용적인 고문(古文)[170]으로 서술된 점은 획기적인 변화이다. 결국 무신란 전(인종, 의종), 후(명종) 역사적 분기점에 위치한 김부식의 『삼국사기』는 정치적 전환기에 집대성된 삼국 정사(正史)임에도 전기 문장(문학) 양식과 구분되고 후기 문장(문학) 양식에 미친 영향도 지대해서 문학(문장)사적 분기점이라 해도 틀리지 않다.

특히 전기 대표적 문벌 귀족이었던 김부식으로 인해 후기 무신 정권의 핵심적 비판 대상이 된 김부식과 삼국 정사(正史)는 역설적이나 비판 정신과 후기 산문 정신 생성의 원천적 요인이 되었으며 아울러 형성기 산문 문장(문학) 형식의 대표적 모본이 된 점에서 그 의의가 적지 않다.

나. 고려 후기 현실 인식과 산문 문장(문학)의 근원적 모태

고려는 김부식 이후 문무 갈등이 표면화된 무신란(의종24년)을 경계로 고려 후기(표3)로 전환되었다.

새로운 무신 정권은 근본적으로 전대 문벌 귀족들을 내치고 일어난 상황이어서 이들에 대한 비판 정신이 보다 활성화되었다. 그 중 김부식은 이들이 집중 비판한 전대 문벌 귀족을 대표한 인물이었다.

즉 무신 정권 시대의 현실 인식은 전대 지배층의 고답적인 의식과 근본적

---

170) 후윤이(胡雲翼), 『중국문학사』, 강기근(역), 대한교과서주식회사. 1983.

으로 배치되어서 『삼국사기』가 당시 공식적인 사관에 의해 집대성된 유일한 고대 "삼국 정사(正史)"임에도 단순히 김부식이 편찬한 지배 역사관이라는 관점에서 일방적으로 비판되었다.171) 말하자면 고려 후기(무신정권) 사회는 전기 마지막 문벌 귀족인 "김부식" 비판으로 시작되었기 때문에 후반 몽고 침입으로 대두된 역사 현실에서도 위기 극복을 위한 역사 경험이나 주체 의식을 반추하기보다 고대 역사 상황이 집대성된 "『삼국사기』"는 또 다른 비판 대상이 되기도 했다.

다시 말해 고려 전기 지배층(인종, 김부식)의 시대 인식(외척이자겸/왕권, 서경파묘청/개경파김부식, 고려 내분/강력한 외세)에서 비롯된 『삼국사기』는 "임금(삼국왕조)의 잘, 잘못과 신하들의 충성과 간사함, 나라의 안전과 위험, 인민들의 다스려짐과 어지러워짐 등을 모두 드러내 뒷사람(후대)에게 권장하고 경계"하기 위해 편찬된 정사(正史)로 축적된 통일 역량(통일신라, 고려), 뿌리 깊은 문화 의식(고유신앙, 도교, 불교, 유교), 민족 주체 정신(외교 관계의 긍정적/부정적 측면) 등이 본기(지배관점)와 열전(백성들관점)에 총체적으로 구성된 역사적 거울이었다. 보다 엄밀히 말하면 김부식 외 10명이 체계화한 삼국 "왕조 실록"은 "사관"의 서술자 주관이 최대한 배제된 삼국 왕조 실록과 일반 백성들의 인간관과 세계관이 구현된 열전과 사회, 문화, 제도 등이 집약된 잡지 등이 수록된 역사 기록임에도 마치 무신들의 비판 대상인 김부식(편찬자)과 동일한 "대상"으로 인식되었다.

때문에 몽고 침입의 대 역사적 위기에도 이를 타개할 강구책(민족 저항의

---

171) 박완식(편역), 『한문 문체의 이해』, 전주대학교출판부, 2001, 256-259면.
　　유협은 "역사 기록이 오랜 세월이 흐르면 같은 일인지 다른 일인지 자세히 알기 어렵고, 많은 일들이 쌓이면 그 시초와 끝이 엉성해지기 쉬워서 이들을 빠지지 않게 종합하는 점이 역사 기록의 어려운 점이라고 했다. 간혹 똑 같은 사안을 여러 사람들이 나누어 기록할 때 중복될 수도 있고 한쪽에서만 쓰면 두루 보지 못하는 경우가 있어 사관의 안배가 어렵기도 하다. 곧 한 세대 일을 엮는 사관의 책임으로 존경을 한 몸에 지니나 잘, 잘못의 허물이 뒤따르기 마련이다. 따라서 역사의 붓을 잡은 이의 부담은 더할 수 없이 괴롭다."고 했다.

식의 역사 경험과 바탕 정신 등)보다 삼국의 역사적 정통성과 국가 존립 의의가 체계화된『삼국사기』와 이에 배태된 전 역사 경험(고려전기)까지 일괄 비판하고 배척하느라 시대 위기에 대한 문제 인식(몽고침입)과 그 합리적인 타개책이 분산, 전가된 점이 없지 않았다.

실제 무신란은 김부식과 묘청의 대립에 이어 문무 차별에 대한 불만이 증폭된 결과였다. 따라서 초기 혼란[172]이 없지 않았으나 이후 문인들이 다시 등용(최씨정권)되면서 문학(문장)사적 전환기가 확립되었다.

그러나 국가 발전과 백성들의 안위보다 권력 유지를 위한 전제적 강권과 권문 세족들의 횡포로 통치 질서가 보다 약화되었다. 그 결과 안으로는 농민들과 하층민들의 저항이 빈번했고 밖으로는 몽고 침입(서기 1231년)을 당해 이들과 40년을 대치했으나 마침내 원(元:서기 1271년-1368년)의 속국이 되었다.[173]

결국『삼국사기』는 고려 후기 현실 인식과 비판 의식에서 비롯된 일반인들의 주관적 산문 내용과는 근본적으로 다르나 산문 정신에서 비롯된 다양한 문장(문학) 양식들이 집대성된 문집의 모본이 되어서 전, 후 문학(문장)사와 연계/단절된 중심적 위치에 서게 되었다.

곧 무신란(내분)과 몽고 침입(외세) 이후 많은 문학(문장) 자원이 손실된 가운데 고려 후기 문학사를 대표한 임춘(연대미상), 이인로(서기 1152년-1220년), 이규보(서기 1168년-1241년), 혜심(서기 1178년-1234년), 최자(서기 1188년

---

172) 무신란의 중심 인물인 정중부, 이의방 등은 명종을 세우고 문신들을 제거했으며 중방을 중심으로 전권을 행사했다. 이에 일부 문신들이 의종 복위를 도모하다 실패하여 보다 많이 희생되었다. 그러나 내분이 일어 경대승, 이의민 등이 장악했으나 다시 최충헌이 이들을 제거하고 신종을 세운 후 교정도감을 중심으로 집권했다. 그 후 그는 전대와 달리 문인들(이규보 등)을 등용한 때문에 문장(문학)이 융성해졌다.

173) 무신 정권(1170년-1259년)은 초기(정중부:서기 1106년-1179년, 명종) 혼란에 이어 최씨 정권(신종-고종) 60여년 동안 내부적으로는 수탈에 시달린 농민들과 신분 해방을 위한 천민들의 저항이 지속되었고 외부적으로는 몽고 침입(서기 1231년)으로 강화에 천도하여 이들과 대항했다. 그 사이 부처의 힘으로 이들을 물리치기 위해 팔만대장경(고종23년-38년, 서기 1236년-1251년)이 완성되었다. 이러한 시대적, 의식적, 정신적 변화는 문장(문학)사적으로 문벌 귀족들의 고답적인 형식보다 현실 인식과 주관적 비판 의식이 강화된 문장(문학)이 성했으나 전란으로 전, 후의 많은 작품들이 손실(최해의 동인문서 등)되었다.

-1260년), 각훈(1214년, 고종2년), 보각국사 일연(서기 1206년-1289년), 이승휴 (서기 1224년-1300년), 이제현(서기 1287년-1367년), 이곡(서기 1298-1351년) 등의 전범(典範)이 된 이유는 그 시대적 한계에도 불구하고 민족 통일 역량 과 주체 정신을 바탕으로 환기된 역사 의식과 정신 문화 의식 외 일반 백성 들(열전)의 현실 인식과 존재 방식 등이 이들 후기 문장(문학) 양식과 다각도 로 연계된 때문이다.

그 중 죽림고회 일원으로 문벌 귀족을 비판한 임춘(년대미상)은 그의 서 (書), 서(序), 기(記), 전(傳), 계(啓), 장(狀), 제문(祭文) 등에서 기존(통일신라, 고려전기)의 문장(문학) 양식이 계승되었으나 기본적으로 현실 인식과 비판 정신에서 비롯되었다.

특히 이인로에 의해「서하집(西河集)」[174]으로 엮인 그의 문장은 일반인의 문장(문학)이 문집으로 편찬될 정도로 다양하고 풍부해서 우선 양적인 면에 서도 전대와 비교된다.[175] 곧 『삼국사기』와는 근본적으로 다르나 이후 나타 난 최초의 개인 문집으로 집대성된 의의가 크다. 또한 술과 돈을 의인화 한 국순전(麴醇傳)과 공방전(孔方傳) 등은 기존의 사전(史傳), 인물전(私傳, 傳記) 과도 다른 가전(假傳) 형식[176]이 개시된 점에서 그 문학사적 의의도 크다.

이미 전대(『삼국사기』)에 사물(동물, 꽃)을 의인화한 "토끼와 거북이(김유 신)", "화왕계(설총)"가 있었으나 자신의 불우한 현실을 사물에 비추어 구성 한 최초의 가전 형식은 그 후 이규보(국순전, 청강사자현부전), 혜심(죽존자전, 빙도자전), 이곡(죽부인전), 승려(충선왕아들)인 식영암(정시자전), 이첨(저생전) 등 다양한 저술자들에 의해 지속적으로 이어졌다. 결국 전대의 우화 형식을

---

174) 장백일·최승범, 『수필문학론』, 한국방송통신대학, 1988.
    조동일, 『한국문학 통사』 2, 지식산업사, 1983.
175) 유일하게 통일 신라 최치원의 「계원필경집」과 고려 전기 김부식의 『삼국사기』가 있으 나 최치원의 문집은 당(唐)에서 고변의 종사관으로 쓴 변려문들이며, 김부식의 문집은 고 문으로 쓴 삼국 정사(正史)였다.
176) 박완식(편역), 『한문 문체의 이해』, 전주대학교출판부, 2001, 148-149면.

전도, 확장한 임춘의 가전체는 고려 후기 전도된 사회 현상과 의식 변화가 새롭게 구성되었다.

이어 이인로는 최초의 시화(詩話)인 「파한집(破閑集)」 3권을 저술했다.177)

파한집은 시화(총82편중 40편)를 비롯해 제화(制話), 표전(表箋), 기(記), 서(序), 발(跋), 제문(祭文) 등이 구성되었으며, 그 중 산문(총17편)은 조선 초(성종9년, 서기 1478년) 서거정이 엮은 동문선(시문집)에도 수록되었다.

곧 비판 의식에서 비롯된 최초의 시 비평(시화)은 이미 주관적 논평(삼국사기 본기와 열전의 편찬자논평)에서 그 원형을 볼 수 있으나 시(문학)에 대한 일반인의 보편적 의식이 구현된 의의가 크다. 말하자면 문벌 귀족들에 대한 비판이 활성화된 가운데 비평 문학(시화)도 양산되었는데 주변 사물과 현실 인식을 바탕으로 다양한 시론이 저술되었다. 이는 과거 제도 발달로 절정에 이른 고려 전기 운문(시, 부) 문학이 무신란을 계기로 일시나마 큰 위기에 처하면서 그 문화적 가치(최치원, 박인량 등)에 대한 새로운 인식이 일어났다고 볼 수 있으나 전대 이념에서 양산된 문벌 귀족들의 시(詩)에 대한 비판 의식이 대두된 결과이기도 하다.

특히 문인들이 배척(정중부)된 무신정권(경대승, 이의민)에서 비서감(秘書監)을 역임한 이인로는 개인적(30세전후)으로나 시대적으로 그 전(문벌귀족), 후(무신정권) 분기점에서 양극적 상황에 대한 의식이 보다 복잡했다고 볼 수 있다. 실제 죽림고회(오세재, 임춘 등) 인물들과 교류하면서도 고전적 전례를 따르고 표현을 다듬어야 한다는 전대 문학관에서 용사(用事)를 중시했다.178)

---

177) 장백일·최승범, 『수필문학론』, 한국방송통신대학, 1988.
　　조동일, 『한국문학 통사』 2, 지식산업사, 1983.
　　이인로는 전대(문종-인종)에 벼슬했던 인주 이씨 후손으로 부모를 일찍 여의고 승려(요일)의 양육을 받았는데 무신란 당시 산사에 있었다. 그 후 과거에 급제(29세, 서기 1180년)해 무신 정권 초기(경대승:서기 1153년-1183년, 이의민) 비서감 우간의대부(秘書監 右諫義大夫)를 역임했다. 파한집은 그의 사후 40년(서기 1260년)이 지나 그의 아들(세황)이 편찬한 때문에 서문(序文)이 없고 아들의 발문(跋文)이 있다.
178) 그가 시대 변화에 일익을 담당하면서 문학 본래의 가치를 궁구한 상황은 일종의 모순

결국 시 본래의 기능을 모색한 비판 의식과 자각 정신이 주관적 산문 문장(문학)으로 구현된 시화(詩話)는 그 후 이규보(동국이상국집), 최자(보한집), 이제현(역옹패설)으로 이어지고, 조선 초 서거정(서기 1420년-1488년)의 동인시화로 확장되었다.

다음 이규보는 최씨 정권(서기 1197년-1259년)에서 계관시인(桂冠詩人) 같은 존재였다.[179]

그는 무신 정권 초(문인 배척 2년 전) 태어나 일찍이 사마시(司馬試)에 급제(서기 1189년)했으며 무신들의 내분(정중부, 경대승, 이의민, 최충헌)을 목격하고 불우한 시절을 보낼 때 민족 정신과 역사 의식이 함축된 장편서사시(명종23년, 서기 1193년) "동명왕편"을 통해 고구려 시조의 영웅적 면모를 재현했다.[180]

같으나 전대(고려전기) 의식을 탈피하고 현실 인식과 인간 본성의 자연 발로에서 구현된 "표현 언어와 시 형식"이어야 한다는 본질적 관점이 중시되었다. 이는 고려 전기 시(詩) 문학 발달이 과거 시험과 연계된 이유로 문학 본래의 의의가 훼손되었다는 인식에서 비롯되었다. 따라서 그의 "고전적 전례"란 고려 전기 시 형식에 대한 비평적 관점인 동시에 전기와 위배된 후기 시 형식이라고 해서 일방적으로 옹호되지 않아서 객관적이며, 보다 원론적이다.

179) 장백일·최승범, 『수필문학론』, 한국방송통신대학, 1988, 222면.
　　조동일, 『한국문학 통사』 2, 지식산업사, 1983, 29면. 에서 저자는 벼슬 때문에 이규보를 낮게 평가하는 견해에 대해 벼슬을 하면서도 확고한 의식(현실인식)이 있었다고 긍정적 평가를 했다. 이는 그의 시 뿐 아니라 문장(문학)사적 의의가 어느 누구보다 크기 때문이다. 그럼에도 김부식에 대해서는 전대에 벼슬한 문벌 귀족이었다는 이유로 낮게 평가했다. 따라서 이와 같은 관점은 앞으로 심도 있게 논의되어야 할 과제라고 볼 수 있다.
180) 이규보, 이승휴, 『동평왕편, 제왕운기』, 박두포(역), 을지문화사, 1982. 동명왕편 서(序)에서 미천한 남녀 백성들이 아는 동명왕 신화를 처음에 공자의 역사 관점에서 기괴하고 황당하다고 생각했다. 그러나 위서(魏書)와 통전(通典)을 읽고 간략해서 구삼국사를 보고 그 사적의 상세함을 알았다. 그러나 김부식의 국사(國史)는 후세를 바로 잡기 위한 책으로 크게 신이한 일이라 간략하게 서술했다. 고 했다.
　　한편 당(唐) 현종 본기와 양귀비전에서 표현되지 않은 것들이 윤색되고 없어질 것을 우려한 백낙천(시인)이 노래로 기록한 것처럼 동명왕이 나라를 창립한 신의 자취를 지어 우리의 근본이 성인(聖人)의 나라임을 알리고자 기록했다고 밝혔다.
　　곧 이전에 거란, 요, 여진의 침입을 당하고 형제의 의리를 맺었으며, 무신란으로 문신이 제거된 위기에서 문화 민족으로서 뿌리를 기록, 보존하고 민족이 나아갈 방향을 널리 환기하고자 했다. 그럼에도 동명왕편 주(註)의 근간은 대체로 『삼국사기』 고구려 본기의 그 후 최씨 정권의 문인 등용 정책(30세이후)에 따라 70세까지 벼슬[181]하며 많은 문장(문학)과 시를 저술했다.[182] 곧 동국이상국집(東國李相國集)에 집대성(총53권중 15권, 600여편)된 그의 문장(문학)은 보다 논리적으로 서술된 비평적 시화 외에 잠(箴), 명(銘), 문(文), 서(書), 기(記), 전(傳), 제문(祭文), 비명(碑銘), 묘지(墓誌), 논(論), 의(議), 변(辨) 등 다양하다. 동문선에 200여편이 수록될 정도로 질적으로나 양적으로 최고였다. 또한 가전을 비롯해 인물전(노극청전), 탁전(백운거사전) 등 다양한 양식을 통해 시대와 인간의 본질적 양상을 주시한 대표적 문장(문학)가여서 가히 최고봉이라고 할 수 있다.

특히 몽고 항쟁을 맹세한 맹고문(盟告文)과 농민의 참상을 그린 농촌 시 등은 기존의 표현에 매여 말을 다듬거나 아름다운 표현에 힘쓰기보다 현실 인식을 통한 독창적 표현을 중시한 점이 전기와 다르며 이인로와도 비교된다.[183]

주몽 신화임을 확인할 수 있다.
181) 장백일·최승범, 『수필문학론』, 한국방송통신대학, 1988, 222-226면. 그가 물러날 때 (70세) 벼슬이 금자광록대부 수대보 문하시랑평장사 수문전대학사 감수국사 판례부사 한림원사 태자대보(金紫光祿大夫 守大保 門下侍郎平章事 修文選大學士 監修國史 判禮部事 翰林院事 太子大保)였다. 당시 문장(문학)의 대가였으며 운문으로는 동명왕편 외에 농촌 시까지 망라된 대표적 시인이기도 하다.
182) 장백일·최승범, 『수필문학론』, 한국방송통신대학, 1988.
조동일, 『한국문학 통사』 2, 지식산업사, 1983, 28-34면. 전대에 비해 실리적 측면이 요구된 시대에 그의 물(物), 도(道), 관(官)에 대한 생각은 당시 실무적 기능과 문학적 수련이 겸비된 인재상과 부합되었다. 곧 물(物)은 도(道)의 기준으로 물을 그 기준에 따라 지킨 후 도가 존재한다고 보았으며, 관(官)은 도의 기구이므로 도를 지키면서 관을 잃는다는 것은 있을 수 없다고 피력하여 최씨 정권의 능문능리(能文能吏) 인재관(앞글, 118면)과 부합된다고 했다.
183) 몽고 침입으로 개경 천도와 저항 등 격동기 중심에서 지배층과 문인으로서 민족 주체 사상과 현실의 참상을 일깨운 과정은 있는 그대로의 생활상을 보다 절실하게 표현한 문장(문학)으로 확대되었으며, 풍자를 통한 우회적 비판도 의미 있게 구현되었다. 특히 뜻을 중시한 문학관은 하늘에서 비롯된 기(氣)를 으뜸으로 삼은 독창적 표현을 주장했는데 이는 자신의 생각과 느낌을 적극적으로 펼친 산문 정신으로 발현되었다.

다음 최자는 고려 대표적 유학자인 최충의 후예로 이규보의 추천으로 평장사(平章事)를 했다.

몽고 침입 후 개경 천도를 지지한 그는 이인로의 파한집을 보완한 보한집(속파한집) 서문에 일종의 고려 문학사를 집약했다. 이에 수록된 작품(총155편)[184]은 대부분이 시화(詩話)이나 소화(笑話), 괴담(怪譚) 등도 구성되었다.[185]

한편 각훈은 삼국 시대부터 당대 고승(순도, 망명, 의연, 마라난타 등 36명)까지 전기 형식의 해동고승전(2권1책)을 편찬했다. 시대적으로는 몽고 침입 전(최씨정권)이었다.

인물전 서두("경북 오관산 영통사 주지 교학 사자사문;京北 五冠山 靈通寺 住持 敎學 賜紫沙門")에 의하면 그는 교종과 관계된 인물이나 임춘, 이인로, 이규보와의 친분 때문에 선비들에게도 그의 문집 초고가 전해졌다. 그는 당시 최자가 일컬을 정도로 뛰어난 문장가였는데 김대문(고승전), 최치원(의상전), 김부식(보덕화상전)에 이어 각훈의 해동고승전을 통해 당시 대표적 문장가가 고승전을 집필한 점에서 문장가의 위상과 고승전의 상관 관계를 짐작할 수 있다.

결국 앞서 서술된 고대 삼국의 문장 양식을 비롯해 다양한 고승전, 전기, 인물전, 수이전(殊異傳) 등이 『삼국사기』 사전(史傳)과 열전의 모본이 되었다면 이는 다시 해동고승전의 모본이 되었다고 유추할 수 있다. 따라서 김부식의 『삼국사기』 본기와 열전은 주관적 비평 의식(시화)을 비롯해 서(序), 표(表), 서(書), 기(記), 전(傳), 제문(祭文) 외에 가전(임춘, 이규보), 인물전(이규

---

184) 장백일·최승범, 『수필문학론』, 한국방송통신대학, 1988, 228-229면.
185) 조동일, 『한국문학 통사』 2, 지식산업사, 1983, 48-50면. 그의 문학관은 "문(文)은 도(道)를 밟는 문(門)"이라는 유학적 관점에서 도리에 어긋난 말을 섞지 않으나 기운을 돋우고 생동시킬 말을 통해 감동시키고자 괴이하고 험악한 것에 이르기도 한다는 점에서 표현적 의의를 수용했다. 또한 시문(詩文)은 기(氣)를 으뜸으로 삼고 기는 성(性)에서 발하며, 뜻은 기에 의지하나 말은 정(情)에서 나오니 정이 바로 뜻이다, 라고 하여 이규보의 문학관 일부를 수용했다.

보) 고승전(각훈) 등이 양성(釀成, 養成)될 수 있었던 근원적 모태였음이 실증되었다.

이어 대각국사 일연은 먼저 불교 사상과 무관할 수 없다.

우선 고려 전기에 발달한 교종(화엄종, 법상종, 천태종)은 무신란 이후 지눌(서기 1158년-1220년, 조계산 수선사)에 의해 혁신, 개방되었다.[186]

특히 선종(선문구산)을 중심으로 교종까지 아우른 성과(최씨정권4년, 서기 1200년)는 그 후 혜심(명종8년-고종21년, 서기 1178년-1234년)으로 이어졌는데 당시 선승은 이론보다 말이나 노래를 모은 어록 등 실천 중심의 방식을 통해 기존의 통념을 벗고자 했다. 때문에 논리적인 틀보다 사례와 경험을 생각나는 대로 자유롭게 전개하는 방법 등이 활용되었다.

그 중 혜심은 사마시(司馬試)를 거친 사대부로 유학과 문장에 힘쓰다 지눌의 후계자가 되어 지눌의 사상을 문장(문학)으로 구체화했다. 곧 가전(죽존자전, 빙도자전)과 어부사(漁父詞)가 있으며, 불교 문학인 선문염송(禪門拈頌), 게송(偈頌), 선시(禪詩) 등 다양한 장르가 시도되었다.

그 후 충지(서기 1226년-1292년)로 이어졌으나 그 사이에 보각국사 일연이 있다.[187]

곧 보각국사 일연은 지눌의 불교 개혁(최씨정권4년, 1200년)[188]에 의해 수선사 선풍이 널리 개방된 이후 태어나 선문구산(귀족불교에 밀렸다 신라말기

---

186) 앞글, 57-82면.
187) 박재금, 『한국선시연구』, 국학자료원, 1998, 289-291면.
   혜심의 시는 이후 선종 승려들에게 시의 표본이 되었는데 그 후 시를 남긴 고려 선사로 보각 일연, 수선사 제 6세인 원감 충치, 백운 경한, 태고 보력, 나옹 혜근 등이 있다고 했다. 그 중 일연은 가지산(迦智山) 출신으로 지눌과 혜심의 수선사를 직접 계승한 것은 아니나 민궤(閔漬)가 찬한 비문(遙嗣牧牛子)에서 지눌의 법을 이었다고 간주된다. 실제 혜심을 직접 대면하기도 했던 일연은 혜심의 선문염송을 주석(전하지 않음)한 선문염송사원(禪門拈頌事苑)에서 수선사 선풍을 계승했다고 보았다. 특히 삼국유사(전후소장사리탑)에서 혜심의 시를 인용했는데 그 외 49편의 찬시도 선시의 묘미를 갖추었다고 보았다.
188) 조동일, 『한국문학 통사』 2, 지식산업사, 1983, 61면.

에 회복됨) 중 도의선사(가지산)의 뒤를 이었다.

특히 몽고 침입(25세, 서기 1231년)에 이어 불교 사상의 근원지(황룡사9층탑 소실, 고종25년, 서기 1238년)가 사라진 충격과 원(元)에 복속(서기 1270년)된 위기 의식 등을 몸소 체험했다. 때문에 호국 주체 사상과 역사 의식이 새롭게 인식된 격동기 중심에 있었다. 따라서 유구한 역사를 지닌 문화 민족으로서 근원을 상기하고 나라와 민족의 자존적 의의와 호국 주체적 통일 역량을 회복하기 위한 민족 정신과 호국 저항 정신을 고취하기 위해『삼국유사』집필이 시작되었다고 볼 수 있다.[189]

즉『삼국유사』는 기존의 여러 문헌과『삼국사기』와 고승전 등을 근거로 고대 지배 왕조의 단편 사실, 다양한 인물 전기, 불교 사적, 고승전, 향가 등이 자유롭게 구성된 일반 문헌이다. 흔히『삼국사기』와 단선적으로 비교[190]되나『삼국사기』[191]는 엄선된 사관이 국내/외 여러 역사서와 그 밖의

---

[189]『삼국유사』는 원(元)에 복속(서기 1271년)된 후 충렬왕 3년(서기 1277년) 집필되어 충렬왕 7년(1281년) 1차 완성되었으나 실제로는 14세기 전반 그 제자(무극)가 완성했다. 특히 고조선부터 통일 신라까지 유구한 역사와 더불어 지배 왕조의 영웅적 초월성과 인간성 그리고 불교 문화를 바탕으로 정신 문화적 우월성과 성스러운 불국토(佛國土)임이 사실과 은유적 방법으로 구성되었다. 곧 호국 불교에 힘 입은 통일 역량에 내재된 호국 주체 정신과 민족 정신이 환기되었다.

[190] 그동안 대체로『삼국사기』는 유교적 사대주의가 지배적이고『삼국유사』는 불교 사상을 바탕으로 민족 문화 의식과 주체 의식이 우세하다고 보았다. 그러나『삼국사기』편찬 25년 후 전도된 체제(무신정권)에서 김부식의『삼국사기』는 삼국 정사(正史)로서 본질적 의의보다 편찬자 김부식이 전대 지배층으로서 대표적 문벌 귀족이었다는 부정적 관점에서 비판되었다.

그러나『삼국사기』는 고려 중기의 내분과 강력한 외세에 대한 경각심과 역사 의식을 고취하기 위해 지배 권력층의 사관이 편찬한 삼국 정사인 반면『삼국유사』는 후기의 외침과 국권 상실로 위기감이 고조된 시기에 시대 중심적 인물인 선승에 의해 저술된 일반 문헌임에도 비교적 단순하게 비교되어 왔다. 무엇보다 정사(正史)와 일반 문헌으로서 차이 때문에 그 형식과 내용의 차이도 적지 않다.

즉 시대 상황(전기 문벌 귀족들의 내분과 강력한 외세/후반기 정치적 약화와 몽고 침입과 원의 간섭), 편찬 동기(고려 중기 사관의 삼국 정사/고려 후기 선승의 고대 역사와 불교 문헌), 편찬자의 저술 기준과 방법 그리고 내용(국가 사관의 공식적 정치, 역사, 외교, 정신 문화, 기후 등 역사 실록/대표적 선승의 야사적 왕조사와 불교 문화사 등)의 구성 관점이

문헌 등을 참조하여 지배 왕조(삼국-통일신라) 중심의 역사 사실(본기)과 문화와 제도 등이 서술된 잡지와 일반 백성들 중심의 열전과 연표가 구성된 정사(正史)192)로 『삼국유사』의 근거가 된 점에서 두 문헌의 가치는 상호 배

> 근본적으로 달라서 문헌의 성격과 형식의 이해 방법도 차이가 있다. 특히 『삼국사기』 편찬(김부식 외 10명) 이후 거의 1세기 반(약136년사)이 지나 저술된 일연의 『삼국유사』는 그로부터 거의 2세기(14세기)가 지나 제자(무극)에 의해 완성되었다.
> 　따라서 기본적으로 『삼국사기』에 서술된 지배 왕조의 역사 단편 사실과 일반 백성들의 열전을 토대로 『삼국유사』의 서술 방향, 서술 요소 등이 결정되었다고 볼 수 있으나 결과적으로 『삼국사기』에 상술되기 어려운 관점 혹은 제외되거나 약술된 부분(삼국 이전 고대사와 삼국 왕조의 영웅적 초월성과 인간적 면모, 불교 문화와 그 사상적 추이) 등이 다양하게 보완, 확장될 수 있었다.
> 　특히 『삼국유사』가 저술된 후반기 상황은 역사적, 정신 문화적으로 보다 절박하고 피해가 극심(서기 1253년 고려사 기록:잡혀간 포로만 20만6천8백 명임)했으며, 민족적 자존심이 보다 훼손된 가운데 국가 존망 위기 의식이 극도로 고조된 시기여서 민족 공동체적 의식 강화를 위한 민족의 근원 정신(단군조선이 포함된 건국시조의 영웅 신화적 면모와 민족의 존재적 생기)과 유구한 고대 역사와 문화적 우월성(당시 민중의식과 연계된 불교문화) 등이 확장, 상술된 의의와 가치는 실로 적지 않다.
> 　그러나 삼국 정사(正史)인 『삼국사기』는 단군 조선을 비롯해 삼국 이전 상황이 배제, 축약된 한계(실제로는 삼국 이전의 부여, 행인국, 옥저, 낙랑, 말갈, 숙신, 가야 등과의 관계 등이 서술, 함축되었다.)에도 불구하고 규범적인 역사 서술 방법에 따라 삼국 흥망성쇠, 시대 사상(고유신앙, 불교, 도교, 유교 등), 통일 역량, 주체 의식(국제 외교 관계는 우회적, 함축적으로 표현되었다), 기후(경제), 백성들의 현황, 외교 관계(사신 왕래와 백성의 고통스러운 삶 대비) 등 민족의 "역사적 뿌리"와 고대 국가의 정통성이 기록 보존된 문헌적 가치는 그 어느 문헌과도 단순히 비교될 수 없을 정도로 독보적이다.
> 　따라서 그동안 유교 중심의 사대사상/불교 중심의 민족 정신과 주체사상 등과 같은 지극히 부분적이고 외현적인 특성으로 일괄 비교된 관점은 지양(止揚)되어야 한다. 오히려 각 문헌의 특징과 가치를 보다 구체적이고 깊이 있게 탐색할 합리적인 논의 방법(역사적, 정치적, 사상적, 문화적, 문장 이해 방법 등)을 강구하고 그 본질적 의의와 가치 그리고 그 교차, 대립된 부분과 한계 등이 보다 총체적으로 이해될 수 있는 관계 상황이 모색되어야 한다.

191) 유협, 『문심조룡』, 최신호(역), 현암사, 1975, 64-71면. 유협은 뛰어난 역사가의 직필(直筆)에 대해 번잡한 사실을 체계화하는 방법, 신빙성을 근본(旨)으로 기발성을 버리는 중요성(要諦), 각 사태에 대해 수미일관한 서술 원칙 등을 말했다. 아울러 사관의 중요한 임무에도 불구하고 시비의 대상이 되는 어려움을 사마천과 반고의 걸출한 업적도 때때로 후세의 질책을 받았음을 예로 들었다.

192) 역사 문장의 구성 방식과 함축에 대한 의의는 고대 유협(문심조룡) 뿐 아니라 현대 폴 리쾨르(텍스트에서 행동으로)까지 일관되게 주장된 바이다. 이는 김부식의 문장(문학) 양

가 될 수 있었다. 특히 역사적 전환기에 유구한 문화 민족으로서 역사 의식과 민족 통일 역량과 자주적 주체 의식과 고양된 정신 문화 의식이 환기된 바는 시대(전/후)와 사상(유학자/불교선승)을 막론하고 크게 다르지 않으나 단순히 비교되기 어려운 형식과 내용은 서술 관점의 차이 때문이다.

한편 무신 정권의 국내/외 한계로 초래된 몽고 침입은 새로운 역사 인식과 주체 의식 회복의 계기가 되었으나 전대(삼국, 고려전기) 역사 과정이 부정시된 모순적 상황에서는 강경한 저항정신과 중심이 된 불교 사상도 한계가 있었다. 말하자면 지배층(무신정권)의 확고한 정치적 신념(지배이념과 사상적바탕)이 확장, 개선되기보다 정통적인 고대 삼국 역사와 고려 전기 역사 "뿌리 뽑기"에 주력한 결과 국가 위기 극복을 위한 역사 의식과 민족 역량을 되찾기보다 정신 문화 의식의 공동화(空洞化)로 체제 붕괴가 촉진되었다고 볼 수 있다. 따라서 원(元)에 주권을 잃은 고려 위상과 민족 자존심을 회복하기 위해 일연(『삼국유사』)이 단군 이래 고대 삼국에서 뿌리 내린 유구한 역사 과정과 통일 역량과 그 바탕 정신인 불교 사상 등 민족 주체의 정통성과 정신 문화 뿌리 찾기를 마침내 시도했다고 볼 수 있다.

그러나 원(元, 서기 1271년-1368년)에 복속된 후 점점 원(元)의 문화에 기울어진 지배 체제는 이미 중심 세력이 된 선종도 크게 다르지 않았다. 특히 원의 임제종(臨濟宗)을 받아들여 조계종으로 통합된 선종에 비해 보다 위축된 교종으로 인해 불교 위상이 크게 좁아졌다. 무엇보다 기존의 지배 사상과 큰 차이가 없게 된 선종은 외세로부터 주체성을 회복하고 사회 개혁을 주도할 정신적

식이 사실부터 은유적 방법까지 다양하게 구현된 형태에서도 볼 수 있다.
결국 역사란 시간 속에서 발생하여 더불어 있으며, 지나버렸지만 동시에 전수되어 계속 작용하고 있는 의미가 일어나는 사건(한스 페터 헴펠)인 점에서 그 변화가 이미 예고되어 있다. 곧 "기술된 역사"는 그로부터 인식되며, 동시에 새롭게 변화되고 쇄신 반전될 가능성에 열려 있어서 이에 대한 비판적 관점으로 다양한 의의가 창출될 수 있다. 그럼에도 불합리한 기준과 일방적인 관점에 고착된 채 왜곡, 윤색되고 불신되어 그 본질적 의의와 숭고한 과정이 훼손되는 오류는 지양되어야 한다.

바탕이 될 수 없었다. 이는 결과적으로 불교 배척의 요인이 되었다.[193]

결국 원(元)과 결탁된 권문 세족의 횡포를 막고 새로운 정치 체제를 위한 자주 정신과 역사 의식이 신진 사대부들에게서 일어났다.

그 중 이제현은 고려 말 대표적 정치가, 문장(문학)가, 학자, 외교가로 충선왕이 세운 만권당(원)에서 유학자들과 교류하며 성리학을 받아들인 인물이다. 그는 충선왕의 정치 개혁 등이 원(元)의 간섭과 국내 기반 약화로 어려워지자 국사 편찬의 중요성을 인식했다.[194] 곧 대표적 시문집인 익재난고(益齋亂藁)는 소악부(小樂府), 역옹패설(서기 1342년) 등이 포함되었는데 전집(59편, 역사)과 후집(52편, 문학)으로 나뉜 역옹패설은 그의 역사관과 시화 비평 외에 야담, 신변 이야기, 여행 기록 등이 구성되었다.[195] 그의 표전(表箋), 서(書), 기(記), 논(論), 발(跋), 잡저(雜著), 비명(碑銘), 묘지(墓誌) 등은 그 후 동문선에 수록되었다.[196]

비록 국내외적 한계로 국사 편찬은 실현되지 못했으나 원(元)에 복속된 주권 회복을 위한 역사 의식이 실용적인 고문 부흥 의식[197]과 함께 모색된 점은

---

193) 당시 왕실(공민왕)을 배경으로 활약한 보우(서기 1301-1382년)가 있었으나 혜근(나옹 화상, 서기 1320-1376년)은 실제 사대부들의 척불론에 쫓긴 인물이다.
194) 이제현, 『역옹패설』, 남성만(역), 을지문화사, 1971.
　　원(元)에 복속된 이후(16년후) 태어나 원(元) 멸망 전해까지 생존한 이제현(서기 1287년-1367년)은 당시 원(元)이 고려 국호를 없애고 하나의 행성(行省)으로 두기를 결정했을 때 그 부당함을 지적한 글을 보내 막았다. 또한 충혜왕이 간신들의 모함으로 원(元)에 소환되었을 때 수행하여 그의 문필로 왕의 오해를 풀었다. 따라서 주권 회복에 대한 의지가 누구보다 강했으나 시도에 그치고 말았다.
195) 조동일, 『한국문학 통사』 2, 지식산업사, 1983, 101-102면. 말년에 백문보 등과 시도했던 고려 역사(紀年傳志) 관점이 역옹패설 전반부에 서술된 이유는 대외 관계에 대해 적극적인 입장을 취할 수 없었기 때문이었다고 했다.
196) 최승범, 『한국수필문학연구』, 정음사, 1980, 64-68면.
197) 후윤이(胡雲翼), 『중국문학사』, 강기근(역), 대한교과서주식회사. 1983, 225-228면.
　　송(宋)대는 화려하고 수식적인 변려문 대신 실용적인 고문으로 바뀌었다. 대체로 문학의 변문은 유미주의적 경향에서 예술을 중시한 순문학에 속하고 고문은 공리주의적 경향에서 실용문과 학술문 등 잡문학에 속한다. 곧 송대는 유학(儒學), 이학(理學), 불학(佛學) 등 학술 사상이 발달한 상황에서 대문호 왕안석도 순미(純美)한 문학을 반대했다.

일찍이 평이한 고문으로 삼국 역사를 편찬한 김부식의 역사 의식과 연계된다. 종합하면 열전을 포함한『삼국사기』의 문장(문학)사적 위상은 다음과 같다.

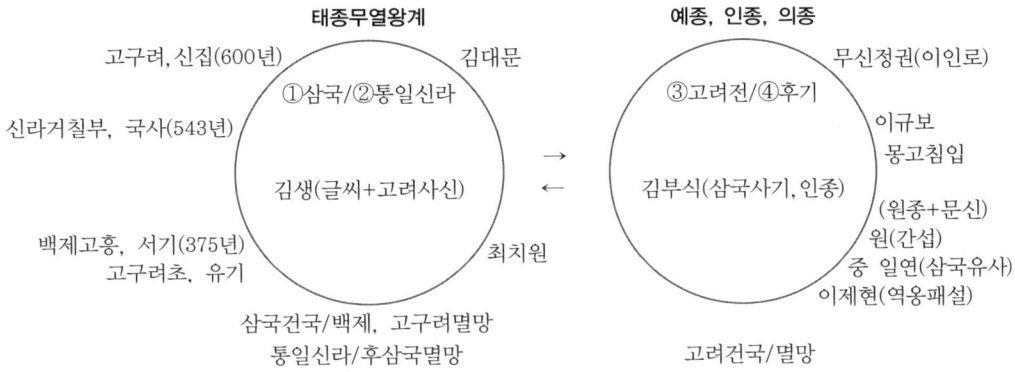

이상에서 고대 삼국(①,❶/②,❷)의 역사 사실과 민족 문화 의식(주체의식)이 고려 전기(③,❸) 김부식에 의해 편찬된『삼국사기』는 고대 삼국 존립의 역사적 정통성과 문화 민족 정신이 확고하게 정립된 정사(正史)로 우리 나라 최고(最古)의 역사서로서 의의가 실로 크다. 그러나 다양한 문장(문학) 양식이 집대성된 산문 문장(문학) 형식으로서 의의도 실로 적지 않다.

곧 삼국 전(삼국시대), 후(통일신라) 성/쇠와 고려 전(왕건-의종), 후(무신정권) 성/쇠가 순환, 병행된 역사 과정(❶,❷/❸,❹) 중 고려 전기 절정기(③,❸)에 전환적 위기를 의식한 지배층(인종, 김부식)이 과거 역사(①,②)를 경계(警戒) 삼아 발전적 변화(④,❹)를 선도하기 위해 편찬된『삼국사기』는 전, 후 분기점에서 삼국(①/②)의 문장 양식을 기록, 보존, 확장(③/④)한 문학(문장)사적 의의도 크다. 특히 시(詩), 부(賦)가 절정에 이른 고려 전기(③)까지도 문장(문학) 양식은 통일 신라(②) 양식과 큰 차이가 없었다. 그럼에도 열전이 포함된 김부식의『삼국사기』는 통일 신라(②,❷) 중 크게 번성한 변려문(최치원)과 달리 실용적이고 평이한 고문으로 집대성되어 전대(통일신라)와 다르며 대체로 통일 신라 문장 양식이 답습된 고려 전기 양식(③,❸)과도 차이가 있다.198) 말하자면 전대 문장(문학) 양식과의 근원적 관계(①→②→③)에도 불구하고 변려문과 고문(①,②/③)의 차이로 인해『삼국사기』는 문학사(문장)적 분수령이 되었다.

또한 무신란(③/④, 의종/무신정권)을 경계로 고려 전기(③, ◐)/후기(④, ◑)가 시대 역사적으로 크게 구분되나 전기 말에 편찬된『삼국사기』를 경계(◐)로 전(③, 문벌귀족), 후(④, 신흥사대부) 문장(문학) 양식이 크게 구분되므로 고려 전, 후 문학(문장)사의 분수령(◐)이기도 하다. 결국 현실 인식(시대정신, 비판의식)과 산문 정신(기록정신)에서 비롯된 고려 후기 주관적 산문 문장(문학)은 전대의 고답적인 내용과 형식과는 근본적으로 다르나『삼국사기』본기(표, 기, 서, 사전, 제문, 설, 논 등)와 열전(전기, 인물전, 서, 축문, 우화, 주관적 논평 등)에 구성된 다양한 문장(문학) 양식들과 그 집대성된 문집 체재가 모본이 되었다. 곧 전대(①,②)와 "연계(내용)/구분(형식)"되고 후대(④)와 "구분(내용)/연계(형식)"된 문학(문장)사적 위상(③)을 다각도로 확인할 수 있다.

결론적으로 열전이 포함된『삼국사기』는 삼국시대 · 고려시대와 고려 전, 후기 중심적 위치에서 전대 역사와 문장(문학) 형식들이 보존, 계발되고 후대 역사 의식과 문학(문장) 양식이 양성된 모태로 형성기 산문 문장(문학)의 시원(始原)인 동시에 역사적, 문학적, 정신 문화적 원형(原型)이 내포된 문장의 보고(寶庫)라고 할 수 있다.

---

198) 앞글, 137-146면. 당(唐)대 문학이 부미한 변려문에서 한유, 유종원의 고문 운동으로 소박하고 충실한 산문이 확장되었으나 문학이 도(道)를 표현하는 도구로 한정되면서 문학의 가치가 외면되는 경향이 없지 않았다. 따라서 말기에는 다시 변려문이 성하기도 했다.

참고문헌

『국역 고려사절요』Ⅰ,Ⅱ(고전국역총서 13, 14), 민족문화추진회, 1968.
『국역 동문선』Ⅴ, 고전국역총서, 29, 민족문화추진회, 1968.
고병익, 「고구려 문화사」, 『논장신서』 9, 사회과학출판사, 1988.
고병익, 「삼국사기에 있어서의 역사 서술」, 『김재원박사 회갑기념논총』, 1969.
김대숙(외), 『한국설화문학연구』, 집문당, 1994.
김민수 외(편), 『금성판 국어대사전』, 금성출판사, 1991.
김부식, 『삼국사기』(1, 2, 3), 이재호(옮김), 솔, 1997.
김부식, 『삼국사기』(상, 하), 김종권(역), 대양서적, 1972.
김부식, 『새로운 삼국사기』①②, 이우경(편역), 한국문화사, 2007.
김원룡, 「삼국시대의 개시에 대한 고찰」, 『동화문화』 7, 1967.
김종권(역), 『삼국사기』(상, 하), 한국명저대전집, 대양서적, 1972.
김현, 『장르의 이론』, 문학과 지성사, 1987.
동경대학출판회(편), 『철학사 강의』, 미래사, 1985.
박성의, 『한국문학배경 연구』 상, 이우출판사, 1980.
박완식(편역), 『한문 문체의 이해』, 전주대학교출판부, 2001.
박이문, 「현상학과 분석철학」, 일조각, 1990.
박재금, 『한국선시연구』, 국학자료원, 1998.
박종숙, 『백제, 백제인, 백제 문화』, 지문사, 1988.
박희병, 「조선후기 전의 소설적 성향 연구」, 성균관대학교 대동문화연구원, 1993.
사마천, 『사기』, 「백이열전」, 신형식(역), 일조각, 1981.
손보기(편), 『장보고와 청해진』, 혜안, 1996.
손보기, 『발해사 연구』(중국 조선 민족 학술 총서 1), 서울대학 출판부.
신형식, 『삼국사기 연구』, 일조각, 1981.
이도학(외), 『신라 화랑연구』, 한국정신문화연구원, 1992.
유기룡, 「기록문학의 영역과 형성」, 『수필문학연구』(국어국문학총서6), 1980.

유협, 『문심조룡』, 최신호(역), 현암사, 1975.
이규보, 이승휴, 『동평왕편, 제왕운기』, 박두포(역), 을지문화사, 1982.
이기백, 「삼국사기론」, 『문학과 지성』 26, 1976.
이범교(역해), 『삼국유사의 종합적 해석』(상, 하), 민족사, 2005.
이병도(교주), 『삼국사기』, 을유문화사, 1977.
이시우, 『가야사』, 가락국사적 개발연구원.
이우경, 「조선조 일기문학 연구」, 이화여대 박사학위 논문, 1988.
이우경, 『한국의 일기 문학』, 집문당, 1995.
이우경, 「삼국사기 열전의 편찬 체제와 세로(새로) 읽기」, 『한국고전연구』 제3집, 1997.
이우경, 『한국 산문의 형식과 실제』, 집문당, 2004.
이우경(편역), 『새로운 삼국사기』 신라, 통일신라 편, 한국문화사, 2007.
이우경(편역), 『새로운 삼국사기』 고구려, 백제 편, 한국문화사, 2007.
이재호(역), 『삼국사기』(1, 2, 3), 나라말씀, 1997.
이제현, 『역옹패설』, 남성만(역), 을지문화사, 1971.
장덕순, 『한국수필문학사』, 새문사, 1985.
장백일·최승범, 『수필문학론』, 한국방송통신대학, 1988.
조동일, 『한국문학사상사시론』, 지식산업사, 1978.
조동일, 『한국문학 통사』 1, 지식산업사, 1982.
조동일, 『한국문학 통사』 2, 지식산업사, 1983.
천관우, 「삼국사기 志의 신연구」, 『신라문화제 학술 발표회 논문집』, ?.
천관우, 『가야사 연구』, 일조각, 1991.
최승범, 『한국수필문학연구』, 정음사, 1980.
최예옥(편), 『국역 고운선생 문집』 하, 고운선생문집편찬회, 1973.
폴 리쾨르, 『텍스트에서 행동으로』, 박병수남기영(편역), 아카넷, 2002.
프리드리히 빌헤름 폰 헤르만, 『하이데거의 존재와 시간을 찾아서』, 신상희(옮김), 한길사, 1997.
한스 마이어홉, 『문학과 시간현상학』, 김준오(역), 심상사, 1979.
한스 페터 헴펠, 『하이데거와 선(禪)』, 이기상·추기연(옮김), 민음사, 1995.
혜초, 김규성(역), 『왕오천축국전』, 한국사상대전집1, 동화출판사, 1972.
황패강 외(편), 『한국문학연구입문』, 지식산업사, 1987.
후윤이(胡雲翼), 『중국문학사』, 강기근(역), 대한교과서주식회사, 1983.

S. S. Lanser, 『The Narrative act』, Princeton University Press, 1981.

이규보, 『동국이상국집』.
이인로, 『파한집』.
최자, 『보한집』.
서거정, 『동인시화』.

색인

ㄱ

가락국기 562
가실(舒) 44, 61, 186, 187, 297
가야 56, 86, 98, 183, 289
각훈 571
간접적 효과 276
강수 39, 63, 74, 135, 195, 268, 310, 313, 315
개로왕 45, 97, 105, 106, 107, 226, 439
개루왕 105, 107, 226, 311, 436, 442
개모성 117
개방 65
개방된 의식 58
개방적 형태 269, 343, 348, 350, 368, 499
객관적 관점 492, 495, 496
거도 35, 36, 56, 68, 83, 85, 178, 180, 182, 238, 254, 432, 512
거란 136, 195
거진 360
거칠부 22, 35, 37, 55, 68, 75, 99, 100, 101, 102, 178, 240, 288, 289, 392, 404, 405, 406, 429, 513
건국 시조 215
건국 신화 301, 414
건국이념 38
건국 정신 243, 300

검군 43, 62, 256, 310, 314, 449, 450
격서(檄書) 276
격황소서(檄黃巢書) 168
견훤 47, 48, 54, 67, 71, 73, 76, 170, 171, 173, 207, 229, 245, 246, 264, 325, 326, 327, 498
경덕왕 150, 154, 156, 200, 389, 466
경문왕 482, 483
경순왕 172
경신 240
계(啓) 168
계림 87, 88
계림잡전 22
계립현 218
계백 31, 41, 60, 61, 69, 130, 141, 143, 228, 229, 286, 289, 342, 343
고구려 29, 33, 93, 123, 169, 188, 222, 424, 441, 473, 497, 512, 533
고구려 건국 정신 214, 253, 409
고구려 군 117
고구려 멸망 129, 148, 194, 196
고구려 명장 49, 68, 75
고구려 본기 90, 262
고구려 정벌 129
고구려 정신 57
고구려 회복군 42, 148, 149, 287, 352, 399

색인　583

고구려 회복 정신　69, 108, 208, 211, 214, 243, 301
고국양왕　96
고국원왕　93, 96, 105, 438
고국천왕　90, 208
고도　463
고려　471
고려 개국　48
고려 건국　49, 63, 76, 247
고려 건국사　54
『고려사절요』　245, 246, 252, 264, 272, 326, 329
고려 왕건　222
고려 통일　54, 65
고변　168, 560
고승전　22, 543, 554, 560
고연수　117, 306, 425
고울부(경애왕)　48, 172
고유신앙　136, 261, 407, 516
고주몽　410
고혈제도(膏血制度)　157
고혜진　306
골육상쟁(骨肉相爭)　163
골품 제도　118, 188, 360, 423, 463
공동체 의식　103, 509
공동체적 관계　234
공동체적 세계상　238
공동체적 의식　131
공방전(孔方傳)　567
공자(孔子)　26
공존　65
공존성　238
관음보살상　103

관창　40, 41, 60, 69, 75, 130, 142, 192, 193, 228, 322, 474
광개토왕　93, 96, 105, 210, 216, 292, 298, 439, 513
광무제　90
교서(敎書)　276, 277, 559
교종　572
구상적 형태　243, 267, 269, 350, 390, 417, 499, 500
구여겨레(九黎族)　529
구조적 실재　504
구지봉　302
구해　124
구환겨레(九桓族)　529
국가관　282, 284, 292
국가 수호　115
국사(國士)　133
국사(國史)　22
국순전(麴醇傳)　567
군서(軍書)　276
군신 관계　91, 106, 200, 214, 240, 261, 264, 285, 293
군신론　285, 294, 387
군졸　41
군주론(君主論)　111, 185, 285, 293, 294, 310, 312, 387
군집 관계　66
궁예　47, 48, 54, 67, 71, 73, 76, 169, 171, 206, 229, 245, 264, 305, 327, 498, 547
권력 쟁탈　175
귀감(龜鑑)　82
귀당비장　333

귀산 38, 58, 75, 111, 123, 130, 185, 227, 240, 340, 341
귀족 불교 540, 544
균여 561
근개루왕 105, 107, 226, 438
근랑 113, 240, 297, 449
근원 정신 160
근초고왕 225, 438, 443, 512
금강 173
금관가야 32, 101, 102, 302, 367, 369
금필 173, 326
급찬 356
긍정적인 측면 252
기(紀) 26
기(記) 560
기근 467
기록 문장 80, 549
기록 문장 형식 71, 72
기벌포 129, 143
기벌포 싸움 122
기술(記述) 대상 504
기예 31
기전체(紀傳體) 21, 550
김대문 123, 332, 543, 554, 560, 561
김명 162, 346
김부식 21, 24, 47, 81, 142, 175, 233, 494, 553, 562, 564, 566
김생 43, 44, 62, 63, 75, 147, 150, 152, 153, 256, 310, 315, 464, 465, 469, 471
김씨 내물왕계 177, 180, 183, 279, 311, 312, 429
김씨 512

김씨내물왕계 79
김씨 왕조 177, 179, 181, 435, 446
김알지 87, 88, 179, 431, 448
김양 35, 36, 55, 68, 73, 76, 161, 163, 164, 203, 229, 245, 345
김양상 157
김영윤 40, 41, 42, 59, 147, 148, 295, 351, 390
김유신 31, 32, 34, 42, 49, 54, 67, 73, 76, 109, 118, 124, 125, 130, 141, 145, 188, 192, 194, 195, 228, 245, 251, 261, 265, 275, 281, 285, 289, 291, 295, 339, 347, 356, 357, 363, 368, 375, 380, 474
김인문 33, 34, 35, 36, 37, 55, 68, 73, 76, 124, 133, 135, 192, 193, 194, 195, 245, 291, 295, 297, 313, 338, 339, 380
김춘추 33, 42, 108, 114, 115, 126, 127, 139, 186, 187, 218, 271, 273, 298, 313, 338, 339, 370, 375
김품석 187
김헌창 159
김후직 37, 58, 75, 110, 111, 157, 185, 310, 312, 422, 452, 453
김흔 36, 163, 164, 345
김흠돌 352, 399
김흠운 40, 41, 59, 69, 74, 122, 145, 191, 192, 242, 268, 291, 294, 422, 471, 474

ㄴ

나당(羅唐) 347

나당(羅唐) 관계 188, 189, 194, 198, 255, 268, 288, 293, 338
나당(羅唐) 대립 133
나당(羅唐) 연합 195, 220, 293, 385, 428, 514
나당(羅唐) 연합군 56, 143, 227, 228, 307, 339, 343, 362, 398, 412
나당(羅唐) 외교 133, 201, 339
나당(羅唐) 축출 461
나라 51, 56, 58
나라상실 205
낙랑 90, 222
난승(難勝) 노인 271, 296, 369, 371, 380
날음(捺音) 43
남북조 107
남생 46
남옥저 91
남제(南齊) 216
남해차차웅 84, 431
낭도 123, 341
낭비성 126
낭산(狼山) 445, 447
내물왕 38, 122
내물왕계 45, 146, 151, 158, 466, 480, 517, 521, 540, 546
내물이사금 82, 93, 434
내음(奈音) 43
내해이사금 45, 86, 87, 88, 330, 358
노역 166
녹진 37, 38, 57, 74, 159, 206, 267, 294, 392, 404, 415, 417
논평 64, 337, 504
농경 시대 528

눌지마립간 94, 95, 273
눌지왕 57, 94, 96, 436
눌최 40, 41, 60, 70, 112, 227, 392, 393, 394, 395
뉴유 37, 91, 286

ㄷ

다양성 238
다원적 중심 348, 350
단군 301
단편 사실 245
단편 사전(史傳) 형식 238
단편 삽화 형식 235, 236, 270, 271, 273, 274, 309, 318, 333, 421, 425, 499, 502
단편 인물전 271
달솔 228
담론 24, 176, 496
당(唐) 33, 39, 109, 110, 114, 132, 134, 184, 186, 188, 195, 208, 277, 306, 313, 333, 380, 424, 496
당(唐) 고종 134, 140, 339
당서 22
당(唐) 축출 137, 196
당(唐) 태종 116, 117, 137, 169, 334, 337, 424
당항성 116, 425
당(唐) 현종 152, 155, 467
당(唐) 황제 293
대가야 102
대궁 112
대내마 112
대무신왕 90

대승 불교　545
대야성　104, 116, 137, 187, 226, 370,
　　　396, 397, 404, 425, 442
대야성 참패　188
대야성 침입　42
대외적 위상　208
대의 명분　295
대장부론　297
도(道)　303
도교　261, 282, 301, 532, 534, 538, 541
도림　106
도미　31, 43, 44, 62, 70, 105, 224, 227,
　　　229, 256, 310, 311, 436, 443
도미부부　441, 444
도미부인　106, 314
도침　144, 145
독자적 위상　236
동국이상국집(東國李相國集)　569, 570
동굴 시대　528
동명성왕　76, 214, 222, 243, 300, 305,
　　　337, 512
동명왕　275
동명왕편　569
동문선　568
동성왕　93, 227
동이전(東夷傳)　529
동천왕　84, 89, 91, 213, 285
동타천　377
득래　91

ㅁ

마숙놀이　98, 182, 289, 430, 531
마한　169, 222

막리지　220, 334
말갈　33, 123, 136, 195, 222, 473
망국　106
망국적 위기　167
매개적 기능　276
매소천성 싸움　130
명림답부　37, 57, 75, 89, 212, 262, 310
명장　267
모계　528
모본왕　90
모순성　25
모용외　64
목우사자　98
묘청　566
무(巫)　304, 534
무격사상　526
무력　34
무사　297
무사심　102
무사파(劍君)　123, 450
무사파 화랑　297
무속　538
무신란　578
무신 정권　564, 575
무왕　227
무위　314
무위 자연　538
무은　130
무의 기능　301
묵호자　288, 535
문노　123, 341
문노파 화랑　191, 294, 341, 474
문무왕　33, 34, 60, 122, 128, 129, 134,

192, 339, 372, 379, 384, 460
문벌 귀족　564
문성왕　162, 164, 346
문식　27
문식파화랑　297, 450
『문심조룡』　560
문장 양식　24
문장 해석　25
문장 형식　58, 71, 258
문종　559
문창후(文昌候)　169, 353
문화 의식　282
물계자　43, 44, 62, 75, 86, 87, 179, 256, 350, 357, 358, 390, 531
미담　168, 205
미래불(未來佛)　305
미륵불　171, 547
미륵사　153
미륵 사상　305, 329
미사흔　96, 436
미천왕　64, 92
미추이사금　87, 95, 331, 448
민간 신앙　303
민애왕　162, 346, 347
민족 고유 사상　300
민족 고유 의식　282
민족의식　254
민족적 과업　196
민족적 자긍심　208
민중 불교　316
민중 의식　206
밀우　37, 91, 286
밀우/뉴유　91, 213

ㅂ

박씨　496
박씨 왕조　84, 85, 86
박인량　562
박제상　37, 38, 57, 74, 94, 96, 178, 180, 242, 310, 311, 433, 434, 436
박혁거세　82, 84, 86, 95, 177, 256, 358, 434, 448, 532
반굴　130
반굴아들　42
발해　169, 277
방아타령　181, 273, 444
백결선생　43, 45, 62, 75, 97, 181, 256, 273, 310, 314, 436, 444, 447
백두옹　457, 459
백암성　117
백제　29, 33, 123, 169, 188, 289, 390, 398, 424, 441, 473, 496, 513
백제 멸망　127, 140, 148, 193, 195, 238, 352
백제 명장　68
백제 본기　98
백제 성왕　32
백제 침입　106, 351
백제 회복　48
백제 회복군　33, 34, 128, 129, 132, 148, 195, 238, 289, 357, 383, 385, 403
벌휴이사금　87, 330
범민족(세계)적 역량　217
법상종　553
법정사　156
법흥왕　93, 288, 535, 536
변려문　577

변모 66
변한 169
병부령 110, 453
보덕성 148
보장왕 34, 46, 137, 140, 273, 410
보한집 569
보현시원가 561
복신 144, 145
복합적 기능 272
복합 형식 235, 239, 241, 270, 278, 309, 318, 421
복호 96
복희씨 463
본기(本紀) 233, 494, 495
본기 사실 264
본래의식 81
본질적 위상 81
봉상왕 46, 64
부(賦) 559
부계 528
부모 261
부부 261
부여도독부 277
부여성 133
부여씨 513
부여풍 145
부역(賦役, 負役) 467
부자 240, 261
부장(副將) 333
부처 544
분황사 44, 103
불교 136, 261, 282, 288, 301, 342, 496, 532, 533

불교 사상 45, 183, 238, 288, 301, 303, 304, 315, 392, 407, 408,
불교 의식 276
불교적 세계관 174
불국토적 신성성 105
불균형적 외교 199
불법(佛法) 100, 105
붕우 261
비담 126, 275
비담의 반란 32, 188
비령자 32, 40, 41, 42, 60, 118, 124, 126, 131, 188, 266, 357, 359, 390
비명(碑銘) 560
비사성 117
비삽 131
비장(飛將) 59
빈녀 양모 164

ㅅ

사관 174
사기(史記) 26, 27
사다함 35, 36, 56, 68, 75, 98, 101, 102, 123, 179, 180, 183, 289, 329, 331, 474, 497
사대사상 23
사량궁 112
사륙문 275, 276
사마시(司馬試) 572
사마천 26
사비성 34, 128, 384
사비성 반란 129
사상관 284, 292
사신 467

사신 교류　167, 205
사유　394
사전(史傳)　60, 63, 80, 236, 237, 243, 262, 319, 332, 344, 375, 495, 567, 571
사전(私傳)적 기능　242, 253, 261, 268, 270, 310, 317, 421, 493, 501, 503
사전(史傳)적 존재　253, 261, 270, 310, 317, 319, 320, 503, 507
사전(史傳) 형식　240, 242, 245, 252, 264, 318, 320, 332, 343
사전(史傳)적 형태　493
사찬　133, 194, 356
사친(事親) 관계　200
사회 불안 요인　197
사회적 명성　51
사회적 위상　58
산문　275
『산해경(山海經)』　530
살신성인(殺身成仁)　158, 200
삼강오륜(三綱五倫)　63, 261, 462, 464
삼광　130
삼국 관계　99
삼국 명장　49
삼국사(三國史)　22
『삼국사기』　21, 23, 24, 181, 233, 326
『삼국사기』본기　245, 246, 272
『삼국사기』열전(列傳)　21, 25, 48, 50, 66, 71, 80, 176, 353
삼국 시대　315, 525
삼국 역사　176, 235
『삼국유사』　86, 100, 164, 245
삼국 통일　32, 42, 49, 53, 56, 59, 65, 76, 79, 187, 247, 274, 289, 379, 388, 433, 458, 464, 515
삼국 통일 과업　115, 245
삼국통일사　35
삼론종(三論宗)　533
삼성(三姓)　178, 179, 390
삼성(三姓) 교체기　82, 87, 89, 177, 358, 448
삼성(三姓) 체재　183, 225, 238, 312, 433, 511
삼성(三姓) 통치　85
삼재(三才) 사상　78, 79
삼한고기　22
삼한 통일　387
삽혈(歃血) 동맹　127, 370
상고(上古) 시대　525
상대등　101, 162, 405
상보(尙父)　173
상사인(上舍人)　451
상상적 관점　492, 501
상상적 형태　81
상서(上書)　276
상잠장군　144
상징　267
상징적 의미　235
상징적 인물　44, 253
상징 체계　248
상징적 형태　243, 269, 421, 502
상층　147
상층인　191
생산적 상상력　258
샤머니즘(Shamanism)　527
서(書)　168, 560

서거정 568
서기(書記) 93
서당 5군 112
서라벌(徐羅伐) 528
서벌(徐伐) 528
서손(庶孫) 389
서술 방법 58
서술 분량 55, 56, 62, 63, 76, 77, 79, 240, 255, 269
서술 분량 분포 66
서술 분량 비율 72, 74
서술 분량 순위 57
서술 비율 57, 75
서술 유형 259
서안평 91
서천왕 92
『서하집(西河集)』 567
서현 34, 130, 271
서희 470
석씨 87, 496, 512
석씨 왕조 84, 86, 95, 177, 279, 358, 435
석우로 37, 38, 57, 74, 84, 86, 88, 179, 180, 242, 291, 299, 307, 329, 330, 498
석탈해이사금 82
선(善) 157
선덕왕 59, 150, 416
선덕여왕 103, 185, 186, 192, 427, 477
선도(仙徒) 536
선종(禪宗) 170, 546, 553, 572
선택적 관점 496
설계두 40, 41, 60, 116, 117, 188, 268, 288, 423, 424
설씨녀 43, 44, 61, 70, 74, 114, 185, 186, 242, 256, 297, 307, 471, 477
설원랑 341
설인귀 140, 277, 289, 336, 387, 427
설총 39, 63, 74, 147, 149, 150, 197, 310, 312, 422, 452, 456, 460, 543
설필하력 336
성각(聖覺) 42, 44, 62, 147, 156, 199, 256, 280, 310, 392, 400, 402, 543
성골 45, 115, 396, 397, 473, 536
성골 말기 185, 188, 217
성골 왕조 120, 183, 238, 370, 452, 453
성덕왕 34, 150, 152, 153, 198, 468
성왕 34
성종 559
성충 143
세계관 278, 284, 292
세속오계(世俗五戒) 58, 111, 185, 240, 287, 340, 341, 342
소나 40, 41, 59, 130, 136, 195, 295, 426, 427, 428
소수림왕 96, 288
소외된 지사(志士) 62
소정방 33, 37, 128, 132, 140, 143, 195, 229, 295, 306, 336, 361, 380
솔거 43, 44, 45, 62, 63, 75, 103, 183, 256, 310, 314, 392, 404, 406, 407
송(宋) 216, 470
수(隋) 108, 110, 119, 169, 184, 186, 208, 219, 277, 281, 298
수로 124
수(隋) 문제 119

수서 22
수(隋) 양제 120
수이전(殊異傳) 562, 571
수(隋) 침입 138
순환 65, 66
순환성 238
순환 체계 50
시(詩) 559, 560
시대 56, 58
시대적 관계 50
시대적 위기 210
시대적 의의 175
시대정신 238
시무(時務) 10조 168, 170
시조동명성왕 411
시조박혁거세 430
시호(諡號) 107, 453
신검 48, 173, 207
신격화 302
신년 하례 155, 468
신농씨 463
신단수 528
신당서(新唐書) 247, 560
신라 29, 33, 93, 94, 98, 101, 145, 169, 171, 188, 222, 312, 424, 441, 496
신라 건국 127
신라 고기(古記) 197
신라 골품 제도 288
신라 본기 86, 98
신라 삼성(三姓) 체재 45
신라 왕도(王道) 회복 69
신라 통일 36, 41
신라 통일 과업 75

신라 통일 정신 297
신라 화랑 정신 57, 243
신무왕 161, 163, 204, 347, 402
신문왕 39, 60, 149, 150, 275, 457, 458, 459, 461, 473, 543
신선 538
신선 사상 275, 301
신성성 301
신선 의식 303
신의 102, 480, 496
신이성 370
신인(神人) 302
신집(新集) 22
신필(神筆) 198
실록(公日記) 405, 507
실록(본기) 320
실록 형태 243, 269, 318, 320
실존 인물 235, 241
실존적 의의 394
실천적 전언(傳言) 65
실혜 43, 62, 113, 256, 310, 449
심나 59, 130, 137, 428
심층적 의미 77

ㅇ

아달라왕 87
아달라이사금 86, 87, 330
아달성 136, 287, 428
아라 88
아막성 싸움 341
아산성 142
악본 543, 560
안국공 92

안동도독부　277
안록산의 난　150
안시성　117, 306
알영　532
애민 정신　102
애장왕　203
액자 형식　460
양강왕　106
양궁　112
양면적 가치　62
양면적 성향　325, 348
양면적 인물　44, 252
양서　22
양원왕　100, 107, 410
양현감　120
언승　416
언어　394
여와　463
여진　470, 471
역사 공동체　29, 81
역사 공동체 의식　503
역사 공동체적 관계　175
역사 기록　80
역사 기록 방법　234
역사 기술　174
역사 기술 방법　174
역사 기술 체계　81
역사 문장　23
역사 사실　236
역사 상황　82
역사 의식　251, 263, 301
역사 인식　93
역사 편찬 의식　495

역사 해석　25
역사 현실　234
역사관　278
역사적 공과　51
역사적 공적　58
역사적 변화　201
역사적 사실　25, 81
역사적 실존 인물　267
역사적 업적　66, 75
역사적 위상　53, 65, 66
역사적 의의　348
역사적 인물　237, 242, 253, 421, 422,
　　　429, 461
역사적 행적　252
역사적, 존재적 상황　255
역사적, 존재적 위상　261
역사학적 실증주의　24
역옹패설　569
연개소문　46, 63, 71, 73, 75, 116, 122,
　　　137, 138, 140, 219, 221, 229, 245,
　　　247, 251, 281, 291, 296, 298, 299,
　　　313, 329, 333, 335, 337, 385, 412
연대기 형식　235, 241, 243, 269, 270,
　　　273, 274, 278, 290, 291, 309, 318,
　　　421, 500
열기　33, 40, 59, 124, 132, 193
열반종　533
열사(烈士)　29
열사론　295
열전(列傳)　24, 46, 233, 241, 494, 559
염종　126
영동장군　144
영류왕　46, 121, 137, 220, 334

영양왕 119, 219
영웅담 302
영웅성 370
영웅적 기상 210
영웅적 위상 333
영토 120
영토 회복 106
영토 회복 요구 273
영토 회복 의지 104, 107, 108, 138, 148, 293, 300
영토 회복 정신 253
예(藝) 49, 537
예문지(藝文志) 560
예인(藝人) 29, 43, 61, 267
온달 31, 38, 57, 74, 106, 107, 198, 210, 211, 217, 222, 243, 267, 291, 293, 296, 299, 392, 404, 408
온조왕 222, 226, 443
왕건 48, 49, 207, 246, 272, 326, 552
왕권 쟁탈 160, 161, 247, 294
왕권 회복 158
왕권회복 205
왕도(王道) 92, 111, 408
왕오천축국전 560
왕희지 152
왜(倭) 88
왜(倭)군 307
왜인(倭人) 89
외교관 282
외교 관계 184, 243, 288
외교적 수훈자 75
외세 침입 238
요동 138

요서(遼西) 91
용병술 289
용화향도(龍華香徒) 125
우문술 120
우산국 56, 98, 102, 289
우식곡 273
우중문 300
우징 161, 204, 346
우화 272, 559
웅진 226
웅진도독 128
웅진성 143
원광법사 38, 58, 110, 111, 240, 287, 340, 341
원성왕 150, 157, 402, 416
원술 271, 297
원시 종교 301
원화(源花) 536
원효 149, 460, 544
위(魏) 89, 91, 105, 107, 439
위국(爲國) 정신 118
위례성 513
위서 22
유교 136, 282, 301, 342, 496, 532, 537, 541
유교적 도리 276
유리 84, 431
유리명왕 90
유리왕 89
유리이사금 86, 431
유민 146
유인궤 46, 135, 144, 229, 427
유학 261, 300, 303, 315, 462, 543

유학적 국가관 174
유화 214, 243, 275, 300, 412, 532
육두품 206
윤중 34
윤충 442
율령 93
은유적 방법 253
은유적 상황 444
은유적 인물 235, 237, 241, 242, 267, 291, 297, 307, 421, 422, 429, 461, 502
은유적 진술 247
을불 92
을지문덕 35, 36, 37, 55, 68, 74, 119, 120, 219, 243, 291, 296, 298, 300, 313, 412, 498
을파소 37, 75, 90, 212, 260, 261, 262, 310
의(義) 31, 49, 157
의도적 오류(intentional fallacy) 29
의상 544
의인(義人) 29, 61
의자왕 33, 116, 120, 143, 227, 370, 396, 443
이규보 569
이근행 427
이문진 22
이벌찬 179
이사부 35, 36, 56, 68, 75, 99, 102, 182, 429, 513
이세적 34, 46
이음(利音) 43, 86, 179
이인로 567, 568

이제현 569
인(仁) 303
인(人) 78, 79, 520
인간 근원정신 408
인물 본래의 의의 81
인물전(傳) 81, 567
인의(仁義) 정신 296
일기문학 494
일대기 형식 235, 244, 247, 269, 270, 273, 290, 291, 309, 333, 353, 499
일반 백성 159
일성이사금 86
일연 572
임존성 144, 382

ㅈ

자비마립간 97, 446, 448
자비왕 94, 97, 447
자연 무위 사상 518
자연 숭배 538
자연 재해 155, 174, 449, 485, 487
자연 종교 사상 303
자연주의 541
자율적 호국 의지 266
자주 국방 106
자주 국방력 313
자주 국방 의지 336
자주적 주체 정신 189, 208, 211, 243, 255, 282, 313, 333, 426
자주적 호국 의지 208
잡지(雜志) 181
장(狀) 168
장가(長歌) 112, 113, 124, 274

장미 459
장보고 36, 68, 161, 163, 164, 204, 299, 345, 347, 498
장보고/정년 35, 164
장부(丈夫)론 287, 295, 314
장수 41
장수론 296
장수왕 45, 93, 97, 106, 210, 298, 439, 513
재해 155
전(傳) 233, 508, 560
전기(傳記) 233, 508, 560
전제(專制) 군주 83
전환기 시대 상황 238
절의(節義) 286
점해왕 84, 88
점해이사금 88
정년 36, 163, 345, 347
정사(正史) 24, 175, 577
정신문화 282
정토 사상 546
정통성 181
제(齊) 105
제가 사상 300
제릉 161
제문(祭文) 559, 560
제사장 304, 526
제의적 의의 275
제정(祭政) 일치 사상 526
제천 의식 301, 302, 414
제천 행사 305
조공 155
조미압 271

조분왕 84
조분이사금 87
조세 166
조천성 122, 398
조천성 싸움 191
조화 65
존재 가치 66
존재 방식 65, 82
존재 상황 56
존재 의의 66, 70, 75, 102, 234, 258, 263, 267
존재적 위상 234
존재적 의의 53, 175, 348, 500
존재 회복 의식 517
졸본성 512
졸본천 208
종사관 168
종속적 관점 499
종속적 주관 499
좌전(左傳) 26
주관적 관점 497
주관적 논평 245
주관적 의식 277
주몽 443, 532
주술적 행위 303
주원 157
주종 240, 261
주체사상회복 313
주체 의식 518
주체적 의지 350
주체적 저항 정신 517
주체적 호국의지 196
주체 정신 89, 137, 198, 460

주필산 117
주필산 싸움 188, 424
죽령 213, 218, 412
죽죽 40, 41, 42, 60, 115, 187, 227, 229, 392, 393, 396, 397, 404
중심 인물 235
중앙권력 497
중앙 권력층 108, 159, 164, 201, 203, 204, 247, 345, 348
중앙 귀족층 280
중용적 태도 58
지(地) 78, 79, 520
지눌 572
지마이사금 86
지방 세력 159, 164, 203, 204, 207, 345, 348
지방 호족 201, 497
지배 권력층 205
지배층 154, 161, 188, 261, 280
지사(志士)론 284, 294, 295
지수신 145
지시 유형 24
지시된 역사 사실 177
지식인 159
지증마립간 98, 182, 430
지증왕 93, 453
진(陳) 107, 110
진골 101, 183, 375, 397
진골 왕조 122, 123, 279, 286, 307, 452, 478
진덕여왕 118, 185, 186, 188, 192, 427, 477
진덕왕 372, 478

진사왕 105
진서 22
진성여왕 45, 171
진여(眞如) 329
진의(眞意) 26
진인(眞人) 302
진지왕 101, 405
진평왕 108, 112, 114, 157, 186, 192, 427, 449, 450, 451, 453, 455
진한 169
진흥왕 36, 93, 98, 99, 180, 392, 394, 441, 513, 535

ㅊ

찬덕 60, 111, 130, 227, 285, 393
창작적 표현(工巧:공교) 27
창조리 46, 63, 71, 75, 92, 251, 310, 311
책(策) 26
천(天) 78, 79, 520
천지신명 275
천태종 533, 553
청해 204, 347
최자 569
최치원 39, 63, 73, 76, 168, 170, 204, 206, 245, 247, 255, 274, 310, 352, 353, 390, 561
축문(祝文) 275
춘추무열왕계 45, 79, 151, 158
충(忠) 199, 401, 480, 496, 537
충공(상대등) 38
충신 29
충, 효 사상 278

취도 40, 41, 60, 147, 148, 392, 393, 397, 399
측천무후 149, 337
친화적 관계 70
칠중성 131, 193, 427

ㅌ

탈해 431, 512
탈해왕 36, 37, 85, 87, 430, 432
탈해이사금 84, 85, 86, 178, 429, 431
태봉 48
태양 301
태조 48, 326
태조 왕건 170, 171, 294, 327
태종무열왕 33, 42, 60, 122, 189, 192, 193, 339, 378, 379
태종무열왕계 34, 45, 146, 187, 201, 346, 466, 480, 517, 521, 540
태종무열왕대 194
태후 151
토착 세력 179
통감 22
통일 과업 55, 63, 187, 189, 193, 194, 195, 238, 242, 286, 291, 297, 298, 351
통일 신라 29, 39, 45, 48, 135, 146, 227, 327, 345, 351, 459, 471, 577
통일 신라 말기 351
통일 신라 패망 48
통일 역량 189, 196, 198, 218, 238
통일 왕조 200
통일 정신 105, 151, 408

ㅍ

파사이사금 85, 86, 431
『파한집(破閑集)』 568
편지 276
편찬자 논평 46, 54, 57, 243, 277, 293, 498
편찬자 분류 체계 248
편찬자 순위 57
편찬자 체재 48, 50, 51, 55, 59, 66, 68, 71, 109, 158, 174
편찬자 체재 순위 74
편찬자(해석자) 29, 62, 71, 142, 175, 279, 337, 504
평강공주 106, 211, 217, 243, 293, 299, 408
평강상호왕 107
평강왕 106, 107, 211, 217, 243, 299, 392, 412
평양성 225, 305
평원왕 107, 410
표(表) 168, 560
표면적 사실 77, 263
표면적 진술(陳述) 26
표현 형식 81
품석 60, 115, 442
품일 130
풍월주(風月主) 342
피지배층 154, 188, 261
필부 41, 60, 61, 131, 229, 392
핍실 42, 148

ㅎ

하구려후(下句麗候) 89

하느님 301
하늘 숭배 314
하늘 숭배 사상 303
하늘신(天神) 526
하사인(下舍人) 451
한(漢) 298
한강 유역 216, 222
한시(漢詩) 273
한얼(天神) 528
합절 360
해동고승전 571
해론 40, 41, 58, 59, 111, 130, 285,
    392, 393
향가 561
향덕 42, 62, 63, 75, 147, 150, 154,
    199, 240, 310, 343, 344, 345, 401
헌강왕 165, 483, 486, 488
헌덕왕 167, 392, 416
헌창 295, 415, 416
헌창의 반란 57, 202
현손 34
현실극복 의지 448
현종 553
현화사 553
형식적 의미 504
혜공왕 34, 128, 130, 150, 151, 156, 157,
    162, 187, 200, 384, 389, 392, 400
혜량 법사 288
혜량법사 100, 182, 240, 404, 405, 534
혜초 560
호국 명장 303
호국 불교 148, 398
호국 불교 사상 341

호국 불교 정신 516
호국선(護國仙) 341
호국신 301
호국 의식 474
호국 의지 187, 282, 297, 307
호국 자주 의식 313
호국 자주정신 408
호국 저항 정신 56, 221, 336
호국정신 31
호국제세(護國濟世) 115
호족 489, 552
호국 주체정신 243, 287, 298, 299, 478
호국 충의 286
호국 충절 243, 298, 329, 376
호국 충절 위업 291
호국 충정 160
호국 희생정신 69, 78, 102, 111, 124,
    137, 148, 162, 167, 187, 191, 192,
    211, 218, 224, 254, 267, 284, 285,
    286, 295, 296, 297, 298, 308, 322,
    341, 343, 345, 352, 359, 382, 388,
    394, 402, 472, 490, 497, 515, 541
혼융성 25
혼융적 형태 243, 251, 264, 269, 323,
    325, 343, 348, 350, 368
홍익인간 530
화랑 39, 41, 56, 101, 167, 183, 331, 490
화랑도 342
『화랑세기』 22, 332, 543, 554, 560
화랑 정신 31, 58, 59, 102, 130, 192,
    238, 254, 291, 295, 332, 340, 422,
    471, 536
화랑 제도 102

화엄종　553
화왕　457, 458
화왕계　147, 149, 242, 272, 313, 458, 518
화친 관계　292
환웅　528
황룡사　44, 100, 111, 153, 183, 288, 316, 406
황룡사 벽화　103, 407
황룡사 탑　166, 485
황산벌 싸움　130
황소의 난　167, 486
효(孝)　31, 49, 199, 480, 496, 537
효공왕　171
효녀　43
효녀지은　43, 44, 62, 159, 164, 165, 167, 204, 205, 240, 256, 260, 310, 471, 481, 488, 547
효성왕　150, 466
효양방(孝養坊)　205, 490
효자　29, 43, 154, 267
효자마을　200
효자효녀　61

효종랑　62, 164, 165, 204, 240, 481, 483, 484
효종랑 부자　167
효행　158, 240
후고구려　159
후백제　171, 207, 227, 327
후백제인　159
후삼국　31, 552
후삼국 시대　48, 68, 246
후삼국 통일　49, 76, 79
『후한서』　529
훤백　296
흑치상지　35, 36, 55, 56, 61, 68, 143, 144, 145, 229, 254, 266, 286, 289, 357, 360, 362, 390
흘해왕　38, 331
흘해이사금　95, 178, 330
흠순　34, 130, 148, 351, 387
흥덕왕　128, 346, 347
흥륜사　316, 535
흥망성쇠　238
흥무대왕　128
희강왕　161, 346, 347

이우경(李雨卿)

- **약력**

이화여자대학교, 동 대학원 국어국문학과 졸업
U.C Santa Cruz(미국) 영문학 박사과정 2학기 수료
이화여자대학교 문학박사 취득
전 대학 강사
현재 한국문장연구소

- **저서**

『한국의 일기문학』(집문당, 1995년)
『한국 산문의 형식과 실제』(집문당, 2004년)
외 논문 다수

- **편역**

『새로운 삼국사기』①신라·통일신라편(한국문화사, 2007년)
『새로운 삼국사기』②고구려·백제편(한국문화사, 2007년)

- **산문집**

『둥지 트는 새 무얼 찾는가』(한국문화사, 2000년)
『바람의 향기』(한국문화사, 2000년)

삼국사기 열전 새로 읽기

2013년 7월 24일 초판 1쇄 펴냄

지은이 이우경
펴낸이 김흥국
펴낸곳 도서출판 보고사

책임편집 이경민
표지디자인 오동준

등록 1990년 12월 13일 제6-0429호
주소 서울특별시 성북구 보문동7가 11번지 2층
전화 922-5120~1(편집), 922-2246(영업)
팩스 922-6990
메일 kanapub3@chol.com
http://www.bogosabooks.co.kr

ISBN 979-11-5516-039-8 93900
ⓒ 이우경, 2013

정가 33,000원

사전 동의 없는 무단 전재 및 복제를 금합니다.
잘못 만들어진 책은 바꾸어 드립니다.

이 도서의 국립중앙도서관 출판시도서목록(CIP)은 서지정보유통지원시스템 홈페이지(http://seoji.nl.go.kr)와 국가자료공동목록시스템(http://www.nl.go.kr/kolisnet)에서 이용하실 수 있습니다. (CIP제어번호: CIP2013010752)